Gregor Thüsing

Kirchliches Arbeitsrecht

Rechtsprechung und Diskussionsstand im Schnittpunkt von staatlichem Arbeitsrecht und kirchlichem Dienstrecht

Mohr Siebeck

Gregor Thüsing, geb. 1971 in Köln, ist seit Wintersemester 2004/2005 Direktor des Instituts für Arbeitsrecht und Recht der Sozialen Sicherheit der Universität Bonn. Vom 01. 04. 2001 bis Wintersemester 2004/2005 war er Inhaber des Lehrstuhls für Bürgerliches Recht, Arbeits- und Sozialrecht und Rechtsvergleichung an der Bucerius Law School. Zuvor Studium der Rechtswissenschaften an der Universität zu Köln, Erstes Juristisches Staatsexamen 1994, danach wissenschaftlicher Mitarbeiter am dortigen Institut für Arbeits- und Wirtschaftsrecht (Prof. Dr. Herbert Wiedemann). Promotion im Jahr 1995 über ein arbeitsrechtliches Thema („Der Außenseiter im Arbeitskampf"). 1996 Zweites Juristisches Staatsexamen, 1998 Graduierung zum LL.M. an der Harvard Law School sowie Zulassung als Rechtsanwalt (Attorney at Law) für den Staat New York nach bestandenem bar exam. Im Jahr 2000 Habilitation im Zivilrecht (Habilitationsschrift: „Wertende Schadensberechnung") für die Fächer Bürgerliches Recht, Arbeits- und Sozialrecht, Rechtsvergleichung und Kirchenrecht.

Prof. Dr. Gregor Thüsing ist stellvertretender Vorsitzender des Kirchlichen Arbeitsgerichts in Hamburg.

ISBN 3-16-148609-9
ISBN-13 978-3-16-148609-8

Die Deutsche Bibliothek verzeichnet diese Publikation in der Deutschen Nationalbibliographie; detaillierte bibliographische Daten sind im Internet über *http://dnb.ddb.de* abrufbar.

© 2006 Mohr Siebeck Tübingen.

Das Werk einschließlich aller seiner Teile ist urheberrechtlich geschützt. Jede Verwertung außerhalb der engen Grenzen des Urheberrechtsgesetzes ist ohne Zustimmung des Verlags unzulässig und strafbar. Das gilt insbesondere für Vervielfältigung, Übersetzungen, Mikroverfilmungen und die Einspeicherung und Verarbeitung in elektronischen Systemen.

Das Buch wurde von Gulde-Druck in Tübingen gesetzt, auf alterungsbeständiges Werkdruckpapier gedruckt und von der Buchbinderei Held in Rottenburg gebunden.

„Aus christlicher Sicht ist das Menschenrecht auf Arbeit unmittelbarer Ausdruck der Menschenwürde. Der Mensch ist für ein tätiges Leben geschaffen und erfährt dessen Sinnhaftigkeit im Austausch mit seinen Mitmenschen" Gemeinsames Sozialwort der Kirchen „Für eine Zukunft in Solidarität und Gerechtigkeit", 1997, Abschn. 152

Vorwort

Der christliche Glaube weiß um die Bedeutung der Arbeit. Als Gabe Gottes (Prediger 3, 12) ist sie Pflicht und Vorrecht zugleich. Schon unmittelbar nach seiner Erschaffung wurde sie dem Menschen aufgegeben: „Und Gott nahm den Menschen und setzte ihn in den Garten Eden, damit er ihn bebaue und ihn pflege" (Gen. 2, 15). Das Paradies ist ein Paradies der Werktätigen, und so werden die Seligen nicht dem ewigen Müßiggang verfallen, sondern sie werden Weingärten pflanzen und das Werk ihrer eigenen Hände genießen (Jesaja 65, 21). Arbeit gehört zum erfüllten irdischen wie himmlischen Leben; durch den Sündenfall kam nicht die Arbeit, sondern allein ihre Mühsal. So ist denn das Leben in Fülle auch ein Leben in Arbeit. Der Faule wird aufgefordert von der Ameise zu lernen (Sprüche 6,6), und zuweilen klingt es hart in unseren Ohren: „Wenn jemand nicht arbeiten will, soll er auch nicht essen" (2. Thess. 3, 10). Vor diesem Hintergrund mutet es vertraut an, wenn auch das Bundesarbeitsgericht betont, dass die Arbeit für den Arbeitnehmer mehr als Broterwerb ist. Sie gestaltet wesentlich sein Leben und bestimmt die Persönlichkeit (BAG v. 27. 2. 1985, BAGE 48, 122 unter Rückgriff auf BAG v. 10. 11. 1955, BAGE 2, 221). Das Erfurter Gericht befindet sich hier in besten christlichen Traditionen.

Die Kirchen sind sich dieses Werts der Arbeit stets bewusst geblieben. In den verschiedensten Erklärungen verweisen sie auf ihre Bedeutung und Würde. Sie waren, sind und bleiben Mahner für eine gerechte Lastenverteilung: früher zwischen „Kapital und Arbeit", heute zwischen „Arbeitgeber und Arbeitnehmer". Eine gerechte Arbeitsordnung ist ein zentrales Anliegen der Kirchen – auch wo sie selber Arbeitgeber sind. Sie beschäftigen in Deutschland – so lauten gängige Schätzungen – mehr als 1,4 Millionen Arbeitnehmer, und sie sind damit insgesamt der zweitgrößte Arbeitgeber nach dem öffentlichen Dienst. Die hohe Zahl der Arbeitnehmer erklärt sich aus dem umfangreichen karitativen Wirken beider Konfessionen. Denn auch wenn keine andere gesellschaftliche Gruppe soviel freiwilliges Ehrenamt mobilisieren kann wie die Kirchen, führt doch der vielfältige Dienst am Nächsten dazu, dass sie auch Mitarbeiter beschäftigen, die nach eigenem Selbstverständnis vielleicht sehr viel eher Arbeitnehmer zum Verdienst ihres und ihrer Familien Lebensunterhalts sind als Arbeiter im Weinberg Gottes. Der Arbeitnehmer im kirchlichen Dienst kann in erster Linie wirtschaftliche Interessen mit seiner Arbeit verfolgen, für die Kirchen gilt dies nicht: Sie beschäftigen anders als der weltliche Arbeitgeber ihre Mitarbeiter nicht, um Schätze zu sammeln, die „Motte und Rost zerstören und Diebe einbrechen und stehlen" (Mt. 6, 20), sondern um ihren Heilsauftrag in dieser Welt zu verwirklichen. Hier können Konflikte entstehen, die auch rechtliche Konsequenzen haben. Der kirchliche Arbeitnehmer darf durch seine Überzeugungen, seine Person und die Art seiner Arbeit nicht ihr Ziel in Frage stellen. Diesen Zielkonflikt zu lösen dienen die Besonderheiten des Arbeitsrechts im kirchlichen Dienst und sie sind Gegenstand dieses Buches.

Die Ausführungen beruhen zum Teil auf bereits veröffentlichten Beiträgen und unveröffentlichten Stellungnahmen zu Fragen der Praxis. Sie wurden aktualisiert, in einen neu zu formenden Gesamttext eingepasst und durch Querverweise ergänzt. Einige Kapitel sind gänzlich neu geschrieben worden, die eine oder andere Position wurde überdacht und ausführlicher begründet als bisher. Die Darstellung will sich an den Schwerpunkten der Diskussion orientieren, wie ich sie in den vergangenen Jahren als Gutachter und Berater beider Seiten kennen gelernt habe. Einiges wird also ausgelassen, damit anderes in angemessener Breite diskutiert werden kann. Das Buch soll vor allem Handreiche für die Praxis sein und erste Orientierung in einem vielen Juristen doch sehr fremden Rechtsgebiet geben. Hierzu dienen auch die Sammlung der einschlägigen Rechtsprechung in ihren Leitsätzen und Fundstellen sowie der Abdruck der wichtigsten kirchlichen arbeitsrechtlichen Gesetze. Hier habe ich Dank zu sagen an meine Mitarbeiter Frau Assessor *Ellinor von Löwis of Menar* und Herrn *Arlo Schlichting*, LL.B., die die Sammlung dieses Materials übernommen und manch klugen Hinweis gegeben haben. Mein herzlicher Dank geht zudem an Frau *Magdalena Kaljaj*, die in gewohnt zuverlässiger Weise das Manuskript betreut hat. Die Sorgfalt dieser Mitarbeiter war eine wichtige Hilfe bei der Entstehung dieses Buches, das ich den Altmeistern seines Sujet in Verbundenheit und Verehrung widme: den Herren Kollegen *Wilhelm Dütz, Reinhard Richardi* und *Bernd Rüthers*.

Bonn, im Februar 2006   Gregor Thüsing

Inhalt

§ 1 Einführung		1
A)	Warum kirchliches Arbeitsrecht?	1
	I. Ein missverständlicher Begriff	1
	II. Der verfassungsrechtliche Freiraum der Kirchen auch im Arbeitsrecht	2
	III. Die Dienstgemeinschaft als konstituierendes Element des kirchlichen Dienstes	4
	IV. Die arbeitsrechtlichen Konsequenzen	5
B)	Die aktuelle Diskussion	6
§ 2 Die Grundlagen		10
A)	Das kirchliche Arbeitsrecht und die Grundrechte des Arbeitnehmers	10
	I. Zwei einleitende Fälle	10
	II. Der erste verfassungsrechtliche Ausgangspunkt: Die Grundrechte des Arbeitnehmers	12
	III. Der zweite verfassungsrechtliche Ausgangspunkt: Art. 140 GG i.V.m. Art. 137 Abs. 3 WRV	13
	IV. Die Kollision	14
	1. Die Rechtsprechung des BVerfG außerhalb des Arbeitsrechts	14
	2. Die bestätigte Rechtsprechung des BVerfG zum kirchlichen Arbeitsrecht	15
	3. Die abweichende Auffassung jüngerer Kammerentscheidungen	16
	4. Gründe, die für die bisherige Rechtsprechung sprechen	17
	5. Versuch einer Präzisierung ausgehend vom *ordre public*	19
	6. Eine rechtsvergleichende Kontrollwertung: Ein Blick nach Österreich	20
	V. Konsequenzen	21
	1. Streikrecht	22
	2. Kündigungsschutz	23

B) Die Grenze zwischen kirchlichem und weltlichem Dienst 25
   I. Voraussetzungen des Outsourcings aus dem kirchlichen
      Dienst 26
      1. Die Vorgaben des staatlichen Rechts 27
         a) Pars pro toto: § 118 Abs. 2 BetrVG, § 112 BPersVG, § 1
            Abs. 3 Nr. 2 SprAuG, § 1 Abs. 4 Satz 2 MitbestG 27
         b) Kumulative Voraussetzungen: Möglichkeit kirchlicher
            Einflussnahme – Bindung an den kirchlichen
            Sendungsauftrag 28
         c) Erstes Kriterium: Kirchliche Einflussnahme und
            Entscheidung für das kirchliche Arbeitsrecht 30
         d) Zweites Kriterium: Erfüllung eines karitativen oder
            erzieherischen Zwecks 31
         e) Kriterien zur Abgrenzung von Wirtschaftsbetrieben und
            mittelbar sendungsbezogenen Betrieben 36
      2. Vorgaben des kirchlichen Rechts 40
      3. Der Konfliktfall 41
         a) Grundsatz: Vorrang des staatlichen Rechts, aber
            Anerkennung der kirchlichen Kompetenz 41
         b) Reduktion der kirchlichen Normen auf die kirchliche
            Dienstgemeinschaft 42
         c) Kirche, nicht die Einrichtung als Kompetenzträger 43
         d) Kirchlicher Dienst als gewollt und tatsächlich kirchlich
            geprägter Dienst 44
   II. Folgen des Outsourcings aus dem kirchlichen Dienst 45
      1. Übernahme eines nicht-kirchlichen Betriebs durch einen
         kirchlichen Träger 45
         a) Auswirkungen auf den Arbeitsvertrag 45
         b) Auswirkung auf Betriebsverfassung und
            Betriebsvereinbarungen 49
         c) Auswirkungen auf Tarifverträge 51
      2. Übernahme eines kirchlichen Betriebs durch einen
         nicht-kirchlichen Träger 52
      3. Übernahme einer kirchlichen Einrichtung durch einen
         anderen kirchlichen Träger 53
         a) Unterschiede und Gemeinsamkeiten zur Bezugnahme auf
            Tarifverträge 54
         b) Keine fortdauernde dynamische Einbeziehung der
            bisherigen kirchlichen Arbeitsvertragsregelungen 55
         c) Anwendung des Regelwerks des übernehmenden
            Rechtsträgers 57
         d) Vorausschauende Vertragsgestaltung 58

C)	Verbindung von kirchlichem und weltlichem Dienst: Mitbestimmung und Tarifrecht in Mischgesellschaften	59
	I. Betriebliche Mitbestimmung – Anwendbarkeit von MAVO/MVG.EKD und BetrVG	60
	1. Das Meinungsspektrum zum Tendenzkonzern	60
	2. Schlussfolgerungen für den kirchlichen Konzern	63
	3. Errichtung eines Konzernbetriebsrats	65
	a) Maßgeblichkeit der Muttergesellschaft – einheitliche Zuständigkeit	65
	b) Anknüpfung an der jeweiligen Tochtergesellschaft – gespaltene Zuständigkeit	66
	c) Quorum	67
	d) Einvernehmliche Regelungen durch Dienstvereinbarungen?	70
	II. Unternehmensmitbestimmung	71
	1. Konzern als karitative oder erzieherische Einrichtung der Religionsgemeinschaft – § 1 Abs. 4 Satz 1 Nr. 1, § 5 Abs. 1 Satz 1 MitbestG	71
	a) Schrifttum und Rechtsprechung zum Tendenzkonzern . . .	71
	b) Stellungnahme für den kirchlichen Konzern	73
	2. Abgrenzung zwischen der Einrichtung einer Religionsgemeinschaft und Tendenzunternehmen	74
	III. Kirchliches Arbeitsrechts-Regelungsverfahren oder Tarifvertrag?	75
	1. Konzernmutter steht nur teilweise im Kircheneigentum	75
	2. Kirchlicher Mischkonzern im eigentlichen Sinne	76
D)	Gestaltungsmöglichkeiten ökumenischer Trägerschaft	77
	I. Gründe und Ziele eines ökumenischen Arbeitsrechts	78
	II. Arbeitsrechtliche Konsequenzen – Modelle eines ökumenischen Arbeitsrechts	80
	1. Nicht katholisch, nicht evangelisch – Eigenständige Regelungen	80
	2. Katholisch und evangelisch – Kumulation beider Regelungswerke	81
	3. Teils katholisch, teils evangelisch – Differenzierende Modelle	82
	III. Verfassungsrechtliche Anerkennung ökumenischer Einrichtungen	83
	1. Religionsgesellschaft im Sinne des Art. 140 GG i.V.m. Art. 137 WRV	84
	2. Folgerungen für ökumenische Einrichtungen	85

		a) Das spärliche Schrifttum	85
		b) Anklänge in der Rechtsprechung des Bundesverfassungsgerichts	86
		c) Entgegenstehende Rechtsprechung der Fachgerichte?	86
		d) Vertiefende Betrachtung	88
		3. Schlussfolgerungen	91
	IV.	Kirchenrechtliche Einordnung ökumenischer Einrichtungen ...	91
	V.	Schlussfolgerungen	93
		1. Loyalitätspflichten	93
		2. Mitarbeitervertretung	95
		3. Arbeitsvertragsgestaltung	96
		a) Vorgaben der Dienstgemeinschaft für die kollektive Festlegung von Arbeitsbedingungen	97
		b) Ausschluss des Arbeitskampfs und verbindliche Schlichtung	98
		c) Pflicht zur Gleichbehandlung der Dienstgemeinschaft ...	99
E)	Die Loyalitätspflichten des kirchlichen Dienstes und ihre Grenzen .		100
	I.	Einstellungsgespräch und Offenbarungspflicht/Fragerechte	101
		1. Die Loyalitätsrichtlinie der Evangelischen Kirche in Deutschland	102
		2. Die Grundordnung des kirchlichen Dienstes der katholischen Kirche	105
		3. Konsequenzen des Antidiskriminierungsgesetzes	106
	II.	Loyalitätsobliegenheiten kirchlicher Arbeitnehmer	106
		1. Loyalitätsrichtlinie der Evangelischen Kirche in Deutschland	106
		2. Grundordnung für den kirchlichen Dienst der katholischen Kirche	107
	III.	Kündigungsmöglichkeiten bei Verletzung der Loyalitätsobliegenheiten	109
		1. Loyalitätsrichtlinie der Evangelischen Kirche in Deutschland	109
		2. Grundordnung für den kirchlichen Dienst der katholischen Kirche	110

§ 3 Das kirchliche Tarifsurrogat: Rechtsnatur und Besonderheiten kirchlicher Arbeitsvertragsregelungen 114

A)	Rechtliche Grundlagen des kirchlichen Arbeitsrechtsregelungsverfahrens	114
	I. Der Ursprung des kircheneigenen Regelungsverfahrens	114
	II. Gründe und Ausgestaltung des kircheneigenen Verfahrens	115

	1. Der Dritte Weg als Konsequenz der kirchlichen Dienstgemeinschaft	115
	2. Ausgestaltung des Dritten Weges	117
III.	Die Rechtsnormqualität der Arbeitsvertragsordnungen	119
	1. Praktische Relevanz der Frage	119
	2. Die Argumente *pro* und *contra*	121
	3. Die Entwicklung der Rechtsprechung	123
IV.	Tarifdispositives Recht und kirchliche Arbeitsvertragsordnung .	125
	1. Gründe gesetzlicher Tarifdispositivität – Sachnähe und Richtigkeitsgewähr	126
	2. Sachnähe und Richtigkeitsgewähr kirchlicher Arbeitsvertragsordnungen	126
	a) Richtigkeitsgewähr in der Konzeption *Schmidt-Rimplers* und der Rechtsprechung des BAG	127
	b) Richtigkeitsgewähr kirchlicher Arbeitsvertragsordnungen – Die Bedeutung des kirchlichen Letztentscheidungsrechts	128
	3. Fazit	131
V.	Inhaltskontrolle kirchlicher Arbeitsvertragsordnungen	132
	1. Die Entwicklung der Rechtsprechung	132
	2. Kontrolle zur Korrektur gestörter Vertragsparität	133
	3. Kontrolle nach § 317 BGB	134
	4. Neuerungen des Schuldrechtsmodernisierungsgesetzes	136
B) Das (fehlende) Streikrecht im kirchlichen Dienst	139
I.	Die Kritik	140
	1. Lohngerechtigkeit	140
	2. Verbindlichkeit des Sendungsauftrags und Versöhnungsprinzip	141
II.	Die Koalitionsfreiheit nach Art. 9 Abs. 3 GG und das Streikrecht	143
	1. Von der Koalitionsgründungsfreiheit zur Streikfreiheit	144
	2. Die Ausgestaltungsbefugnis des Gesetzgebers	144
III.	Die Schranke des Selbstbestimmungsrechts nach Art. 140 GG i.V.m. Art. 137 Abs. 3 WRV	146
	1. Der *ordre public* nach Art. 6 EGBGB und der Wesensgehalt nach Art. 19 Abs. 2 GG – keine kleinen Münzen	147
	2. Eine rechtsvergleichende Umschau	148
	3. Kontrollwertung aus der Sicht des Arbeitsrechts: Das Streikrecht der Beamten	149
IV.	Das Konkordanzmodell *Kühlings*	150
	1. Unterschied zur staatlichen Zwangsschlichtung	151
	2. Friktionen des Arbeitskampfrechts	152

C) Anpassung von Arbeitsbedingungen im kirchlichen
Arbeitsrechtsregelungsverfahren 153
   I. Änderungsdruck im karitativen und diakonischen Bereich 153
   II. Umstellung der Arbeitsverhältnisse mittels Änderung der
Regelungswerke durch die Kommissionen 154
      1. Parallelwertung im Tarifvertragsrecht 155
      2. Unterschiede in der kollektiven Arbeitsvertragsregelung
der Kirchen 156
         a) Auslegung der Bezugnahmeklauseln 156
         b) Inhaltskontrolle 160
         c) Sonderfall: Umstellung des BAT auf den TVöD 163
   III. Änderung der
Arbeitsrechtsregelungsgesetze/KODA-Ordnungen 169
      1. Bildung einer eigenständigen Kommission für einen
Spezialbereich – Sparten-KODA/Einrichtungs-KODA 169
      2. Bildung einer gemeinsamen Kommission für bisher getrennt
geregelte Bereiche 172
      3. Delegation der Regelungsbefugnis auf eine andere
Kommission 173
   IV. Möglichkeiten der Änderungskündigung 174
      1. Änderungskündigung zur Entgeltreduzierung im
wirtschaftlichen Betrieb 173
      2. Änderungskündigung zur Entgeltreduzierung im
öffentlichen Dienst 176
      3. Keine Besonderheiten aufgrund des kirchlichen Proprium .. 177
      4. Konsequenzen für den kirchlichen und den
diakonischen Dienst 178

§ 4 Die Novellierung der MAVO und des MVG.EKD 181
A) Die Novellierung der MAVO 182
   I. Zielsetzung 182
   II. Wesentlicher Inhalt 183
      1. Flexible und mitverantwortete Festlegung der Einrichtung .. 184
         a) Die Neufassung des § 1a MAVO 184
         b) Der neue § 1b MAVO – Einrichtungsübergreifende
Mitarbeitervertretungen 185
         c) Der neue § 24 MAVO – Erweiterte
Gesamtmitarbeitervertretungen 187
      2. Verbesserte Absicherung der Mitarbeitervertretung 188
         a) Übergangs- und Restmandat 188
         b) Verbessere Rechtsstellung teilzeitbeschäftigter
Mitarbeitervertretungsmitglieder 194

		c) Regelungen zu den notwendigen Kosten der Tätigkeit der Mitarbeitervertretung	195

        3. Informationsrecht in wirtschaftlichen Angelegenheiten 196
            a) Die Norm und ihre Ratio 196
            b) Wirtschaftliche Mitbestimmung im Tendenzbetrieb 199
        4. Beschäftigungssicherung 200
        5. Beseitigung der Benachteiligung von befristet- und teilzeitbeschäftigten Mitarbeiterinnen und Mitarbeitern 200
        6. Nutzung der Dienstvereinbarung als Instrument zur Gestaltung einrichtungsspezifischer Arbeitsbedingungen ... 202
        7. Mitbestimmungsrechte in Bezug auf schwerbehinderte Mitarbeiterinnen und Mitarbeiter 203
        8. Varia 204
B) Die Novellierung des MVG.EKD 204
    I. Ausgangslage und Zielsetzung 205
   II. Wesentlicher Inhalt 205
        1. Neuregelungen der Einrichtungen 206
        2. Gesamtmitarbeitervertretung im Dienststellenverbund 207
        3. Übergangs- und Restmandat 208
        4. Informationen in wirtschaftlichen Angelegenheiten/Bildung eines Ausschusses für Wirtschaftsfragen 208
            a) Europarechtliches 209
            b) Erforderliche Unterlagen 210
        5. Mitgliederversammlung 211
        6. Aufgaben der Vertrauensperson der Schwerbehinderten 211
        7. Varia 212

§ 5 Europarecht und kirchliches Arbeitsrecht 215
    I. Europa und das Arbeitsrecht der Kirchen 215
   II. Das kirchliche Arbeitsrecht und seine Grundlagen 216
        1. Europarechtliche Eingrenzung des deutschen Staatskirchenrechts 216
            a) Das Verhältnis des europäischen Rechts zum nationalen Recht 216
            b) Der Schutz des deutschen Staatskirchenrechts im Gemeinschaftsrecht 221
        2. Europarechtliche Eingrenzung des deutschen Arbeitsrechts . 225
        3. Schlussfolgerungen 226
  III. Der Einfluss des Europarechts auf Besonderheiten des kirchlichen Arbeitsrechts 228
        1. Art. 13 EG und die Richtlinie 2000/78/EG 228

XVI Inhalt

2. Arbeitnehmerfreizügigkeit gemäß Art. 39 EG	229
3. Grundsatz des gleichen Entgelts gemäß Art. 141 EG	232
4. Die Richtlinien	232
a) Die kirchenrelevanten Richtlinien des europäischen Arbeitsrechts	233
b) Unmittelbare Wirkung von Richtlinien in Mitgliedstaaten	233
c) Erstes Beispiel: Richtlinie 2000/78/EG	236
d) Zweites Beispiel: Richtlinie 2002/14/EG	249

§ 6 Anhang: Rechtsprechung zum kirchlichen Arbeitsrecht in Leitsätzen 254

A)	Rechtsprechung zum Kündigungsrecht	254
B)	Rechtsprechung zum kirchlichen Arbeitsrechtsregelungsverfahren .	275
C)	Rechtsprechung zum Mitarbeitervertretungsrecht	290

§ 7 Anhang: Gesetzestexte 301

A)	Grundordnung für den kirchlichen Dienst im Rahmen kirchlicher Arbeitsverhältnisse	301
B)	Richtlinie des Rates der Evangelischen Kirche in Deutschland nach Art. 9 Buchst. b Grundordnung über die Anforderungen der privatrechtlichen beruflichen Mitarbeit in der Evangelischen Kirche in Deutschland und des Diakonischen Werkes der EKD	312
C)	Rahmenordnung für eine Mitarbeitervertretungsordnung	314
D)	Mitarbeitervertretungsgesetz EKD	348

Sachregister 377

§ 1 Einführung

A) Warum kirchliches Arbeitsrecht?

Der Titel dieses Buches setzt voraus, dass es ein Arbeitsrecht speziell für Kirchen gibt. Viele wird dies verwundern: Sind die Kirchen nicht Arbeitgeber wie jeder andere Arbeitgeber auch? Was unterscheidet ein katholisches oder evangelisches Krankenhaus von einem Krankenhaus in kommunaler Trägerschaft, dass es hier arbeitsrechtliche Unterschiede geben muss? Am Anfang steht damit eine Frage, die in einer säkularer werdenden Gesellschaft immer deutlicher hervortritt: Warum gibt es ein spezifisch kirchliches Arbeitsrecht? und vielleicht auch: Was ist kirchliches Arbeitsrecht überhaupt?

I. Ein missverständlicher Begriff

Der Begriff ist sicherlich missverständlich. Das kirchliche Arbeitsrecht ist im Grundsatz Arbeitsrecht wie für jeden anderen Arbeitgeber. Ein spezifisch kirchliches Arbeitsrecht losgelöst vom staatlichen Recht, eine eigenständige Arbeitsrechtsordnung geschaffen von den Kirchen und für die Kirchen gibt es nicht. Dem entspricht es, dass in den älteren Lehrbüchern zum Arbeitsrecht gesonderte Ausführungen zu den Religionsgemeinschaften noch fehlten – man sucht sie vergebens bei *Kaskel* und findet sie auch nicht bei *Hueck/Nipperdey*. Das Erzbistum Köln schloss in der Weimarer Zeit Tarifverträge ab[1] und es gab sogar einmal einen Streik im kirchlichen Dienst.[2] Bereits damals hatte jedoch das Arbeitsrecht in der Kirche seine Besonderheiten: Schon in den Tagen des Reichsgerichts konnten die Kirchen anders als säkulare Arbeitgeber ein Arbeitsverhältnis aus konfessionellen Gründen kündigen; im Betriebsrätegesetz fand sich mit den §§ 67, 85 eine Ausnahmeklausel zu-

---

1 S. *Gerhard Wacke*, Das Dienstrecht der Behördenangestellten, 1933, S. 71. Im Dritten Reich galt für den öffentlichen Dienst das Gesetz zur Ordnung der Arbeit in öffentlichen Verwaltungen und Betrieben, dem Pendant des AOG. Hiervon wurden auch die Kirchen erfasst, s. *Hueck/Nipperdey*, AOGÖ, § 1, Rn. 3, 22.
2 Und zwar unter Friedhofsgärtnern im Jahr 1919; hierzu *Hammer*, Kirchliches Arbeitsrecht, S. 167.

gunsten der konfessionellen Tendenzbetriebe.³ Diese Besonderheiten haben sich weiterentwickelt und zu festen Institutionen etabliert. Sie sind verfassungsrechtlich abgesichert, denn den Religionsgemeinschaften ist mit Art. 140 GG i.V.m. Art. 137 Abs. 3 WRV ein Selbstbestimmungsrecht zugewiesen, das auch auf die arbeitsrechtliche Beziehung zu den durch sie Beschäftigten durchschlägt: Die Kirchen haben das Recht zur Ordnung „der eigenen Angelegenheiten", und dazu gehören auch die kirchlichen Arbeitsverhältnisse.⁴ Daher muss bei der Wertung, ob ein wichtiger, zur Kündigung berechtigender Grund vorliegt, ob ein Streik erlaubt ist, oder in welcher Form betriebliche Mitbestimmung möglich ist, der Besonderheit eines Arbeitsverhältnisses zur Kirche Rechnung getragen werden. Nur hierum geht es, wenn vom „kirchlichen Arbeitsrecht" gesprochen wird.

II. Der verfassungsrechtliche Freiraum der Kirchen auch im Arbeitsrecht

Das Selbstbestimmungsrecht der Religionsgesellschaften ist freilich nicht grenzenlos gewährleistet; es besteht allein im Rahmen der „für alle geltenden Gesetze". Sie bilden auch die Grenze für das kirchliche Arbeitsrecht. Trotz der langen Geschichte dieser Norm ist noch heute nicht geklärt, was ein „für alle geltendes Gesetz" ist. Lange Zeit herrschend war eine Formel, die auf *Johannes Heckel* zurückging, wonach „ein für die Gesamtnation als Kultur- und Rechtsgemeinschaft unentbehrliches Gesetz" ein allgemeines Gesetz ist, auch wenn es die Kirchen in ihrer Eigenständigkeit beschneidet.⁵ Dies ist sehr weitgehend und zudem inhaltlich recht unpräzise; heute wird dies so nicht mehr vertreten. Spätere Ansätze machten daher eher an der Allgemeingültigkeit einer Norm fest: Ein Gesetz, das sich zielgerichtet gegen die Kirchen richtet, kann kein für alle geltendes Gesetz sein. Aber auch ein Gesetz, dass nicht zielgerichtet gegen die Kirchen geht, sie jedoch härter trifft als andere Gesetze, kann kein für alle (gleichermaßen) geltendes Gesetz sein. Das Bundesverfassungsgericht hat verschiedentlich versucht, diesen Aspekt der kirchlichen Selbstverwaltung durch die sog. Jedermann-Formel einzufangen: „Zu den für alle geltenden Gesetzen können nur solche Gesetze rech-

---

3   Eine dem § 118 Abs. 2 BetrVG entsprechende Norm fehlte noch, vgl. dazu *Richardi*, ZevKR 23 (1978), S. 369.
4   Grundlegend BVerfG v. 4.6. 1985, BVerfGE 70, S. 138, 165.
5   *Heckel*, VerwArch XXXVII (1932), S. 280, 284; aufgegriffen vom BGH v. 17.10. 1956, BGHZ 22, S. 383, 387; BGH v. 16.3. 1961, BGHZ 34, S. 372, 374; s. auch *Hammer*, Kirchliches Arbeitsrecht, S. 116 ff.

nen, die für die Kirche dieselbe Bedeutung haben wie für den Jedermann".[6] Nun sind die Kirchen in ihrer Gesamtheit nach dem öffentlichen Dienst der größte Arbeitgeber in Deutschland – schwerlich jedermann, betrachtet man die Auswirkungen arbeitsrechtlicher Vorgaben. Die Rechtsprechung und die herrschende Lehre sind zurecht bei dieser Formel nicht stehen geblieben. Heute besteht Einigkeit darüber, dass eine Abwägung der gegenüberstehenden Verfassungsgewährleistungen erforderlich ist, um im Einzelfall die Grenze der zulässigen Beschränkung feststellen zu können.[7] Festzuhalten ist jedoch: Die kirchliche Autonomie ist nach Herkommen, Anspruch und Stellung mehr als Tendenzschutz und beruht auf grundlegend anderen Fundamenten. Der arbeitsrechtliche Tendenzschutz, wie er im Betriebsverfassungsrecht und im Kündigungsrecht anerkannt ist, dient dem Grundrechtsschutz im Arbeitsrecht und muss dementsprechend mit dem Grundrechtsschutz anderer abgewogen, in verfassungsmäßige Konkordanz gebracht werden – der Verlag beruft sich auf die Pressefreiheit, die Partei auf die Meinungsfreiheit, die Gewerkschaft auf die Koalitionsfreiheit.[8] Die Autonomie der Religionsgesellschaften ist demgegenüber unabhängig davon garantiert: Es ist ein Freiraum der Kirchen, den sie nach eigenen Maßstäben ausfüllen kann, und ob ihre Positionen grundrechtliche Verfestigung genießen und mit den staatlichen Maßstäben übereinstimmen, ist nicht entscheidend. Diese Autonomie der Religionsgesellschaften gewährt der Staat nicht, wie er die Regelungsautonomie der Koalitionen im Wege des Tarifvertrags gewährt. Er erkennt vielmehr die Ordnung einer Gesellschaft an, die bereits vor ihm bestand, die er bei Gründung vorfand, eine *societas perfecta*, die nicht nach seinem, sondern nach eigenem Recht lebt.[9]

---

6 Z.B. BVerfG v. 21. 9. 1976, BVerfGE 42, S. 312, 334; BVerfG v. 13. 12. 1983, BVerfGE 66, S. 1, 20; s. auch Maunz/Dürig-*Korioth*, GG, Art. 140, Rn. 44; von Münch/Kunig-*Hemmerich*, GG, Art. 140, Rn. 20.
7 Maunz/Dürig-*Korioth*, GG, Art. 140, Rn. 47 m.w.N.; Listl/Pirson-*Hesse*, Handbuch des Staatskirchenrechts der Bundesrepublik Deutschland, Bd. I, S. 544 ff.; s. hierzu auch § 2 Abschn. A III, S. 13. S. auch jüngst *Dütz*, NZA 2006, S. 65, 70.
8 Allgemein *Frey*, Der Tendenzbetrieb im Recht der Betriebsverfassung und des Arbeitsverhältnisses, 1959; zum BetrVG: *Fitting*, BetrVG, § 118, Rn. 2; Richardi/*Thüsing*, § 118 BetrVG, Rn. 111 ff.; zum Kündigungsrecht: APS-*Dörner*, KR, § 1 KSchG, Rn. 821 f.
9 Zur *societas perfecta*-Lehre und ihre Wandlung nach dem II. Vaticanum s. Listl/Schmitz-*Listl*, Handbuch des katholischen Kirchenrechts, S. 1251; *Puza*, Katholisches Kirchenrecht, S. 82 ff.

III. Die Dienstgemeinschaft als konstituierendes Element des kirchlichen Dienstes

Was das Verfassungsrecht anerkennt, geben die Kirchen vor. Die Frage nach der Reichweite der kirchlichen Autonomie im Arbeitsrecht würde sich nicht stellen, wenn kirchlicher Dienst den gleichen Zielen und Vorgaben folgen würde wie der weltliche Dienst. Die Kirchen beschäftigen jedoch anders als der weltliche Arbeitgeber ihre Mitarbeiter nicht, um Schätze zu sammeln, die „Motte und Rost zerstören und Diebe einbrechen und stehlen" (Mt. 6, 20), sondern um ihren Heilsauftrag in dieser Welt zu verwirklichen. Die durch die Kirche und ihre Gliederungen Beschäftigten bilden eine Dienstgemeinschaft, die für die katholische Kirche in der 1993 von der Deutschen Bischofskonferenz verabschiedeten Grundordnung des kirchlichen Dienstes im Rahmen kirchlicher Arbeitsverhältnisse verbindlich beschrieben ist:

„Alle in einer Einrichtung der katholischen Kirche Tätigen tragen durch ihre Arbeit ohne Rücksicht auf die arbeitsrechtliche Stellung gemeinsam dazu bei, dass die Einrichtung ihren Teil am Sendungsauftrag der Kirche erfüllen kann (Dienstgemeinschaft)" (Art. 1 GrO)[10]

„Die Gestaltung des kirchlichen Arbeitsverhältnisses geht von der Dienstgemeinschaft aller aus, in der jede Mitarbeiterin und jeder Mitarbeiter das kirchliche Selbstverständnis der Einrichtung anerkennt und dem dienstlichen Handeln zugrunde legt. Das verpflichtet jede Mitarbeiterin und jeden Mitarbeiter zu einer Leistung und Loyalität, die der Stellung der Einrichtung in der Kirche und der übertragenen Aufgabe gerecht werden." (Abschn. III.1 der Erklärung zur Grundordnung)

Auf evangelischer Seite finden sich ganz ähnliche Bekenntnisse. In der Präambel des MVG.EKD (und ähnlich in § 2 Abs. 1 der Loyalitätsrichtlinie) heißt es:

„Kirchlicher Dienst ist durch den Auftrag bestimmt, das Evangelium in Wort und Tat zu verkündigen. Alle Frauen und Männer, die beruflich in Kirche und Diakonie tätig sind, wirken als Mitarbeiterinnen und Mitarbeiter an der Erfüllung dieses Auftrages mit. Die gemeinsame Verantwortung für den Dienst der Kirche und ihrer Diakonie verbindet Dienststellenleitungen und Mitarbeiter wie Mitarbeiterinnen zu einer Dienstgemeinschaft und verpflichtet sie zu vertrauensvoller Zusammenarbeit."

Das hat seinen Grund in theologischen, nicht in juristischen Erwägungen; manche greifen zurück bis auf die Paulusbriefe.[11] Die Rechtsprechung und

---

10 S. auch Abschn. 1 der Erläuterungen: „Diesem Ziel [d.h. Dem Auftrag der Kirche] dienen auch die Einrichtungen, die die Kirche unterhält und anerkennt, um ihren Auftrag in der Gesellschaft wirksam wahrnehmen zu können. Wer in ihnen tätig ist, wirkt an der Erfüllung dieses Auftrages mit. Alle, die in den Einrichtungen mitarbeiten, bilden – unbeschadet der Verschiedenheit der Dienste und ihrer rechtlichen Organisation – eine Dienstgemeinschaft".
11 Zuweilen zitiert wird 2. Kor. 8, 4, wo von der κοινωνία τῆσ διακονίας, also der Gemein-

auch das ganz herrschende Schrifttum akzeptieren dieses Verständnis kirchlicher Dienstgemeinschaft als Datum, dem das Arbeitsrecht Rechnung zu tragen hat. Das BVerfG stellte klar, dass die Einbeziehung der kirchlichen Arbeitsverhältnisse in das staatliche Arbeitsrecht die verfassungsrechtlich geschützte Eigenart des kirchlichen Dienst nicht in Frage stellen darf, wobei sich nach den von der verfassten Kirche anerkannten Maßstäben richtet, welche kirchlichen Grundverpflichtungen als Gegenstand des Arbeitsverhältnisses bedeutsam sein können.[12]

IV. Die arbeitsrechtlichen Konsequenzen

Dieser verfassungsrechtliche Rahmen gibt die Perspektive vor, aus der das kirchliche Arbeitsrecht betrachtet werden muss: Das *Kündigungsrecht* wird die Kirchen ungleich hart treffen, könnten nicht sie selbst, sondern ein weltliches Gericht bestimmen, welche Loyalitätspflichten ihre Arbeitnehmer haben, so dass das Gesetz den Kirchen zubilligt, selbst festzulegen, welches Verhalten ihrer Mitglieder sie als so sehr im Widerspruch zu ihrer Lehre empfinden, dass eine sofortige Lösung des Arbeitsverhältnisses zur Wahrung der eigenen Glaubenwürdigkeit erforderlich ist.[13] Das *Streikrecht* und daran anknüpfend das Tarifvertragsrecht würde sie ungleich hart treffen, weil das Ideal der Dienstgemeinschaft die gegenseitige Druckausübung zur Veränderung der Arbeitsbedingungen ausschließt und die Kirchen daher nach eigenem Selbstverständnis nicht aussperren können. Folge ist die Unzulässigkeit eines Streiks kirchlicher Arbeitnehmer.[14] Auch das Mitbestimmungsrecht trägt diesem kirchlichen Selbstverständnis und kirchlichen Selbstverwaltungsrecht Rechnung und spart die Kirchen daher in § 118 Abs. 2 BetrVG, § 112 BPersVG, § 1 Abs. 3 Nr. 2 SprAuG und § 1 Abs. 4 Satz 1 Nr. 1 MitbestG aus. Wesentliche Elemente des arbeitsrechtlichen Schutzes haben also ihre Besonderheiten im kirchlichen Dienstes.

Der staatlich anerkannte Freiraum ist jedoch nicht Freistellung zur Beliebigkeit: Den Kirchen ist garantiert, dass für die Gestaltung des kirchlichen Dienstes und seiner arbeitsrechtlichen Ordnung eine Regelungsautonomie

---

schaft des Dienstes gesprochen wird. S. auch *Jurina*, ZevKR 29 (1984), S. 171; *v. Campenhausen*, Essener Gespräche 18 (1989), S. 9 ff.; *Richardi*, Arbeitsrecht in der Kirche, § 4 Rn. 7 ff.
12 BVerfG v. 4. 6. 1986, BVerfGE 70, S. 138, 165 ff.; vgl. auch *Richardi*, AR-Blattei Abschnitt 960 Kirchenbedienstete, Rn. 9.
13 *Richardi*, Arbeitsrecht in der Kirche, § 7, Rn. 17 ff.; *Thüsing/Börschel*, NZA-RR 1999, S. 561 mit umfangreichen Nachweisen zur Rechtssprechung; s. auch BVerfG v. 31. 1. 2001, AuR 2001, S. 356; BAG v. 21. 02. 2001, NZA 2001, S. 1136.
14 Einzelheiten s. § 3 Abschn. B, S. 139 ff.

besteht, damit sie die besonderen kirchlichen Aspekte in der vom kirchlichen Selbstverständnis gebotenen Form verwirklichen können. Dieser Freiraum ist Auftrag, das weltliche Arbeitsrecht an die Besonderheiten des kirchlichen Dienstes anzupassen. Im jüngsten arbeitsrechtlichen Regelwerk mit einer Exemption des kirchlichen Bereichs, der Werkstätten-Mitwirkungsverordnung vom 25.6.2001, wird die Kirchenklausel daher wie folgt gefasst:

„Diese Verordnung findet keine Anwendung auf Religionsgemeinschaften und ihre Einrichtungen, soweit sie eigene gleichwertige Regelungen getroffen haben" (§1 Abs.2)

Dem kirchlichen Arbeitnehmer soll der arbeitsrechtliche Schutz also nicht genommen, sondern nur gewandelt werden.[15] Diesem Auftrag zur eigenen Gestaltung haben sich die Kirchen gestellt. Für die katholische Seite geschah dies vor allem durch die Grundordnung des kirchlichen Dienstes im Rahmen kirchlicher Arbeitsverhältnisse vom 22.9.1993.[16] Dort sind in Art. 4 die besonderen Loyalitätsobliegenheiten der kirchlichen Mitarbeiter beschrieben, Art. 6 erkennt die Koalitionsfreiheit kirchlicher Dienstnehmer an, Art. 7 bildet die Grundlage für die Beteiligung der Mitarbeiter an der Gestaltung der Arbeitsbedingungen entsprechend den Regelungen des Dritten Wegs, Art. 8 garantiert ein Mitarbeitervertretungsrecht als kirchliche Betriebsverfassung. Ein Pendant zur Grundordnung bei den evangelischen Kirchen wurde im Jahr 2005 promulgiert. Auf beide Regelwerke wird einzugehen sein, s. §2 Abschn. E, S. 100 ff.

B) Die aktuelle Diskussion

Was also festen verfassungsrechtlichen Boden hat, ist in jüngerer Zeit immer mehr in Kritik geraten. Die Besonderheit wird als Privileg mißverstanden und als solches zurückgewiesen. Die Gewerkschaften erkennen das große Potential neuer Mitglieder und drängen auf Tarifverträge und Arbeitskampf in der Kirche. Dieser Druck und allgemein das gewandelte gesellschaftliche Umfeld, rückläufige Kirchensteuereinnahmen, ein höherer Kostendruck im

---

15 Dies entspricht durchaus auch dem traditionellen Verständnis des kirchlichen Arbeitsrechts. In einem nicht veröffentlichten Rechtsgutachten des Kirchenrechtlichen Instituts der EKD v. 18.9.1951 kam *Smend* zu dem Ergebnis: „Die vom Bund zu erlassenden Betriebsverfassungsgesetze sind kein allgemeines Gesetz i.S. des Art. 137 Abs. 3 WRV. Jedoch sind die Kirchen als verpflichtet anzusehen, kirchengesetzlich eine Regelung des Rechts ihrer Arbeitnehmer auf Beteiligung und Mitbestimmung in den Betrieben und Verwaltungen zu schaffen".
16 Abgedruckt im Anhang, S. 301 ff.; dazu *Dütz*, NJW 1995, S. 1369; *ders.*, NZA 2006, S. 65, 66.

Gesundheitswesen und nicht zuletzt eine immer dichter werdende europäische Gesetzgebung führen zu tatsächlichen und rechtlichen Änderungen des Rahmens, in denen das kirchliche Arbeitsrecht eingebettet ist. Auf die wichtigsten Konsequenzen und die umstrittensten Fragen soll im Folgenden eingegangen werden. Kein umfassender Überblick soll es sein, sondern ein Grundriß im eigentlichen Sinne des Wortes: „Die kurze Darstellung einer Lehre, bei der nur die Hauptmomente des Gegenstands gegeben werden" (Brockhaus), eine Reihe von Schlaglichtern, die in ihrer Gesamtheit ein wenig zur Erhellung der Materie beitragen mögen.

Die Darstellung wird mit den Grundlagen des kirchlichen Arbeitsrechts beginnen. Da ist zunächst die Frage, wie die Grundrechte der Arbeitnehmer kirchlicher Einrichtungen mit dem Selbstbestimmungsrecht der Kirchen in einen verhältnismäßigen Ausgleich gebracht werden können, wie das verfassungsrechtliche Modell aussieht, nach dem sich die Fundamente und Grenzen der kirchlichen Freiheit richten, ihr Proprium auch in den arbeitsrechtlichen Beziehungen zu bewahren. Hier haben einige jüngere Kammer-Entscheidungen des BVerfG einen neuen Ton in die Ausdeutung des Art. 137 Abs. 3 WRV gebracht, dessen Widerhall eher zur Dissonanz als zur stimmigen Harmonie geführt hat. Danach soll der Übergang vom kirchlichen in den weltlichen Dienst abgesteckt werden: Wo hört der kirchliche Dienst auf, wie lassen sich die Grenzen zum allgemeinen Arbeitsrecht beschreiben und gegebenenfalls durch Ausgliederung aus dem kirchlichen Dienst überwinden? Nicht jedes Arbeitsverhältnis zur Kirche unterfällt den Besonderheiten eines kirchlichen Arbeitsrechts, und dies scheint man auch von kirchlicher Seite in jüngerer Zeit für sich nutzen wollen; durch Outsourcing sollen flexiblere und marktgerechte Tarife ermöglicht werden. Dessen Folgen sind jedoch in der Judikatur im einzelnen noch nicht ausgelotet und auch das Schrifttum hat eine einheitliche Linie noch nicht gefunden. Hier sollen die in der Praxis wichtigsten Fallkonstellationen vorgestellt werden und einer möglichen Lösung zugeführt werden. Dazu zählen auch die arbeitsrechtlichen Grenzlinien in Konzernen, die nur teilweise dem kirchlichen Arbeitsrecht unterfallen sowie die Binnengrenzen eines kirchlichen Arbeitsrechts: Was gilt in von verschiedenen Konfessionen gemeinsam getragenen Einrichtungen?

Im folgenden Abschnitt sollen dann die Besonderheiten der kollektiven Regelungen kirchlicher Arbeitsverhältnisse beschrieben werden. Am Anfang dieses schon fast 30 Jahre alten Verfahrens, für das sich die Bezeichnung „Dritter Weg" eingebürgert hat (im Gegensatz zur einseitigen Festsetzung durch die Kirchenleitung als erstem und zur tarifvertraglichen Gestaltung als zweitem Weg), steht ein Blick auf die kirchenrechtlichen Grundlagen und die bereits in der Einführung diskutieren, weiterhin aktuellen Streitpunkte der normativen Wirkung, der Inhaltskontrolle und der Möglichkeit, tarifdispositives Recht abzubedingen. Danach soll der in der Rechtsprechung seit langem anerkannte Ausschluss des Streikrechts im kirchlichen Dienst vor dem Hintergrund neuerer Einwände gewogen und überprüft werden. Dem Modell der Ausgliederung aus dem kirchlichen Dienst gegenübergestellt werden soll das Modell einer Anpassung von Arbeitsbedingungen innerhalb der kirchlichen Arbeitsregelungsverfahren. Gewählt wurde das Beispiel eines Übergangs vom BAT-KF zu den AVR im Bereich der Diakonie; es mag *pars pro toto* für andere Umstellungen sein. Auch hier ist Flexibilisierung möglich, wenn ihr auch die jüngste Rechtsprechung des BAG recht enge Grenzen gesetzt hat.

Das nächste Kapitel will sich dann den Novellierungen von MAVO und MVG.EKD in den Jahren 2002 und 2003 zuwenden. Wiederum gilt: Eine umfassende Darstellung dieses Rechtsgebiets ist nicht gewollt, sondern es sollen allein die wichtigsten Neuerungen der kirchlichen Regelwerke zur betrieblichen Mitbestimmung beleuchtet werden. Wo es sinnvoll erscheint, wird ein vergleichender Blick auf das BetrVG und das Personalvertretungsrecht geworfen.

Den Abschluss bildet dann eine Auseinandersetzung mit dem Einfluss des Europarechts auf die Weiterentwicklung des kirchlichen Arbeitsrechts. Die Berührungspunkte von europäischer Rechtsetzung und deutschem Staatskirchenrecht einerseits und dem deutschen Arbeitsrecht anderseits bilden die Schnittmenge, die hier zu untersuchen ist. Herausgegriffen aus der Fülle der Fragestellungen und einer detaillierten Analyse unterzogen werden insbesondere die Richtlinien 2000/78/EG und 2002/14/EG – hier wird die Diskussion momentan intensiv geführt und hier scheint es besonders schwierig zu sein, den Anpassungsbedarf zu umschreiben.

Tritt man nach diesem Rundgang einen Schritt zurück und betrachtet die Ergebnisse so mag man zweifeln, ob der hier aufgezeigte – und mitunter auch verteidigte – Weg denn tatsächlich in die richtige Richtung führt: Nicht in Ansehung der Fälle, die bisher durch die Rechtsprechung zu entscheiden waren und hier erörtert wurden, sondern vor allem im Hinblick auf die vielfältigen neuen Religionen und Sekten, die Anforderungen an Ihre Mitarbeiter stellen mögen, die sehr viel größeren Konfliktstoff beinhalten könnten als die besonderen Loyalitätspflichten der evangelischen Kirchen oder der katholischen Kirche. Eine Antwort fällt nicht leicht. Sicherlich darf nicht mit zweierlei Maß gemessen werden. Wer das kirchliche Selbstbestimmungsrecht ernst nimmt, der darf es nicht unterscheiden in Ansehung von Vereinigungen, die ihm lieb sind, und solchen, die es ihm nicht sind. Auch für Religionsgemeinschaften, die nicht Körperschaft des öffentlichen Rechts sind, gilt daher in der Festlegung der Anforderungen an ihre Mitarbeiter nur die äußere Grenze der Grundprinzipien der Rechtsordnung: § 137 Abs. 5 WRV knüpft nicht an Art. 137 Abs. 3 WRV an. Man sollte diese Freiheit dennoch gelassenen Mutes zusprechen, denn die verbleibenden Ansatzpunkte richterlicher Kontrolle können einen interessengerechten Kompromiss ermöglichen. Auch mag man bei allzu zweifelhaften Gruppen genauer hinschauen, ob es sich tatsächlich um eine Religionsgemeinschaft handelt, oder ob nicht Religion der Vorwand für Kommerz ist. Das Bundesarbeitsgericht hat dies vorgemacht und zurecht entschieden, dass Scientology keine Religionsgemeinschaft ist[17], und weiß sich dabei rechtsordnungsübergreifend in guter Gesellschaft.[18] Für andere Vereinigungen mag ähnliches denkbar sein.

Ein Zweites mag als Leitgedanke mit die Lektüre des Buches begleiten: Ob das große Engagement der Kirchen nicht zuletzt im sozialen Bereich auch in Zukunft sinnvoll ist, entscheidet weder das Verfassungsrecht, noch das Arbeitsrecht, sondern die Art und Weise, wie die Arbeitnehmer im kirchlichen Dienst ihre Aufgabe begreifen und ausfüllen. Die Wahrung des kirchlichen Propriums ist Aufgabe der Kirche und ihrer Mitarbeiter, nicht des Staates. Der freilich muss den rechtlichen Rahmen setzen, innerhalb dessen sich kirchlicher Dienst realisieren kann. Betrachtet man das Gros der arbeitsrechtlichen Judikate, so zeigt sich, dass die Gerichte nach wie vor bereit sind, die sich aus dem kirchlichen Selbstverständnis ergebenden Besonderheiten soweit wie möglich zu berücksichtigen – und dies, wie es scheint, nicht allein wegen der uneinnehmbaren Bastion des Art. 140 GG i.V.m. Art. 137 WRV, sondern aus dem ernsthaften Bemühen heraus, den Kirchen keine Fesseln anzulegen, die sie in der Erfüllung ihres Sendungsauftrags und ihrer der gesamten Gesellschaft nutzenden karitativen Arbeit unzumutbar behindern könnten. Das ist gut so und macht Mut für die Zukunft.

---

17 S. BAG v. 22. 3. 1995, NZA 1995, S. 823. S. aber auch weitaus vorsichtiger BAG v. 26. 9. 2002, AP Nr. 83 zu § 2 ArbGG 1979. Dazu eingehend *Muckel*, Religiöse Freiheit und staatliche Letztentscheidung, 1997, S. 133 m.w.N. in Fn. 59; gediegen: *Tillmanns*, DÖV 1998, S. 441, 445 m.w.N. in Fn. 46.
18 Auch englische Gerichte vereinen dies, s. Regina v. Registrar General, Ex parte Segerdal [1970] 2 QB 697. Umfassend hierzu *Thüsing*, Was ist eine Religionsgemeinschaft? – Eine rechtsvergleichende Darstellung am Beispiel der Scientology Church, Gedächtnisschrift Hartmut Krüger, 2001, S. 351; ebenso *ders.*, Ist Scientology eine Religion?, ZevKR 44 (2000), S. 592.

§2 Die Grundlagen

Das kirchliche Arbeitsrecht fußt im Verfassungsrecht und dort hat es seine Grenzen: Das Selbstbestimmungsrecht der Religionsgemeinschaften ist auszuloten gegenüber den Grundrechten des kirchlichen Arbeitnehmers und seinem Anspruch gegen den Staat, nur dort vom allgemeinen Arbeitsrecht ausgenommen zu werden, wo es die Vorgaben von Grundgesetz und Weimarer Reichsverfassung gebieten oder doch erlauben. Im Folgenden soll es daher um die Grundrechte des Arbeitnehmers im kirchlichen Dienst gehen und um die Abgrenzung des kirchlichen Dienstes gegenüber dem weltlichen.

A) Das kirchliche Arbeitsrecht und die Grundrechte des Arbeitnehmers

I. Zwei einleitende Fälle

Diese Gretchenfrage des kirchlichen Arbeitsrechts mag durch zwei einleitende Beispiele erläutert werden:

Quigley North und *Quigley South* waren zwei Schulen, die von der katholischen Erzdiözese Chicago betrieben wurden. Früher einmal waren die meisten Lehrer Priester und die meisten Schüler solche, die Priester werden wollten. Beides hatte sich mit der Zeit geändert. Tarifverträge für die inzwischen zahlreichen Laienlehrer gab es dennoch nicht, und so beantragte die *Quigley Education Alliance* die Anerkennung als repräsentive Gewerkschaft des Lehrerkollegiums und die Aufnahme von Tarifverhandlungen. Die Schule verweigerte dies und man ging vor Gericht.[1] Der *Supreme Court* entschied hier erstmals, dass es mit der Religionsfreiheit, die im 1st *Amendment* der Verfassung garantiert wird, nicht vereinbar wäre, könnte der kirchliche Arbeitgeber zu einem Tarifvertrag gezwungen werden. Der Streik gegen eine kirchliche Einrichtung sei daher ausgeschlossen, unabhängig davon, ob sie „completely religious" oder lediglich „religiously associated" ist.

Madame Roy war Lehrerin an der katholischen Schule *Sainte Marthe*, einer kleinen Einrichtung in der Nähe von Lyon. Mehrere Jahre unterrichtet sie dort und es kommt zu keinen Beanstandun-

---

[1] NLRB v. Catholic Bishop of Chicago, 440 US 490 (1979). Hierzu auch jüngst das National Labor Relations Board (NLRB) in Ecclesiastical Maintenance Services 325 NLRB Nr. 98 = 158 LRRM 1033 v. 10. 4. 1998.

gen. Privat läuft jedoch nicht alles so, wie erhofft; ihre Ehe wird geschieden. Es dauert eine Weile, aber dann trifft sie einen anderen Mann, mit dem sie sich vorstellen kann, die Zukunft gemeinsam zu gestalten. Man heiratet, und daraufhin wird ihr Arbeitsverhältnis gekündigt. Sie klagt hiergegen und stützt sich auf die Freiheit ihres Gewissens und der Ehe. Die Gerichte und zuletzt die *Cour de cassation* weisen die Klage ab. Die Kirche habe das Recht darauf zu bestehen, den „caractère propre et sa réputation" ihrer Einrichtung zu bewahren.[2]

Die Fälle haben Gemeinsamkeiten. Zum einen: Beides mal ist dem kirchlichen Arbeitgeber etwas erlaubt, was seinem weltlichen Kollegen nicht erlaubt gewesen wäre. Denn dass eine Schule grundsätzlich unter den Anwendungsbereich des *National Labor Relations Act* fällt, und damit bestreikt werden kann, ist unbestritten, und auch hat die *Cour de Paris* bereits vor langer Zeit die Zölibatsklausel, die eine französischen Fluglinie mit ihren Stewardessen vereinbarte, nicht anerkannt.[3] Zum anderen: Beides mal sind Grundrechtspositionen des Arbeitnehmers besonders betroffen. Einmal ist es die Koalitionsfreiheit, die in Ansätzen auch im US-amerikanischen Recht anerkannt ist, das andere mal das Recht zur Ehe. Wir verweisen auf Art. 6 GG, im französischen Recht ist es die *liberté de marriage*, die als *liberté public* anerkannt ist. Das rechtsvergleichende Panorama ließe sich noch weiter aufspannen. Die auf eine Beziehung zu einem verheirateten Mann gestützte Kündigung einer Lehrerin im kirchlichen Dienst erkannte auch der irische *High Court* als rechtmäßig an[4], der seinerseits sich auf eine kurz zuvor ergangene gleichsinnige Entscheidung des kanadischen *Supreme Court* stützte.[5] Er hätte sich auch auf das italienische und das österreichische Recht beziehen können; dort wertet man entsprechend.[6] Verfassungsrechtliche Gewährleistungen von Glaubensfreiheit und Ehe standen dem ebenso wenig entgegen wie arbeitsrechtliche Diskriminierungsverbote.

Das Gesagte mag überraschen, scheint es doch Hinweis für eine rechtsordnungsübergreifende Privilegierung der Kirchen und Religionsgemeinschaften gegenüber weltlichen Arbeitgebern zu sein. Wenn dem nun so ist, fragt sich, worin der Grund für diese Besser- oder doch zumindest Andersbehand-

---

2 Cour de Cassation, Ass. Plén, v. 19.5.1978, D. 1978, 546 mit den Anträgen des Generalanwalts *Schmelck* und Anm. *Ardant*. Zum Thema s. auch *Bedoura*, Le licenciement des maîtres dans les établissements confessionnels, D. 1978, chron, S. 51. S. auch *J.Savatier*, La situation au regard du droit du travail des pasteurs de l'Église réformée, Dr. soc. 1987, S. 375.
3 Cour de Paris v. 30.4.1963, S. 1963, S. 428 mit Anm. *Rouast*; S. 1963, s. 179 mit Anm. *Toulemon*. Gleichsinnig bereits einige Jahre zuvor das BAG v. 10.5.1957, BAGE 4, S. 274.
4 Entscheidung v. 8.3.1985, Flynn v. Power and Sisters of the Holy Faith [1985] Irish Reports, S. 648.
5 Entscheidung v. 20.12.1984, Re Caldwell and Stuart [1985] 15. D.L.R. (4th).
6 Vgl. die Nachweise in den einzelnen Länderdarstellungen in *Robbers*, Staat und Kirche in der Europäischen Union, S. 198 (Italien – *Ferrari*), S. 271 (Österreich – *Potz*). Zum österreichischen Recht s. auch § 2 Abschn. A IV 6, S. 20f.

lung liegt, und wo ihre Grenzen verlaufen. Dem soll für das deutsche Verfassungs- und Arbeitsrecht nachgegangen werden. Die Darstellung wird dabei schrittweise vorgehen. Am Anfang steht ein Blick auf die Grundrechte des Arbeitnehmers im Arbeitsverhältnis, es folgt ein Blick auf das Selbstverwaltungsrecht der Religionsgesellschaften aus Art. 140 GG i.V.m. Art. 137 Abs. 3 WRV.

II. Der erste verfassungsrechtliche Ausgangspunkt: Die Grundrechte des Arbeitnehmers

Der Einfluss der Grundrechte des Arbeitnehmers auf Kündigungsschutz, Tarifvertrag und Betriebsverfassung ist eine fast schon klassische Fragestellung in der Dogmatik des Arbeitsrechts. Gerne gibt man seiner Argumentation verfassungsrechtliche Weihen. „Es gibt kein Gebiet, in dem die Grundrechte so zum Kleingeld täglicher Rechtsanwendung geworden sind, wie im Arbeitsrecht" stellt bereits vor fast 20 Jahren *Gamillscheg* ein wenig launisch fest.[7] Die Entwicklung war recht wechselhaft, inzwischen ist etwas Ruhe eingekehrt. Am Anfang stand die insbesondere von *Nipperdey* vertretene Auffassung, es könne im Arbeitsrecht auch über Art. 9 Abs. 3 Satz 2 GG hinaus eine unmittelbare Drittwirkung der Grundrechte geben.[8] Davon hat man sich sehr früh verabschiedet. Heute wird sie allein noch im Ausschnitt des Tarifvertragsrechts diskutiert. Sind die Tarifvertragsparteien an die Grundrechte gebunden? Das BAG sagte über viele Jahre hinweg ja, in jüngerer Zeit haben einige *obiter dicta* des 4. Senats für Verwirrung gesorgt[9]; hier kann die Frage auf sich beruhen. Wichtiger sind die dogmatischen Handschuhe, die in den übrigen Bereichen des Arbeitsrechts genutzt werden, den Grundrechtsschutz des Arbeitnehmers zu greifen. Ebenso wie allgemein im Privatrecht wirken die Grundrechte vor allem als Auslegungshilfe zur Konkretisierung von Generalklauseln. Das BAG hat dies in einigen Entscheidungen verdeutlichen können: Einem Drucker, der sich weigerte kriegsverherrlichendes Material zu drucken, mußte der Arbeitgeber gemäß § 315 BGB i.V.m. Art. 4 GG eine andere Arbeit zuweisen, bei der außerordentlichen Kündigung eines Ar-

---

7 *Gamillscheg*, ZfA 1983, S. 307, 312.
8 *Nipperdey*, Grundrechte und Privatrecht, Festschrift für Erich Molitor, 1962, S. 17 ff.; s. auch BAG v. 3.12.1954, BAGE 1, S. 185, 191f.
9 S. insb. BAG v. 30.8.2000, SAE 2001, S. 289 mit Anm. *Löwisch* = AR Blattei ES 1550.1.4. mit Anm. *Dieterich*; BAG v. 24.4.2001, AP Nr. 243 zu § 1 TVG Tarifverträge: Bau; BAG v. 29.8.2001, AuR 2002, S. 351. Hierzu auch *Zachert*, AuR 2002, S. 330; *Waltermann*, FS 50 Jahre BAG, 2004, S. 909; BAG v. 12.10.2004, ZTR 2005, S. 358. Offengelassen: BAG v. 14.10.2003, NZA 2004, S. 679.

beitnehmers, der den Betriebsrat beleidigte, wägte es im Rahmen des § 626 BGB die Schwere der Meinungsfreiheit, ebenso wie beim Betriebsrat, der eine Werkszeitung verteilte, und dabei allerhand Übles behauptete.[10] Die Reihe der Beispiele ließe sich beliebig fortsetzen; hier mag das Gesagte genügen. Daneben stehen die bekannten Entscheidungen des BVerfG zum Handelsvertreter und zum Kündigungsschutz in Kleinbetrieben, bei denen die Grundrechte als Maßstab zur Ausgestaltung des Arbeitsrechts durch den Gesetzgeber oder hilfsweise den Richter herangezogen werden.[11] Eine Wettbewerbsverbot bedarf der Karenzentschädigung und auch in Kleinbetrieben muss es ein Mindestmaß an Kündigungsschutz geben.

In diesen Ansatz muss sich auch das kirchliche Arbeitsrecht einordnen lassen: Schafft der parlamentarische Gesetzgeber oder in seiner Vertretung der rechtsfortbildende Richter Regelungen des kirchlichen Arbeitsrechts, muß er – wie überall – die Grundrechte des Arbeitnehmers berücksichtigen. Subsumiert der Richter einen Sachverhalt unter die Generalklauseln des Zivilrechts, insbesondere also § 626 BGB und § 106 GewO, dann ist er ebenso gehalten die Grundrechte des Arbeitnehmers mit zu bedenken.

III. Der zweite verfassungsrechtliche Ausgangspunkt: Art. 140 GG i.V. m. Art. 137 Abs. 3 WRV

Der Blick auf den zweiten verfassungsrechtlichen Ausgangspunkt wechselt die Perspektive: Das Selbstbestimmungsrecht der Kirchen wird durch Art. 140 GG i.V. m. Art. 137 Abs. 3 WRV anerkannt. Es ist kein Grundrecht wie andere, denn hier wird nicht dem einzelnen Bürger eine Freiheit vor der staatlichen Beeinträchtigung seines Handelns garantiert, sondern die Regelungsautonomie einer Institution festgeschrieben. Es steht aber im engen Zusammenhang zum Grundrechtsschutz: Jede Beschränkung der Freiheit der Religionsgesellschaften stellt mittelbar eine Beschränkung der Religionsfreiheit ihrer Mitglieder dar, die in der Gemeinschaft ihren Glauben leben.[12] Daher kann die Verletzung des kirchlichen Selbstbestimmungsrechts jedenfalls

---

10 BAG v. 10.12.1984, AP Nr. 27 zu § 611 BGB Direktionsrecht; BAG v. 13.10.1977, AP Nr. 1 zu § 1 KSchG 1969 Verhaltensbedingte Kündigung; BVerfG v. 8.10.1996, EWiR 1/97, Art. 5 GG, S. 169 mit Anm. *Wiedemann*.
11 BVerfG v. 7.2.1990, BVerfGE 81, S. 242; BVerfG v. 27.1.1998, BVerfGE 97, S. 169; s. hierzu auch BAG v. 21.2.2001, NZA 2001, S. 833.
12 Zu diesem Zusammenhang auch viel beachtet BVerfG v. 19.12.2000, BVerfGE 102, S. 370 (Zeugen Jehovas).

mittelbar über Art. 4 GG durch Verfassungsbeschwerde geltend gemacht werden.[13]

Dieses Selbstbestimmungsrecht besteht nur im Rahmen der „für alle geltenden Gesetze". Wie schwierig es ist, solche Gesetze zu umschreiben, wurde eingangs bereits dargelegt.[14] Eine Abwägung zwischen den verschiedenen Rechtspositionen ist erforderlich.

IV. Die Kollision

Wie nun sind beide Positionen zu versöhnen? Das Leitmotiv zur Ab- und Eingrenzung des kirchlichen Selbstverwaltungsrechts wurde schon dargelegt, jedoch ergibt sich erst dann ein Ganzes, wenn dem dogmatischen Skelett das Fleisch der Verfassungsrechtsprechung beigefügt wird.

1. Die Rechtsprechung des BVerfG außerhalb des Arbeitsrechts

Diese bezieht sich nicht allein und auch nicht schwerpunktmäßig auf das kirchliche Arbeitsrecht. Eine befriedigende dogmatische Konturierung ist den verschiedenen Judikaten nicht zu entnehmen; eine jüngere monographische Untersuchung attestiert ein „Stadium des Übergangs und der methodischen Unsicherheit".[15] Einige wichtige und wohl gesicherte Determinanten in der Suche nach dem richtigen Kompromiss zwischen staatlichem Regelungsanspruch und kirchlicher Autonomie lassen sich dennoch benennen. So stellte das Bundesverfassungsgericht zutreffend in seiner Entscheidung vom 17.2.1981 fest, dass die Garantie des Art. 137 Abs. 3 WRV keine Gewährleistung ist, sondern eine Sicherung der kirchlichen Freiheit. Wo eine Abwägung stattfindet, kommt – wie eine andere Entscheidung betont – dem kirchlichen Selbstverständnis „ein besonderes Gewicht" zu.[16] Diese Absage an eine Grundrechtsabwägung gleichberechtigter Positionen – dort das Grundrecht des einen, hier die Freiheit der Kirchen – wird dann in einigen anderen Entscheidungen auch nachgezeichnet. So fordert das Gericht „dringende Gründe des gemeinen Wohls" für jeglichen Eingriff in die Organisationsge-

---

[13] von Münch/Kunig-*Mager*, GG, Art. 4, Rn. 59; Sachs/*Kokott*, GG, Art. 4, Rn. 9 m.w.N.; s. auch BVerfG v. 4.10.1965, BVerfGE 19, S. 129, 135.
[14] S. § 1 Abschn. A II, S. 2f.
[15] *Bock*, Das für alle geltende Gesetz und die kirchliche Selbstbestimmung, 1996, S. 209f.; s. jetzt auch *Heinig*, Öffentlich-rechtliche Religionsgesellschaften, 2003; gehaltvoll auch *Magen*, Körperschaftsstatus und Religionsfreiheit, 2004.
[16] S. etwa BVerfG v. 18.9.1998, NJW 1999, S. 349 mit Hinweis auf eine st. Rspr.

walt und Personalhoheit der Kirchen[17] und in Streitigkeiten um die Rechtmäßigkeit von Disziplinarmaßnahmen gegenüber Geistlichen verneinte das Gericht schlicht die Zuständigkeit, ließ also die Verletzung möglicher Grundrechte schlicht ungeprüft[18], erwog vielmehr einzig einen Verstoß gegen das Willkürverbot.[19]

2. Die bestätigte Rechtsprechung des BVerfG zum kirchlichen Arbeitsrecht

In nur wenigen Entscheidungen hat sich das Bundesverfassungsgericht bislang mit der Reichweite der kirchlichen Autonomie gerade im Arbeitsrecht beschäftigt.[20] In das Augenmerk rückt vor allem die Entscheidung im 70sten Band, mit der das Bundesverfassungsgericht eine Rechtsprechung des Bundesarbeitsgerichts beendete, die bei der Kündigung von Arbeitnehmern im kirchlichen Dienst nur gestufte Loyalitätspflichten anerkennen wollte, je nach der Nähe der Tätigkeit des Arbeitnehmers zum Verkündigungsauftrag der Kirche. Es führte aus, dass es „grundsätzlich den verfassten Kirchen überlassen [ist], verbindlich zu bestimmen, was ‚die Glaubwürdigkeit der Kirche und ihrer Verkündigung erfordert', was ‚spezifisch kircheneigene Aufgaben' sind, was ‚Nähe' zu ihnen bedeutet, welches die ‚wesentlichen Grundsätze der Glaubens- und Sittenlehre' sind und was als – gegebenenfalls schwerer – Verstoß gegen diese anzusehen ist".[21] Denn zu all dem bedarf es des *sentire cum ecclesia*; das kann von einem weltlichen Gericht nicht verlangt werden. Die Autonomie und die aus ihr resultierenden kirchlichen Vorgaben dürfen sich allerdings nicht in Widerspruch zu den Grundprinzipien der Rechtsordnung stellen, wie das allgemeine Willkürverbot, die Wahrung der guten Sitten und den *ordre public*.[22] Diese Begrenzung – der Widerspruch zu Grundprinzipien der Rechtsordnung – findet sich nicht ausdrücklich im Wortlaut der Verfassung, die als Schranke nur die allgemeinen Gesetze benennt, entspricht jedoch gewohntem Muster zur Abgrenzung und Ak-

---

17 BVerfG v. 14.5.1986, BVerfGE 72, S. 278.
18 S. etwa BVerfG v. 6.4.1979, NJW 1980, S. 1041.
19 BVerfG v. 1.6.1983, NJW 1983, S. 2569; eine sachliche Prüfung, wenn auch im großzügigen Maß findet statt in BVerfG v. 28.11.1978, NJW 1980, S. 1041
20 BVerfG v. 1.3.1979, BVerfGE 50, S. 366; BVerfG v. 4.6.1985, BVerfGE 70, S. 138; s. auch BVerfG v. 13.12.1983, BVerfGE 66, S. 1, 22; BVerfG v. 14.5.1986, BVerfGE 72, S. 278. Daneben gab es eine Kammerentscheidung zum kirchlichen Arbeitsrecht: BVerfG v. 5.6.1981, NJW 1983, S. 2570.
21 BVerfG v. 4.6.1985, BVerfGE 70, S. 138, 168.
22 BVerfG v. 4.6.1985, BVerfGE 70, S. 138, 168.

zeptanz anderer Rechtskreise: Auch das ausländische Recht ist nicht anzuerkennen soweit es dem *ordre public* widerspricht, was bei einem Verstoß gegen das Willkürverbot regelmäßig gegeben ist. Der *ordre public* umfaßt eben alle „wesentlichen Grundsätze des deutschen Rechts" und diese sind dann zwingend auch für die Kirchen. Ob demgegenüber die Sittenwidrigkeit eine eigenständige Bedeutung hat, ist zweifelhaft: Was sittenwidrig ist, verstößt auch gegen den *ordre public*.[23]

3. Die abweichende Auffassung jüngerer Kammerentscheidungen

In diesen scheinbar festen staatskirchenrechtlichen Kernbestand ist in jüngerer Zeit Bewegung durch zwei neuere Kammerentscheidungen gekommen.[24] Die Sachverhalte, die damals zur Beurteilung anstanden, waren staatskirchenrechtlich recht trivial und brauchen daher hier in ihren Details nicht näher ausgeführt werden: In dem einen Fall hatte eine Lehrerin im kirchlichen Dienst ein Verhältnis mit einem Mönch und hatte dieses dann publik gemacht mit sehr heftigen, kirchenkritischen Worten und wurde daraufhin – durch alle Instanzen hin bestätigt – gekündigt. Im anderen Fall ging es um eine Erzieherin, die sich einer Sekte zugewandt hatte und diesen neuen Glauben nach außen fleißig kundtat. Auch hier wurde die Kündigung von allen Gerichten als rechtmäßig und verfassungsgemäß gewertet. Aufhorchen ließen allein die Entscheidungsgründe. In der Entscheidung vom 31.1.2001 hieß es: „[Es] kollidiert die Meinungsfreiheit der Beschwerdeführerin mit dem ebenfalls Verfassungsrang genießenden Recht der Kirchen, in den Schranken der für alle geltenden Gesetze den kirchlichen Dienst nach ihrem Selbstverständnis zu regeln und die spezifischen Obliegenheiten kirchlicher Arbeitnehmer verbindlich zu machen (vgl. BVerfGE 70, 138 [165 ff.] unter Bezugnahme auf Art. 140 GG i.V.m. Art. 137 III WRV). Dass das Landesarbeitsgericht bei der hiernach gebotenen Güterabwägung der Meinungsfreiheit der Beschwerdeführerin nicht den Vorrang eingeräumt hat, ist verfassungsrechtlich nicht zu beanstanden".[25] Dieses Modell kirchlicher Selbstbe-

---

[23] Art. 30 EGBGB a.F., der durch Art. 6 EGBGB inhaltlich nicht geändert wurde (Soergel-*Kegel*, EGBGB, Art. 6, Rn. 23), hinderte die Anwendung des ausländischen Rechts „wenn die Anwendung gegen die guten Sitten oder gegen den Zweck eines deutschen Gesetzes verstoßen würde".
[24] BVerfG v. 31.1.2001, NZA 2001, S. 717; BVerfG v. 7.3.2002, EzA Nr. 47a zu § 611 BGB Kirchliche Arbeitnehmer; ähnlich bereits die Kammerentscheidung BVerfG v. 5.6.1981, NJW 1983, S. 2570. Hierzu auch *Dütz*, NZA 2006, S. 65, 69 m.w.N.
[25] BVerfG v. 31.1.2001, NZA 2001, S. 717.

stimmung im Arbeitsrecht wurde in der folgenden Entscheidung ohne Modifikation bestätigt.[26]

Die Kammer verlangte also zusätzlich eine Verhältnismäßigkeitsprüfung anhand der Grundrechte der betroffenen Arbeitnehmer. Das ist in jüngerer Zeit vor allem auch vom ehemaligen Bundesverfassungsrichter *Kühling* in einem Gutachten für die Gewerkschaft ver.di zur Frage des Streikrechts im kirchlichen Dienst so vertreten worden.[27] Er beruft sich dabei auf seinen Amtsvorgänger *Geiger*, der ebenso wie nun auch die Kammer aus der Entscheidung von 1979 eine – von ihm heftig kritisierte – Abkehr von älterer Rechtsprechung herauslas, die auf eine solche engere Kontrolle eindeutig verzichtete.[28] Andere haben diesen Wechsel nicht gesehen und dem möchte ich mich anschließen: Im bereits dargelegten Sachverhalt ging das Bundesverfassungsgericht nicht auf das Grundrecht der Meinungsäußerung der Arbeitnehmer ein, die sie zur kirchlichen Loyalität verpflichtete, obwohl es hier um eine Kündigung wegen einer Äußerung zur Abtreibungsfrage ging. Hätte es wirklich eine solche zweite, engere Kontrollschranke gewollt, so wäre sie hier offenbar geworden. Der Hinweis der Kammer auf den letzten Abschnitt der Entscheidungsgründe gibt die behauptete Prüfung nicht her. Dort heißt es ganz im Gegenteil, der Kläger könne sich „nicht mit Erfolg auf grundrechtlichen Schutz, etwa aus Art. 5 GG, berufen". Entscheidend war, dass er sich durch seine Äußerungen „außerhalb der kirchlichen Gemeinschaften gestellt hat". Das BVerfG hat damit wichtige neue Akzente gesetzt. Ob sich damit nun tatsächlich ein bleibender Wechsel der Rechtsprechung andeutet, bleibt abzuwarten. Der Anlass der Entscheidungen, die noch ausstehende Begründung des Wechsels, die fehlende Entscheidungserheblichkeit und auch der Umstand, dass eben nur eine Kammer entschied, lässt mich hoffen, dass dem nicht so ist. *Leading cases* sind anderer Natur. Bis zur nächsten Senatsentscheidung jedenfalls kann die Frage noch nicht als geklärt gelten.

4. Gründe, die für die bisherige Rechtsprechung sprechen

Wo es in zukünftigen Fällen aber tatsächlich auf die Grundrechtsabwägung neuen Stils ankommen sollte, sollte das Gericht den Mut haben, die Fortgel-

---

26 S. auch *Thüsing*, NZA 2002, S. 306.
27 *Kühling*, AuR 2001, S. 243; hiergegen *Richardi/Thüsing*, AuR 2002, S. 94, 98; *Belling*, Streik in der Diakonie? ZevKR 48 (2003), S. 407 = *ders.*, Zur Arbeitsniederlegung in diakonischen Einrichtungen, Festschrift 50 Jahre BAG, 2004, S. 477. S. auch *Budde*, AuR 2005, S. 353, 355.
28 *Geiger*, ZevKR 26 (1981), S. 156, 159.

tung des etablierten Modells zu bestätigen, denn gute, und meines Erachtens die besseren Gründe sprechen dafür, die Neuakzentuierung der Kammerentscheidungen zu überdenken. Es wird nicht geleugnet, dass im Konfliktfall zwischen staatlichen und kirchlichem Recht ein Ausgleich gefunden werden muss, und es stimmt auch, dass dieser ausgehend vom staatlichen, nicht vom kirchlichen Recht zu suchen ist. Dieser Kompromiß liegt jedoch im Vorbehalt der Grundprinzipien der Rechtsordnung: Hierin vollzieht sich die Güterabwägung, die allgemein im Staatskirchenrecht vorzunehmen ist, nicht allein im Arbeitsrecht.[29] Nicht bei jedem Grundrecht, sondern erst bei tragenden Rechtsprinzipien muss die kirchliche Selbstbestimmung zurücktreten.

Eben diese überkommene Position ist auch das, was dem Wesen der Autonomie entspricht. Würde man dem durch die Kammerentscheidungen gewiesenen Weg folgen, dann würde die kirchliche Autonomie zu einem bloßen kirchlichen Grundrechtsschutz degradiert – ein Weg, der dogmatisch fragwürdig ist und praktisch undurchführbar. Die Festlegungen, was grundsätzlich kündigungserhebliche Gründe sind, und welches Gewicht sie haben, lassen sich nicht trennen. Jeder kündigungserhebliche Grund definiert sich auch durch sein Gewicht, und wenn eine Religionsgemeinschaft verkündet, Ehebruch ist fast ebenso schwerwiegend wie Mord, so mag man dem zustimmen wollen oder nicht, die weltlichen Gerichte sind an diese Gewichtung gebunden.[30] Die hierbei bestehenden Grenzen bleiben durchaus erheblich: Unzulässig ist eine Klerikalisierung des Laienstandes, die den ganzen Menschen einnimmt und das Arbeitsverhältnis nur zum Ausgangspunkt nimmt[31]; und unzulässig sind sicherlich auch Forderungen, die nicht lediglich grundrechtbegrenzend wirken, sondern grundrechts- und verfassungsfeindlich sind: Zu Gewalt, Straftaten, gesetzeswidrigen Verhaltensweisen – zu all dem kann auch die Kirche ihre Arbeitnehmer nicht verpflichten. Auch muss der Dienstgeber schlüssig darlegen, dass die Verpflichtung des Arbeitnehmers tatsächlich Konsequenz ihrer Lehre ist, was regelmäßig eine einheitliche Behandlung der Sachverhalte verlangt – Willkür und ungerechtfertigte Ungleichbehandlung genießen keinen verfassungsrechtlichen Schutz. Kein Freibrief für die Kirchen also, sondern eine verfassungskonforme, ausgewogene Einpassung.

---

29 Ausführlich Listl/Pirson-*Hesse*, Handbuch des Staatskirchenrechts der Bundesrepublik Deutschland, Bd. I, S. 552 ff., insb. S. 555. Maunz/Dürig-*Korioth*, GG, Art. 140, Rn. 44 ff.
30 BAG v. 24. 4. 1997, EzA § 611 BGB Kirchliche Arbeitnehmer Nr. 43 = AP Nr. 27 zu § 611 BGB Kirchendienst mit Anm. *Thüsing*.
31 BVerfG v. 4. 6. 1985, BVerfGE 70, S. 166.

5. Versuch einer Präzisierung ausgehend vom *ordre public*

Was heißt dies nun im Einzelnen? Mit dem *ordre public* ist ein Begriff in die Suche nach der Kompetenzabgrenzung zwischen Kirche und Staat eingebracht worden, den es lohnt zu präzisieren. Auch dessen Konkretisierung stellt der Sache nach eine Güterabwägung dar, wenn auch mit anderen Gewichten. Eine Rechtsnorm ist gemäß Art. 6 Satz 2 EGBGB „insbesondere nicht anzuwenden, wenn die Anwendung mit dem Grundgesetz nicht vereinbar ist".[32] Mit der Neuregelung des IPR im Jahr 1986 ist die Grundrechtsrelevanz des *ordre public* also im Gesetzestext selbst normiert. Ausgangspunkt hierfür war die Spanier-Entscheidung des BVerfG vom 4.5.1971.[33] Es ging um die Frage, ob ein Ausländer in Deutschland eine geschiedene Frau heiraten kann, wenn seine Scheidung nach seinem Heimatrecht nicht anzuerkennen ist. Das Gericht stellte fest, einer neuen Heirat in Deutschland stünde nicht das Verbot der Doppelehe entgegen, denn eine solche Anwendung ausländischen Rechts verstoße gegen die Eheschließungsfreiheit des Art. 6 GG; diese müsse im Rahmen des *ordre public* berücksichtigt werden. In der gleichen Entscheidung liest man jedoch den Hinweis, dass „ein Grundrecht wesensmäßig eine bestimmte Beziehung zur Lebensordnung im Geltungsbereich der Verfassung voraussetzen kann, so dass eine uneingeschränkte Durchsetzung in ganz oder überwiegend auslandsbezogenen Sachverhalten den Sinn des Grundrechtsschutzes verfehlen würde". Dies lässt sich gedanklich auf Sachverhalte, die ganz oder überwiegend den kirchlichen Bereich berühren, übertragen. Auch die Gesetzesmaterialien zu Art. 6 EGBGB betonen, dass die Grundrechtsverletzung hier nicht nach den gleichen Grundsätzen wie in reinen Inlandsfällen festgestellt werden kann.[34] Keine Grundrechtsabwägung eins zu eins in den gewohnten Bahnen, jedoch auch kein Freiraum der verfassungsrechtlichen Beliebigkeit also. Die Ausdeutung dieser Konzeption in präzise Formeln ist bis heute nicht gelungen; die Auffassungen variieren immer noch weit. Als entscheidende Parameter werden anknüpfend an die Rechtsprechung des Bundesverfassungsgerichts die Stärke des Inlandsbezugs genannt und in Anknüpfung an Art. 6 Satz 1 EGBGB die Schwere oder Offensichtlichkeit des Grundrechtsverstoßes. In anderen Stellungnahmen

---
32 Zum Grundrechtsbezug des *ordre public* s. BVerfG v. 4.5.1971, BVerfGE 31, 58, 70; weitere Nachweise bei Staudinger-*Blumenwitz*, Art. 6 EGBGB, Rn. 13ff. Monographisch *Damm*, Die Einwirkung der Grundrechte des GG auf das nach deutschem IPR anwendbare ausländische Sach- und Kollisionsrecht, 1993.
33 BVerfG v. 4.5.1971, BVerfGE 31, S. 58.
34 BT-Drucks. 10/404, S. 44.

heißt es, es komme darauf an, dass der Auslandssachverhalt nach den Wertungen des jeweils betroffenen Grundrechts Besonderheiten aufweist, die einer Gleichbehandlung mit reinen Inlandfällen entgegenstehen; absolute Grenze sei allein der Menschenrechtsgehalt der Grundrechte.[35]

Versucht man diese verschiedenen Töne auf die hier diskutierte Frage zu transponieren und in einen einheitlichen Akkord einzufügen, dann mag es genügen, festzustellen, dass es damit jedenfalls nicht um eine Grundrechtsabwägung geht, die dem üblichen Muster entspricht, sondern für die eigene Formeln gesucht werden müssen. Der Prüfungsmaßstab hat nicht die gleiche Dichte wie in der Prüfung staatlicher Entscheidungen und Gesetze; die Kontrolle wird einige Pegelstriche zurückgenommen und der Freiraum des dem Staat nicht gänzlich Zugehörigen wird erweitert. Dem entspricht es, dass das Bundesverfassungsgericht bei der Abwägung zwischen staatlicher Wertentscheidung und kirchlicher Selbstbestimmung ausdrücklich darauf hinweist, dass dem Selbstverständnis ein „besonderes Gewicht" beizumessen ist.[36] Auch die Formel des Bundesverfassungsgerichts ist also eine elastische Abwägungsformel, jedoch eine, die den besonderen Status des kirchlichen Selbstbestimmungsrechts anerkennt.

6. Eine rechtsvergleichende Kontrollwertung: Ein Blick nach Österreich

Weil eine Meinung oftmals auch deswegen überzeugt, weil sie von vielen geteilt wird, und der, der sich allein mit seiner Auffassung weiß, weit größerem Rechtfertigungsdruck ausgesetzt ist, soll noch einmal ein kurzer rechtsvergleichender Blick ins benachbarte Ausland gewagt werden, wo ausgehend von einem sehr ähnlichen Verfassungsrahmen ein Ergebnis formuliert wurde, das *mutatis mutandis* der hier formulierten Auffassung entspricht. Der österreichische Oberste Gerichtshof stellte in einer Entscheidung vom 12. 4. 1995 fest:

„Nach österreichischem Recht erstreckt sich die kirchliche Autonomie [...] auf die selbständige Beurteilung der Frage, ob der an einer konfessionellen Privatschule beschäftigte Lehrer aus religiösen Gründen tragbar ist, so dass die Kündigung eines an einer von einer kirchlichen Institution betriebenen Schule beschäftigten Lehrers wegen einer kritischen Stellungnahme zu Fragen der Glaubens- und Sittenlehre von den staatlichen Gerichten weder darauf zu prüfen ist, ob diese Auffassung vertretbar ist, noch darauf, ob dieses Verhalten – auch unter Bedachtnahme darauf,

---

35 Diskussion und eingehende Erörterung: *Looschelders*, RabelsZ 65, 2001, S. 479 ff.
36 Zuletzt BVerfG v. 18. 9. 1998, NJW 1999, S. 349, 350.

dass die Tätigkeit des Lehrers nicht in den Kernbereich der kirchlichen Autonomie fällt – so schwerwiegend ist, dass es die Auflösung des Dienstverhältnisses erfordert"[37]

Das Gericht stützte sich dabei auf Art. 15 StGG, der mit Art. 137 Abs. 3 WRV weitgehend übereinstimmt.[38] Es verwundert daher nicht, dass gerade auch die Rechtsprechung des deutschen Bundesverfassungsgerichts hier zum Vorbild genommen wurde. Man stützte sich auf das Urteil vom 4.6.1985, hielt es für stimmig, und wollte hiermit in Übereinstimmung entscheiden. Daher prüfte der Oberste Gerichtshof nur, ob die Kündigung willkürlich und sachfremd und damit sittenwidrig sei. Das vom Kläger vorgebrachte Grundrecht der freien Meinungsäußerung, geschützt in Art. 13 StGG, vermochte die Sittenwidrigkeit nicht zu begründen. Auf eine eigenständige Grundrechtsabwägung losgelöst von Willkürverbot, Sittenwidrigkeit und *ordre public* verzichtete man.[39] Auch dies belegt deutlich, dass die jüngeren Kammerentscheidungen ein Wandel der Rechtsprechung darstellen, und dass sie es versäumt haben zu begründen, warum dieser Wandel notwendig geworden ist.

V. Konsequenzen

Versucht man nun das Gesagte auf einzelne Anwendungsbereiche herunter zu brechen, so ist zuerst zum so kontrovers diskutierten Streikrecht im kirchlichen Dienst Stellung zu nehmen; danach soll etwas zum Kündigungsschutz im kirchlichen Dienst gesagt werden. Das Recht der Mitarbeitervertretung als dritter wichtiger Bereich des kirchlichen Arbeitsrechts mag ausgespart werden, denn seine Grundsrechtsrelevanz ist beschränkt: Ein Grundrecht auf Mitbestimmung gibt es nicht und die vereinzelt formulierte Vorstellung, § 118 Abs. 2 BetrVG und seine Parallelnormen (§ 1 Abs. 3 Nr. 2 SprAuG, § 112 BPersVG, § 1 Abs. 4 Satz 2 MitbestG, § 81 Abs. 2 BetrVG 1952) seien

---

[37] OGH v. 12.4.1995, DRdA 1996, S. 36ff. mit Anm. *Kalb*. Hierzu auch *Windisch-Graetz*, Das Diskriminierungsverbot aufgrund der sexuellen Orientierung, ZAS 2004, S. 58.
[38] Art. 15 StGG: „Jede gesetzlich anerkannte Kirche und Religionsgesellschaft hat das Recht der gemeinsamen öffentlichen Religionsübung, ordnet und verwaltet ihre inneren Angelegenheiten selbständig, bleibt im Besitze und Genusse ihrer für Kultus-, Unterrichts- und Wohltätigkeitszwecke bestimmten Anstalten, Stiftungen und Fonds, ist aber, wie jede Gesellschaft, den allgemeinen Staatsgesetzen unterworfen". Zu Unterschieden in der Ausdeutung gegenüber dem deutschen Recht s. OGH SZ, 47/135.
[39] Eben dies kritisiert *Kalb*, DRdA 1996, S. 41, 43; gleichsinnig *Schinkele*, Das Arbeitsrecht in der Kirche – der staatskirchenrechtliche Rahmen, in: Schinkele/Runggaldier, Arbeitsrecht in der Kirche, 1996.

verfassungswidrig, haben sich nicht durchsetzen können.[40] Im Gegenteil: Die herrschende Meinung geht davon aus, dass diese kirchlichen Freiräume verfassungsrechtlich geboten sind, und ich möchte das nicht in Frage stellen.[41]

1. Streikrecht

Auch derjenige, der den hier dargelegten Argumenten nicht in Gänze folgen will, sondern nur einen Teil des Weges mitgehen möchte, wird sehr schnell bei der herrschenden Meinung ankommen: Der Streik im kirchlichen Dienst ist unzulässig.[42] Der Richter, der dies stellvertretend für den im Arbeitskampfrecht untätigen Gesetzgeber feststellt, kann nicht im Hinblick auf das Grundrecht der Koalitionsfreiheit abweichend entscheiden, denn die Kirchen geben hier eindeutige Vorgaben, die nach dem Dargelegten als verbindliches Datum zu akzeptieren sind. Ausführlicher soll dies in § 3 Abschn. B, S. 139 ff. begründet werden. Nur so viel hier: Will man dies tatsächlich in Frage stellen, ließe sich das wohl nicht begründen, ohne das kirchliche Arbeitsrecht in Gänze in Frage zu stellen. Man müsste das kirchliche Mitarbeitervertretungsrecht ablehnen, weil man auch hier das antagonistische Modell der Betriebsverfassung als passend für den kirchlichen Dienst werten würde, und man müsste das Recht der Kirchen, Mitarbeiter bei gravierenden Verstößen gegen die Glaubenslehre zu kündigen, auf den bloßen Tendenzschutz zurückfahren. Gründe dafür, hier anders zu werten als beim Streikrecht, sind kaum ersichtlich: Dort wie hier geht es um die Freiheit der Kirchen, Anforderungen an das Verhalten ihrer Mitarbeiter zu stellen, die sich aus der Besonderheit der kirchlichen Dienstgemeinschaft begründen, und auch diese Fälle haben weder einen geringeren Anlaß noch einschneidendere Folgen als der Ausschluss des Streikrechts. Ein Streikrecht im kirchlichen Dienst kann es daher nicht geben.

---

40 So *Ruland*, NJW 1980, S. 89; hiergegen bereits *Richardi*, Arbeitsrecht in der Kirche, § 16 Rn. 15; GK-*Fabricius/Weber*, BetrVG, § 118, Rn. 745 f.
41 S. Richardi-*Thüsing*, BetrVG, § 118, Rn. 185; *Mayer-Maly*, BB 1979, S. 632; *Müller*, RdA 1979, S. 71.
42 S. ausführlicher § 3 Abschn. B, S. 139 ff. sowie *Richardi*, NZA 2002, S. 929. S. bereits *ders.* Arbeitsrecht in der Kirche, § 10, Rn. 21, S. 157 (mit mehr als 20 Nachweisen in Fn. 41). Ebenso die arbeitsgerichtliche Rspr., s. BAG v. 6. 11. 1996, EzA Nr. 16 zu § 611 BGB Ausbildungsbeihilfe: „Das Mittel des Arbeitskampfs steht keiner Seite zur Verfügung". Entgegen *Däubler*, RdA 2003, S. 209, Fn. 74 kann dies dem Zusammenhang nach wohl nicht nur als Charakterisierung des Dritten Wegs verstanden werden.

2. Kündigungsschutz

Die Schlussfolgerungen für den Kündigungsschutz im kirchlichen Dienst bewegen sich in gleichen Bahnen. Auch hier sollte es bei dem, was das Bundesverfassungsgericht im 70. Band festgestellt hat, verbleiben. Jeder engere Kontrollmaßstab widerspricht dem zutreffenden Verständnis des kirchlichen Selbstbestimmungsrechts. Die aktuellen Fragen bilden einen geeigneten Lackmustest, das Gesagte zu überprüfen. Nach dem Beschluss des Ständigen Rates der Deutschen Bischofskonferenz vom 24. 6. 2002[43] widerspricht das Rechtsinstitut der Lebenspartnerschaft der Auffassung über Ehe und Familie, wie sie die katholische Kirche lehrt. Hiernach verstoßen Mitarbeiter im kirchlichen Dienst, die sich verpartnern, gleich ob sie der katholischen Kirche angehören, gegen die für sie geltenden Loyalitätsobliegenheiten nach Art. 4 der Grundordnung. Das Eingehen einer eingetragenen Lebenspartnerschaft ist daher ein schwerwiegender Loyalitätsverstoß i.S. des Art. 5 der Grundordnung, der im Regelfall eine Kündigung nach sich zieht. Ob der katholischen Kirche auch die Weiterbeschäftigung nichtkatholischer, etwa evangelischer Mitarbeiter, die eine eingetragene Lebenspartnerschaft eingegangen sind, nicht zuzumuten ist, mag zweifelhaft erscheinen, da die evangelischen Kirchen eingetragene Lebenspartnerschaften für vereinbar mit dem christlichen Glauben halten.[44] Für ein Recht zur Kündigung spricht jedoch der hohe Stellenwert, den die katholische Kirche der Ehe in der Schöpfungs- und Erlösungsordnung, aber auch im kanonischen Recht zuspricht.[45] Die Kirche muss derartig grundlegende Zuwiderhandlungen gegen ihr Verständnis des Ehesakraments, das die gesamte Lebensführung des Mitarbeiters dauerhaft prägt, nicht hinnehmen, zumal die Eingehung einer Lebenspartnerschaft durch einen Mitarbeiter im Kirchendienst öffentlich wahrgenommen wird und die Glaubwürdigkeit des kirchlichen Zeugnisses für die Ausschließlichkeit der Ehe als Lebensbund untergräbt. Dass der betroffene Mitarbeiter im Einklang mit den Vorgaben seines Glaubens handelt, rechtfertigt keine andere Beurteilung. Nähme man dies an, dann müsste man in letzter Konsequenz einem Mormonen oder dem Muslim im Kirchendienst die Hei-

---

[43] Abgedruckt in den Amtsblättern der deutschen Diözesen, etwa: Kirchliches Amtsblatt Trier 2002, S. 162; Kirchliches Amtsblatt Paderborn 2002, S. 141; Kirchliches Amtsblatt Münster 2002, S. 170; Kirchliches Amtsblatt Essen 2002, S. 116; vgl. hierzu auch den Bericht in: Herder Korrespondenz 2002, S. 483f.
[44] S. http://www.ekhn.de/download/segnung.pdf (Hessen/Nassau). Übersicht bei http://www.dike.de/nordnassau/Argumente/Page27664/body_page27664.html (abgefragt am 31.9.2005).
[45] Hierzu Listl/Schmitz-*Prader*, Handbuch des katholischen Kirchenrechts, S. 884ff.

rat mehrerer Frauen gestatten. Diese und entsprechende Verstöße nicht zu akzeptieren hält verfassungsrechtlichen Erwägungen stand. Eine solche Kündigung wäre weder sittenwidrig, vergleicht man den Fall mit dem strengen Maßstab, den die Rechtsprechung hier in anderen Fällen anlegt[46], noch ist sie willkürlich, sind doch die Gründe genau benannt und theologisch untermauert. Ein Verstoß gegen den *ordre public* liegt ebenso nicht vor: Die staatliche Anerkennung einer Gemeinschaft als Lebenspartnerschaft sagt nichts über ihre arbeitsrechtlichen Konsequenzen aus. Der Fall liegt nicht anders als bei der Wiederheirat Geschiedener, die sich staatlich nicht von der ersten Ehe unterscheidet, dem katholischen Eherecht nach aber Ehebruch und ein öffentlicher Akt in Widerspruch zum einander gespendeten Sakrament ist. Die Unterschiede in der Wertung bei Staat und Kirche sind beides mal zu beachten.

Man mag freilich fragen, ob eine solche Kündigung tatsächlich in jedem Fall geboten ist, oder ob insbesondere bei nicht-katholischen Mitarbeitern eine andere Praxis gefunden werden kann. Diese Entscheidung aber trifft die Kirche, nicht der Richter, der die Rechtmäßigkeit der Kündigung zu beurteilen hat. Dass auch in den USA die Kündigung kirchlicher Mitarbeiter wegen praktizierter Homosexualität trotz eines weitgehendem arbeitsrechtlichen Diskriminierungsschutzes als rechtmäßig anerkannt wurde[47], und bereits bisher die Rechtsprechung die Kündigung wegen praktizierter Homosexualität zugelassen hat[48], entspricht den dargelegten Überlegungen.[49]

Das Gesagte ist also nicht neu, sondern bemüht sich, eine Lösung auf dem Boden der arbeitsrechtlichen Judikatur zu finden. Die Rechtsprechung des

---

46 Nicht sittenwidrig etwa ist die Kündigung zwischen Tod und Beerdigung des Lebensgefährten (BAG v. 5.4. 2001, NZA 2001, S. 890). Der Maßstab ist streng, s. BAG v. 23.11. 1961 und BAG v. 19.7. 1973, EzA § 138 BGB Nr. 2 und 13: „Sittenwidrig ist die Kündigung vor allem dann, wenn sie auf einem ausgesprochen verwerflichen Motiv beruht, insbesondere aus Rachsucht und zur Vergeltung erklärt worden ist und damit dem Anstandsgefühl aller billig und gerecht Denkenden krass widerspricht". Zu Recht stellt man daher allgemein fest, dass die sittenwidrige Kündigung in der arbeitsrechtlichen Praxis kaum eine Rolle spielt (ErfK-*Ascheid*, § 13 KSchG, Rn. 18; KR-*Friedrich*, § 13 KSchG, Rn. 111 ff.; Kittner/Däubler/Zwanziger-*Kittner*, § 13 KSchG, Rn. 19).
47 S. etwa Madsen v. Erwin, 395 Mass. 715, 481 N.E.2d 1160 (1985); hierzu auch *Buchanan*, The Power of Government to Regulate Class Discrimination by Religious Entities: A Study in Conflicting Values, 43 Emory L.J. 1189 (1994); *Grissum*, Church Employment and the First Amendment: The Protected Employer and the Vulnerable Employee, 51 Mo. L. Rev. 911 (1986); *Cordish*, A Proposal for the Reconciliation of Free Exercise Rights and Antidiscrimination Law, 43 UCLA L. Rev. 2113 (1996); *Wessels*, The Collision of Religious Exercise and Governmental Nondiscrimination Policies, 41 Stan. L. Rev. 1201 (1989).
48 S. BAG v. 30.6. 1983, NJW 1984, S. 1917 (Homosexuelle Praxis/Evangelische Kirche). Dem weltlichen Arbeitgeber ist dies nicht möglich, s. BAG v. 23.6. 1994, AP Nr. 9 zu § 242 BGB Kündigung.
49 Zu möglichen – im Ergebnis nicht durchgreifenden – europarechtlichen Bedenken s. § 5 Abschn. III 4 c, S. 236 ff.

BAG, nach der es im kirchlichen Dienst zulässig ist, Kündigungen wegen kirchenwidriger Meinungsäußerung, wegen eines Familienstandes im Widerspruch zu dem empfangenen Ehesakrament oder schlicht wegen eines fortgesetzten Ehebruchs auszusprechen[50] steht damit im Einklang. Änderungen sind also weder erforderlich noch sind sie zu erhoffen.

B) Die Grenze zwischen kirchlichem und weltlichem Dienst

Dass diese verfassungsrechtlich gebotenen Modifikationen des allgemeinen Arbeitsrechts hinnehmbar für den Arbeitnehmer sind, ja der kirchliche Dienst in verschiedener Hinsicht ein attraktiver Arbeitgeber ist, der wichtige Vorzüge gegenüber dem weltlichen Arbeitgeber hat, lässt sich auch in der Praxis belegen. Die Volksweisheit „Unterm Krummstab lässt sich gut leben" findet seine Fortsetzung im kirchlichen Dienst, stellte *Wolfgang Rüfner* einmal fest.[51] In der Tat: Die Sozialplanpflichtigkeit etwa kennt in § 37 Abs. 1 Nr. 11 MAVO nicht den Schwellenwert der §§ 111 ff. BetrVG, jeder Arbeitnehmer hat einen Anspruch auf die durch die KODA festgelegten Arbeitsbedingungen, nicht allein die gewerkschaftlich organisierten. „Tariflose Zustände" einseitiger Entgeltfestsetzung durch die Arbeitgeberseite gibt es nicht. Wer nur den TVöD und kirchliche Vergütungsgruppe gegenüberstellt, und bei einzelnen Vergütungsgruppen Defizite auf kirchlicher Seite feststellt[52], der wählt den falschen Vergleichsparameter, denn viele Tätigkeiten des kirchlichen Dienstes werden, wenn sie bei anderen Arbeitgebern verrichtet werden, nicht nach TVöD vergütet. Eben deshalb ist für einen kirchlichen

---

50 BVerfG v. 4.6.1985, BVerfGE 70, S.138 (öffentliches Eintreten für die Abtreibung/Katholische Kirche); BAG v. 7.10.1993, BAGE 74, S.325 (Homologe Insemination/Katholische Kirche); BAG v. 12.12.1984, DB 1985, S.1647 (Kirchenaustritt/Katholische Kirche); BAG v. 4.3.1980, DB 1980, S.2529 (Kirchenaustritt/Katholische Kirche); LAG Mainz v. 9.1.1997, MDR 1997, S.949 (Kirchenaustritt/Evangelische Kirche); BVerfG v. 5.6.1981 NJW 1983, S.2570 (Wiederverheiratung nach Scheidung/Katholische Kirche); BAG v. 25.4.1978, DB 1978, S.2175 (Heirat eines geschiedenen Mannes/Katholische Kirche); BAG v. 17.4.1996, AP Nr. 24 zu § 611 BGB Kirchlicher Dienst (Ehebruch/Mormonen); s. auch VGH Mannheim v. 26.5.2003, NZA-RR 2003, S.629: Das Integrationsamt musste seine Zustimmung geben bei der Kündigung eines aus der Kirche ausgetretenen Behinderten, angestellt in einer Einrichtung der katholischen Kirche. S. auch § 2 Abschn. E III, S.109.
51 Listl/Pirson-*Rüfner*, Handbuch des Staatskirchenrechts der Bundesrepublik Deutschland, Bd. II, S.884.
52 S. *Kühling*, AuR 2001, S.146, 149.

Arbeitgeber, der verstärktem Kostendruck ausgesetzt ist, der Schritt ins weltliche Arbeitsrecht zuweilen erwägenswert, wenn nicht geboten.

Die Praxis belegt, dass sinkende Kirchensteuereinnahmen und auch die immer zögerlicher fließenden Drittmittel zu Anpassungen und Flexibilisierungen zwingen, die den Fortbestand insbesondere der umfangreichen karitativen Tätigkeit beider christlicher Großkirchen sichern. Mittel der Wahl und erstes Ziel künftigen Tätigwerdens muss nach dem Selbstverständnis der Kirchen die Flexibilisierung des kirchlichen Arbeitsrechts selbst ein. Erste Schritte wurden bereits unternommen: Seit 1999 etwa wurde es mit der Einführung des § 28 Abs. 2 MAVO im katholischen Bereich möglich, durch Dienstvereinbarungen von den Regelungen der arbeitsrechtlichen Kommissionen mit deren Erlaubnis abzuweichen und einrichtungsnahe Arbeitsbedingungen zu formulieren – Öffnungsklauseln im kirchlichen Bereich, die nun durch die MAVO-Novellierung von 2003 noch einmal gefördert werden sollten, indem eine Regelung zur Information von DIAG-MAV oder Koalitionsvertretern geschaffen wurde.[53] Neben dieser Reform innerhalb des kirchlichen Arbeitsrechts wird jedoch verstärkt darüber nachgedacht werden, wo seine Grenzen liegen und der Bereich des allgemeinen Arbeitsrechts anfängt. Kirchliche Einrichtungen sehen sich gezwungen, zur Wahrung ihrer Wettbewerbsfähigkeit kirchenfernere Dienstleistungen auszugliedern und sie den marktkonformen allgemeinen Tarifen zu unterstellen. Dies kann jedoch nur da gelingen, wo die Ausgliederung tatsächlich dazu führt, dass der kirchliche Bereich verlassen wird und der neue Arbeitgeber „weltlicher" Arbeitgeber wie jeder andere ist. Das ist oftmals schwierig zu bestimmen.

I. Voraussetzungen des Outsourcings aus dem kirchlichen Dienst

Um die Grenze zwischen dem allgemeinem und dem kirchlichem Arbeitsrecht zu beschreiben, ist als erstes der staatliche Normenbestand ins Auge zu fassen und seine Ausdeutung in der Rechtsprechung des Bundesarbeitsgerichts und Bundesverfassungsgerichts darzulegen.

---

[53] S. hierzu ausführlicher § 4 Abschn. A II 1, S. 183 ff. Die entsprechende Regelung im evangelischen Bereich existierte bereits zuvor in § 36 Abs. 1 S. 3 MVG.EKD.

1. Die Vorgaben des staatlichen Rechts

Das staatliche Recht hat noch keine Norm, die umfassend den kirchlichen Bereich vom weltlichen Arbeitsrecht sondern würde; eine *lex regia* des kirchlichen Arbeitsrechts fehlt.

a) Pars pro toto: § 118 Abs. 2 BetrVG, § 112 BPersVG, § 1 Abs. 3 Nr. 2 SprAuG, § 1 Abs. 4 Satz 2 MitbestG

Normen, in denen der kirchliche Bereich aus der Geltung des allgemeinen Arbeitsrechts ausgenommen wird, finden sich jedoch im BetrVG, im SprAuG, im BPersVG und im MitbestG. In anderen Gesetzen werden den „Kirchen und den öffentlich-rechtlichen Religionsgesellschaften" zwar bestimmte, den Tarifverträgen und Betriebsvereinbarungen vergleichbare Rechte zur Abbedingung zwingenden Gesetzesrechts zugestanden, jedoch erfolgt keine nähere Präzisierung, wie weit der kirchliche Bereich geht (z.B. § 7 Abs. 4 ArbZG). Vielmehr wird hier die Reichweite als gegeben vorausgesetzt. Auch die Grenzziehung in den Gesetzen zur Arbeitnehmermitbestimmung bezieht sich nur auf die betriebliche und die Unternehmensmitbestimmung, ist jedoch *mutatis mutandis* Vorbild für das gesamte Arbeitsrecht:

§ 118 Abs. 2 BetrVG, § 1 Abs. 3 Nr. 2 SprAuG: „Dieses Gesetz findet keine Anwendung auf Religionsgemeinschaften und ihre karitativen und erzieherischen Einrichtungen unbeschadet deren Rechtsform"

§ 112 BPersVG: „Dieses Gesetz findet keine Anwendung auf Religionsgemeinschaften und ihre karitativen und erzieherischen Einrichtungen ohne Rücksicht auf ihre Rechtsform; ihnen bleibt die selbständige Ordnung eines Personalvertretungsrechtes überlassen"

§ 1 Abs. 4 Satz 2 MitbestG: „Dieses Gesetz ist nicht anzuwenden auf Religionsgemeinschaften und ihre karitativen und erzieherischen Einrichtungen unbeschadet deren Rechtsform"

Die wohl herrschende Meinung geht heute zu Recht davon aus, dass diese Regelungen durch die Verfassung bereits zwingend vorgegeben und damit kein höfliches Entgegenkommen des Gesetzgebers an den kirchlichen Arbeitgeber sind, sondern die einzelgesetzliche Konkretisierung kirchlicher Autonomie.[54] Die Normen benennen soweit hier von Interesse zwei Kriterien zur Ausnahme aus der Mitbestimmung: Es muss sich um eine Einrichtung einer Religionsgemeinschaft handeln, und diese muss einem erzieherischen

---
[54] S. Richardi-*Thüsing*, BetrVG, § 118, Rn. 185; *Richardi*, Arbeitsrecht in der Kirche, § 16, Rn. 20; *Müller*, RdA 1979, S. 79; *Mayer-Maly*, BB 1977, Beil. zu Heft 24, S. 3; MünchArbR-*Wißmann*, § 377, Rn. 32; s. auch BVerfG v. 16.10.1968, BVerfGE 24, S. 236, 244; sowie v. 11.10.1977, v. 25.3.1980 und v. 17.2.1981, AP Nr. 1, 6, 8 zu Art. 140 GG. Tendenziell ebenso *Fitting*, BetrVG, § 118, Rn. 56; a.A. Däubler/Kittner/Klebe-*Wedde*, BetrVG, § 118, Rn. 105 ff.

oder karitativen Zweck dienen. Gemäß des eindeutigen Wortlauts ist daher nicht ausreichend die bloße organisatorische Zuordnung zur Kirche einerseits und auch nicht die inhaltliche Übereinstimmung zwischen Einrichtung und Religionsgemeinschaft andererseits.[55] Beide Kriterien müssen kumulativ vorliegen, und beide Kriterien bedürfen der näheren Präzisierung.

b) Kumulative Voraussetzungen: Möglichkeit kirchlicher Einflussnahme – Bindung an den kirchlichen Sendungsauftrag

Wann eine Einrichtung eine solche der Religionsgemeinschaft ist, sagt das Gesetz nicht. Die juristischen Stellungnahmen sind hierzu bereits recht zahlreich.[56] Während die Rechtsprechung früher zur Feststellung einer hinreichenden Zuordnung zu Religionsgemeinschaften darauf abstellte, ob die Einrichtung unter Verwaltung und Aufsicht kirchlicher Organe steht[57], ließ eine spätere Entscheidung es genügen, dass die Gemeinschaft nach ihrem Selbstverständnis die Einrichtung als ihre begreift.[58] Seit einer vielbeachteten Entscheidung von 1988 stellt die Rechtsprechung zu Recht zusätzlich darauf ab, ob ein (nicht notwendig satzungsmäßig abgesicherter) ordnender und verwaltender Einfluss der Kirche gegeben ist.[59] Allerdings ist dies zum Teil auf Widerspruch gestoßen[60], dem ist jedoch entgegenzutreten: Wenn vom Schrifttum gefordert wird, dass die Kirche *gerade satzungsgemäß* maßgeblichen Einfluss auf die Einrichtungen ausüben kann, so bleibt unbeachtet, dass es nicht auf die rechtliche Absicherung der Einflussnahme ankommen kann und erst recht nicht gerade auf die satzungsrechtliche Absicherung. Es muss ausreichen, dass die Kirche Einflussmöglichkeiten hat „um ... einen etwaigen Dissens in religiösen Angelegenheiten zwischen ihr und der Einrichtung zu unterbinden"[61]; welcher Art diese Einflussmöglichkeiten sind, ist dann ihre Sache. Es gehört zu den Wesensmerkmalen der Kirchenautonomie, dass Anlass und Intensität der Kontrolle und Einflussnahme auf ihre Einrichtungen in eigener Verantwortung liegen. So lassen sich zwar der letztgenannten

---

[55] So aber *Rüthers*, Anm. zu BVerfG v. 11.10.1977, EzA § 118 BetrVG 1972 Nr. 15; wie hier *Richardi*, Arbeitsrecht in der Kirche, § 3, Rn. 1 ff.
[56] S. in jüngerer Zeit *Beckers*, ZTR 2000, S. 63; *Weth/Wern*, NZA 1998, S. 118. Umfassende Nachweise bei Richardi-*Thüsing*, BetrVG, § 118, Rn. 196 ff.
[57] BAG v. 21.1.1975, AP Nr. 6 zu § 118 BetrVG 1972.
[58] BAG v. 6.12.1977, AP Nr. 10 zu § 118 BetrVG 1972 (*Volmarstein*).
[59] BAG v. 14.4.1988, AP Nr. 36 zu § 118 BetrVG 1972; BAG v. 30.4.1997, AP Nr. 60 zu § 118 BetrVG 1972.
[60] S. etwa *Fitting*, BetrVG, § 118, Rn. 57 ff.
[61] BAG v. 30.4.1997, AP Nr. 60 zu § 118 BetrVG 1972.

Entscheidung durchaus Bedenken entgegenbringen[62], diese beziehen sich jedoch einzig darauf, dass bei fehlender satzungsrechtlicher Absicherung der Nachweis eines maßgeblichen Einflusses regelmäßig schwieriger sein dürfte, und rufen in Erinnerung, dass sich der Einfluss gerade auf die Einrichtung selbst beziehen muss, ein Einfluss bloß auf die dort Tätigen (etwa durch mögliche Kirchenstrafen) nicht ausreicht. Ein bestimmender Einfluss und eine hinreichende Zuordnung zum kirchlichen Bereich ist dementsprechend gegeben, wenn die verfasste Kirche Gesellschafterin der als GmbH ausgestalteten Einrichtung ist. Allerdings fehlt bislang entsprechende Rechtsprechung des BAG, das nur für Stiftungen[63] und Vereine[64] entschieden hat. Da § 118 Abs. 2 BetrVG jedoch ausdrücklich sagt, dass die Rechtsform unerheblich ist, muss entsprechendes auch für eine GmbH gelten, und auch für eine solche, deren Gesellschafter Trägervereine sind, die ihrerseits unter bestimmendem Einfluss der verfassten Kirche stehen. „Ihre" Einrichtung ist also nicht notwendigerweise possessiv zu verstehen, wenn die Kirche aber Gesellschafterin der Einrichtung ist, dann ist dies die engste mögliche Zuordnung, und somit jedenfalls ausreichend i.S. des § 118 Abs. 2 BetrVG bzw. § 1 Abs. 4 MitbestG.

Fehlt es demgegenüber an der Eigentümerstellung der Religionsgesellschaften, oder sind sie nur Teileigentümer, insb. Minderheitseigentümer bzw. Minderheitsgesellschafter, dann ist nach anderen Kriterien zu suchen. Hier hat *Leisner* beispielhaft für den praktisch wichtigen Krankenhausbereich bereits vor einiger Zeit überzeugende Kriterien geliefert: Sind etwa die Kuratorien stets nach ihrem jeweiligen Bekenntnis zu besetzen, sind bestimmte Positionen soweit möglich von Geistlichen einzunehmen, ist eine beratende Funktion des Bischofs satzungsmäßig vorgesehen oder besteht sogar die Vermögensaufsicht des bischöflichen Ordinariats oder eines (teilweise) geistlich-kirchlich besetzten Aufsichtsrats, dann versteht die Kirche sie als ihre Einrichtung und die Einrichtung sich als ein Bestandteil der Kirche; das BetrVG ist hier unanwendbar.[65] Dies ist beispielhaft und auf andere Einrichtungen übertragbar. Ausreichend für eine hinreichende Verbundenheit ist damit nach mehrfach bestätigter Auffassung der Rechtsprechung, dass ein Unternehmen Mitglied im Diakonischen Werk ist.[66] Für die Mitgliedschaft

---

62 Vgl. ErfK-*Kania*, § 118 BetrVG, Rn. 33; *Thüsing/Börschel*, NZA-RR 1998, S. 561, 566.
63 BAG v. 6.12.1977, AP Nr. 10 zu § 118 BetrVG 1972.
64 BAG v. 30.4.1997, AP Nr. 60 zu § 118 BetrVG 1972.
65 *Leisner*, Das kirchliche Krankenhaus im Staatskirchenrecht der Bundesrepublik Deutschland, Essener Gespräche Bd. 17, 1983, S. 25 f.
66 BAG v. 6.12.1977, AP Nr. 10 zu § 118 BetrVG; ausführlich begründend BAG v. 30.3. 1997, AP Nr. 60 zu § 118 BetrVG; jüngst nun auch BAG v. 23.10.2002, AP Nr. 72 zu § 118

im Caritasverband stellte ein älteres Judikat allerdings etwas einschränkend fest, sie habe nur Indizcharakter.[67] Das dürfte zu vorsichtig sein. Wenn es denn nur ein Indiz wäre, dann jedoch ein sehr gewichtiges.

c) Erstes Kriterium: Kirchliche Einflussnahme und Entscheidung für das kirchliche Arbeitsrecht

Zieht man aus dem Vorangegangenen erste Schlussfolgerungen, so kommt man zu dem Ergebnis, dass eine hinreichende Zuordnung, die eine Einrichtung zur Einrichtung der Kirche werden lässt, nicht gegeben ist, wenn die Einrichtung selbst sich gegen das kirchliche Arbeitsrecht entscheidet und – weil sie der bischöflichen oder synodalen Rechtsetzung nicht unterworfen ist – zur Übernahme des kirchlichen Arbeitsrechts nicht gezwungen werden kann. Ein hinreichender kirchlicher Einfluss ist dann nicht gegeben.

Dies bestätigt die Rechtsprechung: Das ArbG Mönchengladbach hatte darüber zu entscheiden, ob die Einrichtung der Deutschen Pfadfinderschaft St. Georg dem BetrVG oder der MAVO unterfällt. Das Gericht ordnete sie in einem wohlbegründeten Beschluss dem weltlichen Mitbestimmungsrecht zu, denn der Verein sei nach seinem maßgeblichen Selbstverständnis keine Einrichtung der katholischen Kirche im Sinne des § 118 Abs. 2 BetrVG. Die Entscheidung begründete es insbesondere damit, dass der Verein die bestehende kirchliche Arbeitsvertragsordnung nicht mehr anwenden wollte. Ein Recht der einzelnen Einrichtung, hier ihren eigenen arbeitsrechtlichen Maßstab zu setzen, wurde ausdrücklich abgelehnt.[68]

Entscheidet die Einrichtung sich also gegen das kirchliche Arbeitsrecht, dann ist es nach staatlichem Recht auch nicht anwendbar. Dies beantwortet jedoch noch nicht die Frage, ob sich die Einrichtung nach kirchlichem Recht gegen das kirchliche Arbeitsrecht entscheiden *darf*. Die katholische Kirche selbst, oder präziser: Die Gesamtheit der deutschen Ordinarien hat durch Verabschiedung der MAVO jeweils in ihrem Bistum die entscheidenden Maßstäbe vorgegeben, an die sich die Einrichtungen zu halten haben. Das gilt auch für solche Einrichtungen, die nicht der Kirchenaufsicht eines Bistums unterliegen, also die kirchlichen Träger, für die die MAVO nicht unmit-

---

BetrVG 1972; s. auch die Vorinstanz LAG Erfurt 25. 1. 2001–1 TaBV 7/00: „Ein Krankenhausträger in der Rechtsform einer GmbH, der sich im Gesellschaftsvertrag verpflichtet, das kirchliche Proprium (Selbstverständnis) der Evangelisch-Lutherischen Kirche mitzutragen und der Mitglied im Diakonischen Werk dieser Kirche ist, ist eine karitative Einrichtung der Kirche im Sinne des § 118 Abs. 2 BetrVG, in der das Betriebsverfassungsgesetz keine Anwendung findet".
67 So die später vom BVerfG aufgehobene Entscheidung des BAG v. 21. 11. 1975, AP Nr. 6 zu § 118 BetrVG (mit krit. Anm. II v. *Richardi*); offengelassen BAG v. 24. 11. 1981, AP Nr. 19 zu § 72a ArbGG.
68 ArbG Mönchengladbach v. 12. 7. 2001, ZMV 2001, S. 244; dazu *Thüsing*, NZA 2002, S. 306; *Richardi*, Arbeitsrecht in der Kirche, § 3, Rn. 10.

telbar kraft kirchlicher Rechtssetzung gemäß Art. 2 Abs. 1 GrO und § 1 Abs. 1 MAVO Anwendung findet, sondern lediglich kraft Verpflichtung zur Übernahme gemäß Art. 2 Abs. 2 GrO und § 1 Abs. 2 MAVO. Die Einrichtung ist dann zur Übernahme kirchenrechtlich gehalten, auch wenn sie hierzu nicht gezwungen werden kann. Ähnlich verhält es sich in der evangelischen Kirche, wenn auch der Wortlaut des Gesetzes hier weniger klar ist. Dort heißt es in § 1 Abs. 1 MVG.EKD schlicht: „Für die Mitarbeiter und Mitarbeiterinnen der Dienststellen kirchlicher Körperschaften, Anstalten und Stiftungen der Evangelischen Kirche in Deutschland, der Gliedkirchen sowie ihrer Zusammenschlüsse und der Einrichtungen der Diakonie sind nach Maßgabe dieser Kirchengesetzes Mitarbeitervertretungen zu bilden". Eine Unterscheidung zwischen direkter Geltung und Verpflichtung zur Anwendung findet sich nicht, jedoch kann auch hier der Träger einer diakonischen Einrichtung, der das kirchliche Arbeitsrecht nicht anwendet, die Anwendbarkeit des BetrVG nicht vermeiden.

d) Zweites Kriterium: Erfüllung eines karitativen oder erzieherischen Zwecks

Wenn aber die Einrichtung das kirchliche Arbeitsrecht anwenden will, dann fragt sich, ob es sich hierbei um eine karitative oder erzieherische Einrichtung i.S. des staatlichen Rechts handelt. Nur dann wird ihre Entscheidung vom staatlichen Recht akzeptiert.

aa) Verfassungskonforme erweiternde Auslegung: Lebensäußerung der Kirche. Die Pflege von Hilfsbedürftigen und die Betreuung von Kranken gehört seit Alters her zu den zentralen Anliegen der christlichen Caritas und Diakonie. Diese Tätigkeit ist breit gestreut. Dementsprechend hat die Rechtsprechung in zahlreichen Entscheidungen anerkannt, dass Krankenhäuser[69], Kindergärten[70], Berufsbildungswerke[71] und Jugenddörfer[72] Einrichtungen mit karitativem oder erzieherischem Zweck sind.

Das Bundesarbeitsgericht[73] stellte in einer jüngeren Entscheidung in Anknüpfung an seine frühere Rechtsprechung fest, dass der Begriff der karitati-

---

[69] BAG v. 19.12.1969, AP Nr. 12 zu § 81 BetrVG; BVerfG v. 1.10.1977, AP Nr. 1 zu Art. 140 GG; BAG v. 6.12.1977, AP Nr. 10 zu § 118 BetrVG 1972; s. auch BAG v. 21.11.1975, AP Nr. 6 zu § 118 BetrVG 1972.
[70] BAG v. 25.4.1978, AP Nr. 2 zu Art. 140 GG; BAG v. 11.3.1986, AP Nr. 25 zu Art. 140 GG.
[71] BAG v. 14.4.1988, AP Nr. 36 zu § 118 BetrVG 1972.
[72] BAG v. 30.4.1997, AP Nr. 60 zu § 118 BetrVG 1972.
[73] BAG v. 23.10.2002, AP Nr. 72 zu § 118 BetrVG 1972.

ven Einrichtung in Abs. 2 weiter zu verstehen ist als in Abs. 1. Bei den Tendenzunternehmen dient ein Unternehmen karitativen Zwecken, wenn „es sich mit seiner Aufgabe die Hilfe am körperlich, geistig und seelisch leidenden Menschen zum Ziel gesetzt hat, seine Tätigkeit auf die Heilung oder Minderung oder vorbeugende Abwehr der inneren oder äußeren Nöte solcher Hilfebedürftiger gerichtet ist".[74] Für eine kirchliche Einrichtung reicht demgegenüber das Ziel „Lebensäußerung der Kirche" zu sein. Diese Trennung von Abs. 1 und Abs. 2 läuft einem systematischen Argument der Gesetzesauslegung tendenziell entgegen, ist jedoch geboten vor dem Hintergrund einer funktionalen, verfassungskonformen Interpretation der Norm; wenn zwei das gleiche tun, ist es nicht dasselbe. Das Bundesarbeitsgericht ließ dies bereits in einer Entscheidung vom 24. 11. 1981 anklingen, in der es feststellte: „Wenn die Kirche nach Art. 140 GG i. V. m. Art. 137 Abs. 3 WRV frei ist, ihre Angelegenheiten selbständig zu verwalten und allein nach ihrem Selbstverständnis zu bestimmen, ob eine Einrichtung eine solche der Kirche ist, dann folgt aus dieser Freiheit auch das Recht zu bestimmen, ob die Betätigung dieser Einrichtung „Caritas" und damit Wesensäußerung der Kirche in der Welt ist. Durch die Übernahme gleicher oder ähnlicher Aufgaben kann der Staat das Wirken der Kirche und ihrer Einrichtungen nicht beschränken. Karitative Bestimmungen weltlicher Unternehmen und Betriebe können hingegen ohne Rücksicht auf diese Freiheitsrechte der Kirchen definiert und begrenzt werden".[75]

Vor dem Hintergrund der ausdrücklichen Bestätigung dieser Rechtsprechung erscheint es fraglich, ob die ältere Entscheidung, bei dem Begriff „erzieherisch" keinen Unterschied zwischen § 118 Abs. 1 BetrVG und § 118 Abs. 2 BetrVG zu sehen, weiterhin unverändert gültig ist.[76] Die Entscheidungsgründe des jüngsten Urteils gehen hierauf nicht ausdrücklich ein, jedoch lässt sich ihre Argumentation eins zu eins hierauf übertragen. Beides mal stellt sich die gleiche Frage: Die kirchliche Dienstgemeinschaft fordert eigenständige Regelungen der Mitarbeitervertretung; diese Gemeinschaft besteht jedoch nicht allein bei Einrichtungen mit karitativen oder religiösen Zwecksetzungen, jedenfalls wenn man beiden Begriffen eine enge Bedeutung beimisst. Zu Recht fordert die herrschende Meinung daher, dass § 118 Abs. 2

---

[74] BAG v. 29. 6. 1988, AP Nr. 38 zu § 118 BetrVG 1972 (*Kothe*); s. auch BAG v. 5. 10. 2000, DB 2000, S. 2126 = AuR 2000, S. 428; ebenso BAG v. 7. 4. 1981, AP Nr. 16 zu § 118 BetrVG 1972.
[75] BAG v. 24. 11. 1981, AP Nr. 19 zu § 72a ArbGG.
[76] BAG v. 14. 4. 1988, AP Nr. 36 zu § 118 BetrVG unter Rückgriff auf GK-*Fabricius*, BetrVG, 4. Aufl. 1986, § 118, Rn. 773.

BetrVG alle Einrichtungen der Religionsgemeinschaften erfassen muss, die nach ihrem Selbstverständnis dazu dienen, den Auftrag der Kirchen in dieser Welt zu erfüllen: „Eine Stiftung des privaten Rechts ist eine karitative Einrichtung einer Religionsgemeinschaft im Sinne von § 118 Abs. 2 BetrVG, wenn die von ihr wahrzunehmenden Aufgaben sich als Wesens- und Lebensäußerung der Kirche darstellen" formulierte daher das Bundesarbeitsgericht in einer älteren Entscheidung, die sich auch in den Nachweisen findet, die das jüngste Judikat belegen soll, und dementsprechend lautet der Leitsatz eben der jüngsten Entscheidung: „Eine in der Rechtsform einer GmbH betriebene Einrichtung der katholischen Kirche ist nach § 118 Abs 2 BetrVG vom Geltungsbereich des Betriebsverfassungsgesetzes ausgenommen, wenn sie karitative oder erzieherische Zwecke verfolgt. Ob dies der Fall ist, bestimmt sich nach dem Selbstverständnis der Kirche".[77] Richtigem Verständnis nach ist der Bereich des § 118 Abs. 2 BetrVG also weit zu verstehen, und nur die Betriebe und Unternehmen sind auszuklammern, bei denen rein wirtschaftliche Zwecke mit der durch die Kirche gehaltene Einrichtung verfolgt werden.[78] Allein die *Kapitalanlagen der Kirchen* sind nicht zu privilegieren – wie auch die rein wirtschaftliche Tätigkeit der Religionsgemeinschaften nicht durch Art. 4 Abs. 2 GG geschützt ist.[79] Hier mag der erwirtschaftete Profit mittelbar der Sache der Religionsgemeinschaften dienen, unmittelbar selbst ist er jedoch keine Wesensäußerung des kirchlichen Dienstes und seines Heilsauftrags. Dementsprechend ist es wesentliches Kennzeichen der kirchlichen karitativen Einrichtung, dass sie keine Gewinnerzielungsabsicht verfolgt.[80]

Allerdings haben hier zuweilen die Instanzgerichte abweichend gewertet und den Kreis enger gezogen. So entschied das LAG Hamm, das Deutsche Institut für wissenschaftliche Pädagogik, das vom Verband Diözesen Deutschlands in Münster betrieben wird, sei eine wissenschaftliche Einrichtung, die nicht unter § 118 Abs. 2 BetrVG, sondern unter § 118 Abs. 1 BetrVG

---

[77] BAG v. 2. 12. 1977, AP Nr. 10 zu § 118 BetrVG; BAG v. 23. 10. 2002, AP Nr. 72 zu § 118 BetrVG 1972. Vgl. Richardi-*Thüsing*, BetrVG, § 118, Rn. 181 ff., ähnlich *Rüthers*, Anm. zu BVerfG v. 11. 10. 1977, EzA § 118 BetrVG 1972 Nr. 15.
[78] *Richardi*, Arbeitsrecht in der Kirche, § 3, Rn. 12 gibt hier das Beispiel der Bierbrauerei in der Rechtsform einer GmbH, deren Geschäftsanteile einer Kirche gehören. Ebenso bereits *Hueck/Nipperdey*, Arbeitsrecht II, 6. Aufl. 1957, S. 705: „Das Landgut oder die Brauerei einer Kirchengemeinde oder eines Ordens fällt daher … unter das Gesetz [d.h. das BetrVG]".
[79] S. BVerfG v. 4. 10. 1965, BVerfGE 19, S. 129, 133 (Besteuerung von Speisen und Getränken).
[80] Eine Befreiung vom BetrVG kann sich hier jedoch aus dem öffentlich-rechtlichen Körperschaftsstatus einer solchen Einrichtung ergeben: LAG München v. 30. 10. 1985, NZA 1986, S. 540 = LAGE Nr. 1 zu § 130 BetrVG 1972 (Klosterbrauerei Andechs). Dort ist dann allerdings ein Personalrat zu wählen (BayVGH v. 22. 7. 1988, PersR 1989, S. 235).

falle.[81] Grund war hier jedoch, dass nach Artikel 2 der Institutsverfassung der Zweck des Instituts die Förderung der wissenschaftlichen Arbeit auf dem Gebiet des Erziehungs- und Bildungswesen allgemein war, während die in § 2 Abs. 1 b) des Gesellschaftsvertrages über die Gründung der genannten Gesellschaft vorgesehene Unterstützung der Erziehungs- und Bildungsarbeit der katholischen Diözesen, Verbände und Einrichtungen nicht in die Verfassung des Instituts übernommen wurde und daher nicht zu seiner Aufgabenstellung gemäß der ihm selbst gegebenen Verfassung gehörte.[82] Wollte man hieraus verallgemeinernde Schlüsse ziehen, die allgemein ein kirchengebundenes pädagogisches Institut aus dem kirchlichen Arbeitsrecht herausnehmen, so wäre dem entgegenzutreten: Der Grund zur Herausnahme der karitativen und erzieherischen Einrichtungen der Kirchen aus dem Anwendungsbereich des BetrVG liegt nicht im Tendenzschutz von Erziehung und Caritas, denn dieser Schutz rechtfertigt, wie Abs. 1 zeigt, nicht die völlige Freistellung, sondern nur die modifizierte Anwendung des Gesetzes. Grund zur Freistellung ist vielmehr die Selbstbestimmung der Kirchen, wie sie in Art. 140 GG i.V.m. Art. 137 WRV geschützt ist. Die aber wird bei anderen Tätigkeiten, die ihren Sendungsauftrag erfüllen, ebenso berührt, wie bei Caritas und Diakonie. Die ausweitende Auslegung des Wortlauts, wie sie in der Rechtsprechung des BAG zumindest anklingt, ist daher geboten.

bb) Der Caritas mittelbar dienende Einrichtung als karitative Einrichtung. Auf Grundlage der Ausführungen dieser letzten einschlägigen Entscheidung muss auch eine Frage beantwortet werden, die in jüngster Zeit verstärkt die Praxis beschäftigt: Verliert eine Tätigkeit ihre Kirchlichkeit und ihren karitativen Charakter, wenn Teile karitativer Einrichtungen ausgegliedert und verselbständigt werden, ohne dass sich deren Funktion ändert? Oder konkreter: Unterfällt das Arbeitsverhältnis einer Reinigungskraft, die von einem kirchlichen Krankenhaus eingestellt wurde, allein deshalb nicht mehr dem kirchlichen Arbeitsrecht, weil ihre Abteilung ausgegliedert und rechtlich verselbständig wird, sich ansonsten aber nichts an ihrer Arbeit ändert? Ich denke nein: Nach dem kirchlichen Selbstverständnis und auch nach dem Wortlaut des staatlichen Rechts verbietet sich eine Unterscheidung danach, ob die Funktion des Unternehmens selber karitativen Charakter hat, oder aber karitative Tätigkeiten nur unterstützt, sie möglich macht – auch wenn bei § 118 Abs. 1 BetrVG die Unterscheidung zwischen Tendenzbetrieben und solchen Betrieben, die die Arbeit eines Tendenzbetriebs unterstützen, ohne selbst Tendenzcharakter zu haben, sich schon aus dem Wortlaut ergibt und allgemein anerkannt ist.[83] Bei § 118 Abs. 2 BetrVG und allgemein beim kirchlichen Arbeitsrecht wird man nicht parallel hierzu argumentieren können: Auch die mittelbare Hinordnung auf das kirchliche Proprium muss ausreichen. So ist das Bundesverfassungsgericht zu Recht der älteren Rechtsprechung des Bundesarbeitsgerichts entgegengetreten, die bei den Loyalitäts-

---

81 LAG Hamm v. 5.12. 1979, DB 1980, S. 696; zustimmend *Otto*, AuR 1980, S. 289, 299.
82 S. auch die Wertung durch *Bleistein/Thiel*, MAVO, § 1, Rn. 59.
83 *Fitting*, BetrVG, § 118, Rn. 5 ff. m.w.N.; Richardi-*Thüsing*, BetrVG, § 118, Rn. 29 ff.

pflichten kirchlicher Arbeitnehmer nach ihrer Nähe zum Verkündigungsauftrag unterscheiden wollte. Eine solche Unterscheidung ist unzulässig.[84] Ebenso wie die Kirche also in Ansehung des einzelnen Arbeitsverhältnisses frei ist, den Arbeitnehmer als Mitglied der kirchlichen Dienstgemeinschaft von gleichem Rang und Pflichten zu werten, ebenso ist sie frei in Ansehung der Rechtsform des Arbeitgebers hierüber zu entscheiden und den Kreis des Karitativen zu definieren. Ob also ein Arzt oder eine Reinigungskraft beim Krankenhaus selbst angestellt ist, oder bei einer juristischen Person, die auf die unmittelbar karitative Arbeit hin zugeordnet ist, macht keinen Unterschied, solange die Kirche hier keinen Unterschied macht. Auch eine der Caritas nur mittelbar dienende Einrichtung ist daher eine karitative Einrichtung i.S. des BetrVG, des BPersVG, des SprAuG und des MitbestG. Ein Unmittelbarkeitserfordernis lässt sich dem Wortlaut und Sinn dieser Normen nicht entnehmen.[85]

cc) Nachweis der kirchlichen Zwecksetzung. Die Entscheidungsgründe des Urteils vom 23.10.2002[86] geben wichtige Hinweise dazu, wie der karitative Charakter einer Einrichtung nachzuweisen ist. Der erkennende Senat verwies zurück und gab dem Landesarbeitsgericht ein detailliertes Prüfungsprogramm vor. Primärer Maßstab zur Definition der Caritas sind die amtlichen Verlautbarungen der Kirche. Richtig ist es auf die Kirche selbst abzustellen, denn nur sie hat die Definitionsmacht verbindlich vorzugeben, was als Caritas im Sinne ihres Selbstverständnisses und ihres Auftrags gilt. Wenn die Gerichte dann unter diese abstrakten kirchlichen Vorgaben subsumieren, dann sind sie jedoch an die Einschätzung der Kirche gebunden, auch was die Charakterisierung der einzelnen Einrichtung angeht. Wenn der zuständige Bischof der Einrichtung bescheinigt, als karitative Einrichtung den Auftrag Christi an seine Kirche in dieser Welt zu verwirklichen, dann kommt ihm bei dieser Einschätzung ein Beurteilungsspielraum als Ausfluss des kirchlichen Selbstbestimmungsrechts zu, der zu akzeptieren ist und nur einer eingeschränkten Kontrolle unterliegt. Das Selbstbestimmungsrecht gilt nicht nur in den abstrakten Vorgaben, sondern auch in der konkreten Einschätzung, denn die kirchlichen Vorgaben interpretiert authentisch nur die Kirche, nicht das weltliche Gericht. Deshalb war es erheblich, dass in der Satzung der GmbH selbst festgestellt wurde, dass die Gesellschaft teilnimmt an der Erfül-

---

84 BVerfG v. 4.6.1985, BVerfGE 70, S.138; zuvor BAG v. 25.4.1978, AP Nr.2 zu Art.140 GG. Zum Wortlaut der Kernpassage s. §2 Abschn. A IV 2, S.15.
85 Zu den europarechtlichen Auswirkungen s. §5 Abschn. III 4 d, S.249ff.
86 BAG v. 23.10.2002, AP Nr.72 zu §118 BetrVG 1972.

lung des kirchlichen Auftrags. Tut sie dies mit Billigung des Ordinarius, dann liegt darin eine entscheidende Weichenstellung in der Anerkennung des karitativen Zwecks.

dd) Abgrenzung von Religionsgemeinschaft und Einrichtung der Religionsgemeinschaft. Die Rechtsprechung hat mit dieser am kirchlichen Selbstverständnis orientierten Auslegung des Begriffs das Problem vermieden, welcher Arbeitgeber die Religionsgemeinschaft selbst ist – denn hier kommt es dem Wortlaut des § 118 Abs. 2 BetrVG ja nicht auf Caritas und Erziehung an – und was demgegenüber lediglich eine Einrichtung der Religionsgemeinschaft ist. Vom ursprünglichen Ausgangspunkt, dass es sich bei einem Unternehmen oder Betrieb der Religionsgemeinschaft selbst um eine hierarchisch in die Struktur eingeordnete Einheit handeln muss, sie also in die Kirche inkorporiert sein muss, ist das BAG zu Recht abgerückt[87]; damit aber verschwand ein sicheres Abgrenzungskriterium zwischen beiden Bereichen, ohne dass ein neues, ähnlich sicheres an seine Stelle getreten wäre. Schon daher muss Erziehung und Caritas im weiten Sinne verstanden werden. Die jüngste Entscheidung ist also auch unter dem Gesichtspunkt der Streitvermeidung zu begrüßen, vermindert sie doch die Zahl möglicher Streitfragen um die Abgrenzung der Religionsgemeinschaft von ihren Einrichtungen.

e) Kriterien zur Abgrenzung von Wirtschaftsbetrieben und mittelbar sendungsbezogenen Betrieben

Auf der einen Seite stehen also die Betriebe und Unternehmen, die selbst unmittelbar den Auftrag kirchlicher Verkündigung und Caritas verwirklichen. Auf der anderen Seite stehen die Wirtschaftsbetriebe, deren einziger Zweck es ist, Geld zu erwirtschaften zur Erfüllung des kirchlichen Sendungsauftrags, ihn selber jedoch nicht erfüllen. Dazwischen stehen Betriebe, die lediglich mittelbar dem kirchlichen Sendungsauftrag dienen, weil sie nur Hilfstätigkeiten ausrichten für die unmittelbar der Caritas dienenden Betriebe: Auch sie unterfallen dem kirchlichen Arbeitsrecht, jedoch fällt es schwer, diese letztgenannte Gruppe zu beschreiben und durch geeignete Kriterien von den reinen Wirtschaftsbetrieben abzugrenzen.

---

[87] S. BAG v. 24. 7. 1991, AP Nr. 48 zu § 118 BetrVG 1972; Deutung wie hier *Dütz/Becker*, Anm. zu AP Nr. 36 zu § 118 BetrVG 1972.

aa) Der Ansatz Dütz. Die ausführlichste jüngere Stellungnahme zu dieser Frage stammt von *Wilhelm Dütz*.[88] Er unterscheidet zwischen religionsspezifischer Zuordnung zur verfassten Kirche einerseits und profan ausgerichteter Wirtschaftsführung andererseits.[89] Diese religionsspezifische Zuordnung fasst er weiter als die in den mitbestimmungsrechtlichen Freistellungsklauseln genannten karitativen und erzieherischen Einrichtungen. Hierzu gehörten etwa auch missionarische kirchliche Werke wie Missio e.V., kirchliche Presseagenturen wie die katholische Nachrichtenagentur oder ein evangelischer Presseverband und religionsspezifisch ausgerichtete Wissenschaftseinrichtungen der Kirche. In diesen Kreis rechnet er aber auch Versicherungs- oder Bankbetriebe, wenn die Geschäftsführung sich deutlich von einer profanen Ausrichtung dadurch unterscheidet, dass sie direkt mit einer kirchlichen Aufgabenwahrnehmung verknüpft ist, insbesondere eine sozial-karitative Funktion hat, z.B. gegenüber kinderreichen Familien, Bedürftigen oder Behinderten oder auch allgemein kirchlichen Arbeitnehmern, vornehmlich durch Gewährung von Vorzugsbedingungen. Das gelte z.B. auch für eine kirchliche Versorgungskasse, für die kirchlichen Arbeitnehmer oder eine Bank ausschließlich für Missionszwecke. Dementsprechend geht er davon aus, dass auch rechtlich unselbstständige Eigenbetriebe oder Verwaltungsabteilungen von Kirchen und deren Einrichtungen von der staatlichen Mitbestimmung freigestellt sind, weil hier trotz einer auch durch Arbeitnehmer zu erfüllenden Wirtschaftstätigkeit eine unlösbare Verknüpfung mit der kirchlichen Aufgabenerfüllung vorliegt.[90]

Folgt man diesem Ansatz, so wird man stets vom Fortbestand des kirchlichen Arbeitsrechts auch für ausgegliederte Teile einer Caritas oder Diakonie-Einrichtung ausgehen müssen. Eine nähere Betrachtung mag jedoch zu einem differenzierteren Ergebnis führen:

bb) Erste präzisierende Überlegung: Auftreten des Unternehmens am Markt. Für Betriebe, die lediglich mittelbar dem kirchlichen Sendungsauftrag und der Caritas dienen, jedoch der Kirche zugeordnet sind, etwa weil die Kirche oder eine ihrer Einrichtungen Eigentümer bzw. Gesellschafter ist, ist wie bereits angedeutet als Grundsatz von der Geltung des kirchlichen Arbeitsrechts auszugehen. Dies legt schon der Gedanke der Einheit der Dienst-

---
[88] *Dütz*, Mitbestimmung in kirchlichen Wirtschaftsbetrieben, Festschrift für Stahlhacke, 1995, S. 101 ff.
[89] *Dütz*, a.a.O. S. 110; ähnlich *Bleistein/Thiel*, MAVO, § 1, Rn. 64.
[90] S. auch *Richardi*, Kirchenautonomie und gesetzliche Betriebsverfassung, ZevKR 23 (1978), S. 367, 397.

gemeinschaft nahe. Die Talente sind verschieden, doch wirkt jeder auf seine Weise am Auftrag der Kirche in dieser Zeit mit. Wie jedes Arbeitsverhältnis in einem Wirtschaftsunternehmen darauf ausgerichtet ist, in irgendeiner Weise dem Ziel der Gewinnerzielung zu dienen, so dient jedes Arbeitsverhältnis im kirchlichen Dienst, wenn auch auf unterschiedliche Weise, den besonderen Zwecken der Dienstgemeinschaft. Daran ändert sich nichts, wenn diese verkündigungsferneren Arbeitsverhältnisse in einer gesonderten Rechtsperson gesammelt werden und bei verbleibendem kirchlichen Einfluss ausgegliedert werden. Das Dazwischentreten einer gesonderten juristischen Person kann eine abweichende Wertung nicht begründen, wie denn auch § 118 Abs. 2 BetrVG und § 1 Abs. 4 Satz 2 MitbestG den spezifisch kirchlichen Bereich unbeschadet der Rechtsform bestimmen.

Das Phänomen, dass die bloße Errichtung einer privatrechtlichen Rechtsperson nichts an den einen Rechtsträger bindenden besonderen Regeln ändert, ist auch im Verwaltungsprivatrecht bekannt: Wenn der Staat seine öffentlich-rechtlichen Aufgaben durch eine private juristische Person erfüllen lässt, die unter seinem beherrschenden Einfluss steht (insbesondere bei einer Eigentümerstellung), dann wird diese private juristische Person grundrechtsgebunden wie der Staat selber, obwohl allgemein Private durch Grundrechte nur berechtigt, nicht aber verpflichtet werden.[91] Auch zur Einordnung in das weltliche Arbeitsrecht bedarf es also mehr als der bloßen Ausgliederung in eine private juristische Person, wenn die Tätigkeit des neugebildeten Unternehmens weiterhin kirchenbezogen ist, und sei es auch nur mittelbar. Die kirchliche Dienstgemeinschaft kennt keine gesellschaftsrechtlichen Schranken.

Im letztgenannten Aspekt liegt auch der maßgebliche Ansatz zur Lösung vom kirchlichen Arbeitsrecht: Der verbleibende Bezug zum kirchlichen Dienst und zur kirchlichen Aufgabenerfüllung ist die entscheidende Testfrage. Tritt das ausgegliederte Unternehmen frei am Markt auf und bietet es seine Dienstleistungen wie jedes andere Unternehmen nicht nur dem kirchlichen Dienst an, dann ist es wie jeder andere Arbeitgeber zu behandeln. Bleibt seine Leistung aber kirchen- und karitasbezogen, dann bleiben seine Arbeitnehmer Mitglieder der kirchlichen Dienstgemeinschaft, ungeachtet der rechtlichen Ausgliederung, die mit einer tatsächlichen Ausgliederung nicht einhergeht. Demnach wird eine Bäckerei im kirchlichen Eigentum regelmäßig dem weltlichen Arbeitsrecht unterfallen; stellt sie jedoch ausschließlich

---

91 S. im Einzelnen von Münch/Kunig-*Krebs*, GG, Art. 19, Rn. 42 f.; BVerfG v. 7. 6. 1977, BVerfGE 45, S. 63, 69; BVerfG v. 31. 10. 1984, BVerfGE 68, S. 193, 205 ff.; BVerfG v. 14. 3. 1985, BVerfGE 70, S. 1, 18.

Hostien her, dann sind Grundordnung, MAVO und Dritter Weg anwendbar. Eine Reinigungsfirma kann dem kirchlichen Arbeitsrecht unterfallen, aber nur, wenn sie ausschließlich kirchliche Einrichtungen reinigt. Eine Öffnung zum Markt hin erfolgt regelmäßig dadurch, dass Dienstleistungen auch Dritten angeboten werden. Man wird jedoch nicht immer verlangen können, dass die Leistungen von Dritten tatsächlich in Anspruch genommen werden, denn dies kann der Anbietende allein nicht beeinflussen. Vorhanden sein muss jedoch die Bereitschaft, an Dritte zu liefern. Diese Freiheit muss dann auch auf der anderen Seite bestehen: Auch der kirchliche Auftraggeber muss die Freiheit haben, zwischen dem Anbieter in kirchlicher Zuordnung und Dritten bei der Vergabe seines Auftrags wählen zu können.

Es mag hier wiederum eine gedankliche Anlehnung an die Regeln zur Grundrechtsbindung von privaten juristischen Personen in öffentlich-rechtlicher Hand weiterhelfen. Auch sie sind dem öffentlich-rechtlichen Pflichtenkreis allein entlassen, wenn sie dem Fiskalbereich zuzuordnen sind, wenn also ihr Zweck in der Gewinnerzielung für den Staat liegt. Dann ist es auch unschädlich, wenn sich der Staat ihrer bedient wie er sich eines anderen Privaten bediente, also als Vertragspartner seiner eigenen juristischen Person auftritt.[92] Wie allein gewinnorientierte staatliche Unternehmen nicht der Grundrechtsbindung unterfallen, unterfallen gewinnorientierte kirchliche Unternehmen nicht den Bindungen des kirchlichen Arbeitsrechts.

cc) Zweite präzisierende Überlegung: Auswirkungen der Miteigentümerschaft Dritter. Die aufgezeigte Parallele trägt wohl noch etwas weiter: Die Grundrechtsbindung auch solcher privatrechtlicher Körperschaften, die in der Hand des Staates zur Erfüllung öffentlich-rechtlicher Aufgaben eingesetzt werden, fällt weg, wenn Eigentümer nicht nur der Staat ist, sondern neben ihm eine mehr als unwesentliche Beteiligung Dritter gegeben ist. Eine Zuordnung zum staatlichen Bereich ist dann nicht mehr angemessen. Selbst in Entscheidungen, in denen das Bundesverfassungsgericht der Grundrechtsfähigkeit rein erwerbswirtschaftlicher Unternehmen in Staatshand eher ablehnend gegenüber gestanden hat, ließ es durchblicken, dass dort, wo der erforderliche Bezug zum Freiheitsraum natürlicher Personen gegeben ist, wie er eben bei einer Teileigentümerschaft Privater vorliegt, die juristische Person dem Staat wie ein Privater gegenübertritt.[93] Dementsprechend wird man

---
[92] S. wiederum von Münch/Kunig-*Krebs*, GG, Art. 19, Rn. 42 f. und dortige Nachweise.
[93] BVerfGE 75, S. 192, 200; BVerfG NJW 1990, 1783; grundlegend: BVerfG 61, S. 82 ff. (Sasbach); s. dazu auch *Stern*, Das Staatsrecht der Bundesrepublik Deutschland, Bd. III, S. 894; Sachs-*Krüger/Sachs*, GG, Art. 19, Rn. 110 ff.

auch bei Unternehmen, die nicht allein der Kirche oder ihren Einrichtungen gehören, tendenziell von einer Herauslösung aus dem kirchlichen Dienst ausgehen können.[94] Hier hat eben nicht nur die rechtliche Form gewechselt, sondern ein Dritter, und dessen Interessen sind auf Arbeitgeberseite neu hinzugetreten. Dies mag eine Zuordnung zum kirchlichen Dienst nicht ausschließen, wenn die Kirche weiterhin den bestimmenden Einfluss hat, insbesondere als Mehrheitsgesellschafterin gegenüber dem Mitgesellschafter die Erfüllung des kirchlichen Propriums sicherstellt. Die Situation ist jedoch eine andere, wenn seitens des durch Art. 140 GG i.V.m. Art. 137 Abs. 3 WRV Berechtigten solche Vorbehalte nicht gemacht werden und er selbst diesen Teil nicht mehr als Bestandteil seiner Dienstgemeinschaft wertet. Eine solche Wertung kann ihren Ausdruck im Gesellschaftsvertrag der juristischen Person finden und sie wird umso überzeugender sein, je geringer der Sachbezug der juristischen Person zur Verfolgung spezifisch kirchlicher Anliegen ist: Ein Minderheitsgesellschafter in einem Krankenhaus kann daher anders zu beurteilen sein als der in einem Reinigungsunternehmen.

2. Vorgaben des kirchlichen Rechts

Die Argumente spiegeln sich in den Regelungen des kirchlichen Rechts. Eine deutliche Abgrenzung gegenüber dem weltlichen Bereich fehlt hier jedoch – sowohl auf katholischer, als auch auf evangelischer Seite. Der Wortlaut der einschlägigen kirchlichen Normen deutet auf einen ganz umfassenden Geltungsanspruch des kirchlichen Arbeitsrechts:

Die 1993 verabschiedete Grundordnung des kirchlichen Dienstes im Rahmen kirchlicher Arbeitsverhältnisse bestimmt ihren Geltungsbereich in Art. 2. Dem Wortlaut nach erfasst werden alle „Einrichtungen", die der verfassten Kirche selbst oder doch einem kirchlichen Verband zugeordnet sind. Eine Beschränkung auf einen karitativen oder erzieherischen Zweck findet sich nicht. Dem entspricht die Regelung in § 1 MAVO, die dem Wortlaut der Grundordnung weitgehend nachgebildet ist. Das Gebot, die Mitarbeitervertretungsordnung für Einrichtungen der Caritas rechtsverbindlich zu übernehmen, scheint wiederum keine Ausnahme für wirtschaftliche Betriebe zu kennen.

Schließlich findet sich die Abgrenzung in den Arbeitsvertragsrichtlinien (AVR) Caritas, also den Regelungen, die im kirchlichen Arbeitsrechts-Rege-

---

94 Eingehender zum gemischt kirchlich-weltlichen Konzern § 2 Abschn. C, S. 59 ff.

lungsverfahren zustande gekommen sind und funktional den Platz von Tarifverträgen einnehmen. Dort heißt es in § 2 Abs. 1:

„Die AVR finden Anwendung in allen in der Bundesrepublik Deutschland gelegenen Einrichtungen und Dienststellen, die dem Deutschen Caritasverband angeschlossen sind"

Auch hier scheint eine funktionale Differenzierung nach dem Zweck der Einrichtung nicht zulässig. Der Geltungsbefehl stellt nicht auf die Tätigkeit der Einrichtung ab, sondern lässt schlicht die Zugehörigkeit zum Deutschen Caritasverband genügen.

Ein wenig anders stellt sich das Recht auf evangelischer Seite dar. Auch in § 1 Abs. 1 MVG.EKD wird dem Wortlaut nach zwischen den Zwecken der verschiedenen Einrichtungen nicht differenziert, jedoch sind die Körperschaften, Anstalten und Stiftungen der EKD und ihrer Gliedkirchen stets solche mit einer spezifisch kirchlichen Zwecksetzung. Auch die Einrichtungen der Diakonie sind nach der Satzung der diakonischen Werke auf den karitativen Dienst als Bestandteil des kirchlichen Auftrags verpflichtet. Eine Überschneidung zum rein weltlichen Dienst ist hier also kaum zu befürchten. Freilich hat die Rechtsprechung in der Mitgliedschaft im Diakonischen Werk, wie bereits dargelegt, nur ein Indiz für die kirchliche Zwecksetzung gesehen, nicht aber ein hinreichendes Kriterium für die Zuordnung zum kirchlichen Dienst.[95] Damit ist auch ein Konflikt zwischen staatlichem und kirchlichem Recht wohl selten, jedoch nicht ausgeschlossen.

3. Der Konfliktfall

Das kirchliche Arbeitsrecht scheint also in seinem Geltungsanspruch in Teilbereichen über die ihm durch das staatliche Recht vorgegebenen Rahmen hinaus zugreifen – beide Rechtsordnungen scheinen zu kollidieren und es fragt sich, wie der Konflikt zu lösen ist.

a) Grundsatz: Vorrang des staatlichen Rechts, aber Anerkennung der kirchlichen Kompetenz

Als Ausgangspunkt ist vom Vorrang des staatlichen Rechts auszugehen. Der Staat gewährt die kirchliche Autonomie durch Art. 140 GG i.V.m. Art. 137 WRV und wo ihre Grenzen sind, müssen auch die Grenzen des kirchlichen Arbeitsrechts liegen. Will die Kirche darüber hinaus greifen, setzt sie sich in Widerspruch zu der ihr eingeräumten Freiheit; ihrem Anspruch, mag er denn

---
95 S. § 2 Abschn. B I 1 d, S. 31 ff.

auch kirchenrechtlich bestehen, fehlt die staatliche Anerkennung. Mit der Anerkennung ihrer Autonomie hat sich der Staat jedoch dafür entschieden, den durch die Kirchen gesetzten Rahmen als seinen eigenen zu akzeptieren. Sie bestimmen die kirchliche Dienstgemeinschaft. Die Kirchen haben damit eine Kompetenz, der die staatliche Rechtsordnung folgt. Ihre Grenze findet sie nur in den grundlegenden Prinzipien des Verfassungsrechts wie dem Willkürverbot, der Sittenwidrigkeit und dem *ordre public*.[96] Die bereits dargelegte Rechtsprechung des Bundesverfassungsgerichts hat dies klar gemacht und trotz einiger Streitpunkte in Einzelfragen, die in der neuen Literatur ausgetragen werden[97], besteht hierüber im Grundsatz Einigkeit; es darf als gesicherter Bestand des deutschen Staatskirchenrechts gewertet werden.

b) Reduktion der kirchlichen Normen auf die kirchliche Dienstgemeinschaft

Damit gilt es nun diesen durch die Kirche gesetzten Geltungsanspruch zu umreißen. Ist er so weitgehend wie der einschränkungslose Wortlaut der aufgezeigten Normen andeutet, dann wäre er für den Staat grundsätzlich verbindlich. Man wird die Normen jedoch in ihrem Anwendungsbereich auf die kirchliche Dienstgemeinschaft reduzieren müssen: Sie sollen sicherstellen, dass diese sich nach den von der Kirche gesetzten Regeln ordnet; nicht mehr und nicht weniger. Teile der kirchlichen Dienstgemeinschaft sollen daher nicht den unangepassten Regeln des weltlichen Rechts unterfallen, genauso wie Arbeitnehmer außerhalb der kirchlichen Dienstgemeinschaft nicht vom kirchlichen Arbeitsrecht erfasst werden sollen. Diese Gemeinschaft, wie sie auch die Grundordnung beschreibt, besteht aber, wie dargelegt, nicht bei Arbeitgebern, die der Kirche zwar organisatorisch zugeordnet sind, aber weder inhaltlich noch ihrem eigenen Verständnis nach dazu bestimmt sind, der Berufung aller Menschen zur Gemeinschaft mit Gott und untereinander zu dienen. Es hieße den Begriff der Dienstgemeinschaft zu überdehnen, rein wirtschaftliche Tätigkeiten in diese Gemeinschaft einzuordnen, und die bisher geübte Praxis zu den kirchlichen Wirtschaftsbetrieben zeigt, dass dies auch nicht gewollt ist. Damit sind die Normen des kirchlichen Arbeitsrechts im dargelegten Sinne teleologisch zu reduzieren, wollte man ihre Anwendung nicht in Widerspruch zu ihren eigenen Zielen setzen.

---

96 Vgl. BVerfG v. 4.6. 1985, BVerfGE 70, S. 138 ff.; ausführlicher hierzu § 2 Abschn. A IV 2, S. 15.
97 Vgl. etwa zum Streikrecht im kirchlichen Dienst § 3 Abschn. B, S. 139 ff. Zur Bedeutung der Grundrechte im kirchlichen Dienst einerseits § 2 Abschn. A, S. 10 ff. und andersseits *Däubler*, RdA 2003, S. 204.

c) Kirche, nicht die Einrichtung als Kompetenzträger

Berechtigt, die Maßstäbe zur Bestimmung der Grenzen des kirchlichen Arbeitsrechts vorzugeben, sind die durch Art. 140 GG i.V.m. Art. 137 Abs. 3 WRV Berechtigten, und damit die Kirchen selber, nicht ihre einzelnen Einrichtungen.[98] Die einzelne Einrichtung steht nur insoweit unter dem Schutz der Verfassung, als sie der Kirche zugeordnet wird. Mit dieser Zuordnung akzeptiert sie die arbeitsrechtlichen Grenzziehungen. Der einzelne Rechtsträger hat also allein die Wahl, sich der Kirche nicht zuzuordnen und damit eine Geltung des kirchlichen Arbeitsrechts zu vermeiden oder aber als Einrichtung der Kirche zu wirken und damit dem kirchlichen Arbeitsrecht zu unterfallen. Kriterium für diese Zuordnung in die kirchliche Dienstgemeinschaft kann auch sein, gerade das kirchliche Arbeitsrecht in der Einrichtung zu praktizieren. Hierdurch gibt der Rechtsträger zu erkennen, dass er sein Wirken als Bestandteil der kirchlichen Dienstgemeinschaft versteht.

Für die Zuordnung zum kirchlichen Arbeitsrecht ist mithin auch aus der Sicht der Kirche insbesondere von Bedeutung, inwieweit die Loslösung von der Dienstgemeinschaft objektivierbaren Niederschlag gefunden hat. Maßgeblich hierfür ist die gesellschaftsrechtliche Ausgestaltung, deren Grundlage bei der GmbH der Gesellschaftsvertrag nach § 3 GmbHG ist.[99] Für die Zuordnung der GmbH sind besondere Bestimmungen erforderlich. Dabei kann in der Präambel, vor allem aber in den Regelungen des Vertrags selber die Verbindung zur Kirche und ihre aufsichtsrechtliche Berechtigung verankert werden. Dies gilt auch dann, wenn die Diözese Gesellschafter ist, denn hier geht es nicht um eine stets mögliche Einflussnahme durch den Gesellschafter, sondern um eine Kontrolle von außen. Dementsprechend kann auch die Geltung des kirchlichen Arbeitsrechts in den Gesellschaftsvertrag aufgenommen werden, insbesondere die Verbindlichkeit der Grundordnung.

Wird demgegenüber auf solche Regelungen verzichtet, entspricht der Gesellschaftsvertrag vielmehr dem nicht kirchengebundener Gesellschaften und ist der Unternehmensgegenstand nicht auf die Leistung an kirchliche oder kirchengebundene Träger beschränkt, dann ist dies gewichtiges Indiz für die Unanwendbarkeit des kirchlichen Arbeitsrechts. Eine hinreichende inhaltliche wie formale Zuordnung ist dann nicht gegeben.

---

[98] ArbG Mönchengladbach v. 12.7.2001, ZMV 2001, S. 244; *Richardi*, Arbeitsrecht in der Kirche, § 3, Rn. 10.
[99] Für die MAVO s. auch *Bleistein/Thiel*, MAVO, § 1, Rn. 38.

d) Kirchlicher Dienst als gewollt und tatsächlich kirchlich geprägter Dienst

Damit kann als Fazit der gegenläufigen Betrachtung vom kirchlichen und vom weltlichen Recht zusammengefasst werden, dass der kirchliche Dienst der Dienst ist, der als kirchlicher Dienst gewollt und tatsächlich kirchlich geprägt ist. Beide Elemente müssen zusammenkommen: Eine organisatorische Verbundenheit einer Einrichtung zur Kirche lässt sie nicht dem kirchlichen Arbeitsrecht unterfallen, wenn nicht die Mitarbeiter dieser Einrichtung Mitglieder der kirchlichen Dienstgemeinschaft sind; zum anderen reicht es aber ebenso nicht, dass sich eine private Einrichtung die Verwirklichung kirchlicher Zwecke zur Aufgabe gemacht hat, diese aber sich nicht dem kirchlichen Recht unterworfen hat, insbesondere nicht seinen arbeitsrechtlichen Bestandteilen.

Bei privatrechtlich organisierten Einrichtungen im Eigentum oder Miteigentum der Kirche oder einer kirchengebundenen Organisation bedarf es daher einer mehrschrittigen Prüfung, die Anwendbarkeit des kirchlichen Arbeitsrechts zu ermitteln. Am Anfang steht die Frage, ob eine hinreichende Zuordnung gegeben ist. Hat sich die Einrichtung gegen das kirchliche Arbeitsrecht entschieden, dann sind zwingend die unmodifizierten Regelungen des allgemeinen Arbeitsrechts anzuwenden – oder mit anderen Worten: Lehnt sie eine Anwendbarkeit des kirchlichen Arbeitsrechts ab, ohne dass die Kirche dies verhindern könnte, so ist es keine Einrichtung der Kirche im Sinne des staatlichen Rechts, denn ein hinreichender Einfluss der Religionsgemeinschaft, die Einhaltung ihres Rechts sicherzustellen (Art. 2 Abs. 2 GrO, § 1 Abs. 2 MAVO, § 1 Abs. 2 MVG.EKD) liegt dann nicht vor. Falls dies nicht der Fall ist und ein hinreichender Einfluss der Kirchen vorhanden ist, dann ist zu fragen, ob sich die Einrichtung sich als Wesens- und Lebensäußerung der Kirche darstellt oder ausschließlich oder überwiegend wirtschaftliche Zwecke verfolgt. Ist sie nicht zumindest mittelbar darauf hingeordnet, das spezifisch religiöse und karitative Anliegen der Kirche zu realisieren, sondern dient sie allein zur Mittelbeschaffung, um den Kirchen ihr Wirken in der Zeit zu ermöglichen, dann findet das kirchliche Arbeitsrecht keine Anwendung. Kriterien der Wirtschaftlichkeit sind das Auftreten am Markt und die Beteiligung nicht-kirchlicher Dritter an der Einrichtung.

II. Folgen des Outsourcings aus dem kirchlichen Dienst

Bis hierin ging es um die Frage, inwieweit eine Ausgliederung heraus aus dem kirchlichen Arbeitsrecht möglich ist. Nun soll es einen Schritt weiter gehen: Blickt man auf die Folgen eines Outsourcings aus dem kirchlichen in den weltlichen Dienst ist Ausgangspunkt jeder weitergehenden Überlegung § 613a BGB. Die Grundnorm des Betriebsübergangs erwähnt die kirchlichen Arbeitsrechtsregelungen nicht, so dass sich Auslegungsschwierigkeiten im Hinblick auf den Übergang eines kirchlichen Betriebs auf einen nicht-kirchlichen Arbeitgeber ergeben, genauso wie für den umgekehrten Fall, dass ein nicht-kirchlicher Betrieb von einem kirchlichen Träger übernommen wird.

1. Übernahme eines nicht-kirchlichen Betriebs durch einen kirchlichen Träger

Die Folgen, die die Übernahme eines nicht-kirchlichen Betriebs durch einen kirchlichen Träger hat, lassen sich unterscheiden in individualvertragliche Wirkungen, Auswirkungen auf die Betriebsverfassung und bestehende Betriebsvereinbarungen sowie den Einfluss auf die bestehenden Tarifverträge.

a) Auswirkungen auf den Arbeitsvertrag

Gemäß § 613a Abs. 1 Satz 1 BGB tritt der Betriebserwerber beim rechtsgeschäftlichen Übergang eines Betriebs oder eines Betriebsteils in die Rechte und Pflichten aus den beim Zeitpunkt des Übergangs bestehenden Arbeitsverhältnissen ein. Durch diesen Übergang soll die Kontinuität des Arbeitsverhältnisses sichergestellt werden über den Wechsel des Arbeitgebers hinaus. § 613a BGB schließt damit eine Lücke im Kündigungsschutz.[100] Nach diesem Normzweck scheint es fraglich, ob ein Arbeitnehmer eines nicht-kirchlichen Arbeitgebers nach dem Betriebsübergang an die besonderen Loyalitätspflichten des kirchlichen Dienstes gebunden ist, oder ob weiterhin für ihn der allgemeine Loyalitätsmaßstab der rein säkularen Arbeitsverhältnisse gilt.

aa) Die Auffassung Richardis. Die soweit ersichtlich erste Stellungnahme zu dieser Frage im Schrifttum stammt – wie so oft im kirchlichen Arbeits-

---

[100] Vgl. für alle ErfK-*Preis*, § 613a BGB, Rn. 1–4; Staudinger-*Annuß*, Bearb. 2005, § 613a BGB, Rn. 9.

recht – von *Richardi*.[101] Er argumentiert vom Wesen der Dienstgemeinschaft aus, die eine vertragliche Legitimation durch den Arbeitsvertrag erhält: „Wer durch Rechtsgeschäft in den kirchlichen Dienst tritt, geht eine in Selbstbestimmung getroffene Bindung ein, durch die versprochene Dienstleistung daran mitzuwirken, dass die Kirche ihren religiös bestimmten Auftrag in der Welt wahrnimmt".[102] Eine solche Legitimation fehlt bei Eintritt in den kirchlichen Dienst kraft Gesetzes, wie dies beim Betriebsübergang gemäß § 613a BGB der Fall ist. Aus der allgemein anerkannten Wertung, dass § 613a BGB eine Lücke im Kündigungsschutzsystem schließt, indem bei einem Betriebsinhaberwechsel das alte Arbeitsverhältnis mit dem neuen Betriebsinhaber fortgesetzt wird, folgert *Richardi*, dass nur der Vertragspartner ausgewechselt werde, aber keine Änderung des Vertragsinhalts eintrete. Dies müsse auch beim Erwerb durch einen kirchlichen Rechtsträger gelten. Daher würden durch den Wechsel des Betriebsinhabers den Arbeitnehmern nicht die besonderen Verpflichtungen auferlegt, die sich aus der Zugehörigkeit zum kirchlichen Dienst ergeben. Da der Betriebserwerb freiwillig erfolgt, könne auch aus der Verfassungsgarantie des kirchlichen Selbstbestimmungsrechts nicht abgeleitet werden, dass eine kirchliche Einrichtung nur die Arbeitnehmer übernehmen müsse, die den kirchlichen Anforderungen entsprechen. In Anknüpfung an *Kreitner* geht er davon aus, dass § 613a BGB ausgeschaltet werde, wollte man dem kirchlichen Betriebserwerber ein besonderes Auswahlrecht zugestehen, auch wenn es nur zu dem Zweck ausgeübt würde, eine Loyalitätsobliegenheit des Mitarbeiters herbeizuführen.[103] Demgegenüber sei es nicht erheblich, dass dem Arbeitnehmer ein Widerspruchsrecht gegen den Übergang seines Arbeitsverhältnisses beim Betriebsinhaberwechsel zusteht. Denn die Nichtausübung des Widerspruchsrechts führe keineswegs dazu, dass der Arbeitnehmer so zu behandeln sei, als hätte er das Arbeitsverhältnis mit dem Betriebserwerber rechtsgeschäftlich begründet. Es falle in das Risiko des Betriebserwerbers, ob er bei einer Betriebsübernahme mit der vorhandenen Belegschaft den Auftrag der Kirche erfüllen kann. Der Bestandsschutz des Arbeitsverhältnisses bei Betriebsübernahme habe nur insoweit seinen Preis, als der Arbeitnehmer den Betriebsübergang hinnehmen muss, wenn er nicht sein Widerspruchsrecht ausübt.

---

101 *Richardi*, Arbeitsrecht in der Kirche, § 5, Rn. 10 ff.
102 *Richardi*, Arbeitsrecht in der Kirche, § 5, Rn. 14.
103 *Kreitner*, Kündigungsrechtliche Probleme beim Betriebsinhaberwechsel, 1989, S. 254; *Richardi*, Arbeitsrecht in der Kirche, § 5, Rn. 12.

bb) Stellungnahme. Der Argumentation *Richardis* kann im Ergebnis nicht uneingeschränkt überzeugen. Ihre zentrale These, der Inhalt eines Arbeitsverhältnisses könne sich mit dem Betriebsübergang nicht ändern, ist in dieser Strenge unzutreffend. Dies wird deutlich zum einen in einem Vergleich mit dem entgegengesetzten Fall, dass ein kirchlicher Betrieb auf einen nicht-kirchlichen Arbeitgeber übergeht, zum anderen ergibt es sich aus parallelen Sachverhalten, die außerhalb des kirchlichen Arbeitsrechts für § 613a BGB diskutiert werden:

Geht ein kirchlicher Betrieb auf einen nicht-kirchlichen Arbeitgeber über, wäre der Argumentation *Richardis* folgend die Belegschaft weiterhin verpflichtet, auch gegenüber dem neuen Arbeitgeber die besonderen kirchlichen Loyalitätsobliegenheiten zu beachten. Das hätte zur Konsequenz, dass auch ein privater Arbeitgeber einem Chefarzt nach Ehebruch kündigen könnte, einzig weil dieser Arbeitnehmer ehemals in einem katholischen Krankenhaus beschäftigt war.[104] Das kann nicht richtig sein, fußt doch die Anerkennung der besonderen Loyalitätspflichten auf der verfassungsrechtlich garantierten Kirchenautonomie gemäß Art. 140 GG i.V.m. Art. 137 Abs. 3 WRV – diese aber steht einem weltlichen Arbeitgeber nicht zu. Damit führt der Übergang vom kirchlichen in den nicht-kirchlichen Dienst zu einer Ausdünnung der Loyalitätspflichten hin zu dem allgemein für säkulare Arbeitgeber geltenden Maßstab. Dem entspricht als spiegelbildlicher Tatbestand eine Steigerung der Loyalitätspflichten, wenn ein nicht-kirchliches Arbeitsverhältnis in den kirchlichen Dienst überführt wird.

Diese Überlegung bestätigt sich im Blick auf die allgemeine Meinung beim Übergang eines Arbeitnehmers, der mit dem bisherigen Betriebsinhaber ein Wettbewerbsverbot arbeitsvertraglich vereinbart hatte. Hier geht man davon aus, dass sich das Wettbewerbsverbot, das sich auf den alten Arbeitgeber bezog, nun uneingeschränkt auf den neuen Arbeitgeber bezieht, auch wenn dieser weitergehende Unternehmenszwecke verfolgt, und damit eine ursprünglich zulässige Nebentätigkeit unzulässig wird – ebenso wie im umgekehrten Fall, dass bisherige Unternehmenszwecke wegfallen und ursprünglich unzulässige Nebentätigkeiten zulässig werden.[105] Auch hier sieht man also, dass der Betriebsübergang durchaus Einfluss auf den Inhalt des Arbeitsverhältnisses haben kann, und spezifisch auf den Arbeitgeber bezogene

---

104 Zum Ehebruch als Kündigungsgrund vgl. BAG v. 14. 4. 1997, AP Nr. 27 zu § 611 BGB Kirchendienst.
105 Vgl. KR-*Pfeiffer*, § 613a BGB, Rn. 74; MünchArb-*Wank*, § 120, Rn. 133; ErfK-*Preis*, § 613a BGB, Rn. 80; s. auch BAG v. 27. 11. 1991, AP § 4 TVG Nachwirkung Nr. 22 = NZA 1992, S. 800; GK-*Etzel*, §§ 74–75d HGB, Rn. 65.

Pflichten dort modifiziert werden müssen (u.U. auch zu Lasten des Arbeitnehmers), wo ein neuer Arbeitgeber an die Stelle des bisherigen tritt. § 613a BGB wird dadurch nicht ausgehöhlt, sondern in seinen Folgen konkretisiert.

Die vorangegangenen Argumente weisen einen Mittelweg: In Übereinstimmung mit *Richardi* ist davon auszugehen, dass das kirchliche Selbstbestimmungsrecht nicht zur Ausklammerung des § 613a BGB führen kann; § 613a BGB darf aber auch nicht dazu führen, das kirchliche Selbstbestimmungsrecht gänzlich außen vor zu lassen. Beide sind vielmehr in einen verhältnismäßigen Ausgleich, eine „praktische Konkordanz" zu bringen.[106] Bei diesem Ausgleich sind insbesondere zeitliche Erwägungen maßgeblich: Ein kirchlicher Arbeitgeber kann nicht zur Kündigung berechtigt sein für ein Verhalten, das *vor* dem Betriebsübergang stattgefunden hat und damals keine Obliegenheitsverletzung gegenüber dem weltlichen Arbeitgeber darstellte. Der nach Scheidung wiederverheiratete Chefarzt kann also nicht gekündigt werden, wenn die zweite Eheschließung vor dem Betriebsübergang stattfand, auch wenn der fortbestehende Zustand im Widerspruch zum Kirchenrecht ist. Umgekehrt würde die zweite Heirat nach Betriebsübergang im Grundsatz durchaus eine Kündigung rechtfertigen können. Denn hier liegt ein intensivierter Loyalitätsverstoß gegen die Prinzipien der (katholischen) kirchlichen Dienstgemeinschaft vor und der Kirche muss es erlaubt sein, hierauf zu reagieren. Zwischen der Loyalitäts- und Treuepflicht, die gegenüber einem weltlichen Arbeitgeber besteht, und den spezifischen Loyalitätspflichten, die nur beim kirchlichen Arbeitgeber gelten, bestehen keine wesensmäßigen, sondern lediglich graduelle Unterschiede. Wie generell ein Arbeitgeber das Recht hat, Verstöße gegen die Treuepflicht mit einer Kündigung zu beantworten, auch wenn dies bei einem anderen Arbeitgeber vielleicht keinen Verstoß darstellen würde, kann auch die Kirche kündigen, obwohl andere Arbeitgeber das nicht können. Dies wird insbesondere deutlich, schaut man auf andere in Rechtsprechung und Schrifttum anerkannte Kündigungsmöglichkeiten: Wenn danach eine Kündigung gerechtfertigt ist, wenn der Arbeitnehmer gegen die wirtschaftlichen Interessen des Arbeitgebers handelt[107], dann deswegen, weil eben die Gewinnerzielung, die hierdurch vereitelt wird, das Arbeitsverhältnis zum säkularen Arbeitgeber ausmacht. Dem entspricht es, wenn in Tendenzbetrieben Verstöße gegen die Tendenzrich-

---

[106] Begriff nach *Hesse*, Grundzüge des Verfassungsrechts der Bundesrepublik Deutschland, 20. Aufl. 1995 Rn. 317ff.; s. auch BVerfG v. 18. 10. 1993, BVerfGB 89, 2, 4.
[107] Vgl. Nachweise bei *Stahlhacke/Preis/Vossen*, Kündigung und Kündigungsschutz im Arbeitsverhältnis, Rn. 1158, 625 ff.

tung mit einer Kündigung beantwortet werden können[108], weil eben diese das Arbeitsverhältnis ausmacht – und dem entspricht es erst recht, dass Kirchen Widersprüche gegen die kirchliche Dienstgemeinschaft mit einer Kündigung beantworten können, weil eben die kirchliche Dienstgemeinschaft maßgeblich gestaltender Faktor und grundlegender Pfeiler des kirchlichen Arbeitsverhältnisses ist.

Zwischen diesen beiden recht eindeutigen Eckpunkten verbleibt ein schwer zu beurteilender Graubereich weniger weitreichender Verletzungen der Loyalitätsobliegenheiten, insbesondere von nicht leitenden Arbeitnehmern. Hier wird man differenzieren müssen, um die sachgerechte Lösung in der Abwägung des Einzelfalles zu finden. Da generell bei der Verletzung einer Loyalitätspflicht den Kirchen ein gewisser Beurteilungsspielraum zukommt, so ist er auch hier – und erst recht – anzuerkennen. Man kann an das *Verbot widersprüchlichen Handelns* anknüpfen, das es den Kirchen verbieten dürfte, einen Arbeitnehmer durch Betriebsübergang zu übernehmen, ihm aber zu kündigen, obwohl er keine Opposition zur Kirche nach außen hin dokumentierte, sondern vielmehr seinen bisher eingeschlagenen Lebensweg, wenn auch im Widerspruch zu den Lehren der Kirche, fortführt.

b) Auswirkung auf Betriebsverfassung und Betriebsvereinbarungen

Ungleich klarer beurteilen sich die Auswirkungen, die der Betriebsübergang auf die Betriebsverfassung und die bestehenden Betriebsvereinbarungen hat. Hier hat die Entscheidung des Bundesarbeitsgerichts vom 9.2.1982 Sicherheit für die Praxis geschaffen. Danach wird ein Betrieb allein durch den Trägerwechsel zu einer karitativen Einrichtung der Kirche im Sinne von § 118 Abs. 2 BetrVG, auf die das Betriebsverfassungsgesetz keine Anwendung findet, wenn ein kirchlicher Träger durch Rechtsgeschäft ein bisher von einem nicht-kirchlichen Träger betriebenen Betrieb übernimmt, um dort ein Stück „Auftrag der Kirche in der Welt" wahrzunehmen.[109] Dadurch erlischt bei einem Betriebsübergang automatisch das Betriebsratsmandat, ohne dass hierfür eine Übergangszeit einzuräumen wäre oder eine Bereitschaft der Belegschaft für eine solche Zuordnung zum kirchlichen Dienst bestehen müsste.[110] Möglich ist allein nach den allgemeinen Regeln ein Restmandat nach

---
108 KR-*Etzel*, § 626 BGB, Rn 86.
109 BAG v. 9.2.1982, AP Nr. 24 § 118 BetrVG 1972, Leitsatz 1 zum Übergang eines Krankenhauses.
110 Vgl. für alle *Richardi*, Arbeitsrecht in der Kirche, § 16, Rn. 62 ff.; *Weth/Wern*, NZA 1998, S. 118, 122.

§ 21 b BetrVG, in dem der Betriebsrat die betriebsverfassungsrechtlichen Rechte beim Betriebsübergang wahrnimmt.[111] Die damals tragenden Gründe der Entscheidung des BAG bestätigen die Richtigkeit der bisherigen Argumentation:

„[Der Gesetzgeber trägt] mit der Herausnahme der kirchlichen Einrichtungen aus dem Betriebsverfassungsgesetz dem verfassungsrechtlich garantierten Selbstordnungs- und Selbstverwaltungsrecht der Kirchen Rechnung. Er nimmt Rücksicht auf den Freiheitsraum der Kirchen. Diese sollen selber darüber entscheiden können, wie sie ihre karitativen und erzieherischen Einrichtungen ordnen und verwalten, insbesondere, ob und in welchem Umfang sie ihre Arbeitnehmer und deren Vertretungsorgane in Angelegenheiten des Betriebes, die ihre Interessen berühren, mitwirken und mitbestimmen lassen wollen … Dieses Selbstbestimmungsrecht der Kirchen kann nicht davon abhängen, ob die Mehrzahl der Mitarbeiter der kirchlichen Einrichtungen sich zu den Grundsätzen einer christlich motivierten Dienstgemeinschaft bekennt oder nicht. Das würde eine durch § 118 Abs. 2 BetrVG nicht bezweckte Beschränkung des kirchlichen Selbstbestimmungsrechts bedeuten. Für die Frage, ob eine karitative oder erzieherische Einrichtung der Kirche im Sinne von § 118 Abs. 2 BetrVG vorliegt, kann es vielmehr nur darauf ankommen, ob der Träger der Kirche in dem oben bezeichneten Sinn zugeordnet ist und mit der von ihm getragenen Einrichtung kirchliche-karitative oder erzieherische Zwecke verfolgt."[112]

Damit ist klar, dass der Betrieb unmittelbar mit dem Übergang aus dem Bereich des Betriebsverfassungsrechts herauswächst und nunmehr den kirchlichen Besonderheiten der Mitarbeitervertretung unterliegt. Das hat unmittelbare Folgen auch für die bestehenden Betriebsvereinbarungen: Gemäß § 613a Abs. 1 Satz 2 BGB werden Rechte und Pflichten, die durch Rechtsnormen eines Tarifvertrages oder einer Betriebsvereinbarung geregelt sind, Inhalt des Arbeitsverhältnisses zwischen dem neuen Inhaber und dem Arbeitnehmer. Rechtsprechung und Schrifttum haben hier das eingrenzende Kriterium entwickelt, dass dies nur dann gilt, wenn es nicht aufgrund allgemeiner Rechtsregeln zu einer kollektiven Fortgeltung der Betriebsvereinbarung kommen kann. Insofern ist § 613a BGB lediglich subsidiär, und dies lässt in der Praxis den § 613a Abs. 1 Satz 2 BGB oftmals leerlaufen.[113] Vorliegend aber ist eine kollektivrechtliche Weitergeltung ausgeschlossen, denn sie setzt voraus, dass der Betrieb auch nach Übergang auf einen neuen Träger dem Betriebsverfassungsgesetz unterfällt. Andernfalls kann der Erwerber nicht in die betriebsverfassungsrechtlichen Pflichten des Veräußerers eintreten, deren Bestandteile eben die bestehenden Betriebsvereinbarungen sind. Eine Regelung, wie sie § 13 Abs. 4 MAVO für den spiegelbildlichen Fall des Über-

---

111 Ausführlich Richardi-*Thüsing*, BetrVG, § 21 a, Rn. 14, § 21 b BetrVG, Rn. 1 ff.
112 BAG v. 9.2. 1982, AP Nr. 24 zu § 118 BetrVG 1972 unter II a.
113 Für alle ErfK-*Preis*, § 613a BGB, Rn. 68, 72; HWK-*Willemsen/Müller-Bonanni*, § 613a BGB, Rn. 254.

gangs aus dem weltlichen in den kirchlichen Dienst geschaffen hat, fehlt noch.

c) Auswirkungen auf Tarifverträge

Das Schicksal der Tarifverträge nach Betriebsübergang beurteilt sich nach § 613a Abs. 1 Sätze 2–4 BGB. Ebenso wie Betriebsvereinbarungen gelten Tarifverträge gemäß § 613a Abs. 1 Satz 2 BGB nach Betriebsübergang grundsätzlich individualvertraglich weiter. Dies gilt jedoch gemäß § 613a Abs. 1 Satz 3 BGB nicht, wenn die Rechte und Pflichten bei dem neuen Inhaber durch Rechtsnormen eines anderen Tarifvertrags geregelt werden. Damit ist entscheidend, ob die kirchlichen Arbeitsvertragsregelungen Tarifverträge sind oder diesen zumindest rechtlich gleichgestellt werden müssen, und auch, ob § 613a Abs. 1 Satz 3 BGB – die Gleichstellung mit dem Tarifvertrag unterstellt – den Weitergeltungsbefehl des § 613a Abs. 1 Satz 2 BGB hier ausschließen würde.

Die Antwort auf die erste Frage ist unstreitig: Weil die kirchlichen Arbeitsvertragsregelungen keine Vereinbarungen zwischen Arbeitgeberverband und Gewerkschaft sind, sondern das Verhandlungsergebnis einer paritätisch besetzten Kommission, ihre Grundlage nicht das Tarifvertragsgesetz ist, sondern durch Kirchengesetze geschaffen wird, geht das Bundesarbeitsgericht zurecht davon aus, dass es sich bei den Regelungen des Dritten Weges nicht um Tarifverträge i.S. des Tarifvertragsgesetzes handelt.[114] Dementsprechend werden in der Praxis die Regelungen des Dritten Weges, damit sie Geltung erlangen, durch Bezugnahme individualvertraglich vereinbart. Damit werden sie Bestandteile der Arbeitsverträge, und dies könnte nahe legen, nicht § 613a Abs. 1 Sätze 2–4 BGB, sondern § 613a Abs. 1 Satz 1 BGB anzuwenden. Auf übergehende Tarifverträge hätten die kirchlichen Arbeitsvertragsordnungen dann keinen Einfluss. Das dürfte auch die Linie der derzeitigen Rechtsprechung des Bundesarbeitsgerichts sein. In seiner Grundsatzentscheidung vom 20.3.2002 hat es festgestellt, dass Art. 140 GG i.V.m. Art. 137 Abs. 3 WRV ohne entsprechende kirchenrechtliche Regelung keine normative Geltung einer kirchlichen Arbeitsrechtsregelung des Dritten Weges für Arbeitsverhältnisse mit kirchlichen Arbeitgebern begründet, in einer Entscheidung vom 8.7.2005 hat es die normative Wirkung selbst bei entsprechendem kirchlichen Geltungsbefehl verneint.[115] Eine analoge Anwen-

---
114 Nachweise bei *Richardi*, Arbeitsrecht in der Kirche, § 15, Rn. 3, Fn. 7. S. auch BAG v. 21.5.2003, AP § 611 BGB Kirchendienst Nr. 37 = NZA-RR 2004, S. 273.
115 BAG v. 20.3.2002, AP Nr. 53 zu Art. 140 GG; bestätigt und noch strenger BAG v. 21.10.

dung des Abs. 1 Sätze 2 und 3 hat das Gericht ausdrücklich abgelehnt. Im Ergebnis wird also ein Tarifvertrag nicht durch kirchliche Arbeitsvertragsregelungen abgelöst.

Dieses Ergebnis überzeugt nicht jeden. Wie an anderer Stelle dargelegt (§ 3 Abschn. A, S. 114 ff.), ist richtiger Ansicht nach grundsätzlich von einer Pflicht zur Gleichbehandlung von Tarifvertrag und kirchlicher Arbeitsvertragsregelung auszugehen. Folge wäre die Anwendung des § 613 a Abs. 1 Sätze 2–4 BGB: Diese Prämisse würde dann den Blick auf den Meinungsstreit lenken, ob § 613 a Abs. 1 Satz 3 BGB eine einseitige Tarifbindung des Arbeitgebers an die ablösenden Tarifverträge genügen lässt, oder ob eine kongruente, zweiseitige Tarifbindung von Arbeitgeber und Arbeitnehmer erforderlich ist. Das Schrifttum ist hier geteilt[116], die Rechtsprechung hat sich für das Erfordernis einer kongruenten Tarifbindung entschieden.[117] Hier müsste man den Streit nicht schlichten, denn die Unterscheidung knüpft an Verbandsprinzipien und an der Beschränkung der Tarifwirkung auf die Gewerkschaftsmitglieder an – dies ist aber eine Unterscheidung, die der Dritte Weg, der die Gesamtbelegschaft einheitlich behandelt, nicht kennt. Vielmehr tritt hier in den Vordergrund, dass die eine kollektive Ordnung durch die andere ersetzt wird, eine Tarifeinheit im kirchlichen Dienst gewährleistet wird, zu der der kirchliche Arbeitgeber schon nach eigenem Selbstverständnis verpflichtet ist. Damit wäre festzuhalten: Die Tarifverträge eines von Caritas oder Diakonie übernommenen Betriebs werden nach richtiger Ansicht durch die Regelungen des Dritten Weges gemäß § 613 Abs. 1 Satz 3 BGB abgelöst. Die Rechtsprechung zeigt freilich (noch?) keine Andeutungen, diesem Weg zu folgen.

2. Übernahme eines kirchlichen Betriebs durch einen nicht-kirchlichen Träger

Für den Fall, dass die Caritas oder die Diakonie einen Betrieb nicht übernimmt, sondern ausgliedert, gilt die obige Argumentation spiegelbildlich: Die besonderen Loyalitätspflichten, die die Mitarbeiter des kirchlichen Dienstes binden, gelten nach Übergang nicht mehr; die Vereinbarungen mit einer Mitarbeitervertretung gelten gemäß § 613 a Abs. 1 Satz 2 BGB individualvertraglich weiter; die kirchlichen Arbeitsvertragsregelungen werden durch die Tarifverträge des übernehmenden Betriebs nicht gemäß § 613 a Abs. 1 Satz 3 BGB verdrängt, sondern bleiben als Bestandteil des Arbeitsvertrags gültig. Allerdings dürfte für den Regelfall nur von einer statischen Weitergeltung auszugehen sein. Dafür spricht die Rechtsprechung bei der Bezugnahme auf Tarifverträge bei einer Ausgliederung. In einer Entscheidung vom 29. 8. 2001 entschied das Gericht, dass eine Klausel, die den ehemals normativ geltenden Tarifvertrag in seiner jeweils geltenden Fassung in Bezug

---

2002, AP Nr. 20 zu § 4 TVG; BAG v. 8.6. 2005 – 4 AZR 412/04, n.v. – ausführlich § 3 Abschn. A III, S. 119 ff.
116 Vgl. Nachweise bei ErfK-*Preis*, § 613 a BGB, Rn. 119; Staudinger-*Richardi/Annuß*, § 613 a BGB, Rn. 192; Soergel-*Raab*, BGB, § 613 a, Rn. 125.
117 BAG v. 21. 2. 2001, AP Nr. 20 zu § 4 TVG.

nimmt, nach einem Betriebsübergang auf einen verbandslosen Arbeitgeber dahingehend auszulegen ist, dass der ehemals geltende Tarifvertrag nur in seiner Fassung bei Betriebsübergang gemeint ist, spätere Änderungen also keine Auswirkungen mehr haben, weil sie auch für die ehemals normativ tarifgebundenen Arbeitnehmer, für die die Transformation nach Absatz 1 Satz 2 eingreift, keine Auswirkungen mehr haben. Die Bezugnahme sei lediglich „Gleichstellungsklausel" und könne keine Besserstellung bewirken.[118] Diese Entscheidungslinie ist freilich in neuester Rechtsprechung aufgegeben worden[119], doch für den kirchlichen Bereich wird man an ihr festhalten können: Die Regelungen des kirchlichen Arbeitsrechts sollen nur soweit gelten, als der Arbeitgeber dem kirchlichen Arbeitsrecht unterfällt; danach frieren sie ein. Dies dürfte eher noch mit dem Verständnis des Arbeitnehmers übereinstimmen, der nicht erwartet, bei einem weltlichen Arbeitgeber weiterhin nach den jeweils aktuellen Regelungen des kirchlichen Arbeitsrechts behandelt zu werden. Der Fall ist freilich bislang von der Rechtsprechung nicht entschieden, so dass für die Praxis hier eine gewisse Unsicherheit bleiben wird. Insbesondere die Auslegungsregel des § 305c Abs. 2 BGB wird zu beachten sein.

Denkbar wäre es auch, einen Schritt weiter zu gehen, und die Bezugnahme nun auf den einschlägigen Tarifvertrag zu beziehen, wenn denn der übernehmende Arbeitgeber tarifgebunden ist. Hierfür sprechen vor allem auch praktische Erwägungen, denn die Konsequenzen bleiben problematisch, auch wenn man von einer lediglich statischen Bezugnahme der kirchlichen Regelungen nach Betriebsübergang ausgeht. Wird die ehemals kirchliche Einrichtung von einem tarifgebundenen Arbeitgeber übernommen, dann gilt zwischen arbeitsvertraglicher Vereinbarung und normativ geltendem Tarifvertrag das Günstigkeitsprinzip nach § 4 Abs. 3 TVG.

3. Übernahme einer kirchlichen Einrichtung durch einen anderen kirchlichen Träger

Bei der Übernahme einer kirchlichen Einrichtung durch einen anderen kirchlichen Träger ergeben sich die geringsten Änderungen: Die besonderen Loyalitätspflichten gelten weiter, ebenso die Dienstvereinbarungen, wenn die Einrichtung ihre Identität behält; auf die Rechtsprechung zum Schicksal von Betriebsvereinbarungen beim Betriebsübergang kann verwiesen werden.[120] Die kirchlichen Arbeitsrechtsregelungen bleiben regelmäßig erhalten, soweit

---
118 S.u.a. BAG v. 29.8. 2001, NZA 2003, S. 513.
119 S. BAG v. 14.12. 2005 – 4 AZR 536/04, noch n.v.
120 BAG AP Nr. 89, AP Nr. 118 zu § 613a BGB; weitere Nachweise bei Staudinger-*Richardi/Annuß*, § 613a BGB, Rn. 175.

sie nicht normativ, sondern kraft individualvertraglicher Vereinbarung gelten.[121] Im Falle eines Wechsels von der verfassten Kirche zur Caritas oder zur Diakonie können freilich dort andere Regelungen einschlägig sein (AVR statt KAVO oder BAT-KF), so dass es auch hier nahe liegt anzunehmen, dass die bisherigen Regelungen nur statisch weitergelten, oder weitergehend noch, die Regelungen des übernehmenden Rechtsträgers Anwendung finden.

Dies scheint jedoch nicht die Tendenz der Rechtsprechung zu sein. Dies macht eine Entscheidung des BAG vom 13.11.2002 deutlich.[122] Es ging um die Arbeitsverträge der Mitarbeiter des Bistums Osnabrück, die auf die KODA Osnabrück/Vechta verwiesen und für die nach Übergang auf das neugegründete Erzbistum Hamburg nun die dort allgemein geltende KODA Nord/Ost angewandt werden sollten. Das BAG entschied, dass weiterhin auch nach Übergang die Regelungen Osnabrücks Geltung hätten. Dem erkennenden Senat ist in seiner Zurückhaltung in der Übertragung der zu § 613a BGB entwickelten Rechtsgrundsätze zu widersprechen. Auch weil das Problem sich ganz ähnlich bei anderen Formen des Übergangs vom einen kirchenarbeitsrechtlichen Regelwerk zum anderen zeigt[123], ist eine nähere Auseinandersetzung mit der Entscheidung hilfreich.

a) Unterschiede und Gemeinsamkeiten zur Bezugnahme auf Tarifverträge

Die tarifvertragliche Situation wurde in den Entscheidungsgründen zutreffend beschrieben: Wären die Arbeitsverhältnisse der Klägerin im Zeitpunkt des Übergangs durch Tarifvertrag geregelt gewesen oder wäre die arbeitsvertragliche Vereinbarung eine Gleichstellungsabrede gewesen, dann wären die tarifvertraglich geregelten Arbeitsbedingungen mit dem Stand zum Inhalt des Arbeitsverhältnisses geworden, den sie am Tag des Übergangs gehabt hatten.

Was folgt daraus für die kirchlichen Regeln? Wer hier Aussagen über die Bezugnahmeklauseln treffen will, der muss zwei wesentliche Unterschiede zur tarifvertraglichen Situation mit in seine Überlegungen einbeziehen: Dies ist zum einen der Umstand, dass die Bezugnahmeklausel hier nie den Zweck haben kann, die *Gleichstellung* organisierter und nicht organisierter Arbeitnehmer zu erreichen, denn entweder gelten die Arbeitsvertragsordnungen

---

121 BAG v. 29.8.2001, BAGE 99, S. 10 – ausführlich zum Streitstand s. § 3 Abschn. A III, S. 119 ff.
122 BAG v. 13.11.2002, EzA Nr. 4 zu § 613a BGB mit Anm. *Thüsing*.
123 S. § 2 Abschn. B II 3, S. 53 ff.

normativ für alle Arbeitnehmer (dazu s. § 3 Abschn. A III, S. 119 ff.), oder aber für niemanden; eine Unterscheidung nach der Gewerkschaftszugehörigkeit oder Zugehörigkeit zu Mitarbeitervereinigungen ist dem Dritten Weg fremd. Vielmehr haben die Klauseln unter der geltenden Rechtsprechung den Zweck, die bislang nicht anerkannte normative Wirkung durch individualvertragliche Vereinbarungen zu ersetzen. Damit zusammen hängt ein zweiter Punkt: Solange die Rechtsprechung die normative Wirkung der Regelung des Dritten Wegs nicht anerkennt, gibt es keine personell, sachlich oder betrieblich einschlägigen Vereinbarungen, wie es sie beim Tarifvertrag gibt, definiert man diese Einschlägigkeit nach der *normativen* Geltung.

b) Keine fortdauernde dynamische Einbeziehung der bisherigen kirchlichen Arbeitsvertragsregelungen

Unter Berücksichtigung dieser Besonderheiten wird man wohl nicht von einer fortdauernden Einbeziehung eines nun durch eine nicht mehr zuständige Kommission vereinbarten Regelwerkes durch die bisherigen Bezugnahmeklauseln ausgehen können. Maßgeblich dafür sind zwei Erwägungen:

Das erste Argument ist eine Parallelwertung. Die vorliegende Situation liegt in der Nähe des Zuständigkeitswegfalls einer Gewerkschaft und eines Verbandswechsels. Die für diese Fälle durch Rechtsprechung und Schrifttum herausgearbeiteten Kriterien sind auch hier fruchtbar zu machen. Ausgangspunkt ist die am tatsächlichen und am hypothetischen Parteiwillen ansetzende Auslegung der Bezugnahmeklausel. Grundlegend ist die Entscheidung des BAG vom 4. 9. 1996.[124] Obwohl sich die damals zu beurteilende Verweisungsklausel konkret auf Tarifverträge einer bestimmten Branche in ihrer jeweiligen Fassung bezog, nahm das Gericht an, die Abrede sei im Falle des Verbandswechsels korrigierend dahin auszulegen, dass die Verweisung auf den jeweils für den Betrieb geltenden Tarifvertrag erfolge; aus der kleinen wurde also im Ergebnis eine große dynamische Bezugnahmeklausel. Dem Gericht genügte die allgemeine Feststellung, Sinn und Zweck der vertraglichen Bezugnahmeklausel auf die einschlägigen Tarifverträge sei es, die nicht organisierten mit den tarifgebundenen Arbeitnehmern gleich zu behandeln. Dieser Zwecksetzung müsse durch eine ergänzende Vertragsauslegung Rechnung getragen werden, die sich am hypothetischen Willen der Parteien orientiere. Hätten die Parteien den Verbandswechsel vorausgesehen, so hätten sie eine Bezugnahmeklausel vereinbart, die auf die jeweils für den Arbeitgeber

---

[124] BAGE 84, 97. S. geht aber BAG v. 18. 12. 2005 – 4 AZR 536/04, noch n. v.

einschlägigen tariflichen Bestimmungen verweist. Den Rückgriff auf die Grundsätze ergänzender Vertragsauslegung und das mit Hilfe dieser gefundene Ergebnis hat das BAG an späterer Stelle für Fälle des Betriebsteilsübergangs zwar ausdrücklich aufgegeben[125], so dass es an der Inbezugnahme der neuen Tarifverträge fehlen kann. Bestätigt wurde jedoch die Loslösung vom alten Tarifvertrag. Weil der in seinen künftigen Änderungen nicht mehr normativ gilt, gilt dies auch für die Bezugnahme auf ihn. Welchen tarifvertraglichen Sachverhalt man auch vergleichend heranzieht: Verbandswechsel oder Betriebsübergang, die unveränderte Beibehaltung des Bisherigen ist nie die Folge. Schon daher kann sie auch hier nicht überzeugen, denn entscheidend ist immer die Auslegung am Empfängerhorizont des Arbeitnehmers: Diesem zu unterstellen, er gehe davon aus, dass das Regelwerk Osnabrück/Vechta auch noch dann maßgeblich sein soll, wenn der Arbeitgeber das Erzbistum Hamburg ist, ist deutlich weniger lebensnah als die Vorstellung, es solle stets das gelten, was für die Diözese in der zuständigen KODA vereinbart wurde. Wenn das BAG den Wortlaut der Bezugnahme auf Tarifverträge großzügig[126] interpretiert, darf es hier nicht anders argumentieren.

Das zweite Argument beruht auf den Besonderheiten des kirchlichen Regelungsverfahrens und scheint mir noch wichtiger zu sein. Eine Legitimation der Arbeitnehmervertreter in der Kommission durch die Dienstnehmergruppen, für die die Regelungswerke ursprünglich bestimmt waren, besteht nach Übergang jedenfalls langfristig nicht mehr: Hamburger Dienstnehmer wählen nicht die KODA Osnabrücks. Die Bezugnahme erstreckt sich dann also auf eine Regelung, auf die der Dienstnehmer keinen auch nur mittelbaren Einfluss hat. Das kann nicht richtig sein, nicht nur vor dem Hintergrund einer Auslegung am Arbeitnehmerhorizont, sondern auch unter dem Gesichtspunkt der Legitimation der Regelung: Die demokratische Legitimation der Arbeitnehmervertreter durch die betroffenen Arbeitnehmer ist eine *conditio sine qua non* des Dritten Wegs, denn es sichert seine Vergleichbarkeit mit dem Tarifvertragssystem. Zwar ist den Kirchen durch Art. 140 GG i.V.m. Art. 137 Abs. 3 WRV ein Selbstbestimmungsrecht eingeräumt, das ihre Entscheidung schützt, vom Instrument des Tarifvertrags keinen Gebrauch zu machen. Eine völlige Freizeichnung von jeglicher kollektiver Interessenvertretung der Arbeitnehmer liegt darin jedoch nicht. Vielmehr müssen sich die Kirchen um einen kirchenspezifischen und kirchenkonformen Prozess be-

---

125 BAG v. 30.8.2002, EzA § 3 TVG Bezugnahme auf Tarifvertrag Nr. 13.
126 Und wohl zu großzügig, s. *Thüsing/Lambrich*, RdA 2002, S. 193ff.; *Thüsing*, NZA 2003, S. 1184. S. auch § 2 Abschn. B II 3, S. 53 zur neuen Rspr.

mühen, in dem die Dienstnehmerseite ihre individuelle und kollektive Koalitionsfreiheit ausüben kann. Zu diesen Essentialia der Koalitionsfreiheit gehört das Aushandeln von Arbeitsbedingungen als gleichberechtigter Partner. Erfolgt diese Verhandlung durch ein stellvertretendes Gremium, muss dieses durch die Arbeitnehmer legitimiert sein; ohne diese Legitimation verliert also der Dritte Weg seine Funktion, Mittel zur kirchenspezifischen Wahrnehmung der Koalitionsfreiheit zu sein. Daher kann ab dem Zeitpunkt, wo die Kommission nicht mehr die Mitarbeiter repräsentiert – und sich ihnen daher auch nicht verantwortlich fühlt – keine dynamische Bezugnahme mehr angenommen werden. Dies gilt auch schon deshalb, weil ab diesem Zeitpunkt die Kommission für sie auch nicht mehr regelnd tätig werden will. Eine sinnvolle Gestaltung der Arbeitsverhältnisse, eine Berücksichtigung der Besonderheiten der nun auf das Erzbistum Hamburg übergegangenen Arbeitsverhältnisse, ist nicht mehr zu erwarten. Die Regelungen werden daher zumindest eingefroren.

c) Anwendung des Regelwerks des übernehmenden Rechtsträgers

Man wird wohl noch einen Schritt weitergehen müssen und tatsächlich nun die Regelungen der KODA Nord/Ost als in Bezug genommen ansehen müssen. Auch dies kann man – wie bereits angedeutet – mit einem Vergleich zur Gleichstellungsabrede bei tarifvertraglicher Bezugnahme begründen: Der erkennende Senat hat zwar die Argumentation zurückgewiesen, die Bezugnahme solle das zur Geltung bringen, was kirchenrechtlich anzuwenden ist, und hat sich dabei auf Art. 9 der KODA Osnabrück/Vechta berufen, wonach auf Arbeitsverhältnisse, die keine Einbeziehungsklausel enthalten, die von den Bischöfen in Kraft gesetzten Beschlüsse keine Anwendung finden. Das greift jedoch zu kurz, denn es lässt außer acht, dass es eine kirchenrechtliche Verpflichtung geben kann, Bezugnahmeklauseln auf die KODA-Regelung zu vereinbaren. Der Dienstgeber vereinbart nicht im freien Belieben den Vertragsinhalt, sondern nach kirchenrechtlichen Vorgaben. Diese Verpflichtung würde nicht dadurch in Frage gestellt, dass dort, wo er pflichtwidrig gehandelt und einen Verweis unterlassen hat, eine Geltung ausgeschlossen ist – dies hat nur Bedeutung für eine mögliche normative Geltung. Wichtiger aber noch ist ein anderer Aspekt: Wollte man nun nicht die neuen Regelungen gelten lassen, dann hätten die übergangenen Mitarbeiter nie die Möglichkeit, durchsetzen zu können, dass die nun künftig von ihnen durch Wahl der Dienstnehmervertreter mitgestalteten und mitlegitimierten Regelungswerke auf ihr Arbeitsverhältnis Anwendung finden. Welchen Sinn hätte dann diese

Legitimation? Anders also als beim säkularen Arbeitgeber, wo der Arbeitnehmer durch den Beitritt zur nun zuständigen Gewerkschaft den Tarifvertrag auch für sich erzwingen kann, ist ein solche Koalitionsbetätigung hier nicht möglich. Man wird daher die Bezugnahmeklausel sinnvoll nur dahingehend auslegen können, dass das Regelwerk der Kommission in Bezug genommen wurde, die für den Arbeitnehmer zuständig ist. Wenn das BAG weiteren Parteivortrag erwartete, um dies aus den Grundsätzen der ergänzenden Vertragsauslegung herzuleiten, urteilte es zu streng. Bereits aufgrund des dargelegten Sachverhalts konnte der erkennende Senat hiervon ausgehen.

d) Vorausschauende Vertragsgestaltung

Das Gesagte hat deutlich gemacht, dass auch die kirchlichen Arbeitgeber gut daran tun, bei der Formulierung ihrer Bezugnahmeklauseln größere Aufmerksamkeit zu verwenden und Möglichkeiten der Rechtsnachfolge mit zu bedenken. Es gilt hier nichts anders als beim säkularen Arbeitgeber.[127] Fehlen Hinweise der Flexibilisierung, wird das BAG – verfolgt es denn weiter die sich hier abzeichnende Linie – stets davon ausgehen, dass der Wortlaut zählt und das einmal in Bezug genommene Regelwerk auch das künftig in Bezug genommene ist ungeachtet möglicher Übertragungen oder Ausgliederungen. Wenngleich, wie dargestellt, auch eine wenig differenzierte Bezugnahme durch interessengerechte Auslegung zu einem sinnvollen Ergebnis führen kann, sollten doch die kirchlichen Dienstgeber – um „auf Nummer sicher zu gehen" – die Verweisung auf künftige Änderungen des Regelungssystems anpassen. Dem kann z.B. im Bereich der Katholischen Kirche etwa mit folgender Formulierung Rechnung getragen werden:

„Die Kirchliche Arbeits- und Vergütungsordnung (KAVO) ist in ihrer jeweiligen Fassung einschließlich der Anlagen Bestandteil dieses Vertrages, soweit und solange nicht ablösende oder speziellere Regelungen, die auf Grundlage kirchlicher Rechtssetzung vereinbart werden, diese ersetzen. Dies gilt insbesondere auch für durch die KAVO zugelassene Dienstvereinbarungen. Kommt es zum Abschluss eines Tarifvertrags durch den Dienstgeber, so gelten dessen Regelungen in der jeweils geltenden Fassung, soweit und solange der Dienstgeber an den Tarifvertrag gebunden ist. Bei Übergang des Arbeitsverhältnisses auf einen tarifgebunden Arbeitgeber nach § 613a BGB findet der dort geltende Tarifvertrag Anwendung."

Will man dieser Handlungsempfehlung folgen, dann stellt sich die Frage nach einer Beteiligung der Gremien des Dritten Wegs. Diese scheint regelmäßig nicht geboten, noch nicht einmal zulässig. Die Zuständigkeit der KODA bestimmt sich z.B. nach § 2 Abs. 1 Satz 1 KODA-Ordnung NW:

---

[127] S. detailliert hierzu *Thüsing/Lambrich*, RdA 2002, S. 193.

„Aufgabe der Kommissionen ist die ständige Mitwirkung bei der Aufstellung von Normen, welche Inhalt, Abschluss und Beendigung von Arbeitsverhältnissen regeln, solange und soweit die Zentral-KODA von ihrer Regelungsbefugnis gemäß § 3 Zentral-KODA-Ordnung keinen Gebrauch gemacht hat oder macht."

Die Formulierung ist dem Tarifvertragsrecht entlehnt. Auch § 1 Abs. 1 TVG spricht von „Rechtsnormen, die den Inhalt, den Abschluss und die Beendigung von Arbeitsverhältnissen ... ordnen können". Das in der KAVO enthaltene Schriftlichkeitsgebot ist damit eine zulässige Abschlussnorm, da sie die Form des Vertragsschlusses regelt. Dies entspricht auch für das Tarifrecht allgemeiner Meinung.[128] Das ebenfalls in der KAVO enthaltene Gebot zur Verwendung eines bestimmten Mustervertrags kann jedoch keine Abschlussnorm sein, erst recht nicht im Hinblick auf eine Bezugnahmeklausel auf das anzuwendende Regelwerk. Dies stellt eine Verpflichtung des Arbeitgebers zur Gestaltung des Arbeitsvertrags dar, aber keine normative Regelung des Inhalts des Arbeitsverhältnisses. Die KODA kann nur den Inhalt der durch sie aufgestellten Regeln bestimmen, nicht aber ihre Anwendung durch die Vertragsparteien, wie es in der Bezugnahme zum Ausdruck kommt. Dies wäre keine normative Regelung, sondern könnte nur Gegenstand schuldrechtlicher Verpflichtung sein.[129] Diese aber kann – anders als im Tarifvertrag nach § 1 Abs. 1 TVG – nicht Gegenstand der Vereinbarung im KODA-Verfahren sein. Der Wortlaut von § 3 Abs. 1 KODA-Ordnung NW und der von § 1 Abs. 1 TVG weichen hier voneinander ab und dieser Unterschied muss beachtet werden. Für andere Bistümer gilt Entsprechendes.

C) Verbindung von kirchlichem und weltlichem Dienst: Mitbestimmung und Tarifrecht in Mischgesellschaften

Auch in anderer Hinsicht ist es zuweilen schwer, im Einzelfall eine Abgrenzung von kirchlichem und weltlichem Dienst zu finden. Wo das kirchliche oder staatliche Gesetz auf den einzelnen Arbeitgeber schaut, lässt es die Ver-

---
[128] Für alle *Wiedemann*, TVG, § 1, Rn. 458 m.w.N.; *Löwisch/Rieble*, TVG, 2. Aufl. 2004, § 1, Rn. 77.
[129] So für das Tarifvertragsrecht ausdrücklich das BAG v. 10.12. 2002, AP Nr. 162 zu Art. 9 GG Arbeitskampf: „In einem Tarifvertrag kann der Arbeitgeber nicht verpflichtet werden, den tariflichen Kündigungsschutz mit den Arbeitnehmern auch einzelvertraglich zu vereinbaren".

flechtungen, die durch Konzernstrukturen mit mehreren Arbeitgebern entstehen, außen vor, es gibt nur den kirchlichen Arbeitgeber und den weltlichen Arbeitgeber, nicht aber den gemischt kirchlich-weltlichen. Dies entspricht nicht der Wirklichkeit. Das Gesetz ist damit lückenhaft, und Rechtswissenschaft und Gerichte sind aufgefordert, diese Lücke zu füllen. Entsprechend dem aufgezeigten Rahmen muss maßgebliches Kriterium auch hier sein, dass auch da, wo kirchliche und weltliche Betriebe und Unternehmen in organisatorischer Verflechtung bestehen, der kirchliche Dienst nach den Bekenntnisvorgaben der Religionsgemeinschaft ausgerichtet bleibt, und Gestaltungsrechte, die hierzu im Widerspruch stehen, auf den kirchlichen Dienst nicht einwirken können. Dies soll näher präzisiert werden. Dazu wird die betriebliche Mitbestimmung in ihrer Anwendbarkeit auf den kirchlichen Konzern beleuchtet, es folgt die Unternehmensmitbestimmung und am Ende steht die Frage, ob der Tarifvertrag oder aber der Dritte Weg das richtige Modell zur kollektiven Regelung der Arbeitsbedingungen ist.

I. Betriebliche Mitbestimmung – Anwendbarkeit von MAVO/MVG.EKD und BetrVG

Neben den im vorangegangenen Kapitel dargelegten Kriterien einer Abgrenzung kirchlichen und weltlichen Dienstes ist ebenso entscheidend der Bezugspunkt dieser Abgrenzung: Ist unternehmenseinheitlich oder gar konzerneinheitlich zu entscheiden, oder ist bei der Frage der Mitbestimmung jeder Betrieb für sich zu betrachten? Für den kirchlichen Konzern liegt bisher keine Rechtsprechung vor, jedoch gibt es eine umfassende Diskussion um die Mitbestimmung im Tendenzkonzern, der auch nicht tendenzbezogene Unternehmen und Betriebe hat. Hieran ist anzuknüpfen.

1. Das Meinungsspektrum zum Tendenzkonzern

Die ständige Rechtsprechung stellt bei der Bestimmung der Tendenzeigenschaft in erster Linie auf das Unternehmen ab. Dieses muss unmittelbar und überwiegend einer der geschützten Bestimmungen dienen. Nicht unumstritten ist der Ansatz, eine überwiegende Tendenzbestimmung zu ermitteln. Die ältere Rechtsprechung und auch heute noch einige Stimmen im Schrifttum stellen auf das „Gesamtgepräge des Mischunternehmens" ab. Entscheidend soll dabei sein „wie sich das jeweilige Mischunternehmen darbietet, und zwar nicht nur dem verständigen Außenstehenden, sondern insbesondere allen, die an seinem betriebsverfassungsrechtlichen Leben teilnehmen, als auch der Belegschaft, den Gewerkschaften und den Arbeitgebervereinigungen".[130] Nach heutiger Ansicht des BAG richtet sich die Beurteilung dieses überwiegenden Tendenzzwecks demgegenüber ausschließlich nach quantitativ-numerischen Gesichtspunkten.[131] Dem ist zuzugeben, dass hierdurch der Praxis ein etwas sicherer Maßstab an die Hand gegeben wird, der vielleicht nicht in jedem Einzelfall das durch den Gesetzeszweck vorgegebene Ziel erreicht, dessen Mehr an Rechtssicherheit den Verlust an teleologischer Treffgenauigkeit jedoch aufwiegen könnte.[132] Nicht geklärt ist damit jedoch der Fall, dass sich die unterschiedlichen Zielsetzungen eines Unternehmens nicht gleichmäßig über das Unternehmen verteilen, sondern in verschiedenen Betrieben realisieren, also einerseits ein überwiegend tendenzfreies Unternehmen einen tendenzgeprägten Betrieb hat, andererseits ein Tendenzunternehmen einen tendenzfreien Betrieb hat. Die Rechtsprechung hat sich hier nicht eindeutig festgelegt, das Schrifttum tendiert uneinheitlich: Für den tendenzfreien Betrieb im Tendenzunternehmen plädiert es überwiegend für eine Geltung des Betriebsverfassungsgesetzes. Diese ergebe sich daraus, dass § 118 Abs. 1 BetrVG das Tendenzunternehmen nur insoweit von der betrieblichen Mitbestimmung ausnimmt, als die Eigenart des Unternehmens oder des Betriebes dem entgegensteht. Für die rein betriebsbezogene Mitbestimmung eines tendenzfreien Betriebes ergäben sich daher keine Einschränkungen, auch wenn dieser Betrieb in einem überwiegend tendenzgeprägten Unternehmen eingeordnet ist. Lediglich soweit für die Mitbestimmung der Arbeitnehmer das Unternehmen maßgebend ist, trete die Einbeziehung in ein Tendenzunternehmen in Erscheinung. Dies gelte insbesondere bei einer Betriebsänderung für die wirtschaftlich-unternehmerische Entscheidung, so dass die in § 118 Abs. 1 Satz 2 BetrVG enthaltende Beschränkung der Mitbestimmung auch bei tendenzfreien Betrieben eines Tendenzunternehmens eingreife.[133] Schwieriger beurteilt sich die zweite Fallgestaltung: Für den Tendenzbetrieb im tendenzfreien Unternehmen wird zum einen vertreten, dass es sich hierbei lediglich um einen „Tendenzsplitter" handele, der keinen Tendenzschutz begründen könne, denn diese nur partielle Tendenzverwirklichung schlage

---

[130] BAG v. 29.05.1975, AP Nr.13 zu §81 BetrVG. Ebenso *Hanau/Ulmer*, §1 MitbestG, Rn.52; Richardi-*Thüsing*, BetrVG, §118, Rn.34ff.
[131] BAG v. 21.06.1989, AP Nr.43 zu 118 BetrVG 1972; BAG v. 27.7.1993, AP Nr.51 zu §118 BetrVG 1972, in Abkehr von älterer Rechtsprechung. Zustimmend MünchArbR-*Wißmann*, §377, Rn.33; *Fitting*, BetrVG, §118, Rn.14.
[132] S. die Kritik Richardi-*Thüsing*, BetrVG, §118, Rn.34ff.
[133] S. insb. Richardi-*Thüsing*, BetrVG, §118, Rn.101; *Fitting*, BetrVG, §118, Rn.48; Däubler/Kittner/Klebe-*Wedde*, BetrVG, §118, Rn.14ff.

nicht auf die Tendenzeigenschaft des Unternehmens durch.[134] Andere gehen davon aus, dass es auch in dem vereinzelten Tendenzbetrieb eine Einschränkung der Beteiligungsrechte des Betriebsrats geben kann, soweit die Bestimmung des Betriebes einer Mitbestimmung entgegensteht.[135]

Das Gesagte wird von der ganz herrschenden Meinung und insbesondere der Rechtsprechung nicht auf den *Konzern* übertragen: Das Bundesarbeitsgericht hat mit einer Entscheidung vom 30.06.1981 festgestellt, dass die Abhängigkeit eines tendenzfreien Unternehmens von einem herrschenden Tendenzunternehmen allein noch nicht die Freistellung von der betrieblichen Mitbestimmung rechtfertigt. Daher ließ es zu, dass auch in einem Druckunternehmen, das in einen Tendenzkonzern eingeordnet war, ein Wirtschaftsausschuss zu bilden war.[136] Der Ausschluss der betrieblichen Mitbestimmungsrechte im tendenzfreien Unternehmen wäre nur dann gerechtfertigt, wenn andernfalls durch mitbestimmte Entscheidungen auf die Tendenzverwirklichung der Konzernmutter Einfluss genommen werden könnte. Demgegenüber argumentiert insbesondere *Mayer-Maly*[137], es sei stets eine Gesamtbeurteilung des Konzerns geboten. Denn ist ein Unternehmen beherrschtes Unternehmen in einem Unterordnungskonzern, bleibe das Unternehmen zwar rechtlich selbständig, sinke aber wirtschaftlich zum Betrieb herab.[138] Daraus leitet er insbesondere zwei Konsequenzen ab: Zum einen können die Tendenzunternehmen eines Konzerns der tendenzfreien Holding ihren Tendenzcharakter vermitteln, so dass auch sie aus dem Anwendungsbereich des BetrVG ausgenommen ist, zum anderen seien aber Tendenzunternehmen, die im Konzern nur eine untergeordnete Rolle einnehmen, von § 118 Abs. 1 BetrVG nicht erfasst; das BetrVG sei anwendbar. Den maßgeblichen Grund für diese einheitliche Sichtweise sieht er zum einen in dem Bedürfnis, sinnwidrige Aufspaltungen der Mitbestimmungsrechte zu vermeiden, zum anderen zu verhindern, dass durch die Ausgestaltung als Konzern oder Unternehmen – also durch die bloße Wahl der Rechtsform – Umfang und Qualität der Mitbestimmungsrechte beeinflusst werden.

---

134 Richardi-*Thüsing*, BetrVG, § 118, Rn. 102.
135 Däubler/Kittner/Klebe-*Wedde*, BetrVG, § 118, Rn. 16; wohl auch *Fitting* BetrVG, § 118, Rn. 30ff.
136 BAG v. 30.6.1981, AP Nr. 20 zu § 118 BetrVG 1972, ähnlich bereits BAG v. 31.10.1975, AP Nr. 13 zu § 118 BetrVG 1972. Bestätigend: BVerfG v. 29.4.2003, NZA 2003, S. 864.
137 *Mayer-Maly*, Der Tendenzkonzern, Festschrift für Möhring, 1975, S. 251ff., 255 s. auch *ders.*, Die Rechtsstellung konzernangehöriger Verlagsdruckereien nach § 118 Abs. 1 BetrVG, Festschrift für Löffler, S. 267; *ders./Löwisch*, BB, 1983, S. 913.
138 *Mayer-Maly*, a.a.O., S. 275 unter Bezugnahme auf *Kunze*, Zum Begriff des sogenannten Tendenzbetriebes, 1975, Festschrift für Ballerstedt, S. 91.

2. Schlussfolgerungen für den kirchlichen Konzern

Versucht man für den kirchlichen Konzern Parallelen zum Tendenzkonzern zu ziehen, so muss am Anfang der Hinweis auf die Unterschiede beider Sachverhalte stehen: Die Mitbestimmung in Tendenzunternehmen und -betrieben ist durch § 118 Abs. 1 BetrVG nicht gänzlich ausgeschlossen, anders als bei den kirchlichen Einrichtungen gemäß § 118 Abs. 2 BetrVG. Das elastische Modell, das die herrschende Meinung für das Tendenzunternehmen und teilweise für den Tendenzkonzern befürwortet, ist daher nicht möglich: Entweder eine Organisationseinheit ist von der Mitbestimmung in Gänze erfasst oder in Gänze nicht; *tertium non datur*. Zum anderen stellt sich bei § 118 Abs. 2 BetrVG die Trennung zwischen Konzern einerseits und Unternehmen und Betrieb andererseits nicht in gleicher Schärfe wie bei § 118 Abs. 1 BetrVG, denn der Wortlaut der Norm ist ein anderer. Die „Einrichtungen" des Abs. 2 können dem unbestimmten Wortsinn nach auch Konzerne sein, denn eine bestimmte Rechtsform ist hiermit nicht beschrieben. Die strenge begriffliche Unterscheidung, die Abs. 1 verwendet, ist vermieden worden. Kann man eine konzerneinheitliche Regelung im Sinne *Mayer-Malys* in Bezug auf Abs. 1 nur durch eine Analogie erreichen, könnte dies bei Abs. 2 durchaus in der Subsumtion unter den (unbestimmten) Wortlaut der Norm erfolgen. Überlegungen, ob und inwieweit das Gesetz eine planwidrige Regelungslücke hat, sind hier also nicht im gleichen Maße erforderlich.[139]

Trotz dieses größeren Spielraums im Wortlaut des Gesetzes wird man bei der Definition der Einrichtung einer Religionsgemeinschaft grundsätzlich an der Rechtspersönlichkeit festmachen müssen: Dafür spricht vor allem die ganz grundsätzliche Erwägung, dass nicht nur das Arbeitsrecht als Regel von der Selbständigkeit der einzelnen konzernangehörigen Unternehmen ausgeht. Zu Recht stellt *Wiedemann*[140] fest, dass jede Durchbrechung dieser Konzeption einer gesetzgeberischen Anordnung bedarf. Die aber fehlt: Ebenso wie das Tarifrecht den Konzern nicht als eine Einheit begreift, die vom Tarifvertrag der Konzernmutter erfasst wäre[141], ebenso gilt auch hier, dass eine unterschiedliche Rechtspersönlichkeit eine unterschiedliche Ausgestaltung der Mitbestimmung zur Folge hat. Diese ganz grundsätzliche Weichenstellung wird unterstützt durch einen zweiten Aspekt: Stellte man auf die Einheitlichkeit des Konzerns ab, so würden Unternehmen, die in kirchlicher Trägerschaft karitativen Zwecken dienen, vom BetrVG erfasst, wenn

---
139 Hierauf stellte insbesondere ab GK-*Fabricius*, BetrVG, 5. Aufl., 1995, § 118, Rn. 495 ff.
140 *Wiedemann*, Gesellschaftsrecht, Bd. 1, § 11 III 1, S. 621.
141 Vgl. *Wiedemann*, TVG, § 1, Rn. 167; Wiedemann-*Oetker*, TVG, § 2, Rn. 105.

sie eingebettet sind in einen Konzern, der weltliche Zwecke verfolgt, und ebenso würde umgekehrt ein ganz und gar weltlich ausgerichtetes Unternehmen den Besonderheiten des kirchlichen Mitarbeitervertretungsrechts unterfallen, wenn es einem Konzern zugehören würde, der überwiegend ein spezifisches kirchliches Anliegen verfolgt. Das eine Ergebnis bleibt hinter der verfassungsmäßig gewährleisteten Autonomie der Kirchen in Art. 140 GG i.V.m. Art. 137 Abs. 3 WRV zurück, das andere Ergebnis greift darüber hinaus, ohne dass dafür eine hinreichende Rechtfertigung bestehen würde. Es ist also eine normgenauere, trennschärfere Abgrenzung, die durch die Bezugnahme auf das Einzelunternehmen erreicht wird.

Trotz dieser grundsätzlichen Entscheidungen bleiben drei Einschränkungen, welche die Regel durchbrechen:

▶ Das ist zum Ersten die betriebliche Mitbestimmung der Holding eines Konzerns, der ausschließlich oder auch nur überwiegend kirchengebunden karitativen oder erzieherischen Bestimmungen dient. Um Wertungswidersprüche zu vermeiden, ist hier davon auszugehen, dass die abhängigen Unternehmen ihren Charakter als Einrichtung einer Religionsgemeinschaft der Konzernmutter vermitteln. Wenn ihre Töchter unmittelbar karitativen oder erzieherischen Zwecken dienen, dient auch sie diesen Zielen, denn die Zielsetzung geht dadurch nicht verloren, dass die Verwaltungs- und Steuerungsaufgaben der karitativen und erzieherischen Arbeit durch eine eigene Rechtsperson wahrgenommen werden. Es ist ein Dienst im Sinne dieser Bestimmung, wenn auch ein besonderer. Dem entspricht im Ergebnis die ganz herrschende Meinung beim Tendenzkonzern.[142] Anders zu entscheiden hieße, gerade die Instanz, die die wesentlichen Entscheidungen für die kirchlichen und diakonischen Einrichtungen trifft, der weltlichen Mitbestimmung zu unterwerfen. Der verfassungskonkretisierenden Aufgabe des § 118 Abs. 2 BetrVG wäre in Bezug auf Konzerne damit nur unvollkommen Rechnung getragen.[143]

▶ Ein Zweites folgt aus den gleichen Erwägungen: Auch im Vergleich zwischen Betrieb und Unternehmen ist grundsätzlich auf das Unternehmen abzustellen. Dient dies bei Einbindung in den kirchlichen Wirkungskreis einem karitativen oder erzieherischen Zweck, dann sind sämtliche Betriebe aus dem Anwendungsbereich des BetrVG ausgenommen, auch wenn einige dieser Betriebe Hilfsfunktionen weltlicher Art ausführen. Allerdings ist diese

---

[142] S. für das BetrVG: GK-*Weber*, § 118 BetrVG, Rn. 53; für das MitbestG: *Fitting/Wlotzke/Wißmann*, § 1 MitbestG, Rn. 41.
[143] S. auch die Abgrenzung kirchlicher Dienst/profaner Arbeitgeber, § 2 Abschn. B I 3, S. 41 ff.

parallele Entscheidung zur herrschenden Meinung bei § 118 Abs. 1 BetrVG hier in den Konsequenzen starrer, kommt es doch zum gänzlichen Ausschluss des BetrVG. Wollte man jedoch anders entscheiden, bliebe man hinter dem Auftrag des § 118 Abs. 2 BetrVG zurück, den Kirchen die eigenständige Gestaltung der Mitbestimmung ihrer Dienstgemeinschaft zu ermöglichen. Diese mangels sinnvoller Alternative in den Folgen etwas großzügigere Auslegung des § 118 Abs. 2 BetrVG rechtfertigt sich insbesondere auch dadurch, dass anders als bei § 118 Abs. 1 BetrVG den Mitarbeitern ja nicht jeglicher mitbestimmungsrechtlicher Schutz versagt bleibt: Ihnen wird, da das MVG.EKD oder die MAVO eingreifen, die betriebliche Mitbestimmung nicht gänzlich entzogen. Eine Ausnahme scheint allein im (praktisch kaum relevanten) Fall angemessen, dass ein der Erfüllung karitativer oder erzieherischer Zwecke dienender Betrieb in einem kirchlichen Unternehmen, das selber diesem Zweck überwiegend nicht dient, eingeordnet ist. Ob man hier ausnahmsweise auf den Betrieb, nicht auf das Unternehmen abstellen will, um soweit wie möglich dem Selbstbestimmungsrecht der Kirchen Rechnung zu tragen, erscheint fraglich. Aus der Systematik des § 118 Abs. 1, Abs. 2 BetrVG ließe sich eine solche Ausnahme jedenfalls nicht herleiten.

▶ Ein Drittes schränkt die Argumentation nicht ein, präzisiert sie jedoch: Obwohl der Konzern grundsätzlich nicht als Ansatzpunkt zur Bestimmung der Einrichtung einer Religionsgemeinschaft vorgeschlagen wird, ist damit noch nicht gesagt, ob denn in gemischt kirchlichen und weltlichen Konzernen ein Konzernbetriebsrat zu errichten ist. Dieser besonderer Aspekt, der von dem Petitum einer generellen einheitlichen Betriebsverfassung zu unterscheiden ist, wird durch das Gesagte nicht präjudiziert, vielmehr bedarf es hierfür eigenständiger Überlegungen; dazu sogleich.

3. Errichtung eines Konzernbetriebsrats

Das BAG hat bisher nicht darüber entschieden, ob in einem Konzern, der zum Teil aus Tendenzunternehmen besteht, ein Konzernbetriebsrat zu bilden ist, und das Gleiche gilt für den kirchlichen Konzern. Auch hier mag aber auf das reichhaltigere Schrifttum beim Tendenzkonzern zurückgegriffen werden.

a) Maßgeblichkeit der Muttergesellschaft – einheitliche Zuständigkeit

Ein öfters diskutierter Unterfall von Konzernen, die über vom BetrVG erfasste Unternehmen verfügen und über solche, die nicht in den Anwendungsbereich des Gesetzes fallen, ist der öffentlich-rechtliche Mischkonzern, dessen Unternehmen z.T. privatrechtlich, z.T. öffentlich-rechtlich organisiert sind. Prominentes Schrifttum beantwortet hier die Frage nach der Errichtung eines Konzernbetriebsrats ausgehend von der Konzernmutter: Von manchen Autoren wird unter alleinigem Hinweis darauf, dass auch Träger öffentlicher Gewalt Unternehmen im Sinne des § 18 Abs. 1 AktG sein können, die Anwendbarkeit der §§ 54ff. BetrVG bejaht[144], andere stellen fest, dass für Träger öffentlicher Gewalt nicht das Betriebsverfassungs-, sondern das Personalvertretungsrecht gelte, und daher gemäß § 130 BetrVG ein Konzernbetriebsrat nicht gebildet werden könne.[145] Die Argumente beider Seiten greifen zu kurz, wie die herrschende Meinung im Schrifttum deutlich herausgearbeitet hat: Abzustellen auf die Muttergesellschaft kann schon deshalb nicht überzeugen, weil der Konzernbetriebsrat nicht der Betriebsrat *der Holding* ist, sondern gemäß dem Wortlaut des Gesetzes Betriebsrat *für den Konzern*. Der Konzern ist damit der Anknüpfungspunkt des Gesetzes, nicht die Holding.[146] Im übrigen ist auf das zuvor Gesagte hinzuweisen: Würde man von einer einheitlichen Zuständigkeit des Konzernbetriebsrats ausgehen, dann wäre er auch für Betriebe und Unternehmen zuständig, die dem BetrVG nicht unterliegen. Die Abgrenzungen des § 118 BetrVG würden damit für diesen besonderen Aspekt der betrieblichen Mitbestimmung übergangen.

b) Anknüpfung an der jeweiligen Tochtergesellschaft – gespaltene Zuständigkeit

Die wohl herrschende Meinung geht daher zu Recht von einem differenzierteren Modell aus: Auch für öffentlich-privatrechtliche Mischkonzerne ist ein Konzernbetriebsrat zu bilden, wenn mehrere privatrechtlich organisierte Unternehmen im Konzern vorhanden sind. Der Konzernbetriebsrat ist aber dann nur für die dem BetrVG unterliegenden Unternehmen und Betriebe zuständig. Dieser erstmals von *Windbichler* erarbeitete Ansatz[147] lässt sich auf den gemischten Tendenzkonzern übertragen und ebenso auf den kirchlich-

---

144 *Fitting*, BetrVG, § 54, Rn. 12; MünchArbR-*Joost*, § 315, Rn. 10, beide unter Rückgriff auf BGH v. 13.10.1977, BGHZ 69, S. 334, 338ff. (Veba).
145 *GK-Kreutz*, § 54 BetrVG, Rn. 19 ähnlich auch *Hess/Schlochauer/Worzalla/Glock*, BetrVG, 6. Aufl., 2003, § 54, Rn. 10 (für die Treuhandanstalt).
146 So bereits in ihrer grundlegenden Habilitationsschrift *Windbichler*, Arbeitsrecht im Konzern, 1989, S. 302, 335. Ihr folgend *Plander*, Mitbestimmung im öffentlich-privatrechtlichen Mischkonzern, 1998, S. 28.
147 *Windbichler*, a.a.O., S. 302, 312; ihr folgend *Plander*, a.a.O., S. 32; im Ergebnis ebenso Richardi-*Annuß*, BetrVG, § 54, Rn. 7.

privatrechtlichen Mischkonzern. Hierdurch wird die passgenaueste Abgrenzung zwischen BetrVG und kirchenspezifischer Form der Mitbestimmung erreicht. Der Anwendungsbereich der einen oder anderen Regelung wird damit nicht zu Lasten ihres Gegenübers ausgedehnt.

Der gewichtigste Einwand gegen die hier vertretene Position dürfte der bereits angesprochene Gedanke sein, dass hier eine einheitliche Mitbestimmung für den Konzern nicht möglich ist. Das trifft zu, ist jedoch hinzunehmen: Wenn unterschiedliche Mitbestimmungsformen auf der Ebene des Unternehmens existieren, erscheint es nur folgerichtig, dies erst recht für den Konzern zuzulassen. Dem entspricht es, dass auch in anderen Fällen, in denen das BetrVG nur Teile des Konzerns erfasst, die herrschende Meinung nicht zögert, einen teilzuständigen Konzernbetriebsrat anzunehmen. Hat eine deutsche Holdinggesellschaft Töchter im Inland wie im Ausland, dann erstreckt sich das Mandat des zu bildenden Konzernbetriebsrats nur auf die inländischen Unternehmen.[148] Man mag dem entgegentreten im Hinblick auf die umfassende Schutzfunktion des Konzernbetriebsrates[149], diese Argumentation zielt jedoch spezifisch auf die Überwindung des Territorialitätsprinzips des BetrVG und kann auf eine Einschränkung des kirchlichen Selbstbestimmungsrechts nicht übertragen werden. Festzuhalten ist damit, dass in gemischt-kirchlichen Konzernen Konzernbetriebsräte gebildet werden können, die jedoch ausschließlich für die dem BetrVG unterliegenden Unternehmen zuständig sind.

c) Quorum

Mit dieser Feststellung ist die Frage noch nicht beantwortet, welchen Anteil die in dem einem weltlichen Zweck dienenden Unternehmen des Konzerns arbeitenden Arbeitnehmer an der Gesamtbelegschaft des Konzerns haben müssen. Gemäß § 54 Abs. 1 Satz 2 BetrVG erfordert die Errichtung eines Konzernbetriebsrats die Zustimmung der Gesamtbetriebsräte der Konzernunternehmen, in denen insgesamt mindestens 50% der Arbeitnehmer der Konzernunternehmen beschäftigt sind. Stellt man also entsprechend dem Wortlaut der Norm auf die Gesamtmitarbeiterzahl des Konzerns ab, dann kann ein Konzernbetriebsrat in Konzernen, die nicht mindestens zur Hälfte aus dem BetrVG unterfallenden Unternehmen bestehen, nicht errichtet werden. Be-

---

[148] Richardi-*Annuß*, BetrVG, § 54, Rn. 31; GK-*Kreutz* § 54 BetrVG, Rn. 37; *Fitting*, BetrVG, § 54, Rn. 34.
[149] Däubler/Kittner/Klebe-*Trittin*, BetrVG, § 54 Rn. 33; *Däubler*, RabelsZ 39, 1975, S. 462; zur ähnlichen Problematik eines deutschen Unternehmens mit ausländischen Betrieben s. Richardi-*Annuß*, BetrVG, § 47, Rn. 18.

zieht man demgegenüber die 50% Hürde nur auf alle dem BetrVG unterliegenden Unternehmen eines Konzerns, ist der Gesamtanteil dieser Unternehmen am Konzern unerheblich. Welcher der beiden Ansätze richtig ist, ist wiederum bislang in der Rechtsprechung noch nicht entschieden, für den öffentlich-privatrechtlichen Mischkonzern stellt *Plander* fest, für die Bestimmung des Quorums könne es nur auf die privatrechtlich verfassten Konzerne ankommen. Eine Begründung hierfür gibt er nicht, jedoch finden sich parallel hierzu in der Literatur zu den bereits angesprochenen Konzernen mit Auslandsbeziehungen entsprechende Feststellungen. *Junker* stellt in seinem grundlegenden Werk zum „Internationalen Arbeitsrecht im Konzern" fest, bei Konzernen mit Unternehmen im In- wie im Ausland sei das Quorum des § 54 Abs. 1 Satz 2 BetrVG einzig auf inländische Unternehmen anzuwenden.[150] Dem entspricht eine starke Literaturmeinung, die weitergehend noch nicht die Arbeitnehmerzahl der dem BetrVG unterliegenden Unternehmen als Ausgangspunkt wählt, sondern enger noch, die Arbeitnehmer allein der Unternehmen, die tatsächlich über einen Gesamtbetriebsrat verfügen, zählen.[151]

Eine Begründung fehlt auch bei *Junker*, sucht man aber die Argumente für und wider abzuwägen, dann scheint zumindest für den hier zu beurteilenden Fall ein Abweichen vom Wortlaut der Norm nicht anzuraten: Das Gesetz sieht die Errichtung eines Konzernbetriebsrats (auch nach seiner Reform durch das Betriebsverfassungsreformgesetz) nicht zwingend vor, sondern schafft lediglich die Möglichkeit. Voraussetzung ist, dass sich ein Großteil der Belegschaft durch ihre Vertreter für einen solchen Schritt entschieden hat. Sinn des Quorums ist es, die Errichtung des Konzernbetriebsrats auf eine möglichst breite Basis zu stellen. Die aber fehlt, wenn sich nur eine Minderheit der Belegschaften über ihre Betriebsräte für einen Konzernbetriebsrat entscheiden. Schon aus diesem Grund ist dem Bundesarbeitsgericht recht zu geben: „Der Wortlaut dieser Norm ist derart eindeutig, dass sich jede extensive oder restriktive Interpretation verbietet".[152] Dies gilt umso mehr als die Befürworter einer Einbindung von betriebsratslosen, vom BetrVG jedoch erfassten Betrieben in die Berechnung des Quorums damit argumentieren, dass der Konzernbetriebsrat, ist er einmal gebildet, auch für sie zuständig sei.[153]

---

150 *Junker*, Internationales Arbeitsrecht im Konzern, 1992, S. 396.
151 GK-*Kreutz* § 54 BetrVG, Rn. 46; MünchArbR-*Joost*, § 315, Rn. 44; a.A. jedoch BAG v. 11.08.1993, AP Nr. 6 zu § 54 BetrVG 1972; Richardi-*Annuß*, BetrVG, Rn. 36; Däubler/Kittner/Klebe-*Trittin*, § 54 BetrVG, Rn. 39.
152 BAG v. 11.08.1993, AP Nr. 6 zu § 54 BetrVG 1972 unter 2a der Gründe.
153 Vgl. *Behrens/Schaude*, DB 1991, S. 278; GK-*Kreutz*, § 54 BetrVG, Rn. 46; MünchArbR-*Joost*, § 315, Rn. 44, jeweils m.w.N.

Dieses Argument greift vorliegend nicht, und auch weil überzeugende Gegenargumente also fehlen, ist damit dem Wortlaut der Norm zu folgen.

Unberücksichtigt hiervon ist die Möglichkeit gemäß der Regeln der durch die Rechtsprechung anerkannten Rechtsfigur eines Konzerns im Konzern einen Konzernbetriebsrat für einen untergeordneten Teilkonzern zu bilden. Voraussetzung ist hier wie allgemein, dass dem Tochterunternehmen des Gesamtkonzerns, das zur Holding des Konzerns im Konzern wird, ein betriebsverfassungsrechtlich relevanter Spielraum für die bezüglich der von ihm abhängigen Unternehmen zu treffenden Entscheidungen verbleibt.[154] Allerdings ist das herrschende Schrifttum im Betriebsverfassungsrecht kritisch gegenüber dieser Rechtsfigur[155] und kann sich hierbei auch auf gesellschaftsrechtliche Stimmen berufen.[156] Geht man jedoch einstweilen von der Zulässigkeit von übergeordneten und untergeordneten Konzernbetriebsräten aus, dann sind die Anforderungen, die das BAG hierfür stellt, zu konkretisieren. Hierfür fehlt allerdings weitgehend einschlägiges Fallmaterial der Rechtsprechung. In den Entscheidungsgründen des soweit ersichtlich einzigen durch das BAG bislang entschiedenen Falls heißt es, dass ein Konzern im Konzern bestehen könne, wenn etwa durch einen Beherrschungsvertrag (§§ 308 ff. AktG) entweder mitbestimmungspflichtige Bereiche nicht der Obergesellschaft zugeordnet sind oder wenn bei Abhängigkeit in Folge von einer Mehrheitsbeteiligung (§§ 311 ff. AktG) keine Bindungen des Tochterunternehmens bestehen, die eigene Entscheidungen in Fragen ausschlössen, für die ein Konzernbetriebsrat zu beteiligen wäre. Werden damit, so das BAG, wesentliche Fragen etwa der Personalführung oder von Angelegenheiten, die der Mitbestimmung nach § 87 BetrVG unterliegen, einheitlich von Tochterunternehmen für sich und die Enkelunternehmen entschieden, seien die Voraussetzungen für einen eigenen Konzernbetriebsrat nach § 54 BetrVG gegeben. Die kommentierende Literatur hat dies dahin ausgefüllt, Indiz für einen solchen Konzern im Konzern sei es etwa, dass die Aufstellung eines gesonderten Konzernabschlusses für die Unterkonzerngruppe erfolgt.[157] Hier wird man zurückhaltend sein müssen, weil die bilanzielle Ausgestaltung nicht notwendig mit der arbeitsrechtlichen Ausgestaltung einhergeht. Wird allerdings die Personalpolitik gänzlich oder in ihren wesentlichen Zügen

---

154 BAG v. 21.10.1980, AP Nr. 1 zu § 54 BetrVG 1972; s. auch Richardi-*Annuß*, BetrVG, § 54, Rn. 9; *Fitting*, BetrVG, § 54 Rn. 32.
155 Vgl. Richardi-*Annuß*, BetrVG, § 54, Rn. 10 ff.
156 Vgl. KölnerK-*Koppensteiner*, § 18 AktG, Rn. 22; *von Hoyningen-Huene*, ZGR, Bd. 7, 1978, S. 515 ff.
157 S. etwa Däubler/Kittner/Klebe-*Trittin*, § 54 BetrVG, Rn. 15.

dem Tochterunternehmen übertragen, ist es frei im Abschluss von Betriebsvereinbarungen, in der Einstellung von Mitarbeitern und der Änderung seiner betrieblichen Organisation, dann sind die Erfordernisse des Bundesarbeitsgerichts sicherlich erfüllt.

d) Einvernehmliche Regelungen durch Dienstvereinbarungen?

Zuletzt muss die Frage beantwortet werden, ob an den aufgezeigten Strukturen einer gemischten Betriebsverfassung Änderungen durch Dienst- oder Betriebsvereinbarungen möglich sind. Im Ergebnis wird man dies verneinen müssen: Allerdings dient es der Effektivierung der betrieblichen Mitbestimmung, wenn ein einheitliches Konzept für das Unternehmen und den Konzern durchgeführt wird. Ein Verzicht auf die Mitbestimmung nach dem BetrVG zu Lasten einer kirchlichen Bestimmung scheitert jedoch an dem zwingenden Charakter des BetrVG. Einer Ausdehnung der Mitbestimmung nach dem BetrVG zu Lasten der kirchlichen Regelungen steht entgegen, dass die Kirchen kein Wahlrecht hinsichtlich der Einordnung eines Unternehmens und Betriebes als kirchliche Einrichtungen haben. Halten sie die Mitbestimmung nach dem BetrVG für unvereinbar mit der kirchlichen Dienstgemeinschaft, dann können sie dieses Verständnis nicht in Einzelfällen aufgeben zugunsten größerer Praktikabilität. Denkbar wäre allein eine Kooperation von nach der MAVO bzw. dem MVG gebildeten Vertretungen und den Betriebsräten des BetrVG. Solche Modelle wurden insbesondere von *Plander* für den öffentlich- privatrechtlichen Mischkonzern herausgearbeitet.[158] Eine solche Kooperation könnte auch durch bindende Vereinbarungen abgesichert werden, sofern ihr Inhalt nicht den kirchlichen Vorgaben der Mitbestimmung widerspricht. Die praktische Relevanz im gemischten kirchlichen Konzern dürfte – zumindest im evangelischen Bereich – jedoch gering sein, da für den wichtigsten Fall, nämlich die Kooperation auf Ebene des Konzerns, dem Konzernbetriebsrat das Pendant im kirchlichen Dienst regelmäßig fehlt, weil eine Konzernmitarbeitervertretung nach dem MVG.EKD[159] nicht gebildet werden kann. Partner der Vereinbarung könnte nur eine auf freiwilliger Übereinkunft zwischen Arbeitgeber und Mitarbeitervertretung gebildete gemeinsame Mitarbeitervertretung i. S. des § 5a Abs. 2 MVG.EKD sein.

---

158 *Plander*, a.a.O., S. 38 ff.
159 VerwG EKD v. 4. 5. 2001, NZA-RR 2001, S. 504; anders jetzt im katholischen Bereich s. § 4 Abschn. A II 1 b, S. 185 f.

II. Unternehmensmitbestimmung

Viel von dem Gesagtem kann auf die Frage der *Unternehmens*mitbestimmung im kirchlichen Konzern übertragen werden. Durch § 1 Abs. 4 MitbestG ist das Mitbestimmungsrecht der Arbeitnehmer nach dem Mitbestimmungsgesetz in Tendenzunternehmen und Religionsgemeinschaften sowie deren erzieherischen und karitativen Einrichtungen ausgeschlossen. Damit soll ebenso wie durch § 118 BetrVG die Entfaltung der Grundrechte für Unternehmen gewährleistet werden, die politischen und geistig-ideellen Zielen dienen.[160] Im Unterschied zu § 118 Abs. 1 BetrVG gilt der Ausschluss nach § 1 Abs. 4 MitbestG jedoch auch für Tendenzunternehmen generell und nicht nur bei tendenzbezogenen Unterscheidungen. Diese Gleichbehandlung von Tendenzunternehmen und Einrichtung der Religionsgemeinschaft ermöglicht es, die umfangreiche Diskussion zum Tendenzkonzern noch eher fruchtbar zu machen für eine Erörterung der Unternehmensmitbestimmung als für die betriebliche Mitbestimmung im kirchlichen Konzern.

1. Konzern als karitative oder erzieherische Einrichtung der Religionsgemeinschaft – § 1 Abs. 4 Satz 1 Nr. 1, § 5 Abs. 1 Satz 1 MitbestG

Wenn gemäß § 1 Abs. 4 Satz 2 MitbestG das Mitbestimmungsgesetz nicht anzuwenden ist auf Religionsgesellschaften und ihre karitativen und erzieherischen Einrichtungen und gem. § 5 Abs. 1 MitbestG für die Anwendung des Gesetzes auf das herrschende Unternehmen die Arbeitnehmer der Konzernunternehmen als Arbeitnehmer des beherrschten Unternehmens gelten, dann lässt dies die Frage offen, wie zu verfahren ist, wenn nur Teile des Konzerns Einrichtungen der Religionsgemeinschaften sind, denn auch hier ist der Begriff Einrichtung grundsätzlich auf das Unternehmen, nicht auf den Konzern zu beziehen.

a) Schrifttum und Rechtsprechung zum Tendenzkonzern

Auch bei der Unternehmensmitbestimmung im Tendenzkonzern gibt es ältere Stimmen, die eine stets einheitliche Betrachtung für den gesamten Konzern befürworten und dementsprechend die nicht tendenzgebundenen Unternehmen eines von einem Tendenzunternehmen geleiteten Konzerns von

---

160 BT-Drucks. 7/2172, S. 20.

der Mitbestimmung freistellen wollen.[161] Maßgeblich hierfür sind die gleichen oben dargestellten Erwägungen, die das Verhältnis von Unternehmen zu Betrieb auf die Ebene Konzern zu Unternehmen übertragen. Die ganz herrschende Meinung und insbesondere die Rechtsprechung hat dem eine Absage erteilt: Nur wenn ein Unternehmen selbst Tendenzcharakter hat, ist es von der Mitbestimmung ausgeschlossen. Die Diskussion bezieht sich heute allein auf die Mitbestimmung in der Konzernspitze, wo die Dinge nicht so klar liegen. Ist die Holding selber ein Tendenzbetrieb, dann ist nach ganz herrschender Meinung die Unternehmensmitbestimmung ausgeschlossen, auch wenn die nachgeordneten Unternehmen selber keinen Tendenzcharakter haben[162], oder jedenfalls dann, wenn die unternehmerische Leitung des beherrschten tendenzfreien Konzerns nicht ein solches Gewicht hat, dass bei Gesamtschau der Tätigkeiten des herrschenden Unternehmens dessen Tendenzverfolgung nicht überwiegt.[163] Für den Fall, dass die Konzernmutter nur die Aufgabe einer Holding hat, hat das OLG Hamburg in einer Entscheidung vom 22.01.1980 die unternehmerische Mitbestimmung von § 1 Abs. 4 MitbestG ausgeschlossen, wenn das Gesamtgepräge des Konzerns überwiegend durch den Tendenzzweck bestimmt wird.[164] Dem hat das BAG zugestimmt[165] und ebenso die wohl herrschende Meinung im Schrifttum.[166] Auch hier ist der entscheidende Gedanke das bereits benannte Argument, dass andernfalls die Freistellung von der Mitbestimmung, die das Gesetz erreichen will, bei der Einfügung eines Unternehmens in Konzernstrukturen verloren ginge. Die Gegenseite wendet ein, hier fehle es an einer unmittelbaren Tendenzverwirklichung durch das herrschende Unternehmen, so dass ein Ausschluss von der Mitbestimmung dem § 1 Abs. 4 Satz 1 MitbestG nicht genüge.[167] Dem sind einige Gerichte gefolgt.[168] Außerhalb dieses Spektrums be-

---

161 Insbes. *Birk*, Tendenzbetrieb und Wirtschaftsausschuss, JZ 1973, S. 753, 757; a.A. GK-*Schneider*, § 5 MitbestG, Rn. 20.
162 Vgl. ErfK-*Oetker*, § 5 MitbestG, Rn. 15; *Hanau/Ulmer*, MitbestG, § 5, Rn. 58; *Hoffmann/Lehmann/Weinmann*, MitbestG, § 1, Rn. 59.
163 *Fitting/Wlotzke/Wißmann*, MitbestG, § 1, Rn. 43.
164 OLG Hamburg v. 22.1.1980, DB 1980, S. 635, 636 = BB 1980, S. 332.
165 BAG v. 30.06.1981, AP Nr. 20 zu § 18 BetrVG 1972.
166 *Hanau/Ulmer*, MitbestG, § 5, Rn. 60; KölnerK-*Mertens*, § 1 MitbestG, Rn. 18, § 5 MitbestG, Rn. 38; ErfK-*Oetker*, § 5 MitbestG, Rn. 16; MünchArbR-*Wißmann*, § 377, Rn. 37 jeweils m.w.N.S. auch *Scholz*, Pressefreiheit und Arbeitsverfassung, 1978, S. 205; a.A. *Wiedemann*, BB 1978, S. 5, 10.
167 S. insbes. *Sieling-Wendeling*, AuR 1977, S. 240; *Wiedemann*, Gesellschaftsrecht I, S. 621 f., *ders.*, BB 1978, S. 5, 9 ff.
168 OLG Stuttgart v. 3.05.1989, BB 1989, S. 1005; Vorinstanz: LG Stuttgart 29.11.1988, AG 1989, S. 445. S. auch die Vorinstanz zu OLG Hamburg v. 22.01.1980: LG Hamburg v. 24.09.1979, DB 1979, S. 2279.

wegt sich *Martens*, der davon ausgeht, dass ein Konzernverhältnis einer tendenzfreien Obergesellschaft über eine tendenzgeschützte Untergesellschaft jedenfalls auf der Basis eines Vertragskonzerns gar nicht möglich sei; Gefolgschaft hat er nicht gefunden.[169]

b) Stellungnahme für den kirchlichen Konzern

Die Argumente der herrschenden Meinung überzeugen auch hier ebenso für den kirchlichen Konzern. Jedes Unternehmen ist grundsätzlich für sich selbst zu betrachten, jedoch teilt die Holding den Charakter der von ihr beherrschten Unternehmen. Für den kirchlichen Konzern ist eine solche Feststellung umso einfacher, als das entscheidende Merkmal, das gegen eine Zurechnung der Tendenzeigenschaft der abhängigen Unternehmen zur Konzernmutter spricht, nämlich die Unmittelbarkeit des § 1 Abs. 4 Satz 1 MitbestG, sich in Satz 2 nicht findet. Eine großzügige Interpretation ist daher möglich, insbesondere im Hinblick auf das den Kirchen zugestandene Recht, die Rechtsform des kirchlichen Dienstes selbst zu wählen: Bestimmt § 1 Abs. 4 Satz 2 MitbestG den Ausschluss der Unternehmensmitbestimmung für kirchliche Einrichtungen „unbeschadet deren Rechtsform" so drückt sich dadurch ein allgemeiner Gedanke aus, der es verbietet, kirchliche Einrichtungen einzig deshalb den zumindest mittelbaren Folgen unternehmerischer Mitbestimmung zu unterwerfen, weil der Dienst nicht in einem Unternehmen, sondern in einem aus mehreren Unternehmen bestehenden Konzern geleistet wird. Wollte man den Kirchen hier nicht eine größere Freiheit zuerkennen, dann würde die Regelung des § 1 Abs. 4 Satz 2 MitbestG gänzlich in § 1 Abs. 4 Satz 1 MitbestG aufgehen. Die Regelung wäre überflüssig und erschöpfte sich im Tendenzschutz; dies anzunehmen besteht kein Anlass.

Allerdings mag dies zuweilen dazu führen, dass die Belegschaft eines Unternehmens mit weltlichem Zweck nur deshalb keine mitbestimmte Konzernmutter hat, weil auch karitative Einrichtungen Bestandteil des Konzerns sind. Dies ist jedoch hinzunehmen, denn die Entscheidung gilt ebenso in die andere Richtung: Karitative Einrichtungen der Kirchen werden nur dadurch den Wirkungen der Unternehmensmitbestimmung ausgesetzt, weil sie einem Konzern angehören, in dem sie gegenüber Unternehmen mit weltlichem Zweck zurücktreten. Weil das Mitbestimmungsgesetz insgesamt nur die vollkommene Freistellung oder vollkommene Einbeziehung in die Unterneh-

---
[169] *Martens*, AG 1980, S. 289 ff.; gegen ein solches dem geltenden Recht nicht zu entnehmenden Konzernierungsverbot zurecht *Loritz*, ZfA 1985, S. 497, 505; MünchArbR-*Wißmann*, § 377, Rn. 37.

mensmitbestimmung kennt, ist diese Vergröberung unumgänglich. Die Unternehmensmitbestimmung der Holding aber allein deswegen schon auszuschließen, weil sie einige, die Gesamtheit des Konzerns nicht prägende karitative Einrichtungen beherrscht, wäre eine unangemessene Überdehnung des kirchlichen Selbstbestimmungsrechts. Dort wo die Religionsgemeinschaften kirchlichen und weltlichen Bereich organisatorisch verbinden, ist ihnen zuzumuten, dass sie die besonderen Konsequenzen dieser Verbindung tragen. Das Selbstbestimmungsrecht der Kirchen ist in dieser organisatorischen Frage mit dem sozialen Schutzauftrag des Staates und letztlich auch mit dem Gleichbehandlungsgebot gegenüber den Belegschaften der nicht karitativ ausgerichteten Unternehmen abzuwägen. Die praktische Konkordanz liegt in der Mitte, nicht in der einseitigen Ausdehnung kirchlichen Arbeitsrechts.

2. Abgrenzung zwischen der Einrichtung einer Religionsgemeinschaft und Tendenzunternehmen

Die vorangegangenen Ausführungen haben deutlich gemacht, warum es ebenso wie im BetrVG auch im MitbestG nicht unerheblich ist, ob ein Unternehmen eine Einrichtung einer Religionsgemeinschaft oder aber ein bloßes Tendenzunternehmen ist. Die Zuordnung zur Kirche ist wichtig, weil die Grenzziehung im gemischten Tendenzkonzern und im gemischten kirchlichen Konzern wie oben dargestellt in Einzelfällen abweichend erfolgen kann, bzw. die zugrundeliegenden Erwägungen (hier die Freiheitsrechte der Tendenzträger, dort die kirchliche Selbstbestimmung) unterschiedlich sind. Daher trifft es nicht zu, wenn *Fitting/Wlotzke/Wißmann* feststellen, dass § 1 Abs. 4 Satz 2 MitbestG faktisch kaum Bedeutung erlangen dürfte, weil sie insbesondere etwa Krankenhausträgergesellschaften schon von Satz 1 Nr. 1 erfasst sehen.[170] Das wird im Ergebnis oftmals richtig sein, soll jedoch nicht in Frage stellen, dass solche Gesellschaften vorrangig nach Satz 2 zu beurteilen sind, und erst wenn eine hinreichende Einbindung in die kirchliche Organisation nicht vorliegt, zu prüfen ist, ob ein Tendenzunternehmen oder -konzern vorliegt. Im Allgemeinen gilt, dass eine kirchliche Einrichtung i.S. des § 118 Abs. 2 BetrVG auch eine solche Einrichtung i.S. des § 1 Abs. 4 Satz 2 MitbestG ist.

---

[170] *Fitting/Wlotzke/Wißmann*, MitbestG, § 1, Rn. 45; ebenso MünchArbR-*Wißmann*, § 377, Rn. 35.

Welche praktische Bedeutung diese Feststellung hat, zeigte vor einigen Jahren noch einmal eine Entscheidung des LAG Hamm vom 14.3.2000.[171] Dort stellte das Gericht fest, dass konfessionell ausgerichtete Krankenhäuser, die keine Einrichtung einer Religionsgemeinschaft sind, keine Tendenzbetriebe im Sinne des § 118 Abs. 1 BetrVG seien, da die Tätigkeit im Krankenhaus nicht unmittelbar und überwiegend der Ausübung eines Bekenntnisses diene. Man wird vorsichtig sein müssen, dies zu verallgemeinern, denn der Dienst am leidenden Nächsten ist in gleicher Weise Element der Glaubensverwirklichung wie das Gebet:[172] Martha dient dem Herrn ebenso wie Maria, und ob der Glauben besser durch das Wort oder durch die Tat verkündet wird, mag generell nicht gesagt werden. Das Urteil ruft jedoch ins Bewusstsein, dass es zuweilen streitentscheidend sein kann, die Abgrenzung zwischen Tendenzbetrieb und Einrichtung einer Religionsgemeinschaft sauber zu treffen.

III. Kirchliches Arbeitsrechts-Regelungsverfahren oder Tarifvertrag?

Schließlich richtet sich der Blick auf die tarifrechtlichen Konsequenzen eines gemischt weltlich-kirchlichen Konzerns. Hier scheinen die Antworten klarer, die Begründung kann sich auf wenige Sätze beschränken. Keine Schwierigkeiten ergeben sich, wenn der Konzern insgesamt mit all seinen Unternehmen einen spezifisch kirchlichen Zweck verfolgt: Das kirchliche Arbeitsrechtsregelungsverfahren und das Streikverbot (s. § 3 Abschn. B, S. 139 ff.) gelten uneingeschränkt. Genauerer Betrachtung bedarf auch hier wieder nur der Fall, dass sich in einem Konzern weltliche und kirchliche Zwecke verbinden.

1. Konzernmutter steht nur teilweise im Kircheneigentum

Auszusondern ist hier zunächst der Fall, dass die Vermischung mit weltlichen Elementen nicht in dem Ziel der Unternehmen, sondern in der Eigentümerstruktur der Holding liegt. Entschließt sich ein kirchlicher Träger dazu, mit einem staatlichen zu fusionieren, um etwa eine gemeinsame Holding zweier Krankenhausgesellschaften zu bilden, dann richtet sich die Antwort auf die Frage, ob in den nur in teilweisem Eigentum der Kirchen stehenden Krankenhausgesellschaften das kirchliche Arbeitsrecht und damit insbeson-

---
171 LAG Hamm v. 14.3.2000, NZA-RR 2000, S. 532 = AiB 2000, S. 769 mit Anm. *Dannenberg*.
172 S. auch BVerfG v. 16.10.1968, BVerfGE 24, S. 236 (Aktion Rumpelkammer).

dere der Dritte Weg gilt, nach den bereits genannten Kriterien: Hat die Kirche weiterhin einen beherrschenden Einfluss, etwa weil sie Mehrheitsaktionärin ist oder aber in entscheidenden, den kirchlichen Sendungsauftrag betreffenden Fragen eine Sperrminorität hat, und versteht sie die Tätigkeit der Holding als ein Bestandteil ihres spezifisch kirchlichen Anliegens in dieser Welt, dann gilt uneingeschränkt die Anwendung des kirchlichen Regelungsverfahrens, trotz der staatlichen Beteiligung.[173] Eine Mischform von Drittem Weg und Tarifsystem für dieses Unternehmen ist daher abzulehnen (zumal sie praktisch ohnehin nicht durchzuführen wäre).[174]

2. Kirchlicher Mischkonzern im eigentlichen Sinne

Für den kirchlichen Mischkonzern im eigentlichen Sinne umreißen drei grundlegende Feststellungen die Antwort nach dem Eingreifen des Tarifvertragsrechts:

▶ Die Dienstnehmer der Unternehmen mit spezifisch kirchlichem Zweck dürfen, da hier der Dritte Weg unbestritten gilt, nicht streiken und ihre Arbeitsverhältnisse werden nicht durch den Tarifvertrag geregelt. Die Einordnung in einen Konzern mit anderen, einem weltlichen Zweck dienenden Unternehmen führt nicht zu einer Aufhebung der Dienstgemeinschaft des Unternehmens selbst. Eine unternehmensbezogene Betrachtung ist aus den gleichen Gründen erforderlich, wie sie im Rahmen des § 118 BetrVG und des § 1 Abs. 4 MitbestG begründet wurde.

▶ In den auf Gewinnerzielung ausgerichteten Unternehmen gilt dementsprechend uneingeschränkt das Tarifvertragsrecht. Die Mitarbeiter dürfen streiken, der Arbeitgeber aussperren. Mag die Kirche hier zurückhaltend sein, so gilt doch, dass ihr auch nach eigenem Selbstverständnis hier die Mittel des Arbeitskampfes nicht verwehrt sind, handelt es sich doch bei den Arbeitnehmern des Unternehmens nicht um Dienstnehmer innerhalb der kirchlichen Dienstgemeinschaft.[175]

▶ Die damit den Teilkonzern erfassenden Tarifverträge gelten nur jeweils auf das Unternehmen beschränkt. Da der Konzern selber nicht tariffähig ist, sondern nur der einzelne Arbeitgeber, also das Unternehmen, ist es der Holding nicht möglich, Tarifverträge mit Wirkungen für ihre Mitgliedsunter-

---

173 Ausführlich § 2 Abschn. B I 1, S. 27 ff.
174 S. auch *Bleistein/Thiel*, MAVO, § 1, Rn. 73.
175 S. auch *Thüsing*, ZevKR 41 (1996), S. 52.

nehmen abzuschließen, sofern sie nicht von diesen gesondert hierzu ermächtigt wurde.[176] Entgegenstehende Auffassungen im Schrifttum haben sich zu Recht nicht durchgesetzt[177], denn hinreichende Anzeichen, dass der Gesetzgeber die rechtliche Selbständigkeit des einzelnen Unternehmens im Tarifrecht einschränken und eine gesonderte Tarifkonzernrechtsfähigkeit schaffen wollte, sind nicht ersichtlich. Allerdings kann eine Gewerkschaft im Regelfall durch schuldrechtliche Bestandteile des Tarifvertrags mit der Konzernmutter vereinbaren, dass sie auf ihre Töchter einwirkt, bestimmte Arbeitsbedingungen zu gewähren.[178] Diese Einwirkungspflicht ist jedoch nicht unumstritten[179] und zumindest kann sie hier nicht zu einer Einschränkung des Dritten Weges führen, auch wenn die Holding selber Tarifverträge abschließen kann: Einwirkungspflichten auf Unternehmen, die den Dritten Weg praktizieren, können in solchen Tarifverträgen nicht begründet werden, denn der kirchliche Dienst ist der Einwirkung durch Tarifvertragsparteien generell entzogen. Ob sie den direkten Weg gehen, oder den Umweg über die Holding, kann keinen Unterschied machen, denn die kirchliche Selbstverwaltungsgarantie gemäß Art. 140 GG i.V.m. Art. 137 Abs. 3 WRV gilt dort wie hier.

D) Gestaltungsmöglichkeiten ökumenischer Trägerschaft

Bis hierhin wurde versucht, die Außengrenze des kirchlichen Arbeitsrechts zu beschreiben. Es gibt jedoch auch Binnengrenzen, die sich zuweilen als nicht minder problematisch erweisen. Die Vorgaben des kirchlichen Arbeitsrechts sind verschieden bei katholischer und bei evangelischer Trägerschaft; durch das jeweilige Kirchenrecht wird den Besonderheiten des jeweiligen Bekenntnisses Rechnung getragen. Was aber gilt, wenn sich beide Kirchen zusammentun und ein Krankenhaus, ein Altenheim, einen Kindergarten gemeinsam unterhalten wollen? Kann es einen ökumenischen Dienst in arbeitsrechtlicher Hinsicht geben? Oder konkreter: Gilt die Exemption des kirchlichen Diensts von Teilen des staatlichen Arbeitsrechts nur für allein einer Re-

---

176   Vgl. *Wiedemann*, TVG, § 1, Rn. 167; Wiedemann-*Oetker*, TVG, § 2, Rn. 105; *Löwisch/Rieble*, TVG, § 2, Rn. 58; MünchArbR-*Löwisch/Rieble*, § 255, Rn. 41; *Gamillscheg*, Kollektives Arbeitsrecht, S. 525.
177   S. *Däubler*, ZIAS 1995, S. 525; *Friedrich*, RdA 1980, S. 109, 115.
178   S. Wiedemann-*Oetker*, TVG, § 2, Rn. 108; gegen eine Erstreikbarkeit MünchArbR-*Löwisch/Rieble*, § 255, Rn. 42.
179   S. die Erwägungen bei Wiedemann-*Oetker*, TVG, § 2, Rn. 108.

ligionsgemeinschaft zugeordnete Einrichtungen, oder bleibt sie erhalten, wenn sich zwei Religionsgemeinschaften, die jeweils für sich die Autonomie nach Art. 140 GG i.V.m. Art. 137 Abs. 3 WRV in Anspruch nehmen können, in einer Einrichtung organisatorisch verbinden und sie gemeinsam tragen? Die Frage ist bislang in Schrifttum und Rechtsprechung nur vereinzelt angesprochen worden und auch da nur kursorisch begründet; für ihre Antwort ist daher weiter auszuholen.

I. Gründe und Ziele eines ökumenischen Arbeitsrechts

Gründe, den kirchlichen Dienst ökumenisch auszugestalten, gibt es viele. Die Kirchen stehen heute in einer Gesellschaft, deren immer stärkere Säkularisation die ehemaligen Grenzlinien der Auseinandersetzung verschoben haben: Nicht eine Konfession gegenüber der anderen, sondern das Christliche gegenüber dem religiös Gleichgültigen oder Ablehnenden. Das Verbindende ist stärker geworden, Trennendes verliert an Bedeutung.[180] Mehr als vierzig Jahre ist es her, dass Papst Johannes XXIII in seiner ersten Enzyklika „Ad Petri Cathedram" die Verpflichtung der ganzen Kirche zum Aufbau der Einheit im Glauben und in der Kirche ausgesprochen und diesen Auftrag allen Gliedern der katholischen Kirche bewusst gemacht hat.[181] Das zweite Vaticanum hat diesen Auftrag aufgenommen und die Wiederherstellung der Einheit im Glauben und in der Kirche als eines der wichtigsten Ziele der Kirche herausgestellt.[182] Beide Kirchen empfinden heute stärker als je die Notwendigkeit, die Einheit der Christen wiederzugewinnen, oder doch da, wo gemeinsames Wirken möglich ist, diese Gemeinsamkeit auch tatsächlich zu realisieren. Dieses Streben nach Gemeinsamkeit hat bereits im Kernbereich kirchlichen Wirkens Spuren hinterlassen. Gemeinsame nichtsakramentale gottesdienstliche Feiern sind möglich und werden „als ein wirksames Mittel, um die Gnade der Einheit zu erflehen" und als „ein echter Ausdruck der Bande", durch welche die Christen im Glauben miteinander verbunden sind, gewür-

---

180 S. etwa zum Jahrhunderte alten Streit um die Rechtfertigungslehre, wo in jüngster Zeit eine ehedem ungeahnte Nähe festgestellt werden konnte: „Gemeinsame Erklärung zwischen der Katholischen Kirche und dem Lutherischen Weltbund über die Rechtfertigungslehre", 1999.
181 Aufgegriffen und fortgeschrieben durch Papst Johannes Paul II in der Enzyklika Ut unum sint von 1995.
182 Maßgebend war das Konzilsdekret „Über die Wiederherstellung der Einheit der Kirche" v. 21.11.1964 (AAS 57, 1965, S. 90ff.). S. etwa auch die 1975 erschienenen Richtlinien des Sekretariats für die Einheit der Christen zur „Ökumenischen Zusammenarbeit auf nationaler, regionaler und örtlicher Ebene" (VapSt, H. 27, Bonn 1980).

digt und empfohlen.[183] Insbesondere aber die Caritas und die Diakonie sind Felder, in denen eine Annäherung möglich ist, auch nach dem eigenen Glaubensverständnis. Der Liebesdienst am Nächsten als Auftrag der Christen in dieser Zeit ist überkonfessionell derselbe. Rechtfertigungslehre, Abendmahlsverschiedenheit, Sakramentenlehre, die Rolle des Papstes – all diese Unterschiede im Glauben und Kirchenverständnis sind im Altersheim, am Krankenbett, in der ambulanten Pflege oder auch im Sterbehospiz ohne Relevanz. Mehr noch: Keine soziale Einrichtung der Kirchen leistet heute Dienst allein an den Angehörigen der eigenen Konfession, sondern stets wird auch Christen des jeweils anderen Bekenntnisses geholfen. Eine Einrichtung, die gemeinsam von beiden Konfessionen getragen wird, bietet die Chance, den Angehörigen beider Konfessionen eine geistige Heimat zu geben. Die Kirchen heben dies selber in ihren amtlichen Verlautbarungen deutlich hervor: „Caritas und Diakonie sind ein bewährtes Feld der Ökumene geworden" heißt es in einer Erklärung der Kommission für karitative Fragen der Deutschen Bischofskonferenz[184], und nicht anders sieht man es auf evangelischer Seite. Dem Auftrag Christi fühlen sich beide Kirchen gleich verpflichtet: „Er sandte sie aus, das Reich Gottes zu verkünden und Kranke zu heilen" (Lk 9,2). Die karitative Hinwendung zum Kranken ist für Christen wesensnotwendig, der Dienst am Nächsten schlechthin konstitutiv. Nächstenliebe ist Gottesliebe: „Ich war krank und ihr habt mich besucht ... Was ihr getan habt einem von meinen geringsten Brüdern, habt ihr mir getan" (Lk. 9,6).

Was aus dem Glauben her sinnvoll und wünschenswert ist[185], das wird durch wirtschaftliche Überlegungen bestätigt. Insbesondere kleinere kirchliche Einrichtungen sehen sich einem Kostendruck ausgesetzt mit den größeren Einrichtungen nicht-kirchlicher Träger zu konkurrieren. Nicht nur in der Diaspora der neuen Bundesländer, in der die Christen beider Konfessionen eine – manchmal nur sehr kleine – Minderheit ausmachen, ist ein Zusammenschluss kirchlicher Einrichtungen erforderlich, um den Schwellenwert der Wirtschaftlichkeit und Tragbarkeit zu überschreiten. Größere Einrichtungen (nicht nur im Krankenhausbereich) können effektiver auf die Bedürfnisse des Kranken und zu Pflegenden eingehen. Größere Abteilungen mit mehr Oberärzten bedeuten umfangreichere Spezialisierung und breiteres Know-how. Größere Einrichtungen können mehr Medizintechnik anbieten, die eine effektive Diagnose und Behandlung von Krankheiten ermöglicht.

---
183 Verlautbarungen des Ökumenischen Direktoriums, Nr. 109–111, 1993.
184 Caritas als Lebensvollzug der Kirche und als verbandliches Engagement in Kirche und Gesellschaft, 1999.
185 Zurückhaltender freilich *Hengsbach*, Essener Gespräche, Bd. 17, 1983, S. 96.

Deshalb gibt es bereits jetzt verschiedene Formen der Kooperation der beiden Einrichtungen; der Zusammenschluss wäre nur ein weiterer Schritt in diese Richtung. Der Dienst am Leidenden als gemeinsame Aufgabe von Caritas und Diakonie wird verbessert. Das Ziel bleibt das gleiche, die Mittel werden effektiver. Dem entspricht es, dass im Ausland dieser Schritt schon gegangen wurde. In der Schweiz existieren bereits seit einiger Zeit ökumenische Krankenhäuser und ein Großteil der Alters- und Pflegeheime wird auf ökumenischer Basis geführt.[186]

II. Arbeitsrechtliche Konsequenzen – Modelle eines ökumenischen Arbeitsrechts

Kommt es zu einer ökumenischen Einrichtung, so müsste auch als Konsequenz das Arbeitsrecht ökumenisch ausgestaltet werden. Hier sind verschiedene Modelle denkbar; keines davon ist bislang auf seine rechtliche Zulässigkeit geprüft worden.

1. Nicht katholisch, nicht evangelisch – Eigenständige Regelungen

Eine Perspektive wäre die Schaffung gänzlich eigenständiger Regelungen für ökumenische Einrichtungen. Nicht die MAVO und nicht das MVG.EKG, sondern ein eigens für ökumenische Trägerschaft geschaffenes Mixtum könnte die arbeitsrechtlichen Beziehungen der Dienstnehmer solcher Einrichtungen ordnen; nicht AVR Caritas oder AVR Diakonie, sondern AVR Ökumenischer Dienst. Ein solcher Schritt wäre wohl die konsequenteste Fortschreibung des ökumenischen Ansatzes, aber auch diejenige, die mit dem größten Aufwand verbunden ist. Ihn in Ansehung bloß vereinzelter Einrichtungen zu realisieren erschiene unverhältnismäßig. Die Definitionsmacht hätten zudem auch hier nicht die einzelnen Einrichtungen, sondern allein die Kirchen selbst. Berechtigt, die Maßstäbe zur Bestimmung der Grenzen des kirchlichen Arbeitsrechts vorzugeben, sind in erster Linie die durch Art. 140 GG i.V.m. Art. 137 Abs. 3 WRV Berechtigten, und damit die Kirchen selber, nicht ihre einzelnen Einrichtungen. Die einzelne Einrichtung steht nur insoweit unter dem Schutz der Verfassung, als sie der Kirche zugeordnet wird. Mit dieser Zuordnung akzeptiert sie die arbeitsrechtlichen Grenzziehungen. Der einzelne Rechtsträger hat also allein die Wahl, sich der

---

186 *Fuchs*, Essener Gespräche, Bd. 17, 1983, S. 95

Kirche nicht zuzuordnen und damit eine Geltung des kirchlichen Arbeitsrechts zu vermeiden oder aber als Einrichtung der Kirche zu wirken und damit dem kirchlichen Arbeitsrecht zu unterfallen. Eigenes kann er nicht schaffen, wo ihn seine Kirche hierzu nicht ermächtigt.

Einen solchen Schritt hin zu einem genuin ökumenischen Arbeitsrecht zu versuchen, wäre eine lohnende Aufgabe. Die Kirchen würden sich durch ihre Gesetzgebung nach außen deutlich sichtbar für die Möglichkeit eines ökumenischen Dienstes entscheiden; sie würden geordnete, systemstimmige Bahnen bereiten, auf denen der neue Weg gegangen werden könnte. Gleichzeitig würden Modelle geschaffen werden, an denen sich andere orientieren können. Anschauungsmaterial für ein ökumenisches Kirchenrecht gibt es freilich bislang noch nicht – auch außerhalb des Arbeitsrechts. Es gibt kirchenrechtliche Regelungen, die der Besonderheit ökumenischer Situationen Rechnung tragen, nicht aber ein genuin ökumenisches Recht. Das kann es als einheitliches Recht auch nicht in einem einzigen, gemeinsamen Rechtsakt der Kirchen geben, sondern es kann nur durch eine parallele Gesetzgebung realisiert werden: Die beteiligten Konfessionen erlassen, jeder für sich, gleichlautende Vorschriften und werten damit den Bereich, für den sie gesetzgeberisch tätig werden, nicht als allein sich, sondern auch der anderen Konfession zugehörig.

Ist dieser Weg noch zu weit, können andere Modelle nachgebildet werden. Bei gemeinsamer Trauung zur Begründung einer konfessionsverschiedenen Ehe kann der Ortsordinarius den Dispens von der kanonischen Form erteilen, solange irgendeine öffentliche Eheschließungsform eingehalten wird; das kann dann auch eine nichtkatholisch-kirchliche sein. Damit bleibt die Doppeltrauung, bei der der katholische wie auch der nicht katholische Geistliche den Ritus ihrer Kirche gemeinsam oder nacheinander vollziehen, untersagt (s. auch can. 1127 § 3 CIC) – und dennoch wird beiden Konfessionen Rechnung getragen. Der Katholik kann hier also andere Regeln befolgen, als sein Glaubensbruder, der einen katholischen Partner heiratet, und dennoch befindet er sich im Einklang mit den Vorgaben seiner Kirche. Genauso schiene es denkbar, durch Dispensregeln für Einrichtungen mit Beteiligung der jeweils anderen Seite eigenständige arbeitsrechtliche Maßstäbe zu schaffen.

2. Katholisch und evangelisch – Kumulation beider Regelungswerke

Diese letzte Möglichkeit führt direkt zu einem weiteren Modell: Dort, wo arbeitsrechtliche Regelungen des katholischen Bistums und der evangelischen

Landeskirche sich nicht widersprechen, kann es zu einer Kumulation der Regelungen kommen. Die Einrichtung ist dann ganz katholisch und ganz evangelisch, weil den Besonderheiten beider Kirchen Rechnung getragen wird. Als entfernte Parallele kommt die Taufe in den Sinn: Sie kann gültig sein sowohl nach evangelischem als auch katholischem Recht, soweit sich die Anforderungen an den Taufritus beider Kirchen decken. Ob ein Protestant oder Katholik die Taufe spendet, und ob er den Willen zur Aufnahme in die katholische oder eine evangelische Kirche hat, ist irrelevant.

Eine solche Kumulation ist jedoch im kirchlichen Arbeitsrecht nicht immer möglich, denn schon die MAVO und das MVG.EKD sind Regelungen, die sich widersprechen, aber dennoch uneingeschränkt Anwendung in katholischen oder evangelischen Einrichtungen beanspruchen; eine parallele Anwendung scheidet aus. Einzig bei den Loyalitätspflichten des kirchlichen Dienstes scheint eine solche Kumulation möglich, denn es gibt zwar zahlreiche Verpflichtungen, die nur die katholische Kirche von ihren Dienstnehmern einfordert und damit über die Loyalitätspflichten der evangelischen Kirche hinausgeht, jedoch keine der Pflichten, die sie auferlegt, wird von der anderen Seite als nach ihren Maßstäben pflichtwidrig gewertet.[187]

Eine Kumulation wäre also nur in Teilbereichen möglich und würde doch im Einzelfall zu seltsamen Konstellationen führen: Der Übertritt zur evangelischen Kirche wäre eine Loyalitätspflichtverletzung nach katholischem Recht, denn sie führte ebenso wie der Kirchenaustritt zur Apostasie, Häresie oder zum Schisma.[188] Art. 5 Abs. 5 Grundordnung schafft hier ummissverständlich einen absoluten Kündigungsgrund. Der Arbeitnehmer müsste also entlassen werden, obwohl die Einrichtung auch von der Kirche getragen wird, der er nun angehört.

3. Teils katholisch, teils evangelisch – Differenzierende Modelle

Sinnvoll könnte daher eine dritte Möglichkeit der gemeinsamen Gestaltung des arbeitsrechtlichen Rahmens sein: Keine Kumulation der verschiedenen Regelungssysteme, sondern ihre alternative Anwendung. Die durch die katholische Kirche formulierten Loyalitätspflichten etwa treffen nur die katholischen Dienstnehmer, die der evangelischen nur die evangelischen Dienstnehmer. Es würde damit eine Unterscheidung weiter geführt, die sich in An-

---

187 S. zur Verpartnerung § 2 Abschn. A IV 2, S. 15.
188 Ausführlich Listl/Schmitz-*Listl*, Handbuch des katholischen Kirchenrechts, 2.Aufl. 1999, S. 212 ff.

sätzen bereits im jetzigen Kirchenrecht wiederfindet. So formuliert die Grundordnung für den kirchlichen Dienst nicht in jeder Hinsicht die gleichen Pflichten für katholische wie nicht katholische Dienstnehmer. Was dem Protestanten nach seinem Sakramentenverständnis möglich ist, soll ihm nicht als Pflichtwidrigkeit auferlegt werden. So kann er, anders als sein katholische Kollege, als Geschiedener wieder heiraten, ohne dass dies pflichtwidrig wäre. Entsprechendes gilt für die protestantische Seite, s. § 2 Abschn. E, S. 100 ff.

Auch diese alternative Anwendung hat freilich ihre Grenzen und Schwierigkeiten. *Praktisch* undurchführbar wäre bereits die Anwendung der AVR Caritas auf den katholischen Dienstnehmer verbunden mit der Anwendung der AVR Diakonie auf die evangelischen Dienstnehmer. *Rechtlich* unmöglich wäre die Anwendung des MVG.EKD auf evangelische Dienstnehmer und der MAVO auf katholische. Hier könnte eine alternative Anwendung des kirchlichen Rechts nur in einer Anwendung etwa der MAVO verbunden mit den AVR Diakonie oder auch des MVG.EKD verbunden mit den AVR Caritas liegen. Das wäre ohne innere Rechtfertigung – welches Recht angewendet würde, wäre Gegenstand beliebiger Wahl – und auch dies würde Zusammengehöriges trennen, sind doch die jeweiligen Regelungswerke der Arbeitnehmervertretung und des Dritten Wegs aufeinander bezogen, etwa durch Öffnungsklauseln für eine Mitarbeitervertretung nach jeweils eigenem Recht (s. § 38 Abs. 2 MAVO, Anlage 1 Abschn. XVI AVR und § 36 Abs. 1 MVG.EKD). Der so geschaffene Rahmen wäre kaum praktikabel und sähe sich zudem dem Vorwurf ausgesetzt, Unterscheidungen ohne hinreichenden Grund vorzunehmen.

III. Verfassungsrechtliche Anerkennung ökumenischer Einrichtungen

Eben dieser letzte Gedanke führt auch zum nächsten Schritt im Gang der Prüfung. Bei allen Modellen eines kirchlichen Arbeitsrechts stellt sich nicht nur die Frage nach der tatsächlichen Realisierbarkeit und der kirchenrechtlichen Zulässigkeit, sondern vor allem nach den verfassungsrechtlichen Vorgaben, die solchen Gestaltungen Grenzen ziehen könnten. Diese Vorbedingungen kirchlicher Gestaltung sollen wiederum schrittweise dargestellt werden, ausgehend von den allgemeinen Anforderungen, die Art. 140 GG i.V.m. Art. 137 WRV an den Begriff der Religionsgesellschaft stellt, hin zu den Folgerungen die sich hieraus für Kooperationen ergeben.

1. Religionsgesellschaft im Sinne des Art. 140 GG i.V.m. Art. 137 WRV

Eine Religionsgesellschaft im Sinne des Art. 137 Abs. 3 WRV – nach der heute üblichen Terminologie: eine Kirche oder Religionsgemeinschaft – ist eine die Angehörigen eines und desselben Glaubensbekenntnisses für ein Gebiet zusammenfassender Verband zu allseitiger Erfüllung der durch das gemeinsame Bekenntnis gestellten Aufgaben. Hiervon zu unterscheiden sind religiöse Vereine und Gesellschaften, also Zusammenschlüsse, denen das Merkmal der „allseitigen Erfüllung" fehlt – nach Art. 124 Abs. 1 Satz 3 WRV zählten sie zu den durch die Vereinigungsfreiheit geschützten Vereinen und Gesellschaften, nicht zu den Religionsgesellschaften.[189] Grundsätzlich kommt mithin das Selbstbestimmungsrecht des Art. 140 GG i.V.m. Art. 137 Abs. 3 WRV nur Religionsgesellschaften zu, im kirchlichen Bereich also den verfassten Kirchen und deren rechtlich selbständigen Untergliederungen.

Nach der Rechtsprechung des BVerfG umfasst dieser Bereich wie dargestellt jedoch auch „alle der Kirchen in bestimmter Weise zugeordneten Einrichtungen ohne Rücksicht auf ihre Rechtsform, bei deren Ordnung und Verwaltung die Kirche grundsätzlich frei ist, wenn sie nach kirchlichem Selbstverständnis ihrem Zweck oder ihrer Aufgabe entsprechend berufen sind, ein Stück Auftrag der Kirche in dieser Welt wahrzunehmen".[190] Neben dieser organisatorischen Erweiterung lässt sich schon früh eine inhaltliche Erweiterung des Begriffs feststellen: Schon *Gerhard Anschütz* stellte in seinem Kommentar zur Weimarer Reichsverfassung mit Hinweis auf die unierten evangelischen Landeskirchen fest, dass eine Religionsgesellschaft auch von Angehörigen mehrerer verwandter Glaubensbekenntnisse gebildet werden könne.[191] Dies entspricht auch der weiteren Verfassungspraxis, die den unierten Landeskirchen ohne Diskussion auch den Status einer Körperschaft des öffentlichen Rechts zubilligt. Daneben galt stets Art. 137 Abs. 1 Satz 2 WRV, wonach der Zusammenschluss von Religionsgesellschaften innerhalb des Reichsgebiets keinen Beschränkungen unterliegt; sind die Religionsgemeinschaften Körperschaften öffentlichen Rechts, dann sind sie es gemäß Art. 137 Abs. 3 Satz 3 WRV auch im Zusammenschluss. Wiederum war anerkannt, dass damit sich auch verwandte, jedoch bekenntnisverschiedene

---
[189] S. Listl/Pirson-*Hesse*, Handbuch des Staatskirchenrechts der Bundesrepublik Deutschland, Bd. I, S. 534.
[190] BVerfG v. 11.10.1977, BVerfGE 46, S. 73 (Leitsatz 1 und S. 85 ff.) = NJW 1978, S. 581. S. auch BVerfG v. 4.6.1986, BVerfGE 70, S. 138, 162 = NJW 1987, S. 179.
[191] *Anschütz*, Art. 137 WRV, Abschn. 2, S. 548.

Religionsgemeinschaften zusammenschließen konnten und so die gleichen Rechte in Anspruch nehmen konnten, wie die Zusammenschlüsse nur eines Bekenntnisses.[192] Von Anfang an enthielt also die Gewährleistung des kirchlichen Selbststimmungsrecht Ansatzpunkte einer – wenn auch begrenzten – Ökumene: Schon der Begriff der Religionsgemeinschaft ist nicht auf die Gemeinschaft eines Bekenntnisses beengt.

2. Folgerungen für ökumenische Einrichtungen

Dieser Befund schafft ein Tendenzargument für die staatskirchenrechtliche Privilegierung auch der ökumenischen Einrichtungen, denn wenn es den Religionsgemeinschaften möglich ist, verschiedene Bekenntnisse in sich selbst zu vereinen, so muss es erst recht möglich sein, dass verschiedene Religionsgemeinschaften zusammenwirken können, ohne die Privilegierung des Art. 140 GG i.V.m. Art. 137 Abs. 3 WRV zu verlieren.

a) Das spärliche Schrifttum

Dies ist dann auch die Meinung derjenigen Stimmen im Schrifttum, die sich bislang dieser Frage zugewandt haben. So stellte *Engelhardt* bereits vor einigen Jahren zur Frage der ökumenischen Dimension des christlichen Krankenhauses fest:

„Caritas und Diakonie haben ja in der Geschichte der ökumenischen Bewegungen eine besonders wichtige Rolle gespielt als ein Bestandteil christlichen Lebens, in dem man insbesondere in den Anfängen ... angenommen hat, dass ein besonderes Maß an Gemeinsamkeit, das besondere Möglichkeiten gemeinsamen Handelns gegeben seien .... Die Gefahr, dass eine solche Ordnung staatskirchenrechtlich zu Schwierigkeiten führen kann, sehe ich eigentlich kaum; denn sicherlich kann der Staat einer Kirche und auch mehreren Kirchen wohl kaum verwehren, auf der Basis ihres Selbstbestimmungsrechts auch gemeinsam Caritas auszuüben."[193]

Dem entspricht die klare Feststellung *Pottmeyers*: „Natürlich wäre ein ökumenischer Träger eines Krankenhauses denkbar".[194] *Leisner* ergänzt:

„Vom Staatskirchenrecht her ... würde ich grundsätzlich keine Bedenken sehen, wenn es zu einer ökumenischen Trägerschaft eines Tages käme. Denn hier ist ja doch das Selbstverständnis der beiden sich zusammenschließenden Kirchen maßgebend. Wenn sie beide dieselben Lösungen sich zueigen machen, warum sollten ihnen dann gemeinsame Aktionen unmöglich sein?

---

192 *Anschütz*, Art. 137 WRV, Abschn. 10, S. 558.
193 *Engelhardt*, Essener Gespräche, Bd. 17, 1983, S. 95.
194 *Pottmeyer*, Essener Gespräche, Bd. 17, 1983, S. 96.

Das würde ja darauf hinauslaufen, dass sich von Staatskirchenrechts wegen die evangelische und die katholische Kirche niemals in Deutschland vereinigen dürften. Da aber sei Gott vor!"[195]

b) Anklänge in der Rechtsprechung des Bundesverfassungsgerichts

Diese Feststellungen des Schrifttums bleiben in ihrer Begründungsarmut mehr Wegweiser zum argumentativen Ziel als Nachweis des richtigen juristischen Wegs. Das Gesagte findet Anklänge jedoch auch in der Rechtsprechung des Bundesverfassungsgerichts. Zum einen ist auffällig, dass das Gericht in der Ausdeutung des Selbstbestimmungsrechts der Kirchen und der Zuordnung einer Einrichtung zur Kirche nicht konfessionell argumentiert, sondern sich an zahlreichen Stellen auf das gemeinsam Christliche stützt. Eine Einrichtung kann sich auf das Selbstbestimmungsrecht des Art. 140 GG i.V.m. Art. 137 Abs. 3 WRV berufen, wenn sie „teilhat an der Verwirklichung eines Stücks Auftrag der Kirche im Geist *christlicher* Religiosität im Einklang mit dem Bekenntnis der *christlichen* Kirche …".[196] Auch spricht das Gericht stets vom Selbstverständnis der Kirchen, dass für die Zuordnung maßgeblich ist. Wenn aber nach dem Selbstverständnis der Kirchen eine ökumenische Gestaltung möglich ist, wenn also eine Einrichtung den Auftrag beider Kirchen verwirklicht, weil dieser Auftrag von den verschiedenen beteiligten Trägern übereinstimmend verstanden wird, dann hat auch diese Einrichtung nach dem Wortlaut und Ziel der Entscheidungen des Bundesverfassungsgerichts Teil an der Freistellung von staatlicher Regelung.

c) Entgegenstehende Rechtsprechung der Fachgerichte?

Einschlägige Rechtsprechung der Arbeitsgerichte zur Zulässigkeit eines ökumenischen aber dennoch kirchlichen Trägers liegt bislang nicht vor. Auch andere fachgerichtliche Entscheidungen zur Zulässigkeit eines ökumenischen Dienstes sind selten. Eine Ausnahme bildet eine Entscheidung des Bundessozialgerichts vom 5.11.1997. Das Gericht hatte § 311 Abs. 2 Satz 2 SGB V in der Fassung vom 21.1.1992 auszulegen und zu beurteilen, ob ein ehemals katholisches Krankenhaus, das auf eine von beiden Kirchen gehaltene GmbH übertragen wurde, eine „kirchliche Fachambulanz" im Sinne dieser Norm war. Es sollte sich um ein – so § 7 Abs. 2 des Gesellschaftsvertrages – „Christliches Krankenhaus der evangelischen und katholischen Kirche" handeln. Das Gericht erkannte in seiner Argumentation nicht die Möglich-

---

[195] *Leisner*, Essener Gespräche, Bd. 17, 1983, S. 97.
[196] BVerfG v. 11.10.1977, BVerfGE 46, S. 73 = NJW 1978, S. 581; s. auch BVerfG v. 25.3.1980, BVerfGE 53, S. 366, 392 = NJW 1980, S. 1895.

keit einer ökumenischen Trägerschaft an, sondern wertete als privilegiertes Krankenhaus nur eine solche Einrichtung, die entsprechend den eingangs dargestellten Kriterien einer einzigen Kirche zuzuordnen ist. Wörtlich führte es aus:

„Der Gesetzestext enthält keine Definition der kirchlichen Fachambulanz. Gemeint sein kann damit nur die Ambulanz eines Krankenhauses in kirchlicher Trägerschaft …. Ein Krankenhaus in kirchlicher Trägerschaft ist nach staatskirchenrechtlichem Verständnis ein Krankenhaus, das ungeachtet der Rechtsform, in der sein Träger organisiert ist, in der Weise einer Kirche zugeordnet ist, daß durch das Krankenhaus ein Stück des Auftrags der Kirche in dieser Welt verwirklicht wird … Das BVerfG [hat] entschieden, daß ein Krankenhaus im rechtlichen Sinne der katholischen Kirche zugeordnet sein kann, wenn es der Kirche zwar nicht inkorporiert ist, also nicht einen rechtlich unselbständigen Teil der amtskirchlichen Organisation bildet, es ihr aber so zugeordnet ist, daß es Teil hat an der Verwirklichung eines Stücks des Auftrags der Kirche im Geist katholischer Religiosität im Einklang mit dem Bekenntnis der katholischen Kirche und in Verbindung mit den Amtsträgern dieser Kirche (BVerfGE 46, 72, 87) … Die Klägerin kann den Zulassungsstatus ihrer Fachambulanzen für die Zeit nach dem 1. Januar 1994 nur beanspruchen, wenn sie iS dieser Rechtsprechung des BVerfG der katholischen Kirche zugeordnet ist. Das St. Elisabeth-Krankenhaus und damit auch die Fachambulanzen dieses Hauses waren an dem für die Anwendung des § 311 Abs 2 Satz 2 SGB V maßgeblichen Stichtag des 1. 10. 1992 rechtlicher Bestandteil des Bischöflichen Amtes Erfurt-Meiningen. Die damit zwingend verbundene Zuordnung zur katholischen Kirche muß auch nach dem Trägerwechsel [auf die gemeinsam mit der evangelischen Kirche gehaltenen GmbH] erhalten geblieben sein, damit die Fachambulanzen dieses Hauses als kirchliche Einrichtungen beurteilt werden können"[197]

Das Gericht griff damit entschieden zu kurz, setzt es sich mit der Möglichkeit einer ökumenischen Trägerschaft noch nicht einmal auseinander. Ein Krankenhaus in kirchlicher Trägerschaft liegt jedoch schon nach dem Wortlaut auch vor, wenn mehrere Kirchen das Krankenhaus tragen – denn wenn nur Kirchen die Einrichtung tragen und säkulare Träger fehlen, wie wollte man sagen, es sei in nicht-kirchlicher Trägerschaft? Bisher sind Stellungnahmen zu der Entscheidung ausgeblieben, wohl auch aufgrund der sehr speziellen und inzwischen mit Gesetzesänderung überholten Rechtsfrage. Diese Spezialität und auch die nur unvollkommene Argumentation machen jedoch deutlich, dass es sich hierbei nicht um ein richtungsweisendes Grundsatzurteil handelt, sondern um eine Einzelfallentscheidung ohne Grundlage der Verallgemeinerung. Das Bundessozialgericht wollte zur Zulassung einer Fachambulanz an der kassen- bzw. vertragsärztlichen Versorgung entscheiden, nicht aber eine grundlegende Weichenstellung des Staatskirchenrechts vorbereiten. Es wollte das gegebene Staatskirchenrecht anwenden, nicht aber weiterbilden.

---
197 BSG v. 5. 11. 1997, ArztR 1998, S. 204 = SozR 3–2500, § 311 Nr. 5. S. zuvor bereits BSG v. 9. 3. 1994, BSGE 74, 64, 67 = SozR 3–2500, § 311 Nr. 2.

d) Vertiefende Betrachtung

Die Gründe, die für den weiten Ansatz sprechen, gilt es also darzulegen. Neben den bereits dargelegten Argumenten können eine teleologische Deutung des Art. 137 Abs. 3 WRV und auch eine spezifisch arbeitsrechtliche Argumentation das Ergebnis stützen.

aa) Der Zweck der Freistellung. Der arbeitsrechtliche Freiraum, der den Kirchen eingeräumt wurde, dient wie eingangs dargestellt der Wahrung der Eigenständigkeit und der Besonderheiten des kirchlichen Dienstes, dessen erster Zweck nicht wirtschaftlich ist, sondern dem Auftrag Christi in dieser Welt zu folgen, das Evangelium zu verkünden und durch praktizierte Nächstenliebe eine Ahnung zu geben von der Liebe Gottes zu den Menschen. Eben wegen dieser Sonderheiten wäre das Tarifvertragsrecht, die Betriebsverfassung und das Kündigungsschutzrecht kein „für alle (gleichermaßen) geltendes Gesetz", würde es nicht hierauf Rücksicht nehmen. Diese Besonderheiten aber bleiben bestehen, wenn zwei Religionsgemeinschaften sich zusammentun, um eine Einrichtung zu gründen, die nach beider Vorstellung spezifisch kirchlichen Zwecken dient. Der Zweck des Gesetzes, Freiraum zur religionsspezifischen Gestaltung zu geben, greift auch hier, und das staatliche Interesse, hier die eigenen Regelungen durchzusetzen, ist nicht größer als bei allein einer Kirche zugeordneten Einrichtungen – und damit ebenso nachrangig wie dort.

bb) Eine logische Konsequenz. Dies spiegelt sich in einer verfassungsrechtlichen Sicht der Dinge. Der Freiheitsraum, der den Kirchen eingeräumt wurde, ist ihnen zur Ordnung und Verwaltung der eigenen Angelegenheiten überlassen. Diese Freiheit ist auch eine Freiheit zum Zusammenschluss. Denn das selbstständige Ordnen und Verwalten umfasst nach der Rechtsprechung des Bundesverfassungsgerichts „alle Maßnahmen, die in Verfolgung der vom kirchlichen Grundauftrag her bestimmten diakonischen Aufgaben zu treffen sind, z.B. Vorgaben struktureller Art, die Personalauswahl und die mit all diesen Entscheidungen untrennbar verbundene Vorsorge zur Sicherstellung der religiösen Dimension des Wirkens im Sinne kirchlichen Selbstverständnisses".[198] Wenn es also die Kirchen für richtig erachten, zur besseren Verfolgung ihres kirchenspezifischen Zwecks gemeinsame Strukturen

---

[198] BVerfG v. 5.2.1981, BVerfGE 57, S. 200, 243 = NJW 1981, S. 1943 m.w.N. Hierzu auch Listl/Pirson-*Hesse*, Handbuch des Staatskirchenrechts der Bundesrepublik Deutschland, Bd. II, S. 540.

aufzubauen, dann ist das durch das Selbstverständnis jedes der beteiligten Träger gedeckt. Wäre dies nicht richtig, dann müsste ein weltliches Gericht dieses Selbstverständnis bewerten und feststellen, dass ein ökumenischer Zusammenschluss nicht mehr mögliches Mittel der kirchlichen Zweckverfolgung sein kann. Hierzu aber bedarf es des *sentire cum ecclesia*, und das kann nicht Aufgabe eines weltlichen Gerichts sein.

Für die staatskirchenrechtliche Zulässigkeit institutionell verankerter Ökumene spricht damit ein zwingendes logisches Argument: Wenn zwei Gemeinschaften ein Freiraum eingeräumt wird, den sie nach eigenen Vorstellungen ausfüllen können – eben dies macht Autonomie aus – dann kann dieser Freiraum nicht dadurch gemindert werden, dass sie ihn gemeinsam ausüben. Der Zusammenschluss erweitert zwar nicht den Zirkel der Freistellung, verengt ihn aber auch nicht. Wollte man anders entscheiden, dann müssten bereits Bedenken gegen die Kooperation verschiedener Religionsgemeinschaften erhoben werden. Erhebt man diese nicht – und zwar zu recht – dann ist auch der nächste Schritt der institutionellen Verbindung vom Selbstbestimmungsrecht gedeckt; dieser ist dann nur noch eine graduelle, nicht aber eine wesensverschiedene Fortentwicklung. Ebenso wie der Schutz des Zusammenschlusses zu Verbänden unter Wahrung der verfassungsrechtlichen Rechte, den Art. 137 Abs. 2 Satz 2 WRV ausdrücklich garantiert, schon aus Art. 137 Abs. 3 WRV folgt[199], folgt daraus auch die Zulässigkeit des Zusammenschlusses „im Kleinen" bezogen auf einzelne Handlungsfelder und Institutionen. Das eine ist als Geringeres im Größeren enthalten.

cc) Spezifisch arbeitsrechtliche Argumente. Spezifisch arbeitsrechtliche Argumente führen zum selben Schluss. Das Bundesarbeitsgericht lässt es wie dargestellt für eine Einbeziehung in den Bereich des § 118 Abs. 2 BetrVG ausreichen, dass die Kirche Einflussmöglichkeiten hat, „um ... einen etwaigen Dissens in religiösen Angelegenheiten zwischen ihr und der Einrichtung zu unterbinden",[200] ohne Vorgaben zur Art dieser Einflussmöglichkeiten zu machen. Hiermit und mit dem Wortlaut des § 118 Abs. 2 BetrVG verträgt sich auch die Trägerschaft einer Einrichtung *durch mehrere Religionsgemeinschaften*. Wenn es hier heißt, das Gesetz finde keine Anwendung auf „Religionsgemeinschaften und ihre ... Einrichtungen", dann heißt dies nicht, dass die Einrichtung gerade nur einer Religionsgemeinschaft zugeord-

---

199 S. bereits *Anschütz*, Art. 137 WRV, Abschn. 3, 10, S. 549, 558; weitgehend noch Dreier-*Morlok*, GG, Art. 140 GG/Art. 137 WRV, Rn. 24: ganz von Art. 4 GG erfasst.
200 BAG v. 30. 4. 1997, AP Nr. 60 zu § 118 BetrVG 1972 = NZA 1997, S. 1240.

net werden könnte. Möglich sind auch Religionsgemeinschaften und ihre *gemeinsamen* Einrichtungen. Mögen hier auch die Loyalitätsanforderungen an die Belegschaft abweichend von anderen Einrichtungen normiert werden, so können doch die verbleibenden Pflichten – bei entsprechender Ausgestaltung des Gesellschaftsvertrags – durchgesetzt werden. Ebenso wie die Beteiligung eines weltlichen Dritten die Zuordnung zum kirchlichen Dienst nicht ausschließt, wenn die Kirche weiterhin den bestimmenden Einfluss hat und gegenüber dem Mitgesellschafter die Erfüllung des kirchlichen Propriums sicherstellen kann, muss es erst recht unschädlich sein, wenn der Hinzutretende kein Dritter, sondern auch Religionsgemeinschaft i.S. des § 118 Abs. 2 BetrVG ist. Wenn die jeweilige Kirchenleitung der Einrichtung bescheinigt, als karitative Einrichtung den Auftrag Christi an seine Kirche in dieser Welt zu verwirklichen, dann ist das Ermessen, das in dieser Einschätzung liegt, als Ausfluss des kirchlichen Selbstbestimmungsrechts zu akzeptieren. Das Selbstbestimmungsrecht gilt nicht nur in den abstrakten Vorgaben, sondern auch in der konkreten Einschätzung, denn die kirchlichen Vorgaben interpretiert authentisch nur die Kirche.[201] Die Einrichtung wäre dann nach den Maßstäben des § 118 Abs. 2 BetrVG sowohl eine Einrichtung der katholischen als auch der evangelischen Kirche. Dies ist möglich, solange ausgeschlossen ist, dass über die Besonderheiten des kirchlichen Dienstes zwischen den Beteiligten ein Dissens besteht. Eben diese Besonderheiten können einvernehmlich zwischen den beiden beteiligten Trägern festgelegt werden. Deshalb ist es sinnvoll, dass in der Satzung einer gemeinsam getragenen Gesellschaft festgestellt wird, dass die Gesellschaft teilnimmt an der Erfüllung des kirchlichen Auftrags beider Kirchen und sich als Teil beider Kirchen begreift.

Das scheint auch spezifsch betriebsverfassungsrechtlich begründbar. Es leuchtet intuitiv ein, dass ein gemeinsamer Betrieb zweier Religionsgemeinschaften nicht unter das BetrVG fällt.[202] Ein gemeinsamer Betrieb liegt gemäß § 1 Abs. 2 Nr. 1 BetrVG u.a. vor, wenn zur Verfolgung arbeitstechnischer Zwecke die Betriebsmittel, sowie die Arbeitnehmer von verschiedenen Unternehmern gemeinsam eingesetzt werden. Hier handelt es sich dann um eine Belegschaft aus Arbeitnehmern, die jeweils direkt einer der beteiligten Kirchen zugeordnet werden können, und die in dieser Einrichtung einem spezifisch kirchlichen Zweck nachgehen können. Die Tatsache, dass man ei-

---

201 S. auch § 2 Abschn. B I 3 d, S. 44.
202 Zum Begriff des gemeinsamen Betriebs s. BAG v. 11.2.2004, NZA 2004, S. 618; umfassende Nachweise bei *Richardi*, BetrVG, § 1, Rn. 60 ff.

ne gemeinsame Organisation gefunden hat, um ein gemeinsames Ziel zu realisieren, ändert nichts daran, dass hier die Arbeitnehmer genauso wie andere kirchliche Arbeitnehmer den spezifischen Loyalitätspflichten des jeweiligen Arbeitgebers unterliegen. Dem folgt dann auch das Recht der Arbeitnehmervertretung, denn die Trennlinie zwischen kirchlichem Dienst und weltlichem Dienst vollzieht sich einheitlich für alle Teilbereiche des Arbeitsrechts. Entweder eine Einrichtung ist kirchlich oder sie ist es nicht, aber sie ist es nicht allein im Hinblick auf das Individualarbeitsrecht, nicht aber im Hinblick auf das Kollektivarbeitsrecht. Wenn dem aber so ist, dann kann betriebsverfassungsrechtlich nichts anderes gelten, wenn sich die Religionsgemeinschaften zusammentun und einen gemeinsamen Rechtsträger bilden. Die Wertungen für die Freistellung vom staatlichen Recht sind hier die gleichen und die bloße Vereinheitlichung des Rechtsträgers kann den Grund der Herausnahme – der Widerspruch zwischen Dienstgemeinschaft und Betriebsverfassung – nicht ändern.

3. Schlussfolgerungen

Zieht man die Summa aus dem Gesagten, so muss die gemeinsame Trägerschaft einer Einrichtung durch Religionsgemeinschaften i.S. des Art. 140 GG i.V.m. Art. 137 Abs. 3 WRV in Bezug auf die Zulässigkeit eines spezifisch kirchlichen Arbeitsrechts genauso behandelt werden wie die alleinige Trägerschaft. Auch eine solche Einrichtung ist damit eine Einrichtung i.S. des § 118 Abs. 2 BetrVG, solange die beteiligten Kirchen sicherstellen können, dass die Loyalität der Einrichtung und deren Mitarbeiter zu den von den Kirchen gesetzten Vorgaben durchgesetzt werden kann, ein Dissens zwischen Mitarbeiter und Kirchen also im gemeinsamen Sinne der Träger entschieden wird.

IV. Kirchenrechtliche Einordnung ökumenischer Einrichtungen

Was staatskirchenrechtlich zulässig wäre, muss von den Kirchen gewollt sein. Ihre Gesetzgebung gibt vor, inwieweit es ein ökumenisches Arbeitsrecht geben soll. Derzeit fehlt es daran noch. So wäre aus kirchenrechtlicher Perspektive etwa die Anwendung von Grundordnung und MAVO verbindlich, wenn auch die gemeinsam mit der evangelischen Seite getragene Einrichtung eine Einrichtung im Sinne dieser Regelwerke wäre. So bestimmt Art. 2 Abs. 2 GrO (und entsprechend § 1 Abs. 2 MAVO) eine Anwendung auch „im Bereich der sonstigen kirchlichen Rechtsträger [d.h. neben der verfassten Kirche] und ihrer Einrichtungen unbeschadet ihrer Rechtsform sowie des Verbandes der Diözesen Deutschlands und des Deutschen Caritasverbandes". Es besteht *prima facie* also eine Pflicht, auch außerhalb des Caritasverbandes die Grundordnung rechtsverbindlich zu übernehmen und ein Recht des Bischofs, dies durchzusetzen. Das wäre nicht der Fall, wenn man hierunter „nur-katholische" Einrichtungen fassen würde, nicht aber solche, deren Träger mit gleicher Berechtigung der evangelischen Seite zugeordnet werden können. Es würde zunächst davon abhängen, ob man eine ökumenische Einrichtung als genuin christliche oder als gleichzeitig katholische und evangelische Einrichtung verstehen wollte. Sinnvoll wäre hier eine klarstellende Ergänzung der Grundordnung, etwa dahingehend, dass für ökumenische Einrichtungen eigenständige Regelungen geschaffen werden können, vorbehaltlich der Genehmigung durch den Ordinarius. Aber auch solange eine solche Regelung fehlt, wird man nicht von einer Rechtswidrigkeit einer modifizierten Anwendung der Grundordnung ausgehen müssen. § 1 Abs. 2 der Grundordnung ist auszulegen. „Leges ecclesiastico intellegenda sunt secundum propriam verborum significationem in textu et contextu consideratam" (can. 17 CIC). Der Kontext gibt keinen Hinweis auf Einrichtungen unter gleichberechtigter Teilnahme evangelischer Träger. Der kirchliche Gesetzgeber hatte bei der Schaffung der Grundordnung ökumenische Einrichtungen nicht im Sinn und es kann ihm nicht unterstellt werden, er habe für diese ganz grundlegende Frage eine abschließende Regelung treffen wollen. Die Zulässigkeit und Grenzen ökumenischer Einrichtungen gleichsam *en passant* und stillschweigend mit zu regeln, trifft nicht die Intention des kirchlichen Gesetzgebers, eine einheitliche Grundlage für den katholischen Dienst zu treffen. Der Wortlaut ist hier einzuschränken, wie nicht anders als in Bezug auf die wirtschaftlichen Einrichtungen der Kirchen, die wie dargestellt ebenfalls nicht der Grundordnung unterfallen, obwohl der Wortlaut des Kirchengesetzes dies nicht erwähnt.[203] Es liegt daher zumindest im Ermessen des Ordinarius angesichts dieser Rechtslage auf die Einhaltung zur Übernahme der Grundordnung und der MAVO zu verzichten. Die Nichtanwendung wäre damit, wenn schon nicht kirchenrechtlich erlaubt, so doch sanktionslos.

Für die evangelische Seite fällt hier die Antwort noch leichter: Hier bestimmt § 1 Abs. 1 MVG.EKD die Reichweite des Kirchengesetzes: „Dienststellen kirchlicher Körperschaften, Anstalten und Stiftungen der Evangeli-

---

[203] S. § 2 Abschn. B I 1e, S. 36 ff.

schen Kirche in Deutschland, der Gliedkirchen sowie ihrer Zusammenschlüsse und der Einrichtungen der Diakonie": Dies lässt Einrichtungen außerhalb des Diakonischen Werks außen vor. Zumindest also, wenn der Träger der ökumenischen Einrichtung nicht in das Diakonische Werk eintritt, ist ein Konflikt zu kirchenrechtlichen Vorgaben nicht zu befürchten. Ein solcher Beitritt wäre aus staatskirchenrechtlicher Sicht nicht erforderlich für eine Zuordnung zum kirchlichen Dienst. So hat auch die Rechtsprechung des Bundesarbeitsgerichts in der Vergangenheit die Mitgliedschaft in einem konfessionellen Wohlfahrtsverband zwar als Indiz dafür gewertet, dass es sich um eine Einrichtung der jeweiligen Kirche handelt, diese Mitgliedschaft jedoch nicht zur *conditio sine qua non* gemacht. Sie ist weder notwendige, noch ist sie hinreichende Bedingung.[204]

V. Schlussfolgerungen

Sucht man nach Schlussfolgerungen für die praktische Gestaltung, so ist der Kompromiss zwischen dem staatskirchenrechtlich Zulässigen und dem kirchlich Gewollten zu formulieren. Verschiedene Wege sind denkbar.

1. Loyalitätspflichten

In der Festlegung der Loyalitätspflichten ist zuerst an eine *Kumulation* der Pflichten zu denken, die die evangelische Seite und die die katholische Seite ihren Arbeitnehmern auferlegen. Dies mag auf den ersten Blick zu einer Kombination führen, die über das von der jeweils einzelnen Kirche geforderte hinausgeht. Die Trägerschaft verschiedener Konfessionen würde dazu führen, dass den Arbeitnehmern die Einhaltung von Pflichten auferlegt wird, die in ihrer Summe keiner der Beteiligten für erforderlich hält. Man könnte zweifeln, ob dies tatsächlich zulässig ist. Denn der Freiraum für das kirchliche Arbeitsrecht ist wie dargestellt nicht grenzenlos. Den Kirchen ist es allein erlaubt, den Freiraum zu nutzen, das für ihren Dienst erforderliche Maß an Loyalität sicherzustellen. Wenn aber keiner der Beteiligten diese Pflichten insgesamt für erforderlich hält, dann mag man argumentieren, dies gehe über das Erforderliche hinaus und sei damit unzulässig. Dies wird insbeson-

---

[204] BAG v. 6.12.1977, AP Nr. 10 zu § 118 BetrVG 1972 = DB 1978, S. 943; ausführlich begründend BAG v. 30.4.1997, AP Nr. 60 zu § 118 BetrVG 1972 = NZA 1997, S. 1240; jüngst auch BAG v. 23.10.2002, EzA § 118 BetrVG 2001 Nr. 1 = AuR 2003, S. 238; s. hierzu auch § 2 Abschn. B I 3, S. 41 ff.

dere deutlich, wenn mehr als zwei Träger vorhanden sind: Würden zehn Religionen eine Einrichtung tragen, müssten die Arbeitnehmer sich dann loyal im Sinne aller zehn Träger verhalten?

Das Argument ist nicht ohne jegliche Berechtigung, vermag jedoch bei einer Einrichtung in gemeinsamer evangelisch-katholischer Trägerschaft nicht zu überzeugen. Dies liegt vor allem daran, dass der Sache nach keine echte Kumulation vorliegt, denn die evangelische Seite verlangt keine größere Loyalität als sie die katholische Seite verlangt. Alles was nach evangelischer Seite eine Loyalitätspflichtverletzung darstellt ist es *in praxi* auch nach katholischer Auffassung, auch wenn nicht alles, was nach katholischer Auffassung eine Loyalitätspflichtverletzung ist, auch nach evangelischer Seite ebenso eingeordnet wird. Es würde daher ausreichen, die Loyalitätspflichten der Grundordnung für alle Arbeitnehmer festzuschreiben. Dieser einheitlichen Regelung stünde nicht entgegen, dass hier mehr verlangt würde, als nach evangelischer Seite erforderlich. Die Kirchen haben hier durch Art. 140 GG i.V.m. Art. 137 Abs. 3 WRV den Freiraum zur eigenverantwortlichen Gestaltung und können ihn nutzen, wie es die Besonderheiten der ökumenischen Einrichtung erfordern. Die Schranke, die hier das Bundesverfassungsgericht formuliert hat, ist noch nicht überschritten. Die Autonomie und die aus ihr resultierenden kirchlichen Vorgaben dürfen sich nicht in Widerspruch zu den Grundprinzipien der Rechtsordnung stellen, wie das allgemeine Willkürverbot, die Wahrung der guten Sitten und den *ordre public*.[205] Ein solcher Verstoß wäre hier nicht gegeben, denn willkürlich sind die Vorgaben nicht, auch wenn die katholische Seite nicht alleiniger Träger ist, sondern die evangelische Seite gleichrangig beteiligt ist. Der Kompromiss auf bestimmte Loyalitätspflichten ist erforderlich und lässt sich mit diesem Erfordernis begründen – und ist daher zulässig.

Für den evangelischen Teil der Belegschaft wären damit nicht die gleichen Pflichten wie für den katholischen Teil verbunden, denn die Grundordnung trifft hier selber eine differenzierende Regelung. So dürfen evangelische Arbeitnehmer wieder heiraten, ohne dass dies eine Verletzung ihrer Loyalitätspflicht wäre.[206]

Daneben gäbe es als alternatives Modell die Möglichkeit, für die katholischen Dienstnehmer die Geltung der Grundordnung zu vereinbaren, für die evangelischen Dienstnehmer die Loyalitätspflichten festzuschreiben, die die jeweilige evangelische Kirche vorgibt. Auch diese alternative Anwendung wäre zulässig, und sie wäre wohl auch der praktikabelste Weg. Zusätzlich

---
[205] BVerfG v. 4.6.1986, BVerfGE 70, S.138, 168 = NJW 1987, S.179; Einzelheiten in § 2 Abschn. A II, S.12.
[206] S. hierzu auch *Dütz*, NJW 1994, S.1369; ausführlicher § 2 Abschn. E, S.100ff.

müsste dann freilich ein Maßstab der Loyalität nicht-christlicher Arbeitnehmer festgelegt werden. Hier bietet es sich an, an die Formulierung der Grundordnung (Art. 5 Abs. 3 und 4) oder die der Loyalitätsrichtlinie der EKD (§ 4 Abs. 4) anzuknüpfen:

> „Nichtchristliche Mitarbeiterinnen und Mitarbeiter müssen bereit sein, die ihnen in einer kirchlichen Einrichtung zu übertragenden Aufgaben im Sinne der gemeinsamen Ziele der Katholischen Kirche und der Evangelischen Kirche zu erfüllen. Alle Mitarbeiterinnen und Mitarbeiter haben kirchenfeindliches Verhalten zu unterlassen. Sie dürfen in ihrer persönlichen Lebensführung und in ihrem dienstlichen Verhalten die Glaubwürdigkeit der Kirchen und der Einrichtung, in der sie beschäftigt sind, nicht gefährden"

Diese alternative Anwendung von Loyalitätspflichten hätte zur Folge, dass etwa evangelische Christen, deren Kirche die Lebenspartnerschaft nicht ablehnt[207], einen solchen Bund schließen könnten, ohne das Risiko der Kündigung eingehen zu müssen. Ein gewisses Unbehagen bleibt auch bei dieser Lösung. Der Übertritt eines Katholiken zur evangelischen Kirche bliebe ein absoluter Kündigungsgrund – ein Grund also, nach dem der Dienstgeber unabhängig von der Position des Dienstnehmers keine Möglichkeit hätte, das Arbeitsverhältnis fortzuführen: „Mitarbeiterinnen oder Mitarbeiter, die aus der katholischen Kirche austreten, können nicht weiterbeschäftigt werden" (Art. 5 Abs. 5 GrundO). Auch diese Strenge muss aber dem Geist der Ökumene nicht widersprechen, denn der Wille, gemeinsam im christlichen Auftrag zu wirken geht nicht notwendig mit dem Willen einher, Proselytentum zu fördern oder zu billigen. Staatskirchenrechtlich wäre es jedoch auch zulässig, für die ökumenisch getragene Einrichtung eine Modifizierung der Grundordnung zu vereinbaren, etwa in dem Sinne, dass Art. 5 Abs. 5 GrundO dahingehend ergänzt wird, dass der Übertritt zu einer anderen christlichen Gemeinschaft hiervon nicht erfasst wird. Dies wäre freilich kirchenrechtlich ein sehr großer und u.U. irritierender Schritt. Er sollte gründlich überdacht werden. Ein Einvernehmen mit dem Bistum ist auch hier erforderlich.

2. Mitarbeitervertretung

Das Gesagte stellt auch die Weichen für mögliche Modelle einer Mitarbeitervertretung. In der Wahl, die MAVO oder das MVG.EKD anzuwenden, wären die am ökumenischen Träger beteiligten Kirchen frei – jedenfalls soweit

---

207 S. http://www.ekhn.de/download/segnung.pdf (Hessen/Nassau). Übersicht bei http://www.dike.de/nordnassau/Argumente/Page27664/body_page27664.html.

die Einrichtung nicht Mitglied des Caritasverbandes würde, der regelmäßig eine Einrichtung zur Anwendung der MAVO verpflichtet. § 1 Abs. 2 MAVO erfordert die Anwendung der MAVO genauso wenig wie der entsprechende Art. 1 Abs. 4 GrO die Anwendung der Grundordnung verlangt. Es kann nicht unterstellt werden, dass der Gesetzgeber der MAVO, der hier den Text der Grundordnung schlicht übernahm, eine Vorgabe gerade auch für ökumenische Einrichtungen hat treffen wollen. Dies bedeutet freilich nicht, dass auch auf jede Form der Arbeitnehmervertretung verzichtet werden könnte. Wie eingangs dargelegt impliziert die Freistellung die Erwartung an die Kirchen, die entstandene Lücke mit eigenen Regelungen zu schließen.[208] Gut wäre es, die Kirchen würden hier eine einheitliche Vorgabe geben; solange die fehlt, sind sie frei für den Einzelfall zu entscheiden, ob die evangelische oder die katholische Regelung anzuwenden ist.

3. Arbeitsvertragsgestaltung

Die Entscheidung im Bereich der Mitarbeitervertretung sollte dann auch die Entscheidung für das anzuwendende Regelwerk des Dritten Wegs bestimmen. Wird das MVG.EKD befolgt, dann sollten auch die AVR Diakonie vereinbart werden, wird eine Mitarbeitervertretung nach MAVO errichtet, dann sollten auch die AVR Caritas vereinbart werden. Dies ist nicht zwingend, jedoch scheint es schon deshalb sinnvoll, weil beide Regelungen aufeinander bezogen sind – so sind Öffnungsklauseln für Dienstvereinbarungen mit der nach dem MVG.EKD gebildeten Mitarbeitervertretung möglich nach Anlage 1 XVI der AVR Diakonie, eine Vorschrift die sich in § 38 Abs. 2 MAVO spiegelt. Vergleichbares gilt umgekehrt für § 36 Abs. 1 MVG.EKD, der in der Zulassung von Öffnungsklauseln auf die Regelungen nach den Arbeitsrechtsregelungsgesetzen der evangelischen Kirche Bezug nimmt. Stellt man im Arbeitsvertrag klar, dass mit diesen Öffnungsklauseln auch die Regelungsinstrumente nach dem jeweils fremden Kirchenrecht gemeint sind, dann wäre eine Kombination freilich möglich – wenn auch gefragt werden sollte, ob sie erforderlich oder auch nur sinnvoll ist.

Als Alternative wäre zu erwägen, ob denn der ökumenische Träger eine tarifvertragliche Gestaltung seiner Arbeitsverhältnisse anstreben sollte. Es sind jedoch bei Einführung eines Tarifvertragsmodells die Gründe zu beachten, die einst zur Hinwendung zum Dritten Weg geführt haben:

---

[208] S. § 1 Abschn. A IV, S. 5.

a) Vorgaben der Dienstgemeinschaft für die kollektive Festlegung von Arbeitsbedingungen

Die Dienstgemeinschaft muss auch in den Verfahrensstrukturen der Arbeitnehmerbeteiligung an der Gestaltung der Arbeitsbedingungen zum Ausdruck kommen. Der Abschluss von Tarifverträgen als solcher wäre kein Widerspruch zur Dienstgemeinschaft.[209] Tarifverträge im kirchlichen oder diakonischen Dienst kamen in der Vergangenheit vor[210] und es gibt sie auch heute, in der katholischen,[211] wie in der evangelischen Kirche – jüngstes Beispiel ist hier der Kirchliche Tarifvertrag Diakonie vom 15.8.2002 für den Bereich Nordelbien.[212] Der kirchliche und der diakonische Arbeitgeber sind tariffähig nach § 2 Abs. 1 TVG. Das gilt auch für ihre Zusammenschlüsse. Allerdings kann es nach kirchlichem Selbstverständnis einen Arbeitskampf im kirchlichen und diakonischen Bereich nicht geben. Die Dienstgeberseite wäre damit nicht arbeitskampfwillig. Dies steht ihrer Tariffähigkeit jedoch nicht entgegen, wie auch die Ablehnung des Arbeitskampfes der Eigenschaft als tariffähige Koalition nicht entgegensteht. In seiner Entscheidung zu den katholischen Hausgehilfinnen hat das BVerfG anerkannt, dass es sich hierbei um eine tariffähige Koalition handelt, obwohl sie den Streik für sich ausschloss. Gleiches muss dann auch für die Dienstgeberseite gelten.[213]

Dass ohne Streik abgeschlossene Tarifverträge der Dienstgemeinschaft nicht widersprechen, zeigen nicht nur die bisherige Praxis im kirchlichen Dienst, in der Tarifverträge vorkommen, sondern auch die Stellungnahmen zum Tarifvertrag durch die evangelische Kirche und die katholische Kirche. Der Tarifvertrag kann einen interessengerechten Ausgleich zwischen Dienstnehmer- und Dienstgeberseite gewährleisten. Friktionen zu den Vorgaben der Dienstgemeinschaft ergeben sich nicht aus dem bloßen Vorhandensein eines wie auch immer gearteten Tarifvertrags, sondern aus seinem möglichen Inhalt.

---

209 S. bereits *Thüsing*, Die Kirchen als Tarifvertragsparteien, ZevKR 41 (1996), S. 52.
210 So schloss etwa das Erzbistum Köln in der Weimarer Zeit Tarifverträge ab, s. *Hammer*, Kirchliches Arbeitsrecht, S. 167.
211 So für die Caritas in Österreich, s. *Richardi/Thüsing*, AuR 2002, S. 94.
212 Abrufbar unter http://webspace.st-michaelsbund.de/diag-mav-a/VerhandlungsgrundlageVerguetungsreform2005.pdf.
213 BVerfG v. 6.5.1964, NJW 1964, S. 1267 = BVerfGE 18, S. 18 (Leitsatz und S. 26); hierzu Däubler-*Peter*, TVG, § 2, Rn. 27.

b) Ausschluss des Arbeitskampfs und verbindliche Schlichtung

Auch wenn es zur Vereinbarung von Tarifverträgen kommen wird, muss es bei der Unzulässigkeit eines Streiks bleiben, denn der Dienstgemeinschaft widerspricht die offene, gegenseitige Druckausübung zur Durchsetzung eigener Interessen.[214] Sich von dieser Vorstellung zu distanzieren, die seit Jahrzehnten zum Kernverständnis des kirchlichen Arbeitsrechts gehört, würde zu einer umfassenden Infragestellung der rechtlichen Besonderheiten eines Arbeitsverhältnisses zu kirchlichen oder diakonischen Dienstgebern Anlass geben. Wenn eine Kirche konzediert, dass es einen Streik geben darf, dass sich der Arbeitnehmer also in eine Auseinandersetzung nicht der Argumente, sondern der wirtschaftlichen Durchsetzungsmacht mit seiner Kirche einlassen darf, dann ist es nur ein kleiner Schritt zu fragen, ob denn nicht auch die Sonderstellung im Mitarbeitervertretungsrecht hiermit überholt ist, und ob denn besondere Loyalitätspflichten des kirchlichen und diakonischen Dienstnehmers wirksam von der Dienstgeberseite eingefordert werden können. Das jetzige System ist in sich stimmig und ist aus dem Wesen der Dienstgemeinschaft herzuleiten.[215] Der Abschied von der absoluten Friedenspflicht im kirchlichen Dienst wäre es nicht.

Es wäre sinnvoll, den Ausschluss des Arbeitskampfs ausdrücklich in einen künftigen Tarifvertrag oder einer hierauf bezogenen Schlichtungsvereinbarung aufzunehmen. Dies ist in der Vergangenheit nicht durchgehend geschehen. So verzichtete die Dienstgeberseite auf einen solchen Ausschluss im Tarifvertrag für die Diakonie Nordelbien. Daraus folgt jedoch nicht die Zulässigkeit des Arbeitskampfs, denn seine Unzulässigkeit ergibt sich nicht aus dem Tarifvertrag sondern aus den dargelegten staatskirchenrechtlichen Erwägungen. Wird der Ausschluss des Arbeitskampfs jedoch mit der Gewerkschaft vereinbart, so folgt daraus ein weiterer Grund für die Unzulässigkeit von Streik und Aussperrung, der auch bei Zweifeln über die staatskirchenrechtlichen Vorgaben Streit und Streik vermeiden hilft. Auch zur Verdeutlichung der kirchlichen Position empfiehlt sich daher eine entsprechende Regelung.

Der Ausschluss des Arbeitskampfs bei gleichzeitigem Abschied vom kircheneigenen Regelungsverfahren legt freilich weitere Schritte nahe. Bliebe es dabei, dann könnte die Dienstnehmerseite ihre Vorstellungen von der Gestaltung der Arbeitsbedingungen nicht effektiv und institutionell abgesichert einbringen. Der kirchliche Dienst wäre von wesentlichen Funktionsmecha-

---

214 Ausführlicher § 3 Abschn. B, S. 139 ff.
215 S. § 3 Abschn. A II, S. 115 ff.

nismen des allgemeinen Arbeitsrecht ausgenommen, ohne eine gleichwertige, kirchenkonforme Alternative anzubieten. Weil der staatlich anerkannte Freiraum nicht Freistellung zur Beliebigkeit ist, spricht vieles dafür, eine zwingende Schlichtung zwischen den Tarifvertragsparteien zu vereinbaren. Wie diese im Einzelnen ausgestaltet ist, ist dabei nicht zwingend vorgegeben. Möglich erscheint es, sowohl sich am Modell der Evangelischen Kirche Berlin-Brandenburg zu orientieren und die einfache Mehrheit einer Schlichtungskommission ausreichen zu lassen, als auch dem Vorbild Nordelbiens zu folgen und eine Zweidrittelmehrheit zu fordern. Vorzugswürdig scheint es, die einfache Mehrheit ausreichen zu lassen, weil sie die Handlungs- und Anpassungsfähigkeit erleichtert. Dass dabei das letzte Wort bei einem neutralen Vorsitzenden der Schlichtungskommission liegen kann und nicht bei der Kirche selber, ist nichts, was dem kirchlichen Arbeitsrecht der evangelischen Kirche fremd ist. Eine solches Letztentscheidungsrecht nicht der Synode, sondern eines Schlichtungsausschusses mit neutralem Vorsitzenden, gibt es bereits jetzt innerhalb des kirchlichen Arbeitsrechts-Regelungssystems.[216]

c) Pflicht zur Gleichbehandlung der Dienstgemeinschaft

Als weitere Besonderheit des kirchlichen Dienstes ist die Verpflichtung zur einheitlichen Behandlung der Dienstnehmer unabhängig von ihrer Gewerkschaftszugehörigkeit festzuhalten. Allerdings sind gemäß § 3 Abs. 1 TVG grundsätzlich nur Gewerkschaftsmitglieder aus dem Tarifvertrag berechtigt und verpflichtet. Der Arbeitgeber darf daher nach fast allgemeiner Meinung einen nicht gewerkschaftsangehörigen Arbeitnehmer zu anderen und schlechteren Bedingungen beschäftigen – auch wenn er es in der Praxis kaum tun wird, will der doch keinen Anreiz zum Gewerkschaftsbeitritt geben.[217] Dem kirchlichen Arbeitgeber ist ein solches Differenzieren nicht erlaubt, denn es widerspräche der Einheit des kirchlichen Dienstes. Die Gewerkschaftszugehörigkeit ist nach kirchlichem Selbstverständnis kein legitimer Grund zur unterscheidenden Festlegung der Arbeitsbedingungen. Die Praxis einer allgemeinen Anwendung der Regeln, die durch das kirchenspezifische Arbeitsrechts-Regelungsverfahren zustande gekommen sind, ist auch beim Tarifvertrag beizubehalten.

---
216 S. den Überblick bei *Richardi*, Arbeitsrecht in der Kirche, § 14, Rn. 12.
217 BAG v. 30.9.1998, AP Nr. 159 zu § 242 BGB Gleichbehandlung = NZA 1999, S. 490; BAG v. 3.12.1997, AP Nr. 149 zu § 242 Gleichbehandlung = NZA 1998, S. 438.

E) Die Loyalitätspflichten des kirchlichen Dienstes und ihre Grenzen

Schon das einleitende Kapitel hat es angesprochen, das zweite Kapitel hat es erläutert: Jeder Arbeitgeber kann verlangen, dass die Erfüllung arbeitsvertraglicher Pflichten unter Berücksichtigung von Treu und Glauben erfolgt, doch das verfassungsrechtlich verbürgte Selbstbestimmungsrecht ermöglicht es den Kirchen weitergehend, von ihren Arbeitnehmern eine besondere Form der Loyalität zu verlangen.[218] Die Kirchen können zur Wahrung ihres Propriums an die Art und Weise der Leistungserfüllung besondere Anforderungen stellen, die sich aus der Eigenart des kirchlichen Dienstes ergeben. Daneben können sie um ihrer Glaubwürdigkeit willen auch Anforderungen an die *Lebensführung* ihrer Arbeitnehmer stellen, die außerhalb der arbeitsvertraglichen Pflichten steht. Der Privatbereich des Arbeitnehmers ist für den weltlichen Arbeitgeber tabu[219], doch die Kirchen haben das Recht, ihre Arbeitnehmer auf das Leitbild einer christlichen Dienstgemeinschaft zu verpflichten.[220] Die katholische Kirche hat 1993 von ihrem Selbstbestimmungsrecht durch Beschluss einer „Grundordnung des kirchlichen Dienstes im Rahmen kirchlicher Arbeitsverhältnisse" Gebrauch gemacht.[221] Die Evangelische Kirche in Deutschland hat nachgezogen und 2005 eine „Richtlinie über die Anforderungen der privatrechtlichen beruflichen Mitarbeit in der Evangelischen Kirche in Deutschland und ihres Diakonischen Werkes" verabschiedet.[222] Nach der Darlegung des verfassungsrechtlichen Rahmens *in abstracto* (s. § 2 Abschn. A IV, S. 14 ff.) sollen nun die Auswirkungen dieser Grundordnungen auf das kirchliche Arbeitsrecht in einigen Einzelfragen beleuchtet werden.

---

218 Zum verfassungsrechtlichen Selbstbestimmungsrecht der Kirchen vgl. oben § 2 Abschn. I, S. 10 f.
219 Für Kündigung wegen Straftaten außerhalb der Dienstzeit restriktiv BAG v. 24. 9. 1987, AP Nr. 19 zu 1 KSchG 1969 Verhaltensbedingte Kündigung; s. allg. Henssler/Willemsen/Kalb-Thüsing, BGB § 611 BGB Rn. 376 ff.
220 BVerfG v. 4. 6. 1985, BVerfGE 70, 138, 165; *Richardi*, Arbeitsrecht in der Kirche, § 6 III 3, S. 80.
221 Der vollständige Text ist in § 7 Anhang, S. 301 ff. sowie im Mitteilungsteil von NJW 1994, Heft 21 abgedruckt. Vgl. auch *Dütz*, NJW 1994, 1369.
222 Der vollständige Text ist in § 7 Anhang, S. 312 ff. abgedruckt. Hierzu auch *Fey*, AuR 2005, S. 349.

I. Einstellungsgespräch und Offenbarungspflicht/Fragerechte

Ein Arbeitsuchender muss Fragen seines (zukünftigen) Arbeitgebers bei der Einstellung wahrheitsgemäß beantworten, sofern die Fragen von einem berechtigten, billigenswerten und schutzwürdigen Interesse des Arbeitgebers getragen sind und sie nicht gegen ein rechtliches Verbot verstoßen oder unangemessen in die Privatsphäre eindringen.[223] Für die Kirchen ergibt sich dabei die Besonderheit, dass sie – zumindest nach überkommenem Recht – manche Frage stellen dürfen, etwa nach der Religionszugehörigkeit und der Konfession, die dem weltlichen Arbeitgeber verwehrt ist.[224] Das regelmäßig durch Art. 4 GG geschützte Recht des Arbeitsuchenden, seine religiösen Überzeugungen nicht offenbaren zu müssen, tritt dabei hinter die Interessen der Kirchen zurück, mit ihren Mitarbeitern ihren Auftrag in der Welt zu erfüllen. Steht den Kirchen nun das Recht zu, nach der Religionszugehörigkeit und Konfession zu fragen, so ist eine wahrheitswidrige Antwort des Arbeitsuchenden ein Anfechtungsgrund im Sinne von § 123 Abs. 1 BGB. Die Kirche könnte sich dann – freilich wegen der Grundsätze des faktischen Arbeitsverhältnisses regelmäßig nur mit Wirkung für die Zukunft[225] – vom Arbeitsvertrag lösen.

Zwei Fragen sind in diesem Zusammenhang aktuell geworden. Zum einen: Begründet eine erkennbare Bedeutung der Religion oder Konfession für den kirchlichen Dienst nicht nur ein Fragerecht des Arbeitgebers, sondern eine Offenbarungspflicht des Arbeitsuchenden? Mit anderen Worten: Was geschieht, wenn der kirchliche Arbeitgeber nicht nach der Religion oder Konfession fragt und dann später ein Kündigungsgrund, beispielsweise ein vorheriger Kirchenaustritt, bekannt wird? Wenn die Grundordnung und die Loyalitätsrichtlinie eine *Offenbarungspflicht* der Arbeitsuchenden begründeten, läge stets eine Täuschung durch Unterlassen vor, so dass eine Anfechtung wegen arglistiger Täuschung nach § 123 Abs. 1 BGB möglich wäre. Wenn sich eine solche Offenbarungspflicht – jedenfalls nicht immer – begründen ließe, ist es in einem zweiten Schritt entscheidend, ob der kirchliche Arbeitgeber mit seinem Verzicht auf die Frage auch auf eine Kündigung aus diesem Grunde verzichtet hat. Die Grundordnung und die Loyalitätsrichtli-

---
[223] Nachweise bei Henssler/Willemsen/Kalb-*Thüsing*, § 123 BGB Rn. 32; s. inbs. BAG v. 21.02.1991, AP Nr. 35 zu § 123 BGB.
[224] Staudinger-*Richardi*, § 611 BGB, Rn. 100; Henssler/Willemsen/Kalb-*Thüsing*, § 123 BGB Rn. 16. Zu den Auswirkungen eines ADG s. § 5 Abschn. III 4 c, S. 236 ff.
[225] S. Henssler/Willemsen/Kalb-*Thüsing*, § 123 Rn. 41 ff.

nie blieben insoweit auf den innerkirchlichen Bereich begrenzt und entfalteten für den Abschluss des Arbeitsvertrages keine unmittelbare Wirkung.

Für die katholische Kirche sollte das Problem kaum praktisch werden, da § 3 Abs. 1 S. 1 ihrer Grundordnung sie dazu verpflichtet: „[...] bei der Einstellung darauf [zu] achten, dass eine Mitarbeiterin und ein Mitarbeiter die Eigenart des kirchlichen Dienstes bejahen.". Diese Formulierung legt eine *Prüfungspflicht* des katholischen Dienstgebers nahe.[226] Andererseits stellt sich damit umso mehr die Frage, ob nicht bei einer somit ja sogar regelwidrig unterlassenen Einstellungsbefragung ein Verzicht auf eine Kündigung aus diesem Grunde angenommen werden kann. Das Bundesarbeitsgericht hat hier eindeutig – und sehr richtig – Stellung bezogen: „Die unterbliebene Nachfrage ... vor Abschluss des Arbeitsvertrages nach dem Vorhandensein der für den Arbeitsvertrag geltenden Loyalitätsobliegenheiten (Art. 4), wie die Anerkennung und Beachtung der Grundsätze der katholischen Glaubens- und Sittenlehre (Art. 4 Abs. 1 GrO) und des Grundsatzes der Unauflöslichkeit der Ehe (Art. 5 Abs. 2 GrO), führt nicht zur Unwirksamkeit der Kündigung".[227]

Eine andere Frage wurde nicht durch das Bundesarbeitsgericht, sondern durch den Gesetzgeber aufgeworfen. Fragen des Arbeitgebers bei der Einstellung sind verboten, soweit sie dazu dienen, Grundlage einer unzulässig diskriminierenden Entscheidung zu sein. Das neue Antidiskriminierungsgesetz könnte daher der Differenzierung bei der Einstellung nach der Religion und damit auch der Frage nach der Religion einen Riegel vorschieben – dann wäre erst recht nicht von einer Offenbarungspflicht auszugehen.

1. Die Loyalitätsrichtlinie der Evangelischen Kirche in Deutschland

Grundsätzlich bestehen keine Offenbarungspflichten bei Verhandlungen um einen Arbeitsvertrag. Ausnahmsweise führt der Grundsatz von Treu und Glauben aber dann zu einer Offenbarungspflicht des Arbeitsuchenden, wenn er erkennen kann, dass er seine Vertragspflichten nicht vereinbarungsgemäß wird erfüllen können.[228] Damit setzt eine Offenbarungspflicht voraus, dass die Religionszugehörigkeit oder Konfession Inhalt der vertraglich geschuldeten Leistung des Arbeitnehmers wäre. Auf *evangelischer Seite* sta-

---
226 So auch *Richardi*, Arbeitsrecht in der Kirche, § 6 II 2, S. 77.
227 BAG vom 16.9.2004, AP Nr. 44 zu § 611 BGB Kirchendienst; a.A. *Dütz* NJW 1994, 1369 (1371); offen gelassen *Klimpe-Auerbach*, AuR 1995, 170; *Richardi*, Arbeitsrecht in Kirche, § 6 I 1, S. 74.
228 Henssler/Willemsen/Kalb-*Thüsing*, § 123 BGB Rn. 32.

tuiert § 3 Abs. 1 S. 1 der Loyalitätsrichtlinie eine grundsätzliche Verpflichtung zur Mitgliedschaft in der evangelischen Kirche. Ausnahmsweise können nach § 3 Abs. 2 auch andere Christen oder Nicht-Christen eingestellt werden. Es widerspräche damit nicht dem Wortlaut, die Religion und Konfession als für den Arbeitsvertrag essentiell anzusehen, zumal § 4 der Loyalitätsrichtlinie Verhaltenspflichten auch für Christen anderen Bekenntnisses und für Nichtchristen formuliert. Angesichts der tatsächlichen Verhältnisse insbesondere im (weiten) Aufgabenspektrum der Diakonie ist oder wird die Beschäftigung von Nicht-Christen vielerorts zum Regelfall werden. Zumindest ein bewusster Verzicht des Arbeitgebers auf eine Frage wird daher regelmäßig zeigen, dass es ihm auf die Religion oder Konfession nicht ankommt.

Aber auch bei einem unbewussten Unterlassen der Nachfrage bleibt zu berücksichtigen, dass die Offenbarungspflicht des Arbeitsuchenden im Grundsatz von Treu und Glauben wurzelt.[229] Die Offenbarungspflicht setzt schließlich voraus, dass der Arbeitnehmer erkennen kann, dass ihm die Erfüllung der arbeitsvertraglichen Pflichten nicht möglich sein wird. In Anlehnung an § 3 Abs. 2 S. 1 der Loyalitätsrichtlinie lässt sich eine Erkennbarkeit bei Aufgaben außerhalb von „Verkündigung, Seelsorge, Unterweisung oder Leitung" nicht vermuten. In allen anderen Bereichen, insbesondere auch dem breiten Betätigungsfeld der Diakonie, kann daher regelmäßig nicht angenommen werden, dass der Arbeitsuchende erkennen konnte, seinen Aufgaben nicht gerecht werden zu können. Der Arbeitsuchende darf also in diesen Fällen auf das Schweigen des kirchlichen Arbeitgebers vertrauen und, wenn er nicht nach seiner Religion oder Konfession gefragt wird, daraus schließen, dass sie für seine Tätigkeit keine Bedeutung hat.

Eine Offenbarungspflicht kommt in Anlehnung an § 3 Abs. 2 S. 1 der Loyalitätsrichtlinie in den Bereichen der „Verkündigung", „Unterweisung" und „Seelsorge" in Betracht. Für diese Aufgaben kann eine Identifikation mit dem evangelischen Bekenntnis angesichts der Tätigkeit an sich vorausgesetzt werden, so dass den Arbeitsuchenden insoweit auch eine Offenbarungspflicht treffen wird. Für Aufgaben der „Leitung", wie sie § 3 Abs. 2 S. 1 der Loyalitätsrichtlinie zudem nennt, kann man sich bei der Frage nach einer Offenbarungspflicht an der Erkennbarkeit im Einzelfall orientieren. Anhaltspunkte für eine erkennbare Bedeutung können die Nähe zu Glaubensinhalten im Unterschied zur überwiegend verwaltenden Tätigkeit oder eine Rolle als Ansprechpartner auch für religiöse Fragen sein.

---

[229] Vgl. BAG v. 21.02. 1991, AP Nr. 35 zu § 123 BGB.

Einer gesonderten Betrachtung bedarf der *Kirchenaustritt*. § 3 Abs. 3 S. 1 der Loyalitätsrichtlinie schließt bei einem Austritt aus der evangelischen Kirche *jede* Beschäftigung aus.[230] Die systematische Stellung in dem die Begründung des Arbeitsverhältnisses regelnden § 3 zeigt, dass damit bereits ein Abschluss des Arbeitsvertrages ausgeschlossen werden und nicht nur eine Kündigungsmöglichkeit eröffnet werden soll. Eine Offenbarungspflicht setzt aber wiederum die Erkennbarkeit für den Arbeitssuchenden voraus. Einerseits erscheint das Verhalten eines die Kirche Verlassenden, aber dann bei ihr um Arbeit Suchenden widersprüchlich. Andererseits mag der Arbeitssuchende allein aus ökonomischen Gründen ausgetreten sein, um das der Kirchensteuer entzogene Geld für seine Kinder zu verwenden, oder sich gerade aus einer Tätigkeit im Dienste der Kirche die Rückkehr zum Glauben erhoffen. Damit muss es dem Arbeitssuchenden nicht unbedingt erkennbar sein, dass die Kirche ein „verlorenes Schaf" keinesfalls auch auf solchen Arbeitsplätzen dulden will, bei denen es im Übrigen auf die Religion oder Konfession nicht ankommt. Dabei gibt die gezielte und bewusste, unter Umständen öffentliche Abwendung vom Glauben dem Arbeitssuchenden Anlass, eher über seine Eignung für die Arbeit in der Evangelischen Kirche nachzudenken: Der Abfall vom Glauben und die Trennung von der Kirche sind etwas anderes als das aufrichtige nicht-christliche Bekenntnis eines Dienstnehmers, der nie christlich war. Folglich kann hier leichter in allen Fällen des § 3 Abs. 2 S. 1 – einschließlich der „Leitung und Unterweisung" – eine Erkennbarkeit der fehlenden Eignung angenommen werden. Jedenfalls muss dies für alle Arbeitssuchenden gelten, die bereits zuvor einmal im kirchlichen Dienst gearbeitet haben, weil dann von einer Kenntnis der Regelung ausgegangen werden kann. Für alle übrigen Fälle setzt die Erkennbarkeit das individuelle Wissen um die Sanktionierung des Kirchenaustrittes gemäß § 3 Abs. 3 S. 1 voraus. In den Fällen der tatsächlichen Kenntnis, der vorherigen Beschäftigung oder Bewerbung auf eine herausgehobene Position nach § 3 Abs. 2 S. 1 der Grundordnung trifft den Arbeitssuchenden somit ausnahmsweise eine Pflicht seinen Kirchenaustritt zu offenbaren.

Im Grundsatz bleibt der Arbeitssuchende damit frei von Offenbarungspflichten. Er darf auf das Schweigen der Kirche vertrauen. Unterbleibt beim Einstellungsgespräch die Frage nach der Religion oder Konfession, so begibt sich der kirchliche Arbeitgeber – außerhalb enger Ausnahmen in den Bereichen „Verkündigung", „Unterweisung" und „Seelsorge" und beim Kirchen-

---

230 Dies gilt nach § 3 Abs. 3 S. 1 nicht, bei einem Übertritt in eine andere Kirche der Arbeitsgemeinschaft christlicher Kirchen.

austritt – der Möglichkeit, aufgrund fehlender Religions- oder Konfessionszugehörigkeit seine den Arbeitsvertrag begründende Willenserklärung anzufechten.[231]

2. Die Grundordnung des kirchlichen Dienstes der katholischen Kirche

Für die katholische Kirche können im Grundsatz die gleichen Überlegungen fruchtbar gemacht werden. Eine Besonderheit stellt jedoch Art. 3 Abs. 1 S. 1 der Grundordnung dar, der eine Fragepflicht des kirchlichen Arbeitgebers festlegt.[232] Regelmäßig wird daher die Frage nach der Religion und Konfession gestellt werden müssen. Dies ergibt sich insbesondere aus dem ergänzenden Art. 3 Abs. 5 der Grundordnung. Danach sollen durch Beratung und Aufklärung die Einhaltung der Loyalitätspflichten des Art. 4 sichergestellt werden. Da diese Pflichten zwischen katholischen, nicht-katholischen und nicht-christlichen Mitarbeitern differenzieren, setzt das beratende Gespräch, wenn es auf die persönliche Situation des Bewerbers eingehen will, die Klärung von Konfession und Religion zwingend voraus. Eine wahrheitswidrige Antwort ermögliche dann eine Anfechtung nach § 123 Abs. 1 BGB.

Sollte der Dienstgeber einmal nicht die Frage nach der Religion und Konfession stellen, so kann der Arbeitssuchende wiederum im Grundsatz auf die Entscheidung des kirchlichen Arbeitgebers vertrauen und braucht nicht eine fehlende Kirchenmitgliedschaft anzuzeigen. Ausnahmsweise Offenbarungspflichten lägen wiederum in Anlehnung an Art. 3 Abs. 2 bei pastoralen und katechetischen Aufgaben grundsätzlich und bei den übrigen Positionen des Art. 3 Abs. 2 nach der Lage des Einzelfalles nahe. Damit ist wiederum insoweit mangels Aufklärungspflicht des Arbeitssuchenden kein Anfechtungsgrund gegeben, wohl aber bleibt die Möglichkeit der Kündigung gemäß Art. 5 Abs. 2 der Grundordnung unberührt.[233] Wird der Arbeitnehmer aber in Kenntnis des Kirchenaustritts eingestellt, dann kann eine spätere Kündigung nicht damit begründet werden, denn dies wäre treuwidrig als *venire contra factum proprium*.[234]

---

231 Zur – im Ergebnis zu verneinenden – Frage, ob dann eine Kündigungsmöglichkeit nach der Grundordnung besteht vgl. unten S. 109 f.
232 Dazu *Richardi*, Arbeitsrecht in der Kirche, § 6 I, II, S. 74 ff.
233 BAG v. 16. 9. 2004, AP Nr. 44 zu § 611 BGB Kirchendienst.
234 *Richardi*, Arbeitsrecht in Kirche, § 7 VI 4, S. 117.

3. Konsequenzen des Antidiskriminierungsgesetzes

Ist damit regelmäßig eine Offenbarungspflicht abzulehnen, so bleibt offen, ob nicht zumindest ein Fragerecht des kirchlichen Arbeitgebers besteht. Dies wurde bislang nahezu einstimmig angenommen. Die verfassungsrechtliche Grundlage dieses Konsenses wurde dargelegt. Dies ist freilich fraglich geworden vor dem Hintergrund eines neuen Antidiskriminierungsrechts. Zu den Grenzen, auch in Ansehung dieser Vorschriften nach der Religion der Mitarbeiter unterscheiden zu dürfen, s. § 5 Abschn. III 4 c) ee), S. 245 ff.

II. Loyalitätsobliegenheiten kirchlicher Arbeitnehmer

Ihr verfassungsrechtlich verbürgtes Selbstbestimmungsrecht erlaubt es den Kirchen, an ihre Arbeitnehmer besondere Anforderungen in Bezug auf die christliche Lehre zu stellen. Zunächst ergibt sich bereits aus dem zugrunde liegenden Arbeitsvertrag als Schuldverhältnis, dass die Leistung nach Treu und Glauben (§ 242 BGB) zu bewirken ist. Darüber hinaus soll hier der Blick auf die Möglichkeiten der Kirchen gerichtet werden, *außer*dienstliches Verhalten zu reglementieren. Dabei handelt es sich nicht um – notfalls gerichtlich erzwingbare – Pflichten aus dem Arbeitsvertrag, sondern um Obliegenheiten, deren Verletzung aber sanktioniert werden kann.[235] Entsprechende Regelungen enthalten § 4 über „Berufliche Anforderungen während des Arbeitsverhältnisses" der Loyalitätsrichtlinie und Art. 4 über „Loyalitätsobliegenheiten" gemäß der Grundordnung.

1. Loyalitätsrichtlinie der Evangelischen Kirche in Deutschland

§ 4 der Loyalitätsrichtlinie lassen sich nur schwer klare Anforderungen entnehmen. § 4 Abs. 1 Satz 1 nimmt allgemein alle Mitarbeiter in die „Verantwortung" und von allen wird Loyalität erwartet. Die Bedeutung dieser Inpflichtnahme soll § 4 Abs. 2 bis 4 konkretisieren. Hier differenziert die Regelung ebenso wie bereits zuvor die Grundordnung der katholischen Kirche nach dem Bekenntnis der Mitarbeiter. Von evangelischen Mitarbeitern wird erwartet, dass sie „Schrift und Bekenntnis anerkennen" (Abs. 2) und nur sofern sie in der Verkündigung, Seelsorge, Unterweisung oder Leitung tätig sind, wird eine inner- und außerdienstliche Lebensführung erwartet, die der übernommenen Verantwortung entspricht. Wird eine andere Aufgabe über-

---

[235] Vgl. *Richardi*, Arbeitsrecht in Kirche, § 6 III 3, S. 80.

nommen, so läge der Gegenschluss nahe, dass dann keine Lebensführung erwartet wird, die dieser aufgabenspezifischen Verantwortung entspricht; dies widerspricht freilich Abs. 1. Auch für diese Mitarbeiter können daher Anforderungen an die außer- und damit erst recht auch innerdienstliche Lebensführung formuliert werden, freilich dürften sie nicht ganz so weit gehen. Der Unterschied ist nur graduell, nicht essentiell. Von christlichen, nicht-evangelischen Mitarbeiterinnen und Mitarbeitern wird erwartet, dass sie „Schrift und Bekenntnis achten" und für die christliche Prägung ihrer Einrichtung eintreten (Abs. 3). Es erschließt sich nur schwer, worin der Unterschied der Wortwahl begründet sein kann. Wer etwas anerkennt, der achtet es auch und *vice versa*. Dass die Anerkennung die stärkere Bindung begründet als die Achtung, lässt sich aus dem Wort selber nicht begründen, kann vielmehr nur aus der Systematik erschlossen werden. Anerkennung meint damit die Anerkennung als für sich selber verbindlich und richtig, Achtung die Anerkennung als eine mögliche und legitime Lebensdeutung. Dann aber fällt die Abgrenzung zur dritten Gruppe schwer. Nichtchristliche Mitarbeiter haben „den kirchlichen Auftrag zu beachten" und die ihnen übertragenen Aufgaben im Sinne der Kirche zu erfüllen (Abs. 4). Wo liegt der Unterschied zwischen der Achtung nach Abs. 3 und der Beachtung nach Abs. 4? Was gemeint ist, ist wohl die Akzeptanz eines dem christlichen Glauben gegenüber neutralen, jedoch nicht feindlich gesinnten Verhaltens. Der christliche Glaube und die kirchliche Lehre sind Leitlinien möglichen Verhaltens, innerhalb deren der Arbeitnehmer nach eigenen Glaubensüberzeugungen entscheiden kann. Auch hier ist also wiederum ein um einige Pegelstriche großzügigerer Maßstab verwandt worden. Die Vorgabe deckt sich damit mit der Verpflichtung, die übertragenen Aufgaben im Sinne der Kirche zu erfüllen. Der Dienstnehmer darf durch das Wie seines Handelns nicht das Ziel seines Handelns in Frage stellen. Wenn auch die Wortwahl der Richtlinie unglücklich ist, bleibt also erkennbar der Wille, abgestufte Loyalitätspflichten zu formulieren, einerseits nach Aufgabe (Verkündigung, Seelsorge, Unterweisung oder Leitung gegenüber sonstigen Tätigkeiten), andererseits nach Bekenntnis (evangelisch – christlich – nicht-christlich). Dies deckt sich mit der Systematik der katholischen Grundordnung.

2. Grundordnung für den kirchlichen Dienst der katholischen Kirche

Auch die in der Grundordnung formulierten Loyalitätsobliegenheiten sind nach Religion und Konfession des Arbeitnehmers abgestuft. Die umfänglichsten Anforderungen treffen katholische Mitarbeiter, die in Art. 4 Abs. 1

S. 1 auf die „Grundsätze der katholischen Glaubens- und Sittenlehre" verpflichtet werden. Welche dazu zu rechnen sind, verrät die Norm nicht. Immerhin lassen sich aber aus Art. 5 Abs. 2 mit seinen beispielhaften Aufzählungen Rückschlüsse ziehen. Der Wortlaut und die Systematik legen es dabei nahe, den Abschluss einer „ungültigen Ehe" oder die „eindeutige Distanzierung" nicht als Obliegenheitsverletzungen im Sinne des ersten Spiegelstriches von Art. 5 Abs. 2 zu verstehen. Die merkwürdige Konsequenz wäre, dass es sich nicht um Obliegenheitsverletzungen handelte, diese gleichwohl aber eine Kündigung rechtfertigen könnten. Angesichts der beispielhaften Aufzählung („insbesondere") in Art. 5 Abs. 2 ist dieser Schluss aber nicht zwingend und da es im Streitfall für die Betroffenen vorwiegend auf die Sanktionsmöglichkeiten ankommen wird, kann die Frage offen bleiben. Daneben verlangen Art. 4 Abs. 1 S. 1 und 2 von den Mitarbeitern in besonderer oder herausgehobener Stellung auch ein „persönliche[s] Lebenszeugnis". Parallel zur Loyalitätsrichtlinie der Evangelischen Kirche werden auch leitende Mitarbeiter mit einbezogen. Jedenfalls für Mitarbeiter, die aufgrund einer *Missio canonica* tätig sind, lassen sich diese höchstpersönlichen Anforderungen auch präzisieren.[236]

Von nichtkatholischen Christen wird in Art. 4 Abs. 2 Achtung für die „Wahrheiten und Werte des Evangeliums" und ein Beitrag zu ihrer Geltungskraft verlangt. Einerseits mag wiederum die Offenheit dieser Formulierung enttäuschen[237], andererseits wird ein Rechtstext kaum in einem Nebensatz die Wahrheit des Evangeliums definieren können. Jedenfalls ergibt sich eine Abstufung, die in Art. 4 Abs. 3 mit den nichtchristlichen Mitarbeitern ihren Abschluss findet. Die Verpflichtung, die arbeitsvertraglich geschuldeten Aufgaben „im Sinne der Kirche" zu erfüllen, mag wieder nur als Hinweis auf die allgemeine Leistungstreuepflicht verstanden werden.

Diese Differenzierung scheint auf den ersten Blick durch Art. 4 Abs. 4 infrage gestellt zu werden, der allen Mitarbeitern nicht nur kirchenfeindliches Verhalten, sondern auch ausdrücklich Verfehlungen in der „persönlichen Lebensführung" untersagt. Allerdings setzt Art. 4 Abs. 4 eine *Gefährdung* der kirchlichen Glaubwürdigkeit voraus. Insofern bleibt es für nichtkatholische und nichtchristliche Mitarbeiter grundsätzlich bei den Anforderungen des Art. 4 Abs. 2 und 3. Nur einer Lebensführung, die eine tatsächliche Gefährdung der kirchlichen Glaubwürdigkeit mit sich bringt, haben sie sich zu ent-

---

236 *Weiß*, Festschrift für Josef Listl, S. 519f.
237 So *Weiß*, Festschrift für Josef Listl, S. 520.

halten. Diese Frage wird anhand des Einzelfalles entschieden werden müssen.[238]

III. Kündigungsmöglichkeiten bei Verletzung der Loyalitätsobliegenheiten

Den Kirchen steht kein „Sonderkündigungsrecht" zu; sie unterliegen dem staatlichen Kündigungsrecht. Wie schwer aber ein Verstoß gegen Loyalitätsobliegenheiten wiegt, bleibt jedoch eine Frage des kirchlichen Selbstverständnisses. Dieses Selbstverständnis kodifiziert für die katholische Kirche Artikel 5 der Grundordnung; die evangelische Kirche trifft diese Regelung in § 3 ihrer Loyalitätsrichtlinie.

Bei *Einzelfällen*, die zu entscheiden waren, hat die Rspr. der verfassungsrechtlich garantierten Freiheit der Kirchen zumeist bereitwillig Rechnung getragen: BVerfG v. 4.6. 1985 – 2 BvR 1703/83 ua., BVerfGE 70, 138 (öffentliches Eintreten für die Abtreibung/Katholische Kirche); BAG v. 7.10. 1993 – 2 AZR 226/93, BAGE 74, 325 (Homologe Insemination/Katholische Kirche); BAG v. 12.12. 1984 – 7 AZR 418/83, DB 1985, 1647 (Kirchenaustritt/Katholische Kirche); BAG v. 4.3. 1980 – 1 AZR 1151/78, DB 1980, 2529 (Kirchenaustritt/Katholische Kirche); LAG Mainz v. 9.1. 1997 – 11 Sa 428/96, MDR 1997, 949 (Kirchenaustritt/Evangelische Kirche); BVerfG v. 5.6. 1981 – 2 BvR 288/81, NJW 1983, 2570 (Wiederverheiratung nach Scheidung/Katholische Kirche); BAG v. 25.4. 1978 – 1 AZR 70/76, DB 1978, 2175 (Heirat eines geschiedenen Mannes/Katholische Kirche); BAG v. 30.6. 1983 – 2 AZR 524/81, NJW 1984, 1917 (Homosexuelle Praxis im außerdienstlichen Bereich/Evangelische Kirche); BAG v. 16.9. 1999 – 2 AZR 712/98, AP Nr.1 zu Art.4 GrO kath. Kirche (Trennung und neue nichteheliche Lebensgemeinschaft/Katholische Kirche); BAG v. 17.4. 1996 – 10 AZR 558/95, AP Nr.24 zu §611 BGB Kirchendienst (Ehebruch/Mormonen); BVerfG v. 31.1. 2001 – 1 BvR 619/92, NZA 2001, 717 (öffentlich bekannt gemachtes uneheliches Verhältnis zu Kleriker/Katholische Kirche); LAG Brandenburg v. 13.11. 2003 – 2 Sa 410/03, LAGE §611 BGB 2002 Kirchliche Arbeitnehmer Nr.2 (Kirchenaustritt/Evangelische Kirche); VGH Mannheim v. 26.5. 2003 – 9 S 1077/02, NZA-RR 2003, 629 (Kirchenaustritt/Evangelische Kirche). Zum Kirchenaustritt ebenfalls die außerordentliche Kündigung billigend LAG Hamm, Urt. v. 16.08. 1988 – 7 Sa 536/88 –; ArbG Herford, Urt. v. 11.11. 1992 – 2 Ca 782/92; LAG Baden-Württemberg, Urt. v. 19.06. 2000 – 9 Sa 3/00.

1. Loyalitätsrichtlinie der Evangelischen Kirche in Deutschland

Das Verfahren bei Verstößen gegen die Loyalitätsobliegenheiten des § 4 regelt § 5 Abs.1 der Loyalitätsrichtlinie. Zunächst ist ein Beratungsgespräch vorgesehen, es folgen „andere" Maßnahmen, von denen beispielhaft eine

---

238 *Lüdicke*, Loyalität und Arbeitsverhältnis im Kirchendienst, engagement 4/2002, S.236 (239).

Versetzung, Abmahnung oder ordentliche Kündigung genannt werden; die außerordentliche Kündigung ist das letzte Mittel. Beachtenswert ist, dass die ordentliche Kündigung nur ein anderes Mittel darstellt und damit kein letztes Mittel ist; es wird wohl das „vorletzte Mittel" sein. § 5 Abs. 1 verweist auf die Umstände des Einzelfalles, diese werden in der Anwendung auch den entscheidenden Ausschlag geben. Namentlich benannt werden in § 5 Abs. 2 nur zwei außerordentliche Kündigungsgründe: Der Austritt aus der evangelischen Kirche und die grobe Missachtung der evangelischen Kirche. Bei einem Kirchenaustritt ist eine Beseitigung des Mangels nur durch einen Wiedereintritt in die evangelische Kirche vorstellbar. Angesichts dieser Möglichkeit ist aber auch im Falle eines Austrittes aus der evangelischen Kirche wohl zuerst ein Beratungsgespräch durchzuführen. Erhebliche Abgrenzungsschwierigkeiten dürfte die „grobe Missachtung" bieten. Einen Anhaltspunkt bietet immerhin der Hinweis, dass damit eine „Beeinträchtigung der Glaubwürdigkeit" verbunden sein muss. Nicht allein die Tat entscheidet, sondern das Skandalon, das damit verbunden ist oder sein kann. Folglich könnte als eine Voraussetzung der groben Missachtung die negative Außenwirkung für die evangelische Kirche gefordert werden. Problematisch ist die Ausgestaltung des Beratungsgespräches als Soll-Vorschrift. Damit ist ein Verzicht auf das Beratungsgespräch zumindest konzeptionell möglich. Eine zwingende Rechtmäßigkeitsvoraussetzung einer außerordentlichen Kündigung kann das Beratungsgespräch folglich nicht sein. Gleichwohl sorgte der Verzicht auf ein vorgehendes Gespräch zumindest für Rechtsunsicherheit und ist daher nicht anzuraten.

2. Grundordnung für den kirchlichen Dienst der katholischen Kirche

Die schon äußerlich umfangreiche Regelung für Sanktionen der katholischen Kirche gegen Loyalitätsobliegenheiten nicht erfüllende Mitarbeiter enthält in Art. 5 Abs. 1 eine zwingende Verfahrensvorschrift. Eine ohne Prüfung milderer Mittel ausgesprochene Kündigung wird daher regelmäßig unwirksam sein.[239] Die Kündigung ist das letzte Mittel (Art. 5 Abs. 1 S. 3).

Regelbeispiele für kirchenspezifische Kündigungsgründe enthält Art. 5 Abs. 2 der Grundordnung. Zunächst wird auf die Obliegenheiten der Art. 3 und 4 der Grundordnung verwiesen. Der Verweis auf Art. 3 der Grundordnung betrifft freilich nur wenige Fälle, da insoweit nur die Verletzung einer

---

239 *Richardi*, Arbeitsrecht in der Kirche, § 7 III 4, S. 98; *Weiß*, Festschrift für Josef Listl, S. 522.

Offenbarungspflicht in Betracht kommt.[240] Beachtenswert ist, dass grundsätzlich jeder Verstoß gegen eine der abgestuften Loyalitätsobliegenheiten des Art. 4 der Grundordnung eine Kündigung nach sich ziehen kann. Bei den somit auch aus unbenannten Gründen denkbaren Kündigungsgründen ist aber zu fordern, dass sie eine den benannten Gründen vergleichbare Schwere aufweisen. Dies ist etwa für die Eingehung einer eingetragenen Lebenspartnerschaft anerkannt, s. § 5 Abschn. III 4 c) ee), S. 245 ff.

Da Art. 5 Abs. 2 der Grundordnung an das System der abgestuften Loyalitätsobliegenheiten anknüpft, kann er für nichtkatholische bzw. nichtchristliche Mitarbeiter nur auf die Anforderungen des Art. 4 Abs. 4 der Grundordnung verweisen. Damit werden „schwerwiegende sittliche Verfehlungen" und öffentliches Befürworten von Abtreibungen auch für nichtchristliche Mitarbeiter zum Kündigungsgrund. Um eine umfassende Normierung des außerdienstlichen Verhaltens nichtchristlicher Mitarbeiter zu begrenzen, könnten insofern verschärfte Anforderungen an die nach Art. 4 Abs. 4 der Grundordnung geforderte Gefährdung gestellt werden.

Ein „Kirchenaustritt" ist theologisch unmöglich. Die Grundordnung regelt daher allein den nach staatlichem Recht erfolgenden Kirchenaustritt. Kirchenrechtlich ist der Kirchenaustritt Apostasie, Schisma oder Häresie, je nachdem aus welchen Gründen er erfolgt.[241] Bei einem Wiedereintritt nach einem Austritt in die katholische Kirche erscheint es mit dem Wortlaut vereinbar, auf den bestehenden Zustand der Kirchenmitgliedschaft abzustellen und die vergangene Austrittshandlung insofern unberücksichtigt zu lassen.[242] Eine Beschränkung auf den Austritt aus der *katholischen* Kirche enthält der den Kündigungsgrund regelnde Art. 5 Abs. 2 der Grundordnung nicht. Gerade der Gegenschluss zu Art. 3 Abs. 4 und Art. 5 Abs. 3 der Grundordnung zeigt, dass hierunter *jeder* Kirchenaustritt verstanden werden kann. Bei einer Konversion zur katholischen Kirche bleibt der Austritt aus einer anderen Kirche jedoch nach Sinn und Zweck der katholischen Grundordnung ohne Folgen.[243] Problematisch ist der Austritt aus der katholischen Kirche im Hinblick auf Art. 5 Abs. 3 und Abs. 5 S. 1 der Grundordnung. Denn Letzterer schließt jede Weiterbeschäftigung aus, während nach Art. 5 Abs. 3 S. 2 der Grundordnung im Einzelfall Ausnahmen möglich sind. Wenn aber sogar

---

240 Weitergehend *Weiß*, Festschrift für Josef Listl, S. 525, der den Verweis als „verfehlt" kritisiert.
241 Listl/*Schmitz-Listl*, Handbuch des katholischen Kirchenrechts, 2. Aufl. 1999, S. 212 ff.
242 Ebenso *Weiß*, Festschrift für Josef Listl, S. 525.
243 *Richardi*, Arbeitsrecht in der Kirche, § 7 VI 4, S. 116; *Weiß*, Festschrift für Josef Listl, S. 526, Fn. 50.

beim Austritt eines mit katechetischen Aufgaben betrauten Mitarbeiters eine Ausnahme denkbar erscheint, so soll dies nach verbreiteter Ansicht erst recht für den für alle Mitarbeiter geltenden Art. 5 Abs. 5 richtig sein.[244] Allerdings bezieht sich Art. 5 Abs. 5 der Grundordnung auf den Austritt aus der *katholischen* Kirche. Insofern ergibt sich ein Unterschied zu dem Verweis in Art. 5 Abs. 3 der Grundordnung auf *alle* Kirchenaustritte. So verstanden wäre Art. 5 Abs. 5 der Grundordnung eine speziellere Regelung für den Fall eines Austrittes aus der katholischen Kirche. Andererseits ist eine Tätigkeit als nichtkatholischer pastoraler oder katechetischer Mitarbeiter nach der Konzeption des Art. 3 Abs. 2 der Grundordnung nicht möglich. Die Ausnahmeregelung bliebe damit allein auf leitende nichtkatholische Mitarbeiter beschränkt. Folglich kann jeder dem kirchlichen Verkündigungsauftrag noch so ferne Mitarbeiter beispielsweise bei einem Übertritt in die evangelische Kirche keinesfalls weiter beschäftigt werden. Angesichts solcher Konstellationen die Absolutheit des Kirchenaustrittes als Kündigungsgrund aufweichen zu wollen, mag den Außenstehenden verständlich erscheinen. Konstruktiv ist es indes mit dem Wortlaut von Art. 5 Abs. 4 und 5 der Grundordnung nicht zu vereinbaren. Es bleibt dabei: Der Austritt aus der katholischen Kirche ist stets ein Grund, der die Kirche zur außerordentlichen Kündigung nicht nur berechtigt, sondern zur Wahrung der eigenen Glaubwürdigkeit verpflichtet. Er ist ein absoluter Kündigungsgrund, der nicht durch eine wie auch immer geartete soziale Abwägung abgefangen werden kann.[245]

Einen weiteren Kündigungsgrund bildet die *ungültige Ehe*. Dabei verweist die Rechtsprechung als Maßstab der Gültigkeit auf den *Codex Iuris Canonici*.[246] Welches zusätzliche Erfordernis das „Glaubensverständnis" neben der Rechtsordnung normieren soll, erscheint unklar.[247] Unter den erschwerenden Gründen des Art. 5 Abs. 5 der Grundordnung kann die Grundordnung sogar jede Weiterbeschäftigung ausschließen. Die Bedeutung der Pflicht aus Art. 5 Abs. 1 S. 1 der Grundordnung zunächst auf eine Beseitigung des Loyalitätsverstoßes hinwirken zu müssen, zeigt sich etwa bei Ehehindernissen. Soweit ein Dispens die Ungültigkeit der Ehe beseitigen kann, entfällt auch

---

244 *Weiß*, Festschrift für Josef Listl, S. 527 mit weiteren Nachweisen in Fn. 57.
245 Ein kirchlich ausgerichtetes Krankenhaus kann daher einer leitenden Krankenschwester kündigen, wenn diese aus der Kirche ausgetreten ist, auch wenn es sich bei der Angestellten um eine Schwerbehinderte handelt (VGH Mannheim v. 26. 5. 2003, NZA-RR 2003, 629 – allerdings für die evangelische Kirche); s. hierzu auch die Zurückweisung der Nichtzulassungsbeschwerden BVerwG v. 19. 8. 2004–5 B 90/03, juris).
246 BAG v. 16. 9. 2004, AP Nr. 44 zu § 611 BGB Kirchendienst; zu diesen Anforderungen s. insb. canones 1055 ff. CIC.
247 *Weiß*, Festschrift für Josef Listl, S. 528.

der Kündigungsgrund. Allerdings hat die Rechtsprechung sogar die Möglichkeit der ex-tunc-wirkenden Beseitigung eines Ehehindernisses für die Frage der Rechtmäßigkeit der Kündigung als unerheblich betrachtet.[248] Zur Kündigung wegen Verpartnerung s. § 5 Abschn. III 4 c) ee), S. 245 ff.

Schließlich können schwerwiegende Verfehlungen, die nach kirchlichem Recht Straftatbestände begründen, einen Kündigungsgrund darstellen. Die Schwierigkeiten bei der Feststellung eines Kündigungsgrundes verlagern sich dabei in das kirchliche Strafrecht.[249]

Liegt ein Kündigungsgrund vor, so fragt sich mit Blick auf Art. 5 Abs. 3 bis 5 der Grundordnung, ob eine Weiterbeschäftigung möglich ist. Bei Art. 5 Abs. 5 schließt der Wortlaut dies regelmäßig aus. Art. 5 Abs. 3 S. 2 der Grundordnung lässt nur noch „schwerwiegende Gründe des Einzelfalles" genügen, so dass es sich insoweit um seltene Ausnahmefälle handeln muss. Offener ist die Abwägung hingegen bei Art. 5 Abs. 4 der Grundordnung. Auffällig ist dabei, dass alle objektiven Kriterien nur das *kirchliche* Interesse betreffen. Die persönlichen Interessen des Mitarbeiters, etwa seine soziale Schutzwürdigkeit, werden nicht erwähnt. Einzig für die subjektive Seite wird ergänzend auch die Motivation des Mitarbeiters berücksichtigt. Eine Abwägung setzt aber notwendig zwei gegensätzliche Interessen voraus. Daher könnten, neben der subjektiv begrenzten Vorwerfbarkeit, zugunsten des Mitarbeiters auch objektiv schutzwürdige Interessen Berücksichtigung finden.

---

[248] BAG v. 16. 9. 2004, AP Nr. 44 zu § 611 BGB Kirchendienst.
[249] Kritisch *Weiß*, Festschrift für Josef Listl, S. 529 f.

§ 3 Das kirchliche Tarifsurrogat: Rechtsnatur und Besonderheiten kirchlicher Arbeitsvertragsregelungen

A) Rechtliche Grundlagen des kirchlichen Arbeitsrechtsregelungsverfahrens

I. Der Ursprung des kircheneigenen Regelungsverfahrens

Mit der Richtlinie für ein Arbeitsrechts-Regelungsgesetz vom 8. 10. 1976[1] empfahl die EKD ihren Mitgliedskirchen ein neues Verfahren für die Festsetzung der allgemeinen Arbeitsbedingungen von kirchlichen Angestellten: Die Arbeitsverhältnisse sollten nicht wie bisher durch einseitige Regelung der Kirchenleitung festgesetzt werden, noch sollten sie, wie in der Folgezeit im Bereich der Nordelbischen Evangelisch-Lutherischen Kirche und der Evangelischen Kirche in Berlin-Brandenburg geschehen, durch Tarifverträge geregelt werden.[2] Vielmehr sollte in Fortführung älterer Ansätze[3] ein spezifisch kircheneigener Dritter Weg gegangen werden, wonach die Festlegung der Arbeitsbedingungen durch eine paritätisch von Mitarbeiterseite und Kirchenleitung besetzte Kommission erfolgt. Die meisten evangelischen Kirchen haben diesen Weg dann in der Folgezeit durch Arbeitsrechts-Regelungsgesetze bzw. Mitarbeitergesetze umgesetzt.[4] Auch die katholische Kirche in Deutschland ist dieser Anregung weitgehend gefolgt durch die von der Vollversammlung des Verbandes der Diözesen Deutschlands am 5. 12. 1977 beschlossene „Ordnung zur Mitwirkung bei der Gestaltung des Arbeitsver-

---

[1] Richtlinie gemäß Art. 9 lit. b) der Grundordnung für ein Kirchengesetz über das Verfahren zur Regelung der Arbeitsverhältnisse der Mitarbeiter im kirchlichen Dienst (Arbeitsrechts-Regelungsgesetz – ARRG –) v. 8. 10. 1976, EKD, S. 398.
[2] Ein neueres Beispiel ist auch der Tarifvertrag der Diakonie Nordelbien v. 15. 8. 2002, abrufbar unter http://webspace.st-michaelsbund.de/diag-mav-a/VerhandlungsgrundlageVerguetungsreform2005.pdf.
[3] Vgl. zu den zuvor praktizierten Regelungsverfahren *Frank*, RdA 1979, S. 79, 89; *Grethlein-Sprengler*, BB 1980, Beilage 10, S. 2 ff., 4.
[4] Vgl. die Nachweise der einzelnen Gesetze bei *Richardi*, Arbeitsrecht in der Kirche, § 14, Rn. 5.

tragsrechtes durch eine Kommission für den Diözesanenbereich (Bistums-KODA oder Regional-KODA)".[5]

II. Gründe und Ausgestaltung des kircheneigenen Verfahrens

1. Der Dritte Weg als Konsequenz der kirchlichen Dienstgemeinschaft

Die beiden großen christlichen Kirchen stehen dem Tarifvertragssystem und dem Streikrecht nicht grundsätzlich ablehnend gegenüber. In den verschiedensten kirchlichen Dokumenten wird auf die Bedeutung dieser beiden Rechtsinstitute hingewiesen, die im Dienste einer gerechteren Entlohnung der Arbeitnehmer stehen: „Gesellschaft und Staat müssen für ein angemessenes Lohnniveau sorgen, das dem Arbeiter und seiner Familie den Unterhalt sichert und die Möglichkeit zum Sparen erlaubt. (...) Hier liegt die entscheidende Aufgabe der Gewerkschaften, die Mindestlohn und Arbeitsbedingungen aushandeln"[6]; „Streik ist sittlich berechtigt, wenn er ein unvermeidliches Mittel zu einem angemessenen Nutzen darstellt".[7] Trotz dieser grundsätzlichen Befürwortung von Tarifvertrag und Streikmöglichkeit lehnen die Kirchen für den Bereich der eigenen Dienstnehmer diese Rechtsinstitute überwiegend ab. Was auf den ersten Blick widersprüchlich erscheinen mag, folgt aus dem Wesen der kirchlichen Dienstgemeinschaft: Das Tarifvertragssystem beruht auf dem Antagonismus von Arbeitgeber- und Arbeitnehmerseite. Die gegenseitig erhobenen Forderungen zur Gestaltung der Arbeitsbedingungen können notfalls mit den Druckmitteln des Arbeitskampfrechts durchgesetzt werden; dem Streik der Arbeitnehmer steht die Aussperrung des Arbeitgebers gegenüber. Einen Arbeitskampf im kirchlichen Bereich kann es jedoch nicht geben, denn die kirchliche Dienstgemeinschaft beruht auf dem Gedanken, dass alle in den Einrichtungen der Kirche Tätigen durch ihre Arbeit ohne Rücksicht auf die arbeitsrechtliche Stellung gemeinsam dazu beitragen, dass die Einrichtung ihren Teil des Sendungsauftrags der Kirche erfüllen kann. Diese Gemeinschaft ist auf das Miteinander im Dienste Gottes und seines Auftrags an die Kirche ausgerichtet, so dass die Gemeinsamkeit des Ziels

---
[5] Zu deren weiterer Entwicklung *Richardi*, Arbeitsrecht in der Kirche, § 14 II 1 b, S. 214 (dort auch Nachweis der Bistumsgesetze); zur Novellierung zum 1.1.1999 s. *ders.*, NZA 1998, S. 1305.
[6] Enzyklika Johannes Paul II., Centesimus annus, Abschnitt 15, in: Verlautbarungen des apostolischen Stuhls, Nr. 101, S. 20; vgl. hierzu auch *Reuter*, RdA 1995, S. 1.
[7] Enzyklika Papst Johannes Paul II., Laborem Exercens, Abschnitt 7; dazu *von Nell-Breuning*, Arbeit vor Kapital, 1983, S. 56.

und der Aufgabe es ausschließen, durch offenen Druck gegeneinander die Änderung der Arbeitsbedingungen erzwingen zu wollen. Sie gäbe ihren Sendungsauftrag preis, wollte sie ihre Glaubensverkündigung und die Werke der Nächstenliebe unter den Vorbehalt der wechselseitigen Druckausübung zur Wahrung der eigenen Vermögensinteressen stellen.⁸ Der dadurch bedingte Ausschluss von Streik und Aussperrung im kirchlichen Bereich ist durch die fast allgemeine Meinung anerkannt.⁹ Zu den neuerdings vorgebrachten, letztlich nicht überzeugenden Bedenken siehe § 3 Abschn. B, S. 139 ff.

Diese Auffassung von der kirchlichen Dienstgemeinschaft ist zwar schon bei Einführung des Dritten Weges nicht nur von Gewerkschaftsseite¹⁰, sondern auch aus innerkirchlichen Kreisen kritisiert worden. Insbesondere *Oswald von Nell-Breuning* war der Auffassung, der Versuch der Kirchen, einen Dritten Weg zu gehen, entspreche nicht ihrer vielseitigen Eingebundenheit in die Entwicklung der neueren Zeit. Die Kirche solle vielmehr von der von ihr miterfochtenen Errungenschaft des Tarifvertrags Gebrauch machen; einen Dritten Weg gebe es nicht.¹¹ Arbeiten etwa, bei denen die Gesinnung nicht in das Ergebnis einfließt, wie beispielsweise die Reinigung und Beheizung der Gebäude, könnten ohne weiteres Kräften übertragen werden, die sich mit dem Dienst der Kirche und ihrer Einrichtung nicht identifizieren. Zwar sei es im höchsten Maße wünschenswert, dass sich die Dienstnehmer der Kirchen als eine Gemeinschaft betrachten, die den Auftrag der Kirchen in der Zeit verwirklichen wollen, ob dies aber tatsächlich so sei, sei reine Tatfrage und könne rechtlich nicht vorgegeben werden.¹²

Dieser Einwand *von Nell-Breunings* ist sicherlich insoweit gerechtfertigt, als dass kirchlicher Anspruch und kirchliche Realität nicht stets zusammentreffen; vor allem auf Grund des großen Umfangs der sozialen Tätigkeit der Kirchen werden sie stets auch Mitarbeiter beschäftigen, die nach eigenem Selbstverständnis primär Arbeitnehmer zur Erzielung eigenen Einkommens und, wenn überhaupt, dann nur nachrangig Dienstnehmer zur Verwirklichung des Sendungsauftrags der Kirchen sind. Es mag aber bezweifelt wer-

---

8 Zur rechtlichen und theologischen Begründung der kirchlichen Dienstgemeinschaft vgl. auch die Nachweise bei *Thüsing*, ZevKR 41 (1996), S. 52, 53, Fn. 5.
9 Vgl. nur *Richardi*, Arbeitsrecht in der Kirche, § 10, Rn. 6 ff.; *ders.*, ZTR 1994, S. 99, 100; *Löwisch/Rieble*, Schlichtungs- und Arbeitskampfrecht, Rn. 546, m.w.N.
10 Vgl. *Rothländer*, RdA 1979, S. 99 ff.; *Schobel*, ArbuR 1979, Sonderheft, S. 47.
11 Vgl. *von Nell-Breuning*, ArbuR 1979, S. 1, 8.
12 Vgl. auch *von Nell-Breuning*, ArbuR 1983, S. 340, 341; *ders.*, ArbuR 1979, S. 1, 3. Vgl. auch *ders.*, Stimmen der Zeit 1979, S. 629, 632, wo er darauf hinweist, dass die katholische Kirche nicht nur in Deutschland, sondern vor allem auch in nicht-christlichen Ländern Andersgläubige beschäftigt, teilweise in exponierter Stellung (so waren damals nur 2 der 10 Dekane der Katholischen Universität Beirut katholisch).

den, ob es wirklich ratsam wäre, eine Unterscheidung zwischen solchen Tätigkeiten zu versuchen, bei denen die Gesinnung in das Ergebnis einfließt, und solchen, bei denen dies nicht der Fall ist. Denn wie jedes Arbeitsverhältnis in einem Wirtschaftsunternehmen auf die eine oder andere Weise dem Unternehmenszweck der Gewinnerzielung zu dienen bestimmt ist, dient jeder Arbeitnehmer in der Kirche dem kirchlichen Bestimmungszweck. Wäre es den Kirchen aber versagt, ihrem Anspruch auch rechtliche Geltung zu verleihen und damit gewisse unerlässliche Mindestregelungen für das Verhalten kirchlicher Arbeitnehmer zu formulieren, dann wäre die Kirche gezwungen, auch Mitarbeiter zu beschäftigen, die durch die Art und Weise ihres Tuns den Grund ihres Tuns in Frage stellen. Um der Glaubwürdigkeit ihres eigenen Selbstverständnisses willen müssen die Kirchen den Gedanken der kirchlichen Dienstgemeinschaft daher nicht nur als anzustrebendes Ideal sondern in einem bestimmten Mindestmaß auch als einklagbare Grundvoraussetzung auffassen.

2. Ausgestaltung des Dritten Weges

Die einzelnen Ausgestaltungen des Dritten Weges sind vielfältig; in Detailfragen finden sich viele Abweichungen der landeskirchlichen Regelungen von den Richtlinien der EKD. Insbesondere aber bestehen Unterschiede zwischen dem Verfahren in der katholischen Kirche und dem der evangelischen Kirchen. Dies betrifft zum einen die Auswahl der Mitarbeitervertreter in den arbeitsrechtlichen Kommissionen. In der katholischen Kirche werden diese durch Wahlmänner gewählt, die ihrerseits aus den verschiedenen Gruppen des kirchlichen Dienstes von den Mitarbeitern gewählt werden (§ 5 Abs. 2–4 Bistums-/Regional-KODA). Dem entspricht die Regelung der evangelischen Landeskirche in Württemberg, wo die Vertreter der Mitarbeiter von Mitgliedern der landeskirchlichen Mitarbeitervertretung aus dem Kreise der wählbaren Mitarbeiter gewählt werden (§ 8 Abs. 1 und 2 ARRG-Württemberg). Die Richtlinie der EKD sah aber in § 6 Abs. 1 vor, dass die Mitglieder der Mitarbeiter in den arbeitsrechtlichen Kommissionen von den Mitarbeitervereinigungen entsandt werden. Diese Mitarbeitervereinigungen entsprechen im Wesentlichen den Gewerkschaften.[13] Sie entsenden Mitglieder für die Verhandlungskommission entsprechend ihrem Anteil an organisierten

---
13 Dazu aber, dass sich die Begriffe Mitarbeitervereinigung und Gewerkschaft zwar weitgehend entsprechen, eine pauschale Gleichsetzung jedoch unzulässig ist vgl. *Christoph*, ZevKR 31 (1986), S. 216.

Mitarbeitern; Mindestvoraussetzung ist, dass diesen Vereinigungen mindestens 200 (so § 7 Abs. 1 ARRG-Baden), 300 (so § 6 Abs. 1 ARRG-Rheinland) oder 500 (so § 6 Abs. 1 ARRG-Bayern) kirchliche Mitarbeiter angehören. Es besteht also ein Unterschied darin, ob die Gewerkschaften direkt Vertreter entsenden oder lediglich im Vorfeld der Wahlen ihre Vorstellungen und Vorschläge gegenüber den Mitarbeitern artikulieren können.

Unterschiede gibt es auch für den Fall, dass eine Einigung der Verhandlungskommission nicht zustande kommt. Für die katholische Kirche liegt in diesem Fall nach Einschaltung eines Vermittlungsausschusses das letzte Entscheidungsrecht beim Bischof (vgl. § 15 Abs. 3 Satz 3, 4 Bistums-/Regional-KODA). Bei den evangelischen Kirchen liegt das letzte Entscheidungsrecht zumeist bei einer paritätisch besetzten Schlichtungskommission (vgl. § 13 ARRG-Bayern, § 14 ARRG-Hessen/Nassau, § 24 MG-Niedersachsen, § 16 ARRG-Rheinland, § 19 ARRG-Württemberg). Teilweise kommt es aber auch im Nichteinigungsfall zur Vorlage an die Synode, die verbindlich entscheidet (so § 14 ARRG-Baden, § 14 ARRG-Kurhessen/Waldeck). Ein dritter Unterschied liegt schließlich in den jeweils unterschiedlichen Regelungen darüber, wie viele der Mitarbeitervertreter in der Verhandlungskommission haupt- und nebenberuflich beschäftigt im kirchlichen oder diakonischen Dienst sein müssen. Die katholische Kirche verlangt, dass ein Mitarbeitervertreter der Kirche angehört und seit mindestens einem Jahr im kirchlichen Arbeitsverhältnis stehen muss (vgl. § 5 Abs. 3 Satz 1 Bistums-/Regional-KODA), in den evangelischen Kirchen wird zum Teil entsprechend dem Richtlinienvorschlag der EKD lediglich verlangt, dass der Mitarbeiter der evangelischen Kirche angehört (vgl. § 5 Abs. 3 ARRG-Kurhessen/Waldeck). Teilweise wird aber auch hier vorgegeben, dass Mitglied der Kommission oder Stellvertreter nur sein kann, wer haupt- und nebenberuflich im kirchlichen oder diakonischen Dienst steht (so § 6 Abs. 3 ARRG-Hessen/Nassau).[14] Unterschiedlich fallen schließlich auch die Regelungen der einzelnen evangelischen Landeskirchen aus, die die Unabhängigkeit der Mitglieder der arbeitsrechtlichen Kommission sichern sollen. Dies liegt vor allem auch daran, dass eine entsprechende Regelung im Richtlinienvorschlag der EKD nicht enthalten war. So gibt es in einigen Landeskirchen einen ordentlichen Kündigungsschutz der Kommissionsmitglieder (vgl. § 10 Abs. 1 ARRG-Hessen/Nassau; § 9 Abs. 2 ARRG-Westfalen; § 9 ARRG-Bayern), im Bereich der katholi-

---

14   Einen guten Überblick über die einzelnen Unterschiede bietet *Richardi*, Arbeitsrecht in der Kirche, § 14 I 1, S. 208 (für die evangelischen Kirchen) und § 14 II 1, S. 213 (für die katholische Kirche).

schen Kirche folgt dieser Kündigungsschutz aus § 8b Bistums-/Regional-KO-DA.

III. Die Rechtsnormqualität der Arbeitsvertragsordnungen

Von Anfang an umstritten war die Frage der Rechtsnormqualität der im Rahmen des Dritten Weges zustande gekommenen Arbeitsregelungen, wie bereits schon vorher die Rechtsqualität der einseitigen Festlegungen durch die Kirchenleitung umstritten war.[15] Bis in die jüngste Zeit verneinten die ständige Rechtsprechung des BAG und einige Stimmen im Schrifttum ausnahmslos eine unmittelbare und zwingende Wirkung dieser Bestimmungen für die Arbeitsverhältnisse der Kirchenbediensteten und hielten bislang stets eine individualvertragliche Bezugnahme für erforderlich; insoweit gelte nichts anderes als bei anderen arbeitsvertraglichen Einheitsregelungen.[16] Eine starke Meinung ging jedoch bereits vor 25 Jahren und geht auch jetzt von einer normativen Wirkung der Dienstvertragsordnungen aus und begründet dies vor allem mit dem Selbstbestimmungsrecht der Kirchen gemäß Art. 140 GG i.V.m. Art. 137 Abs. 3 WRV.[17]

1. Praktische Relevanz der Frage

Die Unterscheidung wird im Regelfall nicht relevant, da die Kirchen Arbeitsverträge abschließen, die eben eine Bezugnahmeklausel auf die jeweils geltenden Arbeitsvertragsordnungen enthalten. Wo dies nicht der Fall ist, würde bei einer günstigeren individualvertraglichen Vereinbarung entsprechend dem Günstigkeitsprinzip des § 4 Abs. 3 TVG auch bei normativer Geltung

---

15 Zum letzteren vgl. *von Tiling*, RdA 1979, S. 103, 104.
16 Jüngst BAG v. 8.6. 2005 – 4 AZR 412/04, noch n.v.; BAG v. 22.3. 2002, AP Nr. 53 zu Art. 140 GG; s. aber BAG v. 13.11. 2002, AP Nr. 2 zu § 1 AVR Caritasverband; vgl. auch BAG v. 17.4. 1996, AP Nr. 24 zu § 611 BGB Kirchendienst mit Anm. *Thüsing*; BAG v. 6.12. 1990, AP Nr. 12 zu § 2 BeschFG 1985; BAG v. 28.10. 1987, AP Nr. 1 zu § 7 AVR Caritasverband; BAG v. 24.9. 1980, AP Nr. 9 zu § 72a ArbGG 1979 Grundsatz; *Berchtenbreiter*, Kündigungsschutzprobleme im kirchlichen Arbeitsverhältnis, 1984, S. 54; *Dütz*, ZevKR, 30 (1985), S. 83; *Grunsky*, Anm. zu AP Nr. 9 zu § 72a ArbGG 1979 Grundsatz; *H. Weber*, Essener Gespräche, Bd. 18, 1984, S. 43, 144 f.
17 Vgl. *Grethlein*, NZA 1986, Beilage 1, S. 23; *Grethlein/Spengler*, BB 1980, Beilage 1, S. 14; *von Campenhausen*, Staatskirchenrecht, S. 31 ff.; *Mayer-Maly*, BB 1977, Beilage 3, S. 5; *ders.*, Anm. zu AP Nr. 1 zu § 7 AVG Caritasverband; *Pahlke*, NJW 1986, S. 355; *von Tiling*, RdA 1979, S. 103, 122 f.; im Ergebnis ebenso *Richardi*, Arbeitsrecht in der Kirche, § 15 IV 4, S. 246 ff.; *ders.*, in: Festschrift 25 Jahre BAG, 1979, S. 441 f.; ausführlicher auch *Schilberg*, ZevKR 41 (1996), S. 40.

der kirchlichen Arbeitsvertragsordnung das individualvertraglich Vereinbarte gelten, so dass sich nur im Falle einer *ungünstigeren* individualvertraglichen Vereinbarung die Frage einer normativen Wirkung der Arbeitsvertragsordnung stellen würde. Auch hier aber ließe sich in vielen Fällen bereits über den arbeitsrechtlichen Gleichbehandlungsgrundsatz eine Pflicht zur Beschäftigung entsprechend der Arbeitsvertragsordnung begründen. Dennoch ist die Frage nach der Rechtsqualität der Dienstvertragsordnung nicht bloß von rein akademischem Interesse. Eine besondere Relevanz hat diese Frage beim Betriebsübergang und der Rechtsnachfolge und bei allen Versuchen, die bisherigen Regelungen abzulösen. Hier folgen Normen anderen Regeln als vertragliche Vereinbarungen (s. § 2 Abschn. B II 1 b, S. 49 f. und 3 a, S. 54). Die Unterscheidung hat Bedeutung aber auch in ganz grundsätzlichen Fragen: Haben die Arbeitsvertragsordnungen eine normative Wirkung, dann stellt sich die Frage, ob bei deren Zustandekommen und deren Inhalt nicht im gleichen Maße die die staatliche und, mit gewissen Modifikationen, auch die tarifvertragliche Normsetzung bindenden Schranken gelten. Hier seien die Grenzen für rückwirkend verschlechternde Gesetze[18] oder Tarifverträge[19] genannt, die auf Grund ihrer normativen Wirkung anderen Schranken unterliegen als vertragliche Regelungen.[20] Zu nennen wäre aber auch der Bestimmtheitsgrundsatz, wonach der Gesetzgeber nur solche Normen schaffen kann, die so hinreichend bestimmt sind, dass der normunterworfene Bürger ihren Inhalt durch Auslegung ermitteln kann[21]; dieser Grundsatz bindet auch die Tarifvertragsparteien.[22] Schließlich folgt auch die Auslegung von Normen anderen Regeln als die Auslegung von Verträgen.[23] Hier ist der Unterschied in der gerichtlichen Praxis bislang freilich noch nicht relevant geworden.

---

18 Vgl. *Sachs*, GG, Art. 20, 3. Auf. 2004 Rn. 132 ff.; v. Mangoldt/Klein/Storck-*Sommermann*, GG, 5. Aufl. 2005 Art. 20, Rn. 294 ff.
19 Vgl. BAG v. 23. 11. 1994, AP Nr. 12 zu § 1 TVG Rückwirkung mit Anm. *Wiedemann* und *Buchner*; BAG 22. 10. 2003, AP Nr. 21 zu § 1 TVG Rückwirkung.
20 Ein Rückwirkungsfall kirchlicher Arbeitsvertragsregelungen: BAG v. 19. 2. 2003, AP Nr. 36 zu § 611 BGB Kirchendienst.
21 Vgl. *Sachs*, GG, Art. 20, Rn. 85 ff.
22 Vgl. BAG v. 29. 1. 1986, AP Nr. 115 zu § 22, 23 BAT mit Anm. *Brox*.
23 Vgl. dazu Wiedemann-*Wank*, TVG, § 1, Rn. 763 ff.; *Löwisch/Rieble*, TVG, 2. Aufl., 2004, § 1, Rn. 547 ff.; BAG v. 30. 9. 1971, AP Nr. 121 zu § 1 TVG Auslegung; BAG v. 31. 10. 1990, AP Nr. 11 zu § 1 TVG Tarifverträge: Presse.

2. Die Argumente *pro* und *contra*

Soweit die Rechtsprechung ihre Ablehnung der normativen Wirkung begründet, stützt sie sich zumeist auf das Fehlen einer ausdrücklichen gesetzlichen Anordnung der Normwirkung.[24] Das vorherrschende Schrifttum aber ist anderer Meinung und sieht hierin kein unüberbrückbares Hindernis einer normativen Wirkung, war doch auch schon die normative Wirkung von Betriebsvereinbarungen durch die Rechtsprechung anerkannt, bevor dies in § 77 Abs. 4 BetrVG 1972 ausdrücklich festgeschrieben wurde.[25] Von dieser Seite werden eine ganze Reihe gute Gründe genannt, die der Rechtsprechung Anlass geben könnten, ihren Standpunkt in künftigen Entscheidungen zu revidieren. Der jüngste Ansatz stammt hier von *Dütz*.[26] Er geht davon aus, dass Ermächtigungsgrundlage einer normativen Wirkung die das Verfassungsrecht ausführenden und jedenfalls analog heranzuziehenden Paragraphen §§ 112 BPersVG, 118 Abs. 2 BetrVG sowie die in den neuen Arbeitsrechtsgesetzen enthaltenen Kirchenklauseln seien. Die Analogie rechtfertige sich daraus, dass die Exemptionsklauseln des Personalvertretungs- und des Betriebsverfassungsgesetzes die profan rechtlich relevanten kirchlichen Mitarbeitervertretungsgesetze vorsehen und ebenso die Kirchenklauseln eine überbetriebliche kollektivvertragliche kirchliche Normregelung voraussetzen. Daher erreiche Kirchenrecht mit profanrechtlicher Wirkung die Arbeitsverhältnisse kirchlicher Mitarbeiter in dem Umfang, in welchem den Kirchen aufgrund ihres Selbstbestimmungsrechts eine profan arbeitsrechtliche Kompetenz zusteht; dazu gehöre aber auch das kollektive Arbeitsrecht.[27]

Neben dieser einfachgesetzlichen Analogie lassen sich im übrigen vor allem zwei Erklärungsansätze der Normwirkung kirchlicher Arbeitsvertragsregelungen unterscheiden, die ihre Parallele in den unterschiedlichen Auffassungen zur Legitimation der normativen Wirkung tarifvertraglicher Rege-

---

24   S. in jüngerer Zeit BAG v. 20. 3. 2002, AP Nr. 53 zu Art. 140 GG; BAG v. 13. 11. 2002, AP Nr. 2 zu § 1 AVR Caritasverband .
25   Vgl. BAG v. 16. 3. 1956 und 25. 3. 1971, AP Nr. 1 und 5 zu § 57 BetrVG; für eine normative Wirkung kirchlicher Arbeitsvertragsordnung sprechen sich aus *Dütz*, Die „Tarif"-Wirkung von kirchlichen Arbeitsrechtsregelungen, Festschrift für Schaub, 1998, S. 157, 172; *Grethlein*, NZA 1986, Beilage 1, S. 23; *Grethlein-Spengler*, BB 1980, Beilage 1, S. 14; *Mayer-Maly*, Anm. zu AP Nr. 1 zu § 7 AVG Caritas-Verband; *Pahlke*, NJW 1996, S. 355; *Richardi*, Arbeitsrecht in der Kirche, § 15, Rn. 63ff.; *Schilberg*, ZevKR 41 (1996), S. 40; *Thüsing*, RdA 1997, S. 163, 165ff.; *von Tiling*, RdA 1979, S. 103ff.
26   *Dütz*, Die „Tarif"-Wirkung von kirchlichen Arbeitsrechtsregelungen, Festschrift für Schaub, 1998, S. 157ff.
27   *Dütz*, Die „Tarif"-Wirkung von kirchlichen Arbeitsrechtsregelungen, Festschrift für Schaub, 1998, S. 171ff.

lungen finden. Wie der Tarifvertrag Rechtsnormen enthalten könne, weil Art. 9 Abs. 3 GG eine *Delegation von Rechtsetzungsbefugnis* auf die Sozialpartner des Arbeitslebens enthalte, könne auch die durch die arbeitsrechtliche Kommission erfolgte private Rechtsetzung als durch Art. 140 GG i. V. m. Art. 137 Abs. 3 WRV verfassungsrechtlich anerkannt verstanden werden. In dieser Anerkennung liege ein staatlicher Geltungsbefehl der ursprünglichen privaten Rechtsetzung.[28] Daneben hat insbesondere *Richardi* eine *verbandsrechtliche Legitimation* der Normwirkung von Tarifvertrag und kirchlicher Arbeitsvertragsordnung formuliert. Die Legitimation dieser Regelung folge nicht aus dem staatlichen Geltungsbefehl, sondern ergebe sich für den Tarifvertrag aus dem Beitritt zur tarifvertragsabschließenden Gewerkschaft bzw. zum Arbeitgeberverband. Arbeitgeber und Arbeitnehmer unterwerfen sich durch ihre Beitrittserklärung zu den Verbänden zur Ausfüllung ihres Arbeitsverhältnisses dem jeweils maßgeblichen Inhalt der Tarifverträge, auf die die Koalition sich einigt. Den Tarifvertragsparteien komme damit ein Dauergestaltungsrecht entsprechend § 317 BGB zu. Die Ausübung des Gestaltungsrechts sei unabdingbar, wirke also normativ, weil die Gestaltenden ein durch Art. 9 Abs. 3 GG geschütztes und verfassungsrechtlich anerkanntes Eigeninteresse am Bestand der von ihnen vereinbarten Regelungen haben. Dem entspricht die normative Wirkung der kirchlichen Arbeitsvertragsordnung: Für die katholische Kirche bestehe die Legitimation zur normativen Regelung in der Wahl der Mitarbeitervertretung der arbeitsrechtlichen Kommission durch alle Dienstnehmer; im evangelischen Bereich, wo die Vertreter der Mitarbeiter in den Entscheidungsgremien des Dritten Wegs durch die Mitarbeitervereinigung entsandt werden, liege der rechtsgeschäftliche Legitimationsakt im Verbandsbeitritt zu den Mitarbeitervereinigungen.[29]

Je nachdem, welchen Ansatz man im *Tarifvertragsrecht* für vorzugswürdig zur dogmatischen Untermauerung der Normenwirkung hält, wird man auch hier Einwände gegen die entsprechende gegenteilige Auffassung bei den kirchlichen Arbeitsvertragsregelungen formulieren können. Unabhängig davon aber, welchen Ansatz man wählt, erscheint das Ergebnis einer Normwirkung überzeugend. Dies mag vor allem durch einen Blick auf den staatskir-

---

28 Vgl. *Schilberg*, ZevKR 41 (1996), S. 40, insbesondere S. 43; zuvor *Christoph*, ZevKR 32 (1987), S. 47, 55 und *von Tiling*, RdA 1979, S. 103, 105 f.; allgemein zur Delegationstheorie im Tarifvertragsrecht vgl. *Wiedemann*, TVG, § 1, Rn. 43 ff.
29 Vgl. *Richardi*, Arbeitsrecht in der Kirche, § 13 I, II, S. 197 f.; grundlegend für den tariflichen Bereich die Habilitationsschrift *Richardi*, Kollektivgewalt und Individualwille, 1968, S. 50 ff.

chenrechtlichen Rahmen des kirchlichen Arbeitsrechts verdeutlicht werden. Wenn aus der kirchlichen Autonomie das Recht der Kirchen folgt, sich dem Tarifvertragssystem zu verweigern, gleichzeitig aber auch ein Grundsatz zur Gleichbehandlung von tarifvertraglicher und kirchenspezifischer Regelung folgt, dann bedarf jedes Abweichen in der rechtlichen Behandlung beider Regelungen eines rechtfertigenden Grundes. Ein solcher Rechtfertigungsgrund ist aber in Bezug auf die Normwirkung nicht ersichtlich: Die fehlende ausdrückliche Anordnung der Normwirkung kann es nicht sein, da diese auch im Betriebsverfassungsrecht kein Hinderungsgrund war; hier war die Normwirkung der Betriebsvereinbarung anerkannt, lange bevor sie das Gesetz ausdrücklich anordnete. Geht man von einer staatlichen Delegation der Normsetzungsbefugnis durch Art. 9 Abs. 3 GG aus, so entspricht dem eine Legitimation durch Art. 140 GG i.V.m. Art. 137 Abs. 3 WRV; geht man von einer Legitimation der Normsetzung von „unten" aus, dann ist *Richardi* insoweit Recht zu geben, als auch im Bereich der kirchlichen Kommissionen vergleichbare privatrechtliche Legitimationsakte zu finden sind.

Diese Gleichbehandlung bestätigt sich, blickt man auf die Rechtsstellung des seine Koalitionsfreiheit wahrnehmenden Arbeitnehmers. Wie diesem beim profanen Arbeitgeber die Früchte seiner Koalitionsbetätigung unabdingbar zufallen, müssen sie auch im Arbeitsverhältnis zur Kirche unabdingbar ausgestaltet sein, will man ihn nicht schlechter stellen als den Arbeitnehmer im weltlichen Bereich. Überzeugende Anzeichen dafür, der Gesetzgeber des Tarifvertragsrechts habe eine solche Schlechterstellung der Kirchen und ihrer Arbeitnehmer beabsichtigt, lange bevor diese den Dritten Weg einschlugen, sind aber nicht ersichtlich und wurden auch nicht vorgebracht. Solange dies nicht geschehen ist, fällt die Waagschale der Argumente zugunsten einer Normwirkung aus.

3. Die Entwicklung der Rechtsprechung

Blickt man auf die neuere Rechtsprechung, so scheint zweifelhaft, ob sie diesem Ansatz folgen wird. In einer Entscheidung vom 22. 3. 2002 hat das BAG es offengelassen, ob das kirchliche Recht eine normative Wirkung kirchlicher Arbeitsrechtsregelungen für die mit einem kirchlichen Arbeitgeber abgeschlossenen Arbeitsverhältnisse anordnen kann. Im ersten Leitsatz stellte es allein fest: „Art. 140 GG i.V.m. Art. 137 Abs. 3 WRV begründet ohne entsprechende kirchengesetzliche Regelung keine unmittelbare und zwingende (normative) Geltung einer kirchlichen Arbeitsrechtsregelung des Dritten Weges für Arbeitsverhältnisse mit kirchlichen Arbeitgebern".[30] Dieser Leitsatz ist zweifelsohne richtig und es schien so, als sei dadurch deutlich gemacht worden, man wolle die Diskussion hierzu offen halten und sich für den Fall, dass eine solche normative Wirkung tatsächlich kirchenrechtlich angeordnet ist, der Frage neu stellen. Das Gericht gab den Kirchen Hinweise an die Hand, wie sie regeln müssten, um eine Normwirkung zu begründen:

„Auf Grund ihres Selbstbestimmungsrechts entscheiden die Kirchen über das „Ob" und das „Wie" der Einbeziehung der Arbeitsrechtsregelungen des „Dritten Weges" in die Arbeitsverträge. Will die Kirche sich dabei nicht auf die anerkannten vertraglichen Instrumentarien der Einbeziehung der Arbeitsrechtsregelungen in die Arbeitsverhältnisse ... beschränken, sondern einen normativen Geltungsanspruch erheben, so muss sie einen solchen Geltungsbefehl kirchengesetzlich anordnen. Dabei müssen der Inhalt und die Reichweite des normativen Geltungsanspruchs in der einschlägigen kirchenrechtlichen Regelung enthalten sein, u.a. für wen die unmittelbare und zwingende Wirkung gelten soll (kirchlicher Dienst- oder Arbeitgeber, verfasste Kirche, Diakonie, Caritas, Mitglieder der Kirche oder auch kirchlich gebundene Mitarbeiter bzw. Mitglieder anderer Kirchen). Nur wenn entsprechende kirchenrechtliche Regelungen vorliegen, wird zu entscheiden sein, ob und inwieweit diese von dem kirchlichen Selbstbestimmungsrecht gedeckt sind"

Eine kurze Zeit später ergangene Entscheidung lässt von diesem frischen Wind jedoch nichts mehr spüren. Dort hieß es ohne jede Einschränkung: „Nach der ständigen Rechtsprechung des BAG können kirchliche Arbeitsrechtsregelungen die Arbeitsverhältnisse nicht unmittelbar zwingend gestalten, sondern bedürfen stets der vertraglichen Transformation durch Einzelvertrag, Gesamtzusage oder Einheitsregelung".[31] Das passt nicht zueinander. So ist es konsequent, dass die jüngste Rechtsprechung dann die normative Wirkung endgültig ausschließt.[32]

Die Argumentation bleibt dennoch fragwürdig. Das BAG nimmt an, dass das Kirchenrecht normativ nur auf Mitglieder der Kirche einwirken könne; für andere Arbeitnehmer fehle die normsetzende Kompetenz. Das ist in dieser Allgemeinheit nicht richtig. Der Regelungsanspruch des Kirchenrechts kann weiter reichen. Nicht nur die Enzykliken wenden sich seit Johannes XXIII über die Katholiken hinaus an „alle Menschen guten Willens", sondern auch das Kirchenrecht kann Gebote für diejenigen außerhalb der Kirche formulieren. Allerdings beschränkt can. 11 CIC anders noch als der Codex von 1917 die Geltung des rein kirchlichen Gesetzes (*leges mere ecclesiasticae*) auf die in der katholischen Kirche Getauften.[33] Dem steht jedoch gegenüber, dass die notwendige Unterwerfung unter das kirchliche Gesetz nicht allein aus der Mitgliedschaft folgen kann, sondern durch einen Akt, der dahinter zurückbleibt. Der Vereinssatzung untersteht auch das Gastmitglied, weil es sich eben für den Status des Gastmitglieds entschieden hat, oder kir-

---

30 BAG v. 22.3. 2002, AP Nr. 53 zu Art. 140 GG; hierzu *Richardi*, Arbeitsrecht in der Kirche, § 15 V 2, S. 243.
31 BAG v. 13.11. 2002, AP Nr. 2 zu § 1 AVR Caritasverband. S. auch BAG 21.5. 2003, AP § 611 BGB Kirchendienst Nr. 37 = NZA-RR 2004, S. 273.
32 BAG v. 8.6. 2005 – 4 AZR 412/04, noch n.v.
33 S. *Listl*, in: Listl/Schmitz, Handbuch des katholischen Kirchenrechts, § 8 I. 7, S. 113.

chenrechtlicher: auch der Katchumene, der sich auf die Taufe vorbereitet, aber eben noch nicht Mitglied der Kirche ist, kann vom Kirchenrecht erfasst sein, eben weil er sich für dieses Näherverhältnis zur Kirche entschieden hat. Er ist in besonderer Weise mit der Kirche verbunden („speciali ratione cum Ecclesia connectuntur").[34] Entsprechend kann man – wenn man denn das Ergebnis für angemessen hält – für den Eintritt in die kirchliche Dienstgemeinschaft argumentieren. Auch hier bedarf es weiteren Nachdenkens.

IV. Tarifdispositives Recht und kirchliche Arbeitsvertragsordnung

Eine zweite Frage wird kontrovers diskutiert, seitdem der Dritte Weg praktiziert wird: Inwieweit ist tarifdispositives Recht auch dispositiv hinsichtlich kirchlicher Arbeitsvertragsordnungen? *Hartmut Dietz* verneinte 1979 eine solche Dispositivität ohne nähere Begründung[35], *Peter von Tiling* nahm sie jedenfalls dort an, wo die letzte Entscheidung über das Zustandekommen der Dienstvertragsordnung einer Schlichtungsinstanz und nicht einem kirchenleitenden Organ zukommt, da hier die kirchlichen Arbeitsvertragsordnungen in gleicher Weise zum Arbeitnehmerschutz geeignet seien wie Tarifverträge.[36] Für viele tarifdispositive Gesetze stellt sich die Frage heute nicht mehr, da sie ausdrücklich Klauseln enthalten, die eine Abdingbarkeit auch für kirchliche Arbeitsvertragsordnungen formulieren (§ 7 Abs. 4 AZG, § 21a Abs. 3 JArbSchG). Dort ist auch durch die Rechtsprechung anerkannt, dass diese Klauseln auch für die nicht selbständigen Einrichtungen der Kirchen im karitativ-diakonischen Bereich gelten.[37] Es gibt aber auch neuere Gesetze, in denen solche Kirchenklauseln fehlen und Dispositivität nur bezüglich der Regelungen der Tarifvertragsparteien formuliert ist (vgl. § 4 Abs. 4 EFZG; § 622 Abs. 4 BGB). Enthielt § 6 Abs. 3 BeschFG 1985 noch eine Kirchenklausel, so findet sie sich im TzBfG nicht mehr. Bezüglich solcher Gesetze sind die Ansichten geteilt, ohne dass sich eine herrschende Meinung ausmachen ließe.[38]

---

34 S. *Bernard*, in: Listl/Schmitz, Handbuch des katholischen Kirchenrechts, § 14 II. 7, S. 198 m.w.N.
35 *Dietz*, RdA 1979, S. 769, 85.
36 Vgl. *von Tiling*, RdA 1979, S. 103, 107.
37 Vgl. BAG v. 4.2. 1976, BAGE 28, S. 14, 21; zustimmend *Jurina*, NZA 1986, Beilage 1, S. 15, 17; *Richardi*, ZTR 1994, S. 99, 103.
38 Für eine Abdingbarkeit durch kirchliche Arbeitsvertragsordnungen: *von Campenhausen*, Festschrift für Geiger, S. 580, 589; *Grethlein/Sprengler*, BB 1980, Beilage 10, S. 14; *Richardi*, NZA 1986, Beilage 1, S. 49; *Pahlke*, Anm. zu AP Nr. 119 zu Art. 140 GG; *Thüsing*, ZevKR 41 (1996), S. 52, 63f.; offen gelassen BAG v. 28.10. 1987, AP Nr. 1 zu § 7 AVR Caritasverband; gegen eine Abdingbarkeit: *Schaub*, Arbeitsrecht-Handbuch, S. 225, im unzutreffenden Verweis auf BAG v. 11.6. 1981, AP Nr. 9 zu § 72a ArbGG 1979 Grundsatz; wohl auch *Kempen/Zachert*, TVG, Grundl., Rn. 145.

1. Gründe gesetzlicher Tarifdispositivität – Sachnähe und Richtigkeitsgewähr

Die Öffnung einer gesetzlichen Regelung für eine Abdingbarkeit durch die Tarifvertragsparteien hat im Wesentlichen zwei Gründe: Zum einen liegt darin die Anerkennung einer größeren Sachnähe der Sozialpartner und der leichteren Anpassungsmöglichkeit des tariflichen Normsetzungsverfahrens gegenüber einer gesetzlichen Regelung. Die Tarifvertragsparteien können flexibler auf eine veränderte Wirtschaftslage reagieren, als dies dem parlamentarischen Gesetzgeber möglich ist.[39] Ein zweiter Grund liegt darin, dass Tarifverträgen auf Grund eines paritätischen Kräfteverhältnisses zwischen Arbeitgeber- und Arbeitnehmerseite jedenfalls langfristig und generalisierend betrachtet eine „Richtigkeitsgewähr" für einen verhältnismäßigen Ausgleich zwischen Arbeitnehmer- und Arbeitgeberinteressen innewohnt. Daher gestattet es der Gesetzgeber, seinen eigenen Interessenausgleich durch einen anderen, ebenfalls angemessenen Interessenausgleich zu ersetzen.[40]

2. Sachnähe und Richtigkeitsgewähr kirchlicher Arbeitsvertragsordnungen

Dass die durch die arbeitsrechtliche Kommission festgesetzten Arbeitsbedingungen regelmäßig den Besonderheiten des kirchlichen Dienstes in einem größeren Maße Rechnung tragen, als dies die allgemeinen tarifdispositven Regelungen können, ist unbestritten. Auch hier kann eine Änderung und Anpassung der Arbeitsbedingungen an veränderte wirtschaftliche Umstände flexibler gehandhabt werden, als dies bei einer staatlichen-gesetzlichen Regelung der Fall ist. Umstritten ist nur, ob den Regelungen im gleichen Maße die Chance eines angemessenen Interessenausgleichs der Dienstgeber- und Dienstnehmerseite innewohnt wie dem Tarifvertrag. Dies wird insbesondere für den Bereich der katholischen Kirche im Hinblick auf das dortige letzte Entscheidungsrecht des Bischofs bezweifelt.[41]

---

[39] Vgl. *Wiedemann*, TVG, Einl., Rn. 389. Für die Weimarer Zeit s. bereits *Hueck/Nipperdey*, Arbeitsrecht II, 2. Aufl., 1928, S. 117: „Sie (d.h. die Tarifklauseln) haben den Zweck, eine bessere Anpassungsmöglichkeit an die spezielle Eigenart von Unternehmensgruppen im Rahmen des Tarifvertrags zu ermöglichen"; dort findet sich auch eine Auflistung der damals schon bestehenden Zulassungsnormen.
[40] Vgl. *Seiber*, Tarifdispositives Recht, 1996; *Hueck/Nipperdey*, Arbeitsrecht II/1, 7. Aufl., 1967, S. 354.
[41] *Pahlke*, NJW 1986, S. 350 ,355; *Dütz*, Essener Gespräche, Bd. 18, 1984, S. 67, 95 (anders jetzt aber *ders.*, Festschrift für Joseph Listl, 1999, S. 573, 583); *von Tiling*, RdA 1979, S. 103, 107; ErfK-*Dieterich*, GG, Art. 4, Rn. 53; *Kühling*, AuR 2000, S. 241, 244.

a) Richtigkeitsgewähr in der Konzeption *Schmidt-Rimplers* und der Rechtsprechung des BAG

Den Gedanken einer Richtigkeitsgewähr des Vertragsmechanismus hat vor allem *Schmidt-Rimpler* entwickelt. Am Anfang stand eine Abhandlung, die er 1941 im Auftrag der Akademie für Deutsches Recht verfasste.[42] Aufgabe war es, Vorschläge zur Erneuerung des Vertragsrechts zu unterbreiten. *Schmidt-Rimplers* Betonung der Richtigkeitsgewähr frei ausgehandelter Verträge mag zum damaligen Zeitpunkt als Absage an den zunehmenden Direktionismus der Kriegsgesetzgebung und eine Verteidigung des noch verbliebenen Rests Privatautonomie verstanden werden. Er war der Auffassung, dass das Erfordernis einer vertraglichen Einigung für den Fall, dass jede Vertragspartei auch frei auf den Abschluss des Vertrags verzichten kann, regelmäßig zu einem angemessenen Interessenausgleich führen werde. Jeder Vertragspartner werde einen Vertragschluss ablehnen, der ihm ungünstig erscheine; „wenn sich Vorteil und Nachteil auf beiden Seiten gegenüberstehen, verbürgt dies entsprechende gegenseitige Einwirkung zum Richtigen hin".[43]

Schmidt-Rimpler hat einer Übertragung diese Ansatzes auf den Tarifvertrag ausdrücklich widersprochen. Dieser biete nicht die Richtigkeitsgewähr des Individualvertrags, „da keine Partei als Kollektiv endgültig auf die Leistung der anderen Seite (Arbeit bzw. Entlohnung) verzichten kann, und deshalb eine Kampfsituation bleibt, bei der es darauf ankommt, wer den längeren Atem hat".[44] Diesem Einwand ist jedoch entgegenzuhalten, dass sich eine Richtigkeitsgewähr und die Freiheit zum Abschluss eines ausgeglichenen Vertrags nicht nur aus der Freiheit zur endgültigen Vertragsverweigerung ergeben können, sondern auch dann gegeben sein können, wenn die jeweiligen Vertragsparteien im gleichen Maße mit nachteiligen Folgen drohen können, falls die andere Partei auf der unrichtigen oder inadäquaten Vereinbarung bestehen sollte. Sind die Kampfmittel der Tarifvertrags- und Arbeitskampfparteien gleichgewichtig ausgestaltet, kann jede Partei die andere durch die Androhung von Streik oder Aussperrung dazu bewegen, von der vom anderen jeweils für unrichtig gehaltenen Forderung abzurücken.[45] Dementsprechend geht das Bundesarbeitsgericht, wenn auch mit gewissen Unterschieden in der Begründung, so doch in ständiger Rechtsprechung von der

---
42 *Schmidt-Rimpler*, AcP 147 (1941), S. 130; später fortentwickelt in: Festschrift für Raiser, 1974, S. 3 ff.; vgl. auch *ders.*, Festschrift für Nipperdey, 1955, S. 5 ff.
43 *Schmidt-Rimpler*, AcP 147 (1941), S. 130, 152 f.
44 *Schmidt-Rimpler*, Festschrift für Raiser, S. 13.
45 Vgl. ausführlich *Enderlein*, RdA 1995, S. 264, 266.

Richtigkeitsgewähr auch der Tarifverträge aus.⁴⁶ Dies entspricht auch der Auffassung des Gesetzgebers der Schuldrechtsreform.⁴⁷

b) Richtigkeitsgewähr kirchlicher Arbeitsvertragsordnungen –
Die Bedeutung des kirchlichen Letztentscheidungsrechts

Beim Zustandekommen der kirchlichen Arbeitsvertragsordnungen besteht weder die Möglichkeit der endgültigen Abstandnahme von einer Regelung (denn notfalls entscheidet der Schlichtungsausschuss, die Synode oder der Bischof) noch die Möglichkeit eines Arbeitskampfs. Daher könnte eine Richtigkeitsgewähr dieser Regelungen zu verneinen sein – und daher wird sie in der Tat immer wieder im Schrifttum verneint.⁴⁸

Der Verfasser ist anderer Ansicht. Wie die Modifizierung der Lehre *Schmidt-Rimplers* durch das Bundesarbeitsgericht zeigt, ist es nicht entscheidend, *aus welchem Grund* von einer angemessenen Berücksichtigung der Interessen beider Vertragspartner auszugehen ist, sondern *dass* von ihr auszugehen ist. Werden aber die Arbeitsbedingungen von einer paritätisch besetzten Kommission ausgehandelt, dann spricht im Regelfall eine Wahrscheinlichkeit dafür, dass beide Seiten sich gleichermaßen durchsetzen konnten. Der Vorsitzende des Schlichtungsausschusses, der bei drohendem Scheitern der Verhandlung das Zünglein an der Waage sein kann, wurde von beiden Seiten bestellt; er wird sich beiden Seiten gleichermaßen verpflichtet fühlen und sich um eine angemessene Entscheidung bemühen. Dies mag zwar im Einzelfall anders sein, dennoch besteht keine geringere Wahrscheinlichkeit für einen angemessenen Interessenausgleich als beim Arbeitskampf, da auf Grund der Unwägbarkeiten des Arbeitskampfgeschehens und der nur schwer zu bewertenden Kräfteverhältnisse im Einzelnen eine Aussage auch dort nur für den Regelfall getroffen werden kann.⁴⁹ Bejaht man eine Richtigkeitsgewähr des Tarifvertrags, muss sie also auch für die kirchliche Arbeitsvertragsordnung bejaht werden.

Dem steht nicht entgegen, dass die Mitglieder der Verhandlungskommission ausschließlich oder zu einem überwiegenden Teil Dienstnehmer im kirchlichen Dienst sein müssen und dadurch in einer gewissen Abhängigkeit zur

---

46 Vgl. BAG v. 3.10.1969, AP Nr. 12 zu § 15 AZO; BAG v. 9.9.1981, AP Nr. 46 zu § 242 BGB Gleichbehandlung, Bl. 5; BAG v. 30.9.1971, AP Nr. 36 zu § 620 Befristeter Arbeitsvertrag; BAG v. 6.2.1985, AP Nr. 1 zu § 1 TVG Tarifverträge: Süßwarenindustrie, Bl. 4; zweifelnd BAG v. 29.1.1987, AP Nr. 1 zu § 620 BGB Saisonarbeit, Bl. 3 in Bezug auf eine Inhaltskontrolle; vgl. auch BAG v. 29.8.1991, AP Nr. 32 zu § 622 BGB, Bl. 3R.
47 BT-Drucksache 14/6857 v. 31.8.2001, S. 54.
48 S. für viele *Hammer*, Kirchliches Arbeitsrecht, S. 375 ff. m.w.N.
49 Vgl. dazu ausführlich *Enderlein*, RdA 1995, S. 264 ff.

Dienstgeberseite stehen. Die durch das Arbeitsverhältnis begründete Abhängigkeit der Arbeitnehmervertreter ist zwar auch mit ein Grund dafür, warum das BAG in einigen Entscheidungen eine Billigkeitskontrolle von Betriebsvereinbarungen für erforderlich hielt.[50] Diese Rechtsprechung ist jedoch auf fast einhellige Kritik im Schrifttum gestoßen[51]; in neuerer Zeit hat das BAG die Inhaltskontrolle von Betriebsvereinbarungen zuweilen offen gelassen.[52] Dieser Kritik ist zu folgen, denn angesichts der rechtlichen Absicherung der Stellung der Betriebsratsmitglieder etwa durch Kündigungsschutz und Diskriminierungsverbot kann nicht davon ausgegangen werden, dass sie in einer solchen Abhängigkeit zur Arbeitgeberseite stehen, dass dies einen Einfluss auf ihre Entscheidung haben könnte. Dieser rechtlichen Absicherung der Betriebsratsmitglieder entsprechen aber im Wesentlichen die verschiedenen Regelungen der evangelischen Landeskirchen und die verschiedenen KODA-Ordnungen. Auch hier ist also trotz Dienstnehmerschaft von einer hinreichenden Unabhängigkeit auszugehen.

Entgegen den Bedenken *von Tilings* ist schließlich der Paritätsgrundsatz auch bei einem bischöflichen bzw. synodalen Letztentscheidungsrecht gewahrt.[53] Denn auch hier entscheidet letztlich ein unabhängiger Dritter: Nicht die Verhandlungsführer der Kirchen haben das letzte Entscheidungsrecht, sondern die Synode oder der Bischof. Diese aber sind nicht Sachwalter einzig der Kirchenleitung als Dienstgeberseite, sondern der gesamten Dienstgemeinschaft; ihre Entscheidung muss nach eigenem Selbstverständnis sowohl den Interessen der Kirchenleitung als auch der Mitarbeiter Rechnung tragen. Dies folgt für die katholische Kirche schon aus can. 231 § 2 CIC, der die Kirchenleitung zu einer angemessenen Alimentierung ihrer Mitarbeiter verpflichtet; für die evangelische Kirche lässt sich dies allgemein aus dem Wesen der kirchlichen Dienstgemeinschaft herleiten.[54] Auch hier ist für den Regelfall die Annahme berechtigt, dass es zu einem angemessenen Ausgleich

---

50 Vgl. insb. BAG v. 30.1.1970, AP Nr. 142 zu § 242 BGB Ruhegehalt, Bl. 7.
51 Vgl. *Leinemann*, BB 1979, S. 1905 ff.; *von Hoyningen-Huene*, Die Billigkeit im Arbeitsrecht, 1978, S. 161; *ders.*, BB 1992, S. 1640, 1642; *Hanau*, Anm. zu AP Nr. 6 zu § 77 BetrVG 1972; *Hess/Schlochauer/Glaubitz*, BetrVG, § 77, Rn. 24; MünchHandbArbR-*Matthes*, § 319, Rn. 79 m. w. N.; umfassend darstellend S. *Kallrath*, Inhaltskontrolle von Betriebsvereinbarungen, 1997.
52 BAG v. 14.2.1984, AP Nr. 21 zu § 112 BetrVG 1972; vgl. auch die vorsichtige Formulierung durch BAG v. 26.10.1994, AP Nr. 18 zu § 611 BGB Anwesenheitsprämie unter II 3a der Gründe; anders allerdings immer noch BAG v. 1.12.1992, AP Nr. 3 zu § 77 BetrVG 1972; BAG v. 25.4.1991, AP Nr. 138 zu § 611 BGB Gratifikation.
53 A.A. jedoch auch *Pahlke*, Kirche und Koalitionsrecht, S. 219; *ders.*, NJW 1986, S. 350, 355; *Dütz*, Essener Gespräche, Bd. 18, 1984, S. 67, 95 ff. Weitere Nachweise s. *Richardi*, Arbeitsrecht in der Kirche, § 15, Rn. 24.
54 Vgl. *Thüsing*, ZevKR 41 (1996), S. 52, 65; *Spengler*, NZA 1987, S. 833, 838.

zwischen Dienstgeber- und Dienstnehmerseite kommen wird, auch hier besteht eine Richtigkeitsgewähr, die nicht geringer gegenüber einer Richtigkeitsgewähr der Tarifverträge zu werten ist.

Der Bischof kann also nicht einfach als Dienstgeber verstanden werden, aber gerade deshalb muss es klar werden, dass der Bischof auch nicht *in praxi* als Dienstgeber entscheidet, sondern sich in seinem Gebrauch des Letztentscheidungsrechts an den Interessen der Dienstgemeinschaft orientiert, nicht der Dienstgeber. Hier wirkt es sich ungünstig aus, dass die KODA keine materiellen Kriterien für das Letztentscheidungsrecht des Bischofs benennt, sondern allein den recht allgemeinen Begriff eines „unabweisbaren Regelungsbedürfnisses" (§ 20 Abs. 3 Bistums-KODA) benennt. Will der Bischof hiervon Gebrauch machen, sollte er klarmachen, was er hierunter versteht und warum er es als gegeben ansieht. Nur dann kann im Falle einer gerichtlichen Überprüfung das Gericht diese Entscheidung akzeptieren als legitimen Bestandteil eines kirchenspezifischen Regelungsverfahrens – auf Verhandlungsparität ausgerichtet, jedoch notwendig unter Wahrung der Letztverantwortung des Bischofs. Diese Leitlinien eines unabweisbaren Regelungsbedürfnisses könnten sich an folgenden Punkten festmachen.

▶ Der Wortlaut begrenzt das letzte Entscheidungsrecht des Bischofs auf Einzelfälle. Unabweisbar ist ein Regelungsbedürfnis nur dann, wenn es offensichtlich ist, wenn eine ernsthafte Diskussion nicht möglich ist. Allerdings bedarf es auch hier des *sentire cum ecclesia*, des spezifischen kirchlichen Blickwinkels auf die Notwendigkeit. Für den aber, der die Besonderheit des kirchlichen Dienstes akzeptiert und seine spezifische Zwecksetzung achtet, muss es klar sein, dass die Entscheidung des Bischofs notwendig ist.

▶ Die Entscheidung des Bischofs, die dem unabweisbaren Regelungsbedürfnis Rechnung trägt, muss sich auf eben diese Unabweisbarkeit zu beheben beschränken. Sie darf nicht mehr tun, als erforderlich ist, um dem Regelungsbedürfnis Rechnung zu tragen. Der Eintritt eines unabweisbaren Regelungsbedürfnisses darf nicht Anlass sein, Dinge zu regeln, die auch im Einvernehmen der KODA hätten entschieden werden können, aber anlässlich eines nicht zu überbrückenden Dissenses einer zentralen Frage nur mitgeregelt werden.

▶ Das unabweisbare Regelungsbedürfnis ist aus der Sicht der Kirche zu bestimmen. Der Bischof ist Verantwortlicher für den kirchlichen Dienst und für die Erfüllung seines Auftrags in der Zeit. Die Begründung des unabweisbaren Regelungsbedürfnisses muss sich auf die Wahrung des kirchlichen Auftrags stützen. Ebenso wie der weltliche Arbeitgeber regelmäßig kein einseitiges Handlungsrecht hat, wenn es aus ökonomischen Gründen erforderlich ist, Arbeitsbedingungen zu ändern, ebenso hat es allein der Bischof nicht, wenn dies nicht auch Rückwirkungen auf die Wahrung des kirchlichen Auftrags hat. Besonderheiten aus dem kirchlichen Arbeitsrecht speisen sich aus dem Schutz der Kirchenautonomie, nicht der Unternehmerfreiheit.

▶ Ein Anhaltspunkt für ein unabweisbares Regelungsbedürfnis könnte dennoch bei wirtschaftlichen Fragen die Rechtsprechung zur Änderungskündigung zur Entgeltreduzierung sein. Hier hat der weltliche Arbeitgeber das einseitige Recht zur Änderung von Arbeitsbedingungen aus ökonomischen Gründen. Die Rechtsprechung ist hier ungewöhnlich streng.[55] Erforderlich ist ein umfassender Sanierungsplan und eine Ausschöpfung anderer Mittel zur Sanierung; insbesondere kommt es auf die Sanierungsfähigkeit des Betriebes und eigene Sanierungsbeiträge des Arbeitgebers bzw. der Banken an.[56] Dem Bischof wird man in der Ausführung seines Letztentscheidungsrechts größeren Spielraum zubilligen müssen, jedoch liegt es nahe, dass sich ein Gericht, dass diese Entscheidung überprüft, an dieser Rechtsprechung zumindest orientieren könnte.

▶ Die Unabweisbarkeit des Regelungsbedürfnisses ist auch im Hinblick auf das letzte von der Dienstnehmerseite konzedierte Angebot zu bewerten. Der Gebrauch des Letztentscheidungsrechts um nur eine geringe Differenz zu überwinden gegenüber dem, was die Arbeitnehmerseite freiwillig mitmachen würde, ist regelmäßig ausgeschlossen. Hier ein unabweisbares Regelungsbedürfnis zu begründen, ist wohl kaum möglich; die Entscheidung des Bischofs wäre unverhältnismäßig.

3. Fazit

Weil also die tragenden Gründe für die Tarifdispositivität einer Norm auch für die kirchlichen Arbeitsvertragsordnungen zutreffen, muss entsprechend dem allgemeinen Gleichbehandlungsgebot nach Art. 3 GG und dem durch Art. 140 GG i.V.m. Art. 137 Abs. 3 WRV garantierten Selbstbestimmungsrecht der Kirchen Tarifdispositivität auch bei Fehlen einer ausdrücklichen Kirchenklausel stets auch als Dispositivität gegenüber kirchlichen Arbeitsvertragsordnungen begriffen werden.

---

[55] S. BAG v. 16.05. 2002, NZA 2003, S. 147, BAG v. 27.09. 2001, AP Nr. 40 zu § 4 TVG Nachwirkung.
[56] BAG v. 20.08. 1998, AP Nr. 50 § 2 KSchG 1969 = NZA 1999, 2, 155.

V. Inhaltskontrolle kirchlicher Arbeitsvertragsordnungen

1. Die Entwicklung der Rechtsprechung

Das Bundesarbeitsgericht geht in ständiger Rechtsprechung davon aus, dass Tarifverträgen eine hinreichende Gewähr für einen angemessenen Interessenausgleich zwischen Arbeitgeber- und Arbeitnehmerseite innewohnt und verzichtet daher auf eine Inhaltskontrolle tarifvertraglicher Regelungen.[57] Ganz anders aber die Rechtsprechung zur Inhaltskontrolle kirchlicher Arbeitsvertragsordnungen: In einer Entscheidung vom 4. 2. 1976 wertete das Bundesarbeitsgericht sie noch als allgemeine Arbeitsbedingungen, die wie jede vertragliche Einheitsregelung der richterlichen Billigkeitskontrolle unterliegen; eine Auseinandersetzung mit den Einzelheiten ihres Zustandekommens erfolgte nicht.[58] In neuerer Zeit geriet in diese Rechtsprechung aber Bewegung; erstmals anders wertete eine Entscheidung des 10. Senats vom 17. 4. 1996.[59] Hier stützte das Gericht eine Inhaltskontrolle nicht auf das Erfordernis einer Übermachtskontrolle zur Kompensation gestörter Vertragsparität, wie es dies bei arbeitsvertraglichen Einheitsregelungen handhabt, sondern auf § 317 BGB, denn die Arbeitsvertragsparteien im kirchlichen Dienst unterstellten sich durch eine vertragliche Bezugnahme der kirchlichen Arbeitsordnung dem Bestimmungsrecht der arbeitsvertraglichen Kommission für den jeweiligen Inhalt dieser Ordnung und damit auch über den Inhalt ihres Arbeitsverhältnisses. § 317 Abs. 1 BGB, wonach die Bestimmung der Leistung durch einen Dritten im Zweifel nach billigem Ermessen zu treffen ist, sei demnach anwendbar, so dass das Gericht die Regelung gem. § 319 Abs. 1 BGB auf offenbare Unbilligkeit überprüft. Der 5. Senat grenzte sich hiervon in einer Entscheidung vom 6. 11. 1996 deutlich ab und entschied, dass für die Inhaltskontrolle kirchlicher Arbeitsvertragsordnungen die für den Tarifvertrag geltenden Maßstäbe heranzuziehen seien, jedenfalls soweit Tarifvertragsregelungen ganz oder mit im Wesentlichen gleichen Inhalten übernommen werden.[60] Dem schloss sich der 10. Senat in einem Urteil vom 28. 1. 1998 an und verzichtete ebenfalls auf eine Inhaltskontrolle kirchlicher Arbeitsvertrags-

---

57 Vgl. statt aller BAG v. 6. 2. 1985, EzA Art. 3 GG Nr. 17 = AP Nr. 1 zu § 1 TVG Tarifverträge: Süßwarenindustrie; s. auch Nachweise bei *Löwisch/Rieble*, TVG, Grundl., Rn. 48.
58 EzA § 242 BGB Gleichbehandlung Nr. 10 = AP Nr. 40 zu § 242 BGB Gleichbehandlung.
59 BAG AP Nr. 24 § 611 Kirchendienst mit Anm. *Thüsing* = ZevKR 42 (1997), S. 62 mit Anm. *von Tiling*.
60 EzA § 611 BGB Ausbildungsbeihilfe Nr. 16 mit Anm. *Thüsing* = AP Nr. 1 zu § 10 AVR Caritasverband.

ordnungen⁶¹; eine Begründung, warum da, wo tarifvertragliche Regelungen nicht übernommen werden, eine Inhaltskontrolle erforderlich ist, erfolgt nicht mehr. In späteren Entscheidungen wurde dies noch mal bestätigt.⁶²

2. Kontrolle zur Korrektur gestörter Vertragsparität

Das Bundesarbeitsgericht stützt zu Recht seine Inhaltskontrolle nicht mehr auf das Erfordernis, die Übermacht einer gestörten Verhandlungsparität zu kompensieren. Den kirchlichen Arbeitsvertragsordnungen wohnt die gleiche Richtigkeitsgewähr wie den Tarifverträgen inne, und wohl auch dort, wo sie nicht lediglich die Tarifverträge des öffentlichen Dienstes inhaltsgleich übernehmen. Denn es kommt nicht darauf an, *warum* eine Verhandlungsparität gegeben ist, sondern allein, dass sie gegeben ist. Eine dem Tarifvertrag gleiche Richtigkeitsgewähr ist – wie soeben dargestellt – für die kirchlichen Arbeitsvertragsordnungen anzuerkennen. Hier beruht sie nicht auf der Möglichkeit des Arbeitskampfes, der im kirchlichen Bereich ausgeschlossen ist, sondern darauf, dass die verhandelnden Kommissionen dank der Weisungsfreiheit ihrer Mitglieder unabhängig sind, und dass sie paritätisch zusammengesetzt sind. Auch hier besteht für den Regelfall die Chance einer Richtigkeitsgewähr. Dem steht nicht entgegen, dass dem Bischof oder der Synode ein Letztentscheidungsrecht eingeräumt sein kann, wenn Mitarbeitervertretung und Kirchenleitung nicht zu einer Einigung kommen können, oder diese Einigung kirchenrechtlichen Vorgaben widerspricht. Denn auch hier haben nicht die Verhandlungsführer der Kirchenleitung das Letztentscheidungsrecht, sondern eine Instanz, die Sachwalter nicht einzig der Dienstgeberseite, sondern der gesamten Dienstgemeinschaft ist; ihre Entscheidung muss schon nach dem eigenen Selbstverständnis sowohl dem Interesse der Kirchenleitung, als auch dem der Mitarbeiter Rechnung tragen, weiß sich doch der Bischof und die Synode der kirchlichen Dienstgemeinschaft verpflichtet, die es nicht erlaubt, den anderen zu übervorteilen. Wer sich nun aber selbst zu einer angemessenen Berücksichtigung der Mitarbeiterinteressen verpflichtet, braucht nicht erst durch staatliches Gesetz dazu verpflichtet zu werden. Diese Sichtweise wurde vom Bundesarbeitsgericht in einer seiner jüngeren Entscheidungen ausdrücklich bestätigt.⁶³

---

61 ZevKR 44 (1999), S. 41 mit Anm. *Thüsing*.
62 BAG v. 15.11.2001, EzA Nr. 48 zu § 611 BGB Kirchliche Arbeitnehmer; BAG v. 19.2. 2003, AP Nr. 36 zu § 611 BGB Kirchendienst. S. auch *Hammer*, Kirchliches Arbeitsrecht, S. 380 ff.
63 Vgl. BAG v. 28.1.1998, ZevKR 35 (1990), S. 90, 99.

Gewisse Mindestanforderungen müssen freilich erfüllt sein; das ist nicht immer der Fall. Die zentrale Gutachterstelle beim Verband der Diözesen Deutschlands stellte in einem Gutachten vom 11.08. 2003 fest, dass die Klausenhof-KODA-Ordnung in ihrer Fassung vom 14.12. 1999 (Kirchliches Amtsblatt Münster 2001, S.262) das Verhandlungsgremium zwar paritätisch mit Vertretern des Dienstgebers und der Mitarbeiter besetzt, jedoch das Letztentscheidungsrecht bei der Gesellschafterversammlung und nicht beim Diözesanbischof liegt. Dies steht im Gegensatz zu dem in Art. 7 Abs. 1 GrundO verankerten Prinzip, das Verhandlungsgleichgewicht der abhängig beschäftigten Mitarbeiter und Mitarbeiterinnen zu sichern. Preisgegeben wird damit der materielle Grund für die Eigenständigkeit des kirchlichen Arbeitsrechtsregelungsverfahrens, das zur Sicherung der Glaubwürdigkeit der Kirche an die Stelle des Tarifvertragssystems tritt.

3. Kontrolle nach § 317 BGB

Aber auch eine Inhaltskontrolle kirchlicher Arbeitsvertragsordnung auf § 317 BGB stützen zu wollen erscheint problematisch. Allerdings scheint der Wortlaut der Norm *prima facie* für eine Anwendbarkeit zu sprechen: „Ist die Bestimmung der Leistung einem Dritten überlassen, so ist im Zweifel anzunehmen, dass sie nach billigem Ermessen zu treffen ist."

„Dritter" ist dem Wortlaut nach jeder, der nicht Vertragspartner ist, „Leistung" die Bestimmung jeder vertraglichen Regelung, warum dann nicht auch eine Festlegung des Arbeitsvertragsinhalts durch die Kommission des Dritten Wegs? Vor allem aus zwei Überlegungen; die eine hat mit der Gesetzgebungsgeschichte und den Materialien zu § 317 BGB zu tun, die andere folgt aus einer systematischen, verfassungskonformen Auslegung der Norm vor dem Hintergrund des Selbstbestimmungsrechts der Kirchen:

▶ Die Auslegungsregel des § 317 BGB wurde geschaffen, weil im Regelfall anzunehmen ist, dass die Vertragspartner die Bestimmung einer vertraglichen Leistung einem Dritten nur deshalb überlassen, weil sie davon ausgehen, dass dieser in einer für beide Seiten angemessenen Weise von seinem Bestimmungsrecht Gebrauch machen wird. Nur soweit er sich in dem ihm eingeräumten Entscheidungsbereich eines *arbitrium merum* bewegt, soll seine Entscheidung für die Vertragspartner bindend sein, weil sie nur dann vom Bindungswillen erfasst ist.[64] Von den einzelnen Mitgliedern einer paritätisch besetzten Kommission erwarten die Vertragspartner jedoch nicht, dass sie eine billige, allen Seiten gerecht werdende Entscheidung anstreben, sondern sie werden es durchaus für möglich halten, dass jede der Seiten einseitig Dienstnehmer- oder Dienstgeberinteressen vertreten wird. Die Bestimmung der Leistung erfolgt also hier nicht im Vertrauen auf die Redlichkeit eines

---

64 Vgl. auch Motive II, S.194f.

Dritten und dessen ausgewogenes Urteil, sondern im Vertrauen auf die Ausgewogenheit eines Verhandlungsprozesses. Dies ist etwas anderes und wird vom Ziel des § 317 BGB, der an der Redlichkeit des Dritten, nicht an seiner Verhandlungsstärke ansetzt, nicht erfasst.[65] Eben deshalb ist – soweit ersichtlich – noch nie eine Kontrolle der Bezugnahme auf Tarifverträge am Maßstab des § 317 BGB erfolgt.

▶ Zum anderen kann auf die einführenden Worte zum Selbstbestimmungsrecht der Kirchen verwiesen werden. Aus dem Selbstbestimmungsrecht der Kirchen folgt deren Recht, die Arbeitsbedingungen statt durch Tarifverträge durch kircheneigene Arbeitsordnungen zu regeln. Als kirchenspezifische Form der Gewährleistung der Koalitionsfreiheit ihrer Arbeitnehmer und der Gewerkschaften dürfte diese Regelung grundsätzlich nicht anders als Tarifverträge behandelt werden, will man die Kirchen nicht schlechter stellen als den tarifgebundenen Arbeitgeber. Es sind keine rechtfertigenden Gründe ersichtlich, um von diesem Grundsatz abzuweichen. Bei den Tarifverträgen ist § 317 BGB nicht anwendbar aufgrund der hier anerkannten normativen Wirkung der Vereinbarung; dann aber erscheint eine einschränkende Auslegung des § 317 BGB in Bezug auf die Vereinbarungen des Dritten Wegs vorzugswürdig.[66]

▶ Ein drittes Argument schließlich folgt den logischen Bahnen der *reductio ad absurdum*. Wenn das Bundesarbeitsgericht eine Inhaltskontrolle nicht vornehmen will, wenn die Kommission tarifvertragliche Regelungen übernimmt – auch dies ein Fall, der vom Wortlaut des § 317 BGB erfasst ist –, dann stimmt dies mit seiner Rechtsprechung zur individualvertraglichen Bezugnahme auf Tarifverträge überein, wo ebenfalls keine Inhaltskontrolle des in Bezug genommenen Tarifvertrags erfolgt. Zeigt es sich hier also offen für eine einschränkende Auslegung des § 317 BGB, dann sollte es das auch generell in Bezug auf die Verweisung auf kirchliche Arbeitsordnungen sein. Denn anderenfalls käme man zu dem Ergebnis, dass dort, wo die Kommission sich um eine angemessene, kirchenspezifische Regelung bemüht hat, sie einer strengeren gerichtlichen Kontrolle unterläge, als dort, wo sie undifferenziert fremde Regelungen einfach übernimmt; eine bedenkliche, wohl systemwidrige Konsequenz.

---

65 Ausführlicher *Thüsing*, Anm. zu BAG v. 17. 4. 1996, AP Nr. 24 zu § 611 BGB Kirchendienst, Bl. 6 V.
66 Vgl. ausführlich wiederum *Thüsing*, Anm. zu BAG v. 17. 4. 1996, AP Nr. 24 zu § 611 BGB Kirchendienst, Bl. 6 V.

Auch wenn man der hier vertretenen Auffassung der Unanwendbarkeit des § 317 BGB *nicht* folgen will, sind wichtige Unterschiede gegenüber der ehemals praktizierten Inhaltskontrolle festzustellen, die auf eine Kompensation gestörter Vertragsparität gestützt wurde. Zum einen handelt es sich bei § 317 BGB lediglich um eine *Zweifelsregelung*; vereinbaren also die Arbeitsvertragsparteien ausdrücklich die Unanwendbarkeit dieser Einschränkung einer Bezugnahme, ist dies wirksam und nimmt dem Gericht die Möglichkeit, das Vereinbarte auf seine Angemessenheit hin zu überprüfen. Zum anderen ist der Prüfungsmaßstab des § 317 BGB ein anderer, weiterer. Die an § 315 BGB orientierte Billigkeitskontrolle vertraglicher Einheitsregelung, wie sie regelmäßig vom Bundesarbeitsgericht vorgenommen wird, greift anders als §§ 317, 319 BGB nicht erst bei „*offensichtlicher*" Unbilligkeit, sondern verpflichtet die Gerichte, bereits bei jeglicher Unbilligkeit eine Korrektur hin auf das Angemessene vorzunehmen. Die Billigkeitskontrolle auf § 317 BGB zu stützen und nicht auf das Erfordernis einer Übermachtskontrolle bedeutet damit nicht lediglich einen Wechsel der Begründung bei gleichem Ergebnis, sondern stellt eine materielle Änderung dar, hin zu einer größeren Freiheit der arbeitsrechtlichen Kommission. Auch hier mag die Rechtsprechung in künftigen Entscheidungen ihren Weg in diese Richtung weitergehen und zukünftig dann auch auf diese Form der Billigkeitskontrolle verzichten; man mag das obiter dictum des 5. Senats in seiner Entscheidung vom 6.11.1996 durchaus in diese Richtung interpretieren.[67] Auch hat der ehemalige Vorsitzende des Tarifsenats des Bundesarbeitsgerichts erkennen lassen, dass er generell einer Billigkeitskontrolle kirchlicher Arbeitsvertragsordnungen skeptisch gegenüber tritt und das Kriterium der Übernahme tarifvertraglicher Regelung lediglich für ein „Argument der zweiten Linie" hält.[68]

4. Neuerungen des Schuldrechtsmodernisierungsgesetzes

Das Gesagte bliebe unvollständig, würden nicht die neuen Perspektiven, die sich aus dem Schuldrechtsmodernisierungsgesetz ergeben könnten, in die Überlegungen mit einbezogen. Seit dem 1.1.2002 unterfallen vorformulierte Bestandteile eines Arbeitsvertrages, wie die AGB jedes Vertrages, der In-

---

[67] BAG v. 6.11.1996, EzA § 611 BGB Ausbildungsbeihilfe Nr. 16 Blatt 9: „Ob eine solche Billigkeitskontrolle in den Fällen angemessen ist, in denen es nicht um die Übernahme tarifvertraglicher Regelung geht oder diese nur ihrer Struktur nach, nicht aber ihren materiellen Werten nach „übernommen" werden [...] kann hier dahinstehen.". Ebenso BAG v. 15.11.2001, NZA 2002, S. 1055; ähnlich BAG v. 8.6.2005 – 4 AZR 412/04, noch n.v.
[68] *Schliemann*, Festschrift für Hanau, 1999, S. 577, 597ff.

haltskontrolle gemäß §§ 305 ff. BGB. Zu berücksichtigen sind gemäß § 310 Abs. 4 BGB allein die im Arbeitsrecht geltenden Besonderheiten. Der Begriff ist schillernd und seine Ausdeutung fällt schwer.[69] Setzt man die Inhaltskontrolle mit der Billigkeitskontrolle gleich[70], dann würde sich auch die vorliegende Frage allein nach den neuen Regelungen des BGB richten. Auch wenn man dieser Meinung nicht folgt, so ließe sich doch aus dem neuen Normenbestand zumindest ein Tendenzargument gewinnen. Zwei Überlegungen scheinen hilfreich zu sein[71]:

▶ Übernimmt eine kirchliche Arbeitsvertragsrichtlinie im Wesentlichen den Inhalt eines Tarifvertrages, so ist sie gemäß § 310 Abs. 4 Satz 3 BGB i.V.m. § 307 Abs. 3 BGB der Inhaltskontrolle der §§ 305 ff. BGB entzogen. Ausdrücklich geregelt ist im Gesetz allerdings nur der Fall, dass der Arbeitsvertrag selber unmittelbar Bezug auf einen Tarifvertrag nimmt. Nichts anderes kann jedoch gelten, wenn ein Arbeitsvertrag auf ein Regelwerk Bezug nimmt, das seinerseits tarifvertragliche Regelungen übernimmt. Grund für die Ausnahme von der Inhaltskontrolle solcher Vertragsvereinbarungen ist, dass sie an der Angemessenheitsvermutung des in Bezug genommenen Tarifvertrages teilhaben; das gilt auch bei mittelbarer Inbezugnahme.[72]

▶ Für die Fälle, dass Tarifverträge nicht durch die kirchlichen Arbeitsvertragsrichtlinien übernommen werden, enthält das BGB keine ausdrückliche Regelung. § 310 Abs. 4 BGB erwähnt als von der Inhaltskontrolle freigestellt nur den Tarifvertrag, die Betriebs- und die Dienstvereinbarung, nicht die kirchlichen Regelungen. Dennoch dürften auch in diesem Fall Arbeitsverträge, die auf kirchliche Arbeitsvertragsrichtlinien Bezug nehmen, nicht der Inhaltskontrolle nach §§ 305 ff. BGB unterfallen.[73] Im Gesetzgebungsverfahren zum TzBfG ist von *Richardi* gerügt worden, dass die Regelungen der Kirchen im Gesetzgebungsentwurf keine ausdrückliche Erwähnung gefunden haben.[74] Man hat seine Anregung damals nicht aufgegriffen und wollte es auch bei § 310 Abs. 4 BGB nicht, weil dies der einzige Fall wäre, dass im BGB die kirchlichen Arbeitsvertragsregelungen Erwähnung fänden. Man ist jedoch auf halbem Weg entgegengekommen: In der Gesetzesbegründung heißt

---
69 S. *Thüsing*, NZA 2002, S. 591; *Birnbaum*, NZA 2003, S. 944; *Hönn*, ZfA 2003, S. 325.
70 Hierfür *Annuß*, BB 2002, S. 458, 459; dagegen *Däubler*, NZA 2001, S. 1329, 1334.
71 S. hierzu auch *Richardi*, Arbeitsrecht in der Kirche, § 15, Rn. 32 ff.; *Thüsing*, ZTR 2005, S. 507.
72 Ausführlicher *Thüsing*, in: von Westphalen, AGB-Klauselwerke, 2003, Stichwort Arbeitsverträge, Rn. 54 ff.
73 Im Ergebnis ebenso *Richardi*, Arbeitsrecht in der Kirche, § 15, Rn. 43 ff.
74 S. *Richardi*, Ausschuss-Drucks. Arbeit- und Soziales 14/946, S. 90, 91.

es, dass das kirchliche Arbeitsrecht ein Fall der arbeitsrechtlichen Besonderheiten sei, die gemäß § 310 Abs. 4 Satz 2 BGB bei der Anwendung der §§ 305 ff. BGB zu berücksichtigen seien.[75] Der Sache nach hat man sich damit für eine Gleichbehandlung entschieden, denn auch der Grund, warum Tarifverträge und Betriebsvereinbarungen nicht der allgemeinen Angemessenheitskontrolle und den besonderen Klauselverboten unterliegen, trifft gleichermaßen auf die kirchlichen Arbeitsvertragsrichtlinien zu: Es ist die gleiche Angemessenheitsvermutung wie beim Tarifvertrag und wie bei der Betriebsvereinbarung. Alles andere wäre gleichheitswidrig.[76] Auch wenn die Rechtsprechung bislang diese Gleichstellung nicht in allen Einzelheiten akzeptieren wollte, so ist doch zu beachten, dass sich der Gesetzgeber selbst über allzu feine Unterscheidungen hinweggesetzt hat. Das BAG betonte bisher in ständiger Rechtsprechung, dass auch die Angemessenheitsvermutung einer Betriebsvereinbarung nicht der eines Tarifvertrags entspreche[77] – dennoch behandelt § 310 Abs. 4 Satz 3 BGB beide gleich. Wenn das Gesetz hier eine Gleichstellung vollzogen hat, ist die Gleichstellung mit den kirchlichen Arbeitsvertragsrichtlinien nur konsequent. Wenn auch zuzugeben ist, dass diese im Wortlaut der Norm keinen Niederschlag gefunden hat, so spricht doch nichts dagegen, das kirchliche Arbeitsrechtsregelungsverfahren als eine Besonderheit zu werten, die generell der Anwendung der §§ 305 ff. BGB entgegensteht.

Insgesamt bleibt also festzustellen, dass kirchliche Arbeitsvertragsrichtlinien und Arbeitsverträge, die hierauf Bezug nehmen, nicht der Inhaltskontrolle nach §§ 305 ff. BGB unterfallen, und dass sich aus den Neuerungen zumindest kein Argument für eine allgemeine Billigkeitskontrolle solcher Vereinbarungen herleiten lässt – die Tendenz spricht eher dagegen.[78] Dies bestätigt jüngste Rechtsprechung des BAG.[79]

---

75 S. BT-Drucks. 14/6857, S. 17.
76 S. ausführlicher soeben § 2 Abschn. A IV 2 b, S. 15; s. auch *Richardi*, AGB-Kontrolle kirchlicher Arbeitsverträge nach dem Schuldrechtsmodernisierungsgesetz, ZMV 2002, S. 161.
77 S. BAG v. 26. 7. 1988, DB 1988, S. 2464; BAG v. 26. 10. 1994, DB 1995, S. 830 – jeweils mit dem Ergebnis einer Billigkeitskontrolle.
78 Zweifelnd allerdings BAG v. 26. 1. 2005, AP Nr. 1 zu AVR Diakonisches Werk Anhang 18. Im Ergebnis wie hier *Schaub/Link*, Arbeitsrechts-Handbuch, § 186 Rn. 180a; *Richardi*, NZA 2002, 1057, 1063; *Ritter*, NZA 2005, 44, 448; *Stoffels*, AGB-Recht, 2003, Rn. 176.
79 BAG v. 17. 11. 2005 – 6 AZR 160/05, noch n.v.; offen gelassen noch BAG v. 8. 6. 2005 – 4 AZR 412/04, noch n.v.

B) Das (fehlende) Streikrecht im kirchlichen Dienst

Keine Tarifverträge also – und auch kein Arbeitskampf! „Die Kirchen und ihre Einrichtungen sind seit Menschengedenken von Arbeitskämpfen verschont geblieben", stellte Bundesverfassungsrichter a.D. *Kühling* jüngst am Anfang eines für die Dienstleistungsgewerkschaft ver.di verfassten Gutachtens fest.[80] So mag man glauben, die Unzulässigkeit von Streik und Aussperrung im kirchlichen Dienst entspreche gesicherter juristischer Erkenntnis, eine verlässliche Grundlage, auf der die Besonderheiten des kircheneigenen Regelungsverfahren aufbauen können. *Kühling* aber wendet sich gerade gegen diese überlieferte Rechtspraxis und versucht darzulegen, warum hier Generationen irrten und ein Streik kirchlicher Arbeitnehmer dennoch zulässig sei. Diese Auffassung wurde zwar vereinzelt bereits zuvor vertreten[81], doch erstmals so eingehend begründet und von einem solch prominenten Vertreter ausgesprochen, der verfassungsrechtliche Autorität schon qua seines ehemaligen Amtes genießt. So genügt es nicht, darauf zu verweisen, dass die fast allgemeine Meinung auch heute noch anders denkt, und dass noch in jüngerer Zeit das BAG das Streikverbot im kirchlichen Dienst ausdrücklich bekräftigt hat.[82] Die Gedanken *Kühlings* sollen vielmehr Anlass sein, noch einmal die Sinnhaftigkeit und insbesondere die verfassungsrechtliche Zulässigkeit der arbeitskampffreien Zone Kirche darzulegen und die Fehlgewichtungen des Gutachtens aufzuzeigen. Die Argumentation wird dabei schrittweise vorgehen: Am Anfang steht ein Blick auf die Besonderheit des kirchlichen Dienstes und eine Sichtung der beiden verfassungsrechtlichen Ausgangspunkte, mit Hilfe derer die Rechtsfrage zu greifen ist: Die Koalitionsfreiheit einerseits und die Kirchenautonomie anderseits. Es folgt ein Kompromiss der beiden Positionen auf der Grundlage dessen, was der Verfasser für das geltende Deutungsmuster des BVerfG hält. Am Schluss gehen die Gedanken noch einmal zurück auf den abweichenden Ansatz *Kühlings*, und die an-

---
80 Veröffentlicht: *Kühling*, Arbeitskampf in der Diakonie, AuR 2001, S. 241.
81 Insb. in neuerer Zeit: *Bischoff/Hammer*, AuR 1995, S. 161; *Gamillscheg*, Kollektives Arbeitsrecht Bd. I, S. 1117; MünchArbR-*Otto*, § 285, Rn. 208 ff., 216; *Däubler-Bieback*, Arbeitskampfrecht, Rn. 508.
82 *Wiedemann*, TVG, § 1, Rn. 121; *Löwisch/Rieble*, Arbeitskampf- und Schlichtungsrecht, Abschn. 170.1, Rn. 31; *Richardi*, Arbeitsrecht in der Kirche, § 10, Rn. 21 (mit mehr als 20 Nachweisen in Fn. 41); *Thüsing*, ZevKR 41 (1996), S. 52, 57 f.; *Jurina*, Das Dienst- und Arbeitsrecht im Bereich der Kirchen, S. 84; RGRK-*Gehring*, BGB III, § 630 III, Rn. 187; *Belling*, Streik in der Diakonie?, ZevKR 48 (2003), S. 407 = *ders.*, Festschrift 50 Jahre BAG, 2004, Zur Arbeitsniederlegung in diakonischen Einrichtungen, S. 477; BAG v. 6.11.1996, EzA Nr. 16 zu § 611 BGB Ausbildungsbeihilfe: „Das Mittel des Arbeitskampfs steht keiner Seite zur Verfügung". S. auch § 2 Abschn. A IV 1, S. 14.

schließende Prüfung, wie fest denn dessen Fundament ist, mündet in den Versuch, bei Zugrundelegung dieser Prämisse *disputandi causa* die von ihm gezogenen Schlussfolgerungen zu hinterfragen.

I. Die Kritik

Kühling führt seine Kritik auf drei Kernpunkte zurück: das selbst gesetzte Gebot zur Lohngerechtigkeit, der verbindliche Sendungsauftrag der kirchlichen Dienstgemeinschaft und insbesondere der Leitgedanke der Versöhnung.[83] Hier setzt seine Kritik an, die die bislang bei weitem präziseste und dichtest begründete Auseinandersetzung mit den Argumenten der herrschenden Meinung darstellt. Trotz bedenkenswerter Aspekte in Einzelfragen kann sie insgesamt nicht überzeugen.

1. Lohngerechtigkeit

Aus der Tatsache, dass die Kirchen Arbeitsverträge abschließen, folgert *Kühling*, hiermit verließen sie den Gedanken einer selbst gesetzten Lohngerechtigkeit, denn nur im gleichgewichtigen Aushandeln des Vertragsinhalts liege die Legitimation zur staatlichen Durchsetzung des Anspruchs.[84] Das greift zu kurz. Zutreffend ist, dass hierin *eine* Rechtfertigung liegen kann, unzutreffend ist, dass dies stets so sein muss. AGB sind durchsetzbar, obwohl sie nicht verhandelt wurden, eben weil und solange sie dennoch angemessen sind. Wenn zwei dasgleiche tun, ist es nicht dasselbe, und ein kirchlicher Arbeitgeber kann ein Arbeitsverhältnis und den Inhalt eines Arbeitsvertrags nach anderen Leitlinien gestalten als sein weltliches Gegenüber. Dies schließt auch nicht aus, die Einigung der Kommissionen des Dritten Weges in ihren Grundlagen als Ergebnis paritätischen Aushandelns zu betrachten. Das eine lenkt den Blick auf das Ergebnis, das andere den Blick auf den Weg dorthin. Das wurde an anderer Stelle bereits ausführlich dargelegt; hierauf kann verwiesen werden.[85] Zu den rechtstatsächlichen Einwendungen *Kühling*s ist allerdings hier Stellung zu beziehen: Er verweist darauf, dass die bisherigen Verhandlungsergebnisse belegten, dass kirchliche Arbeitnehmer im Schoße der Gewerkschaft und des Tarifvertragssystems besser aufgehoben seien, als im kircheneigenen System und nennt als Beispiel die unteren Lohngruppen,

---

83 *Kühling*, Arbeitskampf in der Diakonie, AuR 2001, S. 247ff.
84 *Kühling*, Arbeitskampf in der Diakonie, AuR 2001, S. 248.
85 S. § 3 Abschn. A IV 2 b, S. 128ff.

etwa für Reinigungskräfte, die unter den unteren Lohngruppen im öffentlichen Dienst lägen. Die Tabelle, die er in der veröffentlichten Version des Gutachtens nur ankündigt, aber leider nicht mit abdruckt[86], macht deutlich, dass dies immer noch Gehälter sind, die über dem liegen, was der einschlägige Fachtarifvertrag vorsieht. Dies ist der richtige Vergleichsmaßstab, nicht der öffentliche Dienst. Wenn sich die Kirchen also ihrer Verantwortung für ihre Arbeitnehmer bewusst sind, und nicht outsourcen wollen, dann kann es ihnen nicht als ein Akt der Benachteiligung ausgelegt werden, wenn sie Lohnstrukturen finden, die über dem liegen, was die Konkurrenz zahlt, mit der gerade karitative Einrichtungen der Kirchen im Wettbewerb stehen, jedoch unter dem, was vielleicht ein einzelner anderer Arbeitgeber seinen Arbeitnehmern zahlt. Verdeutlicht wird dies durch den Umstand, dass die verschiedenen Einrichtungen anderenfalls gerade zum Outsourcen gezwungen werden könnten, weil ihre Drittfinanzierung durch die Versichertengemeinschaft nur erfolgen kann, wenn die Einrichtung dem Prinzip der Wirtschaftlichkeit folgt (s. z.B. §§ 12, 113 SGB V). Dazu gehört auch, keinen den Branchenlohn deutlich übersteigenden Lohn zu zahlen. Praktische Belege also, dass der kirchliche Lohn ein geringerer wäre als der weltliche, dass er die Arbeit des Dienstnehmers weniger angemessen vergilt, fehlen. Die Angemessenheit des Ergebnisses belegt die Angemessenheit des Verfahrens.

2. Verbindlichkeit des Sendungsauftrags und Versöhnungsprinzip

Ein zweiter Einwand wurde ebenfalls bereits zu Beginn des Dritten Weges erhoben, und schon damals von prominenter Seite: Kein geringerer als *Oswald von Nell-Breuning* mahnte, die Kirche dürfe nicht das von ihr für andere befürwortete Modell für sich selbst ausschließen. Auch der Arbeitnehmer im kirchlichen Dienst sei regelmäßig in erster Linie Arbeitnehmer zum Erwerb des Lebensunterhalts und nur in zweiter Linie Arbeiter im Weinberg Gottes, insbesondere wenn es sich um Angehörige eines fremden Bekenntnisses handele.[87] *Kühling* bezieht sich hierauf und versucht den Brückenschlag zum Versöhnungsprinzip: Auch dieses werde durch den Dritten Weg nicht anders als durch das Tarifrecht ausgefüllt. Nicht anders, als bei anderen Arbeitnehmern, bestehe hier Uneinigkeit über den richtigen Lohn: „Wenn geltend gemacht wird, ein Arbeitskampf lasse sich schlecht mit den Prinzipien christ-

---
86 *Kühling*, Arbeitskampf in der Diakonie, AuR 2001, S. 244.
87 *v. Nell-Breuning*, Stimmen der Zeit 195, 1977, S. 105; *ders.*, AuR 1979, Sonderheft, S. 12; s. auch § 3 Abschn. A II 1, S. 115 f.

licher Nächstenliebe und Versöhnung vereinbaren, so ist dem entgegenzuhalten, dass Unversöhnlichkeit und Lieblosigkeit in dem Lohnkonflikt begründet ist, der zum Arbeitskampf führt". Das ist in zweierlei Hinsicht irreführend: Selbstverständlich widerspricht das Streikrecht nicht dem Gebot christlicher Nächstenliebe – sonst wäre es jedem Christen verboten, nicht nur dem Dienstnehmer der Kirche. Der Streik widerspricht aber der kirchlichen Dienstgemeinschaft: Der Christ hat keine sittliche Verpflichtung, durch Lohnverzicht den Wohlstand seines weltlichen Arbeitgebers zu mehren, wohl aber trifft den Dienstnehmer der Kirche die Pflicht, andere Konfliktlösungen zu wählen als offenen Druck und Gegendruck im Arbeitskampf. Eben darin liegt auch die zweite irreführende Akzentverschiebung der Argumentation *Kühlings*: Ein Lohnkonflikt mag bestehen, und auch die Kirche kann nicht von ihren Dienstnehmern verlangen, ihre Interessen nicht zu artikulieren und keine abweichende Meinung zu vertreten. Sie bindet sie aber in der Wahl der Mittel. Der Dritte Weg beseitigt nicht die Meinungsverschiedenheit, zwingt jedoch zu friedlicher Beilegung; die Wahrnehmung eigener Interessen ist nicht ausgeschlossen, wohl aber ihre Erzwingung; kurz: Ein Konflikt ist da, aber er eskaliert nicht. Eben darin liegt die Versöhnung, statt dass von der *ultima ratio*, dem Streikrecht, Gebrauch gemacht wird.

Trotz der dargelegten Bedenken gilt es, auf einen wichtigen Punkt aufmerksam zu machen, den *Kühling* zutreffend kritisiert: Er verweist auf das Beispiel des Diakonischen Werks Berlin-Brandenburg, das seinen Mitgliedern gestattet, aus „wichtigem Grund" von der Anwendung des Arbeitsrechts der Gliedkirche oder der AVR des Diakonischen Werks der EKD abzusehen. Andere Diakonische Werke ließen sich ebenso als Beispiel benennen.[88] Das erscheint bedenklich, müßte man es als Erlaubnis zur Hinwendung zum Tarifvertragssystem verstehen. Es kann ein so wichtiges Petitum der kirchlichen Dienstgemeinschaft nicht sein, wenn es zur Disposition des Dienstgebers steht. Entweder aus der Lehre der (evangelischen) Kirche folgt der Ausschluss der Auseinandersetzung im Arbeitskampf, oder er folgt nicht hieraus. Man muss daher einschränkend feststellen: Nur wenn es tatsächlich den religiösen Vorgaben des Dienstgebers entspricht, den offenen (Arbeits-) Kampf in der Gemeinschaft zu unterlassen, kann dies auch eine verbindliche Vorgabe gegenüber dem einzelnen Arbeitnehmer sein. Ein „wichtiger Grund" im Sinne der Satzungen der Diakonischen Werke kann daher nur sein, was auch nach dem Bekenntnis gerechtfertigt ein modifiziertes Arbeitsrecht erlaubt. Viel kommt da nicht in den Sinn; rein wirtschaftli-

---

[88] S. etwa das Diakonische Werk der Evangelischen Kirche Westfalen, § 4 Abs. 7 der Satzung.

che Erwägungen scheiden aus. Am ehesten wird man an einen überwiegend von Mitarbeitern eines anderen Bekenntnisses belegten Bereich denken können, oder an Dienstgeber, die sich tatsächlich eben nicht mehr als Einrichtung der Kirche verstehen, dennoch aber Mitglied des Diakonischen Werks sein wollen.[89] Auch mag ein Regelungswerk zugelassen werden, das inhaltlich den Regelungen des Diakonischen Werks oder der verfassten Kirche stark ähnelt, wenn es sich etwa um das Regelwerk eines anderen Diakonischen Werks oder aber einer anderen Landeskirche handelt. Alle Exemptionen, die darüber hinausgehen, stellen die Rechtmäßigkeit des Dritten Weges insgesamt in Frage – wenn auch nur für den einzelnen Träger, dem solch widersprüchliches Verhalten vorzuwerfen ist.[90]

II. Die Koalitionsfreiheit nach Art. 9 Abs. 3 GG und das Streikrecht

Das dargelegte Modell entspricht nicht dem, was das Grundgesetz für den weltlichen Arbeitgeber vorgesehen hat. In Art. 9 Abs. 3 GG ist die Koalitionsfreiheit garantiert, und damit auch das Recht, in diesen Vereinigungen, die zur Wahrung und Förderung der Arbeits- und Wirtschaftsbedingungen gegründet wurden, zu wirken. Während das BVerfG lange Zeit davon ausging, dieses Recht sei nur in einem Kernbereich geschützt, hat es in jüngerer Zeit klarstellend hiervon Abstand genommen und festgestellt, dass alle koalitionsspezifischen Verhaltensweisen hiervon erfasst sind.[91] Damit beendete es einen langjährigen Streit darüber, wie denn nun der Kernbereich zu verstehen sei: Im Sinne eines absoluten, unantastbaren Mindestschutzes, der auch nicht durch die besten Gründe überwunden werden kann, außerhalb dessen der Gesetzgeber aber frei in der Gestaltung ist, oder aber als flexibler Schutzraum, der zurückweicht, soweit hinreichende rechtfertigende Gründe in Sicht sind, für dessen Beschränkung aber dann auch stets solche Gründe vor-

---

89 Was mit der Satzung der Diakonischen Werke freilich kaum vereinbar seinen dürfte. Allerdings hat das BAG die Mitgliedschaft in Caritas nicht als zwingenden Beleg der Zugehörigkeit zur Kirche ausreichen lassen, sondern ihm nur Indizcharakter zugesprochen: so die später vom BVerfG aufgehobene Entscheidung des BAG v. 21. 11. 1975, AP Nr. 6 zu § 118 BetrVG, mit krit. Anm. II v. *Richardi*; offengelassen in BAG v. 24. 11. 1981, AP Nr. 19 zu § 72a ArbGG 1979. S. andererseits aber BAG v. 6. 12. 1977, AP Nr. 10 zu § 118 BetrVG 1972; ausführlich begründend BAG v. 30. 3. 1997, AP Nr. 60 zu § 118 BetrVG 1972; ebenso auch BAG v. 31. 7. 2002, AP Nr. 70 zu § 118 BetrVG 1972 mit Anm. *Thüsing*.
90 Zur Befugnis der Gerichte, die Vorgaben der Kirchen auf Widersprüchlichkeit und Willkür zu überprüfen *Thüsing/Börschel*, Anm. zu LAG Düsseldorf v. 13. 8. 1998, LAGE § 611 BGB Kirchliche Arbeitnehmer Nr. 9.
91 BVerfG v. 14. 11. 1995, EzA Nr. 60 zu Art. 9 GG mit Anm. *Thüsing*; BVerfG v. 24. 4. 1996, EzA Nr. 61 zu Art. 9 GG mit Anm. *Müller/Thüsing*. S. auch *Kühling*, AuR 1994, S. 126.

handen sein müssen. Dieser zweite Ansatz ist nun künftiger Ausdeutung des Art. 9 Abs. 3 GG zugrunde zu legen.

1. Von der Koalitionsgründungsfreiheit zur Streikfreiheit

Bestandteil dieser Koalitionsbetätigungsfreiheit ist der Abschluss von Tarifverträgen, und weil Tarifverträgen nur dann die Chance auf einen angemessenen Ausgleich von Arbeitnehmer- und Arbeitgeberinteressen innewohnt, wenn beide Seiten die Möglichkeit zu Arbeitskampfmaßnahmen haben, um den unberechtigten Forderungen der jeweils andere Seite entgegenzutreten, muss auch der Streik erlaubt sein. Der Streik ist also nur insoweit geschützt, als er dazu dient, Tarifverträge durchzusetzen. Hieraus ergibt sich ein wichtiges Zwischenergebnis: *Es gibt kein Grundrecht auf Streik*, sondern nur ein Grundrecht auf Koalitionsbetätigung, also an der Betätigung der Koalition teilzuhaben, durch sie und mit ihr zu wirken, und der Streik ist hier nur ein Mittel. Auch die Koalition selber ist Grundrechtsträger und das Streikrecht des einzelnen Gewerkschaftsmitglieds geht nur soweit, wie die Berechtigung der Koalition und *vice versa*. Dem entspricht es, dass nach der ganz herrschenden Meinung die Einbeziehung von Nichtorganisierten in einen Streik nur durch das Erfordernis der sonst nicht gewährleisteten Funktionsfähigkeit des Arbeitskampfsystems zu rechtfertigen ist, nicht aber direkt aus Art. 9 Abs. 3 GG, und dem entspricht es auch, dass eine Gruppe, die nicht Koalition i.S. des Art. 9 Abs. 3 GG ist, nicht streiken kann.[92]

2. Die Ausgestaltungsbefugnis des Gesetzgebers

Diese Koalitionsbetätigung – und damit auch das Streikrecht – kann und muss der Gesetzgeber ausgestalten: Eine naturrechtlich vorgegebene Freiheit der Gewerkschaften, Tarifverträge abzuschließen, lässt sich nicht finden. Anders als Leben, Bewegungsfreiheit, aber auch Wohnung und Familie kann es Verträge und damit auch Tarifverträge nur innerhalb einer sich in Recht ordnenden Gemeinschaft geben, und wo diese Rechtsordnung keinen Rahmen zur Verfügung stellt, in dem Einigungen akzeptiert werden und ihre Durchsetzbarkeit gewährleistet wird, existiert auch keine Vertragsfreiheit.[93]

---

92 *Thüsing*, Der Außenseiter im Arbeitskampf, 1996, S. 23 ff., 51 ff.; *Konzen*, Aussperrungstaktik und Organisationspolitik – zur Unterstützungszahlung von Arbeitgebern an ausgesperrte Außenseiter, Festschrift 25 Jahre BAG, 1979, S. 273, 280; MünchArbR-*Otto*, § 285, Rn. 58.
93 Zur Ausgestaltung der Vertragsfreiheit gemäß Art. 2 GG s. insb. auch BVerfG v. 7. 2. 1990,

Die Tarifautonomie ist also ohne unterstützende Tätigkeit des Gesetzgebers nicht möglich. Allerdings ist unklar, wie sich die unterstützende Ausgestaltung vom Eingriff unterscheiden lässt, denn jede Festlegung einer Freiheitsgewährleistung bedeutet auch ihre Beschränkung („*to define it, is to limit it*"), und jede Einschränkung trägt auch zur Ausgestaltung bei.[94] Subsumtionsfähige Formeln fehlen, und auch die Rechtsprechung hat durch nur spärliche Hinweise noch keinen Boden für einen möglichen Konsens bereitet. Alles atmet große Unsicherheit. Dennoch ist unbestritten und durch die Judikatur des Bundesverfassungsgerichts vielfach bestätigt, dass es ein Gestaltungsermessen der Legislative gibt, aus hinreichenden Gründen auch unterhalb des Verfassungsrechts Konkretisierungen der Koalitionsbetätigung vorzugeben, sofern ihre Zielsetzung keine Beschränkung der Koalitionsfreiheit ist, sondern seine systemkonforme Entfaltung, etwa wenn das Verhältnis zwischen den Arbeitskampfgegnern geregelt wird.[95] Diese Ausgestaltung bezieht sich dann auf die Koalition insgesamt, nicht auf den einzelnen Arbeitnehmer, denn nur die Koalition hat ein Recht, Tarifverträge abzuschließen und dafür zum Streik aufzurufen. Was für den einzelnen Arbeitnehmer ein Ausschluss seines Streikrechts bedeuten kann, bedeutet für die Koalition nur eine Beschränkung im Rahmen der Ausgestaltung. Dass etwa ein Arbeitnehmer, der wichtige Funktionen der Daseinsvorsorge ausführt, in bestimmten Konstellationen überhaupt nicht streiken darf (Ärzte, Fluglotsen, etc.), ist kein Eingriff in das Streikrecht, sondern bezeichnet die Grenzen, innerhalb derer der gestaltende Gesetzgeber das Streikrecht zur Verfügung stellt, ebenso wie der Verhältnismäßigkeitsgrundsatz, der *ultima ratio*-Gedanke und das Paritätsprinzip nur Leitlinien der Ausgestaltung, nicht aber ein Eingriff in das Recht sind. Es ist daher etwas durchaus anderes, den Arbeitskampf generell durch eine Zwangsschlichtung zu ersetzen, oder einzelne Bereiche aus gewichtigen Gründen von Streik und Aussperrung auszunehmen. Die Argumentation *Kühlings* vertauscht daher die Ebenen, wenn sie den Blick stets auf den einzelnen Arbeitnehmer richtet. Sein argumentativer Schwerpunkt liegt darin, der Auffassung *Richardis* entgegenzutreten, ein für

---

BVerfGE 81, S. 242, 255 (Handelsvertreter) und BVerfG v. 19.10.1993, BVerfGE 89, S. 214, 232 (Bürgschaft).
94 Vgl. *Höfling*, Grundelemente einer Bereichsdogmatik der Koalitionsfreiheit – Kritik und Reformulierung der sog. Kernbereichslehre, Festschrift für Friauf, 1996, S. 378 ff.; *Thüsing/Müller*, Anm. zu BVerfG v. 24.4.1996, EzA Nr. 61 zu Art. 9 GG; *Thüsing*, Anm. zu BVerfG v. 14.11.1995, EzA Nr. 60 zu Art. 9 GG; *Schwarze*, JuS 1994, S. 653; aus der Studienliteratur *Pieroth/Schlink*, Staatsrecht II – Grundrechte, Rn. 209.
95 S. etwa BVerfG v. 24.4.1996, EzA Nr. 61 zu Art. 9 GG und BVerfG v. 4.7.1995, BVerfGE 395, S. 394 = EzA Nr. 5 zu § 116 AFG.

alle geltendes Gesetz könne nur durch den Gesetzgeber geschaffen werden, und weil dies fehle, könne das Arbeitskampfrecht nicht die kirchliche Selbstbestimmung einschränken. Auch wenn er in seiner Kritik recht haben sollte – wofür einiges spricht, was aber im Hinblick auf die Entscheidung des Bundesverfassungsgerichts zum Beamtenstreik so sicher nicht ist[96] – bleibt doch die grundlegendere Weichenstellung, warum dies denn Eingriff und nicht Ausgestaltung ist, unbegründet.

Wiederum gilt es die mit ins Boot zu holen, die der hier dargelegten Argumentation nicht folgen wollen: Auch wer einen engeren Begriff der Ausgestaltung befürwortet, kann den weiteren Ausführungen zustimmen. Denn der Unterschied zwischen Ausgestaltung und Eingriff ist vor allem da relevant, wo es um eine Beschränkung der Koalitionsbetätigungsfreiheit geht, die nicht durch Verfassungsgüter gerechtfertigt ist.[97] Hier ist ein Eingriff nach herrschender Grundrechtsdogmatik bei vorbehaltlos gewährleisteten Grundrechten, wie es die Koalitionsfreiheit ist, nicht möglich – eben dies war wohl auch ein Grund, warum sich die Kernbereichslehre entwickelte. Eine Ausgestaltung ist demgegenüber möglich im Hinblick auf bloße vernünftige Erwägungen des Allgemeinwohls. Das Selbstbestimmungsrecht der Kirchen aber hat unzweifelhaft Verfassungsrang, und daher kann es auch als Grundlage für einen Eingriff dienen. Es sollte nur deutlich sein: Auch der gänzliche Ausschluss des Streikrechts für einzelne Arbeitnehmer – nicht der Koalitionsbetätigungsfreiheit! – ist kein verfassungsrechtliches Tabu, sondern ist bei hinreichender Rechtfertigung systemkonformes Ergebnis verfassungsmäßiger Konkordanz. Es kommt eben auf die Schwere des Gegengewichts an. Die führt zum zweiten verfassungsrechtlichen Ausgangspunkt: Dem Selbstbestimmungsrecht der Kirchen.

III. Die Schranke des Selbstbestimmungsrechts nach Art. 140 GG i.V.m. Art. 137 Abs. 3 WRV

Das Selbstbestimmungsrecht der Kirchen wird durch Art. 140 GG i.V.m. Art. 137 Abs. 3 WRV anerkannt. Was sich hieraus für das kirchliche Arbeitsrecht im einzelnen ergibt, ist bereits dargelegt worden.[98] Beide Positionen

---

96 Hier wies das Gericht darauf hin, dass es zur Regelung des Einsatzes von Beamten zur Streikarbeit eines förmlichen Gesetzes bedarf; Richterrecht reicht nicht (BVerfG v. 2.3. 1993, BVerfGE 88, S. 103; kritisch *Isensee*, DZWiR 1994, S. 309).
97 S. BVerfG v. 3.4. 2001, EzA Nr. 75 zu Art. 9 GG mit Anm. *Thüsing/Zacharias*; *Thüsing*, Festschrift 50 Jahre BAG, 2004, S. 891.
98 S. § 2 Abschn. A II, S. 12.

sind auszugleichen, und das Bundesverfassungsgericht wählt hier einen anderen Ansatz als *Kühling*, und es scheint die besseren Gründe auf seiner Seite zu haben; warum ist ebenfalls bereits dargelegt worden.[99]

1. Der *ordre public* nach Art. 6 EGBGB und der Wesensgehalt nach Art. 19 Abs. 2 GG – keine kleinen Münzen

Kühling versucht jedoch auch, auf dem Boden des dogmatischen Ausgangspunkts der herrschenden Meinung die Zulässigkeit des Streiks in der Diakonie zu begründen. Er stellt fest, dass ein Verbot gegen fundamentale Grundsätze der Verfassung verstoße. Das vermag nicht zu überzeugen und bereits ein kurzer Blick auf Rechtsprechung und Schrifttum zu Art. 6 EGBGB macht deutlich, wieso: Zwar hat das Bundesarbeitsgericht in einem älteren *obiter dictum* einmal festgestellt, dass der antizipierte Verzicht auf jeglichen Kündigungsschutz „wohl" gegen den *ordre public* verstoßen würde, und dem völligen Ausschluss des Kündigungsschutzes könnte der völlige Ausschluss des Streikrechts entsprechen.[100] Dem entsprechen auch einige Entscheidungen, in denen der arbeitsrechtliche Diskriminierungsschutz zumindest in Teilbereichen dem *ordre public* zugeordnet wurde[101], und vielleicht ließe sich eine Parallele zum Ehehindernis der höheren Weihen versuchen, das das deutsche Recht anders als ehemals das spanische nicht anerkennen kann.[102] Eine nähere Analyse der Entscheidungen kann jedoch unterbleiben, denn es fehlt an der Vergleichbarkeit zum Streikrecht im kirchlichen Bereich: Entscheidend ist nicht, ob die Norm selbst zu der in der entsprechenden deutschen Regelung liegenden Gerechtigkeitsvorstellung in schlechthin untragbarem Widerspruch steht, sondern das *Ergebnis ihrer Anwendung*.[103] Das Ergebnis des fehlenden Streikrechts ist die Anwendung des Dritten Wegs. Bezieht man ihn in die Betrachtung mit ein, dann wird klar, dass der Arbeitnehmer nicht der Schutzlosigkeit anheimfällt, sondern in ein andersartiges, jedoch gleichwer-

---

99 S. § 2 Abschn. A III, S. 13.
100 BAG v. 29. 6. 1978, AP Nr. 8 zu § 38 ZPO Internationale Zuständigkeit; s. aber auch BAG v. 24. 8. 1989, DB 1990, S. 1666: „Das KSchG [gehört nicht] zu den wesentlichen Grundsätzen des deutschen Rechts (ordre public) iSd Art. 6 EGBGB". Weitere Nachweise zum *ordre public* im Arbeitsrecht s. Staudinger-*Blumenwitz*, EGBGB, Art. 6, Rn. 100.
101 Z. B. LAG Köln v. 24. 3. 1982, IPRspr. 1982, Nr. 40. S. aber anderseits BGH v. 9. 5. 1980, GRUR 1980, S. 858 (zu Arbeitsschutzvorschriften) und BGH v. 16. 11. 1981, RiW 1982, S. 353 (zur Mitbestimmung).
102 OLG Hamm v. 26. 11. 1973, OLGZ 1974, 103.
103 *Kegel/Schuring*, Internationales Privatrecht, § 16 III, S. 460 ff.; MünchKomm-*Sonnenberger*, Art. 6 EGBGB, Rn. 51.

tiges Schutzsystem eingeordnet wird. Ein schlechthin untragbarer Widerspruch zum tarifvertraglichen Schutz kann darin nicht gesehen werden. Dies wird insbesondere deutlich, wenn man sich vor Augen führt, dass auch die Kirchen die Koalitionsfreiheit ihrer Dienstnehmer ausdrücklich anerkennen.[104]

Der Hinweis, im hier vertretenen Standpunkt liege ein Eingriff in den Wesensgehalt des Art. 19 Abs. 2 GG, ist nicht überzeugender. Eine Auseinandersetzung mit der Dogmatik des Artikels und eine nähere Herleitung dieser Annahme fehlt. Art. 19 Abs. 2 GG jedoch ist eine recht schillernde Norm: Unklar ist bereits, ob der Wesensgehalt eines Grundrechts absolut oder aber relativ in Ansehung der Schwere möglicher Eingriffsgründe definiert werden muss, oder ob er mit dem Menschenwürdegehalt eines Grundrechts gleichgesetzt werden muss.[105] Eine einheitliche, für die Verfassungspraxis verbindliche Linie hat sich nicht herausgebildet. Dem entspricht es, dass es bislang keine Entscheidungen des BVerfG gibt, die keinen Eingriff in den Wesensgehalt eines Grundrechts tatsächlich angenommen haben. Der Ausschluss des Streikrechts im kirchlichen Bereich wird sicherlich nicht der erste Fall sein. Unabhängig davon aber, wie der Wesensgehalt tatsächlich zu umschreiben ist: Die dargelegten Gründe zeigen wiederum, dass ein verfassungsrechtlicher Konflikt nicht zu befürchten ist. Was lediglich Modalität einer Ausgestaltung des Grundrechts ist, kann nicht ein Eingriff in dessen Wesensgehalt sein.

2. Eine rechtsvergleichende Umschau

Die deutsche herrschende Meinung weiß sich auch international in guter Gesellschaft. Allerdings führt *Kühling* zurecht aus, das aus einem Vergleich zu anderen Rechtsordnungen wegen der Sonderstellung der Kirchen im deutschen Verfassungsrecht nicht allzu weitgehende Schlüsse gezogen werden

---

104 S. Art. 6 der (katholischen) Grundordnung des kirchlichen Dienstes im Rahmen kirchlicher Arbeitsverhältnisse von 1993: „Die Mitarbeiter und Mitarbeiterinnen des kirchlichen Dienstes können sich in Ausübung ihrer Koalitionsfreiheit als kirchliche Arbeitnehmer zur Beeinflussung der Gestaltung ihrer Arbeits- und Wirtschaftsbeziehungen in Vereinigungen (Koalitionen) zusammenschließen, diesen beitreten und sich in ihnen betätigen. Die Mitarbeiterinnen und Mitarbeiter sind berechtigt, innerhalb ihrer Errichtung für den Beitritt zu diesen Koalitionen zu werben, über deren Aufgaben und Tätigkeiten zu informieren sowie Koalitionsmitglieder zu betreuen. Die Koalitionsfreiheit entbindet sie aber nicht von der Pflicht, ihre Arbeit als Beitrag zum Auftrag der Kirche zu leisten". Hierzu auch *Richardi*, Arbeitsrecht in der Kirche, § 4, Rn. 31 ff.
105 S. näher von Münch/Kunig-*Krebs*, GG, Art. 19, Rn. 23 ff.; *Jarass/Pieroth*, GG, Art. 19, Rn. 7: „spielt praktisch keine Rolle".

können.[106] Sein Hinweis auf die Rechtslage in Österreich[107], das Tarifverträge mit Kirchen kenne, in denen ein Streik nicht ausgeschlossen wird, kann allerdings ergänzt werden, zumal hier die Bezugahme so fernliegend nicht ist, entspricht doch Art. 15 StGG weitgehend dem Art. 137 Abs. 3 WRV.[108] Es trifft in der Tat zu, dass in Österreich kirchliche Einrichtungen vereinzelt Tarifverträge abgeschlossen haben. In der Vergangenheit waren dies vor allem die Ordenskrankenhäuser[109], aber gerade in jüngster Zeit ist es zu einer stärkeren Öffnung der katholischen Kirche für den Tarifvertrag gekommen. So schlossen 2001 und 2002 sowohl die Österreichische Caritas als auch die Diözese Linz einen Kollektivvertrag ab, in dem sie, angepasst an den öffentlichen Dienst, die Arbeitsverhältnisse ihrer Dienstnehmer umfassend regeln.[110] Auch hier kam es jedoch nicht zum Streik, wie es noch nie einen Streik gegen kirchliche Einrichtungen gegeben hat. Dass dies nicht ausdrücklich in den Kollektivverträgen so vereinbart wurde, ist unerheblich – es ergibt sich aus dem Gesetz, nicht aus dem Vertrag.[111] Im Ergebnis ist dies die gleiche Entwicklung, wie bei der Evangelischen Kirche in Nordelbien, wo die Gewerkschaften zwar Tarifverträge abschließen, diese jedoch nicht erstreikt werden und nicht erstreikt werden können.

3. Kontrollwertung aus der Sicht des Arbeitsrechts: Das Streikrecht der Beamten

Das Gesagte soll nun noch einmal an einer Facette gespiegelt werden, die seit der Weimarer Zeit fester Bestandteil des deutschen Arbeitskampfrechts ist: dem fehlenden Streikrecht der Beamten. Beamte dürfen nicht streiken, weil sie in einer besonderen Treuepflicht zu ihrem Dienstgeber stehen; ein Arbeitskampf widerspräche den hergebrachten Grundsätzen des Berufsbeam-

---

106 *Kühling*, Arbeitskampf in der Diakonie, AuR 2001, S. 246, Fn. 78.
107 S. hierzu auch § 2 Abschn. A IV 6, S. 20.
108 „Jede gesetzlich anerkannte Kirche und Religionsgemeinschaft hat das Recht der gemeinsamen öffentlichen Religionsausübung, ordnet und verwaltet ihre inneren Angelegenheiten selbständig, bleibt im Besitze und Genusse ihrer für Kultus-, Unterrichts- und Wohltätigkeitszwecke bestimmten Anstalten, Stiftungen und Fonds, ist aber, wie jede Gesellschaft, den allgemeinen Staatsgesetzen unterworfen".
109 Vgl. Runggaldier/Schinkle-*Runggaldier*, Arbeitsrecht und Kirche, 1996, S. 145, 154 ff.; *Kuhn*, ebd., S. 271 f.
110 S: http://www.behindertenarbeit.at/_TCgi_Images/bha/20040208201043_1.pdf; http://www.dioezese-linz.at/einrichtungen/zentralbetriebsrat/folgeseiten/BVs.htm (abgefragt: 31. Oktober 2005).
111 Zum Streikrecht im kirchlichen Bereich s. Runggaldier/Schinkle-*Runggaldier*, Arbeitsrecht und Kirche, 1996, S. 150.

tentums und ist daher gemäß Art. 33 Abs. 5 GG ausgeschlossen. „Wenige Aussagen des Arbeitskampfrechts können sich auf eine ähnlich solide Grundlage stützen" stellt *Gamillscheg* zutreffend fest.[112] Nicht ausgeschlossen ist jedoch, dass sich Beamte zur Wahrung und Förderung der Arbeits- und Wirtschaftsbeziehungen zusammenschließen und damit Gebrauch von ihrem Recht in Art. 9 Abs. 3 GG machen. Der Deutsche Beamtenbund und seine rund 1,2 Millionen Mitglieder belegen dies sehr anschaulich. Auch Beamte sind Träger der Koalitionsfreiheit und dennoch dürfen sie nicht streiken. Das Beispiel zeigt, dass Streikrecht und Koalitionsbetätigung also zu trennen sind und während Ersteres aus gewichtigen Gründen ganz ausgeschlossen werden kann, mag dies für Letzteres nicht gelten. Die Argumentation *Kühlings* verliert bereits hierdurch erheblich an Überzeugungskraft, denn indem sie für alle Arbeitnehmer feststellt, dass ein Ausschluss ihres Streikrechts verfassungswidrig ist, könnte sie nur richtig sein, wenn auch das Streikrecht der Beamten verfassungsrechtlich geboten wäre. Wer mag, der darf auch dies vertreten; eine Mehrheit wird sich hierfür nicht finden.

IV. Das Konkordanzmodell *Kühlings*

Weiten Teilen der Argumentation *Kühlings* kann jedoch nur dann hinreichend Rechnung getragen werden, wenn man ihre Prämisse eines zweifach gestuften Kontrollmaßstabs der für alle geltenden Gesetze als zutreffend zugrunde legt. Auch wenn man dies konzedieren wollte – was in Anbetracht der dargelegten Bewegung in der neueren Rechtsprechung des Bundesverfassungsgerichts so fernliegend nicht ist, s. § 2 Abschn. 2 A III, S. 13 – dann wären die Schlussfolgerungen wiederum keine anderen als die der herrschenden Meinung. Überzeugende Argumente sprechen für die Gleichwertigkeit von Tarifvertragssystem und Drittem Weg. Insbesondere vermag nicht die Gleichstellung des Dritten Wegs mit der staatlichen Zwangsschlichtung zu überzeugen und auch die Ausführungen *Kühlings* zur Aussperrung durch den kirchlichen Arbeitgeber sind zu hinterfragen.

Kühling sieht im Dritten Weg keinen hinreichenden Ersatz für das fehlende Streikrecht der kirchlichen Dienstnehmer, denn er gewähre nicht in gleicher Weise die Angemessenheit der Arbeitsbedingungen. Abgesehen davon, dass schon die Praxis diese Feststellung widerlegt (s. § 3 Abschn. B I 1,

---

112 *Gamillscheg*, Kollektives Arbeitsrecht, S. 1109 mit einer halben Seite Nachweisen aus Rechtsprechung und Schrifttum. Zur Weimarer Zeit bereits *Hueck/Nipperdey*, Arbeitsrecht, 2. Aufl. 1926, Bd. II, S. 123 monographisch *Isensee*, Beamtenstreik, 1971.

S. 140), sprechen auch gewichtige dogmatische Gründe für eine Gleichwertigkeit beider Regelungsformen. Den kirchlichen Arbeitsvertragsordnungen wohnt, wie dargestellt, die gleiche Richtigkeitsgewähr wie den Tarifverträgen inne, auch dort, wo sie nicht lediglich die Tarifverträge des öffentlichen Dienstes inhaltsgleich übernehmen. Denn es kommt nicht darauf an, *warum* eine Verhandlungsparität gegeben ist, sondern allein, dass sie gegeben ist.

1. Unterschied zur staatlichen Zwangsschlichtung

Eben in diesem Umstand liegt auch der wesentliche Unterschied zur staatlichen Zwangsschlichtung, deren Unzulässigkeit *Kühling*[113] zur zentralen Stütze seiner Argumentation macht: Es ist richtig, dass der generelle Ausschluss des Arbeitskampfes und sein Ersatz durch einen staatlichen Schlichtungsspruch wesentliche Grundlagen unserer Verfassung berühren würden – die Praxis der kommunistischen Staaten, aber auch die Harmonieverbände des Dritten Reichs zeugen davon. Hier geht es jedoch um etwas anderes, schon weil an die Stelle des Arbeitskampfes nicht die Entscheidung des Staates tritt, sondern die Entscheidung der paritätisch besetzten Kommission; staatliche Lohnpolitik findet nicht statt. Das Argument könnte also nur im übertragenen Sinne verwandt werden, aber auch dann überzeugt es nicht, denn es fehlt der breitflächige Angriff auf die Tarifautonomie, den der Vergleich suggeriert: Nicht die Koalitionsbetätigung insgesamt wird in Frage gestellt und verdrängt, sondern nur in besonderen Bereichen modifiziert. Das muss zulässig sein. Es verhält sich nicht anders als beim staatlichen Eingriff in den Tarifvertrag, der ohne Rechtfertigung und generell zugelassen gegen Art. 9 Abs. 3 GG verstößt, im Einzelfall jedoch durchaus verfassungsmäßig sein kann.[114] Wenn schon der Tarifvertrag selber im Einzelfall also der staatlichen Verfügung unterliegt, dann erst recht der Weg hin zum Vertrag. Ein Blick auf die Beamten bestätigt wiederum das Ergebnis: Auch hier ist der Streik ausgeschlossen, mehr noch: hier setzt sogar der Staat das Entgelt seiner Bediensteten einseitig selbst fest – und dennoch wird hierin ein Verstoß gegen Art. 9 Abs. 3 GG nicht gesehen.

---

113 *Kühling*, Arbeitskampf in der Diakonie, AuR 2001, S. 245.
114 Vgl. BVerfG v. 3. 4. 2001, EzA Nr. 75 zu Art. 9 GG mit Anm. *Thüsing/Zacharias*; *Thüsing*, FS 50 Jahre BAG, 2004, S. 891 ff.

2. Friktionen des Arbeitskampfrechts

Zuletzt ist ein Argument aufzugreifen, dass zuerst *Richardi* in die Diskussion eingebracht hat und das *Kühling* nun versucht zu entkräften: Dem Umstand, dass der Arbeitnehmer sich vielleicht vom Ideal der kirchlichen Dienstgemeinschaft lossagt und lossagen dürfte und daher streikt, steht die fortbestehende Bindung der Kirchen an ihr Selbstverständnis vom kirchlichen Dienst gegenüber. Ihr Dienstnehmer mag sich hiervon distanzieren können, sie selber können es nicht, ohne es aufzugeben. Daher können sie *de facto* auch nicht aussperren. Streik und Aussperrungsmöglichkeit sind jedoch beide erforderlich, um einen angemessenen Ausgleich zwischen Arbeitgeber- und Arbeitnehmerseite herbeizuführen. Es kann nicht das eine Recht ohne das andere geben, und wo die Aussperrung ausgeschlossen ist, ist es auch der Streik.

Kühling[115] ist anderer Meinung, denn es stehe rechtlich den Kirchen frei, mit Aussperrung zu antworten, und dies sei auch mit ihrem Selbstverständnis zu vereinbaren: Wenn sie eine Forderung für unberechtigt halten, dann dürften sie sich auch dagegen zur Wehr setzen. Diese Argumentation übersieht den unbedingt verpflichtenden Charakter der Dienstgemeinschaft, der es nicht erlaubt, sie zu verleugnen, auch wenn sich der andere nicht ihren Regeln unterwirft. Die Tatsache, dass die eine Seite den Konflikt eskalieren lässt, gibt der anderen Seite nicht das Recht, ein gleiches zu tun. Eben darin liegt das Wesen der Versöhnung. Überzeugender scheint der Einwand, der faktische Ausschluss der Aussperrung könne nur zur Unzulässigkeit eines Streiks führen, der tatsächlich die Kirche zur Aussperrung berechtigen würde. Dies aber sei nur bei einem Teilstreik der Fall, der einen Angriff auf die Solidarität mehrerer Arbeitgeber darstellt, und ob dies praktisch bei den Kirchen überhaupt erheblich würde, erscheine zweifelhaft. Dem Ansatz, dass dort, wo eine Aussperrung nach allgemeinen Regeln ausgeschlossen ist, auf ihre Unmöglichkeit im kirchlichen Dienst keine Argumente gegen den Streik gebaut werden können, ist zuzustimmen. Ein genauerer Blick auf das Arbeitskampfrecht scheint jedoch bei den hieraus gezogenen Schlussfolgerungen ein etwas anderes Bild zu geben: Die Aussperrung hat Bedeutung durchaus nicht nur im Arbeitskampf gegen einen Arbeitgeberverband, sondern immer dann, wenn nicht alle Arbeitnehmer eines bestreikten Arbeitgebers im Ausstand sind, kommt sie grundsätzlich in Frage. Sie ist dann besonderen

---

[115] *Kühling*, Arbeitskampf in der Diakonie, AuR 2001, S. 249; s. auch *Richardi*, Arbeitsrecht in der Kirche, § 10, Rn. 15 ff.; *Thüsing*, ZevKR 44 (1999), S. 99 f.

Grenzen der Verhältnismäßigkeit unterworfen, jedoch nicht ausgeschlossen[116]; selbst die Angriffsaussperrung halten die Rechtsprechung und die herrschende Meinung für zulässig.[117] Zudem ist darauf hinzuweisen, dass den Kirchen jegliche verschärfende Einwirkung auf den Streik verboten wäre. Dazu gehört dann wohl auch die Stillegung eines bestreikten Betriebs, die, 1994 durch die Rechtsprechung erstmals anerkannt, als ein Arbeitskampfmittel zumindest im weiteren Sinne zu verstehen ist.[118] Dies aber hat einen noch weiteren Anwendungsbereich als die Aussperrung. Solche Friktionen des Arbeitskampfrechts können kein Argument der ersten Linie sein, geben jedoch einen deutlichen Hinweis darauf, dass der Dritte Weg wohl doch das geeignetere und angemessenere Mittel zur Lösung eines Lohnkonflikts im kirchlichen Bereich ist.

C) Anpassung von Arbeitsbedingungen im kirchlichen Arbeitsrechtsregelungsverfahren

I. Änderungsdruck im karitativen und diakonischen Bereich

Die weitaus meisten Arbeitnehmer im kirchlichen Dienst sind nicht bei verfaßt-kirchlichen Trägern, sondern im diakonischen bzw. karitativen Dienst beschäftigt. Dieser Dienst wird nicht aus Kirchensteuern finanziert, sondern über die Leistungen nach den Sozialgesetzbüchern: SGB V (Krankenversicherung), SGB XI (Pflegeversicherung), SGB VIII (Kinder- und Jugendhilfegesetz) und des SGB XII als dem letzten Netz der sozialen Sicherung. Diese Finanzierungen wurden in den vergangenen Jahren mehr und mehr eingeschränkt: Sie werden über Globalbudgets im Wege der Sachleistung der Versicherten bzw. Leistungsberechtigten in Anspruch genommen. Zwar haben die Einrichtungen nach wie vor Anspruch auf leistungsgerechte Vergütungen entsprechend ihrer Gestehungskosten, die konkrete Höhe indes hängt in der Regel von einer Vergleichsbetrachtung ab. Dies führt zunehmend zu einem

---

[116] Vgl. hierzu ErfK-*Dieterich*, GG, Art. 9, Rn. 230 ff.; MünchArbR-*Otto*, § 282, Rn. 71, § 285 Rn. 164; *Gamillscheg*, Kollektives Arbeitsrecht Bd. I, S. 1034 ff.
[117] *Brox/Rüthers*, Arbeitskampfrecht, Rn. 186 f.; *Kalb*, Arbeitskampfrecht, Rn. 179; zweifelnd *Gamillscheg*, Kollektives Arbeitsrecht Bd. I, S. 1037 ff.; MünchArbR-*Otto*, § 286, Rn. 66 ff.
[118] BAG v. 22. 3. 1994, AP Nr. 130 zu Art. 9 GG Arbeitskampf; BAG v. 31. 5. 1995, AP Nr. 135 zu Art. 9 GG Arbeitskampf; s. auch MünchArbR-*Otto*, § 286, Rn. 104 ff.; *Thüsing*, DB 1995, S. 2607.

Wettbewerb.[119] Nach dem Subsidiaritätsprinzip wird die öffentliche Hand selbst nur tätig, wo freie Träger die erforderlichen Leistungen nicht erbringen können. Anders als früher sind die Kirchen in der heutigen säkularen und pluralistischen Gesellschaft ein – wenn auch wichtiger – Anbieter unter vielen, der in Konkurrenz zu anderen weltlichen und gewerblichen Trägern steht. Wo der weltanschaulich neutrale Staat Mittel vergibt, oder gesetzliche Versicherungen als Leistungsträger Mittel vergeben, werden sie sich an der Kosteneffizienz der Leistungserbringer orientieren und dem den Zuschlag geben, der am ehesten zur Wahrung des gesetzlichen Angebots die günstigste Leistung erbringt.

Will das kirchliche Arbeitsrechtsregelungsverfahren langfristig gesichert sein, müssen die Grenzen aufgezeigt werden, innerhalb derer eine Anpassung von Arbeitsbedingungen im Regelungssystem möglich ist. Hierzu sind verschiedene Ansatzpunkte denkbar. Zum einen können die Kommissionen selber ihre Regelungswerke neu fassen, so dass für bestimmte Arbeitsverhältnisse gesonderte, vom übrigen kirchlichen Dienst abweichende Arbeitsbedingungen festgelegt werden. Ob dies möglich ist, wird sich vor allem an den Bezugnahmeklauseln entscheiden. Daneben fragt sich, ob eine solche Umstellung unabhängig von der Bereitschaft der Kommissionen durch eine Änderung der Arbeitsrechtsregelungsgesetze/KODA-Ordnungen möglich wäre, in dem etwa eigenständige Kommissionen für bestimmte Arbeitsverhältnisse und Rechtsträger eingerichtet werden. Beide Wege sollen im Folgenden näher beleuchtet werden.

II. Umstellung der Arbeitsverhältnisse mittels Änderung der Regelungswerke durch die Kommissionen

Der wohl naheliegendste Weg, die Arbeitsverhältnisse der im kirchlichen Bereich beschäftigten Arbeitnehmer auf veränderte Arbeitsbedingungen umzustellen, mag es sein, gesonderte Regelungen für bestimmte Arbeitnehmergruppen und Dienstgeber in die bisherigen Regelungswerke, etwa AVR oder BAT-KF aufzunehmen, oder künftig ein eigenständiges Regelungswerk für diese Arbeitnehmer durch die Kommissionen auszuhandeln. Weil die Regelungen des Dritten Wegs Tarifsurrogat sind, und weil im Tarifrecht sehr viel dichteres Fallmaterial und umfangreicheres Schrifttum zur Verfügung steht,

---

119 Zu dieser Entwicklung als Rahmendatum für die zukünftige Entwicklung des kirchlichen Arbeitsrechts *Hammer*, Kirchliches Arbeitsrecht, S. 68 ff. („Ökonomisierung des Sozialen").

1. Parallelwertung im Tarifvertragsrecht

Schließt eine Gewerkschaft mit einem Arbeitgeberverband oder einem einzelnen Arbeitgeber einen Tarifvertrag ab, so sind gemäß § 3 Abs. 1 TVG die Mitglieder der Tarifvertragsparteien und der Arbeitgeber, soweit er selbst Partei des Tarifvertrags ist, tarifgebunden. Die vereinbarten Regelungen wirken damit normativ auf die Arbeitsverhältnisse ein; eine gesonderte vertragliche Vereinbarung zwischen Arbeitnehmer und Arbeitgeber ist nicht erforderlich. Anderes gilt für die nicht organisierten Arbeitnehmer. Weil diese nicht Mitglied der tarifvertragsabschließenden Gewerkschaft sind, besteht eine Verpflichtung, diese nach Tarif zu behandeln, nur, falls – wie im Regelfall – die Geltung des Tarifvertrags individualvertraglich vereinbart wurde. Wird nun ein neuer Tarifvertrag abgeschlossen, der nach dem Willen der tarifvertragsabschließenden Parteien den vorangegangenen Vertrag ersetzen soll, dann gilt die Zeitkollisionsregel des *lex posterior derogat legi priori*; die Wirkung des alten Tarifvertrags endet dann und sein Inhalt wird durch die des neuen Tarifvertrags ersetzt. Diese nachfolgenden Regelungen können durchaus ungünstigere sein als die ehemals geltenden; eine Grenze findet die Möglichkeit zum verschlechternden Tarifvertrag lediglich im Bestandsschutz bereits erworbener Ansprüche und den sich aus dem Rechtsstaatsgebot herleitenden Legitimationserfordernissen rückwirkender Rechtssetzung.[120] Der betriebliche Geltungsbereich des nachfolgenden Tarifvertrags braucht nicht identisch mit dem des vorangegangenen zu sein, sondern kann abweichend einen größeren oder einen kleineren Regelungsanspruch verfolgen. Eine dadurch eintretende Konkurrenz zwischen zwei tariflichen Regelungswerken wird nach ständiger Rechtsprechung nach dem Grundsatz der Spezialität aufgelöst, wonach das sachnähere Regelungswerk das allgemeinere verdrängt.[121]

Wären also die kirchlichen Arbeitsvertragsregelungen Tarifverträge, dann könnten durch entsprechende Änderung der bisherigen Vereinbarung in einem neuen Tarifvertrag die bestehenden und künftig zu begründenden Arbeitsverhältnisse auf abweichende Arbeitsbedingungen umgestellt werden;

---

[120] Vgl. *Löwisch/Rieble*, TVG, § 1, Rn. 204 ff.; § 1 Rn. 56; Wiedemann-*Wank*, TVG, § 4, Rn. 261.
[121] Vgl. *Löwisch/Rieble*, TVG, § 4, Rn. 304 ff.; Wiedemann-*Wank*, TVG, § 4, Rn. 289 ff.

eine damit eventuell verbundene Verschlechterung stünde dem ebenso wenig entgegen, wie eine fehlende Bezugnahme auf das veränderte Regelungswerk.

2. Unterschiede in der kollektiven Arbeitsvertragsregelung der Kirchen

Vom oben hergeleiteten Postulat der grundsätzlichen Gleichbehandlung tarifvertraglicher Regelungen mit denen des Dritten Weges weicht die Rechtsprechung des BAG jedoch in zwei entscheidenden Punkten ab: Die unterschiedlichen Wertungen bei der Frage der normativen Wirkung und der Billigkeitskontrolle haben Auswirkungen auch auf die hier zu erörternde Rechtsfrage. Weil eine normative Wirkung verneint wird, ist die Auslegung der Bezugnahmeklausel entscheidend; diese ist u.U. einer Angemessenheitskontrolle zu unterziehen.

a) Auslegung der Bezugnahmeklauseln

In den zur Zeit verwendeten Bezugnahmeklauseln im kirchlichen und diakonischen/karitativen Dienst wird jeweils ausdrücklich auf ein bestimmtes Regelwerk verwiesen: BAT-KF, AVR oder eine bestimmte KODA-Regelung. Ob ein zukünftig zu schaffendes Regelwerk, das zwischen verschiedenen Beschäftigungsfeldern differenziert und für bestimmte Mitarbeitergruppen oder Dienstgeber besondere Arbeitsbedingungen vorsieht, gleichsam auch mit seinen Differenzierungen von der Verweisungsklausel erfasst wäre, ist damit eine Frage der Auslegung. Um dies zu klären, ist auf den entsprechenden Meinungsstand in Rechtsprechung und Schrifttum bei der Bezugnahme auf Tarifverträge und Änderungen des in Bezug genommenen Objekts einzugehen.

aa) Die einzelvertragliche Bezugnahme auf den Tarifvertrag in Rechtsprechung und Schrifttum. Bezugnahmen auf Tarifverträge sind in der Praxis weithin üblich.[122] Durch die Verweisung in einem Arbeitsvertrag auf die tariflichen Regelungen entsteht keine Tarifbindung, sondern die tarifliche Regelung wird zum Inhalt des Arbeitsvertrages.[123] Die Arbeitsvertragsparteien können auf den Tarifvertrag verweisen der gelten würde, wenn die Parteien tarifgebunden wären, aber auch auf jeden anderen abgelaufenen oder den

---

122 Vgl. *Preis*, Grundfragen der Vertragsgestaltung im Arbeitsvertrag, 1993, S. 51 ff., wonach ca. 90% aller Arbeitsverträge entsprechende Klauseln enthalten – eine Zahl, die heute wohl niedriger ausfallen dürfte.
123 Für alle *Löwisch/Rieble*, TVG, § 3, Rn. 104; Wiedemann-*Oetker*, TVG, § 3, Rn. 243; BAG v. 7.12.1977, AP Nr. 9 zu § 4 TVG Nachwirkung.

Tarifvertrag eines anderen betrieblichen Geltungsbereichs; Grenze ist hier nur das Bestimmtheitserfordernis.[124] Welcher Tarifvertrag in Bezug genommen ist, und wie sich eine Änderung des in Bezug genommenen Regelungswerkes auf die Bezugnahme auswirkt, hängt vor allem von der Fassung und dem Wortlaut der Bezugnahmeklausel ab. Hinsichtlich der inhaltlichen Reichweite vertraglicher Bezugnahmeklauseln hat sich die von *Hromdka/ Maschmann/Wallner*[125] eingeführte Terminologie eingebürgert[126], die auch hier zu Grunde gelegt werden soll: Sofern im Arbeitsvertrag auf einen bestimmten, an einem näher definierten Stichtag gültigen Tarifvertrag verwiesen wird, ist von einer *statischen Verweisung* auszugehen; spätere tarifliche Änderungen sind in diesem Fall ohne Auswirkungen (sog. *statische Bezugnahmeklausel*, z.B.: „Es gilt der Tarifvertrag X in seiner Fassung vom [...]"). Alternativ können die Arbeitsvertragsparteien die Bezugnahme in *zeitlicher* Hinsicht dynamisch gestalten, indem sie auf den für das Unternehmen einschlägigen oder auch einen branchenfremden Tarifvertrag in seiner jeweils gültigen Fassung verweisen (sog. *kleine dynamische Bezugnahmeklausel*, z.B.: „Es gilt der Tarifvertrag der Y-Branche in seiner jeweils gültigen Fassung."). Soll die Bezugnahme zudem *fachlich* dynamisch gestaltet sein, ist es möglich, den jeweils für den Betrieb einschlägigen Tarifvertrag in seiner jeweiligen Fassung in Bezug zu nehmen (sog. *große dynamische Bezugnahmeklausel*, z.B.: „Es gilt der jeweils einschlägige Tarifvertrag in seiner jeweils gültigen Fassung.").

Unklar und heftig umstritten sind insbesondere die Auswirkungen eines Verbandswechsels des Arbeitgebers oder aber der Abschluss eines Tarifvertrages mit einer anderen Gewerkschaft als derjenigen, die den geltenden Tarifvertrag abschloss. In beiden Fällen erscheint unsicher, inwieweit ein namentlich in Bezug genommener Tarifvertrag, der nun nicht mehr normativ gilt, dennoch individualvertragliche Geltung im Betrieb beanspruchen soll. Insbesondere für diese Fälle ist bezüglich jeglicher Verweisungsklausel durch eine wiederholt bestätigte Rechtsprechung anerkannt, dass der *Zweck der Bezugnahmeklausel* hier maßgeblich ist und ihm bei ihrer Auslegung maßgebliches Gewicht zukommt. Dieser Zweck besteht regelmäßig darin, einheitliche Arbeitsbedingungen für Tarifgebundene wie nicht Tarifgebundene

---

124 Vgl. BAG v. 7.12.1977, AP Nr. 9 zu § 4 TVG Nachwirkung; Wiedemann-*Oetker*, TVG, § 3, Rn. 236.
125 Der Tarifwechsel, 1996, Rn. 75 ff.
126 Vgl. etwa *Heinze*, NZA 2001, Sonderheft, S. 73, 74; *Seitz/Werner*, NZA 2000, S. 1257, 1259; *Annuß*, BB 1999, S. 2558 f.; *Reichel*, Die arbeitsvertragliche Bezugnahme auf den Tarifvertrag, 2001, S. 42 ff.

zu schaffen, woran der organisierte Arbeitgeber insbesondere interessiert sein kann, weil er seine Betriebsangehörigen zur Vermeidung sozialer Spannungen nicht nach der Gewerkschaftszugehörigkeit unterscheiden will – und daher allen seinen Arbeitnehmern den Tariflohn zukommen lassen will. Dies spricht nachhaltig dafür, dass ein normativ geltender und ein individualvertraglich in Bezug genommener Tarifvertrag identisch sind.[127] Daher hat das BAG vielfach bestätigt entschieden, dass selbst wenn sich die Vertragsparteien auf einen konkreten Tarifvertrag beziehen, es den Zweck der Gleichstellungsabrede verfehlen würde, wenn ein Wechsel des fachlich und räumlich für den Betrieb einschlägigen Tarifvertrages ignoriert würde; die ausdrückliche Bezeichnung des ehemals geltenden Tarifvertrages sei einer Auslegung hin auf den nun einschlägigen Tarifvertrag nicht prohibitiv. Allerdings bedürfe es zu einer solchen Konstellation einer ergänzenden Auslegung der Bezugnahmeklausel.[128]

Beim *Outsourcing* haben sich die Judikate zur Gleichstellungsklausel in eine etwas andere Richtung entwickelt, s. § 2 Abschn. B II 3, S. 53 ff. Die Situation dürfte jedoch deutlich weniger vergleichbar sein mit den Neuregelungen der Regelwerke durch die Kommissionen als der Verbandswechsel, da hier weniger der Zuständigkeitswegfall als die Anpassung an Regelwerke des Erwerbers im Vordergrund stehen.

bb) Folgerung für die Klauseln im kirchlichen Dienst. Hierauf aufbauend wird man unterscheiden müssen. Ganz und gar unproblematisch erscheint der Fall, dass die Kommission *innerhalb* des bisherigen Regelwerks eine Differenzierung für einzelne Vereinbarungsbestandteile in Bezug auf verschiedene Mitarbeitergruppen oder Dienstgeber vornimmt, denn es ist weiterhin dasselbe, wenn auch inhaltlich veränderte Regelungswerk, auf das in den dynamischen Bezugnahmeklauseln der Arbeitsverträge verwiesen wird. Dann aber wird man es auch für zulässig halten müssen, dass unter dem Mantel der bisherigen Arbeitsvertragsregelung (BAT-KF, AVR, KAVO) Sonderregelungen für die jeweiligen Mitarbeitergruppen geschaffen werden; da die Parteien der Vereinbarung dieselben sind, können beide Regelungswerke *in*

---

[127] Vgl. BAG v. 6.4.1955, AP Nr. 7 zu Art. 3 GG; BAG v. 22.8.1979, AP Nr. 3 zu § 611 BGB Deputat; BAG v. 20.3.1991, AP Nr. 20 zu § 4 TVG Tarifkonkurrenz; BAG v. 4.9.1996, DB 1996, S. 2550; vgl. auch *Kania*, Festschrift für Schaub, 1998, S. 245 ff.; aus der neueren Rspr. BAG v. 1.12.2004, AP Nr. 34 zu § 1 TVG Bezugnahme auf Tarifvertrag; BAG V. 15.9.2004, AP Nr. 191 zu § 1 TVG Metallindustrie; s. jetzt aber BAG v. 14.12.2005 – 4 AZR 536/04, noch n.v.

[128] Vgl. BAG v. 4.9.1996, AP Nr. 5 zu § 1 TVG Bezugnahme auf Tarifvertrag; ebenso bereits vorher *Säcker/Oetker*, ZfA 1993, S. 1, 15 f.; die neuere Rspr. ist hier kritischer für Klauseln nach der Schuldrechtsreform s. § 2 Abschn. B II 3, S. 53.

einer Vereinbarung bestimmt werden, und so also zumindest technisch zusammengefasst werden. Dann ist es aber nur noch ein kleiner Schritt anzuerkennen, dass die Regelungskomplexe auch in unterschiedlichen Vereinbarungen niedergelegt werden können; die eine Vereinbarung mag BAT-KF Diakonischer Dienst, die andere BAT-KF Verkündigungsdienst genannt werden, oder auch KAVO-Osnabrück-Krankenhaus und KAVO-Osnabrück-Seelsorge. Allerdings ist in diesem Falle eine *ergänzende Auslegung* der Bezugnahmeklausel erforderlich, denn das ehemals einheitliche Bezugsobjekt existiert dann nicht mehr; schlicht etwa auf „das kirchliche Arbeitsrecht für Angestellte – Bundesangestelltentarifvertrag (BAT-KF) – in der jeweils ... geltenden Fassung" zu verweisen, greift dann ins Leere. Eine solche ergänzende Auslegung muss sich am mutmaßlichen Parteiwillen orientieren[129] und die Lücke der Vereinbarung füllen, die veränderte oder nicht bedachte Umstände geschaffen haben. Da sich die Bezugnahme auf eine der beiden Regelungswerke beziehen muss, liegt es näher, die speziell für den diakonischen Bereich geschaffenen Regelungen als das Objekt mutmaßlichen Vereinbarungswillens zu betrachten. Dies kann allerdings nicht unmittelbar damit begründet werden, dass es sich hierbei um die speziellere Vereinbarung handelt, denn die nicht normativ wirkende Regelung kann ihren Geltungsbereich ja nicht selbst bestimmen. Dennoch wird man diese Besonderheiten in etwas modifizierterer Form argumentativ fruchtbar machen können: Nicht weil eine Gleichstellung mit den normativ von der Vereinbarung erfassten Mitarbeitern gewollt ist – wie beim Tarifvertrag – und nicht weil die Vereinbarung selbst die Arbeitsverhältnisse eines bestimmten Dienstnehmerkreises erfassen will, sondern weil es die einschlägige, speziell für diesen Arbeitsbereich konzipierte Vereinbarung ist, ist anzunehmen, dass die Parteien des Arbeitsvertrages die Geltung dieser Regelung, und nicht die eines anderen Arbeitnehmerkreises vereinbart hätten. Anders entscheiden zu wollen hieße, einen hypothetischen Willen zur Anlehnung an sachfernere Regelungswerke zu unterstellen; das wäre wenig überzeugend.

Den Kommissionen ist es also möglich, die Arbeitsverhältnisse bestimmter Dienstnehmergruppen oder bestimmter Einrichtungen unabhängig von den Arbeitsverhältnissen anderer Arbeitnehmer fortzuschreiben und an die besondere wirtschaftliche und arbeitstechnische Situation anzupassen. Dies kann durch einzelne Sonderregelungen innerhalb eines als Ganzes fortbestehenden Regelwerks BAT-KF, AVR oder KAVO geschehen oder aber durch

---

129 Allgemein zur ergänzenden Vertragsauslegung vgl. Staudinger-*Roth*, § 157 BGB, Rn. 11 ff.; Münchener Kommentar-*Mayer-Maly/Busche*, BGB, § 157, Rn. 25 ff.

ein eigenständiges Regelungswerk speziell für diesen Arbeitnehmerkreis. Für die Zulässigkeit zumindest der ersten Alternative spricht auch eine Entscheidung des BAG vom 19.2.2003.[130] Dort wurde eine einrichtungsbezogene Sonderregelung für Arbeitsverhältnisse beschlossen, die auf den BAT-KF verwiesen. Trotz des einschränkungslosen Wortlauts waren die Änderungen von der Verweisung mit erfasst.

b) Inhaltskontrolle

Wie verhält es sich mit der Inhaltskontrolle? Billigkeit ist die Gerechtigkeit des Einzelfalls; hier generalisierende Aussagen treffen zu wollen, erscheint widersprüchlich. Dennoch lassen sich einige Feststellungen treffen, die Hilfe sein mögen, das Ergebnis einer zukünftigen Billigkeitsprüfung zu prognostizieren, so sie denn vorzunehmen ist, s. § 3 Abschn. A V, S. 132 ff. Zum einen ist wesentlich, dass das BAG, seitdem es die Inhaltskontrolle nicht mehr auf das Erfordernis einer Übermachtkontrolle, sondern auf § 317 BGB stützt, in *keinem* Fall angenommen hat, die Regelung sei offensichtlich unbillig und daher durch eine billige, vom Gericht zu bestimmende Regelung zu ersetzen.[131] Zum anderen ist darauf hinzuweisen, dass die nach § 317 BGB für eine offenbare Unbilligkeit geltenden Maßstäbe dem die Leistung bestimmenden Dritten einen weiten Gestaltungsraum einräumen. „Offenbar unbillig" ist eine Regelung nur, wenn die Bestimmung den Grundsatz von Treu und Glauben in grober Weise verletzt und sich ihre Unbilligkeit, wenn auch nicht jedermann, so doch dem sachkundigen und unbefangenen Betrachter sofort aufdrängt.[132] So mag beispielsweise darauf hingewiesen werden, dass Fehleinschätzungen auch von erheblichem Umfang eine Bestimmung nicht ohne weiteres offenbar unbillig machen und z.B. Abweichungen von 17% unschädlich sein können.[133] Die *Beweislast* für die offenbare Unbilligkeit liegt nach §§ 317, 319 BGB bei der Partei, die sie behauptet. Dies grenzt den Bereich möglicher unwirksamer Regelungen erheblich ein. Insbesondere wird man annehmen können, dass eine Angleichung der Arbeitsverhältnisse an

---

130 BAG v. 19.2.2003, NZA 2004, S. 54.
131 Auch in der soweit grundlegenden Entscheidung des BAG v. 17.4.1996, AP Nr. 24 zu § 611 BGB Kirchendienst bestätigt es die Gültigkeit der überprüften Regelung. Ausführlich § 3 Abschn. A V, S. 132 ff.
132 Vgl. BGH 14.10.1958, NJW 1958, S. 2067; BGH v. 26.4.1991, NJW 1991, S. 2761; BGH v. 21.5.1985, LM § 319 BGB Nr. 13.
133 Vgl. BGH v. 26.4.1991, NJW 1991, S. 2761: „Die vom Schiedsgutachter aufgrund vertraglicher Anpassungsklausel festgesetzte Erbbauzinserhöhung ist nicht offenbar unbillig, wenn diese Leistungsbestimmung nur um 16,79% über dem vom Gericht für angemessen gehaltenen Ergebnis liegt".

die Arbeitsbedingungen der durch die arbeitsrechtliche Kommission des diakonischen Werks vereinbarten Regelungen nicht offenbar unbillig sein kann, gelten diese doch bereits für eine nicht unerhebliche Anzahl von Mitarbeitern und sind sie doch paritätisch von Arbeitnehmer- und Arbeitgebervertretern ausgehandelt worden. Dies gilt um so mehr, als das BAG bisher auch da, wo es im nicht-kirchlichen Arbeitsrecht eine Billigkeitsprüfung gem. §§ 317, 319 BGB vornahm, eine offenbare Unbilligkeit der Leistungsfestsetzung oftmals nicht feststellen konnte.[134] So ist denn auch die neuere Rechtsprechung mit der Annahme der Unbilligkeit zurückhaltend.[135]

Wesentlich zur Beurteilung der Billigkeit der veränderten Arbeitsbedingungen ist auch die Frage, ob sich die Billigkeit einzig auf die *Regelung an sich* bezieht oder auch auf den *Vergleich mit den geänderten und abgelösten Arbeitsbedingungen*, mit anderen Worten: ob sich die Billigkeit bloß durch den Interessenausgleich zwischen Dienstnehmer- und Dienstgeberseite im neuen Regelungswerk oder aber auch im Vergleich zu den vorangegangenen Arbeitsbedingungen bestimmt. Die Antwort hierauf scheint unsicher. Allerdings betrafen schon ältere Entscheidungen zur Inhaltskontrolle kirchlicher Arbeitsvertragsordnungen eine *Änderung* der Arbeitsbedingungen und bezogen damit die zeitliche Entwicklung in die Billigkeitsprüfung ein.[136] Für das Verhältnis einer vorangegangenen zu einer nachfolgenden Betriebsvereinbarung ging die Rechtsprechung jedoch stets von der Zeitkollisionsregel aus und beschränkte sich in ihren Korrekturen auf die Fälle, in denen Versorgungsanwartschaften und Besitzstände angetastet wurden.[137] Auch spricht gegen einen solchen Vergleich die einfache Überlegung, dass etwa eine ehemals ungewöhnlich niedrige Vergütungs- oder Zulagenregelung, die selber als unangemessen erachtet werden muss, nicht eine nachfolgende Regelung, die ähnlich arbeitnehmerbenachteiligend ist, angemessen erscheinen lässt. Gleiches muss aber dann wohl für den umgekehrten Fall gelten, dass eine ungewöhnlich arbeitnehmerbegünstigende Regelung auf ein niedrigeres Maß herabgeführt wird. Ist die Neuregelung selbst angemessen, ändert das ehe-

---

134 Vgl. etwa BAG v. 22.1.1997, NZA 1997, S. 837: Streichung einer bisher gewährten Zulage von 6,5% des Bruttomonatsgehalts. Nicht hierher gehören die Urteile, die Leistungsbestimmungen eines Zusammenschlusses von Arbeitgebern zum Zwecke der Koordinierung von Leistungen im Rahmen der betrieblichen Altersversorgung (z.B. Bochumer Verband) behandeln. Diese wertet die Rechtsprechung nicht als Dritte im Sinne des § 317 BGB, sondern rechnet sie der Partei des Arbeitgebers zu und misst die Festsetzung dementsprechend an § 315 BGB (vgl. z.B. BAG v. 2.2.1988, NZA 1988, S. 611; BAG v. 27.8.1996, NZA 1997, S. 535).
135 BAG v. 26.1.2005, AP Nr. 1 zu AVR Diakonisches Werk Anlage 18.
136 Vgl. BAG v. 4.2.1976, AP Nr. 40 zu § 242 BGB Gleichbehandlung; ebenso BAG v. 17.4.1996, AP Nr. 24 zu § 611 BGB Kirchendienst.
137 Vgl. Nachweise *Richardi*, BetrVG, § 77, Rn. 174f.; *Fitting*, BetrVG, § 77, Rn. 192ff.

mals höhere Lohnniveau daran nichts. Aufgrund dieser Einwände erscheint es zumindest möglich, dass sich die Rechtsprechung zukünftig auf eine Überprüfung der Angemessenheit der getroffenen Regelung selbst beschränkt, und nicht mehr die Änderung gegenüber vorangegangenen Regelungen überprüft.

Sollte dies nicht der Fall sein, wäre für eine Zurückführung des Lohnniveaus nach Rechtfertigungsgründen seitens der Dienstgeberseite zu suchen. Hier bieten sich vielfältige Ansatzpunkte:

Gewichtiger Grund für eine Anpassung der Arbeitsbedingungen können rückgängige Kirchensteuereinnahmen sein. Sie stellen einen wesentlichen Bestandteil der Finanzierung des kirchlichen Dienstes dar; sind sie rückläufig, muss die Kirche reagieren. Ebenso wie eine sich verschlechternde wirtschaftliche Situation Kündigungen oder Änderungskündigungen des privaten Arbeitgebers rechtfertigen kann und sinkende Steuereinnahmen und die Verpflichtung zur sparsamen Verwendung der Mittel Gleiches im öffentlichen Dienst legitimieren, kann auch ein entsprechendes Verhalten der Kirche gerechtfertigt werden. Wählt sie nicht die Beendigung der Arbeitsverhältnisse, sondern senkt sie das Lohnniveau, um diese erhalten zu können, kann dies nicht als „offenbar unbillig" bezeichnet werden.[138] Damit hängt der Erhalt von Arbeitsplätzen als Ziel einer veränderten Lohnstruktur zusammen. Dass die Schaffung und Erhaltung von Arbeitsplätzen ein legitimes, ja anzustrebendes Ziel nicht nur der Gesetzgebung, sondern auch des Arbeitgebers ist, ist ins allgemeine, nicht nur juristische Bewusstsein gedrungen. In der rechtswissenschaftlichen Diskussion prägt dieser Gedanke das Ringen um eine Neubestimmung des Günstigkeitsbegriffs im Tarifvertragsrecht[139] und auch die Begründung neuerer arbeitsrechtlicher Gesetze benennt ausdrücklich den Erhalt von Arbeitsplätzen als gesetzgeberisches Ziel.[140] Kann die Dienstgeberseite darlegen, dass eine Anpassung der Arbeitsbedingungen für den Erhalt von Arbeitsplätzen notwendig oder zumindest dienlich ist, kann der von der Änderung betroffene Arbeitnehmer kaum darlegen, die Ände-

---

[138] Vgl. auch BAG v. 17.4.1996, AP Nr. 24 zu § 611 BGB Kirchendienst unter II. 4. e) der Gründe.
[139] Hierzu maßgeblich *Adomeit*, Regelungen von Arbeitsbedingungen und ökonomischen Notwendigkeiten – Eine Untersuchung zu aktuellen Fragen des Deutschen Tarifrechts, 1996. Dagegen allerdings BAG v. 20.4.1999, AP Nr. 89 zu Art. 9 GG („Burda"), aber nicht, weil es das Ziel der Arbeitsplatzerhaltung gering schätzt, sondern weil es die gerichtliche Kontrolle der tariflichen Regelung in diesem Bereich zurücknehmen will. Dies bestätigt die zurückhaltende und auch hier befürwortete Zurückhaltung des BAG bei der Billigkeitskontrolle der Regelungen des Dritten Wegs.
[140] Vgl. die Begründung des Gesetzes zu Reformen am Arbeitsmarkt v. 24.6.2003, BT-Drucks. 15/1204; hierzu *Thüsing/Stelljes*, BB 2003, S. 1673.

rung hin zu Arbeitsbedingungen, nach denen andere Arbeitnehmer in vergleichbarer Stellung bereits arbeiten, sei „offenbar unbillig". Dies wurde im Grundsatz auch von der neueren Rechtsprechung des BAG bestätigt.[141]

Schließlich kann man in der Anpassung an den außerkirchlichen Dienst einen weiteren Rechtfertigungsgrund zur Umstellung der Arbeitsverhältnisse erblicken. Die Kirche ist berufen, in der Welt zu wirken und auch karitativ von der Liebe Christi zu zeugen. Diese karitative Tätigkeit vollzieht sich in der pluralistischen Gesellschaft in Konkurrenz zu säkularen Anbietern. Daher kann die Kirche ihren Auftrag nur erfüllen, wenn sie sich um vergleichbare Kosten bemüht. Gewähren also andere Anbieter Arbeitsbedingungen, die ihnen einen Vorteil gegenüber Konkurrenten bieten, kann es nicht als offensichtlich unbillig betrachtet werden, wenn die Kirche auch ihre Dienstnehmer nach diesen Arbeitsbedingungen beschäftigen will, um komparative Vorteile anderer auszugleichen. Da aber andere Anbieter diakonischer Leistungen keineswegs durchgängig den BAT übernehmen, dürfte dieser Grund für die Billigkeit veränderter Arbeitsbedingungen erhebliches Gewicht haben.

Wollte man all dies als Rechtfertigungsgrund im Einzelfall für *nicht* ausreichend halten, böte es sich an, Regelungen eines zumindest temporären Bestandsschutzes oder Ausgleichszahlungen für den Verlust einer ehemals günstigeren arbeitsrechtlichen Position vorzusehen. Eine solche Vorgehensweise ist arbeitsrechtlich nichts Ungewöhnliches und findet sich z. B. auch in der Rechtsprechung zur ablösenden Betriebsvereinbarung; dort im Rahmen einer Verhältnismäßigkeitsprüfung.[142]

c) Sonderfall: Umstellung des BAT auf den TVöD

Die aufgeworfene Frage wird deutlich und praktisch relevant auch in dem eng verwandten Phänomen der Bezugnahme auf den BAT, wie sie zurzeit regelmäßig in den kirchlichen Arbeitsverträgen zu finden ist. Wie wirkt sich hier die Einführung des TVöD aus? Die Auslegung dieser in den bisher verwandten Formularverträgen enthaltenen Bezugnahmeklauseln ist umstritten und durch die Rechtsprechung nur unscharf konturiert. Direkt einschlägige Judikate fehlen. Dennoch lassen sich ausgehend vom bisherigen Stand der Entscheidungen einige gut begründete Vermutungen über den künftigen

---

[141] BAG v. 15.11.2001, EzA Nr. 48 zu § 611 BGB Kirchliche Arbeitnehmer zur Einführung der W-Gruppen in die AVR Diakonie. Hierzu auch BAG v. 26.1.2005, AP Nr. 1 zu AVR Diakonisches Werk Anlage 18.
[142] Vgl. dazu auch GK-*Kreutz*, BetrVG, § 77, Rn. 264 f.; vgl. auch ErfK-*Kania*, BetrVG, § 77, Rn. 76.

Weg der Rechtsprechung formulieren. In den bisher im kirchlichen Dienst verwandten Klauseln findet sich der TVöD nicht wieder.[143]

Die z.B. vom Bistum Mainz und den Kirchengemeinden verwendeten Arbeitsvertragsmuster bestimmen für die Angestellten in §2 (Allgemeine Regelungen), dass zunächst die Bestimmungen des Arbeitsvertrages gelten (Absatz 1), soweit diese keine Regelungen enthalten, finden die Vorschriften des BAT vom 23.2.1961 und die diese ergänzenden oder ändernden Tarifverträge in der für den Bereich der Vereinigung der kommunalen Arbeitgeberverbände (VkA) jeweils geltenden Fassung Anwendung (Absatz 2, 1. Halbsatz). Nach Absatz 2, 2. Halbsatz gilt dies nicht, soweit nach Maßgabe der Ordnung zur Mitwirkung bei der Gestaltung des Arbeitsvertragsrechts durch eine Kommission für den diözesanen Bereich (Bistums-KODA), Amtsblatt 1978, S. 110, abweichende Regelungen ergehen. Für die Arbeiter bestimmt § 2 Abs. 2 (Allgemeine Regelungen), dass der BMT-G Anwendung findet.

aa) Auslegung entsprechend dem Wortlaut. Der Inhalt von Willenserklärungen ist nach den §§ 133, 157 BGB objektiv unter Berücksichtigung der Umstände des Einzelfalles nach der Sicht des Empfängers zu bestimmen. Der in der auszulegenden Erklärung verkörperte rechtlich maßgebliche Wille ist zu ermitteln. Lässt sich dabei ein übereinstimmender Wille der Parteien feststellen, so ist dieser allein maßgeblich, auch wenn er in einer Vereinbarung nur einen unvollkommenen oder gar keinen Ausdruck gefunden hat. Das übereinstimmend Gewollte hat Vorrang vor dem insoweit falsch oder nicht ausdrücklich Erklärten. Kann eine solche Feststellung nicht getroffen werden, so sind die jeweiligen Erklärungen der Vertragsparteien jeweils aus der Sicht des Erklärungsempfängers so auszulegen, wie er sie nach Treu und Glauben unter Berücksichtigung der Verkehrssitte verstehen durfte und musste. Dabei sind die den Parteien erkennbaren Begleitumstände, die für den Erklärungsinhalt von Bedeutung sein können, zu berücksichtigen, wie die Entstehungsgeschichte, das Verhalten der Parteien vor und nach Vertragsschluss, der Zweck einer Abmachung und die gegebene Interessenlage.

Diese Grundsätze gelten grundsätzlich auch für die Auslegung von durch den Arbeitgeber für eine Vielzahl von Fällen vorformulierten Bezugnahmeklauseln. Allerdings gelten hier die allgemein für Standardarbeitsverträge geltenden Besonderheiten. Sie sind jedoch anders als Individualverträge uneingeschränkt revisionsrechtlich zu überprüfen.[144] Es gilt die Unklarheitenregel des § 305c Abs. 2 BGB; sie besagt, dass der Verfasser Allgemeiner Geschäftsbedingungen Zweifel der Auslegung gegen sich gelten lassen muss,

---

[143] S. auch *Fieberg*, NZA 2005, 1226; *Werthebach*, NZA 2005, 1224; *Hümmerich/Mäßen*, NZA 2005, 961.
[144] S. BAG v. 26.1.2005 NZA 2005, S. 655 m.w.N.; vgl. auch *Germelmann/Matthes/Prütting/Müller-Glöge*, ArbGG 5. Aufl. § 73 Rn. 15 mit Nachweisen dort.

wenn zwei verschiedene Auslegungen denkbar sind, von denen die eine für seinen Vertragsgegner günstiger ist.[145]

Folgt man diesen Maßstäben, kommt es darauf an, ob der TVöD ein den BAT „ergänzender oder ändernder" Tarifvertrag ist. Dies wird man verneinen müssen. Er will den BAT nicht ergänzen, denn seine Regelungen sind abweichend vom bisherigen Regelwerk und treten ihm nicht lediglich zur Seite; er will ihn nicht ändern, in dem er ihn fortschreibt wie die bisherigen „Änderungstarifverträge zum BAT" (zuletzt der 78. Änderungstarifvertrag v. 31.1. 2003), sondern er will an seine Stelle treten, ihn ersetzen. Dies ist aber etwas anderes als ihn zu ändern. Dementsprechend formulieren andere Bezugnahmeklauseln im kirchlichen Dienst ausdrücklich großzügiger. Nach § 2 eines Arbeitsvertrages vom 17. Februar 1998, der in einer Entscheidung des Bundesarbeitsgerichts vom 20.3. 2002 zu beurteilen war, bestimmt sich das Arbeitsverhältnis „nach dem Bundes-Angestelltentarifvertrag in der für die Angestellten im Bereich der Evangelischen Kirche von Westfalen jeweils geltenden Fassung (BAT-KF) und den diesen ergänzenden, ändernden oder ersetzenden Tarifverträgen in der für den Arbeitgeber geltenden Fassung …".[146] Hier wurde also die Ablösung des BAT insgesamt mit in die Klausel einbezogen, wie es andere Musterverträge im öffentlichen Dienst regelmäßig auch tun.[147] Gerade dies aber fehlt vorliegend. Diese Begrenzung der Formulierung ist zu beachten. Eine Auslegung entsprechend dem Wortlaut kann sie nicht überwinden. Für eine abweichende, wortlautübersteigende Auslegung dahingehend, dass die Parteien übereinstimmend etwas anderes meinten als sie sagten, finden sich keine Anhaltspunkte.

Der TVöD ist also nicht vom Wortlaut der Verweisung erfasst und damit gilt per Bezugnahme wohl weiter der BAT. Denn die Tatsache, dass der BAT gekündigt ist, heißt nicht, dass er nicht mehr gelten würde. Mit der Kündigung verliert er allein seine zwingende Wirkung. Er wirkt nach, bis er durch eine andere Abmachung ersetzt ist, § 4 Abs. 5 TVG. Erst wenn also der TVöD tatsächlich in Kraft getreten ist und er den BAT *überall* ersetzt, dann wäre nicht mehr von einer „geltenden Fassung" des BAT auszugehen. Dies aber ist zurzeit nicht ersichtlich. Sowohl auf kommunaler Ebene als auch im Bereich der Tarifgemeinschaft der Länder ist noch nicht abzusehen, dass

---

[145] Zuletzt BAG v. 26.1. 2005, AP Nr. 1 zu AVR Diakonisches Werk Anlage 18.
[146] BAG v. 20.3. 2002, AP Nr. 53 zu Art. 140 GG.
[147] S. BAG v. 21.8. 2003, AP Nr. 27 zu §§ 22, 23 BAT-O; BAG v. 6.11. 2003, AP Nr. 19 zu § 1 BAT-O; BAG v. 23.6. 2004, AP Nr. 12 zu § 14 TzBfG; BAG 10.3. 2004, AP Nr. 11 zu § 14 TzBfG; BAG v. 19.3. 2003, DB 2003, 2126; BAG v. 31.7. 2002, AP Nr. 237 zu § 620 BGB Befristeter Arbeitsvertrag.

nicht zumindest für einige ihrer ehemaligen Mitglieder und in einigen Bereichen der Tarifvertrag weiter gelten wird.

bb) Möglichkeiten ergänzender Vertragsauslegung. Dennoch könnte es auf der Grundlage der bisherigen Bezugnahmeklauseln zu einer Einbeziehung auch des neuen Tarifvertrags kommen, insb. für den Fall, dass der TVöD tatsächlich umfassend den bisherigen BAT verdrängt. Denn Vertragsauslegung bedeutet nicht nur Ermittlung des Sinngehalts der im Vertragstext selbst niedergelegten Parteierklärungen. Sie bezweckt vielmehr die Feststellung des Vertragsinhalts auch in solchen Punkten, zu denen die Parteien keine ausdrückliche Vereinbarung getroffen haben, deren Regelung aber gleichwohl zur Erreichung des Vertragszwecks erforderlich ist. Die Unvollständigkeit der vertraglichen Regelung darf allerdings nicht gewollt gewesen, der Parteiwille nicht gerade in der Unvollständigkeit zum Ausdruck gekommen sein. Es geht nicht um die Aufklärung eines tatsächlichen Parteiwillens. Es geht vielmehr um eine an objektiven Maßstäben orientierte Bewertung des Inhalts der getroffenen Vereinbarungen und der aus ihnen abgeleiteten Rechtsfolgen mit dem Ziel zu ermitteln, was die Parteien im Falle des Erkennens der Regelungslücke bei einer angemessenen Abwägung ihrer Interessen nach Treu und Glauben als redliche Vertragspartner vereinbart hätten.[148]

Das Bundesarbeitsgericht hat in der Vergangenheit zuweilen von diesem Institut der ergänzenden Vertragsauslegung Gebrauch gemacht. Dies gilt auch im Zusammenhang mit Bezugnahmeklauseln.[149] Es ist nicht sicher abzusehen, ob es vielleicht auch hier diesen Weg gehen könnte. Die besseren Argumente sprechen dagegen:

Denn fraglich ist bereits, ob hier eine Vertragslücke als zwingende Voraussetzung einer ergänzenden Vertragsauslegung tatsächlich anzunehmen wäre. Diese wäre nur gegeben, wenn die Vertragsparteien keine Vereinbarung für den zu regelnden Sachverhalt getroffen haben. Voraussetzung dafür wäre aber, dass der TVöD den BAT umfassend ersetzt, es im Bereich der TdL bzw. der VkA nirgends mehr einen normativ geltenden BAT geben würde. Dies hängt davon ab, ob denn im Bereich dieser beiden Arbeitgeberverbände tatsächlich alle Arbeitgeber von der Umstellung auf den BAT erfasst werden. Dem Wortlaut der Vereinbarung nach würde es schon ausreichen, dass zumindest ein Arbeitgeber innerhalb der VkA bzw. TdL weiterhin an den BAT gebunden ist, denn schon dann gibt es eine „für den Bereich der VkA bzw.

---

[148] BAG v. 3.6.1998, AP Nr. 57 zu § 612 BGB m.w.N.; s. auch BAG v. 13.11.2002, AP Nr. 27 zu § 1 TVG Bezugnahme auf Tarifvertrag.
[149] BAG v. 13.11.2002, AP Nr. 27 zu § 1 TVG Bezugnahme auf Tarifvertrag.

TdL geltende Fassung", die auch tatsächlich angewandt wird. Dass diese dann in ihren Auswirkungen nicht mehr den *ganzen* Bereich erfasst, ist dem Wortlaut nach unerheblich. Eine Vertragslücke läge also nicht vor.

Wenn aber dennoch eine Vertragslücke anzunehmen wäre, wie wäre sie zu füllen? Es ist zu fragen, wie die Parteien vom Stand ihrer entgegengesetzten Interessen aus den offen gebliebenen Punkt billigerweise geregelt hätten, hätten sie an seine Regelungsbedürftigkeit gedacht. Die Antwort muss innerhalb des durch den Vertrag selbst gezogenen Rahmens gesucht werden.[150]

Abzustellen ist zunächst auf den Sinn der Bezugnahme. Sie diente der weitgehenden Orientierung am öffentlichen Dienst. Dieser Umstand deutet in der Tat auf eine Inbezugnahme des TVöD, wenn der öffentliche Dienst nun nicht mehr den BAT anwenden will. Dennoch zeigt gerade die Beschränktheit der Verweisung, dass eine so weitgehende Koppelung nicht gewollt ist. Den neuen TVöD schlichtweg als mit in Bezug genommen zu werten, würde dem klaren Wortlaut der Bezugnahme widersprechen. Wenn aber der Wortlaut des Vertrags eine Lücke nicht auftreten lässt, ist für eine ergänzende Vertragsauslegung kein Raum, oder wie es das Bundesarbeitsgericht formuliert: „Das Ergebnis einer ergänzenden Vertragsauslegung darf nicht im Widerspruch zu dem im Vertrag ausgedrückten Parteiwillen stehen".[151] Man wollte sich nur binden an das, was man in seinen groben Konturen abschätzen kann, nicht aber an das, was an die Stelle des Bekannten treten könnte. Auch die ergänzende Vertragsauslegung muss dies berücksichtigen.

Selbst wenn man von einer Regelungslücke ausgehen würde, dann wäre es also nicht eine interessengerechte Fortschreibung des Parteiwillens, die Bezugnahme auf das neue Regelwerk hin auszudeuten. Dies auch deshalb, weil die Bezugnahme auf den BAT ja regelmäßig mit dem Vorbehalt der Änderungen durch die Bistums-KODA verbunden ist. Die spezifisch kirchlichen Regelungen stimmen also das allgemeine Regelwerk ab auf die Besonderheiten des kirchlichen und caritativen Dienstes. Gerade die Modifizierungen aber würden nicht mehr passen, wenn sie sich auf ein gänzlich anderes Regelwerk beziehen, nämlich den TVöD.

Mögliche Lückenfüllung könnte daher wohl nur die Inbezugnahme der letzten geltenden Fassung des BAT sein (soweit man dies nicht schon aus dem Wortlaut der Bezugnahmeklausel herleitet), denn diese kommt der tatsächlichen Regelung am nächsten und wahrt die bisherigen Strukturen. Al-

---

150 BAG v. 3. 6. 1998, AP Nr. 57 zu § 612 BGB m.w.N.; BAG v. 13. 11. 2002, AP Nr. 27 zu § 1 TVG Bezugnahme auf Tarifvertrag.
151 BAG v. 3. 6. 1998, AP Nr. 57 zu § 612 BGB m.w.N.; BAG v. 13. 11. 2002, AP Nr. 27 zu § 1 TVG Bezugnahme auf Tarifvertrag.

lerdings führt dies dazu, dass die ehemalige Dynamik der Bezugnahme verloren geht. Dies jedoch ist ein Umstand, den das Bundesarbeitsgericht auch in anderen Situationen in seiner Auslegung akzeptiert hat, selbst da, wo – anders als vorliegend – die Bezugnahme dynamisch war.[152] Wenn also Bezugnahmeklauseln entgegen dem Wortlaut statisch werden können, weil das Tarifwerk, an das der Arbeitgeber nun gebunden ist, ein anderes ist als ehemals, so muss es erst recht richtig sein, dass eine Bezugnahmeklausel in größtmöglicher Nähe an ihren Wortlaut statisch ausgelegt wird, weil das ehemals geltende Bezugsobjekt durch ein anderes, ausdrücklich nicht gewolltes Regelwerk abgelöst wurde. Und selbst wenn man anders entscheiden würde, und eine Dynamisierung für zwingend in Bezug genommen hält, kann dies nur eine Dynamisierung des bisherigen Regelwerks sein, nicht aber die des neuen. Wie die aber aussehen würde, entzieht sich nicht nur richterlicher Kenntnis. Anhaltspunkte, diese Dynamisierung zu greifen, sind nicht in Sicht. Eine solche ergänzende Auslegung wäre zudem erst dann möglich, wenn die ebenfalls in Bezug genommenen KODA-Regelungen nicht bereits eine solche Dynamisierung enthalten.

Insgesamt ist also davon auszugehen, dass der neue TVöD nicht von der Bezugnahme der bisher verwandten Klauseln erfasst wird und damit auch nach dessen Inkrafttreten am 1.10.2005 von der unveränderten Inbezugnahme des BAT auszugehen wäre, wo nicht eine große dynamische Bezugnahmeklausel besteht.

Daran ändert sich auch nichts, wenn sich nun in den am 3. Juni 2005 von den Tarifvertragsparteien paraphierten TVÜ-VKA am Ende des 1. Abschnitt eine Niederschriftserklärung mit folgendem Satz 1 findet: „Die Tarifvertragsparteien gehen davon aus, dass der TVöD und dieser Tarifvertrag bei tarifgebundenen Arbeitgebern das bisherige Tarifrecht auch dann ersetzen, wenn arbeitsvertragliche Bezugnahmen nicht ausdrücklich den Fall der ersetzenden Regelung beinhalten". Die Tarifvertragsparteien bestimmen nicht die Auslegung des Arbeitsvertrags, sondern allein der Wille der Arbeitsvertragsparteien. Wenn die Tarifvertragsparteien unrecht haben, dann ist dies also nichts anderes als ein unbeachtlicher Motivirrtum im Hinblick auf den Abschluss des Tarifvertrags. Im übrigen greift hier die Vermutung der Gleichstellungsabrede, so dass für den öffentlichen Dienst die neuen Regelungen tatsächlich vom Verweis mit umfasst würden; für die Kirche gilt dies entsprechend den dargelegten Überlegungen wohl nicht, weil hier die Bezugnahmen keine Gleichstellungsabreden im Sinne der Rechtsprechung des BAG darstellen.[153]

---

152 BAG v. 26.9.2001, AP Nr. 21 zu § 1 TVG Bezugnahme auf Tarifvertrag; BAG v. 29.8. 2001, DB 2002, 431; BAG v. 21.2.2001, DB 2001, 1837 = EzA § 613 a BGB Nr. 195 (*Thüsing/ Stelljes*); BAG v. 25.10.2000, DB 2001, 1891; BAG v. 30.8.2000, NZA 2001, 510.
153 S. hierzu auch die Nachweise Fn. 143 sowie BAG v. 14.12.2005 – 4 AZR 536/04, noch n.v. Zur neueren Rspr. s. auch § 2 Abschn. B II 3, S. 53.

III. Änderung der Arbeitsrechtsregelungsgesetze/KODA-Ordnungen

Bisher wurde die Änderung der Arbeitsverhältnisse im Rahmen der bisherigen Kirchengesetze und Verhandlungsstrukturen beleuchtet. Auch ein anderer Weg ist denkbar: Die Änderung der den Kommissionen zugrundeliegenden Arbeitsrechtsregelungsgesetze bzw. KODA-Ordnungen. Für eine solche Umstellung der Arbeitsverhältnisse durch eine Änderung des organisatorischen Rahmens sind vor allem zwei Varianten vorstellbar: (1) die Bildung einer eigenständigen Kommission für einen Spezialbereich, der bisher einheitlich mit anderen Dienstnehmern in einem Regelwerk enthalten war, also etwa die Bildung einer Sparten-KODA Krankenhaus für Krankenhäuser der Caritas, die aus dem Gesamtbereich der AVR herausgenommen werden, oder auch die Bildung einer KODA Krankenhaus XY gGmbH; (2) die Neuzuordnung zu einer anderen Kommission, deren Regelwerk bereits existiert, jedoch bislang nur für andere Arbeitgeber abgeschlossen wurde. Beiden Ansätzen wird hier nachgegangen.

1. Bildung einer eigenständigen Kommission für einen Spezialbereich – Sparten-KODA/Einrichtungs-KODA

Soll die Umstellung der Arbeitsverhältnisse durch eine eigenständige Kommission erfolgen und sollen die Arbeitsverhältnisse einer Dienstnehmergruppe aus dem Verantwortungsbereich der bisherigen Kommission ausgegliedert werden, bedarf es einer Änderung der Arbeitsrechtsregelungsgesetze bzw. KODA-Ordnungen. Diese müsste sich an den der bisherigen Regelung zugrundeliegenden Wertungen orientieren: paritätische Ausgestaltung der Verhandlungskommission und demokratische Legitimation der Arbeitnehmervertreter durch die betroffenen Arbeitnehmer.[154] Werden diese Kriterien gewahrt, könnten die jeweils zuständigen Synoden die entsprechenden Arbeitsrechtsregelungsgesetze ändern bzw. der Bischof eine Änderung der jeweiligen KODA erlassen.

Nichts gesagt ist damit zur Frage, ob solche Aufspaltungen, die eine größere Differenzierung mit sich bringen, auch gewichtige nachteilige Folgen haben. Jede Unterscheidung stellt einen Schritt

---

[154] Vgl. auch etwa *Dütz*, Essener Gespräche, Bd. 18, 1984, S. 67, 91 ff.: „Der gebotene Ausgleich zwischen Koalitionsfreiheit und Kirchenautonomie befreie „trotz aller Betonung kirchlicher Besonderheiten nicht von dem allgemeiner Rechtsprinzipien entsprechenden Anliegen, über ein paritätisches Verfahren zu einem angemessenen Interessenausgleich bei der Aufstellung von Arbeitsbedingungen für kirchliche Mitarbeiter zu gelangen", vgl. dazu auch *Richardi*, Arbeitsrecht in der Kirche, § 13, Rn. 2.

weg von der *Einheit des kirchlichen Dienstes* dar, und manchem Dienstnehmer mag es nicht einleuchten, warum er in einem kirchlichen Krankenhaus andere und u.U. schlechtere Arbeitsbedingungen hat, als sein Kollege im anderen kirchlichen Krankenhaus. Rechtlich ist diese Ungleichbehandlung nicht zu beanstanden. Allerdings wird verbreitet eine Bindung der Kirchen an die Grundrechte befürwortet. Kirchliche Gewalt ist zwar nicht staatliche, jedoch öffentliche Gewalt.[155] Ob aber der hier in Rede stehende innerkirchliche Organisationsakt einer solchen Bindung unterliegen würde, ist schon fraglich, handelt es sich doch hier um eine Maßnahme zur Gestaltung der Arbeitsverhältnisse in der Kirche. Für den staatlichen Hoheitsträger ist anerkannt, dass trotz des einschränkungslosen Wortlauts des Art. 1 Abs. 3 GG eine Bindung an die Grundrechte nicht besteht, soweit es sich um *fiskalische* Tätigkeit handelt. Diese Ausnahme von der Grundrechtsbindung wird – obwohl vom Schrifttum stark kritisiert[156] und im Ausland[157] und im Europarecht[158] so nicht bekannt – zum einen mit dem überkommenen Verständnis der Weimarer Verfassung und ihrer Vorgänger begründet, zum anderen mit dem Gedanken, dass hier der Staat auftritt wie jeder Private und daher nicht anders gebunden sein soll.[159] Diese mehrfach bestätigte Rechtsprechung spricht gegen eine Grundrechtsbindung bei der Änderung der Arbeitsrechtsregelungsgesetze/KODA-Ordnungen, denn die Gestaltung der Arbeitsverhältnisse mit Trägern hoheitlicher Gewalt ist in der Vergangenheit stets dem Fiskalbereich zugeordnet worden. Der staatliche Arbeitgeber wird wie ein privater Arbeitgeber behandelt.[160] Aber auch wenn man eine Grundrechtsbindung der Kirchen bei der Änderung ihrer Arbeitsrechtsregelungsgesetze annehmen wollte, stände dies einer Neuordnung oftmals nicht entgegen. Denn einzig einschlägig erschiene hier eine Beeinträchtigung von Art. 3 GG. Hier läge jedoch keine *Ungleichbehandlung* der beiden Mitarbeitergruppen, sondern lediglich eine *getrennte Behandlung* vor. Auch wenn man dies der Ungleichbehandlung gleichstellen wollte, gibt es hierfür regelmäßig ausreichende *Rechtfertigungsgründe*. Denn die überwiegend auf der Grundlage des Sozialgesetzbuchs finanzierte Tätigkeit der Diakonie oder Caritas etwa stellt einen wirtschaftlich abgegrenzten Bereich dar, der sich von dem überwiegend durch Kirchensteuermittel und Erträgen kirchlichen Vermögens gespeisten Verkündigungsdienst unterscheidet. Was getrennt finanziert wird, kann auch getrennt arbeitsrechtlich ausgestaltet werden.

Für die *Inhaltskontrolle* der Arbeitsrechtsregelungen einer neugeschaffenen Kommission gilt das oben Gesagte; es sind die gleichen Maßstäbe, die eine Angemessenheit und Billigkeit der arbeitsvertraglichen Gestaltung bestimmen. Anders verhält es sich bei den *Bezugnahmeklauseln*. Hier führte die Aufspaltung in mehrere Kommissionen zu Änderungen, die ergänzende Rechtsausführungen erforderlich machen. Denn nun wäre es nicht mehr

---

155 Ausführlicher vgl. Listl/Pirson-*H. Weber*, Handbuch des Staatskirchenrechts der Bundesrepublik Deutschland, Bd. I., S. 573 mit zahlreichen weiteren Nachweisen. S. jüngst BVerfG v. 19. 8. 2002, NJW 2003, S. 345.
156 Vgl. *Stern*, Das Staatsrecht der Bundesrepublik Deutschland, Bd. III/1, S. 1396 ff. mit zahlreichen Nachweisen zum neueren und älteren Schrifttum.
157 Zum amerikanischen Verfassungsrecht insbesondere für die Grundrechtsgeltung bei Arbeitsverhältnissen im öffentlichen Dienst *Nowak/Rodunda/Young*, Constitutional Law, 3. Aufl. 1986 S. 1000 ff.; aus arbeitsrechtlicher Sicht *Thüsing*, NZA 1999, S. 693.
158 EuGH v. 12. 7. 1990, Slg. 1990 I, S. 3313 (Foster) dazu, dass auch der öffentliche Arbeitgeber Staat i.S. des Art. 249 EGV ist.
159 Vgl. *Stern*, Das Staatsrecht der Bundesrepublik Deutschland, Bd. III/1, S. 1409 mit Nachweisen zur Rechtsprechung.
160 Vgl. Isensee/Kirchhoff-*Kirchhof*, Handbuch des Staatsrechts, Bd. 5, § 125, Rn. 52 ff.

möglich, beide Regelungswerke auf eine einheitliche Regelung zurückzuführen, die man hätte auch zusammen vereinbaren können. Die Zuständigkeit unterschiedlicher Kommissionen liegt vielmehr in der Nähe des Verbandswechsels. Die für diesen Fall durch Rechtsprechung und Schrifttum herausgearbeiteten Kriterien sind auch hier fruchtbar zu machen. Ausgangspunkt ist wiederum die am tatsächlichen und am hypothetischen Parteiwillen ansetzende Auslegung der Bezugnahmeklausel. Hiernach wird man von einer Einbeziehung eines durch eine neugeschaffene Kommission vereinbarten Regelungswerkes durch die bisherigen Bezugnahmeklauseln ausgehen können. Maßgeblich dafür sind zwei Erwägungen:

Wird die Regelung der kirchlichen Arbeitsverhältnisse einer neuen Kommission übertragen, fällt das bisherige einheitliche Bezugsobjekt weg. Der Inhalt der Verweisungsklauseln ist dann durch ergänzende Vertragsauslegung zu bestimmen und der hierfür maßgebliche hypothetische Parteiwille bestimmt sich nach den gleichen Erwägungen, wie sie oben dargestellt wurden. Auch hier ist davon auszugehen, dass die sachnähere, speziell für Dienstgeber oder Mitarbeitergruppen konzipierte Regelung eher von den Parteien als Inhalt gewollt wäre, als die allgemeinere Regelung, wie sie für die übrigen Mitarbeiter gilt. Insbesondere bestünde eine Legitimation der Arbeitnehmervertreter in der jeweiligen Kommission nur durch die Arbeitnehmergruppen, für die die Regelungswerke bestimmt sind. Eine Umstellung der Arbeitsverhältnisse ist somit möglich durch eine Änderung der Arbeitsrechtsregelungsgesetze, indem eine eigenständige Kommission für diejenigen Arbeitsverhältnisse eingerichtet wird, die mit Aufgaben der Diakonie betraut sind.

Ob das Bundesarbeitsgericht diesen Argumenten tatsächlich folgen würde, ist freilich ungewiss. Der bislang nächstliegende entschiedene Sachverhalt betrifft die Rechtsnachfolge des Erzbistums Hamburg an Teilen des Bistums Osnabrück. Die Arbeitsverhältnisse, die übergingen, enthielten eine Bezugnahme auf das Regelwerk der KODA Osnabrück/Vechta, das Erzbistum wollte nun das Regelwerk der KODA Nord-Ost anwenden. Das BAG ging von der unveränderten Gültigkeit der Bezugnahme auf die Regelungen der nun nicht mehr zuständigen KODA aus.[161] Man verhaftet also streng am Wortlaut der Bezugnahme, was tendenziell gegen die hier vertretene Auffassung spricht. Die Entscheidung konnte jedoch nicht überzeugen[162] und es erscheint fraglich, ob sie tatsächlich Grundlage für die Entscheidung künftiger ähnlich gelagerter Sachverhalte sein soll.

---

161 BAG v. 13.11.2002, AP Nr. 2 zu § 1 AVR Caritasverband.
162 S. § 2 Abschn. B II 3, S. 53 ff.

2. Bildung einer gemeinsamen Kommission für bisher getrennt geregelte Bereiche

Erscheint es also möglich, eine *speziellere* Kommission für bestimmte Dienstnehmergruppen oder Einrichtungen zu gründen, so bleibt die Frage, ob auch die Grenzen der Kommissionen neu gezogen werden können und eine gemeinsame Kommission für Bereiche, die bisher in getrennten Kommissionen geregelt wurden, gebildet werden kann.

Durch die vorangegangene Argumentation vorgezeichnet ist die Antwort, wenn die Neuzuordnung mit dem Wegfall der bisherigen Regelungswerke verbunden ist, wenn also nicht lediglich einige zahlenmäßig untergeordnete Bereiche neu zugeordnet werden, sondern eine breitflächige Neuordnung erfolgt, die die Identität der bisherigen Kommissionen berührt: Kommissionen werden vereinigt oder in ihrem Zuständigkeitsbereich gespalten, aus einer KODA-Nord/Ost würde eine KODA Hamburg und eine KODA-Berlin. In diesem Fall wäre das ehemalige Bezugsobjekt der Verweisungsklauseln nicht mehr gegeben. Bei der Auslegung der Bezugnahmeklausel stünde dann im Vordergrund, dass im Zweifel die sachnähere, spezifischere Regelung in Bezug genommen ist, die den Besonderheiten der Arbeitsverhältnisse eher Rechnung trägt als ein Regelungswerk, das es der Intention seiner Urheber nach nicht will. Ebenso gewichtig ist der Umstand, dass vom Blickwinkel der Dienstnehmer auch hier im Zweifel die Bezugnahme der Legitimation durch Wahl der Dienstnehmervertreter folgt: In Bezug genommen wird, wenn das bisherige Bezugnahmeobjekt nicht mehr existiert, das Regelwerk der Kommission, die der Dienstnehmer durch Wahl der Dienstnehmervertreter in der Kommission zur Regelung legitimiert hat.

Nicht anders wird man im Ergebnis dort werten müssen, wo es nur "Arrondierungen" sind, die zur Neuzuordnung zu anderen Kommissionen führen, denn auch hier muss im Zweifel angenommen werden, dass die Sachnähe des Regelwerks und die Legitimation der Regelnden die maßgeblichen Parameter der Auslegung sein müssen. Auf die tendenziell entgegenstehende Rechtsprechung des Bundesarbeitsgerichts ist jedoch wiederum hinzuweisen (§ 2 Abschn. B II 3, S. 53 ff.). Hiernach wäre ohne geänderte Bezugnahmeklauseln von einer Beibehaltung des Bisherigen auszugehen.

3. Delegation der Regelungsbefugnis auf eine andere Kommission

Ein problematischer Weg der Neuordnung wäre es demgegenüber, wenn – wie in der Praxis zuweilen angedacht – eine Delegation der Regelungsbefugnis von der einen Kommission auf die andere Kommission erfolgt, ohne eine Änderung der Zusammensetzung der Kommission, also eine dynamische Verweisung auf ein fremdes Regelwerk kraft Kirchengesetz, etwa „Auf die Arbeitsverhältnisse im Bistum X finden die Regelungen der KODA Bistum-Y Anwendung", ohne dass die Arbeitnehmer des Bistums X hieran mitwirkten. Es wäre zweifelhaft, ob die eingangs herausgearbeiteten grundlegenden Wertungen für die Regelung des Dritten Weges auch dann noch gegeben wären, denn anders als bisher bestünde hier keine *Legitimation* der Arbeitnehmervertreter der zuständigen Kommission durch die Arbeitnehmer, deren Arbeitsverhältnisse geregelt werden sollen. Allerdings ist zuzugeben, dass auch hier eine Legitimation durch Arbeitnehmer stattfindet, wenn auch nicht durch die von der Regelung Betroffenen. Ob dies genügend ist, dürfte nicht einheitlich beurteilt werden können. *Dafür* spricht sicherlich, dass es auch bei der Bezugnahme auf einen Tarifvertrag – wo eine Billigkeitskontrolle wie bereits dargelegt nicht erfolgt – nicht darauf ankommt, ob die vertragsschließende Gewerkschaft durch irgendeinen Arbeitnehmer im Betrieb repräsentiert ist. Anders als ausländische Rechtsordnungen[163] kennt das deutsche Tarifrecht kein System der „repräsentativen Gewerkschaft" und lässt es damit ausreichen, dass die Gewerkschaften durch ihre Mitglieder demokratisch legitimiert sind, nicht notwendigerweise durch die Arbeitnehmer, für die sie die Regelung abschließen. Wenn das Bundesarbeitsgericht hier dennoch eine Inhaltskontrolle ablehnt, spricht dies dafür, auch bei kirchenspezifischen Regelungen, die sich auf irgendeine Form der Arbeitnehmerlegitimation stützen können, ebenso zu verfahren. Dennoch wäre dies eine grundlegende Änderung gegenüber dem bisherigen System; wie die Rechtsprechung darauf reagieren wird, bleibt unklar. Eine entsprechende Vorgehensweise kann daher nicht empfohlen werden.

---

163 Vgl. für das amerikanische Arbeitsrecht *Hardin*, Developing Labor Law, Bd. 2, S. 337 ff.; für das französische Recht L. 133–2 Code du travail; s. hierzu *Mazeaud*, Droit du travail, 4. Aufl. 2004, Rn. 168; C A Lyon v. 6. 3. 1963, Dr. soc. 1963, 488.

IV. Möglichkeiten der Änderungskündigung

Findet die Flexibilität bei der Umgestaltung durch die Formulierung der bisherigen Bezugnahmeklauseln ihre Grenzen, so fragt sich, ob weitergehende Freiheiten bei der Anpassung an veränderte oder wirtschaftliche Umstände durch den Gebrauch von Änderungskündigungen gem. § 2 KSchG eröffnet werden können. Die Änderungskündigung zur Kostensenkung, und damit eben auch zur Entgeltreduzierung im *kirchlichen* Bereich ist bislang nicht Gegenstand gesonderter Darstellung gewesen; auch die Rechtsprechung hat hierzu noch nicht entschieden. Sinnvoll scheint es daher, sich die Grundsätze der Änderungskündigung im privatwirtschaftlichen Sektor zu verdeutlichen, sie ihren Entsprechungen im öffentlichen Dienst gegenüber zu stellen, um daran anschließend Schlussfolgerungen für den kirchlichen Dienst zu formulieren.

1. Änderungskündigung zur Entgeltreduzierung im wirtschaftlichen Betrieb

Für die Änderungskündigung nach § 2 KSchG müssten hinsichtlich ihrer sozialen Rechtfertigung die Voraussetzungen nach § 1 Abs. 2 Sätze 1–3 KSchG vorliegen. Hierbei ist nach ständiger Rechtsprechung zunächst die soziale Rechtfertigung der angebotenen Vertragsänderung zu überprüfen. Bei einer betriebsbedingten Änderungskündigung ist das Änderungsangebot des Arbeitgebers daran zu messen, ob dringende betriebliche Erfordernisse gem. § 1 Abs. 2 KSchG das Änderungsangebot bedingen und ob der Arbeitgeber sich bei einem *an sich* anerkennenswerten Anlaß zur Änderungskündigung darauf beschränkt hat, nur solche Änderungen vorzuschlagen, die der Arbeitnehmer billigerweise hinnehmen muss.[164] Die Unrentabilität eines Betriebes kann für sich genommen eine Beendigungskündigung nicht sozial rechtfertigen, wenn nicht der Arbeitgeber diese Unrentabilität zum Anlass einer unternehmerischen Entscheidung nimmt, die sich auf den Arbeitsplatz auswirkt.[165] Eine Änderungskündigung kann dagegen auch dann gerechtfertigt sein, wenn die Unrentabilität des Betriebes einer Weiterbeschäftigung zu unveränderten Bedingungen entgegensteht, wenn also durch Senkung der Personalkosten die Stillegung des Betriebs oder die Reduzierung der Beleg-

---

[164] Vgl. BAG v. 15.3.1991, AP Nr. 28 zu § 2 KSchG 1969 = EzA § 2 KSchG Nr. 16 mit Anm. *Rieble*; BAG v. 24.4.1997, AP Nr. 42 zu § 2 KSchG 1969 = EzA § 2 KSchG Nr. 26 mit Anm. *Henssler*; BAG v. 20.8.1998, EzA § 2 KSchG Nr. 31 mit Anm. *Thüsing*.
[165] Vgl. BAG v. 20.3.1986, AP Nr. 14 zu § 2 KSchG 1969 = EzA § 2 KSchG Nr. 6 mit Anm. *Löwisch/Bernards*; BAG v. 23.6 2005, NZA 2006, S. 92, 96.

schaft verhindert werden kann und soll, und die Kosten durch andere Maßnahmen nicht zu senken sind.[166] Eine betriebsbedingte Änderungskündigung, die eine sonst erforderlich werdende Beendigungskündigung vermeidet, ist danach grundsätzlich zulässig, und ist oft sogar das einzige dem Arbeitgeber zur Verfügung stehende Mittel. Daher kommt ebenfalls nach ständiger Rechtsprechung bei durch eine hohe Vergütung wirtschaftlich für den Betrieb nicht mehr tragbarem Arbeitnehmer nach dem Grundsatz der Verhältnismäßigkeit regelmäßig keine Beendigungs-, sondern nur einer Änderungskündigung in Betracht.[167] Dafür ist es nicht erforderlich, dass die dringenden betrieblichen Erfordernisse schon im Zeitpunkt der Kündigung einer Weiterbeschäftigung des Arbeitnehmers im Betrieb dergestalt entgegenstehen müssen, dass der Arbeitgeber mit dem Ausspruch einer Änderungskündigung warten muss, bis sein Ruin unmittelbar bevorsteht; Prüfungsmaßstab ist vielmehr, ob die schlechte Geschäftslage einer Weiterbeschäftigung des Arbeitnehmers zu *unveränderten Bedingungen* entgegensteht.[168] Für die zu beantwortende Frage, ob die betrieblichen Erfordernisse hinreichend dringend sind, eine Kündigung zu rechtfertigen, ist bei der betriebsbedingten Änderungskündigung zur Entgeltsenkung zu berücksichtigen, dass der Arbeitgeber nachhaltig in das arbeitsvertraglich vereinbarte Verhältnis von Leistung und Gegenleistung eingreift, wenn er die vereinbarte Vergütung reduziert, grundsätzlich einmal geschlossene Verträge aber einzuhalten sind und Geldmangel den Schuldner nicht entlastet. Die Dringlichkeit eines solchen Eingriffs in das Leistungs-/Lohngefüge, wie es die Änderungskündigung zur Durchsetzung einer erheblichen Lohnsenkung darstellt, ist deshalb nur dann begründet, wenn bei einer Aufrechterhaltung der bisherigen Personalkostenstruktur weitere, betrieblich nicht mehr auffangbare Verluste entstehen, die absehbar zu einer Reduzierung der Belegschaft oder sogar zu einer Schließung des Betriebes führen würden. Regelmäßig müssen daher alle gegenüber der beabsichtigten Änderungskündigung milderen Mittel ausgeschöpft werden, zu denen etwa die Absenkung von freiwilligen Zulagen, Rationalisierungsmaßnahmen und sonstige Einsparungen gehören; aber auch die Sanierungsfähigkeit des Betriebes und eigene Sanierungsbeiträge des Arbeitgebers bzw. der Banken sind zu bewerten.[169] Regelmäßig setzt deshalb eine solche Situation einen umfassenden Sanierungsplan vo-

---

166 Vgl. BAG v. 20. 8. 1998, EzA § 2 KSchG Nr. 31 unter II. 1. a) der Gründe m.w.N.
167 Vgl. bereits BAG v. 26. 5. 1983, AP Nr. 34 zu § 613a BGB; BAG v. 20. 3. 1986, AP Nr. 14 zu § 2 KSchG 1969 = EzA § 2 KSchG Nr. 6; BAG v. 20. 8. 1998, EzA § 2 KSchG Nr. 31.
168 Wörtlich: BAG v. 20. 8. 1998, EzA § 2 KSchG Nr. 31.
169 So BAG v. 20. 8. 1998, EzA § 2 KSchG Nr. 31 m.w.N.

raus, der alle gegenüber der beabsichtigten Änderungskündigung mildern Mittel ausschöpft.[170] Der Arbeitgeber ist verpflichtet, dies darzulegen und die betriebswirtschaftlichen Kalkulationen, die aus seiner Sicht die Entgeltkürzung bedingen, offen zu legen, da erst die Offenlegung dieser Kalkulation eine sinnvolle Stellungnahme des Arbeitnehmers zu den geltend gemachten Kündigungsgründen, eine Nachprüfung durch das Gericht und eine Beweisaufnahme über die geltend gemachten betrieblichen Erfordernisse möglich macht. Die Rechtsprechung geht noch einen Schritt weiter und verlangt gegebenenfalls ein *betriebswirtschaftliches Sachverständigengutachten* und nimmt damit in Kauf, dass die Schwelle für eine Änderungskündigung damit sehr hoch gesetzt wird.[171]

Eine Ausnahme von diesen strengen Grundsätzen gilt nur bei Änderungskündigungen zur Änderung vertraglicher Nebenabreden: Ein dringendes betriebliches Erfordernis zur Änderung der Arbeitsbedingungen kann hier schon in Betracht kommen, wenn die Parteien eine Nebenabrede zum Arbeitsvertrag vereinbart haben, die an Umstände anknüpft, die erkennbar nicht während der gesamten Dauer des Arbeitsverhältnisses gleich bleiben müssen.[172]

Eine so begründete betriebliche Änderungskündigung ist schließlich nur dann wirksam, wenn sich der Arbeitgeber bei einem an sich anerkennenswerten Anlass darauf beschränkt hat, lediglich solche Änderungen vorzuschlagen, die der Arbeitnehmer billigerweise hinnehmen muss.[173] Der Arbeitgeber ist daher regelmäßig verpflichtet, bei der Kürzung des Entgelts innerhalb des Betriebes Gleichbehandlungsgesichtspunkte zu berücksichtigen; der Arbeitnehmer muss es billigerweise nicht hinnehmen, dass der Arbeitgeber bei wirtschaftlichem Verlust ohne sachlichen Grund einen Arbeitnehmer herausgreift, ebenso wenig wie Einkommensminderungen auf Dauer, wenn der Arbeitgeber nur einen vorübergehenden Betriebsverlust zum Anlaß der Kündigung nimmt.[174]

2. Änderungskündigung zur Entgeltreduzierung im öffentlichen Dienst

Die so aufgezeigten Maßstäbe gelten grundsätzlich auch für den öffentlichen Dienst. Allerdings trifft es zu, dass es hier nicht um die Frage geht, ob dem

---
170 BAG v. 16.5.2002, NJW 2003, S.1139; BAG v. 27.9.2001, NZA 2002, S.750.
171 Vgl. BAG v. 20.8.1998, EzA §2 KSchG Nr.31 unter II. 2. b) der Gründe; kritisch hierzu *Thüsing* Anm. zu EzA §2 KSchG, Nr.31 Bl. 16.
172 BAG v. 27.3.2003, AP Nr.72 zu §2 KSchG 1969 = NJW 2003, S.3579.
173 Vgl. etwa BAG v. 15.3.1991, AP Nr.28 zu §2 KSchG 1969 m.w.N. = EzA §2 KSchG Nr.16; BAG v. 24.4.1997, AP Nr.42 zu §2 KSchG 1969 = EzA §2 Nr.26 mit Anm. *Hensler*.
174 BAG v. 20.8.1998, EzA §2 KSchG Nr.31 unter II. 1. e) der Gründe.

Staat ohne Ausspruch der Änderungskündigung der Ruin droht, oder ob der betroffene Bereich des öffentlichen Dienstes unrentabel arbeitet – denn ganz überwiegend finanziert sich die öffentliche Hand nicht aus Gebühren für ihre Tätigkeit, sondern aus Steuermitteln, so dass eine auf das Arbeitsverhältnis abstellende Rentabilitätsprüfung hier ins Leere greift. Dies entbindet den Arbeitgeber des öffentlichen Dienstes jedoch nicht von der Pflicht, mit Haushaltsmitteln sparsam zu wirtschaften. Dementsprechend stellt das BAG in einer Entscheidung vom 26. 1. 1995 ausdrücklich fest: „Im Bereich des öffentlichen Dienstes kann auch die Verpflichtung zu einem wirtschaftlichen und sparsamen Umgang mit Haushaltsmitteln eine Änderungskündigung bedingen".[175]

Auch hier war das Bundesarbeitsgericht zurückhaltend, Änderungskündigungen zur Entgeltreduzierung zu rechtfertigen. In einer Entscheidung vom gleichen Tage verneinte das Bundesarbeitsgericht dies etwa für den Fall, dass ein kommunaler Arbeitgeber gegenüber einem bei ihm beschäftigen Musikschullehrer eine Änderungskündigung ausspricht, durch welche zum Abbau des sogenannten „Ferienüberhangs" die vertraglich vereinbarte Arbeitszeit und die entsprechende Vergütung bei außerhalb der Schulferien unveränderter Zahl der Unterrichtsstunden reduziert werden sollten. Dies verstoße in der Regel gegen den Grundsatz der Verhältnismäßigkeit und sei deshalb gem. §§ 1, 2 KSchG sozial ungerechtfertigt, wenn der Ferienüberhang auch durch volle Inanspruchnahme der vertraglichen Arbeitsleistung abgebaut werden kann.[176] Andere Entscheidungen zur Änderungskündigung im öffentlichen Dienst betrafen entweder nicht die Frage der Entgeltreduzierung[177] oder bezogen sich nur auf die Änderungskündigung zur Herabstufung eines irrtümlich zu hoch eingruppierten Mitarbeiters.[178]

3. Keine Besonderheiten aufgrund des kirchlichen Propriums

Das Bundesarbeitsgericht hat sich der Frage bereits im Kontext von Arbeitsverhältnissen in der Diakonie angenommen.[179] Anläßlich eines Bündnisses

---
175 BAG v. 26. 1. 1995, NZA 1995, S. 626, 628.
176 BAG v. 26. 1. 1995, NZA 1995, S. 628 ff.
177 Vgl. etwa BAG v. 10. 12. 1992, NZA 1993, S. 552: Änderungskündigung eines Chefarztvertrages in einer berufsgenossenschaftlichen Unfallklinik zur Einschränkung dessen Nebentätigkeitserlaubnis.
178 BAG v. 15. 3. 1991, NZA 1992, S. 120; ebenso bereits BAG v. 19. 10. 1961, AP Nr. 13 zu § 1 KSchG Betriebsbedingte Kündigung unter II. 2. der Gründe sowie Urteil v. 27. 5. 1981 (2 AZR 69/79, n.v. unter B III 2. der Gründe).
179 BAG v. 25. 10. 2001, NZA 2002, S. 1000.

für Arbeit bei einer diakonischen Einrichtung der Nordelbischen Evangelisch-Lutherischen Kirche wurden gegenüber einigen Arbeitnehmern Änderungskündigungen ausgesprochen vom BAT-KF hin zum Kirchlichen Angestelltentarifvertrag der Nordelbischen Evangelisch-Lutherischen Kirche und den entsprechenden Bündnisvereinbarungen; diese galten für den überwiegenden Teil der Arbeitnehmer ohnehin bereits kraft Vereinbarung. Das Gericht führte aus, eine verhaltensbedingte Änderungskündigung, die auf die Weigerung der Vertragsänderung gestützt wird, sei nicht möglich. Aus dem Leitbild der christlichen Dienstgemeinschaft ließen sich lediglich solche besonderen Loyalitätsobliegenheiten entwickeln, die die Kirche und ihre Einrichtungen um ihrer Glaubwürdigkeit willen, wie beispielsweise die Beachtung der tragenden Grundsätze der kirchlichen Glaubens- und Sittenlehre, von ihren Mitarbeitern verlangen kann. Eine vertragliche Verpflichtung der kirchlichen Arbeitnehmer, eine Vertragsänderung der hier streitigen Art zu akzeptieren, lasse sich daraus jedoch nicht ableiten. Das Landesarbeitsgericht hatte noch anders entschieden und in der Tat mag man fragen, ob dies nicht eine unnötige Verkürzung des Bedeutungsgehalts der kirchlichen Dienstgemeinschaft bedeutet.[180] Freilich sind auch sonst keine Entscheidungen ersichtlich, in denen das Bundesarbeitsgericht die Weigerung einer Vertragsänderung als Grund für eine verhaltensbedingte Kündigung anerkannt hätte; die Rechtsprechung mag hier daher verständlich sein. Für die Praxis ist diese Entscheidung bis auf weiteres verbindliches Datum, an dem sie sich zu orientieren hat.

4. Konsequenzen für den kirchlichen und den diakonischen Dienst

Die vorangegangenen Ausführungen haben deutlich gemacht: Die Rechtsprechung stellt strenge Kriterien einer Änderungskündigung zur Entgeltreduzierung auf, die in der Praxis oftmals schwer erfüllbar sind und von denen im kirchlichen Bereich keine Abstriche gemacht werden. Nun mag zu Recht auf das überwiegend kritische Schrifttum hingewiesen werden[181] und die zukünftige Rechtsprechung mag dieser Kritik Rechnung tragen. Sinnvoller erscheint es jedoch, die Kirchen und ihre Wohlfahrtsverbände orientierten sich bei der Umgestaltung ihrer Arbeitsverhältnisse an der bisherigen gerichtli-

---

180 S. hierzu *Thüsing*, NZA 2002, S. 306, 307.
181 *Preis*, NZA 1995, S. 241, 249; *Kittner*, NZA 1997, S. 668 f.; *Thüsing*, Anm. zu EzA § 2 KSchG Nr. 31 Bl. 15 f., allesamt unter dem Hinweis auf Friktionen zur Rechtfertigung einer Beendigungskündigung, die (wie wohl das weiterreichende Mittel) oftmals einfacher durchzusetzen scheint, als die Änderungskündigung.

chen Entscheidungslinie; hierzu können einige grobe Wegweiser gegeben werden:

▶ Wenn die Rechtsprechung eine „Offenlegung der Kalkulation" für erforderlich hält und ggf. auch ein „betriebswirtschaftliches Sachverständigengutachten", sich aber nicht mit dem Gesamtbetrag des errechneten Betriebsverlustes und des Verlustes einer Abteilung begnügt, so zwingt dies den sanierungswilligen Arbeitgeber zu sehr einschneidender Offenlegung. Auch die Kirchen können ihre Änderungskündigung daher nicht auf den pauschalen Hinweis beschränkter Kirchensteuereinnahmen oder Finanzierung nach dem Sozialgesetzbuch stützen. Die Änderungskündigungen werden um so eher erfolgreich sein, als die Dienstgeberseite darlegen kann, dass dadurch Beendigungskündigungen und die Schließung der Sozialeinrichtung verhindert werden können. Scheuen die Kirche und ihre Träger nicht die Offenlegung ihrer Finanzierung und Entwicklung der Kostenseite in den vergangenen Jahren und schöpfen sie andere Einsparmöglichkeiten aus, dann dürfte aber bei hinreichend ungünstiger Entwicklung auch ihnen der Weg der Änderungskündigung nicht versperrt bleiben.

▶ Hierbei kommt dem Gebot der sparsamen und wirtschaftlichen Verwendung der finanziellen Mittel eine besondere Bedeutung zu. Dieser Grundsatz gilt entsprechend auch für die Kirchen, die Caritas und die Diakonie, da auch diese Tätigkeiten ausüben, die gemeinnützig zum Wohle Dritter nicht einzig an den Maßstäben der Rentabilität gemessen werden können. Wo daher Kirchensteuermittel zur Finanzierung diakonischen und karitativen Dienstes aufgewandt werden, kann allein der Umstand, dass dieser Dienst überdurchschnittliche Lohnkosten verursacht, eine Absenkung des Lohnniveaus rechtfertigen, unabhängig von der Rentabilität des Betriebes. Kann also die Dienstgeberseite nachweisen, dass andere Träger vergleichbarer Tätigkeit überwiegend geringere Löhne zahlen, kann bereits darin eine Rechtfertigung der Änderungskündigung liegen – deren soziale Angemessenheit gegenüber den Schutzinteressen des Arbeitnehmers freilich vorausgesetzt. Dies gilt entsprechend für die diakonische Tätigkeit, die nach den Regelungen der Sozialgesetzbücher finanziert wird. So müssen etwa gem. § 93 Abs. 2 Satz 2 SGB XII die Einrichtungsträger im Bereich der Sozialhilfe den Grundsätzen der Wirtschaftlichkeit, der Sparsamkeit und Leistung Rechnung tragen. Dazu kann es gehören, keine ungewöhnlich hohen, die Entgelte säkularer Arbeitgeber wesentlich übersteigende Lohnkosten zu verursachen; auch insofern müssen die Löhne der Diakonie auf das allgemeine Lohnniveau Rücksicht nehmen.

Allerdings hat etwa das OVG Rheinland-Pfalz[182] entschieden, dass eine Umstellung vom Bund-Länder-Tarif des BAT auf den BAT-VKA, die *de facto* einer Entgelterhöhung gleichkam, nicht notwendig im Widerspruch zu den Grundsätzen der Wirtschaftlichkeit steht. Dies heißt jedoch nicht, dass umgekehrt eine Anpassung an das allgemeine Lohnniveau und an die damit verbundene Absenkung nicht durch das Gebot der Wirtschaftlichkeit gefordert werden kann. Maßgeblich sind vielmehr das Ausmaß der Absenkung und die Höhe der die Rentabilität der Leistungen übersteigenden Kosten.

▶ Ist nach all dem ein dringendes betriebliches Erfordernis für die Reduzierung des Lohnvolumens anzuerkennen, so ist darauf zu achten, dass eine *gleichmäßige Verteilung* der Einkommensminderung vorgenommen wird. So stellt es etwa keine sachlich nicht gerechtfertigte Ungleichbehandlung dar, *alle* Arbeitsverhältnisse auf einen neuen Entgeltrahmen umzustellen. Man könnte aber wohl auch sagen, dass die Tatsache, dass erkennbar bestimmte Arbeitsverhältnisse unrentabel für die Dienstgeberseite sind, ein sachlicher Grund ist, gerade deren Entgelt zu reduzieren. Denn es wäre betriebswirtschaftlich fragwürdig und gerade im Widerspruch zum Sanierungszweck der Kündigung, wollte man dem Arbeitgeber die Verpflichtung auferlegen, gerade auch den Arbeitnehmern den Lohn zu kürzen, die rentabel arbeiten. Hier eine *cross subsidarisation* der rentablen zu Gunsten der unrentablen Arbeitsverhältnisse anzunehmen, mag dem Gedanken innerbetrieblicher Solidarität entsprechen und daher durchaus begründbar sein.[183] Da aber die Rechtsprechung sonst eher zurückhaltend mit der Verwendung des Solidaritätsgedankens ist, erscheint es fraglich, ob er gerade hier verwendet werden sollte, wo nicht allein die Lasten einer veränderten wirtschaftlichen Situation gerecht auf alle Arbeitnehmer verteilt würden, sondern das Ergebnis einer solchen unterschiedslosen Gleichbehandlung von rentablen und unrentablen Arbeitsverhältnissen auch wäre, den dann niedriger bezahlten rentablen Arbeitnehmern einen Anreiz zu geben, nach anderen Arbeitgebern Ausschau zu halten, obwohl gerade ihre Arbeit dazu beitragen würde, einen etwaigen wirtschaftlichen Engpass zu überwinden.[184] Dies sind freilich Überlegungen, die wohl in den wenigsten Fällen greifen werden, da es sich regelmäßig um auf den ganzen Betrieb bezogene Unrentabilitäten handeln wird. Die generelle, unterschiedslose Umstellung der Arbeitsbedingungen dürfte in der Regel ein sicherer und wohl auch der gerechtere Weg sein, um das angestrebte Ziel zu erreichen.

---

182 OVG Rheinland-Pfalz v. 12.11.1998 – 12 A 10685/98, n.v.
183 Vgl. *Gamillscheg*, Solidarität als Rechtsbegriff, Festschrift für Fechner, 1973, S.135.
184 Vgl. *Thüsing*, Anm. zu EzA § 2 KSchG Nr. 31 S.15.

§ 4 Die Novellierung der MAVO und des MVG.EKD

Das Personalvertretungsrecht und das Betriebsverfassungsrecht berücksichtigen nicht die Besonderheiten der kirchlichen Dienstgemeinschaft, und daher werden die Religionsgemeinschaften und ihre karitativen und erzieherischen Einrichtungen aus dem Anwendungsbereich dieser Regelungen ausgenommen (§ 112 BPersVG, § 118 Abs. 2 BetrVG, § 1 Abs. 3 Nr. 2 SprAuG). Diese Herausnahme ist nicht verfassungswidrig[1], sondern im Gegenteil: Sie ist durch die Vorgaben des Art. 140 GG i.V.m. Art. 137 Abs. 3 WRV zwingend geboten. Die Kirchen haben das verfassungsmäßige Recht, ein eigenes Regelungsverfahren zu schaffen, um ihre Mitarbeiterinnen und Mitarbeiter an der Gestaltung ihrer Arbeitsverhältnisse zu beteiligen; sie bestimmen „ob und in welcher Weise die Arbeitnehmer und ihre Vertretungsorgane in Angelegenheiten des Betriebs, die ihre Interessen berühren, mitwirken und mitbestimmen".[2] Diese Mitbestimmung ist auch nach dem Verständnis der Kirchen geboten, die Verwirklichung der Mitbestimmung kann jedoch – wie es beispielhaft in Abschn. 5 der Erklärung der deutschen Bischöfe zum kirchlichen Dienst heißt – nicht von der Verfasstheit der Kirche, ihrem Auftrag und der kirchlichen Dienstverfassung getrennt werden. Der notwendige kircheneigene Weg im Mitarbeitervertretungsrecht schließt schon im Hinblick auf die kirchliche Soziallehre eine dem weltlichen Recht der Sache nach gleichwertige Verantwortung der Mitarbeiterseite ein, auch wenn dieser Weg Unterschiede zum weltlichen Betriebs- und Personalvertretungsrecht erfordert, die ihren Grund in der Sendung der Kirche haben.

Die Kirchen haben den Freiraum, den das staatliche Gesetz ihnen gegeben hat, ausgefüllt: Die EKD verabschiedete am 6.11.1992 ein Mitarbeitervertretungsgesetz (MVG.EKD)[3], in der Katholischen Kirche wurde die Rahmenordnung für eine Mitarbeitervertretungsordnung (MAVO) am 3.3.1971 geschaffen, s. S. 314 ff. Seitdem haben sich beide Regelwerke beständig

---
1 So *Ruland*, NJW 1980, S. 89; hiergegen bereits *Richardi*, Arbeitsrecht in der Kirche, § 16, Rn. 15 ff.; Richardi-*Thüsing*, BetrVG, § 118, Rn. 185.
2 BVerfG v. 11.10.1977, BVerfGE 46, S. 73, 94.
3 ABl. EKD 1992, S. 455. Abgedruckt S. 348 ff.

fortentwickelt. *Ecclesia semper reformanda* – und dies gilt auch für ihr Arbeitsrecht. Die Einzelheiten der jüngsten Änderungen werden im Folgenden erörtert.

A) Die Novellierung der MAVO

Die MAVO wurde novelliert in den Jahren 1977, 1985 und 1995, sowie punktuell ergänzt im Jahr 1999. Die Änderungen hatten unterschiedliches Ausmaß; die wesentlichen Grundzüge der Ordnung wurden bewahrt. Neuere Entwicklungen des Arbeitsrechts, aber auch der Wunsch nach einer stärkeren Einbindung der Mitarbeiterinnen und Mitarbeiter in eine verantwortliche Gestaltung der Dienstgemeinschaft machten 2003 abermals eine Novellierung erforderlich.

I. Zielsetzung

Ein wesentliches Anliegen war es dabei, eine Mitverantwortung und Teilhabe der Dienstnehmerschaft in der Gestaltung der wirtschaftlichen Rahmenbedingungen zu realisieren. Der Spielraum, hier Regelungen zu treffen, ist weit. Juristisch ist vieles möglich, doch nicht alles erschien sinnvoll. Wichtige Elemente waren in der MAVO bereits enthalten (insbesondere die Pflicht zum Ausgleich und zur Milderung von wesentlichen wirtschaftlichen Nachteilen gemäß § 37 Abs. 1 Nr. 11 MAVO), jedoch wurden hier, insbesondere von der Dienstnehmerseite, weitergehende Schritte gefordert. Parallelen zum staatlichen Recht erlauben sich nur begrenzt, denn sie drohen das Wesen der kirchlichen Dienstgemeinschaft zu verfehlen: Den wirtschaftlichen Zielsetzungen weltlicher Unternehmen entspricht im Anwendungsbereich der MAVO die Verwirklichung des Sendungsauftrags der Kirche. Hier können nur die Wege, auf denen dieses Ziel zu realisieren ist, dem mitgestaltenden Kompromiss der Dienstgemeinschaft unterfallen, nicht aber das Ziel selber. Dem entspricht es, dass auch der staatliche Gesetzgeber gerade die Mitbestimmung in wirtschaftlichen Angelegenheiten weit zurückgenommen hat für Unternehmen und Betriebe, die eben nicht wirtschaftlichen Zielen dienen, sondern deren überwiegende und unmittelbare Zwecksetzung politischen, koalitionspolitischen, konfessionellen, karitativen, erzieherischen, wissenschaftlichen oder künstlerischen Charakter hat oder der Berichterstattung oder Meinungsäußerung dient. Die Neuerungen, insbesondere § 27a MAVO, suchen den kirchengemäßen Ausgleich der verschiedenen Interessen und damit eine eigenständige mitarbeitervertretungsrechtliche Ausgestaltung des kirchlichen Proprium.

Ein weiteres wesentliches Ziel war es, die Beschäftigungssicherung stärker als eine Aufgabe auch der Mitarbeitervertretung in der MAVO zu etablieren. Insbesondere in Zeiten hoher Arbeitslosigkeit besteht die Verpflichtung, nicht zuletzt der Kirchen und ihrer Wohlfahrtsverbände, die mit der Erwerbsarbeit verbundenen Chancen der Teilnahme, der sozialen Integration, der Existenzsicherung und der persönlichen Entfaltung zu sichern.[4] Das Mitarbeitervertretungsrecht und seine gelungene Umsetzung in der Praxis können ein Weg sein, dieses Ziel zu erreichen.

Eine Aufgabe der Novellierung war schließlich die Harmonisierung des Mitarbeitervertretungsrechts mit den Vorgaben, die das Europarecht hierfür gibt. Eine immer stärker werdende Europäisierung des deutschen Arbeitsrechts hat auch Auswirkungen auf die Gestaltung des kirchlichen Arbeitsrechts. Allerdings kann durch das Europarecht die Eigenart des kirchlichen Dienstes nicht beliebig zurückgedrängt werden. Gemäß Erklärung Nr. 11 zur Schlussakte des Amsterdamer Vertrags (Art. 51 des [vorläufig?] gescheiterten Verfassungsvertrags) achtet die Union „den Status, den Kirchen, religiöse Gemeinschaften und Vereinigungen in den Mitgliedsstaaten nach deren Rechtsvorschriften genießen und beeinträchtigt ihn nicht"; hierzu gehört im Kern auch das kirchliche Arbeitsrecht.[5] Dennoch waren Besonderheiten des Mitarbeitervertretungsrechts, die den europäischen Vorgaben nicht entsprechen und durch die Eigenheit des kirchlichen Dienstes nicht zwingend geboten sind, anzupassen. Dies gilt namentlich für Vorgaben der Richtlinien 2001/23/EG (Betriebsübergang), 92/56/EWG (Anhörung bei Massenentlassungen), der Richtlinie 97/81/EG (Teilzeitarbeit) und der Richtlinie 99/70/EG (Befristung).

II. Wesentlicher Inhalt

Diesen Zielen sollte durch zahlreiche Neuerungen Rechnung getragen werden. Insgesamt wurde die Rahmen-MAVO 2003 in 38 Punkten geändert.

---

[4] S. auch: Für eine Zukunft in Solidarität und Gerechtigkeit – Gemeinsames Sozialwort des Rats der Evangelischen Kirchen in Deutschland und der Deutschen Bischofskonferenz, 1997, S. 68f.
[5] Ausführlich hierzu *Hanau/Thüsing*, Europarecht und kirchliches Arbeitsrecht, 2001; s. auch § 5 Abschn. II, S. 216 ff.

Die wichtigsten Neuerungen waren die stärkere Einbindung der Mitarbeiterseite und flexiblere Möglichkeiten zur Festlegung der Einrichtung, eine verbesserte Absicherung der Mitarbeitervertretung, ein Informationsrecht in wirtschaftlichen Angelegenheiten, eine Verankerung der Beschäftigungssicherung in der MAVO, die Beseitigung der Benachteiligung von befristet und teilzeitbeschäftigten Mitarbeiterinnen und Mitarbeitern, sowie Erleichterungen bei der Nutzung der Dienstvereinbarung als Instrument zur Gestaltung einrichtungsspezifischer Arbeitsbedingungen. Zu allen diesen Punkten einige illustrierende Worte.

1. Flexible und mitverantwortete Festlegung der Einrichtung

Bisher stand die Festlegung dessen, was eine Einrichtung im Sinne der MAVO ist, im alleinigen Ermessen des Rechtsträgers, vorbehaltlich der Genehmigung durch den Ordinarius; eine Beteiligung der Mitarbeitervertretung war auf eine Gelegenheit zur Stellungnahme beschränkt. Diese Gestaltungsmöglichkeit war zudem ausschließlich auf den Bereich des Rechtsträgers selbst bezogen; gemeinsame Mitarbeitervertretungen für rechtsträgerübergreifende Einrichtungen kannte die bisherige Fassung nicht, und zwar auch nicht auf der Ebene der Gesamtmitarbeitervertretung. An beiden Punkten wurde angesetzt: Zwar sollte weiterhin die Möglichkeit des Dienstgebers bestehen, festzulegen, was als Einrichtung gilt, jedoch muss er nun zuvor die betroffenen Mitarbeitervertretungen anhören; eine missbräuchliche Festlegung kann durch die Schlichtungsstelle überprüft werden. Zum anderen wurde es ermöglicht, Mitarbeitervertretungen zu etablieren, die für die Belegschaft mehrerer Dienstgeber zuständig sind, um hierdurch eine dem Einzelfall angemessenere Festlegung von mitarbeitervertretungsrechtlichen Strukturen zu erreichen.

a) Die Neufassung des § 1a MAVO

§ 1a MAVO wurde dahingehend neu gefasst, dass nun der Rechtsträger nur nach Anhörung betroffener Mitarbeitervertretungen regeln kann, was als Einrichtung gilt. Um weiterhin die Strukturen der Mitarbeitervertretung flexibel festlegen zu können, wurde also die einseitige Regelungsbefugnis des Rechtsträgers beibehalten, neu ist jedoch die Sicherung gegen eventuellen Missbrauch dieses Rechts. Neben dem beibehaltenen Genehmigungsvorbehalt des Ordinarius wurde nun neu ein Anhörungsrecht der Mitarbeitervertretungen geschaffen, die von einer solchen Regelung betroffen sind. Hierdurch wird gewährleistet, dass beide Seiten der Dienstgemeinschaft die vom Gesetz abweichende Festlegung als eine für ihre Einrichtung geeignetere Festlegung ansehen. Zweckwidrige Abgrenzungen sollen so vermieden und die Akzeptanz der Mitarbeiterinnen und Mitarbeiter sichergestellt werden. Gemäß § 41 Abs. 1 Nr. 9 MAVO kann auf Antrag der Mitarbeitervertretung bei fehlerhafter Anhörung oder missbräuchlicher Festlegung der Einrichtung durch den Dienstgeber die Schlichtungsstelle angerufen werden. Diese Neuerung wurde bereits vorher wohl unzutreffend aus der alten Gesetzesfassung durch die Rechtsprechung der Schlichtungsstellen hergeleitet[6]; nun hat sie einen gesicherten gesetzlichen Boden. Der Sache nach stellt dies eine behutsame Fortentwicklung der MAVO hin zu mehr Mitsprache dar. Das bislang bestehende Recht zur Stellungnahme war eine Neuerung der MAVO-Novellierung von 1995; nun ist daraus ein Anhörungsrecht geworden.

b) Der neue § 1b MAVO – Einrichtungsübergreifende Mitarbeitervertretungen

„§ 1b Gemeinsame Mitarbeitervertretung
(1) Die Mitarbeitervertretungen und Dienstgeber mehrerer Einrichtungen verschiedener Rechtsträger können durch eine gemeinsame Dienstvereinbarung die Bildung einer gemeinsamen Mitarbeitervertretung vereinbaren, soweit dies der wirksamen und zweckmäßigen Interessenvertretung der Mitarbeiterinnen und Mitarbeiter dient. Dienstgeber und Mitarbeitervertretungen können nach vorheriger Stellungnahme der betroffenen Mitarbeiterinnen und Mitarbeiter Einrichtungen einbeziehen, in denen Mitarbeitervertretungen nicht gebildet sind. Die auf Grundlage dieser Dienstvereinbarung gewählte Mitarbeitervertretung tritt an die Stelle der bisher bestehenden Mitarbeitervertretungen. Sind in keiner der Einrichtungen Mitarbeitervertretungen gebildet, so können die Rechtsträger nach vorheriger Stellungnahme der betroffenen Mitarbeiterinnen und Mitarbeiter die Bildung einer gemeinsamen Mitarbeitervertretung vereinbaren, soweit die Gesamtheit der Einrichtungen die Voraussetzungen des § 6 Abs. 1 erfüllt.
(2) Die Dienstvereinbarung nach Abs. 1 Satz 1 und die Regelung nach Abs. 1 Satz 4 bedürfen der Genehmigung durch den Ordinarius. Sie sind, soweit sie keine andere Regelung treffen, für die folgende Wahl und die Amtszeit der aus ihr hervorgehenden Mitarbeitervertretung wirksam. Für die gemeinsamen Mitarbeitervertretungen gelten die Vorschriften dieser Ordnung nach Maßgabe des § 22a."

Die Möglichkeit, dass Einrichtungen mehrerer Rechtsträger auf Grundlage einer Dienstvereinbarung eine gemeinsame Mitarbeitervertretung bilden können, trägt der Tatsache Rechnung, dass oftmals über die Grenzen der juristischen Personen hinweg der Wille zur gemeinsamen Interessenvertretung besteht. Wird etwa ein bestimmter Bereich einer bisher einheitlich geführten Einrichtung ausgegliedert und rechtlich verselbstständigt, so würde nach der

---
[6] S. Schlichtungsstelle MAVO Erzbistum Köln, Beschluss v. 29.1.1997 – MAVO 17/96, ZMV 1997, S. 85.

bisherigen Fassung der MAVO eine Kontinuität der mitarbeitervertretungsrechtlichen Strukturen ausscheiden. Dies wird oftmals als nicht interessengerecht empfunden. Auch kann in Zusammenschlüssen von Pfarreien zu Seelsorgeeinheiten, die keine eigene Rechtsperson haben, ein Bedürfnis nach einheitlicher Vertretung bestehen, ebenso wie beim ehemals in einer einzigen Gesellschaft organisierten Krankenhauskonzern.

Dort, wo keine Mitarbeitervertretungen bestehen, können die Dienstgeber allein entscheiden, ob eine gemeinsame Mitarbeitervertretung zu bilden ist. Sie haben zuvor den betroffenen Mitarbeiterinnen und Mitarbeitern die Möglichkeit zur Stellungnahme zu geben, sind aber an deren Votum nicht gebunden. Dadurch wird eine Mitarbeitervertretung in Einrichtungen möglich, die für sich genommen die Mindestgröße des § 6 Abs. 1 MAVO nicht erfüllen. Solche Einrichtungen können auch mit Einrichtungen, in denen Mitarbeitervertretungen bestehen, zusammengefasst werden, wenn die zugrundeliegende Dienstvereinbarung dies vorsieht. Auch hier ist den betroffenen Mitarbeiterinnen und Mitarbeitern der Einrichtung die Möglichkeit zur Stellungnahme zu geben.

Für die neue – lediglich als Muster für eine diözesane Fassung konzipierte – Regelung rechtsträgerübergreifender Mitarbeitervertretungen können Vorbilder im staatlichen Mitbestimmungsrecht gefunden werden: Durch das Betriebsverfassungsreformgesetz wurde § 3 Abs. 1 Nr. 3 BetrVG neu eingefügt, wonach in erster Linie durch Tarifvertrag andere Arbeitnehmervertretungsstrukturen bestimmt werden können, soweit diese insbesondere auf Grund der Betriebs-, Unternehmens- oder Konzernorganisation oder auf Grund anderer Form der Zusammenarbeit von Unternehmen einer wirksamen und zweckmäßigen Interessenvertretung der Arbeitnehmer dienen.[7] Gerade im kirchlichen Bereich gibt es darüber hinaus bereits ältere Vorbilder: § 1a Abs. 3 MAVO der Erzdiözese Freiburg sah bereits vorher eine solche rechtsträgerübergreifende Mitarbeitervertretung für den Bereich der Seelsorge vor; gemäß § 5a MVG.EKD kann eine gemeinsame Mitarbeitervertretung für mehrere benachbarte Dienststellen gebildet werden, wenn im Einvernehmen zwischen allen beteiligten Dienststellenleitungen und den jeweiligen Mehrheiten der Mitarbeiterinnen und Mitarbeiter dies auf Antrag eines der Beteiligten schriftlich festgelegt worden ist. Es dient der Effektivierung des kirchlichen Mitarbeitervertretungsrechts, eine vergleichbare Möglichkeit auch für die MAVO vorzusehen.

---

7 Ausführlich hierzu *Thüsing*, ZIP 2003, S. 693.

Die Rechtsfragen, die sich aus dieser neuen Norm ergeben, können durchaus erheblich sein. Sie werden weitgehend denen entsprechen, die sich im Anwendungsbereich des § 3 BetrVG als Fragen auftun. Teilweise werden die Fragen beantwortet durch § 21a MAVO. Diese Ergänzungsregelung zu § 1b orientiert sich an § 47a MAVO der Erzdiözese Freiburg. Die betroffenen Dienstgeber handeln grundsätzlich gemeinschaftlich, können sich jedoch gegenseitig ermächtigen, die Aufgaben füreinander wahrzunehmen. Beziehen sich Informations-, Anhörungs- und Mitberatungsrechte allein auf Mitarbeiterinnen und Mitarbeiter eines Dienstgebers, dann obliegt die Erfüllung dieser Pflichten allein dem Dienstgeber der betroffenen Mitarbeiterinnen und Mitarbeiter. Im Übrigen scheint eine sinnvolle Lösung die Übertragung der für den gemeinsamen Betrieb entwickelten Grundsätze zu sein. Die sind zwar alles andere als gesichert, jedoch dürften gewisse Eckpunkte unstreitig sein: Eine gesamtschuldnerische Verpflichtung wird man allein da nicht annehmen können, wo der Inhalt der Schuld der verschiedenen Unternehmen ein anderer ist, etwa in der Erteilung von Auskünften und Zurverfügungstellung erforderlicher Unterlagen für den Wahlvorstand. Dies kann jeder Unternehmer nur für seine eigenen Arbeitnehmer tun.[8]

c) Der neue § 24 MAVO – Erweiterte Gesamtmitarbeitervertretungen

Die Neufassung des § 24 MAVO soll es ermöglichen, dass eine Gesamtmitarbeitervertretung auch für die Mitarbeitervertretungen verschiedener Rechtsträger errichtet werden kann. Dieses Ziel verfolgt auch die Novellierung des MVG.EKD; dazu sogleich. Voraussetzung ist das Einvernehmen zwischen allen Dienstgebern und allen Mitarbeitervertretungen. Diese erweiterte Mitarbeitervertretung hat kein direktes Vorbild im staatlichen Recht: Der Konzernbetriebsrat gemäß §§ 54ff. BetrVG setzt zum einen voraus, dass die verschiedenen Rechtsträger einen Konzern im Sinne des § 18 Abs. 1 AktG bilden, zum anderen ist er Bestandteil eines dreistufigen Aufbaus von Betriebsrat, Gesamtbetriebsrat und Konzernbetriebsrat; hier verbleibt es beim zweistufigen Aufbau. Auch der Gesamtpersonalrat nach § 55 BPersVG bezieht sich allein auf den Fall des § 6 Abs. 3 BPersVG, wenn also eine Nebenstelle oder ein Teil einer Dienststelle verselbständigt worden ist und mehrere Personalräte in einer Dienststelle gewählt wurden. Bei der erweiterten Gesamtmitarbeitervertretung handelt es sich um die gemeinsame Organisation bei mehreren Rechtsträgern.

---
[8] S. auch LAG Düsseldorf v. 7.5.1986, BB 1986, S.1851; Däubler/Kittner/Klebe-*Trümner*, BetrVG, § 1 Rn. 141. Ausführlich *Richardi*, BetrVG, § 1, Rn. 60ff.

Trotz fehlender direkter Vorbilder ist die Neufassung ein sinnvolles Instrument zur Flexibilisierung der Mitarbeitervertretungsstrukturen. Insbesondere bei rechtlichen Strukturveränderungen eines Rechtsträgers, die nicht mit tatsächlichen organisatorischen Änderungen einhergehen, kann es hilfreich sein, dass bisherige Mitarbeitervertretungsstrukturen beibehalten werden. Die Neufassung trägt damit dem gleichen Gedanken Rechnung, der Grundlage ist für § 1b MAVO und die dortige Möglichkeit, eine gemeinsame Mitarbeitervertretung für die Einrichtungen verschiedener Rechtsträger zu bilden. Das Erfordernis eines allgemeinen Konsenses stellt auch hier sicher, dass keine zweckwidrigen Zusammenschlüsse getroffen werden. Soll eine einmal eingerichtete Gesamtmitarbeitervertretung oder erweiterte Gesamtmitarbeitervertretung aufgelöst werden, so bedarf es dafür der Zustimmung aller betroffenen Mitarbeitervertretungen und Dienstgeber, soweit für die erweiterte Gesamtmitarbeitervertretung keine andere Regelung in der Dienstvereinbarung getroffen ist oder – auch das ist neu – mit dem Einverständnis zur Errichtung der Gesamtmitarbeiterbvertretung keine zeitliche Begrenzung verbunden war. Durch diese Möglichkeit zur Befristung soll der Weg zurück erleichtert werden – und damit die Bereitschaft auf Dienstgeberseite gefördert werden, eine (erweiterte) Gesamtmitarbeitervertretung erst einmal zu etablieren.

2. Verbesserte Absicherung der Mitarbeitervertretung

Die neu geschaffenen Instrumente zur Absicherung der Mitarbeitervertretung und ihrer Mitglieder sind verschieden. Ein Übergangs- und Restmandat sichert den Bestand der Mitarbeitervertretung bei organisatorischen Veränderungen, eine Verbesserung der Rechtsstellung teilzeitbeschäftigter Mitglieder der Mitarbeitervertretung erleichtert die effektive Ausübung des Mandats, ebenso wie Klarstellungen in den Kostenregelungen.

a) Übergangs- und Restmandat

Geschaffen wird das Übergangs- und das Restmandat der Mitarbeitervertretung im Falle von strukturellen Veränderungen der Einrichtung. Diese zum Teil europarechtlich vorgegebene Neuerung soll im kirchlichen Bereich zur effektiveren und umfassenderen Wahrung der Interessen der Mitarbeiter und ihrer Vertretung dienen.

aa) Die Normen und ihre Ratio.

„§ 13d Übergangsmandat
(1) Wird eine Einrichtung gespalten, so bleibt deren Mitarbeitervertretung im Amt und führt die Geschäfte für die ihr bislang zugeordneten Teile einer Einrichtung weiter, soweit sie die Voraussetzungen des § 6 Abs. 1 erfüllen und nicht in eine Einrichtung eingegliedert werden, in der eine Mitarbeitervertretung besteht (Übergangsmandat). Die Mitarbeitervertretung hat insbesondere unverzüglich Wahlausschüsse zu bestellen. Das Übergangsmandat endet, sobald in den Teilen einer Einrichtung eine neue Mitarbeitervertretung gewählt und das Wahlergebnis bekannt gegeben ist, spätestens jedoch sechs Monate nach Wirksamwerden der Spaltung. Durch Dienstvereinbarung kann das Übergangsmandat um bis zu weitere sechs Monate verlängert werden.
(2) Werden Einrichtungen oder Teile von Einrichtungen zu einer Einrichtung zusammengelegt, so nimmt die Mitarbeitervertretung der nach der Zahl der wahlberechtigten Mitarbeiterinnen und Mitarbeiter größten Einrichtung oder des größten Teils einer Einrichtung das Übergangsmandat wahr. Absatz 1 gilt entsprechend.
(3) Die Absätze 1 und 2 gelten auch, wenn die Spaltung oder Zusammenlegung von Einrichtungen und Teilen von Einrichtungen im Zusammenhang mit einer Betriebsveräußerung oder einer Umwandlung nach dem Umwandlungsgesetz erfolgt.
(4) Führt eine Spaltung, Zusammenlegung oder Übertragung dazu, dass eine ehemals nicht in den Geltungsbereich nach § 1 fallende Einrichtung oder ein Teil einer Einrichtung nunmehr in den Geltungsbereich dieser Ordnung fällt, so gelten Abs. 1 und 2 entsprechend. Die nicht nach dieser Ordnung gebildete Arbeitnehmervertretung handelt dann als Mitarbeitervertretung. Bestehende Vereinbarungen zwischen dem Dienstgeber und der nicht nach dieser Ordnung gebildeten Arbeitnehmervertretung erlöschen und zuvor eingeleitete Beteiligungsverfahren enden.

§ 13e Restmandat
Geht eine Einrichtung durch Stilllegung, Spaltung oder Zusammenlegung unter, so bleibt deren Mitarbeitervertretung so lange im Amt, wie dies zur Wahrnehmung der damit im Zusammenhang stehenden Beteiligungsrechte erforderlich ist."

In Art. 5 der Richtlinie 2001/23/EG, die den deutschen Gesetzgeber zur Schaffung eines Übergangsmandats verpflichtet, wird der verfasst-kirchliche und karitative Bereich nicht ausgeschlossen. Dementsprechend hatte das VerwG EKD bereits anerkannt, dass die ehemaligen Regelungen des UmwG zum Übergangsmandat auch für den Bereich des MVG.EKD analog angewandt werden konnten.[9] Der staatliche Gesetzgeber hat die nur einen Teilbereich umfassenden Regeln des Umwandlungsgesetzes abgelöst und hat durch das Betriebsverfassungsreformgesetz einen neuen § 21a BetrVG in das Betriebsverfassungsrecht eingefügt.

Der neugeschaffene § 13d MAVO dient der Umsetzung des Übergangsmandats in die MAVO. Die Absätze 1, 2 und 3 sind weitgehend dem staatlichen Recht nachgebildet. Der Mitarbeitervertretung steht künftig bei jeder Form der Spaltung einer Einrichtung (Abs. 1) oder Zusammenlegung von Einrichtungen oder Teilen von Einrichtungen zu einer neuen Einrichtung

---
9 VerwG EKD v. 19.2.1998, KuR 1998, S. 257 = NZA-RR 1998, S. 477.

(Abs. 3) ein Übergangsmandat zu, wenn die Organisationsänderung zum Wegfall der bisherigen Mitarbeitervertretung führt oder ein Teil der Belegschaft aus dem Zuständigkeitsbereich der Mitarbeitervertretung herausfällt und Dienstnehmer dadurch ihren mitarbeitervertretungsrechtlichen Schutz verlieren würden. Dies gilt unabhängig davon, ob die Umstrukturierung im Zusammenhang mit einem Betriebsübergang im Wege der Einzel- oder Gesamtrechtsnachfolge oder ausschließlich auf Grund von Änderungen der Betriebsorganisation innerhalb eines Unternehmens erfolgt (Abs. 3). Damit wird eine einheitliche Anwendung des Übergangsmandats der Mitarbeitervertretung in allen Fällen geschaffen, in denen eine Änderung der betrieblichen Organisation zum Verlust der Beteiligungsrechte führt.

Eine eigenständige Regelung ohne Vorbild im BetrVG oder BPersVG stellt Abs. 4 dar. Hier ist der Übergang einer ehemals dem staatlichen Recht unterfallenden Einrichtung in den Geltungsbereich des kirchlichen Arbeitsrechts geregelt. Um eine lückenlose Umsetzung des europäischen Rechts zu gewährleisten, ist von einem Übergangsmandat der nicht nach der MAVO gebildeten Arbeitnehmervertretungen (Personalrat, Betriebsrat, Mitarbeitervertretung nach dem MVG.EKD) auszugehen. Sie nehmen im Zeitpunkt der Überleitung die Stellung einer Mitarbeitervertretung ein und handeln dann nach den Regeln der MAVO, nicht des BetrVG oder der Personalvertretungsgesetze. Würde also innerhalb des kirchlichen Dienstes ein Übergangsmandat nach den Absätzen 1–3 für die Arbeitnehmervertretung bestehen, so soll es auch beim Übergang vom weltlichen in den kirchlichen Dienst bestehen. Der staatliche Gesetzgeber hat einen ähnlichen Fall in § 25 Abs. 1 Postpersonalgesetz geregelt. Dort bestimmte er, dass die Personalräte der ehemaligen Postunternehmen zu Betriebsräten der Aktiengesellschaft für den Zeitraum eines Übergangsmandats wurden. Anders als dort geregelt, sollen beim Übergang einer Einrichtung in den Anwendungsbereich der MAVO die bereits eingeleiteten Beteiligungsverfahren nach dem BetrVG oder den Personalvertretungsgesetzen mit der Spaltung, Zusammenlegung oder Übertragung enden; Betriebsvereinbarungen nach dem BetrVG oder Dienstvereinbarungen nach den Personalvertretungsgesetzen fallen weg. Diese Regelungen ergeben sich aus der Besonderheit des kirchlichen Dienstes, mit der die bisherigen betrieblichen Normenwerke unter Umständen nicht vereinbar sind. Es obliegt der Mitarbeitervertretung und dem neuen Dienstgeber, ggf. eine entsprechende Dienstvereinbarung nun nach den Regeln der MAVO abzuschließen.

Der umgekehrte Fall, dass eine ehemals dem Geltungsbereich des § 1 unterfallende Einrichtung nach Spaltung, Zusammenlegung oder Übertragung nicht mehr von der MAVO erfasst wird, dürfte ebenfalls zur Anerkennung eines Übergangsmandats führen. Es wurde jedoch davon abgesehen dies zu regeln, weil sich die kirchliche Gesetzgebung auf die Einrichtung ab dem Zeitpunkt, in dem sie den Anwendungsbereich der MAVO verlässt, nicht mehr erstreckt. Es ist dann Sache des staatlichen Gesetzes, hier ein Übergangsmandat anzuerkennen; das kirchliche Recht steht dem nicht entgegen.

Nicht durch das Europarecht gefordert, aber bereits seit langer Zeit durch die Rechtsprechung anerkannt[10] ist das Restmandat des Betriebsrats oder der Personalvertretung. Es wurde durch das Betriebsverfassungsreformgesetz als § 21b in das BetrVG eingefügt. Das Restmandat sichert der Mitarbeitervertretung das Recht, im Falle der Stilllegung einer Einrichtung oder einer anderen Form der Auflösung der Einrichtung durch Spaltung oder Zusammenlegung, die damit zusammenhängenden gesetzlichen Aufgaben zum Schutz der Mitarbeiterinnen und Mitarbeiter wie insbesondere die Rechte nach § 37 Abs. 1 Nr. 11 MAVO auch über das Ende ihrer Amtszeit hinaus wahrzunehmen. Der neue § 13e MAVO ist weitgehend dem staatlichen Vorbild nachgebildet. Die Kommentierungen hierzu können also auch für die Ausdeutung des kirchlichen Rechts fruchtbar gemacht werden.

bb) Mögliche Fallgestaltungen. Die Fragen, die sich daraus für die Praxis ergeben können, sind vielfältig. Entscheidend zum Verständnis der Norm sind insbesondere die Begriffe der Spaltung, der Zusammenlegung und der Eingliederung. Mit *Eingliederung* ist die organisatorische Zusammenführung zweier oder mehrerer Einrichtungen oder Teile von Einrichtungen gemeint, bei denen die Identität einer beteiligten Einrichtung oder eines Einrichtungsteils erhalten bleibt. Die aufnehmende Einrichtung wird lediglich größer, ohne dass sie dadurch eine tiefgreifende Veränderung erfährt. Eingliederung ist damit kein subsumtionsfähiger Begriff, sondern typologisch zu bestimmen anhand des Gesamteindrucks der organisatorischen Einheit vorher und nachher. Verschiedene Hilfskriterien zur Konkretisierung sind bei § 21a BetrVG vorgeschlagen worden. Wichtigstes Indiz dürfte es sein, wenn die Arbeitnehmerzahl des aufnehmenden Betriebs wesentlich höher ist als die des einzugliedernden Betriebsteils.[11] Daneben werden das äußere Erscheinungsbild und der unveränderte Fortbestand des Betriebszwecks zu berücksichtigen sein. Die Frage der fortbestehenden Betriebsidentität stellt sich

---

10 Vgl. BAG v. 16. 6. 1987, BAGE 55, S. 344 ff.
11 S. *Thüsing*, DB 2004, S. 2474; weitergehend Lutter-*Joost*, UmwG, § 321, Rn. 15: Abgrenzung entsprechend der Wertung in § 13 Abs. 2 Nr. 1 BetrVG an der Arbeitnehmerzahl: Veränderungen unterhalb dieser Schwelle führen nicht zum Verlust der Betriebsidentität.

in ähnlicher Weise bei § 613a BGB und der Frage des Betriebsübergangs.[12] Die dort genannten Kriterien können *mutatis mutandis* übernommen werden. Ebenso ist das Kriterium der fortbestehenden Identität der Einrichtung bei der Auslegung des Begriffs Spaltung (und Zusammenlegung) von Bedeutung: § 13d MAVO regelt nur die Einrichtungsänderungen, die zum Verlust der Identität der Einrichtung führen. Wo die Abspaltung eines Einrichtungsteils oder die Hinzufügung eines weiteren die Identität der Einrichtung nicht ändert, bleibt die bisherige Mitarbeitervertretung im regulären Mandat bestehen.

Es sind damit verschiedene Sachverhaltskonstellationen zu unterscheiden:[13] Zum einen kann die Spaltung zur Stilllegung führen; dann gilt § 13e MAVO. Zum anderen kann sich eine Zusammenfassung mit einer anderen Einrichtung unmittelbar anschließen; dann gilt § 13d Abs. 2 MAVO. Unproblematisch ist auch die Spaltung, die zum Fortbestand einer mitarbeitervertretungsfähigen Einheit führt, die nicht mit einer anderen Einrichtung oder einem anderen Einrichtungsteil zusammengelegt wird und ihre Identität behält: Hier besteht das reguläre Mandat fort.[14] Ein Übergangsmandat gemäß § 13d Abs. 1 Satz 1 MAVO entsteht demgegenüber, wenn die Spaltung zum Verlust der Einrichtungsidentität führt. Führt die Spaltung zur Bildung einer nicht mitarbeitervertretungsfähigen Einheit, führt dies, soweit sie weder mit einer anderen Einrichtung zusammengelegt wird noch in eine andere Einrichtung eingegliedert wird, zu einem Restmandat gemäß § 13e MAVO.

Ebenso vielgestaltig sind die Folgen einer Zusammenfassung verschiedener Einrichtungen oder Einrichtungsteile. Hier bestimmt § 13d Abs. 2 MAVO, dass die Mitarbeitervertretung der nach der Zahl der wahlberechtigten Arbeitnehmer größten Einrichtung oder des größten Teils der Einrichtung das Übergangsmandat wahrnimmt. Unerheblich ist dabei die Größe der abgebenden Einrichtung.

Nicht unter Absatz 2 fällt die „Zusammenlegung" von Einrichtungen oder Einrichtungsteilen, die zur Eingliederung einer Einrichtung oder eines Einrichtungsteils in den anderen führt, bei dem eine Einrichtung also ihre Identität behält. Hier besteht das Mandat der in ihrer Identität unveränderten Mitarbeitervertretung ohne Änderung fort. Hat die Einrichtung, in die eingegliedert wird, bisher keine Mitarbeitervertretung, dann ergibt sich kein

---

12 Vgl. ErfK-*Preis*, BGB, § 613a, Rn. 95 ff.; Staudinger-*Annuß*, BGB, § 613a, Rn. 50 f.; s. auch BAG v. 5. 2. 1991, 27. 7. 1994, AP Nr. 89, 118 zu § 613a BGB.
13 S. auch *Thüsing*, DB 2002, S. 738.
14 Vielleicht auch, wenn sie ihre Identität verliert. So unzutreffend das BAG bei der Betriebsvereinbarung BAG v. 18. 9. 2002, BAGE 102, S. 356 = NZA 2003, S. 670.

Übergangsmandat aus Absatz 1, denn § 13d MAVO greift ja mangels Identitätsverlusts der aufnehmenden Einrichtung nicht ein.

Weil sich das durch Zusammenlegung entstehende Übergangsmandat auf die gesamte Einrichtung bezieht, ist es unerheblich, ob die zusammengefassten Einrichtungsteile für sich mitarbeitervertretungsfähig wären. Gemäß § 13d Abs. 2 Satz 2 MAVO gilt Absatz 1 nur insoweit entsprechend, als § 6 Abs. 1 MAVO, also die Mitarbeitervertretungsfähigkeit, für die zusammengefasste Einrichtung gegeben sein muss. Fehlt deren Mitarbeitervertretungsfähigkeit nach Zusammenlegung – hat sie also weniger als 5 wahlberechtigte und 3 wählbare Dienstnehmer – dann besteht nur ein Restmandat gemäß § 13e MAVO.

Noch ein Wort zum Restmandat: Wenn § 13d MAVO eingreift, ist § 13e MAVO unanwendbar. Dennoch ist ein Nebeneinander von Restmandat und Übergangsmandat bei der Zusammenlegung von Einrichtungen nicht ausgeschlossen. So wird ein Restmandat von der herrschenden Meinung im Rahmen des BetrVG auch für den Fall angenommen, dass der Betrieb(steil) in einen anderen Betrieb eingegliedert oder mit einem größeren Betrieb zusammengelegt wird, in dem ein Betriebsrat besteht.[15] Dagegen spricht auf den ersten Blick, dass dies zu einer Gremiendoppelung führt, und Arbeitnehmer, die nun in einem neuen Betrieb arbeiten, von zwei Betriebsräten repräsentiert werden: Die parallele Zuständigkeit zweier Betriebsräte für einen Betrieb ist dem Betriebsverfassungsrecht fremd. Allerdings ist einzuwenden, dass es sich zumindest bei der Zusammenlegung von Betrieben eben nicht um denselben Betrieb handelt, für den die verschiedenen Betriebsräte zuständig sind: Das Restmandat erfasst rückwärtsgewandt allein den Betrieb in seinem Zustand vor der Organisationsänderung, bevor er also seine Identität verlor, das Übergangsmandat erfasst den neuen Betrieb. Dies kann in den Kontext der MAVO übertragen werden.

Anders als es der Wortlaut der Norm nahe legt, bestimmt die „Wahrnehmung der damit im Zusammenhang stehenden Mitwirkungs- und Mitbestimmungsrechte" nicht nur die Dauer des Amtes der Mitarbeitervertretung, sondern auch seinen Inhalt: Das Restmandat ist anders als das Übergangsmandat kein Vollmandat, sondern lediglich ein nachwirkendes Mandat, das durch die mit der Abwicklung der Einrichtung einhergehenden mitarbeitervertretungsrechtlichen Rechte ausgefüllt wird.[16]

---

15 Z.B. *Fischer*, RdA 2005, S. 39; *Fitting*, BetrVG, § 21a, Rn. 58; a.A. *Feudner*, BB 1996, S. 1935; Richardi-*Thüsing*, BetrVG, § 21a, Rn. 10.
16 S. auch BAG v. 28.10.1992, AP Nr. 66 zu § 112 BetrVG 1972.

b) Verbessere Rechtsstellung teilzeitbeschäftigter Mitarbeitervertretungsmitglieder

Die Arbeitsmöglichkeiten sowie die Rechtsstellung der Mitarbeitervertretung wurden verbessert. Insbesondere Teilzeitbeschäftigten, und damit vor allem Frauen, wird es zugute kommen, wenn künftig Freizeitausgleich stets für solche Tätigkeit als Mitglied der Mitarbeitervertretung zu gewähren ist, die wegen der unterschiedlichen Arbeitszeit der Mitglieder der Mitarbeitervertretung nicht innerhalb der persönlichen Arbeitszeit des einzelnen Mitglieds erfolgen kann.

Die neue Regelung des § 15 Abs. 4 MAVO orientiert sich an § 37 Abs. 3 Satz 1 und 2 BetrVG. Die Vorschrift wurde durch das Betriebsverfassungsreformgesetz neu geschaffen, um teilzeitbeschäftigten Arbeitnehmern das Engagement in der Betriebsverfassung zu erleichtern. Die zugrunde liegende Überlegung ist recht klar: In der betrieblichen Praxis werden die Arbeitszeiten der Mitarbeiterinnen und Mitarbeiter immer flexibler gestaltet. Das gilt sowohl für vollzeitbeschäftigte Arbeitnehmer, die in verstärktem Umfang in Gleitzeitarbeit oder in an das jeweilige Auftragsvolumen angepassten Arbeitszeiten beschäftigt werden, also insbesondere auch für die wachsende Zahl von Teilzeitarbeitnehmern in den unterschiedlichen Organisationsformen (normale Teilzeitarbeit, Teilzeitbeschäftigung mit kapazitätsorientierter variabler Arbeitszeit, Job-Sharing-Arbeitsverhältnis). Die jeweilige Form der einrichtungsspezifischen Arbeitszeitgestaltung ist Teil der betrieblichen Organisation. Die Arbeitszeitgestaltung kann auch für die Mitglieder der Mitarbeitervertretungen maßgebend sein. Um zu verhindern, dass sich unterschiedliche Arbeitszeiten der Mitglieder der Mitarbeitervertretung nachteilig auf die Arbeit der Mitarbeitervertretung oder die persönliche Rechtsstellung ihrer Mitglieder auswirken, wird durch die neue Regelung sichergestellt, dass die erforderliche Tätigkeit als Mitglied der Mitarbeitervertretung, die wegen unterschiedlicher Arbeitszeiten der Mitglieder zwar innerhalb der betrieblichen Arbeitszeit, aber nicht innerhalb der persönlichen Arbeitszeit des einzelnen Mitglieds durchgeführt werden kann, auszugleichen ist. Es bleibt also weiterhin dabei, dass grundsätzlich Freizeit unvergütet bleibt, eine Ausnahme besteht nur, wenn gerade aus Gründen die auf dem Dienstgeber und seiner Organisation der Einrichtung fußen, die Mitarbeitervertretungsarbeit nicht während der Arbeitszeit erledigt werden kann.

Der Rechtssicherheit dient die neue Regelung des § 15 Abs. 4 Satz 2 MA-VO. Kann ein Mitglied der Mitarbeitervertretung die Lage seiner Arbeitszeit ganz oder teilweise selbst bestimmen, hat es die Tätigkeit als Mitglied der

Mitarbeitervertretung außerhalb seiner Arbeitszeit dem Dienstgeber zuvor mitzuteilen. Gibt dieser nach Mitteilung keine Möglichkeit zur Tätigkeit innerhalb der Arbeitszeit, liegt ein einrichtungsbedingter Grund vor. Die Regelung knüpft an die Rechtsprechung zum BetrVG an.[17] Die Rechtsprechung kann durch die Schlichtungsstellen übernommen werden.

Die Regelung zum Freizeitausgleich der DIAG-MAV in § 25 Abs. 4 Satz 3 MAVO verweist auf die Neufassung des § 15 Abs. 4 MAVO. Nach der bisherigen Fassung wurde ein Freizeitausgleich nicht geschuldet, dennoch wurde bereits in der Diözesanordnung in einigen Diözesen (z.B. Aachen und Köln) bestimmt, dass für regelmäßig außerhalb der Arbeitszeit anfallende Sitzungen und die Durchführung der sonstigen Aufgaben dem Mitglied der DiAG-MAV auf Antrag Freizeitausgleich zu erteilen ist. Die neue Regelung greift diese Gedanken auf und führt sie systemkonform fort.

Anders als nach dem BetrVG besteht kein Anspruch auf finanziellen Ausgleich, wenn die Arbeitsbefreiung nicht zeitnah gewährt werden kann. Die Ordnung folgt hier dem Personalvertretungsrecht, das einen solchen Anspruch ebenfalls nicht kennt (§ 46 Abs. 2 BPersVG). Eine Orientierung am BetrVG würde dazu führen, dass ein teilzeitbeschäftigtes Mitglied einer Mitarbeitervertretung ab dem Moment, in dem seine Tätigkeit im Volumen über die arbeitsvertraglich geschuldete Tätigkeit hinausgeht, einen Entschädigungsanspruch enthalten könnte, der über sein geschuldetes Arbeitsentgelt hinausgeht, selbst wenn es gänzlich freigestellt ist. Diese Umkehrung des Verhältnisses von Freistellung und Ausgleichsanspruch stünde im Konflikt zum Wesen des Ehrenamtes.

Die Freistellung beinhaltet den Anspruch auf Reduzierung der übertragenen Aufgaben. Eine Freistellung, die durch eine Verdichtung der Arbeitsleistung in der verbliebenen Arbeitszeit erreicht wird, ist damit ausgeschlossen. Dies galt bereits vorher, ist nun aber ausdrücklich in § 15 Abs. 2 Satz 2 MAVO normiert.

c) Regelungen zu den notwendigen Kosten der Tätigkeit der Mitarbeitervertretung

Schließlich werden die Regelungen zu den notwendigen Kosten der Tätigkeit der Mitarbeitervertretung präzisiert; die dadurch eintretende Rechtssicherheit soll Streitigkeiten vermeiden helfen. Nach § 17 Abs. 1 Satz 2 MAVO gehören nun „zu den notwendigen Kosten ... auch – die Kosten für die Teilnah-

---

[17] BAG v. 3.12.1987, AP Nr. 62 zu § 37 BetrVG 1972; Richardi-*Thüsing*, BetrVG, § 37, Rn. 47.

me an Schulungsveranstaltungen im Sinne des § 16; – die Kosten, die durch die Beiziehung sachkundiger Personen entstehen, soweit diese zur ordnungsgemäßen Erfüllung der Aufgaben erforderlich sind und der Dienstgeber der Kostenübernahme vorher zugestimmt hat; – die Kosten zur Beauftragung eines Bevollmächtigten in Verfahren vor der Schlichtungsstelle, soweit der Vorsitzende der Schlichtungsstelle feststellt, dass die Bevollmächtigung zur Wahrung der Rechte des Bevollmächtigenden notwendig oder zweckmäßig erscheint".

Die Hinzuziehung eines Sachverständigen oder eines Bevollmächtigten im Verfahren vor der Einigungsstelle wurde durch die bisherige Regelung nicht angesprochen. Hier scheint es bislang unterschiedliche Verfahrensweisen in verschiedenen Bistümern gegeben zu haben. Die jetzige Regelung orientiert sich weitgehend am staatlichen Recht, an dem sich auch § 30 Abs. 2 MVG.EKD orientiert. Sie entspricht dem, was einige Schlichtungsstellen bereits zuvor in ihrer Entscheidungspraxis zugrunde legten. Hinsichtlich der Entscheidung der Schlichtungsstelle hat ggf. eine Anpassung nach Inkrafttreten des § 12 KAGO zu erfolgen. Generell gilt, dass ebenso wie bei den Schulungsveranstaltungen nach § 16 MAVO nur die notwendigen Kosten vom Dienstgeber getragen werden müssen.

3. Informationsrecht in wirtschaftlichen Angelegenheiten

Zur Einbindung der Dienstnehmerseite in die Entscheidungsfindung bei wirtschaftlichen Angelegenheiten wurde ein Unterrichtungsrecht über wirtschaftliche Angelegenheiten in Einrichtungen geschaffen, die überwiegend durch Zuwendungen der öffentlichen Hand, aus Leistungs- und Vergütungsvereinbarungen mit Kostenträgern oder Zahlungen sonstiger nicht-kirchlicher Dritter finanziert werden. Die Norm ist wohl die wichtigste, vor allem aber die umstrittenste Neuregelung der MAVO-Novellierung. Sie ist im Zuge des Gesetzgebungsverfahrens mehrfach geändert worden, um zum Schluss den Kompromiss doch noch herbeizuführen.

a) Die Norm und ihre Ratio

„§ 27a Information in wirtschaftlichen Angelegenheiten
(1) Der Dienstgeber einer Einrichtung, in der in der Regel mehr als 50 Mitarbeiterinnen und Mitarbeiter ständig beschäftigt sind und deren Betrieb überwiegend durch Zuwendungen der öffentlichen Hand, aus Leistungs- und Vergütungsvereinbarungen mit Kostenträgern oder Zahlungen sonstiger nicht-kirchlicher Dritter finanziert wird, hat die Mitarbeitervertretung über die wirtschaftlichen Angelegenheiten der Einrichtung rechtzeitig, mindestens aber einmal im Kalen-

derjahr unter Vorlage der erforderlichen Unterlagen schriftlich zu unterrichten, sowie die sich daraus ergebenden Auswirkungen auf die Personalplanung darzustellen. Die Mitarbeitervertretung kann Anregungen geben. Besteht eine Gesamtmitarbeitervertretung, oder erweiterte Gesamtmitarbeitervertretung so ist diese anstelle der Mitarbeitervertretung zu informieren.
(2) Zu den wirtschaftlichen Angelegenheiten im Sinne dieser Vorschrift gehören insbesondere
    1. der allgemeine Rahmen der wirtschaftlichen und finanziellen Lage der Einrichtung;
    2. Rationalisierungsvorhaben;
    3. die Änderung der Organisation oder des Zwecks einer Einrichtung sowie
    4. sonstige Veränderungen und Vorhaben, welche die Interessen der Mitarbeiterinnen und Mitarbeiter der Einrichtung wesentlich berühren können.
(3) Als erforderliche Unterlagen im Sinne des Abs. 1 sind diejenigen Unterlagen vorzulegen, die ein den tatsächlichen Verhältnissen entsprechendes Bild der Einrichtung vermitteln. Sofern für die Einrichtung nach den Vorschriften des Handels- oder Steuerrechts Rechnungs-, Buchführungs- und Aufzeichnungspflichten bestehen, sind dies der Jahresabschluss nach den jeweils maßgeblichen Gliederungsvorschriften sowie der Anhang und, sofern zu erstellen, der Lagebericht; für Einrichtungen einer Körperschaft des öffentlichen Rechts sind dies der auf die Einrichtung bezogene Teil des Verwaltungshaushalts und der Jahresrechnung.
(4) Die Mitarbeitervertretung oder an ihrer Stelle die Gesamtmitarbeitervertretung oder erweiterte Gesamtmitarbeitervertretung können die Bildung eines Ausschusses zur Wahrnehmung der Informationsrechte nach Abs. 1 beschließen. Soweit es zur ordnungsgemäßen Erfüllung der Aufgaben der Mitarbeitervertretung oder des Ausschusses erforderlich ist, hat der Dienstgeber sachkundige Mitarbeiterinnen und Mitarbeiter zur Verfügung zu stellen; er hat hierbei die Vorschläge des Ausschusses oder der Mitarbeitervertretung zu berücksichtigen, soweit einrichtungsbedingte Notwendigkeiten nicht entgegenstehen. Für diese Mitarbeiterinnen und Mitarbeiter gilt § 20 entsprechend.
(5) In Einrichtungen i. S. des Abs. 1 mit in der Regel nicht mehr als 50 ständig beschäftigten Mitarbeiterinnen und Mitarbeitern hat der Dienstgeber mindestens einmal in jedem Kalenderjahr in einer Mitarbeiterversammlung über das Personal- und Sozialwesen der Einrichtung und über die wirtschaftliche Lage und Entwicklung der Einrichtung zu berichten.
(6) Die Informationspflicht besteht nicht, soweit dadurch Betriebs- oder Geschäftsgeheimnisse gefährdet werden."

Die neu eingefügte Regelung orientiert sich im Ausgangspunkt an § 106 BetrVG, modifiziert diese Vorschrift jedoch erheblich.

Die *rechtspolitische Bewertung* war unterschiedlich, doch scheint es im durch die Neuregelung umrissenen Bereich sinnvoll, einen Informationsanspruch in wirtschaftlichen Angelegenheiten zu schaffen, um so der Dienstgemeinschaft das Verständnis für die wirtschaftliche Planung des Dienstgebers zu ermöglichen. Dem entspricht es, dass § 43 Abs. 2 Satz 3 BetrVG und der dortige Informationsanspruch ohne Einschränkung auch für Tendenzbetriebe gilt.[18] Dort, wo Einrichtungen überwiegend oder ausschließlich durch Zuwendungen der öffentlichen Hand, aus Leistungs- und Vergütungsvereinbarungen mit Kostenträgern oder Zahlungen sonstiger nicht-kirchlicher

---

[18] BAG v. 8.3.1977, AP Nr. 1 zu § 43 BetrVG 1972.

Dritter finanziert werden, also insbesondere im karitativen Bereich, wo der kirchliche Anbieter im Wettbewerb mit nicht-kirchlichen Anbietern steht, vermitteln die wirtschaftlichen Rahmenbedingungen, von denen der Dienst abhängt, ein anderes Arbeitsplatzrisiko als in anderen Bereichen der kirchlichen Dienstgemeinschaft. Hier bedarf es besonderer Regelungen zur Teilhabe an der Gestaltung wirtschaftlicher Entscheidungen. Das spezifische Ziel des kirchlichen Dienstes wird nicht zur Disposition einer Einigung zwischen Dienstgeber- und Dienstnehmerseite gestellt, jedoch sollen die Wege, auf denen dieses Ziel zu realisieren ist, dem mitgestaltenden Austausch von Informationen unterfallen.

Die wesentlichen Grundzüge der Regelung ergeben sich aus dem Text der Norm: Der Dienstgeber hat die Mitarbeitervertretung von seiner Entscheidung zu unterrichten, und diese Unterrichtung muss rechtzeitig erfolgen, das heißt zu einem Zeitpunkt, in dem die Stellungnahme der Mitarbeitervertretung noch Einfluss auf die Entscheidung der Dienstgeberseite haben kann. Allgemeine, nicht anlassbezogene Informationen müssen mindestens einmal im Kalenderjahr gegeben werden. Der Dienstgeber kann die Angelegenheiten mit der Mitarbeitervertretung beraten; eine Verpflichtung hierzu besteht nicht. Die Mitarbeitervertretung kann von sich aus Anregungen geben. Die Information muss begleitet sein von den erforderlichen Unterlagen. Was dies für Unterlagen sind, ergibt sich aus der Legaldefinition des Abs. 3. Durch diese Vorgaben sollen Rechtsstreitigkeiten über den Umfang der Offenlegungspflichten vermieden werden, wie sie bei § 106 BetrVG die Rechtsprechung prägen.[19]

§ 27a Abs. 3 MAVO trägt der besonderen Situation kleinerer Einrichtungen Rechnung. Hier wird regelmäßig die direkte Information der Dienstnehmer durch den Dienstgeber möglich und auch ausreichend sein. Die Pflicht zur Unterrichtung ist § 43 Abs. 2 Satz 3 BetrVG und § 110 BetrVG nachgebildet. Die hierzu ergangene Rechtsprechung der staatlichen Gerichte kann inhaltlich oftmals übernommen werden.

Für die Wahrnehmung der Informationsrechte kann ein Ausschuss gebildet werden. Hierbei handelt es sich um einen Ausschuss nach § 14 Abs. 10 MAVO. Die dort geltenden allgemeinen Regeln gelten auch hier.[20] Der Ausschuss kann soweit erforderlich Sachverständige aus der Einrichtung heranziehen. Deren Aufgabe ist es, die Informationen und Unterlagen zu erläutern und verständlich zu machen. Sie sind von der Mitarbeitervertretung selbst zu

---

19 Hierzu Richardi-*Annuß*, BetrVG, § 106, Rn. 27 ff.
20 S. hierzu *Frey/Coutelle/Beyer*, MAVO, § 14, Rn. 51 ff.

benennen. Der Dienstgeber kann die Wahl nur zurückweisen aus einrichtungsbedingten Notwendigkeiten oder – weil dann eine Erforderlichkeit nicht gegeben ist – bei offensichtlicher Ungeeignetheit der Mitarbeiterin oder des Mitarbeiters.

b) Wirtschaftliche Mitbestimmung im Tendenzbetrieb

Im Laufe des Gesetzgebungsverfahrens wurde eine sehr viel weitgehendere Übertragung der Mitbestimmung in wirtschaftlichen Angelegenheiten nach dem BetrVG gefordert – und einige waren enttäuscht, dass es hierzu nicht kam. Hinsichtlich der Erweiterung der Informationsrechte ist jedoch zu beachten, dass die besonderen Rechte der §§ 106–110 BetrVG (Wirtschaftsausschuss) nur in Unternehmen mit mehr als 100 Arbeitnehmern existieren – im Bereich der MAVO sollen die Informationsrechte nun bereits in Einrichtungen mit mehr als 50 Arbeitnehmern greifen. Mehr noch fällt ins Gewicht, dass es in Tendenzunternehmen gemäß § 118 Abs. 1 Satz 2 BetrVG einen Wirtschaftsausschuss nicht gibt. Der Gesetzgeber ist davon ausgegangen, dass die einem Wirtschaftsausschuss zu gebenden Informationen grundsätzlich tendenzbezogener Art sind und daher der gänzliche Ausschluss der Vorschrift gerechtfertigt ist.[21] Die Begründung hierfür leuchtet ein: Der Gesetzgeber will dem Unternehmer in Fragen, die die Grundlagen der Tendenzbestimmungen betreffen, vor allen denkbaren Beeinflussungen schützen, denn Beratungen mit dem Betriebsrat bzw. dem Wirtschaftsausschuss in diesen Angelegenheiten stellen schnell und gezwungenermaßen die tendenzbezogenen Hintergründe in den Mittelpunkt der Diskussion.[22] Wären die kirchlichen Einrichtungen also keine kirchlichen Einrichtungen, sondern verfolgten ihr besonderes karitatives oder erzieherisches Anliegen ohne Bindung an die Kirche, dann würde auch der weltliche Gesetzgeber keinen Wirtschaftsausschuss errichten. Die Kirche bleibt also mit ihren Informationsregeln nicht hinter dem säkularen Recht zurück.

---

[21] BT-Drucks. 6/2729, S. 17; s. auch Nachweise bei *Poeche*, Mitbestimmung in wissenschaftlichen Tendenzbetrieben, 1999, S. 105; zum BetrVG 1952: *Frey*, Der Tendenzbetrieb, 1969, S. 14 ff.
[22] Ausführlicher *Poeche*, Mitbestimmung in wissenschaftlichen Tendenzbetrieben, 1999, S. 107 f.

4. Beschäftigungssicherung

In § 32 Abs. 1 Nr. 12 MAVO wurde ein Antragsrecht der Mitarbeitervertretung für Maßnahmen zur Sicherung der Beschäftigung (insbesondere die flexible Gestaltung der Arbeitszeit, die Förderung von Teilzeitarbeit und Altersteilzeit, neue Formen der Arbeitsorganisation, Änderung der Arbeitsverfahren und Arbeitsabläufe, die Qualifizierung der Mitarbeiter, Alternativen zur Ausgliederung von Arbeit oder ihre Vergabe an ein anderes Unternehmen) neu geschaffen. Hiermit soll die Verantwortung für den Erhalt kirchlicher und karitativer Arbeitsplätze stärker in das Blickfeld der Dienstgemeinschaft und ihrer Vertreter gelenkt werden. Die Regelung orientiert sich an § 92a BetrVG, der durch das Betriebsverfassungsreformgesetz in die Betriebsverfassung eingefügt wurde. Die Regelung soll dazu beitragen, den Meinungsbildungsprozess in der Einrichtung zu Fragen der Sicherung der Beschäftigung in Gang zu halten. Es ist ein umfassendes Vorschlagsrecht, das die Vorschläge in ihrem Thema begrenzt, nicht aber in ihrem Gegenstand. Die Aufzählung der Maßnahmen ist lediglich beispielhaft und nicht abschließend. Es darf jedoch nicht aus den Augen verloren werden, dass die Beschäftigungssicherung nicht der Aufhänger sein kann, die Dienststellenleitung zu einer Beratung aller nur denkbaren Themen zu verpflichten. Will die Mitarbeitervertretung etwa Arbeitsabläufe beraten oder die Förderung von Teilzeitarbeit, so muss sie gleichzeitig deutlich machen, warum sie gerade hierin einen positiven Beschäftigungseffekt vermutet. Auch kann sich der Dienstgeber in der Beratung gerade auf den Beschäftigungseffekt beschränken. Der Dienstgeber muss mit einem ernsten Willen zur Einigung beraten. Dem steht zum Beispiel entgegen, dass die eigene Meinung nicht begründet wird, dass die tatsächlichen Feststellungen der anderen Seite in Frage gestellt werden, ohne dafür Gründe zu benennen, oder dass bereits bei Beginn der Beratung der eigene Standpunkt als endgültig und unabänderlich bezeichnet wird.

5. Beseitigung der Benachteiligung von befristet- und teilzeitbeschäftigten Mitarbeiterinnen und Mitarbeitern

Durch veränderte Regelungen zum aktiven und passiven Wahlrecht sollen bisherige Ungleichbehandlungen befristet- oder teilzeitbeschäftigter Mitarbeiterinnen und Mitarbeiter beseitigt werden und damit auch diesem Teil der Dienstgemeinschaft die Möglichkeit gegeben werden, gleichberechtigt Mitverantwortung in der Gestaltung der Mitarbeitervertretung zu übernehmen.

Teilzeitbeschäftigte und befristet Beschäftigte haben durch die Neufassung der §§ 7 und 8 MAVO ein aktives und passives Wahlrecht, nicht anders als ihre Kollegen. Durch die Änderung des § 7 MAVO werden auch die bis zu einem Jahr befristet Beschäftigten und die geringfügig Beschäftigten im Sinne von § 8 Abs. 1 Nr. 2 SGB IV in den Kreis der Wahlberechtigten aufgenommen. Dies erscheint, wenn nicht geboten, so doch empfehlenswert vor dem Hintergrund der Befristungsrichtlinie 99/70/EG und der Teilzeitarbeit-Richtlinie 97/81/EG. Gemäß Art. 4 der Rahmenvereinbarung der europäischen Sozialpartner, die Bestandteil der Richtlinie 97/81/EG ist, dürfen Teilzeitbeschäftigte in ihren Beschäftigungsbedingungen nur deswegen, weil sie teilzeitbeschäftigt sind, gegenüber vergleichbaren Vollbeschäftigten nicht schlechter behandelt werden, es sei denn, die unterschiedliche Behandlung ist aus objektiven Gründen gerechtfertigt. Geringfügig Beschäftigte im Sinne des § 8 Abs. 1 Nr. 2 SGB IV können Tcilzeitbeschäftigte sein. Das aktive Wahlrecht an einen Mindestbeschäftigungsumfang zu knüpfen scheint begründbar, jedoch nicht zwingend. Weiterhin maßgeblich bleibt jedoch auch für diesen Dienstnehmerkreis das Erfordernis einer mindestens sechsmonatigen Beschäftigung gemäß § 7 Abs. 1 MAVO. Die Änderung dürfte daher nur sehr wenige Mitarbeiterinnen und Mitarbeiter erfassen.

Ebenso wird dem Gebot des Art. 4 der Rahmenvereinbarung der europäischen Sozialpartner, die Bestandteil der Richtlinie 99/70/EG ist, Rechnung getragen. Danach dürfen befristet Beschäftigte in ihren Beschäftigungsbedingungen nur deswegen, weil für sie ein befristeter Arbeitsvertrag oder ein befristetes Arbeitsverhältnis gilt, gegenüber vergleichbaren Dauerbeschäftigten nicht schlechter gestellt werden, es sei denn, die unterschiedliche Behandlung ist aus sachlichen Gründen gerechtfertigt. Die gleichen dargelegten Gründe sprechen für eine Änderung auch hier. Dem entspricht es, dass weder das BetrVG noch das BPersVG die nun fortfallenden Gründe zum Ausschluss von der Wahlberechtigung kennt. Auch im MVG.EKD fehlt eine entsprechende Regelung.

Der Umsetzung der Teilzeitrichtlinie 97/81/EG dient auch der Wegfall der Teilzeitbeschäftigung als Grund zum Ausschluss vom passiven Wahlrecht. Allerdings gibt es für diese Regelung Vorbilder im Personalvertretungsrecht. Gemäß § 14 Abs. 2 BPersVG sind Beschäftigte, die wöchentlich weniger als 18 Stunden beschäftigt sind, nicht zum Personalrat wählbar. Betrachtet man aber die Änderungen der MAVO, die insbesondere durch die Neufassung des § 15 Abs. 4 MAVO ein Engagement Teilzeitbeschäftigter in der Mitarbeitervertretung vereinfachen sollen, so erscheint ein gänzlicher Ausschluss dieser Personengruppe in der MAVO sachwidrig. Mit der Neufassung wurde ein möglicher Konflikt zum Europarecht durch eine Regelung vermieden, die mit dem Wesen der Dienstgemeinschaft vereinbar ist.

6. Nutzung der Dienstvereinbarung als Instrument zur Gestaltung einrichtungsspezifischer Arbeitsbedingungen

Durch den neuen § 38 Abs. 2 Satz 2 MAVO soll die Dienstvereinbarung verstärkt als Instrument zur Gestaltung einrichtungsnaher Arbeitsbedingungen nutzbar gemacht werden. Hierzu dient das Recht zur Beteiligung von Vertretern der DiAG-MAV oder Vertretern einer in der Einrichtung vertretenen Koalition bei der Vereinbarung von Arbeitsbedingungen, die die Regelungen der arbeitsrechtlichen Kommissionen ersetzen. Hierdurch sollte die Bereitschaft und Fähigkeit der Mitarbeiterseite erhöht werden, in kompetenter Beratung passgenaue Lösungen zusammen mit dem Dienstgeber zu formulieren. Diesem Ziel dient auch die ausdrückliche Festschreibung des normativen Charakters der Dienstvereinbarungen in § 38 Abs. 3a MAVO, die bisher schon von der herrschenden Meinung anerkannt wurde und nun gesetzgeberische Bestätigung erfährt.[23] Welche Bedeutung die normative Wirkung insbesondere beim Betriebsübergang hat, zeigt die neuere Rechtsprechung des BAG.[24] Die Neufassung orientiert sich an § 77 Abs. 4 BetrVG, der von der herrschenden Meinung auch zur Begründung der unmittelbaren und zwingenden Wirkung der Dienstvereinbarung nach dem Personalvertretungsrecht analog herangezogen wird. Die unmittelbare und zwingende Wirkung der Betriebsvereinbarung war durch die Rechtsprechung bereits anerkannt, bevor § 77 Abs. 4 BetrVG sie ausdrücklich anordnete.[25] Der Rechtsnormcharakter der Dienstvereinbarung ist in § 36 Abs. 3 MVG.EKD bereits ausdrücklich normiert; eine entsprechende Regelung erscheint sinnvoll auch für den Bereich der MAVO. Dienstnehmer haben also nun unmittelbar einen Anspruch aus der Dienstvereinbarung selbst, ohne dass es hierfür einer Übernahme oder eines Verweises im Arbeitsvertrag bedarf.

Bislang scheint ein Grund dafür, warum die Gelegenheit zur Formulierung einrichtungsnaher Arbeits- und Entgeltbedingungen auch dann nicht wahrgenommen wurde, wenn entsprechende Öffnungsklauseln in den Regelwerken der arbeitsrechtlichen Kommissionen vereinbart wurden, die mangelnde Erfahrung und Praxis zum Abschluss solcher Vereinbarungen zu sein. Durch

---
23 S. hierzu *Richardi*, Arbeitsrecht in der Kirche, § 18, Rn. 123 ff.
24 BAG v. 20. 3. 2002, AP Nr. 53 zu Art. 140 GG.
25 BAG v. 16. 3. 1956, AP Nr. 1 zu § 57 BetrVG; vorher bereits RAG, Bensh. Slg. 29, S. 381.

das neu geschaffene Recht zur Mitberatung durch Mitglieder der DiAG-MAV oder Vertreter der Koalitionen i.S. des Art. 6 der Grundordnung soll insbesondere kleineren Mitarbeitervertretungen geholfen werden, gleichgewichtig mit dem Dienstgeber ein angemessenes Regelwerk auszuhandeln. Ob und wie viele Vertreter die Mitarbeitervertretung hinzuzieht und ob sie ggf. die Verhandlungen ganz der DiAG-MAV oder den Koalitionsvertretern überlässt, ist eine Frage des Einzelfalls, die im freien Ermessen der Mitarbeitervertretung steht. Unterlässt die Mitarbeitervertretung es, die Aufnahme von Verhandlungen aufzuzeigen, hat dies keine Auswirkungen auf die Wirksamkeit der daraufhin abgeschlossenen Dienstvereinbarung.

7. Mitbestimmungsrechte in Bezug auf schwerbehinderte Mitarbeiterinnen und Mitarbeiter

In einem neugefassten § 46 MAVO wird die Mitwirkung der Vertrauensperson der schwerbehinderten Mitarbeiterinnen und Mitarbeiter geregelt.[26] Die inhaltlichen Erweiterungen gegenüber dem bisherigen Recht vollziehen eine weitgehende Angleichung an die Rechtsstellung der Schwerbehindertenvertretung in den Einrichtungen säkularer Arbeitgeber. Die Neufassung wird ergänzt durch den neugeschaffenen § 28a MAVO, der die Aufgabenbeteiligung der Mitarbeitervertretung zum Schutz schwerbehinderter Menschen regelt. Beides ist erforderlich für eine kircheneigene Regelung: Das Sozialgesetzbuch IX ist nur, soweit es die Wahl einer Vertrauensperson der schwerbehinderten Mitarbeiterinnen und Mitarbeiter vorschreibt und als öffentlich-rechtliches Arbeitnehmerschutzrecht Bestimmungen zum Schutz der Schwerbehinderten in ihrem Arbeitsverhältnis sowie zu einer Eingliederung in den Arbeitsprozess enthält, ein für alle geltendes Gesetz im Sinne des Art. 137 Abs. 3 WRV und ist damit auch im Geltungsbereich der MAVO maßgeblich. Weil es dem staatlichen Gesetzgeber aber verwehrt ist, die innerbetrieblichen Mitwirkungsformen und -gegenstände für kirchliche Einrichtungen zu regeln, bedarf es hier der kircheneigenen Regelung. Die Regelungen des SGB IX (§§ 95 ff.) werden inhaltsgleich übernommen. Die Rechtsprechung zum weltlichen Recht wird daher voll umfänglich auch im kirchlichen Arbeitsrecht Maßstäbe setzen können. Auf die einschlägigen Kommentierungen ist daher zu verweisen.

---

[26] S. auch *Thiel*, Die Vertrauensperson der schwerbehinderten Menschen, ZMV 2003, S. 105.

8. Varia

In § 6 Abs. 4 Satz 2 MAVO wurde der Wunsch eingefügt, dass Geschlechter in der Mitarbeitervertretung entsprechend ihrem zahlenmäßigen Verhältnis in der Einrichtung vertreten sein sollen. Diese dem ehemaligen § 15 Abs. 2 BetrVG a. F. entsprechende Fassung ist als *soft law* lediglich als Appell an die Beteiligten zu verstehen, nicht aber als eine Norm, deren Verletzung Sanktionen nach sich ziehen würde. Durch eine Neufassung des § 7 Abs. 4 Nr. 3 und des § 13c Nr. 4 MAVO wurde klargestellt, dass derjenige, der sich in der Freistellungsphase eines nach dem Blockmodell vereinbarten Altersteilzeitarbeitsverhältnisses befindet, sein aktives und passives Wahlrecht zur Mitarbeitervertretungswahl und ebenso ein bisheriges Mandat als Mitglied der Mitarbeitervertretung verliert. Die Neuregelung folgt den Leitlinien der Rechtsprechung zum Betriebsverfassungs- und Personalvertretungsrecht.[27] § 20 Satz 3 MAVO stellt nun fest, dass eine Verletzung der Schweigepflicht in der Regel eine grobe Pflichtverletzung im Sinne des § 13c Nr. 5 MAVO darstellt und daher zum Ausschluss aus der Mitarbeitervertretung berechtigen kann. Die Pflicht zur Verschwiegenheit ist eine wesentliche Voraussetzung zur vertrauensvollen und konstruktiven Zusammenarbeit zwischen Dienstgeber und Mitarbeitervertretung. Ihre Bedeutung ist noch gewachsen durch den neugeschaffenen § 27a MAVO und daher schien es sinnvoll, flankierende Maßnahmen auch hinsichtlich der Geheimhaltung der Information zu versuchen. Unerheblich ist es, ob die Pflichtverletzung zum materiellen Schaden des Dienstgebers geführt hat, wenn der Mitarbeitervertreter und die Mitarbeitervertretung jedoch schuldlos handelte, etwa weil er oder sie sich nachvollziehbar zur Weitergabe der Information berechtigt glaubte, kann ein Fall des § 13c Nr. 5 MAVO nicht gegeben sein.

B) Die Novellierung des MVG.EKD[28]

Zeitlich nahezu parallel setzte die EKD eine Novellierung des MVG.EKD in Gang. Eine erste Novellierung erfolgte 1996 (ABl. EKD 1996, S. 521), eine weitere 1998 (ABl. EKD 1998, S. 478). Während diese vorletzte Änderung

---
27 S. BVerwG v. 15. 15. 2002, ZTR 2002, S. 551 für den Personalrat; BAG v. 25. 10. 2000, DB 2001, S. 706 für den Aufsichtsrat.
28 S. hierzu auch ausführlich und informativ den Referenten, der den Gesetzesentwurf erstellt hat *Fey*, Drittes Änderungsgesetz zum MVG.EKD verabschiedet, ZMV 2003, S. 5.

sich auf die Detailfrage der Öffnung der Rechtsschutzinstanzen für die evangelischen Freikirchen beschränkte, setzte die jüngste Novellierung breiter an und greift ähnliche Punkte auf, wie sie auch in der Reform der MAVO realisiert wurden. Dieses Dritte Änderungsgesetz wurde von der Synode der EKD am 27. 11. 2002 beschlossen; seine Änderungen traten zum 1. 1. 2003 für die Landeskirchen, die das MVG.EKD unmittelbar anwenden, in Kraft (ABl. EKD 2002, S. 392). In den übrigen Landeskirchen müssen entsprechende Transformationsgesetze durch die Synoden verabschiedet werden.

I. Ausgangslage und Zielsetzung

Elf der 24 Gliedkirchen haben sich für die unmittelbare Anwendbarkeit des MVG.EKD entschieden, eine andere Gruppe von Landeskirchen (z. B. die Bremische Evangelische Kirche und Evangelische Kirche im Rheinland) hat landeskirchliche Gesetze verabschiedet, die nur wenige Detailabweichungen vom MVG.EKD enthalten. Eine dritte Gruppe von Landeskirchen orientiert sich zwar am MVG.EKD, sieht aber eine Vielzahl von Abweichungen im Detail vor – so z. B. die Konföderation evangelischer Kirchen in Niedersachsen.[29] In der Evangelischen Kirche von Hessen und Nassau gilt noch das Kirchengesetz vom 2. 12. 1988 (Kirchliches Amtsblatt Hessen und Nassau 1989, S. 17). Diese Landeskirche hat als einzige noch keine Angleichung an den gemeinsamen Standard vorgenommen. Eine Rechtsvereinheitlichung im engeren Sinne wurde bislang also noch nicht erreicht, jedoch eine weitgehende Angleichung des bis in den Anfang der neunziger Jahre stark zersplitterten Mitarbeitervertretungsrechts innerhalb der verschiedenen evangelischen Kirchen.

II. Wesentlicher Inhalt

Neben Regelungen zur organisatorischen Struktur der Mitarbeitervertretung und zur Wahlberechtigung konzentrierte sich die Reform insbesondere auf Informationsrechte der Mitarbeitervertretung in wirtschaftlichen Angelegenheiten und die Möglichkeit, hierzu einen Ausschuss zu gründen. Es wurde eine eingeschränkte Mitbestimmung in Personalangelegenheiten für privatrechtlich angestellte Dienstnehmer formuliert und die Aufgaben der Vertrauenspersonen der schwerbehinderten Mitarbeiterinnen und Mitarbeiter neu gefasst.

---

29 Vgl. im Einzelnen *Fey/Rehren*, MVG.EKD, Loseblatt 2002, S. K 10 ff.

1. Neuregelungen der Einrichtungen

In § 3 Abs. 1 MVG.EKD wurden aus den „Einrichtungen" die „rechtlich selbständigen Einrichtungen" der Diakonie. Diese Änderung hat klarstellenden Charakter und bestätigt das, was bislang schon der Rechtsprechung des Verwaltungsgerichts EKD entsprach: Ein Rechtsträger = eine Einrichtung.[30] Durch die Neufassung des § 3 Abs. 2 MVG.EKD wurde es möglich, für rechtlich selbständige Einrichtungen der Diakonie mit mehr als 2000 Mitarbeiterinnen und Mitarbeitern Teilvertretungen zu bilden, abweichend vom bisherigen Verfahren der Abspaltung nach § 3 Abs. 2 Satz 1 und 2 MVG.EKD. Grundlage hierfür ist dann eine Dienstvereinbarung, deren Partner die Dienststellenleitung und die Mitarbeitervertretung oder, soweit diese besteht, die Gesamtmitarbeitervertretung ist. Anders als nun § 1b MAVO regelt das Gesetz nicht, für welche Dauer eine solche Ordnung aufgrund Dienstvereinbarung gilt. Man wird auch hier davon ausgehen können, dass die Partner der Dienstvereinbarung eine zeitlich begrenzte Regelung treffen können. Soweit diese aber fehlt, ist wohl eine dauerhafte Neuordnung gemeint, die erst endet, wenn die Dienstvereinbarung wirksam gekündigt wurde. Eine ordentliche Kündbarkeit dürfte jedoch zumindest für die erste Amtszeit ausgeschlossen sein. Ist es danach zur wirksamen Kündigung gekommen, endet das Mandat der aufgrund der Dienstvereinbarung gebildeten Mitarbeitervertretung. Ob ein Übergangsmandat nach § 7 Abs. 2 MVG.EKD entsteht, wird davon abhängen, ob die Neubildung einer Mitarbeitervertretung erforderlich wird. Dies ist dann der Fall, wenn der durch die Dienstvereinbarung von der übrigen Einrichtung in der Mitarbeitervertretungsorganisation abgetrennte Teil nicht so unbedeutend ist, dass er auch nach Rückgängigmachung der Abspaltung nichts an der fortbestehenden Identität der aus dem übrigen Teil der Einrichtung gebildeten Einheit ändert. Alles ist hier jedoch unter dem Vorbehalt zu sagen, dass sich eine einheitliche Linie im Schrifttum noch nicht herausgebildet hat; Rechtsprechung zur vergleichbaren Frage des § 3 BetrVG fehlt bislang.[31] Die ersten Entscheidungen zu § 3 Abs. 1, 2 BetrVG wird man also im Auge behalten müssen.

---

[30] S. VerwG.EKD v. 4.5. 2000 im Hinblick auf die Gesamtmitarbeitervertretung; s. dazu *Thüsing/Börschel*, NZA-RR 1999, S. 561.
[31] Zu Einzelheiten s. *Thüsing*, ZIP 2003, S. 693.

2. Gesamtmitarbeitervertretung im Dienststellenverbund

Eine weitere Neuerung ist die Gesamtmitarbeitervertretung im Dienststellenverbund nach § 6a MVG.EKD: Das Anliegen ist das gleiche wie das der Neufassung des § 24 MAVO mit der erweiterten Gesamtmitarbeitervertretung. Anders als dort hat man hier die Bildung einer rechtsträgerübergreifenden Gesamtmitarbeitervertretung jedoch nicht allein an das Einverständnis aller beteiligten Partner einer Dienstvereinbarung geknüpft, sondern zusätzlich gefordert, dass ein Dienststellenverbund vorliegt. Dieser ist gemäß der Legaldefinition des § 6a Abs. 1 MVG.EKD gegeben „wenn die einheitliche und beherrschende Leitung einer Mehrzahl rechtlich selbständiger diakonischer Einrichtungen bei einer dieser Einrichtungen liegt. Eine einheitliche und beherrschende Leitung ist insbesondere dann gegeben, wenn Mitarbeiterinnen und Mitarbeiter der Funktion nach § 4 MVG.EKD für mehrere Einrichtungen des Dienststellenverbundes bestimmt und Entscheidungen über die Rahmenbedingungen der Geschäftspolitik und der Finanzausstattung für den Dienststellenverbund getroffen werden". Die Gesamtmitarbeitervertretung im Dienststellenverbund ist gemäß § 6a Abs. 2 MVG.EKD auf Antrag der Mehrheit der Mitarbeitervertretung des Dienststellenverbundes zwingend zu bilden. Bestehen dort zwei Mitarbeitervertretungen, reicht der Antrag einer Mitarbeitervertretung aus. Nicht ganz klar ist, ob die Gesamtmitarbeitervertretung im Dienstellenverbund an die Stelle der Gesamtmitarbeitervertretungen nach § 6 MVG.EKD in den jeweiligen Rechtsträgern tritt oder daneben zu schaffen ist. Letzteres wird wohl eher dem Willen des Gesetzgebers entsprechen, besteht doch eine Zuständigkeit der Gesamtmitarbeitervertretung des Dienststellenverbundes nach § 6a Abs. 3 MVG.EKD nur für Aufgaben der Mitarbeitervertretung nach § 46 lit. a, d, e, f und h MVG.EKD, soweit sie Mitarbeiterinnen und Mitarbeiter aus mehreren oder allen Dienststellen des Dienststellenverbundes betreffen. Insoweit ist eine Zuständigkeit der Gesamtmitarbeitervertretung beim jeweiligen Rechtsträger nicht mehr gegeben. Dass es für eine solche Regelung einen tatsächlichen Bedarf gab, zeigen schon Rechtsstreitigkeiten, bei denen das Verwaltungsgericht EKD aufgrund der alten Rechtslage gegen eine solche Gesamtmitarbeitervertretung im Dienststellenverbund entscheiden musste.[32]

---

[32] VerwG EKD v. 4.5. 2000, ZMV 2000, S. 281; hierzu *Thüsing/Börschel*, NZA-RR 1999, S. 561.

3. Übergangs- und Restmandat

Ähnlich wie § 13d und § 13e MAVO ist nun in § 7 Abs. 2, 3 MVG.EKD das Übergangs- und das Restmandat der Mitarbeitervertretung geregelt. Der Wortlaut der Norm entfernt sich deutlich weiter vom Vorbild des staatlichen Rechts (§§ 21a, 21b BetrVG), als die Regelungen der MAVO, meint aber wohl dasselbe. Das Übergangsmandat war – wie schon erwähnt – bereits in der bisherigen Rechtsprechung des VerwG EKD anerkannt.[33] Anders als § 13d Abs. 4 MAVO ist der Fall des Übergangs von einem Betrieb außerhalb des kirchlichen Dienstes in die kirchliche Trägerschaft nicht geregelt. Es bietet sich an, die dadurch verbleibende Regelungslücke europarechtskonform entsprechend dem katholischen Vorbild zu schließen.

4. Informationen in wirtschaftlichen Angelegenheiten/Bildung eines Ausschusses für Wirtschaftsfragen

In einem neuen § 34 Abs. 2 MVG.EKD werden die Informationsrechte der Mitarbeitervertretungen in Bezug auf die Personalplanung konkretisiert:

„(2) Die Dienststellenleitung hat die Mitarbeitervertretung einmal im Jahr über die Personalplanung, insbesondere über den gegenwärtigen und zukünftigen Personalbedarf zu unterrichten. In rechtlich selbständigen Einrichtungen der Diakonie mit je mehr als 150 Mitarbeitern und Mitarbeiterinnen besteht darüber hinaus einmal im Jahr eine Informationspflicht über
 a) die wirtschaftliche Lage der Dienststelle,
 b) geplante Investitionen,
 c) Rationalisierungsvorhaben,
 d) die Einschränkung oder Stillegung von wesentlichen Teilen der Dienststelle,
 e) wesentliche Änderungen der Organisation oder des Zwecks der Dienststelle.
Besteht eine Gesamtmitarbeitervertretung, ist diese zu informieren."

Die Vorschrift entspricht im Wesentlichen dem katholischen Pendant des § 27a MAVO und deren gemeinsamem Vorbild § 106 BetrVG. Das Informationsrecht korrespondiert mit einer neu eingefügten Möglichkeit des Ausschusses für Wirtschaftsfragen gemäß § 23a Abs. 2 MVG.EKD:

„(2) In rechtlich selbständigen Einrichtungen der Diakonie mit je mehr als 150 Mitarbeitern und Mitarbeiterinnen kann die Mitarbeitervertretung die Bildung eines Ausschusses für Wirtschaftsfragen beschließen. Der Ausschuss für Wirtschaftsfragen hat die Aufgabe, die Mitarbeitervertretung über wirtschaftliche Angelegenheiten zu unterrichten. Die Dienststellenleitung ist verpflichtet, auf der Grundlage der Informationen nach § 34 Abs. 2 mindestens einmal im Jahr mit dem Ausschuss die wirtschaftliche Lage der Dienststelle zu beraten; sie kann eine Person nach

---

[33] VerwG EKD v. 19.2.1998, NZA-RR 1998, S. 477.

§ 4 Absatz 2 mit der Wahrnehmung dieser Aufgabe beauftragen. Der Ausschuss für Wirtschaftsfragen kann im erforderlichen Umfang Sachverständige aus der Dienststelle hinzuziehen. Für die am Ausschuss für Wirtschaftsfragen beteiligten Personen gilt § 22 entsprechend."

Gegenüber der MAVO-Novellierung ist das Informationsrecht und die Möglichkeit der Ausschussbildung auf Einrichtungen der Diakonie beschränkt – nimmt also die verfasste Kirche aus – und zudem ist der Stellenwert mit 150 Mitarbeiterinnen und Mitarbeitern deutlich höher angesetzt.

a) Europarechtliches

Ob diese Regelung den europarechtlichen Anforderungen Genüge tut, ist aufgrund dieser abweichenden Einschränkungen fraglich. Bis zum 23. 3. 2005 muss der deutsche Gesetzgeber die Richtlinie 2002/14/EG vom 11. 3. 2000 zur Festlegung eines allgemeinen Rahmens für die Unterrichtung und Anhörung der Arbeitnehmer in der Europäischen Gemeinschaft umsetzen. Ziel dieser Richtlinie ist – entsprechend ihrem Titel – die Festlegung eines allgemeinen Rahmens mit Mindestvorschriften für das Recht auf Unterrichtung und Anhörung der Arbeitnehmer von in der Gemeinschaft ansässigen Unternehmen oder Betrieben (Art. 1 Abs. 1 der Richtlinie). Erfasst werden je nach Entscheidung der Mitgliedstaaten Unternehmen mit mindestens 50 Arbeitnehmern in einem Mitgliedstaat oder Betriebe mit mindestens 20 Arbeitnehmern in einem Mitgliedstaat (Art. 3 Abs. 1 der Richtlinie).

Die Unterrichtung und Anhörung der Arbeitnehmer oder Arbeitnehmervertreter umfasst nach Art. 4 Abs. 2 die Unterrichtung über die jüngste Entwicklung und die wahrscheinliche Weiterentwicklung der Tätigkeit und der wirtschaftlichen Situation des Betriebes (lit. a); die Unterrichtung und Anhörung zur Beschäftigungssituation, Beschäftigungsstruktur und wahrscheinlicher Beschäftigungsentwicklung im Unternehmen oder Betrieb sowie zu ggf. geplanten antizipativen Maßnahmen, insbesondere bei einer Bedrohung für die Beschäftigung (lit. b); die Unterrichtung und Anhörung zu Entscheidungen, die wesentliche Veränderungen der Arbeitsorganisation oder der Arbeitsverträge mit sich bringen können, einschließlich solcher, die Gegenstand der in Art. 9 Abs. 1 genannten Gemeinschaftsbestimmung sind (lit. c). Unterrichtung bedeutet danach die Übermittlung von Informationen durch den Arbeitgeber an die Arbeitnehmervertreter, um ihnen Gelegenheit zur Kenntnisnahme und Prüfung der behandelten Fragen zu geben (Art. 2 lit. f), Anhörungen, die Durchführung eines Meinungsaustausches und eines Dialogs zwischen Arbeitnehmervertretern und Arbeitgeber (Art. 2 lit. g). Über den Umsetzungsbedarf des deutschen Gesetzgebers im Hinblick auf diese

Richtlinie ist schon einiges geschrieben worden.[34] Der spezifisch kirchliche Bereich wird zumeist nur gestreift, aber auch hier wird Umsetzungsbedarf angemahnt.[35] Zur Reichweite der Umsetzungspflicht ist insbesondere Art. 3 Abs. 2 der Richtlinie und der dort formulierte Tendenzschutz maßgeblich: „Die Mitgliedstaaten können – unter Einhaltung der in dieser Richtlinie festgelegten Grundsätze und Ziele – spezifische Bestimmungen für Unternehmen oder Betriebe vorsehen, die unmittelbar oder überwiegend politischen, koalitionspolitischen, konfessionellen, karitativen, erzieherischen, wissenschaftlichen oder künstlerischen Bestimmungen oder Zwecken der Berichterstattung oder Meinungsäußerung dienen, falls das innerstaatliche Recht Bestimmungen dieser Art zum Zeitpunkt des Inkrafttretens dieser Richtlinie bereits enthält". Diese Vorschrift – erkennbar dem deutschen Tendenzschutz nachgezeichnet – gibt den Tendenzbetrieben eine größere Freiheit des nationalen Gesetzgebers bei der Umsetzung als in nicht tendenzgeprägten Betrieben. Bindend sind lediglich die Grundsätze und Ziele, nicht aber die einzelnen Mittel und Ausgestaltungen. Kommentierende Materialien des Gesetzgebungsverfahrens gerade zur Tendenzschutzklausel sind nicht ersichtlich. Es handelt sich hier um eine typische Kompromissformel, deren Ausdeutung *en détail* dunkel bleibt. Die Vorschrift steht in der Tradition einiger anderer Tendenzklauseln (s. Art. 4 Abs. 2 Richtlinie 2000/78/EG; Art. 8 Abs. 3 Richtlinie 94/45/EG). Ob insbesondere die Schwellenwerte den Modifikationen des Art. 3 Abs. 2 Richtlinie 2002/14/EG unterfallen, ist schwierig zu sagen. Da auch für kleinere Einheiten keine direkte Information gegenüber den Mitarbeitern der Einrichtung vorgesehen ist, dürfte hier Konfliktpotential für die Zukunft bestehen. Die weitere Entwicklung bleibt abzuwarten.

b) Erforderliche Unterlagen

Unklar ist auch, welche Unterlagen der Mitarbeitervertretung oder dem Ausschuss für Wirtschaftsfragen in Erfüllung dieser Informationspflicht vorgelegt werden müssen. Es gelten hier die allgemeinen Regeln des § 34 Abs. 2 MVG.EKD, wonach die „erforderlichen" Unterlagen vorzulegen sind. Angesichts der fehlenden Legaldefinition ist eine genauere Eingrenzung kaum möglich. Weil sich die Informationspflicht auf die wirtschaftliche Lage der Dienststelle allgemein bezieht, wird man hier weniger auf das katholische Pendant als auf die Rechtsprechung zu § 106 BetrVG zurückgreifen müssen.

---

34 S. *Reichold*, NZA 2003, S. 289; *Giesen*, RdA 2001, S. 289; *Deinert*, NZA 1999, S. 800.
35 S. *Weiss*, NZA 2003, S. 177; *Reichold*, NZA 2003, S. 289. Ausführlich allerdings *Blens*, Anspruch auf Unterrichtung und Anhörung aus der Richtlinie 2002/14/EG, ZMV 2003, S. 2.

Vorzulegen sind danach der Jahresabschluss, der nach § 242 HGB die Bilanz sowie die Gewinn- und Verlustrechnung umfasst[36], und der Wirtschaftsprüfungsbericht nach § 321 HGB.[37] Weiteres ist je nach Einzelfall denkbar.[38]

5. Mitgliederversammlung

Ergänzt wurde § 31 Abs. 2 MVG.EKD. Dieser sah bislang vor, dass die Mitarbeitervertretung mindestens einmal im Jahr eine ordentliche Mitgliederversammlung abzuhalten habe. Aus dieser Formulierung hat das VerwG EKD gefolgert, dass eine ordentliche Mitgliederversammlung nur zwingend einmal im Jahr möglich sei[39], mit der Folge, dass alle weiteren Versammlungen außerordentliche Versammlungen sind, bei denen die von den Teilnehmern aufgewandte Zeit nur dann als Arbeitszeit gilt, wenn die Dienststellenleitung zustimmt. Nun kann die Mitarbeitervertretung bis zu zwei weitere, also insgesamt bis zu drei ordentliche Mitgliederversammlungen im Jahr einberufen, mit der Folge der Entgeltfortzahlungspflicht des Dienstgebers. Dies erscheint sinnvoll, insbesondere wenn es zu erheblichen organisatorischen Veränderungen innerhalb der Dienststelle gekommen ist. Für den katholischen Bereich bleibt es dabei, dass bei der für die Mitgliederversammlung aufgewandten Zeit nie ein Anspruch auf Vergütung besteht.[40]

6. Aufgaben der Vertrauensperson der Schwerbehinderten

Eine neue Regelung haben auch die Aufgaben der Vertrauenspersonen der schwerbehinderten Mitarbeiterinnen und Mitarbeiter erfahren. Diese waren bislang in einer Generalklausel in § 51 Abs. 1 MVG.EKD geregelt: „Die Vertrauensperson hat die Eingliederung schwerbehinderter Mitarbeiterinnen und Mitarbeiter in der Dienststelle zu fördern, ihre Interessen in der Dienststelle zu vertreten und ihnen helfend zur Seite zu stehen". In den Einzelheiten ergaben sich damit unterschiedliche Aufgaben gegenüber denen der Schwerbehindertenvertretung im nicht-kirchlichen Dienst. Der Gesetzgeber hat sich nun für eine dynamische Verweisung auf das staatliche Recht entschieden und damit dieses eins zu eins übernommen: „Die Vertrauensperson der

---
36 BAG v. 8.8. 1989, AP Nr. 6 zu § 106 BetrVG 1972.
37 BAG v. 8.8. 1989, AP Nr. 6 zu § 106 BetrVG 1972.
38 S. *Fitting*, BetrVG, § 106, Rn. 21 ff.
39 VerwG EKD v. 23. 8. 2001, ZMV 2001, S. 297 m. Anm. *Frey*.
40 S. *Bleistein/Thiel*, MAVO, § 4, Rn. 8; *Frey/Coutelle/Beyer*, MAVO, § 23, Rn. 3.

schwerbehinderten Mitarbeiterinnen und Mitarbeiter nimmt die Aufgaben der Schwerbehindertenvertretung nach staatlichem Recht wahr". In der Sache dürfte dies kaum zu Abweichungen gegenüber den Neuerungen der MAVO führen, denn die Angleichung, die hier durch dynamische Bezugnahme realisiert wurde, vollzieht sich dort durch inhaltsgleiche Übernahme der staatlichen Regelung. Beide Regelungen sind zu begrüßen. Damit ist dem staatskirchenrechtlichen Aspekt Rechnung getragen, das auch die Schaffung einer Vertrauensperson für schwerbehinderte Dienstnehmer unter die Kirchenautonomie fällt, ohne dass diese Autonomie zu einer Schlechterstellung kirchlicher Mitarbeiter führen würde.

7. Varia

Einige weitere Neuerungen sind zu berichten. Der betriebliche Umweltschutz ist als Mitarbeitervertretungsaufgabe in § 35 Abs. 3 lit. g MVG.EKD etabliert worden. Diese Neuerung greift die Novellierung des BetrVG durch das Betriebsverfassungsreformgesetz vom 23. 7. 2001 auf und die dortige Ergänzung des § 89 BetrVG.[41] Durch die Einführung des § 38 Abs. 1 Satz 3 MVG.EKD wurden die Konsequenzen einer fehlenden oder mangelhaften Beteiligung der Mitarbeitervertretung bei der Einstellung im Sinne der bisherigen Rechtsprechung geregelt.[42] Die Mitarbeitervertretung kann verlangen, dass die tatsächliche Eingliederung in die Dienststelle solange unterbleibt, bis das Verfahren der eingeschränkten Mitbestimmung korrekt durchgeführt worden ist. Durch Ergänzungen des § 30 Abs. 1 MVG.EKD wurde klargestellt, dass die Mitarbeitervertretung Anspruch auf Zurverfügungstellung der in den Dienstellen üblicherweise vorhandenen technischen Ausstattung hat. Auch dies orientiert sich an den Neuerungen des BetrVerf-Reformgesetzes, siehe § 40 Abs. 2 BetrVG. Dort wie hier hat die Neufassung jedoch nur deklaratorischen Charakter.[43] Eine Blankovollmacht ist hiermit nicht verbunden. Bloße betriebliche Üblichkeit reicht nicht, wenn sie zur sachgerechten Wahrnehmung der Mitarbeitervertretungsaufgaben nicht erforderlich ist, denn nur hierfür sind der Mitarbeitervertretung Sachmittel zur Verfügung zu stellen. Indizien der Erforderlichkeit, die nach der Rechtsprechung zum BetrVG herangezogen werden können, sind die Größe, die Art und die technische Ausstattung des Betriebs sowie die Möglichkeit der Mit-

---
41 Ausführlich Richardi-*Annuß*, BetrVG, § 89, Rn. 29 f.
42 S. hierzu *Baumann/Czichon/Germer*, MVG.EKD, § 42, Rn. 23 m. w. N.
43 S. auch Richardi-*Thüsing*, BetrVG, § 40, Rn. 2.

benutzung bereits vorhandener Geräte des Arbeitgebers.[44] Dies gilt auch hier.

Durch Einfügung des § 10 Abs. 1 Satz 2 MVG.EKD ist nun die Einleitung der Mitarbeitervertretungswahl sofort nach der Dienststellengründung möglich, da es in diesem Sonderfall sowohl für das aktive als auch für das passive Wahlrecht nicht mehr auf eine bestimmte Dauer der Dienststellenzugehörigkeit ankommt. Bislang konnten Mitarbeitervertretungen in neugegründeten Dienststellen erst nach sechs Monaten des Bestehens der neuen Dienststelle gebildet werden, da erst zu diesem Zeitpunkt die Voraussetzungen des § 10 Abs. 1 lit. a MVG.EKD für das passive Wahlrecht vorlagen. Die Regelung entspricht § 10 Abs. 3 MAVO und § 8 Abs. 2 BetrVG. Die Rechtsangleichung ist zu begrüßen und sie ist auch erforderlich im Hinblick auf die europarechtlichen Vorgaben des Übergangsmandats: Nach Zusammenlegung oder Spaltung einer Einrichtung kann die durch die Mitarbeitervertretung im Übergangsmandat einzuleitende Neuwahl nicht von derlei Fristen abhängig gemacht werden.

In § 34 Abs. 3 Satz 3 MVG.EKD wird die Dienststellenleitung nun verpflichtet, die Mitarbeitervertretung auch über die Beschäftigung der Personen in der Dienststelle zu informieren, die nicht in einem Arbeitsverhältnis zur Dienststelle stehen. Gemeint sind damit Leiharbeitnehmer im Sinne des AÜG, aber auch Schwestern, die aufgrund von Gestellungsverträgen beschäftigt werden. Daneben sind alle die Beschäftigten, die im Allgemeinen nicht als Arbeitnehmer verstanden werden, von der Vorschrift erfasst: Praktikanten, Zivildienstleistende, Absolventen eines freiwilligen sozialen Jahres und ähnliche Mitarbeiter.[45] Bislang ist durch die Rechtsprechung anerkannt, dass die Mitarbeitervertretung bei Beginn der Beschäftigung wie sonst bei der Einstellung eines Arbeitnehmers zu beteiligen ist.[46] Das bisherige Mitbestimmungsrecht bei der Ablehnung von Teilzeitanträgen ist ausgeweitet worden. Bislang griff die Mitbestimmung nur dann, wenn der Rechts- oder Tarifnorm, auf die sich der Antrag stützte, ein arbeitsmarkt- oder familienpolitisches Mandat zugrunde lag (wie es z.B. für § 15b oder § 29a AVR der Fall ist). Nachdem mit § 8 Abs. 1 TzBfG ein allgemeiner Anspruch auf Teilzeitarbeit geschaffen wurde, trägt das MVG.EKD dieser Weiterentwicklung Rech-

---

44 S. hierzu *Beck/Schulze*, DB 1998, S. 1815; Richardi-*Thüsing*, BetrVG, § 40, Rn. 66.
45 S. hierzu *Richardi*, BetrVG, § 5, Rn. 11 ff.; *Fitting*, BetrVG, § 5, Rn. 15 ff.
46 Vgl. *Fey/Rehren*, MVG.EKD, § 42, Rn. 14 ff.; VerwG EKD v. 18.1.2001, ZMV 2001, S. 133; s. auch Richardi-*Thüsing*, BetrVG, § 99, Rn. 48 ff.; a.A. BAG v. 3.10.1978, AP Nr. 18 zu § 5 BetrVG 1972: Beschäftigung von Strafgefangenen keine Einstellung i.S. des § 99 BetrVG.

nung und erstreckt die Mitbestimmung nun auf jede Ablehnung eines Antrags auf Ermäßigung der Arbeitszeit (s. auch § 8 Abs. 4 TzBfG).[47]

Schließlich wurde in § 42a MVG.EKD eine Verordnungsermächtigung für eine Werkstättenmitwirkungsverordnung eingefügt, die zur Zeit jedoch noch nicht vorliegt. Die Aufnahme der Verordnungsermächtigung in das MVG.EKD war inhaltlich nicht zwingend, jedoch handelt es sich wohl um die am ehesten geeignete Stelle in der Rechtsordnung der EKD. Auf besonderen Wunsch des Diakonischen Werkes wurde die Verordnungsermächtigung auf die Möglichkeit einer Interessenvertretung für andere Personengruppen im Grenzbereich zu beruflicher Mitarbeit i.S. des § 2 MVG.EKD ausgeweitet. Dies betrifft etwa Rehabilitanden in Berufsbildungswerken der Diakonie.

---

47 Zur Mitbestimmung nach weltlichem Recht Annuß/Thüsing-*Mengel*, TzBfG, § 8, Rn. 232 ff.; *Rieble/Gutzeit*, NZA 2002, S. 7.

§ 5 Europarecht und kirchliches Arbeitsrecht

I. Europa und das Arbeitsrecht der Kirchen

Europa hat eine arbeitsrechtliche Dimension: Gemäß Art. 136 EG sind sich die Mitgliedstaaten einig, auf eine Verbesserung der Lebens- und Arbeitsbedingungen der Arbeitskräfte hinzuwirken und dadurch auf dem Weg des Fortschritts ihre Angleichung zu ermöglichen. Europa hat auch eine kirchliche Dimension: Nach der 11. Erklärung zur Schlussakte des Amsterdamer Vertrages (Art. 51 des [vorläufig?] gescheiterten Verfassungsvertrags) achtet die EU den Status, den Kirchen und religiöse Vereinigungen oder Gemeinschaften in den Mitgliedstaaten nach deren Recht genießen, und beeinträchtigt ihn nicht. Beide Bereiche berühren sich im Arbeitsrecht der Kirchen. Wie das Europarecht allgemein an Bedeutung gewinnt und an Regelungsdichte zunimmt, ist auch für diesen besonderen Bereich ein wachsender Einfluss europäischer Regelungen zu verzeichnen. Dies ist bereits in das Bewusstsein des juristischen Schrifttums gelangt. Neben monographischen Darstellungen der Gesamtproblematik[1] gibt es einschlägige Symposien[2] und Aufsätze zu Einzelthemen.[3] Die dort formulierten Ansätze sollen hier gesammelt, gewogen und vertieft werden. Ausgangspunkt ist dabei das deutsche Staatskirchenrecht als Grundlage der Besonderheiten des kirchlichen Arbeitsrechts. Dem folgt eine Auseinandersetzung mit möglichen europarechtlichen Beschränkungen des Staatskirchenrechts ebenso wie des Arbeitsrechts. Der Querschnitt beider Betrachtungen bildet die Perspektive für die künftige Entwicklung des kirchlichen Arbeitsrechts vor europäischem Hintergrund. Diesem Blick voraus schließt sich eine Analyse des gegebenen Europarechts und

---

[1] Aus juristischer Sicht *Müller-Volbehr*, Europa und das Arbeitsrecht der Kirchen, 1999; aus evangelisch- theologischer Sicht *Kruttschnitt*, Europa: Christentum im Vollzug – eine theologische Analyse der Stellung der Evangelischen Kirche in Deutschland im Recht der Europäischen Gemeinschaft, 1993; dazu *Pirson*, ZevKR 41 (1996), S. 117.
[2] Z.B. *Christoph*, 2. Tagung über europäisches Gemeinschaftsrecht – Kirchliches Dienst- und Arbeitsrecht, ZevKR 36 (1991), S. 395.
[3] Z.B. *Reichold*, Europäisches Rahmenrecht für die kirchliche Mitbestimmung?, ZTR 2000, S. 57; *ders.*, Europa und das deutsche kirchliche Arbeitsrecht, NZA 2001, S. 1054; *Schliemann*, Europa und das deutsche kirchliche Arbeitsrecht, NZA 2003, S. 407. S. auch *Heinig*, Die Religion, die Kirchen und die europäische Grundrechtscharta, ZevKR 46 (2001), S. 440.

seines Einflusses auf das kirchliche Arbeitsrecht an. Es wird dabei unterschieden zwischen dem europäischen Primärrecht und dem Sekundärrecht, wie es sich nach dem Amsterdamer Vertrag darstellt. Einen besonderen Schwerpunkt der Untersuchung bilden dann die Auslegung des europarechtlich begründeten nationalen Arbeitsrechts und seine Anpassung an die Besonderheiten des kirchlichen Dienstes.

II. Das kirchliche Arbeitsrecht und seine Grundlagen

Das kirchliche Arbeitsrecht ist zum einen Arbeitsrecht wie für jeden anderen Arbeitgeber. Daneben ist es aber auch Ausdruck des deutschen Staatskirchenrechts, das zur Modifizierung der allgemein geltenden Regelungen führt. Entscheidend für den Einfluss der europäischen Rechtsentwicklung auf das kirchliche Arbeitsrecht ist damit die Frage, inwieweit das nationale Staatskirchenrecht und das nationale Arbeitsrecht „europafest" sind.

1. Europarechtliche Eingrenzung des deutschen Staatskirchenrechts

Inwieweit der staatskirchenrechtliche Rahmen des kirchlichen Arbeitsrechts dem Einfluss europäischer Regelungen anheim gestellt ist, hängt entscheidend vom Verhältnis des europäischen zum nationalen Recht ab, sowie von den Vorgaben des deutschen Staatskirchenrechts selbst und den hierzu bestehenden europarechtlichen Regelungen.

a) Das Verhältnis des europäischen Rechts zum nationalen Recht

Das Verhältnis des Europarechts zum nationalen Recht war lange Zeit schon in seinen Grundlagen strittig und wurde kontrovers diskutiert. Die Rechtsprechung des EuGH und insbesondere grundlegende Entscheidungen des BVerfG haben hier größere Klarheit geschaffen, die für die Praxis verbindliche Maßstäbe gesetzt hat.

aa) Die Rechtsprechung des EuGH. Der EuGH nimmt seit jeher eine europafreundliche Stellung bei der Frage des Anwendungsvorrangs europäischen Rechts gegenüber nationalem Recht ein. Er geht von einem generellen Vorrang des europäischen Rechts aus, der das nationale Recht im Kollisionsfall ohne weiteres unanwendbar macht. Diese genuin europarechtliche Lösung der Vorrangfrage hat ihre Grundlage in der Entscheidung *van Gend* von

1963 (Slg. 1963, S. 1), der Entscheidung *Costa/ENEL* (Slg. 1964, S. 1154) sowie insbesondere den Entscheidungen *Internationale Handelsgesellschaft* (Slg. 1970, S. 1125), *Simmenthal* (Slg. 1978, S. 629) und *Schaffleisch* (Slg. 1979, S. 2729). Danach verdrängt das europäische Recht auch nationales Verfassungsrecht und in seiner Konsequenz dann eben auch die kirchliche Selbstverwaltungsgarantie gemäß Art. 140 GG i.V.m. Art. 137 Abs. 3 WRV, wenn auch der EuGH dies noch nicht ausdrücklich gesagt hat. Die deutsche Verfassung böte diesem Ansatz nach keinen Schutz gegen eine kirchenblinde oder gar kirchenfeindliche europäische Gesetzgebung, die nicht bereit wäre, den Besonderheiten des kirchlichen Dienstes Rechnung zu tragen.[4]

bb) Das deutsche Verfassungsrecht und die Rechtsprechung des BVerfG. Das BVerfG ist diesem Rigor des EuGH nie gefolgt und hat dem europäischen Recht Grenzen gesetzt, die inzwischen ihren Niederschlag im Text des Grundgesetzes gefunden haben. Seit dem verfassungsändernden Gesetz vom 21. 12. 1992 enthält das Grundgesetz in Art. 23 GG eine Regelung zur Verwirklichung der Europäischen Union, die die Grenzen der Übertragbarkeit von Hoheitsrechten beschreibt. Gemäß Art. 23 Abs. 1 Satz 3 GG kann die Begründung der Europäischen Union sowie die Änderung ihrer vertraglichen Grundlage und vergleichbare Regelungen, durch die das Grundgesetz seinem Inhalt nach geändert oder ergänzt wird oder solche Änderungen ermöglicht werden, nur innerhalb der Schranken der Art. 79 Abs. 2 und Abs. 3 GG erfolgen. Damit können also insbesondere Hoheitsrechte nicht übertragen werden, soweit dem die Ewigkeitsgarantie des Art. 79 Abs. 3 GG entgegensteht. Darüber hinaus wird im Schrifttum vertreten, dass auch Art. 19 Abs. 2 GG und der Wesensgehalt der Grundrechte eine Schranke für den europäischen Gesetzgeber darstelle. Dies folgt zwingend aus Art. 79 Abs. 3 GG, soweit man – mit älteren Stimmen im Schrifttum – den Wesensgehalt der Grundrechte mit deren Menschenwürdegehalt gleichsetzt.[5] Heute finden die Verfassungsrechtler Stütze für diese Einschränkung europäischen Rechts in der Formulierung des BVerfG im Maastricht-Beschluss, dass der Grundrechtsschutz gegenüber der Hoheitsgewalt der Gemeinschaften dem vom Grundgesetz als unabdingbar gebotenen Grundrechtsschutz „im Wesentlichen gleich zu achten" sein muss und insbesondere den Wesensgehalt der

---
4 Vgl. auch *Oppermann*, Europarecht, Rn. 616 ff. Spezifisch im Bezug auf das Staatskirchenrecht *Müller-Volbehr*, Europa und das Arbeitsrecht der Kirchen, 1999, S. 33.
5 Vgl. *Dürig*, Zur Bedeutung und Tragweite des Art. 79 Abs. III GG, Festgabe für Maunz, 1971 S. 41; a. A. jedoch BVerfG v. 3. 3. 2004, NJW 2004, S. 999, 1001.

Grundrechte „generell verbürgen" muss.[6] Allerdings bleibt die Formulierung des „generell verbürgen" unscharf und in Zusammenschau mit dem vom BVerfG in der gleichen Entscheidung betonten „Kooperationsverhältnis" zum EuGH wird deutlich, dass dem Wesensgehalt der Grundrechte wohl nicht notwendig in jedem Einzelfall Rechnung getragen werden muss. Dem entspricht es, dass Art. 19 Abs. 2 GG in Art. 23 Abs. 1 GG nicht genannt wird. Daher vertreten prominente Europarechtler gerade auch im Hinblick auf den Schutz des deutschen Staatskirchenrechts vor europäischer Rechtsetzung, dass einzig die von der Ewigkeitsgarantie des Art. 79 Abs. 3 GG erfassten Grundstrukturen der Verfassung eine Anwendungs- und Geltungsgrenze des europäischen Rechts darstellen.[7] So stammt denn die Literatur, die Art. 19 Abs. 2 GG als europarechtlich unantastbaren Kernbereich des deutschen Verfassungsrechts wertet, zumeist aus der Zeit vor Einführung des neuen Art. 23 GG.[8]

cc) Staatskirchenrecht und kirchliches Arbeitsrecht im Licht des Art. 23 Abs. 1 Satz 3 GG. Um zu bestimmen, inwieweit das kirchliche Arbeitsrecht zur Disposition des europäischen Gesetzgebers steht, bedarf es also der Antwort auf die Fragen, inwieweit es Ausdruck der Menschenwürde und der grundlegenden Verfassungsprinzipien des Art. 20 GG ist und – in zweiter Linie – inwieweit der Wesensgehalt der Religionsfreiheit das kirchliche Arbeitsrecht formt. Man wird hier Zurückhaltung üben müssen. Zuletzt hat es *Müller-Volbehr* unternommen, die hierzu vertretenen Meinungen zusammenzutragen und zu erörtern. Er kommt nach ausführlicher Darstellung zu einem eindeutigen Ergebnis: Das in Art. 4 Abs. 1 und Abs. 2 GG, Art. 140 GG i.V.m. Art. 137 Abs. 3 WRV statuierte Selbstbestimmungsrecht falle, zumindest soweit es die besonderen Regelungen der kirchlichen Arbeitsverhältnisse garantiert, mangels Subsumierbarkeit unter den subjektbezogenen Menschenwürdegehalt des Grundrechts der Religionsfreiheit nicht in den unantastbaren Kernbereich von Art. 79 Abs. 3 GG. Kompetenzen der Europäischen Gemeinschaft könnten folglich auf dem Gebiet des Arbeits- und Sozialrechts generell auch mit Wirkung für die kirchlichen Arbeitsverhältnisse

---

6 BVerfG v. 12.3.1993, BVerfGE 89, S. 155, 174f.; vorher bereits BVerfG v. 22.10.86, BVerfGE 73, S. 339, 386 (Solange II).
7 Vgl. *Streinz*, Auswirkungen des Europarechts auf das deutsche Staatskirchenrecht, Essener Gespräche, Bd. 31, 1997, S. 53, 80 m.w.N.; allgemein Sachs-*Streinz*, GG, Art. 23, Rn. 86; s. auch *Oppermann*, Europarecht, Rn. 624.
8 Vgl. Isensee/Kirchhof-*Mosler*, Handbuch des Staatsrechts, Bd. 7, § 175, Rn. 66; Maunz/Dürig-*Scholz*, GG, Art. 23, Rn. 90.

begründet werden.⁹ Dem ist, zumindest im Ergebnis, zustimmen. Es ist etwas anderes, nach der Einschränkbarkeit des Staatskirchenrechts generell zu fragen als nach dem Schutz seiner arbeitsrechtlichen Ausprägungen. Die Begründung hierfür muss etwas weiter ausholen:

In der Literatur und Rechtsprechung ist anerkannt, dass die institutionelle Gewährleistung des Art. 140 GG i.V.m. Art. 137 Abs. 3 WRV nicht losgelöst von der Religionsfreiheit des Art. 4 Abs. 1 und Abs. 2 GG gesehen werden kann.¹⁰ Dem entspricht die Praxis, dass das BVerfG Verfassungsbeschwerden, die sich auf das kirchliche Selbstbestimmungsrecht stützen, mit Hinweis auf Art. 4 GG für zulässig hält.¹¹ Die Glaubensfreiheit nun hat ohne Zweifel einen Menschenwürdegehalt, ist es doch zentrales Charakteristikum des Menschen, dass er glauben kann. Das in die Schöpfung eingebundene Wesen reflektiert sein Dasein und richtet sich aus nach einem höheren, transzendenten Ziel und Ursprung der Welt. So mag es Gesellschaften geben ohne Privateigentum oder solche, die den besonderen Schutz von Familien nicht kennen, aber keine ohne Religion. Weil es also wesentliches Charakteristikum des Menschseins ist, glauben zu können, muss man auch bestimmte Aspekte einer institutionellen Verfestigung dieses Glaubens als durch die Menschenwürde vorgegeben ansehen. Denn schon immer wurde Glaube in Gemeinschaft gelebt, war der Glaube des einzelnen oft der Glaube einer Religion, der sich viele zugehörig fühlen und deren Auftrag es ist, eine Gemeinschaft zu bilden. Teile des Staatskirchenrechts wird man daher durchaus mit der Menschenwürdegarantie in Zusammenhang bringen können.

Das ganze kirchliche Arbeitsrecht kann man jedoch nicht mehr diesem Bereich zuordnen. Die Verpflichtung aller staatlichen Gewalt aus Art. 1 Abs. 1 GG zur Achtung und zum Schutz der Menschenwürde sagt nichts darüber aus, ob die Kirchen durch Streik zu Tarifverträgen gezwungen werden können oder Arbeitnehmer beschäftigen müssen, die im Widerspruch zu ihren Lehren handeln. Die Menschenwürde ist keine „kleine Münze"¹², und zu einem Verstoß gegen das Gebot, den Menschen nicht zum bloßen Objekt des Gesetzes zu machen und sein Personsein zu ignorieren¹³, bedarf es mehr.

---
9   *Müller-Volbehr*, Europa und das Arbeitsrecht der Kirchen, 1999, S. 41f.
10 Grundlegend *Listl*, Das Grundrecht der Religionsfreiheit in der Rechtsprechung der Gerichte der Bundesrepublik Deutschland, 1971, S. 372ff.
11 BVerfG v. 17.2.1965, BVerfGE 18, S. 385, 386; BVerfG v. 4.10.1965, BVerfGE 19, S. 129, 132ff.; BVerfG v. 21.9.1976, BVerfGE 42, S. 312, 321 aus der neueren Literatur Listl/Pirson-*Listl*, Handbuch des Staatskirchenrechts der Bundesrepublik Deutschland, Bd. I, S. 465 m.w.N.
12 Zum häufigen Mißbrauch der Menschenwürde als argumentativen Allheilmittel: Maunz/Dürig-*Herdegen*, GG, Art. 1 Abs. 1, Rn. 41; vgl. dazu auch *Thüsing*, NJW 2003, S. 3246.
13 Zur verbreitet gewählten „Objektsformel" als Versuch zur Bestimmung der Menschen-

Auch wären die *Strukturprinzipien der Verfassung* nicht berührt, würde man einzelne Besonderheiten des kirchlichen Arbeitsrechtes abschleifen. So sind ohne Zweifel die USA ein demokratischer Bundesstaat und dennoch kann hier die Kündigung kirchlicher Bediensteter nach Loyalitätsverstößen manchmal schwieriger sein als in Deutschland.[14]

Das schließt freilich nicht aus, dass bestimmte Facetten des kirchlichen Arbeitsrechts vom Wesensgehalt des Art. 4 GG erfasst sind. Dies kann schon dadurch belegt werden, dass es in zahlreichen anderen Staaten Modifikationen des allgemein geltenden Arbeitsrechts für kirchliche Arbeitgeber gibt. So wird generell und rechtsordnungsübergreifend anerkannt, dass die Kirchen nicht mit dem an Gewinnmaximierung und Markterfolg orientierten Arbeitgeber gleichgesetzt werden können. So stellt das amerikanische Recht kirchliche Arbeitsverhältnisse von verschiedenen Arbeitnehmerschutzvorschriften, obligatorischen Sozialversicherungsleistungen und der Erstreikbarkeit von Tarifverträgen frei.[15] Weitere Beispiele können genannt werden.[16] Auch in Frankreich, Italien, Irland und Österreich erkennt das nationale Arbeitsrecht die besonderen Loyalitätspflichten kirchlicher Arbeitnehmer an. Die Wiederverheiratung eines geschiedenen Lehrers im kirchlichen Dienst kann also nicht nur in Deutschland[17], sondern auch in Frankreich[18] oder Irland[19] eine Kündigung rechtfertigen.

Obwohl auch *Müller-Volbehr* die Auffassung teilt, dass Kernbereiche des kirchlichen Arbeitsrechts den Wesensgehalt des Art. 4 GG berühren können[20], braucht diesem Ansatz hier nicht weiter nachgegangen zu werden.

---

würde vgl. BVerfG v. 21. 6. 1977, BVerfGE 45, S. 187, 228; BVerfG v. 17. 1. 1979, BVerfGE 50, S. 205, 215.
14   Vgl. etwa die Entscheidung des Ohio Court of Appeals Ward v. Hengle (76 FEP Cases 36, v. 10.12. 1997), wo die katholische Diozöse von Cleveland das Arbeitsverhältnis des Klägers kündigte, weil dieser drauf bestand, außerhalb und während des Dienstes das Habit eines kirchlich nicht anerkannten Ordens zu tragen und sich als *Brother* anreden zu lassen. Das Gericht wertete diese Kündigung, die nach deutschen Recht ohne weiteres möglich gewesen wäre, als Diskriminierung im Sinne des *Ohio discrimination statute*, weil die Kirche nicht dargelegt habe, das die Weiterbeschäftigung eine unzumutbare Härte für sie bedeutete. Zum US-amerikanischen Bundesrecht s. § 2 Abschn. B I 1f., S. 27ff.
15   Keine Anwendung finden z.B. Title VII Civil Rights Act (§ 702 (a), 42 USC §§ 2000 e/1), das New Yorker Workers Compensation Law gem. Art. 3 (1) group 18); zum Ausschluss der Erstreikbarkeit von Tarifverträgen s. Catholic Bishop of Chicago v. NLRB, 440 US 490 (1979).
16   Vgl. die Nachweise in den einzelnen Länderdarstellungen in *Robbers*, Staat und Kirche in der Europäischen Union, S. 147 (Frankreich – *Basdevant-Gaudemet*), S. 175 (Irland – *Casey*), S. 198 (Italien – *Ferrari*), S. 271 (Österreich – *Potz*).
17   BAG v. 18.11. 1986, AP Nr. 35 zu Art. 140 GG.
18   Cour de Cassation, Ass. Plén. v. 19.5. 1978, Rec. Dalloz 1978, S. 541 mit Anm. Ph. *Ardant*; hierzu auch § 2 Abschn. A I, S. 10f.
19   Flynn v. Power and Sisters of the Holy Faith [1985] Irish Reports S. 648.
20   *Müller-Volbehr*, Europa und das Arbeitsrecht der Kirchen, 1999, S. 48f.

Denn das BVerfG würde dies, wie oben dargestellt, nur dann als eine Schranke europäischer Rechtsetzung werten, wenn das europäische Recht nicht selbst einen im Wesentlichen dem deutschen Standard gleichwertigen Grundrechtsschutz gewähren würde. Überdies ist mit *Streinz* davon auszugehen, dass die konkrete praktische Realisierung der Integrationsschranke gegenüber dem Gemeinschaftsrecht erhebliche rechtliche und rechtspolitische Probleme bereitet und das BVerfG daher einer konkreten materiellen Festlegung möglichst aus dem Wege gegangen ist, wie vor nicht allzu langer Zeit die Entscheidung zur EG-Fernsehrichtlinie beweist.[21] Es wäre ein Novum in der Rechtsprechung des BVerfG, wenn es tatsächlich aus den aufgezeigten Erwägungen europäisches Recht für unwirksam halten würde. Wichtiger als die sich aus dem deutschen Verfassungsrecht ergebenden Schranken der Europäisierung des kirchlichen Arbeitsrechts ist daher der folgende Blick auf die Schranken, die das europäische Recht selber vorgibt. Festzuhalten ist, dass es für eine europarechtliche Regelung nicht entscheidend sein kann, ob sie ein für alle geltendendes Gesetz i.S. des Art. 137 Abs. 3 WRV i.V.m. 140 GG ist, sondern ihre Unzulässigkeit steht, anders als bei einem deutschen Gesetz, erst dann in Rede, wenn die oben herausgearbeiteten, großzügigeren Einschränkungen greifen.

b) Der Schutz des deutschen Staatskirchenrechts im Gemeinschaftsrecht

So richtet sich dann der Blick des deutschen Schrifttums auf das europäische Gemeinschaftsrecht selbst und dessen Begrenzungen in Bezug auf Regelungen, die das Staatskirchenrecht der Mitgliedstaaten berühren könnten. Auch hier bietet es sich an, vom allgemeinen Staatskirchenrecht zur Besonderheit des kirchlichen Arbeitsrechts fortzuschreiten.

aa) Der Schutz des Staatskirchenrechts. Die deutlichste Inbezugnahme des nationalen Staatskirchenrechts durch den europäischen Gesetzgeber findet sich in der eingangs bereits erwähnten 11. Erklärung zur Schlussakte im Vertrag von Amsterdam vom 2.10.1997 (Art. 51 des [vorläufig?] gescheiterten Verfassungsvertrags). Danach achtet die Union „den Status, den Kirchen und religiöse Vereinigungen oder Gemeinschaften in den Mitgliedstaaten nach deren Rechtsvorschriften genießen, und beeinträchtigt ihn nicht".[22] Als politische Absichtserklärung, die im Text des Unionsvertrags selbst nicht

---

21 *Streinz*, Essener Gespräche, Bd. 31, 1997, S. 81 in Bezug auf BVerfG v. 22.3.1995, BVerfGE 92, S. 203, 238.
22 ABl. EG 1997, C 340, S. 133.

enthalten ist, besitzt sie jedoch *keine* rechtliche Verbindlichkeit.[23] Dem Wunsch, den die deutschen Kirchen in einer gemeinsamen Stellungnahme des Kirchenamtes der Evangelischen Kirche in Deutschland und des Sekretariats der Deutschen Bischofskonferenz zu Fragen des europäischen Einigungsprozesses formulierten, „dass es zu einer Verankerung von Rechtspositionen der Kirchen auch im Verfassungsgefüge der Europäischen Union kommt", ist damit noch nicht entsprochen, obwohl auch der Bundesrat diesen Vorschlag in seinen „Forderungen der Länder zur Regierungskonferenz 1996" leicht verändert aufgriff. Nach ihm sollte Art. F Abs. 2 EUV wie folgt ergänzt werden: „Die Union achtet die verfassungsrechtliche Stellung der Religionsgemeinschaften in den Mitgliedstaaten als Ausdruck der Identität der Mitgliedstaaten und ihrer Kulturen sowie als Teil des gemeinsamen kulturellen Erbes".[24] Der Verfassungsvertrag, der den Text der 11. Erklärung zur Schlussakte im Vertrag von Amsterdam in Art. 51 zum verbindlichen Primärrecht erheben wollte, ist vorläufig gescheitert.

Eben die nationale und kulturelle Identität ist Ausgangspunkt auch für neuere Versuche, im bestehenden Vertrag selbst Anhaltspunkte für den Schutz des nationalen Staatskirchenrechts festzumachen. Gemäß Art. 6 Abs. 3 EG achtet die Union die nationale Identität ihrer Mitgliedstaaten. Allerdings ist der Begriff der nationalen Identität nur unscharf konturiert und bestimmbar. Letztlich fußt er auf dem Subsidiaritätsprinzip, das übermäßige Eingriffe der Union in die nationale Ebene verbietet und ein wichtiges Indiz dafür ist, dass die Staatlichkeit der EU-Mitglieder nicht zur Disposition des europäischen Gesetzgebers steht. Mag auch der Begriff in seinen Randbereichen kaum sicher abgesteckt werden können, so hat sich doch eine – wie es scheint: allgemeine – Meinung dahingehend gebildet, dass aus der Sicht der Gemeinschaft die Kirchen und ihre Beziehung zu den Mitgliedstaaten Teil der nationalen Identität der Mitgliedstaaten sind, welche die Europäische Union zu achten hat.[25] Die Rechtsfolgen aus diesem Achtungsgebot sind freilich fast ebenso vage wie der Begriff der Identität selbst, da sich aus ihr kaum konkrete Handlungsgebote ableiten lassen. Man wird es am ehesten mit ei-

---

23 S. auch *Richardi*, Arbeitsrecht in der Kirche, § 1, Rn. 33; *Schliemann*, NZA 2003, S. 407, 410.
24 Vgl. die Gemeinsamen Stellungnahmen des Kirchenamts der Evangelischen Kirche in Deutschland und des Sekretariats der Deutschen Bischofkonferenz zu Fragen der europäischen Einigung vom Januar 1995, abgedruckt in: Essener Gespräche, Bd. 31, 1997, S. 153ff., Zitat auf S. 155. Zur Forderung des Bundesrates: BR-Drucks. 677/95, Anlage, S. 18, Nr. 19.
25 *Jeand'Heur/Korioth*, Staatskirchenrecht, 2000, Rn 379; *Oppermann*, Europarecht, Rn. 208; Listl/Pirson-*Robbers*, Handbuch des Staatskirchenrechts der Bundesrepublik Deutschland, Bd. I, S. 315; *ders.*, Essener Gespräche, Bd. 27, 1993, S. 81ff.; *Streinz*, Essener Gespräche, Bd. 31, 1997, S. 83. Allgemein *Bleckmann*, JZ 1997, S. 269.

nem Gebot zur Rücksichtnahme gegenüber den Nationalstaaten beschreiben können, das sich somit mittelbar auch auf die Kirchen und das nationale Staatskirchenrecht erstreckt.[26]

Daneben wird insbesondere Art. 9 EMRK als europarechtliche Schranke gegenüber der Zurückdrängung des nationalen Staatskirchenrechts gewertet. Gemäß Art. 6 Abs. 2 EUV (ehemaliger Art. F Abs. 2) achtet die Union die Grundrechte, wie sie in der am 4. 11. 1950 in Rom unterzeichneten Europäischen Konvention zum Schutz der Menschenrechte und Grundfreiheiten gewährleistet sind und wie sie sich aus den gemeinsamen Verfassungsüberlieferungen der Mitgliedstaaten als allgemeine Grundsätze des Gemeinschaftsrechts ergeben. Wenn nach Art. 9 Abs. 1 EMRK jedermann Anspruch auf Gedanken-, Gewissens- und Religionsfreiheit hat, dann ist dies dem Wortlaut nach als Individualgrundrecht konzipiert. Es besteht aber Einigkeit darüber, dass trotz mangelnder Anhaltspunkte in den Gesetzgebungsmaterialien hiermit auch den Religionsgemeinschaften und Kirchen selbst ein Recht eingeräumt ist. Die Kirchen nehmen – entsprechend einer Formulierung der Menschenrechtskommission – als „Repräsentanten" ihrer Mitglieder eigene Rechte aus Art. 9 EMRK wahr.[27]

Über den Inhalt und Umfang dieses Schutzes vor einer Beschränkung des kirchlichen Selbstbestimmungsrechts besteht demgegenüber Uneinigkeit. Die ausführlichste Erörterung im deutschen Schrifttum stammt von *Albert Bleckmann* von 1995. Er stellt darauf ab, inwieweit in den einzelnen europäischen Staaten ein Konsens bezüglich der einzelnen Ausprägungen des kirchlichen Selbstbestimmungsrechts besteht und will nach diesem Konsens auch die Reichweite des Art. 9 EMRK bestimmen.[28]

bb) Der Schutz des kirchlichen Arbeitsrechts. Die Folgerungen, die aus diesem europarechtlichen Rahmen für den Schutz des deutschen kirchlichen Arbeitsrechts gezogen werden, variieren freilich stark. *Richardi* geht davon aus, dass die arbeitsrechtliche Ordnung der Kirchen in der Bundesrepublik

---

26 Vgl. *Streinz*, Essener Gespräche, Bd. 31, 1997, S. 83.
27 EKMR, Entscheidung v. 5. 5. 1979, BNr. 7805/77, DR S. 16, 68; ebenso: *Oppermann*, Europarecht, Rn. 208; *Streinz*, Essener Gespräche, Bd. 31, 1997, S. 85; *Müller-Volbehr*, Europa und das Arbeitsrecht der Kirchen, 1999, S. 69; ausführlich Frohwein/Peukert-*Frohwein*, Europäische Menschenrechtskonvention Art. 9, Rn. 57 ff.; vorsichtiger *Blum*, Die Gedanken-, Gewissens- und Religionsfreiheit nach Art. 9 der europäischen Menschenrechtskonvention, 1990, S. 177 ff.
28 *Bleckmann*, Von der individuellen Religionsfreiheit des Art. 9 EMRK zum Selbstbestimmungsrecht der Kirchen, Köln 1995. Hierzu und zu anderen Positionen vergleiche auch Müller-Volbehr, Europa und das Arbeitsrecht der Kirchen, 1999, S. 71 ff.

Deutschland „gemeinschaftsfest" sei.[29] Auch er stützt sich bei dieser Feststellung auf Art. 9 EMRK und Art. 6 Abs. 3 EUV: Da Art. 9 EMRK den Pluralismus der staatskirchenrechtlichen Ordnung in den Staaten Europas unangetastet lässt, müsse die Europäische Union anerkennen, wie in der Bundesrepublik Deutschland Inhalt und Reichweite des Selbstbestimmungsrechts interpretiert werden. *Bleckmann* kommt in seiner bereits angeführten Darstellung zu weniger weitgehenden Schlüssen. Er geht davon aus, dass sich im Bereich des Arbeitsrechts die Reichweite des kirchlichen Selbstbestimmungsrechts mangels einschlägiger Rechtsprechung und Literatur nur für wenige Staaten umreißen lasse, so dass sich dementsprechend der Inhalt des Schutzes durch Art. 9 EMRK nicht hinreichend sicher bestimmen lasse.[30] Keine konkreten Schlussfolgerungen gibt *Müller-Volbehr*[31], hilfreicher ist *Robbers* im Handbuch des Staatskirchenrechts: Über die Grundsätze, die aus den gemeinsamen Verfassungsüberlieferungen der Mitgliedstaaten folgen, lasse sich auch die Reichweite der den Arbeitnehmer gegenüber dem kirchlichen Arbeitgeber treffenden Loyalitätsobliegenheiten bestimmen. Er verweist hier insbesondere auf die Entscheidung *Rommelfanger* der Europäischen Menschenrechtskommission, in der die Kündigung eines in einem katholischen Krankenhaus beschäftigten Arztes, der in einem Leserbrief und in einem Fernsehinterview in kirchenwidriger Weise Stellung zum Schwangerschaftsabbruch bezog, als vereinbar mit Art. 10 EMRK und dem dort gewährten Recht auf Meinungsfreiheit anerkannt wurde.[32] Daneben nimmt *Robbers* auf das Recht anderer Mitgliedsstaaten Bezug, wonach im Grundsatz ähnliche Loyalitätsobliegenheiten für Mitarbeiter bestehen, wie sie im deutschen Recht anerkannt sind.[33] In der Nähe dieser Ausführungen liegt *Streinz*, der allerdings unbestimmter bleibt: Geeigneter Ansatzpunkt, die besonderen Loyalitätspflichten, die von kirchlichen Mitarbeitern nach nationalem Recht wegen des kirchlichen Selbstverwaltungsrechts verlangt werden dürfen, gegenüber gemeinschaftsrechtlichen Vorgaben zu behaupten,

---

29 *Richardi*, Arbeitsrecht in der Kirche, § 1, Rn. 38; *ders.*, Gefahren beim Verlassen des Dritten Weges, neue Caritas 4/2000, S. 33, 34; vorsichtiger noch *ders.*, Essener Gespräche, Bd. 31, 1997, S. 95: „Bisher bin ich von der Leitvorstellung ausgegangen, dass unser kirchliches Arbeitsrecht gemeinschaftsfest ist, bin mir aber darüber im Klaren, dass diese vereinfachte Feststellung so nicht stimmen kann. Das Gegenteil ist aber mit Sicherheit nicht richtig".
30 *Bleckmann*, Von der individuellen Religionsfreiheit des Art. 9 EMRK zum Selbstbestimmungsrecht der Kirchen, S. 47ff.
31 *Müller-Volbehr*, Europarecht und das Arbeitsrecht der Kirchen, S. 60ff.
32 EKMR, Entscheidung v. 6. 9. 1989, BNr. 12242/86 – Rommelfanger/BRD.
33 Listl/Pirson-*Robbers*, Handbuch des Staatskirchenrechts der Bundesrepublik Deutschland, Bd. I, S. 329 mit Hinweis auf Frankreich, Italien, Spanien und die Niederlande. Hierzu vgl. auch Abschn. II 2 a) cc) der Darstellung sowie *Christoph*, ZevKR 36 (1991), S. 195.

könne allein eine im Gemeinschaftsrecht geltende Religionsfreiheit sein, wolle man nicht den unsicheren Weg über die nationalen Verfassungsvorbehalte als Schranken der Integrationsermächtigung beschreiten. Zurückhaltender ist demgegenüber *Link*, der der Auffassung ist, die Loyalitätspflichten könnten sich einzig im Rahmen des Tendenzschutzes gegenüber den europarechtlichen Einschränkungen behaupten und auch das nur bei gestuften Loyalitätspflichten.[34]

Einheitlicher fallen demgegenüber die Beurteilungen der europarechtlichen Konsequenzen für die Zukunft des Dritten Weges aus. *Link* bezeichnet ihn als „nicht gefährdet ..., jedenfalls beim gegenwärtigen Rechtszustand".[35] Andere Stimmen sind zwar etwas detaillierter, erörtern aber nicht die Grenzen einer möglichen Beeinträchtigung des Dritten Weges, sondern untersuchen, inwieweit das bestehende europäische Recht den Dritten Weg beeinflusst.[36]

2. Europarechtliche Eingrenzung des deutschen Arbeitsrechts

Wieweit das kirchliche Arbeitsrecht durch europäisches Recht eingeschränkt und beeinflusst werden kann, hängt auch davon ab, inwieweit generell das nationale Arbeitsrecht durch europäische Regelungen überlagert werden kann. Gemäß dem allgemein geltenden Prinzip der begrenzten Ermächtigung gilt auch für das Arbeitsrecht, dass die Europäische Union nur insoweit befugt ist, Regelungen zu treffen, als sie dazu durch den Vertrag ermächtigt wird. Ermächtigungen zur Regelung des Arbeitsrechts finden sich insbesondere in Art. 136 ff. EG. Trotz einer gewissen Fortentwicklung bleibt auch nach dem Amsterdamer Vertrag die Gemeinschaftszuständigkeit deutlich begrenzt.[37] Für die gesamte Breite des Arbeitsrechts kann die Kommission durch Untersuchungen, Stellungnahmen und die Vorbereitung von Beratungen die Zusammenarbeit zwischen den Mitgliedstaaten fördern (Art. 140 EG). Damit ist jedoch keine Kompetenz zur Schaffung zwingenden Gemeinschaftsrechts verbunden. Diese ist enger gefaßt: Gemäß Art. 137 Abs. 1, Abs. 2 EG können Richtlinien Mindestvorschriften zur Verbesserung insbe-

---

[34] *Link*, ZevKR 42 (1997), S. 130, 141 ff.; zum Tendenzschutz s. auch: *Müller-Volbehr*, Europa und das Arbeitsrecht der Kirchen, 1999, S. 106 ff.
[35] *Link*, ZevKR 42 (1997), S. 130, 142.
[36] Vgl. *Streinz*, Essener Gespräche, Bd. 31, 1997, S. 74; Listl/Pirson-*Robbers*, Handbuch des Staatskirchenrechts der Bundesrepublik Deutschland, Bd. I, S. 315, 330, beide in Bezug auf das Sozialabkommen von 1992.
[37] Vgl. *Oppermann*, Europarecht, Rn. 1156; monographisch: *Reichel*, Die Kompetenzbegrenzung zwischen europäischem und nationalem Arbeitsrecht, 1995.

sondere der Arbeitsumwelt, zum Schutz der Gesundheit und der Sicherheit der Arbeitnehmer, für Arbeitsbedingungen, Unterrichtung und Anhörung der Arbeitnehmer, berufliche Eingliederung der aus dem Arbeitsmarkt ausgegrenzten Personen, und die Chancengleichheit von Männern und Frauen auf dem Arbeitsmarkt und Gleichbehandlung am Arbeitsplatz erlassen. Der Rat kann hier gemäß Art. 251 EG beschließen und damit mit qualifizierter Mehrheit. Gemäß Art. 137 Abs. 3 EG kann der Rat dagegen nur einstimmig beschließen, bei Richtlinien betreffend die soziale Sicherheit und den sozialen Schutz der Arbeitnehmer, den Schutz der Arbeitnehmer bei Beendigung des Arbeitsvertrags, und die Vertretung und kollektive Wahrnehmung der Arbeitnehmer- und Arbeitgeberinteressen einschließlich der Mitbestimmung. Keinerlei Kompetenz zum Erlaß von Richtlinien hat die Gemeinschaft gemäß Art. 137 Abs. 5 EG „für das Arbeitsentgelt, das Koalitionsrecht, das Streikrecht sowie das Aussperrungsrecht". Allgemein ist beim Zustandekommen dieser Richtlinien gemäß Art. 136 Abs. 2 EG die „Vielfalt der einzelstaatlichen Gepflogenheiten" zu beachten.

3. Schlussfolgerungen

Eine *Stellungnahme*, die hieraus versucht, Schlussfolgerungen zu ziehen, muss differenzieren. Die klarsten Aussagen sind für den Dritten Weg möglich. Weil Art. 137 Abs. 5 EG ausdrücklich das Koalitions- und Arbeitskampfrecht aus dem Regelungsbereich des europäischen Gesetzgebers ausnimmt, kann dieser auch nicht das Koalitionsrecht der kirchlich Bediensteten regeln und etwa eine generelle Geltung des Streikrechts und des Tarifvertragsrechts für den kirchlichen Bereich normieren. Dies schließt freilich nicht aus, dass für die Regelungen, die auf dem Dritten Weg zustande kommen, europarechtliche Begrenzungen entstehen, wie sie auch bei Tarifverträgen eingreifen können.[38]

Vorsichtiger muss die Stellungnahme in Bezug auf das kirchliche Mitarbeitervertretungsrecht ausfallen. Weil die Europäische Union, wie dargelegt, eine Kompetenz zum Erlass von Richtlinien betreffend die betriebliche Mitbestimmung hat, gilt dies prinzipiell auch für den Bereich der kirchlichen Arbeitnehmer-Mitbestimmung, denn die Richtlinienkompetenz möchte die Ziele der europäischen Sozialcharta, die in Art. 136 EG in Bezug genommen werden, flächendeckend und ohne Bereichsausnahme verfolgen. Daher ist anerkannt, dass öffentlicher und privater Beschäftigungssektor hier nicht

---

[38] S. zur Arbeitszeitrichtlinie BAG v. 16. 3. 2004, NZA 2004, S. 927.

unterschieden werden und beides von europäischen Regelungen erfasst werden kann.[39] Dementsprechend kann auch nicht von einer generellen Ausklammerung der Kirchen ausgegangen werden. Vielmehr ist hier in Anknüpfung an Art. 9 EMRK i.V.m. Art. 6 Abs. 2 EG und Art. 6 Abs. 3 EG eine Abwägung der einzelnen Normziele vorzunehmen, die die Reichweite der Regelbarkeit auch im Bereich der Mitarbeitervertretung bestimmen würden. Entscheidendes Gewicht kommt hier dem in Art. 136 Abs. 2 EG zum Ausdruck gebrachten Willen zu, die „Vielfalt der einzelstaatlichen Gepflogenheiten" zu berücksichtigen. Danach wird man wohl dem europäischen Gesetzgeber eine Kompetenz zubilligen müssen, auch für den kirchlichen Bereich Mindeststandards der Mitbestimmung zu setzen. Die Frage aber, wie diese Mitbestimmung im einzelnen *auszugestalten* ist und an kirchenspezifische Besonderheiten anzupassen ist, bleibt davon unberührt. Nicht beigepflichtet werden kann *Reichold* in seiner gerade in Bezug auf die Mitbestimmung im kirchlichen Dienst vertretenen These, dass Art. 6 Abs. 3 EG und die Achtung der nationalen Identität der Mitgliedsstaaten hier keine Einschränkung bieten kann. Seine Auffassung, Art. 6 Abs. 3 EG habe nur „rechtspolitische Bedeutung"[40] ist im Hinblick auf die dargelegte, ganz herrschende anderslautende Meinung abzulehnen und daher auch seine für die kirchliche Mitbestimmung gezogenen Konsequenzen.

Die wohl schwierigste Frage betrifft die Wertung europäischer Rechtsetzungskompetenzen in bezug auf die Loyalitätspflichten kirchlicher Mitarbeiter und die Besonderheiten des kirchlichen Kündigungsrechts. Uneingeschränkt „gemeinschaftsrechtsfest" sind diese Besonderheiten wohl nicht, jedoch einzig im Tendenzschutz einen Schutz vor europarechtlicher Aushöhlung zu sehen, greift zu kurz. Der Ansatz *Robbers*, aus den verschiedenen Rechtsordnungen der Mitgliedstaaten der Europäischen Union einen gemeinsamen Mindeststandard zu entwickeln, erscheint zutreffend und widerspricht auch nicht der Ansicht von *Bleckmann*, der hier sein tendenziell abweichendes Urteil auf mangelnden Überblick über die nationalen Arbeitsrechtsordnungen gründet, im methodischen Ansatz aber durchaus übereinstimmt. Die Richtigkeit der Argumentation *Robbers* bestätigt sich, bedenkt man, dass die Besonderheiten des kirchlichen Kündigungsrechts in Deutschland eine Tradition haben und daher um so eher den institutionellen Ausformungen der Religionsfreiheit zuzurechnen sind, die durch Art. 9 EMRK geschützt sind, um so eher einen Ausdruck nationaler Identität darstellen i.S.

---

39 Vgl. Lenz/Borchardt-*Coen*, EGV, Art. 137, Rn. 10.
40 *Reichold*, ZTR 2000, S. 57, 59; a.A. *Richardi*, Arbeitsrecht in der Kirche, § 1, Rn. 34.

des Art. 6 Abs. 3 EUV, und um so eher eine Gepflogenheit im Sinne des Art. 136 Abs. 2 EG zu bilden, der Rechnung zu tragen ist.

III. Der Einfluss des Europarechts auf Besonderheiten des kirchlichen Arbeitsrechts

Wie allgemein beim Einfluss des europäischen Rechts auf das nationale Recht ist auch hier zu unterscheiden zwischen denjenigen Rechtsnormen, die unmittelbar Anwendung innerhalb der nationalen Rechtsordnung finden sollen, und solchen, die lediglich die Mitgliedstaaten zur Umsetzung in nationales Recht verpflichten. In die erste Teilgruppe fallen Art. 39 EG und die dort garantierte Freizügigkeit, sowie Art. 141 EG und der dort normierte Gleichbehandlungsgrundsatz von Mann und Frau, in die zweite Gruppe fallen die Richtlinien.

1. Art. 13 EG und die Richtlinie 2000/78/EG

Art. 13 EG wurde eingefügt in den EG-Vertrag durch den Vertrag von Amsterdam. Danach kann der Rat im Rahmen der durch den Vertrag auf die Gemeinschaft übertragenen Zuständigkeiten auf Vorschlag der Kommission und nach Anhörung des Europäischen Parlaments einstimmig geeignete Vorkehrungen treffen, um Diskriminierungen aus Gründen des Geschlechts, der Rasse, der ethnischen Herkunft, *der Religion* oder der Weltanschauung, einer Behinderung, des Alters oder der sexuellen Ausrichtung zu bekämpfen. Diese umfassende Ermächtigung zur Bekämpfung von Diskriminierungen ist neu und stellt eine wesentliche Erweiterung des bisherigen Gleichheitsschutzes dar. Gemäß dem klaren Wortlaut der Norm entfaltet sie jedoch keine unmittelbaren Rechtswirkungen in den Mitgliedstaaten, sondern begründet einzig die Kompetenz der Europäischen Gemeinschaft, entsprechende Richtlinien zur Bekämpfung der Diskriminierung zu erlassen, die dann ihrerseits von den Einzelstaaten umzusetzen sind.[41] Eine solche Richtlinie gestützt auf Art. 13 EG ist die Richtlinie 2000/78/EG, die besondere Bedeutung im kirchlichen Bereich hat. Hierzu sogleich § 5 Abschn. III 4 c, S. 236 ff.

---

[41] Lenz/Borchardt-*Lenz*, EGV, Art. 13, Rn 11, 28.

2. Arbeitnehmerfreizügigkeit gemäß Art. 39 EG

Gemäß Art. 39 EG ist innerhalb der Gemeinschaft die Freizügigkeit der Arbeitnehmer gewährleistet. Diese Regelung ist vom EuGH zu einem umfassenden Verbot der Diskriminierung und Behinderung wegen der Staatsangehörigkeit weiterentwickelt worden.[42] Ob und inwieweit dieses Verbot nur die Einzelstaaten bindet oder auch den einzelnen Arbeitgeber, ist im Einzelnen noch nicht geklärt. Spätestens seit der Entscheidung *Bosman* ist jedoch klar, dass eine unmittelbare Bindung Privater an Art. 39 EG nicht gänzlich ausgeschlossen ist.[43] Es ist daher nicht auszuschließen, dass Bestimmungen in Tarif- oder Einzelarbeitsverträgen oder sonstigen Kollektivvereinbarungen, die in Bezug auf den Zugang zur Beschäftigung, die Entlohnung oder sonstige Arbeits- und Kündigungsbedingungen für Arbeitnehmer aus anderen Mitgliedstaaten unzulässige Behinderungen bedeuten, nach dieser Vorschrift nichtig sind.[44] Für diskriminierende Regeln ist dies ausdrücklich durch Art. 7 Abs. 4 der Verordnung 1612/68 bestimmt.

Für die Arbeitnehmereigenschaft i.S. des Art. 39 EG ist gemäß Art. 1 Abs. 1 der Verordnung 1612/68 entscheidendes Kriterium die „Tätigkeit im Lohn- oder Gehaltsverhältnis". Daraus hat der EuGH abgeleitet, dass hierfür eine weisungsgebundene Erbringung von Leistungen für einen Dritten gegen Vergütung erforderlich, aber auch ausreichend ist.[45] Um ein gemeinschaftsweit einheitliches Verständnis des Arbeitnehmerbegriffs und damit der Art. 37 ff. EG zu gewährleisten, verbietet es der EuGH den Mitgliedsstaaten in ständiger Rechtsprechung, weitere Voraussetzungen für die Arbeitnehmereigenschaft im Sinne der Freizügigkeitsbestimmung aufzustellen.[46] Arbeitnehmer im Sinne dieser Vorschrift kann damit auch der Kirchenbeamte sein, ja sogar der Geweihte oder Ordinierte können hiervon erfasst sein, denn auch sie sind weisungsgebunden und auch sie haben einen Anspruch auf Vergütung für ihre Dienste.[47] Der Vorbehalt des Art. 39 Abs. 4 EG, wo-

---

42 Lenz/Borchardt-*Scheuer*, EGV, Art. 39, Rn. 38; ErfK-*Wißmann*, EG, Art. 39, Rn. 41, beide mit weiteren Nachweisen.
43 Vgl. EuGH v. 15.12.1995, Slg. 1995 I, S. 4921, unter Bezugnahme auf EuGH, Slg. 1974 I, S. 1405, Abs. 76 (Walrave).
44 Vgl. ErfK-*Wißmann*, EG, Art. 39, Rn. 11; Grabitz/Hilf-*Randelzhofer*, EGV, Art. 48, Rn. 1, 29 ff.; Lenz/Borchardt-*Scheuer*, EGV, Art. 39, Rn 43.
45 Vgl. EuGH v. 3.7.1986, Slg. 1986, S. 2121, 2144; EuGH v. 31.5.1989, Slg. 1989, S. 1621, 1645.
46 Vgl. EuGH v. 21.6.1988, Slg. 1988, S. 3161, 3201; EuGH v. 21.6.1988, Slg. 1988, S. 3205, 3244; s. auch ErfK-*Wißmann*, EGV, Art. 39, Rn. 6.
47 Ähnlich Listl/Pirson-*Robbers*, Handbuch des Staatskirchenrechts der Bundesrepublik

nach die Vorschrift keine Anwendung auf die Beschäftigung in der öffentlichen Verwaltung findet, greift trotz des Körperschaftsstatus der Katholischen Kirche und der evangelischen Kirchen nicht, da hiervon nur der enge Bereich der hoheitlichen Verwaltung von Justiz, Polizei und Strafverwaltung erfasst ist.[48]

Inhalt und Reichweite des Freizügigkeitsrechts werden durch Art. 39 Abs. 2 EG näher bestimmt, wonach jede auf der Staatsangehörigkeit beruhende Behandlung der Arbeitnehmer der Mitgliedstaaten in Bezug auf Beschäftigung, Entlohnung und sonstige Arbeitsbedingungen unzulässig ist. Damit sind Differenzierungen auch im kirchlichen Dienst verboten, soweit sie an die Staatsangehörigkeit anknüpfen. Eine solche Ungleichbehandlung ist gemäß Art. 39 Abs. 3 EG nur zulässig, soweit sie aus Gründen der öffentlichen Ordnung, Sicherheit und Gesundheit gerechtfertigt ist. Damit dürften, in Übereinstimmung mit der Wertung *Robbers*, *Müller-Volbehrs* und *Korioths*, innerkirchliche Vorschriften nicht mehr haltbar sein, die für geistliche Amtsträger einen deutschen Hochschulabschluss oder die deutsche Staatsangehörigkeit voraussetzen[49], denn ein anerkennenswerter Rechtfertigungsgrund ist im Hinblick auf diesen engen Bereich möglicher Ausnahmen nicht ersichtlich.

Neben der unmittelbaren Diskriminierung verbietet Art. 39 EG auch die mittelbare Diskriminierung.[50] Eine mittelbare Diskriminierung liegt vor, wenn dem Anschein nach neutrale Vorschriften, Kriterien oder Verfahren eine Person oder Personengruppe aufgrund ihrer Nationalität benachteiligen, es sei denn, dass die betreffenden Vorschriften, Kriterien oder Verfahren durch ein legitimes Ziel objektiv gerechtfertigt und die Mittel zur Erreichung dieses Ziels geeignet und erforderlich sind.[51] Eine solche überproportionale negative Betroffenheit von Angehörigen fremder Staaten könnte sich u.U. vereinzelt auch durch die Besonderheiten des kirchlichen Arbeitsrechts erge-

---

Deutschland, Bd. I, S. 315, 328; tendenziell anderer Ansicht: *Müller-Volbehr*, Europa und das Arbeitsrecht der Kirchen, 1999, S. 118.
48 Heute fast allgemeine Meinung: Grabitz/Hilf-*Randelzhofer*, EGV, Art. 48, Rn. 59 ff.; ErfK-*Wißmann*, EG, Art. 39, Rn. 39, m.w.N.S. auch *Jeand'Heur/Korioth*, Staatskirchenrecht, Rn 375.
49 Vgl. Listl/Pirson-*Robbers*, Handbuch des Staatskirchenrechts der Bundesrepublik Deutschland, Bd. 1, S. 315, 328; *Müller-Volbehr*, Europa und das Arbeitsrecht der Kirchen, 1999, S. 119; *Jeand'Heur/Korioth*, Staatskirchenrecht, 2000, Rn. 375.
50 Vgl. ErfK-*Wißmann*, EG, § 39, Rn. 33; Lenz/Borchardt-*Scheuer*, EGV, Art. 39, Rn. 36; Groeben/Thiesing/Ehlermann-*Wölker*, EGV, Art. 48, Rn. 13 („versteckte Diskriminierung") dort Nachweise zu 17 Entscheidungen des EuGH.
51 Vgl. ErfK-*Wißmann*, EG, § 39, Rn. 27; zur Geschlechtsdiskriminierung nunmehr Art. 2 der Richtlinie 76/207/EWG.

ben, insbesondere aus den spezifischen Loyalitätspflichten im kirchlichen Dienst, wie sie insbesondere in den AcK-Klauseln Niederschlag gefunden haben, ebenso wie in Art. 3 Abs. 2 der Grundordnung, wonach der kirchliche Dienstgeber pastorale, katechetische sowie in der Regel erzieherische und leitende Aufgaben nur einer Person übertragen kann, die Mitglied der katholischen Kirche ist. Wenn danach bestimmte, insbesondere leitende Stellen im kirchlichen Dienst nur an Angehörige christlicher Kirchen vergeben werden, dann entspricht dies einer verbreiteten Forderung auch von Vertretern des kirchlichen Arbeitsrechts, durch die die Besonderheit des kirchlichen Dienstes und seine Prägung durch den religiösen Auftrag sichergestellt werden soll.[52] Ähnlich verhält es sich bei der Praxis, für bestimmte leitende Aufgaben bevorzugt Arbeitnehmer einzustellen, die der Konfession der dienstgebenden Kirche nahestehen. Das Erfordernis, Katholik zu sein, wird schwedische EU-Bürger öfters von der Beschäftigung ausschließen als einen Deutschen. Dennoch ist diese Regelung nicht unzulässig. Zum einen ist auf die Rechtsprechung des EuGH hinzuweisen, wonach von einer mittelbar diskriminierenden Regelung „im wesentlichen" Arbeitnehmer anderer Mitgliedsstaaten betroffen sein müssen.[53] Das ist hier nicht der Fall, denn es ist nicht ersichtlich, dass, betrachtet man sämtliche Nationalitäten der Europäischen Union insgesamt, Ausländer stärker negativ betroffen sind als Inländer. Damit liegt bei der AcK-Klausel keine mittelbare Ungleichbehandlung von Staatsangehörigen und Nicht-Staatsangehörigen vor. Auch können sachbezogene Gründe eine unterschiedliche Behandlung von Christen und Nichtchristen im kirchlichen Dienst rechtfertigen. Allerdings liegt einschlägige Rechtsprechung des EuGH, wann solche mittelbaren Ungleichbehandlungen durch den Arbeitgeber gerechtfertigt wären, bislang noch nicht vor. Man kann jedoch aus den sonstigen Entscheidungen, die sich auf Ungleichbehandlungen durch staatliche Gesetzgebung bezogen, Schlüsse ziehen.

Der EuGH hatte sich in mehreren Entscheidungen mit der Frage zu beschäftigen, ob Befristungen von Arbeitsverträgen mit Lektoren zulässig sind, obwohl dies für andere Universitätsbedienstete nicht möglich ist.[54] Weil die Fremdsprachenlektoren „ganz überwiegend" ausländische Staatsangehörige sind, verlangte das Gericht, dass diese Ungleichbehandlung gegenüber anderen Universitätsbediensteten durch „sachliche Gründe" gerechtfertigt ist.[55] Allerdings prüfte es dann vor allem fachliche Gesichtspunkte. Nicht weniger wichtig aber als die berufliche

---

52 Vgl. Listl/Pirson-*Rüfner*, Handbuch des Staatskirchenrechts der Bundesrepublik Deutschland, Bd. II, S. 895 ff.
53 Vgl. EuGH v. 30. 5. 1989, Slg. 1989, S. 1591, 1610.
54 Vgl. EuGH v. 30. 5. 1989, Slg. 1989, S. 1591 (Allué); EuGH v. 20. 10. 1993, AP Nr. 17 zu Art. 48 EWG-Vertrag.
55 EuGH v. 20. 10. 1993, AP Nr. 17 zu Art. 48 EWG-Vertrag Abschnitt 17, 18.

Qualifikation ist für Mitarbeiter des kirchlichen Dienstes ihre Loyalität gegenüber der Kirche und den Zielen der kirchlichen Dienstgemeinschaft. Der Arbeitnehmer, der zwar beruflich qualifiziert ist, sich jedoch nicht den Idealen der kirchlichen Lebensgemeinschaft verpflichtet weiß, wird dem Ziel seines Dienstverhältnisses genauso wenig gerecht wie der Arbeitnehmer, der zwar uneingeschränkt loyal gegenüber der Kirche und den christlichen Idealen ist, dem jedoch die notwendige berufliche Qualifikation fehlt. Beides muss gleich behandelt werden, weil beides zu der gleichen Ungeeignetheit des Arbeitnehmers führt. Dies gilt um so mehr, als, wie oben dargelegt, das europäische Recht ja durchaus nicht „kirchenblind" ist und auch dem institutionellen Aspekt der Religionsfreiheit Bedeutung beimisst.

Alles in allem haben die AcK-Klauseln und Art. 3 Abs. 2 der Grundordnung, sowie ganz allgemein das Erfordernis der konfessionellen Zugehörigkeit zur Kirche für die Mitarbeiter der kirchlichen Dienste Bestand auch angesichts des Art. 39 EG.

3. Grundsatz des gleichen Entgelts gemäß Art. 141 EG

Art. 141 EG stellt in jedem Mitgliedstaat die Geltung des Grundsatzes des gleichen Entgelts für Männer und Frauen bei gleicher oder gleichwertiger Arbeit sicher. Diese Vorschrift hat eine unmittelbare Drittwirkung unter den Bürgern der Mitgliedstaaten, wie der EuGH erstmals zur Vorgängervorschrift des Art. 119 EGV in der Entscheidung *Defrenne II* entschied.[56] Im deutschen Recht ist die Norm durch § 612 Abs. 3 BGB umgesetzt worden, so dass sie nunmehr allein maßgeblich für die Gleichbehandlungspflicht des Arbeitgebers ist.[57] Konflikte zum kirchlichen Arbeitsrecht wurden zuweilen behauptet, haben die Rechtsprechung jedoch zurecht nicht überzeugt.[58]

4. Die Richtlinien

Auch unter den Richtlinien gibt es Regelungen, die für das kirchliche Arbeitsrecht relevant werden können. Fraglich ist dabei, wieweit sie die Kirchen auch ohne eine Umsetzung durch den nationalen Gesetzgeber binden können.

---

[56] EuGH v. 8. 4. 1976, Slg. 1976, S. 455.
[57] Vgl. BAG v. 10. 12. 1997, SAE 1999, S. 28 ff. mit Anm. *Thüsing*.
[58] Gegen solche gutachterlichen Äußerungen bereits *Hanau/Thüsing*, Europarecht und kirchliches Arbeitsrecht, 2001, S. 43 ff.; s. BAG v. 15. 11. 2001, EzA Nr. 48 zu § 611 BGB Kirchliche Arbeitnehmer.

III. Der Einfluss des Europarechts auf Besonderheiten des kirchl. Arbeitsrechts   **233**

a) Die kirchenrelevanten Richtlinien des europäischen Arbeitsrechts

Für das kirchliche Arbeitsrecht sind grundsätzlich alle Richtlinien von Bedeutung, die allgemein Vorgaben für das nationale Arbeitsrecht geben. Dazu gehört etwa die Gleichbehandlungsrichtlinie 76/207/EWG des Rates vom 9.2.1976. Dass hier ein Konflikt zu Gleichstellungsgesetzen evangelischer Landeskirchen möglich ist, wurde im Schrifttum bereits angesprochen.[59] Wichtiger aber scheinen noch die Richtlinien zu sein, die eine Konsultation zwischen Arbeitgeber und Arbeitnehmervertretung in bestimmten Angelegenheiten vorsehen. Dazu gehören die Richtlinie 75/129/EWG vom 17.2.1975, zuletzt geändert durch die Richtlinie 92/56/EWG vom 24.6.1992, bezüglich Massenentlassungen; die Richtlinie 2001/23/EG zum Übergang von Unternehmen, Betrieben und Betriebsteilen; die Richtlinie 80/1107/EWG vom 27.11.1980, geändert durch die Richtlinie 88/642/EWG vom 16.12.1988, zum Schutz vor Gefährdung durch chemische, physikalische und biologische Arbeitsstoffe; die Richtlinie 89/391/EWG vom 12.6.1989 zur Durchführung von Maßnahmen zur Verbesserung der Sicherung und des Gesundheitsschutzes bei der Arbeit; sowie die Richtlinie 94/45/EWG vom 22.9.1994 über die Einsetzung eines Europäischen Betriebsrats. Diese Richtlinien enthalten keine Ausnahme für die Kirchen, sie alle wurden demnach vom deutschen Gesetzgeber umgesetzt, ohne eine Regelung für kirchliche Mitarbeitervertretungen zu schaffen.

b) Unmittelbare Wirkung von Richtlinien in Mitgliedstaaten

Inwieweit die bestehenden und zukünftig zu erlassenden Richtlinien ohne Umsetzung durch den nationalen Gesetzgeber Wirkungen auch gegenüber den Kirchen entfalten, ist umstritten.

aa) Die Dogmatik zur horizontalen Wirkung von Richtlinien. Obwohl Richtlinien entsprechend dem Wortlaut des Art. 249 Abs. 3 EG grundsätzlich eine Geltung erst nach Umsetzung durch die Mitgliedstaaten entfalten, gibt es hier Ausnahmen. Nach ständiger Rechtsprechung des EuGH haben Richtlinien unmittelbare Wirkung, wenn die zur Zielerreichung in der Richtlinie gestellte Frist abgelaufen ist und sie so genau formuliert sind, dass daraus unmittelbar, d.h. ohne Umsetzungsspielraum für den nationalen Gesetzgeber, Rechte abgeleitet werden können. Insoweit wird die Richtlinie

---

59 Vgl. *Müller-Volbehr*, Europarecht und das Arbeitsrecht der Kirchen, S. 121; *Richardi*, Essener Gespräche, Bd. 31, 1997, S. 94.

self-executing, so dass sich der Bürger unmittelbar auf sie berufen kann.⁶⁰ Zu unterscheiden ist hier jedoch zwischen „vertikaler" unmittelbarer Wirkung und „horizontaler" umittelbarer Wirkung. Die eine betrifft das Verhältnis zwischen Staat und Bürger, die andere das Verhältnis der Bürger untereinander. Anerkannt durch die ständige Rechtsprechung des EuGH ist bislang einzig die vertikale Drittwirkung, die Rechte des Bürgers gegenüber dem Staat begründet, der es pflichtwidrig unterlassen hat, eine hinreichend genau formulierte Richtlinie umzusetzen. Eine horizontale Wirkung von Richtlinien, die Bürger eben nicht nur berechtigen, sondern auch verpflichten würde, lehnt der EuGH jedoch ab. Dies bestätigte er ausdrücklich in der Entscheidung *Faccini Dori*:

> „Eine Ausdehnung dieser Rechtsprechung [d.h. der unmittelbaren Drittwirkung] auf den Bereich der Beziehung zwischen Bürgern hieße, der Gemeinschaft zuzuerkennen, mit unmittelbarer Wirkung zu Lasten der Bürger Verpflichtungen anzuordnen, obwohl sie es nur dort darf, wo ihr die Befugnis zum Erlaß von Verordnungen zugewiesen ist."⁶¹

Zulässig und geboten ist es jedoch nach der Rechtsprechung des EuGH, das nationale Recht richtlinienkonform auszulegen, um so einen Widerspruch zum europäischen Recht zu vermeiden.⁶²

bb) Horizontale unmittelbare Wirkung einer Richtlinie im kirchlichen Bereich? Spezifisch in Ansehung der mitbestimmungsrelevanten Richtlinien hat vor einiger Zeit *Reichold* die Frage gestellt, ob nicht eine horizontale Drittwirkung der Richtlinien im kirchlichen Bereich trotz der dargestellten Rechtsprechung des EuGH anzuerkennen sei.⁶³ Er bejaht dies und begründet es in wenigen Sätzen. Zum einen verweist er auf den Meinungsstreit, der vor allem durch die Anträge des deutschen Generalanwalts *Lenz* in der Sache *Faccini Dori* Aufschwung erhielt. Zum anderen sei gegenüber dem mächtigen Arbeitgeber Kirche eine solche Drittwirkung um so naheliegender, als hier ja innerstaatlich gerade kein privater Arbeitgeber agiere, sondern die Di-

---

60 Vgl. für alle: *Streinz/Schroeder*, EUV/EGV, 2003, Art. 249 EGV, Rn. 101 ff.; *Hobe*, Europarecht, 2. Aufl. 2004, Rn. 141 ff.; *Herdegen*, Europarecht, 6. Aufl., 2004, Rn. 183 ff.; jeweils m.w.N.
61 EuGH v. 14. 7. 1994, Slg. 1994 I, S. 3325 ff., Abschnitt 24; s. auch den tendenziell abweichenden Antrag des Generalanwalts Lenz; vgl. ferner EuGH v. 5. 10. 2004, ZIP 2004, 2342; hierzu *Thüsing*, ZIP 2004, 2301.
62 EuGH v. 13. 11. 1990, Slg. 1990 I, S. 4135 (Marlesing) vgl. *Oppermann*, Europarecht, Rn. 560; *Streinz*, Europarecht, Rn. 405, beide m.w.N. zur Rechtsprechung. Aus der arbeitsrechtlichen Rechtsprechung s. BAG v. 18. 2. 2003, NZA 2003, S. 742. Ausführlich im Hinblick auf die Umsetzung der Anti-Diskriminierungsrichtlinien 2000/43/EG und 2000/78/EG *Thüsing*, NJW 2003, S. 3441.
63 *Reichold*, ZTR 2000, S. 57, 61.

III. Der Einfluss des Europarechts auf Besonderheiten des kirchl. Arbeitsrechts   **235**

rektwirkung einen nach innerstaatlichen Kriterien „quasi öffentlich-rechtlichen" Arbeitgeber mit eigenen Gesetzgebungskompetenzen betreffe. Ähnlich wie im *Bosman*-Urteil für die Grundfreiheit der Arbeitnehmerfreizügigkeit vom EuGH eine Direkt- oder Drittwirkung gegenüber Sportverbandsregeln statuiert wurde, müsse wohl auch der Anwendungsbefehl für die Richtlinie ausreichen, eine horizontale Drittwirkung – nach verstrichener Umsetzungsfrist – gegenüber den Kirchen als Arbeitgeber zu bejahen.

cc) Stellungnahme. Der Auffassung *Reicholds* stehen gewichtige Einwände entgegen. Allerdings hat der EuGH in der Entscheidung *Marshall*[64] der Klägerin ermöglicht, sich auf die Richtlinie 76/207/EWG zu berufen, weil sich ihre Klage gegen einen staatlichen Arbeitgeber richtete. Die privatrechtliche Handlungsform des Staates war unerheblich:

„Hierzu [d.h. der unmittelbaren Wirkung] ist festzustellen, dass, wenn die Bürger imstande sind, sich gegenüber dem Staat auf eine Richtlinie zu berufen, sie dies unabhängig davon tun können, in welcher Eigenschaft – als Arbeitgeber oder als Hoheitsträger – der Staat handelt. In dem einen wie dem anderen Fall muss nämlich verhindert werden, dass der Staat aus seiner Nichtbeachtung des Gemeinschaftsrechts Nutzen ziehen kann."[65]

Diese Begründung macht jedoch deutlich, warum sich eine Gleichsetzung des kirchlichen mit dem staatlichen Arbeitgeber verbietet: Anders als der Staat sind die Kirchen nicht durch Art. 249 Abs. 3 EG berufen, Richtlinien umzusetzen, und aus einer unterlassenen Umsetzung kann ihnen kein Vorwurf erwachsen. Denn kirchliche Gewalt ist zwar öffentliche Gewalt, nicht aber staatliche. Es handelt sich bei den Kirchen nicht um in die staatliche Organisation eingegliederte Körperschaften, sie sind von diesen vielmehr streng zu unterscheidende[66] und damit auch nicht „innerstaatliche Stellen" im Sinne des Art. 249 Abs. 3 EG: „Es besteht keine Staatskirche" lautet der fortgeltende Art. 137 Abs. 1 WRV. Weil aber der Wortlaut des EG-Vertrags und die Rechtsprechung des EuGH bei der vertikalen Drittwirkung nicht auf den öffentlich-rechtlichen Status des staatlichen Arbeitgebers abstellen, sondern eben auf die Tatsache, dass er auch dort, wo er privat handelt, „innerstaatliche Stelle" ist, kann der Körperschaftsstatus nicht als Argument für eine Drittwirkung gegenüber den Kirchen verwandt werden.

Ebenso unzureichend als Begründung ist der Hinweis auf das *Bosman*-Urteil. Hier stützte sich der EuGH auf Art. 39 EG. Diese Grundfreiheit mag – wie

---
64 EuGH v. 26.2. 1986, Slg. 1986, S. 773 ff.
65 EuGH v. 26.2. 1986, Slg. 1986, S. 773 ff. Abschnitt 49; s. auch *Streinz*, Europarecht, Rn. 401 m.w.N.
66 So bereits *Anschütz*, WRV, Art. 137, Abschn. 8, S. 644 f.

bereits erwähnt – zwar unmittelbare Drittwirkung unter den Bürgern der Mitgliedstaaten entfalten. Hier handelt es sich jedoch um die unmittelbare Drittwirkung von Grundfreiheiten, entsprechend der unmittelbaren Drittwirkung von Grundrechten. Das ist eine – auch international – stark diskutierte Fragestellung, hat aber mit der vorliegenden Frage, inwieweit Richtlinien unmittelbar wirken, obwohl sie ausdrücklich nur die Mitgliedstaaten verpflichten sollen, nichts gemein.[67] Hier handelt es sich um das Problem, ob und wieweit die begrenzte Ermächtigung des europäischen Gesetzgebers aus Gründen eines effektiven Rechtsschutzes überwunden werden kann, dort um eine Frage allgemeiner Grundrechtsdogmatik, die das Verständnis der Grundrechte als bloße Abwehrrechte gegen den Staat überwunden hat. Die Argumentationen sind deutlich zu unterscheiden. Dies wird schon daran deutlich, dass ja auch für Art. 119 EGV (jetzt 141 EG) eine unmittelbare Drittwirkung seit der Entscheidung *Defrenne II* anerkannt ist, daraus aber allgemein nicht auf eine unmittelbare Drittwirkung der Richtlinien geschlossen wird.

Nach all dem ist lediglich von einer Pflicht der Gerichte zur richtlinienkonformen Auslegung des nationalen Rechts auszugehen, nicht aber von einer Bindung der Kirchen im Sinne einer unmittelbaren Drittwirkung der Richtlinien. Mag dies auch in Einzelfällen zum selben Ergebnis führen[68], so sind die dogmatischen Unterschiede doch zu beachten. Zu welchen Ergebnissen dies führt, ist Gegenstand der folgenden Ausführungen, die sich mit den Besonderheiten des kirchlichen Arbeitsrechts bei der Anwendung europarechtlich begründeten und europarechtskonform auszulegenden materiellen Rechts beschäftigen.

c) Erstes Beispiel: Richtlinie 2000/78/EG

Am 29.6.2000 wurde die Richtlinie 2000/43/EG verabschiedet, die eine Diskriminierung wegen der Rasse oder der ethnischen Herkunft bei allen öffentlichen Leistungen verbietet, am 27.11.2000 folgte die Richtlinie 2000/78/EG, durch die eine Benachteiligung des Arbeitnehmers wegen der Religion oder der Weltanschauung, einer Behinderung, des Alters oder der sexuellen Identität verboten werden soll. Der Gesetzgeber war verpflichtet,

---

67 Zur unmittelbaren Drittwirkung im deutschen Recht vgl. *Stern*, Handbuch des Staatsrechts der Bundesrepublik Deutschland, Bd. III/1, S. 1511 ff.; zum amerikanischen Recht *Thüsing*, Die Drittwirkung der Grundrechte im Verfassungsrecht der Vereinigten Staaten, ZVglRWiss 99 (2000), S. 69 ff.; zum europäischen Recht die Dissertationen *Roth*, Drittwirkung der Grundfreiheiten?, in: Festschrift für Everling, Bd. II, S. 1231 ff.; gediegen *Parpart*, Die unmittelbare Bindung Privater an die Personenverkehrsfreiheiten im europäischen Gemeinschaftsrechts, 2003.
68 Vgl. *Oppermann*, Europarecht, Rn. 560; *Streinz*, Europarecht, Rn. 405.

das Diskriminierungsverbot wegen der Religion bis zum 2. 12. 2003 zu schaffen; diese Frist wurde versäumt.

Ein Referentenentwurf, der vorsah ein solches Diskriminierungsverbot entsprechend dem umfassenden Anwendungsbereich des Diskriminierungsverbots wegen der Rasse und ethnischen Zugehörigkeit für das Zivilrecht zu schaffen, ist noch vor der Bundestagswahl 2002 zurückgezogen worden.[69] Grund hierfür war die erhebliche Kritik, die dem Vorschlag von Seiten der Kirchen, verschiedener Verbände aber auch aus der Rechtswissenschaft zuteil wurde.[70] Ein weiterer Entwurf scheiterte an der Bundestagswahl 2005.[71] Zur Zeit liegt kein neuer Entwurf vor, so dass offen ist, wie weit der Anwendungsbereich des Diskriminierungsverbots diesmal gezogen wird. Im folgenden sollen die Möglichkeiten einer partiellen Herausnahme der Kirchen aus einem arbeitsrechtlichen Diskriminierungsverbot ausgelotet werden. Die Antwort scheint eindeutig: Eine Kirchenklausel ist – wie im folgenden begründet werden soll – europarechtlich zulässig und verfassungsrechtlich naheliegend, sie hat Parallelen im deutschen Arbeitsrecht und Vorbilder im Anti-Diskriminierungsrecht im Ausland. Der deutsche Gesetzgeber täte gut daran, hier eine systemkonforme Einbettung des kirchlichen Dienstes in das neue Anti-Diskriminierungsrecht zu versuchen.

Um dies zu erläutern, soll schrittweise vorgegangen werden. Der europarechtliche Rahmen, der den Handlungsspielraum des deutschen Gesetzgebers umgrenzt, soll erläutert werden und als „lebendes Vorbild" sollen im Anschluss daran einige Kirchenklauseln im Anti-Diskriminierungsrecht anderer Länder vorgestellt werden. Diese werden dann gespiegelt an den verfassungsrechtlichen Vorgaben und ein Vorschlag zur Formulierung einer solchen Vorschrift soll folgen. Am Ende des Abschnitts stehen dann als praktisches Beispiel für die Folgen einer solchen Vorschrift die Auswirkungen, die dies auf die Reaktionsmöglichkeiten der Kirche im Hinblick auf die praktizierte Homosexualität kirchlicher Mitarbeiter hat.

aa) Europarechtliche Ermächtigung. Eine solche weite Klausel ist auch europarechtlich zulässig. Eine generelle Ausnahme für kirchliche Arbeitgeber vom Verbot der Ungleichbehandlung wegen der Religion war ursprünglich für die Anti-Diskriminierungsrichtlinie nicht vorgesehen, sondern einzig ei-

---
69 Hierzu *Wiedemann/Thüsing*, DB 2002, S. 463.
70 Für die Kirchen s. *Jüsten*, Interview KNA v. 20. 5. 2002; aus der Rechtswissenschaft *Picker*, JZ 2002, S. 880; *Säcker*, ZRP 2002, S. 286 ; *Neuner*, JZ 2003, S. 57; *Schmerlz*, ZRP 2003, S. 67.
71 S. hierzu *Thüsing*, NZA 2004, Sonderbeilage zu Heft 22, S. 3.

ne an die europäische Betriebsräte-Richtlinie angelehnte Tendenzschutzregel, die auch die Kirchen erfassen soll. In Art. 4 Abs. 2 des Entwurfs hieß es:

„Mitgliedstaaten können in Bezug auf öffentliche oder private Organisationen, die in den Bereichen Religion oder des Glaubens im Hinblick auf Erziehung, Berichterstattung und Meinungsäußerung unmittelbar und überwiegend eine bestimmte weltanschauliche Tendenz verfolgen und innerhalb dieser Organisationen hinsichtlich spezieller beruflicher Tätigkeiten, die unmittelbar und überwiegend diesem Zweck dienen, vorsehen, dass eine unterschiedliche Behandlung dann keine Diskriminierung darstellt, wenn sie durch ein bestimmtes Merkmal begründet ist, das mit der Religion oder dem Glauben zusammenhängt, und wenn auf Grund der Eigenschaft dieser Tätigkeiten dieses bestimmte Merkmal eine wesentliche berufliche Anforderung darstellt."

Diese Tendenzklausel war ein Schritt in die richtige Richtung, blieb jedoch deutlich hinter dem Erforderlichen zurück. Hier wurde nur ein begrenzter Teilaspekt des kirchlichen Wirkens aus dem Anwendungsbereich der Richtlinie herausgenommen, ein sehr viel größerer blieb einbezogen. Dies erschien willkürlich nicht nur aus der Perspektive der Kirchen, die zwischen „Erziehung, Berichterstattung und Meinungsäußerung" und übrigem Dienst nicht unterscheiden, die Dienstgemeinschaft vielmehr umfassend verstehen und einen Arzt im kirchlichen Krankenhaus an den gleichen Maßstäben messen wie einen Lehrer in kirchlichen Schulen. Dies erkannte auch der europäische Gesetzgeber. Diesen Bedenken ist der europäische Gesetzgeber im weiteren Verfahren gefolgt. Deshalb heißt es nun einschränkungslos in der endgültigen Fassung der Richtlinie in Art. 4 Abs. 2:

„(2) Die Mitgliedstaaten können in Bezug auf berufliche Tätigkeiten innerhalb von Kirchen und anderen öffentlichen oder privaten Organisationen, deren Ethos auf religiösen Grundsätzen oder Weltanschauungen beruht, Bestimmungen in ihren zum Zeitpunkt der Annahme dieser Richtlinie geltenden Rechtsvorschriften beibehalten oder in künftigen Rechtsvorschriften Bestimmungen vorsehen, die zum Zeitpunkt der Annahme dieser Richtlinie bestehende einzelstaatliche Gepflogenheiten widerspiegeln und wonach eine Ungleichbehandlung wegen der Religion oder Weltanschauung einer Person keine Diskriminierung darstellt, wenn die Religion oder die Weltanschauung dieser Person nach der Art dieser Tätigkeiten oder der Umstände ihrer Ausübung eine wesentliche, rechtmäßige und gerechtfertigte berufliche Anforderung angesichts des Ethos der Organisation darstellt. Eine solche Ungleichbehandlung muss die verfassungsrechtlichen Bestimmungen und Grundsätze der Mitgliedstaaten sowie die allgemeinen Grundsätze des Gemeinschaftsrechts beachten und rechtfertigt keine Diskriminierung aus einem anderen Grund.
Sofern die Bestimmungen dieser Richtlinie im Übrigen eingehalten werden, können die Kirchen und andere öffentliche oder private Organisationen, deren Ethos auf religiösen Grundsätzen oder Weltanschauungen beruht, im Einklang mit den einzelstaatlichen verfassungsrechtlichen Bestimmungen und Rechtsvorschriften von den für sie arbeitenden Personen verlangen, dass sie sich loyal und aufrichtig im Sinne des Ethos der Organisation verhalten."

Eine Beschränkung auf bestimmte Tätigkeiten findet sich nicht mehr. Gerade die Entwicklung zum gültigen Richtlinienwortlaut zeigt, dass der Schutzzaun um den kirchlichen Dienst vielmehr so weit wie möglich gezogen ist. Der europäische Gesetzgeber folgt damit seinen eigenen Grundlagen. Die Europäische Union hat dies in ihrer Erklärung Nr. 11 zum Vertrag von Amsterdam ausdrücklich anerkannt. Diesem Ziel dient die partielle Ausnahme aus den Anti-Diskriminierungsregeln, wie die Bezugnahme in Abschnitt 24 der Präambel zur Richtlinie 2000/78/EG verdeutlicht.

bb) Verfassungsrechtliche Argumente. Für eine solche weite, den gesamten kirchlichen Dienst umfassende Kirchenklausel sprechen nicht zuletzt verfassungsrechtliche Argumente; auf die Ausführungen in § 1 Abschn. A II, S. 2 ff. kann verwiesen werden. Die kirchliche Dienstgemeinschaft fordert eine eigenständige Regelung der Mitarbeitervertretung; diese Gemeinschaft besteht aber nicht allein bei Einrichtungen mit karitativen oder religiösen Zwecksetzungen. Entscheidend ist, ob die Einrichtung einen spezifisch kirchlichen Zweck verfolgt, ob die Kirche hiermit ihren Auftrag in der Zeit erfüllen will. Die Rechtsprechung folgt dem – wie bereits dargelegt – ohne Abstriche.

Dafür spricht aber noch eine andere Erwägung, die über den kirchlichen Bereich hinausgreift: Anders als bei den übrigen Merkmalen der Richtlinie 2000/78/EG ist es Wesen der Religion, für diese Weltsicht zu werben, den anderen für den eigenen Glauben zu begeistern, zu missionieren im weitesten Sinne. Daher kann es legitimer Ausdruck der Religion sein, andere mit der gleichen Religion zu bevorzugen und auch im Vertragsschluss nach der Religionszugehörigkeit zu unterscheiden. Der hl. Paulus schreibt an die Galater: „Deshalb wollen wir, solange wir noch Zeit haben, allen Menschen Gutes tun, besonders aber denen, die mit uns im Glauben verbunden sind." (Gal. 6,10), und in der Tat, das Gebot der christlichen Nächstenliebe erstreckt sich auf alle Menschen, jedoch bilden die im Glauben Verbundenen eine Gemeinschaft, die durch ihr Gemeindesein zu besonderen Einstandspflichten aufgerufen ist. Seht, wie sie einander lieben, heißt es über die Urgemeinde in Jerusalem: „Die Gemeinde der Gläubigen war ein Herz und eine Seele. Keiner nannte etwas von dem, was er hatte, sein Eigentum, sondern sie hatten alles gemeinsam" (Apg, 4, 32). Schon das biblische Verbot des Zinses erstreckte sich nur auf die Glaubensbrüder und auch der Zakat, die Armensteuer des Islam, soll nach dem Gebot dieser Religion den Bedürftigen allein des eigenen Glaubens zukommen. Wer beim Vertragsschluss nach dem Glauben differenziert, kann damit also seine Religion ausüben. Die fällt in den Schutzbereich des Art. 4 Abs. 1 und 2 GG. Die Freiheit des Glaubens schützt nicht nur die religiöse Überzeugung, sondern auch das Recht, nach ihr zu handeln und die äußere Freiheit, diese Überzeugung bzw. Entscheidung zu benennen und zu verbreiten. Es umfaßt in den Worten des BVerfG das „Recht des einzelnen, sein gesamtes Handeln an den Lehren einer religiösen oder weltanschaulichen Überzeugung auszurichten und dieser Überzeugung gemäß zu handeln".[72] Art. 4 Abs. 1 und 2 GG enthält keinen Vorbehalt für den einfachen Gesetzgeber. Daher darf die Glaubensfreiheit „weder durch die allgemeine Rechtsordnung, noch durch eine unbestimmte Klausel relativiert werden, welche ohne verfassungsrechtlichen Ansatzpunkt und ohne ausreichende rechtsstaatliche Sicherung eine Gefährdung für den Bestand der staatlichen Gemeinschaft notwendigen Güter genügen lässt. Vielmehr ist im Rahmen der Garantie der Glaubensfreiheit zu berücksichtigen, ihre Konflikte nach Maßgabe der grundgesetzlichen Werteordnung unter Berücksichtigung der Einheit dieses grundlegenden Wertesystems zu lösen".[73] Nimmt man an dieser Elle Maß, dann scheinen hinreichende Rechtfertigungsgründe gerade für den kirchlichen Dienst nicht in Sicht.

cc) Ausländische Vorbilder. Das Gesagte findet seine Bestätigung im ausländischen Recht. Wo es dort ein Diskriminierungsverbot wegen der Religion gibt – sei es zivilrechtlich oder arbeitsrechtlich – gibt es auch eine Kirchenklausel. Teilweise umfassen diese Kirchenklauseln nicht nur die Exemption vom Verbot der Unterscheidung nach der Religion, sondern stellen die Kirchen und ihre Einrichtungen insgesamt vom Diskriminierungsschutz frei, soweit es deren religiöse Überzeugungen und Lehre berührt. Als Grund wird übereinstimmend der Wille des Staates genannt, sich nicht in die eigenen Angelegenheiten der Kirchen einzumischen. Beispielhaft seien erwähnt insbesondere die USA als Mutterland des modernen arbeits- und zivilrechtlichen Diskriminierungsschutzes, und die Niederlande als erstes europäisches Land mit einem umfassenden zivilrechtlichen Anti-Diskriminierungsgesetz.

(a) USA. Bereits vor fast 40 Jahren wurde die zentrale Vorschrift des US-amerikanischen Diskriminierungsschutzes in das dortige Arbeitsrecht eingefügt: *Title VII Civil Rights Act* verbietet dem Arbeitgeber eine Benachteiligung wegen der Rasse, Hautfarbe, Religion, des Geschlechts und nationalen Herkunft. Auch an die Kirchen hat man damals gedacht. In § 702 *Title VII Civil Rights Act* heißt es:

„This title shall not apply ... to a religious corporation, association, educational institution, or society with respect to the employment of individuals of a particular religion to perform work con-

---
72 BVerfG v. 19. 10. 1971, BVerfGE 32, S. 98, 106.
73 BVerfG v. 19. 10. 1971, BVerfGE 32, S. 98, 108.

nected with the carrying on by such corporation, association, educational institution, or society of its activities".

Kirchliche Einrichtungen sind also umfassend vom Diskriminierungsverbot freigestellt. Der Ursprung dieser Vorschrift liegt auch hier im Verfassungsrecht: Die amerikanische Verfassung beinhaltet eine Garantie der Religionsfreiheit verbunden mit dem Gebot der Trennung von Staat und Kirche.[74] Würde der Staat den Kirchen aus ihrem Selbstverständnis vorgegebene Differenzierung verbieten, würde er – so die herrschende Lehre und Deutung der Rechtsprechung – unzulässig in die den Kirchen zustehende Religionsfreiheit eingreifen. Der Zaun um den Schutz des Religiösen ist aber noch weiter gezogen. Daneben hat der Gesetzgeber noch eine besondere Klausel für Arbeitgeber geschaffen, die zwar eine religiöse Tendenz verfolgen, jedoch nicht in die Kirche eingegliedert sind. Auch sie dürfen nach der Religion unterscheiden:

„Notwithstanding any other provision of this subchapter, ... (2) it shall not be an unlawful employment practice for a school, college, university, or other educational institution or institution of learning to hire and employ employees of a particular religion if such school, college, university, or other educational institution or institution of learning is, in whole or in substantial part, owned, supported, controlled, or managed by a particular religion or by a particular religious corporation, association, or society, or if the curriculum of such school, college, university, or other educational institution or institution of learning is directed toward the propagation of a particular religion." (sec. 703e Title VII Civil Rights Act)

Zweierlei wird deutlich: Zum einen fällt auf, dass ein Land, dessen Arbeitsrecht ganz umfassend auf den Diskriminierungsschutz gebaut ist, mit der Herausnahme der Kirchen sehr weit geht, und das, obwohl eine kirchliche Autonomie im Sinne wie sie das deutsche Verfassungsrecht kennt, nicht existiert. Zum anderen ist bemerkenswert, dass sich auch im deutschen Recht die Frage stellen wird, wie nicht kirchengebundene religiöse Tendenzunternehmen mit diesem Verbot umgehen werden. Das Verhältnis freilich von Tendenzschutz und Diskriminierungsschutz ist ein weites Feld[75]; die Frage kann hier nur aufgeworfen, nicht aber beantwortet werden.

(b) Niederlande. In Art. 5 Abs. 2 des bereits erwähnten niederländischen Anti-Diskriminierungsgesetz heißt es, die arbeitsrechtlichen Vorschriften sollten keine Anwendung finden in Bezug auf die Freiheit einer auf religiösen

---

74 Das 1st Amendment zur Verfassung lautet: „Congress shall make no law respecting an establishment of religion, or prohibiting the free exercise thereof". Ausführlicher vgl. *Heun*, Die Trennung von Kirche und Staat in den Vereinigten Staaten von Amerika, Festschrift für Heckel, 1999, S. 341.
75 Zum Konflikt zwischen Tendenzschutz und dem Diskriminierungsverbot des § 611a BGB s. *Thüsing*, RdA 2002, S. 319, 321.

oder ideologischen Grundsätzen gegründeten Einrichtung, Erfordernisse aufzustellen, die in Bezug stehen zum Zweck der Einrichtung und erforderlich sind zur Erfüllung der mit einem Arbeitsplatz verbundenen Pflichten. Diese Freiheit dürfe jedoch nicht zu einer Diskriminierung einzig aufgrund der politischen Überzeugung, der Rasse, des Geschlechts, der Nationalität, der sexuellen Orientierung oder des Personenstands führen.[76]

(c) Irland und Großbritannien. Ein kurzer Blick auf das irische Recht und die Diskussion in Großbritannien bestätigt das Gesagte. In sec. 36 des irischen *Employment Equality Act* 1998 sind vom Verbot der Unterscheidung nach der Religion ausgenommen alle Arbeitgeber „whose objectives include the provision of services in an environment which promotes certain religious values". Diesem Ansatz, den Kirchen und religiös gebundenen Arbeitgebern einen Freiraum von den Anti-Diskriminierungsvorschriften zu gewähren, folgt auch das englische Schrifttum. Eine unabhängige Expertenkommission, die einen Entwurf zur Weiterentwicklung des Anti-Diskriminierungsrechts und zur Umsetzung der europarechtlichen Vorgaben versucht hat empfiehlt in ihrer *Recommendation 21*:

„There should be specific exemptions for employment for the purposes of an organised religion (1) as a cleric or minister of that religion, or (2) in any other occupation where the essential function of the job requires it to be done by a person holding or not holding a particular religion or belief, or (3) where the employment is limited to one sex or the persons of a particular sexual orientation, or who are not undergoing or have not undergone gender reassignment, if the limitation is imposed to avoid offending the religious susceptibilities of a significant number of its followers".[77]

Diese Vorschläge haben Spuren in der Gesetzgebung hinterlassen. Nach den zum 2. 12. 2003 in Kraft getretenen Employment Equality (Religion or Belief) Regulations 2003 ist eine Unterscheidung nach der Religion zulässig: „Where an employer has an ethos based on religion or belief and, having regard to that ethos and to the nature of the employment or the context in which it is carried out – (a) being of a particular religion or belief is a genuine occupational requirement for the job; (b) it is proportionate to apply that requirement in the particular case; and (c) either – (i) the person to whom that requirement is applied does not meet it, or (ii) the employer is not satisfied, and in all the circumstances it is reasonable for him not to be satisfied, that

---

[76] „Het eerste lid laat onverlet: a. de vrijheid van een instelling op godsdienstige of levensbeschouwelijke grondslag om eisen te stellen, die gelet op het doel van de instelling, nodig zijn voor de vervulling van een functie, waarbij deze eisen niet mogen leiden tot onderscheid op grond van het enkele feit van politieke gezindheid, ras, geslacht, nationaliteit, hetero- of homoseksuele gerichtheid of burgerlijke staat".

[77] *Hepple* et alt., Equality – A New Framework, 2000, S. 49.

that person meets it" (sec. 7 para. 3). Das ist weniger als das Schrifttum gefordert hat, aber doch eine über den allgemeinen Standard hinausgehende Exemption religiös geprägter Arbeitgeber.

dd) Umsetzung ins deutsche Recht. Zieht man aus dem vorangegangen Überlegungen eine Summa, die sich im Wortlaut einer möglichen Kirchenklausel verdichtet, dann sind insbesondere drei Determinanten zu berücksichtigen: Zum einen muss sich die Freistellung auf jede der Kirche zugeordnete Einrichtung beziehen, die einen im weitesten Sinne kirchlichen Auftrag erfüllt; eine Beschränkung auf Caritas und Erziehung greift zu kurz. Zum zweiten muss sie sich – ebenso wie heute bereits die Klauseln des BetrVG, des SprAuG und des MitbestG – auf kirchliche Einrichtungen, unbeschadet ihrer Rechtsform, beziehen, denn die kirchliche Dienstgemeinschaft differenziert nicht hiernach. Zum dritten scheidet eine Differenzierung nach den verschiedenen Arbeitnehmergruppen aus, denn auch dies ist eine Vorgabe der Kirchen, nicht des weltlichen Arbeitsrechts. Das Bundesverfassungsgericht hat der in älterer Rechtsprechung des Bundesarbeitsgerichts versuchten Unterscheidung eine klare Absage erteilt.[78] Diesen Vorgaben folgte auch der zuletzt vorliegende Entwurf eines Antidiskriminierungsgesetzes, auch wenn der Weg dahin erst bereitet werden musste. In der ursprünglichen Fassung des Gesetzesentwurfs hieß es noch:

„§ 9 Antidiskriminierungsgesetz – ADG: Zulässige unterschiedliche Behandlung wegen der Religion oder Weltanschauung
(1) Ungeachtet des § 8 ist eine unterschiedliche Behandlung wegen der Religion oder Weltanschauung bei der Beschäftigung durch Religionsgesellschaften und Vereinigungen, die sich die gemeinschaftliche Pflege einer Weltanschauung zur Aufgabe machen, auch zulässig, wenn eine bestimmte Religion oder Weltanschauung angesichts des Selbstverständnisses der jeweiligen Religionsgesellschaft oder Weltanschauungsvereinigung nach der Art der bestimmten beruflichen Tätigkeit oder der Bedingungen ihrer Ausübung eine wesentliche, rechtmäßige und gerechtfertigte berufliche Anforderung darstellt.
(2) Das Verbot unterschiedlicher Behandlung wegen der Religion oder Weltanschauung berührt nicht die nach anderen Rechtsvorschriften bestehende Berechtigung der in Absatz 1 genannten Religionsgesellschaften oder Weltanschauungsvereinigungen, von ihren Beschäftigten ein loyales und aufrichtiges Verhalten im Sinne ihres jeweiligen Selbstverständnisses verlangen zu können." (BT-Drucks. 14/4538, S. 9)

Im Ansatz war diese Sonderregelung zu begrüßen, weil sie vom Bemühen um einen angemessenen Kompromiss zwischen dem Arbeitsrecht und dem Staatskirchenrecht zeugt.[79] Die Klausel schöpfte den Rahmen des Möglichen

---

78 BVerfG v. 4.6.1985, BVerfGE 70, S.138. S. hierzu auch § 2 Abschn. A IV, S.14ff.
79 Ähnlich auch der österreichische Gesetzgeber: § 14 Abs.2 Gleichbehandlungsgesetz –

jedoch nicht aus und blieb unklar in der Reichweite des eingeräumten Freiraums. Wieweit die Regelungen des Entwurfs von denen des *status quo* entfernt waren, kann am besten durch illustrierende Beispiele verdeutlicht werden. Zuvor entsprach es – wie bereits in § 2 der Darstellung dargelegt – vielfach bestätigter Rechtsprechung und ganz herrschender Meinung im Schrifttum, dass die Kirchen bei der Einstellung ihrer Mitarbeiter bevorzugt auf Bewerber der eigenen Konfession zurückgreifen können. Dies wäre in Zukunft fraglich geworden, zumindest dort, wo Tätigkeiten nicht nur von Angehörigen der eigenen Konfession wahrgenommen werden, sondern auch – und sei es nur in Ermangelung geeigneter Bewerber mit einer der Kirche entsprechenden Glaubensüberzeugung – von andersgläubigen Arbeitnehmern verrichtet werden.

Beispiel: Eine katholische Kirchengemeinde schreibt die Stelle eines Organisten aus. Da ein geeigneter Musiker mit katholischem Bekenntnis nicht vorhanden ist, wird ein Protestant eingestellt. Hier ist fraglich, ob zukünftig dennoch bevorzugt auf einen katholischen Bewerber in späteren Besetzungen zurückgegriffen werden kann.

Beispiel: Ein evangelischer Kindergarten hat sowohl katholische als auch evangelische als auch nicht christliche Erzieherinnen. Bei der Neubesetzung einer Erzieherinnenstelle möchte man vor allem protestantische Bewerberinnen berücksichtigen. Es ist fraglich, ob dies weiterhin möglich ist.

Nach der ursprünglichen Fassung des Gesetzesentwurfs wäre es darauf angekommen, ob die Religion „angesichts des Selbstverständnisses der jeweiligen Religionsgesellschaft ... nach der Art der bestimmten beruflichen Tätigkeit oder Bedingung ihrer Ausübung eine wesentliche, rechtmäßig und gerechtfertigte berufliche Anforderung darstellt". Weil hier bei vergleichbaren Tätigkeiten auf das gewünschte Bekenntnis verzichtet wurde, scheint die Voraussetzung des übereinstimmenden Bekenntnisses nicht wesentlich zu sein – sonst wäre ja nicht auf sie verzichtet worden. Zurecht besserte des Gesetzgeber daher nach. In der überarbeiteten Entwurfsfassung, die im Januar 2006 erneut von der Fraktion Bündnis 90/Die Grünen in den Bundestag eingebracht wurde (BT-Drucks. 16/297), hieß es wie folgt:

„(1) Ungeachtet des § 8 ist eine unterschiedliche Behandlung wegen der Religion oder Weltanschauung bei der Beschäftigung durch Religionsgemeinschaften, die ihnen zugeordneten Einrichtungen ohne Rücksicht auf ihre Rechtsform oder durch Vereinigungen, die sich die gemein-

---

GlBG: Ausnahmebestimmungen: (2) Eine Diskriminierung auf Grund der Religion oder Weltanschauung liegt in Bezug auf berufliche Tätigkeiten innerhalb von Kirchen oder anderen öffentlichen oder privaten Organisationen, deren Ethos auf religiösen Grundsätzen oder Weltanschauungen beruht, nicht vor, wenn die Religion oder die Weltanschauung dieser Person nach der Art dieser Tätigkeiten oder der Umstände ihrer Ausübung eine wesentliche, rechtmäßige und gerechtfertigte berufliche Anforderung angesichts des Ethos der Organisation darstellt."

schaftliche Pflege einer Religion oder Weltanschauung zur Aufgabe machen, auch zulässig, wenn eine bestimmte Religion oder Weltanschauung unter Beachtung des Selbstverständnisses der jeweiligen Religionsgemeinschaft oder Vereinigung nach der Art der Tätigkeit eine gerechtfertigte berufliche Anforderung darstellt.
(2) Das Verbot unterschiedlicher Behandlung wegen der Religion oder der Weltanschauung berührt nicht das Recht der in Absatz 1 genannten Religionsgemeinschaften, der ihnen zugeordneten Einrichtungen ohne Rücksicht auf ihre Rechtsform oder der Weltanschauungsvereinigungen, von ihren Beschäftigten ein loyales und aufrichtiges Verhalten im Sinne ihres jeweiligen Selbstverständnisses verlangen zu können." (BT-Drucks. 15/5717, S. 9f. und BT-Drucks 16/297, S. 9).

Der Maßstab der Rechtfertigung ist damit deutlicher am Selbstverständnis der Kirchen ausgerichtet und einige Pegelstriche großzügiger. Es bleibt jedoch dabei: § 9 ADG-E zeichnet allein die Richtlinie im Hinblick auf das Verbot der Diskriminierung wegen der Religion nach und bleibt damit unvollständig. Der nationale Gesetzgeber nimmt die Kirchen allein vom Verbot der Diskriminierung wegen der Religion aus. Außer acht bleibt § 4 Abs. 2 Unterabs. 2 der Richtlinie 2000/78/EG, wonach die Kirchen und andere öffentliche oder private Organisationen, deren Ethos auf religiösen Grundsätzen oder Weltanschauungen beruht, im Einklang mit den einzelstaatlichen verfassungsrechtlichen Bestimmungen und Rechtsvorschriften von den für sie arbeitenden Personen verlangen können, dass sie sich loyal und aufrichtig im Sinne des Ethos der Organisation verhalten. Diese Exemption greift über das Verbot der Diskriminierung wegen der Religion hinaus auf jedes Diskriminierungsverbot: Nicht nur eine Erlaubnis zur Unterscheidung nach der Religion des Arbeitnehmers, sondern eine Erlaubnis zur Unterscheidung wegen der Religion des Arbeitgebers. Mit anderen Worten: Die Sonderstellung der Kirche bezieht sich nicht allein auf eine Benachteiligung wegen der Religion, sondern fußt in der Religion der Kirche, die in einem Konflikt auch zu einem nicht-religiösen Verhalten des Arbeitnehmers stehen kann. Bedeutsam wird die Unterscheidung etwa bei der Zurückweisung homosexueller Praktiken durch die katholische Kirche; dazu sogleich.

ee) Konsequenzen der Umsetzung. Die Konsequenzen des Gesetzes im Hinblick auf das gegebene Recht werden – wird der Entwurf denn einmal so verabschiedet werden – in zwei Richtungen zu diskutieren sein: Ungleichbehandlungen wegen der Religion und Ungleichbehandlungen aus anderen Gründen. Es ist zu berücksichtigen, dass die Wortwahl des § 9 ADG-E von der des § 8 ADG-E abweicht. Eine Benachteiligung wegen der Religion ist zulässig, wenn diese „gerechtfertigte berufliche Anforderung" darstellt. Dies ist etwas anderes als die „wesentliche und entscheidende berufliche Anforderung" des § 8 Abs. 1 Nr. 2 ADG-E, die beim nicht-kirchlichen Arbeitgeber eine Ungleichbehandlung wegen der Religion rechtfertigen kann. Die unterschiedliche Wortwahl des deutschen Gesetzgebers orientiert sich an der unterschiedlichen Wortwahl des europäischen Gesetzgebers: zum einen an Art. 4 Abs. 1 Richtlinie 2000/78/EG, zum anderen an Art. 4 Abs. 2 Richtlinie 2000/78/EG. Hier wurden innerhalb eines Artikels für dasselbe zwei verschiedene Bezeichnungen verwandt; auch hier wollte man einen unterschiedlichen Maßstab formulieren.

Für die Konkretisierung der Rechtfertigung nach § 8 Abs. 1 Nr. 2 ADG-E gilt damit zunächst das gleiche wie allgemein für andere Diskriminierungsgründe: Eine Anforderung ist dann „entscheidend" für eine bestimmte berufliche Tätigkeit, wenn die Tätigkeit ohne sie nicht ordnungsgemäß durchgeführt werden kann. Die zusätzliche Einschränkung auf „wesentliche" Anforderungen soll eine gewisse Erheblichkeitsschwelle statuieren. Hierbei ist ein Vergleich nötig zwischen dem gesamten Aufgabenbereich, der dem Beschäftigten zugewiesen werden soll und dem Teilbereich, den er aufgrund seiner Behinderung nicht ordnungsgemäß ausüben kann. Dabei muss sich ergeben, dass der Aufgabenbereich, der ohne eine bestimmte Religion, ethnische Herkunft, ein bestimmtes Alter oder eine gewisse sexuelle Identität nicht ausgeübt werden kann, einen erheblichen Teil des gesamten, dem Beschäftigten übertragenen Aufgabenfeldes ausmacht. Das Wesentlichkeitskriterium ist angesichts des Zieles der Richtlinie, einen umfassenden Benachteiligungsschutz zu gewährleisten, tendenziell eng auszulegen.[80] Aus der Beschränkung auf „wesentliche und entscheidende" Berufsanforderungen folgt, dass der Arbeitgeber sich bei einer Ungleichbehandlung allein zur Durchsetzungen sonstiger, unwesentlicher Arbeitsplatzanforderungen nicht zur Rechtfertigung auf § 8 Abs. 1 Nr. 2 ADG-E stützen kann. Welche beruflichen Anforderungen im Einzelfall wesentlich sind, hängt von der auszuübenden Tätigkeit ab. Als allgemeiner Maßstab dürfte gelten, dass zumindest solche Anforderungen, die das jeweilige Berufsbild prägen bzw. derentwegen der Arbeitgeber den betreffenden Arbeitsplatz geschaffen hat, als wesentlich einzustufen sind. Ferner muss sich eine berufliche Anforderung am Verhältnismäßigkeitsgrundsatz messen lassen. Der Arbeitgeber darf deshalb nur dann vom Gleichbehandlungsgrundsatz abweichen, wenn er mit der Bezugnahme auf ein geschütztes Merkmal einen legitimen Zweck verfolgt und die Anforderung zur Erreichung desselben geeignet, erforderlich und angemessen ist. Eine Ungleichbehandlung kann demnach nur als *ultima ratio* in Betracht kommen.

---

80 So bereits *Thüsing/Wege*, FA 2003, 296, 298 sowie *dies.*, ZEuP 2004, 399, 421.

§ 9 Abs. 1 ADG-E geht nun darüber hinaus, weil er es ausreichen lässt, dass die Ungleichbehandlung „gerechtfertigt" ist. Man wird diesen Maßstab im Zusammenhang mit Abs. 2 sehen müssen: § 9 ADG-E will – ebenso wie sein Vorbild Art. 4 Abs. 2 Richtlinie 2000/78/EG – seinem Telos nach die Freiheit der Kirchen gegenüber den allgemeinen Regeln erweitern. Differenzierungen, die schon nach den allgemeinen Regeln zulässig sind, bleiben es ungeachtet dieser Sondervorschrift, jedoch können andererseits unzulässige Differenzierungen durch diese Norm gerechtfertigt sein. Dies nun ist die entscheidende Aussage des Abs. 2: Das Recht, Loyalität und Aufrichtigkeit im Sinne des jeweiligen Selbstverständnisses zu verlangen, ist zu akzeptieren. Hierdurch ist klargestellt, dass die besondere Zielrichtung des kirchlichen Dienstes Rechtfertigung der Ungleichbehandlung sein kann. Das ist beim bloßen Tendenzschutz nicht immer der Fall, auch wenn die Rechtsprechung hier im Bezug auf die Geschlechtsdiskriminierung zuweilen allzu großzügig war.[81] Hier mag eine an den Grundrechten orientierte Argumentation im Einzelfall zu erlaubten Ungleichbehandlungen führen; dieser Gewichtung und Abwägung *in concreto* ist der kirchliche Arbeitgeber in Bezug auf das Verbot der Benachteiligung wegen der Religion jedoch enthoben. Seine Vorgaben zur Loyalität seiner Mitarbeiter sind verbindliches Datum.

Dies muss auch dort gelten, wo Tätigkeiten ausgeübt werden, die keine Nähe zum Verkündigungsauftrag der Kirche haben. Abzulehnen ist es, nur gestufte Loyalitätspflichten im kirchlichen Dienst als europarechtlich und diskriminierungsrechtlich zulässig anzuerkennen.[82] Dies kann aus dem Wesentlichkeitskriterium des § 9 ADG-E nicht herausgelesen werden, denn welche Loyalitätsanforderungen gerechtfertigt für den kirchlichen Dienst sind, das entscheiden – in Einklang mit ihrem verfassungsrechtlich garantierten Selbstbestimmungsrecht – weiterhin die Kirchen, nicht der weltliche Richter.

---

81 Unzutreffend als gerechtfertigt wertete die Rspr. auch die Unterscheidung nach dem Geschlecht bei der Stelle einer Geschäftsführerin in einem Frauenverband (ArbG München v. 14. 2. 2001, NZA-RR 2001, 365) und – ebenso unzutreffend – der Stelle eines wissenschaftlichen Mitarbeiters bei der Bundestagsfraktion (ArbG Bonn v. 16. 9. 1987, NJW 1988, 510) sowie der Einstellung als Frauenreferentin für eine politische Partei (LAG Berlin v. 14. 1. 1998, NZA 1998, 312).
82 In diese Richtung u.a. *Link*, GS Blomeyer, S. 685; *Kehlen*, Europäische Antidiskriminierung und kirchliches Selbstbestimmungsrecht; s. auch *Reichegger*, Die Auswirkungen der Richtlinie 2000/78/EG auf das kirchliche Arbeitsrecht unter Berücksichtigung von Gemeinschaftsgrundrechten als Auslegungsmaxime; *Triebel*, Das europäische Religionsrecht am Beispiel der arbeitsrechtlichen Anti-Diskriminierungsrichtlinie 2000/78/EG; *Kummer*, Umsetzungsanforderungen der neuen arbeitsrechtlichen Antidiskriminierungsrichtlinie (RL 2000/78/EG); *Mohr*, Schutz vor Diskriminierungen im Europäischen Arbeitsrecht; *Lingscheid*, Antidiskriminierung im Arbeitsrecht.

Eine Unterscheidung nach der Religion ist damit im Ergebnis immer möglich, wenn sie durch die Lehre und den Auftrag der Kirche vorgegeben ist.

Auch dies kennt freilich Ausnahmen. Wenn ein kirchlicher Träger für die gleiche Position Mitarbeiter nicht-christlichen Glaubens einstellt, dann mag dies auf den ersten Blick ihm die Mögichkeit abschneiden, sich darauf zu berufen, der christliche Glauben wäre eine gerechtfertigte berufliche Anforderung – denn so wichtig kann der christliche Glaube oder eine spezifische Konfession ja nicht sein, wenn im Einzelfall oder breitflächig auf dieses Erfordernis verzichtet wird. Dennoch kann eine bevorzugte Einstellung von Arbeitnehmern des eigenen Bekenntnisses weiterhin möglich sein. Auch wenn die Religionszugehörigkeit nicht entscheidend ist: Gerechtfertigt in Hinblick auf Ziel und Wesen der Dienstegemeinschaft ist sie allemal. Das Recht, nach der Religion zu unterscheiden, führt nicht zu einer Pflicht zur Unterscheidung. Das Erfordernis bestimmter Konfessionalität braucht nicht einheitlich in Ansehung aller Arbeitsplätze bestimmt zu werden, sondern kann in verschiedenen Situationen unterschiedlich ausfallen. So kann es für die religiöse Prägung der Einrichtung erforderlich sein, dass alle Krankenpfleger katholisch sind, für die fachgerechte Pflege kann es erforderlich sein, dass genug qualifizierte Pfleger vorhanden sind. Wenn beides nicht geht – was insb. in Gebieten der Diaspora in den neuen Bundesländern der Fall sein kann – dann muss es dem kirchlichen Arbeitgeber freistehen, zwischen den verschiedenen Notwendigkeiten abzuwägen, und sich ggf. für die Einstellung eines ungetauften Bewerbers entscheiden, weil ein qualifizierter Christ nicht vorhanden ist. Bei der Besetzung der nächsten Stelle kann er dann wieder auf die Konfession abstellen. Voraussetzung ist allein, dass er auch dort, wo er Angehörige fremder Bekenntnisse eingestellt hat, zuvor versucht hat, einen qualifizierten Angehörigen des eigenen Bekenntnisses zu finden, ohne dass diese Suche erfolgreich war. Die Abgrenzung fällt im Einzelnen schwer; hier bedarf es weiteren Nachdenkens. Für die hier vertretene Position spricht jedoch ein Gegenschluss zu § 8 Abs. 1 ADG-E. Dieser strenge Maßstab soll gerade nicht für die Unterscheidung nach § 9 ADG-E gelten.

Schwerer noch fällt die Antwort im Hinblick auf eine Kündigung wegen praktizierter Homosexualität. Weil der nationale Gesetzgeber die Kirchen allein vom Verbot der Diskriminierung wegen der Religion ausnimmt, mag etwa die Zurückweisung homosexueller Praktiken durch die katholische Kirche keine geeignete Grundlage der Unterscheidung mehr sein. Dieser Schluss ist freilich nicht zwingend. Das kirchliche Selbstbestimmungsrecht muss auch Unterscheidungen rechtfertigen, die eine Nähe zu anderen Diskriminierungsmerkmalen haben.[83] Diese Sichtweise wird bestätigt durch die amerikanische Rechtsprechung. Im Verfahren *Vigars v. Valley Christian Centre*[84] war zu entscheiden, ob die Entlassung einer Pfarrbibliothekarin, die von einem anderem Mann als ihrem Ehemann schwanger wurde, als unzulässige Geschlechtsdiskriminierung anzusehen ist. Für den Fall, dass eine Kündigung wegen Schwangerschaft nur ein Unterfall der Kündigung wegen eines Handelns im Widerspruch zu den Maßstäben der Kirche ist, entschied sich das Gericht eingehend begründet gegen eine Diskriminierung wegen der

---
83 Im Ergebnis ebenso *Joussen*, RdA 2003, 3.
84 805 F. Supp. 802 (Northern Distr. California 1992).

Schwangerschaft und fand damit Zustimmung in der Literatur.[85] Dies kann auf die vorliegende Frage eins zu eins übertragen werden. Das bisherige Verständnis des Diskriminierungsrechts spricht nachhaltig dafür: Auch die sich aus kirchlichem Selbstverständnis ergebende Ausschluss der Frau vom Priesteramt (s. can. 1024 CIC: „Sacram ordinationem valide recipit solus vir baptizatus") ist als unverzichtbare Voraussetzungen allgemein (!) anerkannt[86]; nichts anderes kann dann für die sich aus dem kirchlichen Selbstverständnis ergebenden Konsequenzen einer Verpartnerung gelten. Wenn die Kirche hier nicht unterscheidet, unterscheidet hier auch nicht das Diskriminierungsrecht. Dogmatischer Ausgangspunkt kann hier ein Rückgriff auf die allgemeinere Norm des § 8 ADG-E sein. Wenn das kirchliche Selbstbestimmungsrecht europarechtskonform und verfassungskonform in § 9 ADG-E als Rechtfertigung anerkannt ist, dann muss dies grundsätzlich auch für § 8 ADG-E gelten: Der Verzicht auf praktizierte Homosexualität ist damit eine wesentliche und entscheidende berufliche Anforderung im Dienst der katholischen Kirche.[87] Angesichts des sakramentalen Charakters der Ehe und der deutlichen biblischen Ablehnung homosexueller Praktiken kann hier auch keine Verhältnismäßigkeitsprüfung zu einem abweichenden Ergebnis führen. Dies gilt auch für eine Kündigung wegen Verpartnerung, s. § 2 Abschn. A V 2, S. 23 f.

d) Zweites Beispiel: Richtlinie 2002/14/EG

Bis zum 23. 3. 2005 muss der deutsche Gesetzgeber die Richtlinie 2002/14/EG vom 11. 3. 2000 zur Festlegung eines allgemeinen Rahmens für die Unterrichtung und Anhörung der Arbeitnehmer in der Europäischen Gemeinschaft umsetzen. Ziel dieser Richtlinie ist – entsprechend ihrem Titel – die Festlegung eines allgemeinen Rahmens mit Mindestvorschriften für das Recht auf Unterrichtung und Anhörung der Arbeitnehmer von in der Gemeinschaft ansässigen Unternehmen oder Betrieben (Art. 1 Abs. 1 der Richtlinie). Erfasst werden – je nach Entscheidung der Mitgliedstaaten – Unternehmen mit mindestens 50 Arbeitnehmern in einem Mitgliedstaat oder Be-

---

[85] S. *Lewis/Norman*, Employment Discrimination Law and Practice, 2001, S. 34; ebenso *Cline v. Catholic Diocese of Toledo*, 206 F.3d 651 (2000), 6th Circuit.
[86] Die Bundesregierung hat als Antwort auf eine Aufforderung des EuGH in einer Stellungnahme an die Europäische Kommission Beispiele gegeben, die sie – rechtlich unverbindlich – als auf Grund Unverzichtbarkeit gerechtfertigte Ungleichbehandlung der Geschlechter betrachtet (BArbBl. 1987/11, S. 40 f.). Hierzu zählte sie auch das Geschlecht des katholischen Priesters; ähnlich auch Begründung Regierungsentwurf zu § 611a BGB: BT-Drucks. 8/3317, S. 9. Aus den Kommentaren s. ErfK-*Schlachter*, § 611a BGB Rn. 23.
[87] Im Ergebnis ebenso *Link*, GS Blomeyer, S. 687.

triebe mit mindestens 20 Arbeitnehmern in einem Mitgliedstaat (Art. 3 Abs. 1 der Richtlinie). Unternehmen ist dabei jedes öffentliche oder private Unternehmen, das eine wirtschaftliche Tätigkeit ausübt, unabhängig davon, ob es einen Erwerbszweck verfolgt oder nicht, und das im Hoheitsgebiet des Mitgliedstaates ansässig ist (Art. 2 lit. a der Richtlinie). Ausgeschlossen sind damit allein öffentliche Stellen, die hoheitliche Funktionen ausüben.[88]

Die Unterrichtung und Anhörung der Arbeitnehmer oder Arbeitnehmervertreter umfasst nach Art. 4 Abs. 2 die Unterrichtung über die jüngste Entwicklung und die wahrscheinliche Weiterentwicklung der Tätigkeit und der wirtschaftlichen Situation des Betriebes (lit. a); die Unterrichtung und Anhörung zur Beschäftigungssituation, Beschäftigungsstruktur und wahrscheinlicher Beschäftigungsentwicklung im Unternehmen oder Betrieb sowie zu ggf. geplanten antizipativen Maßnahmen, insbesondere bei einer Bedrohung für die Beschäftigung (lit. b); die Unterrichtung und Anhörung zur Entscheidung, die wesentliche Veränderungen der Arbeitsorganisation oder der Arbeitsverträge mit sich bringen können, einschließlich solcher, die Gegenstand der in Art. 9 Abs. 1 genannten Gemeinschaftsbestimmung sind (lit. c). Unterrichtung bedeutet danach die Übermittlung von Informationen durch den Arbeitgeber an die Arbeitnehmervertreter, um ihnen Gelegenheit zur Kenntnisnahme und Prüfung der behandelten Fragen zu geben (Art. 2 lit. f), sowie Anhörungen und die Durchführung eines Meinungsaustausches und eines Dialogs zwischen Arbeitnehmervertretern und Arbeitgeber (Art. 2 lit. g). Über den Umsetzungsbedarf des deutschen Gesetzgebers im Hinblick auf diese Richtlinie ist schon einiges geschrieben worden.[89] Der spezifisch kirchliche Bereich wird zumeist nur gestreift, aber auch hier wird Umsetzungsbedarf angemahnt.[90] Um den Umsetzungsbedarf hier zu ermessen, ist insbesondere Art. 3 Abs. 2 der Richtlinie und der dort formulierte Tendenzschutz maßgeblich: „Die Mitgliedstaaten können – unter Einhaltung der in dieser Richtlinie festgelegten Grundsätze und Ziele – spezifische Bestimmungen für Unternehmen oder Betriebe vorsehen, die unmittelbar oder überwiegend politischen, koalitionspolitischen, konfessionellen, karitativen, erzieherischen, wissenschaftlichen oder künstlerischen Bestimmungen oder Zwecken der Berichterstattung oder Meinungsäußerung dienen, falls das innerstaatliche Recht Bestimmungen dieser Art zum Zeitpunkt des Inkrafttretens dieser Richtlinie bereits enthält". Diese Vorschrift – erkennbar dem deutschen Tendenzschutz nachgezeichnet – gibt den Tendenzbetrieben eine größere Frei-

---

88 S. *Reichold*, NZA 2003, S. 289.
89 S. *Reichold*, NZA 2003, S. 289; *Giesen*, RdA 2001, S. 289; *Deinert*, NZA 1999, S. 800.
90 S. *Weiss*, NZA 2003, S. 177; *Reichold*, NZA 2003, S. 289.

heit des nationalen Gesetzgebers bei der Umsetzung. Bindend sind lediglich die Einhaltung der Grundsätze und Ziele, nicht aber die einzelnen Mittel und Ausgestaltungen. Kommentierende Materialien des Gesetzgebungsverfahrens gerade zur Tendenzschutzklausel sind nicht ersichtlich. Es handelt sich hier um eine typische Kompromissformel, deren Ausdeutung *en détail* dunkel bleibt. Die Vorschrift steht in der Tradition einiger anderer Tendenzklauseln (s. Art. 4 Abs. 2 Richtlinie 2000/78/EG; Art. 8 Abs. 3 Richtlinie 94/45/EG). Sie sichern allesamt den nationalen *status quo* bei Erlass der Richtlinie. Ihre Ausdeutung ist als typische Kompromißformel schwierig. Einige wesentliche Eckpunkte lassen sich jedoch festmachen:

Zum einen dürften kirchliche Einrichtungen als Unternehmen oder Betriebe i. S. des Art. 3 § Abs. 2 zu werten sein. Allerdings ist für die Freistellung der Kirchen nach § 118 Abs. 2 BetrVG kein Erfordernis der Unmittelbarkeit oder des Überwiegens karitativer oder erzieherischer Zwecksetzung formuliert. Man wird hier jedoch mit einem Parallelschluss argumentieren können, dass die Vorschrift, wenn sie den Tendenzbetrieben, die gemäß § 118 Abs. 1 BetrVG nur teilweise vom Betriebsverfassungsgesetz freigestellt werden, eine größere Gestaltungsmöglichkeit eröffnen will, dies *erst recht* für den kirchlichen Dienst, der gemäß § 118 Abs. 2 BetrVG gänzlich vom Anwendungsbereich des BetrVG ausgenommen ist, gelten muss.[91] Dafür spricht nicht zuletzt eine primärrechtskonforme Auslegung des europäischen Sekundärrechts.[92] Die Europäische Union hat in ihrer Erklärung Nr. 11 zum Vertrag von Amsterdam ausdrücklich anerkannt, dass sie den Status, den Kirchen und religiöse Vereinigungen oder Gemeinschaften in den Mitgliedstaaten nach deren Rechtsvorschriften haben, achtet und ihn nicht beeinträchtigt. Eben um eine solche Beeinträchtigung zu verhindern, muss der kirchliche Dienst von Art. 3 Abs. 2 der Richtlinie 2002/14/EG erfasst sein. Was für die Auslegung des Begriffs karitativ in § 118 Abs. 2 BetrVG gilt (s. § 2 Abschn. B I 1 d, S. 31 ff.), gilt auch hier.

Auch das Erfordernis spezifischer Bestimmungen für Unternehmen oder Betriebe zum Zeitpunkt des Inkrafttretens der Richtlinie ist für den kirchlichen Dienst erfüllt. Die Herausnahme des kirchlichen Dienstes durch § 118 Abs. 2 BetrVG ist eine spezifische Bestimmung in diesem Sinne. Nicht erforderlich ist die Beibehaltung des *status quo*, denn soweit einmal spezifische Bestimmungen vorliegen, können diese auch in der weiteren Entwicklung angepasst und modifiziert werden: Ist einmal ein Freiraum geschaffen wor-

---
91 Ebenso *Reichold*, NZA 2003, S. 177.
92 Vgl. zu diesem Gebot EuGH v. 13. 12. 1983, Slg. 1983, S. 4063 ff.; dazu auch *Oppermann*, Europarecht, Rn. 688.

den, kann dieser nach dem Wortlaut und Zweck der Norm auch in Zukunft eigenständig genutzt werden. Einzuhalten sind allein die in der Richtlinie festgelegten Grundsätze und Ziele.

Die wohl am schwierigsten zu beantwortende Frage ist, wie weit die Bindung eben dieser Grundsätze und Ziele reicht. Art. 1 Abs. 1 liefert drei Ziele und Grundsätze: Die Unterrichtung und Anhörung der Arbeitnehmer, die Wirksamkeit der Mitwirkung und einen Geist der Zusammenarbeit. Das wirkt auf eine uferlose Ausdehnung des Tendenzschutzes hin. Die Einschränkung des § 118 Abs. 1 BetrVG, wonach der Tendenzschutz nur insoweit zugelassen ist, als die Eigenart des Betriebs oder Unternehmens es erfordert, verfolgt den gleichen Zweck wie der Einschub in Art. 3 Abs. 2 der Richtlinie.[93] Im Verbund mit den modifizierten Beteiligungsrechten aus § 118 Abs. 1 Satz 2 BetrVG wahrt also § 118 BetrVG die Ziele und Grundsätze der Richtlinie. Bei einzelnen Abgrenzungen wäre zukünftig der Tendenzschutz gemeinschaftsrechtskonform enger auszulegen. Ausgehend hiervon wird man sagen müssen, dass den Kirchen jedenfalls alle Regelungen erlaubt sind, die im aktuellen Tendenzschutz des BetrVG enthalten sind und in dessen Ansehung Art. 3 Abs. 2 der Richtlinie geschaffen wurde. Da es einen Wirtschaftsausschuss in Tendenzunternehmen nicht gibt, beruht die Information in wirtschaftlichen Angelegenheiten hier insbesondere auf § 43 Abs. 2 BetrVG. Das BAG hat diese Vorschrift wegen der Tendenzunschädlichkeit von Informationsansprüchen für uneingeschränkt anwendbar erklärt.[94] Der Wertungswiderspruch zum gänzlichen Ausschluss der §§ 106–110 BetrVG 1972 wird in der Literatur kontrovers diskutiert, und so mag man fragen, ob dies tatsächlich richtig ist, oder ob der Tendenzschutz nicht weiter reicht.[95] Man braucht dies nicht zu beantworten, denn diesem Informationsrecht nach § 43 Abs. 2 BetrVG entsprechen im Wesentlichen die kirchlichen Regelungen. Die katholische Kirche hat im Mai 2003 den § 27a in die MAVO eingefügt, in dem ein Informationsrecht in wirtschaftlichen Angelegenheiten geschaffen wird. In der Begründung zum Entwurf der Änderung wird ausdrücklich darauf hingewiesen, dass die Mitarbeitervertretung Anregungen geben kann; die Informationen, die nach § 27a Abs. 2 MAVO darzulegen sind, entsprechen den Vorgaben der Richtlinie.[96] Auch entspricht der

---

93 S. etwa BAG v. 7.11.1975, BAGE 27, S.322, 329; BAG v. 31.5.1983, BAGE 43, S.35; BAG v. 11.2.1992, BAGE 69, S.302, 307; Richardi-*Thüsing*, BetrVG, § 118 Rn. 117.
94 BAG v. 8.3.1977, AP Nr. 1 zu § 43 BetrVG 1972.
95 Für eine uneingeschränkte Anwendbarkeit des § 43 BetrVG: Däubler/Kittner/Klebe-*Wedde*, BetrVG, § 118 Rn. 58; *Fitting*, BetrVG, § 118, Rn. 43ff.; Richardi-*Thüsing*, BetrVG, § 118 Rn. 136.
96 Ausführlicher s. § 4 Abschn. A II 3, S. 196ff.

Schwellenwert von 50 Mitarbeitern dem der Richtlinie und unterhalb des Schwellenwertes ist eine direkte Information an die Arbeitnehmer in enger Anlehnung wiederum an § 43 Abs. 2 BetrVG vorgesehen. Betrachtet man gerade das Ziel des Art. 3 Abs. 2 Richtlinie 2002/14/EG, dem nationalen Gesetzgeber größeren Gestaltungsspielraum zu eröffnen, ist davon auszugehen, dass die Umsetzung den europäischen Vorgaben genügt, ansonsten müsste man auch an den Regelungen des deutschen Tendenzschutzes zweifeln; diese aber sollten gerade durch Art. 3 Abs. 2 gesichert werden.

Sehr viel fraglicher erscheint es, ob die im November 2002 neugeschaffene Regelung des MVG.EKD diesen Vorgaben genügt. Auch hier ist eine Information in wirtschaftlichen Angelegenheiten geschaffen worden, jedoch allein beschränkt auf den Bereich der diakonischen Einrichtungen und auf Einrichtungen mit mehr als 150 Arbeitnehmern. Ob diese Schwellenwerte auch den Modifikationen des Art. 3 Abs. 2 Richtlinie 2002/14/EG unterfallen, ist schwieriger zu sagen. Da auch für kleinere Einheiten keine direkte Information gegenüber den Mitarbeitern der Einrichtung vorgesehen ist, dürfte hier Konfliktpotential für die Zukunft bestehen. Die weitere Entwicklung bleibt abzuwarten.

§ 6 Anhang: Rechtsprechung zum kirchlichen Arbeitsrecht in Leitsätzen

A) Rechtsprechung zum Kündigungsrecht

1. BVerfG v. 5. Juni 1981 – 2 BvR 288/81, NJW 1983, 2570, KirchE 18, 491
Zur Kündigung des Dienstverhältnisses seitens des Deutschen Caritasverbandes gegenüber einer Angestellten, die nach Scheidung ihrer Ehe erneut geheiratet und dadurch „offen gegen elementare Glaubensgesetze und Sittengesetze der Katholischen Kirche verstoßen" hat.

2. BVerfG v. 4. Juni 1985 – 2 BvR 1703/83 u.a., BVerfGE 70, 138, AP Nr. 24 zu Art. 140 GG, NJW 1986, 356 (Rüthers) = JZ 1986, 131 (Richardi)
1. Die Verfassungsgarantie des kirchlichen Selbstbestimmungsrechts gewährleistet den Kirchen, darüber zu befinden, welche Dienste es in ihren Einrichtungen geben soll und in welchen Rechtsformen sie wahrzunehmen sind. Die Kirchen können sich dabei auch der Privatautonomie bedienen, um ein Arbeitsverhältnis zu begründen und zu regeln. Auf dieses findet das staatliche Arbeitsrecht Anwendung; hierbei bleibt das kirchliche Selbstbestimmungsrecht wesentlich. Das ermöglicht den Kirchen, in den Schranken des für alle geltenden Gesetzes den kirchlichen Dienst nach ihrem Selbstverständnis zu regeln und die spezifischen Obliegenheiten kirchlicher Arbeitnehmer verbindlich zu machen.
2. Welche kirchlichen Grundverpflichtungen als Gegenstand des Arbeitsverhältnisses bedeutsam sein können, richtet sich nach den von der verfaßten Kirche anerkannten Maßstäben. Dagegen kommt es weder auf die Auffassung der einzelnen betroffenen kirchlichen Einrichtungen, bei denen die Meinungsbildung von verschiedenen Motiven beeinflußt sein kann, noch auf diejenige breiter Kreise unter Kirchengliedern oder etwa gar einzelner bestimmten Tendenzen verbundener Mitarbeiter an.
3. Im Streitfall haben die Arbeitsgerichte die vorgegebenen kirchlichen Maßstäbe für die Bewertung vertraglicher Loyalitätspflichten zugrunde zu legen, soweit die Verfassung das Recht der Kirchen anerkennt, hierüber selbst zu befinden. Es bleibt danach grundsätzlich den verfaßten Kirchen überlassen, verbindlich zu bestimmen, was „die Glaubwürdigkeit der Kirche und ihrer Verkündigung erfordert", was „spezifisch kirchliche Aufgaben" sind, was „Nähe" zu ihnen bedeutet, welches die „wesentlichen Grundsätze der Glaubenslehre und Sittenlehre" sind und was als – gegebenenfalls schwerer – Verstoß gegen diese anzusehen ist.
4. Auch die Entscheidung darüber, ob und wie innerhalb der im kirchlichen Dienst tätigen Mitarbeiter eine „Abstufung" der Loyalitätspflichten eingreifen soll, ist grundsätzlich eine dem kirchlichen Selbstbestimmungsrecht unterliegende Angelegenheit.
5. Liegt eine Verletzung von Loyalitätspflichten vor, so ist die weitere Frage, ob sie eine

Kündigung des kirchlichen Arbeitsverhältnisses sachlich rechtfertigt, nach den kündigungsschutzrechtlichen Vorschriften des § 1 KSchG, § 626 BGB zu beantworten. Diese unterliegen als für alle geltendes Gesetz im Sinne des Art. 137 Abs. 3 S. 1 WRV umfassender arbeitsgerichtlicher Anwendungen.

3. BVerfG v. 9. Februar 1990 – 1 BvR 717/87, NJW 1990, 2053 = KirchE 28, 17 = EzA § 9 KSchG n. F. Nr. 36 = ZevKR 37, 64
Aus den Gründen: Die angegriffenen Urteile verletzten den Beschwerdeführer nicht in seinem Grundrecht auf Gleichbehandlung (Art. 3 Abs. 1 GG). (…) Art. 3 Abs. 1 GG ist vor allem dann verletzt, wenn eine Gruppe von Normadressaten anders behandelt wird, obwohl zwischen beiden Gruppen keine Unterschiede von solchem Grad und solchem Gewicht bestehen, daß sie die ungleiche Behandlung rechtfertigen könnten (BVerfGE 78, 232 (247); st. Rspr.).

Daran gemessen ist es nicht zu beanstanden, daß das LAG der Glaubwürdigkeit einer Kirchengemeinde in der Öffentlichkeit besonderes Gewicht beigemessen und daraus im Vergleich zu Betrieben der gewerblichen Wirtschaft erhöhte Anforderungen an eine harmonische Zusammenarbeit unter den Mitarbeitern abgeleitet hat. § 9 Abs. 1 S. 2 KSchG fordert für eine Auflösung des Arbeitsvertrages auf Antrag des Arbeitgebers Gründe, die eine den Betriebszwecken dienliche weitere Zusammenarbeit nicht erwarten lassen (§ 9 Abs. 1 S. 2 KSchG). Diese Regelung trägt der Interessenlage bei einer Vertragsauflösung auf Antrag des Arbeitgebers nach einer erfolgreichen Kündigungsschutzklage angemessen Rechnung. Sie erfordert eine differenzierte Würdigung der jeweiligen Betriebszwecke. Soweit sich aus unterschiedlichen Betriebszwecken abgeschwächte oder verstärkte Anforderungen an das Verhalten oder die Person des Arbeitnehmers ergeben, folgt daraus auch ein geringeres oder stärkeres Interesse des Arbeitgebers an der Vertragsauflösung.

Diese vom Gesetz vorgegebene Differenzierung vollzieht das LAG nach, indem es die Glaubwürdigkeit der Gemeinde in der Öffentlichkeit als ein besonderes Schutzgut herausstellt. Eine Kirchengemeinde ist von ihrer Zielsetzung – ihrem „Betriebszweck" – her auf Glaubwürdigkeit in spezifischer Weise angewiesen. Sie kann sie einbüßen, wenn ihr äußeres Erscheinungsbild sich allzu deutlich von der von ihr verkündeten Lehre abhebt. Der Eindruck heilloser Zerstrittenheit des Gemeindepersonals, dem hier durch die Vertragsauflösung entgegengewirkt werden soll, ist dem Erscheinungsbild einer christlichen Kirchengemeinde in hohem Maße abträglich. Insofern liegt eine Besonderheit im Vergleich zu weltlichen Arbeitgebern vor, die von ihrer Art und ihrem Gewicht her so bedeutsam ist, daß die darauf gestützte Differenzierung als sachgerecht und willkürfrei erscheint. Das LAG war jedenfalls durch das Gleichheitsgebot des Art. 3 Abs. 1 GG nicht gehindert, eine Vertragsauflösung auf den objektiven Befund eines schwelenden Dauerstreites zu stützen, dessen Ursachen sich nicht mehr klären lassen.

Eine Ungleichbehandlung im Vergleich mit weltlichen Arbeitsverhältnissen ergibt sich auch nicht aus dem Hinweis des LAG auf das Selbstbestimmungsrecht der Kirche. Das LAG stützt darauf nur seine Auffassung, daß die Gemeinde nicht verpflichtet war, die Vertragsauflösung durch die Versetzung des Pastors zu vermeiden. Die Besetzung der Pastorenstellen gehört eindeutig zum Kernbereich kirchlicher Selbstbestimmung. Deswegen hat sich das LAG mit Recht nicht für befugt gehalten, im Rahmen seiner rechtlichen Würdigung eine dahingehende Verpflichtung der Kirchengemeinde auszusprechen. (…)

4. BVerfG v. 31. Januar 2001 – 1 BvR 619/92, NZA 2001, 717 = EzA § 611 BGB Kirchliche Arbeitnehmer Nr. 47a (Thüsing)

Aus den Gründen: Gegenstand der Verfassungsbeschwerde ist die Frage der Wirksamkeit einer Kündigung, die eine kirchliche Einrichtung gegen die in ihren Diensten stehende Beschwerdeführerin wegen der Verletzung so genannter Loyalitätsobliegenheiten ausgesprochen hat. (…)

Die Voraussetzungen für eine Annahme der Verfassungsbeschwerde gemäß § 93 a Abs. 2 BVerfGG liegen nicht vor. Ihr kommt keine grundsätzliche verfassungsrechtliche Bedeutung zu (§ 93 a Abs. 2 Buchstabe a BVerfGG), da die von ihr aufgeworfenen Fragen durch das Bundesverfassungsgericht bereits geklärt sind (vgl. BVerfGE 70, 138ff.). Die Annahme ist auch nicht zur Durchsetzung der als verletzt gerügten Grundrechte angezeigt (§ 93 a Abs. 2 Buchstabe b BVerfGG). Die Verfassungsbeschwerde hat keine hinreichende Aussicht auf Erfolg. (…)

5. BVerfG v. 7. März 2002 – 1 BvR 1962/01, NJW 2002, 2771

Aus den Gründen: I. 1. Die Beschwerdeführerin, eine zuletzt bei einer evangelischen Kirchengemeinde beschäftigte Erzieherin, wendet sich gegen die arbeitsgerichtliche Abweisung ihrer Kündigungsschutzklage und die Bestätigung dieser Entscheidung im Revisionsverfahren (vgl. NZA 2001, S. 1136).

Die außerordentliche Kündigung ist im Wesentlichen mit Aktivitäten der Beschwerdeführerin für die Universale Kirche (vgl. zu ihr die Wiedergabe ihrer Internet-Homepage im angegriffenen Urteil des Bundesarbeitsgerichts, a.a.O.S. 1136f.), deren Mitglied sie bereits bei ihrer Einstellung als Erzieherin war, begründet und in den angegriffenen Entscheidungen vor allem im Hinblick auf das entsprechende außerdienstliche Verhalten der Beschwerdeführerin bestätigt worden. Unstreitig ist die Beschwerdeführerin, die zuletzt die Leitungsfunktion in einem Kindergarten ihrer Arbeitgeberin wahrgenommen hat, unter anderem auf einem Anmeldungsschreiben für „Grundkurse für höheres geistiges Lernen" der Universalen Kirche als Ansprechpartnerin benannt worden.

2. Die Beschwerdeführerin sieht sich durch die angegriffenen Entscheidungen in ihren Grundrechten aus Art. 4 Abs. 1 und Art. 12 Abs. 1 GG (Religions- und Glaubensfreiheit) verletzt.

II. Die Voraussetzungen für die Annahme der Verfassungsbeschwerde zur Entscheidung nach § 93a Abs. 2 BVerfGG (vgl. hierzu BVerfGE 90, 22 [24f.]) liegen nicht vor.

1. Der Verfassungsbeschwerde kommt keine grundsätzliche Bedeutung zu. Die darin angesprochenen verfassungsrechtlichen Fragen sind durch das Bundesverfassungsgericht bereits geklärt (vgl. BVerfGE 7, 198 [205f.]; 70, 138). (…)

6. BVerwG vom 29. August 2005 – 7 B 12/05, juris

1. Bei der Bewertung eines lange vor In-Kraft-Treten der Weimarer Reichsverfassung und des Grundgesetzes abgeschlossenen historischen Vorgangs und der Feststellung, welche Rechtsfolgen die seinerzeit geltenden Vorschriften damals herbeigeführt haben, geht es nicht um eine eigene Rechtsanwendung durch das Gericht, sondern um die Feststellung von Tatsachen

2. Der Stifterwille bleibt grundsätzlich für eine Stiftung dauernd konstitutiv. Dementsprechend kann eine öffentlich-rechtliche Stiftung nicht ohne Anerkennung des staatlichen Stifters den Stiftungszweck ändern und sich zu einer kirchlichen Einrichtung wandeln

7. BAG v. 31. Januar 1956 – 3 AZR 67/54, BAGE 2, 279 = AP Nr. 15 zu § 1 KSchG (Neumann-Duesberg) = NJW 1986, 356 (Rüthers) =AR-Blattei Kirchenbedienstete, Entscheidung 1 (Richardi)
1. Ein Arbeitgeber, der sich mit seinem Unternehmen einer achtbaren politischen, gewerkschaftlichen, konfessionellen, karitativen, wissenschaftlichen, künstlerischen oder ähnlichen Zweckbestimmung widmet, darf einem Arbeitnehmer fristgemäß kündigen, der sich zu dieser Zweckbestimmung nachhaltig in einer Weise in Widerspruch setzt, welche die betrieblichen Interessen berührt. Ein solcher Arbeitnehmer hat keinen Anspruch auf Kündigungsschutz.
2. Dies gilt auch im Falle eines geschiedenen katholischen Arbeiters und Handwerkers in einem einer katholischen Kirchengemeinde gehörigen und von ihr geleiteten Krankenhaus, der sich entgegen dem Verbot des kanonischen Rechts zu Lebzeiten seiner ersten Ehefrau wieder verheiratet und sich dadurch aus der aktiven kirchlichen Gemeinschaft ausschließt.

8. BAG v. 4. Februar 1976 – 5 AZR 83/75, BAGE 28, 14 = AP Nr. 40 zu § 242 BGB Gleichbehandlung (Schwerdtner) = NJW 1976, 1551, AR-Blattei Kirchenbedienstete Entscheidung 9 (Richardi)
1. Werden durch eine vertragliche Einheitsregelung die Arbeitsentgelte der Arbeitnehmer eines Betriebes rückwirkend erhöht, so dürfen Arbeitnehmer, die im Rückwirkungszeitraum in dem Betrieb gearbeitet haben, nicht nur deshalb ausgenommen werden, weil sie vor dem Wirksamwerden der Regelung aus den Diensten des Arbeitgebers ausgeschieden sind.
2. Ob in einem Tarifvertrag eine entsprechende Regelung getroffen werden kann, bleibt offen.

9. BAG v. 25. April 1978 – 1 AZR 70/76, BAGE 30, 247 = AP Nr. 2 zu Art. 140 GG (Mayer-Maly) = NJW 1978, 2116 = AR-Blattei Kirchenbedienstete, Entscheidung 16 (Richardi) = EzA § 1 KSchG Tendenzbetrieb Nr. 4 (Dütz)
1. Unbeschadet der nach Art. 140 in Verbindung mit Art. 137 Abs. 3 WRV staatskirchenrechtlich gesicherten Kirchenautonomie gilt für die im Dienst der erzieherischen und karitativen Einrichtungen der Kirche stehenden Arbeitnehmer das KSchG, selbst wenn deren Tätigkeit in Bindung an den übergeordneten Auftrag der Kirche ausgeübt wird. Die Kirche bestimmt aber aufgrund ihrer Autonomie in jenen Einrichtungen die von ihrem Verkündigungsauftrag her gebotenen Loyalitätspflichten der im kirchlichen Dienst stehenden Arbeitnehmer, jedenfalls soweit diese irgendwie an der kirchlichen Verkündigung teilhaben.
2. Die katholische Leiterin eines katholischen Pfarrkindergartens, die in weltlicher Ehe einen geschiedenen Mann heiratet, setzt damit einen personen- und betriebsbedingten Grund für ihre fristgemäße Kündigung. Art. 6 Abs. 1 GG, Art. 2 Abs. 1 GG, Art. 1 Abs. 1 GG stehen dem nicht entgegen.
3. Tendenzgedanke und KSchG.

10. BAG v. 4. März 1980 – AZR 125/78, BAGE 33, 14 = AP Nr. 3 zu Art. 140 GG (Stein) = NJW 1980, 2211 = EzA § 1 KSchG Tendenzbetrieb Nr. 8 = AR-Blattei Kirchenbedienstete Entscheidung 17 (Richardi)

1. Durch die standesamtliche Eheschließung mit einem nicht laisierten katholischen Priester setzt die Leiterin des Pfarrkindergartens einer katholischen Kirchengemeinde einen personen- und betriebsbedingten Grund zur ordentlichen Kündigung ihres Arbeitsverhältnisses.

2. Zum Verhältnis von Art. 6 Abs. 1 GG (verfassungsrechtlicher Schutz von Ehe und Familie) und der gleichfalls verfassungsrechtlich gewährleisteten Kirchenautonomie.

3. Die Frist des § 4 KSchG ist gewahrt, wenn der Kläger gegen eine ihm als sicher in Aussicht gestellte Kündigung Klage auf Feststellung der Unwirksamkeit der zu erwartenden Kündigung erhoben hatte und die Umstellung des Klagebegehrens auf eine Kündigungsschutzklage erst später als drei Wochen nach der Kündigung erfolgt.

11. BAG v. 4. März 1980 – 1 AZR 1151/78, AP Nr. 4 zu Art. 140 GG = EzA § 1 KSchG Tendenzbetrieb Nr. 9 = AR-Blattei Kirchenbedienstete Entscheidung 18, (Mayer-Maly)

1. Ist eine an einer katholischen Privatschule in kirchlicher Trägerschaft beschäftigte Fachlehrerin für Gymnastik und Textilgestaltung aus der katholischen Kirche ausgetreten und hat sie den Kirchenaustritt bei ihrer Einstellung verschwiegen, so kann dies eine ordentliche Kündigung sozial rechtfertigen.

2. Bei einer vertraglichen Anwendung des § 34 BG NW auf das Dienstverhältnis einer Lehrkraft an einer katholischen Privatschule in kirchlicher Trägerschaft ist die Besonderheit dieser Schule zu beachten.

3. Eine entsprechende Anwendung des § 626 Abs. 2 BGB auf ordentliche Kündigungen kommt nicht in Betracht.

12. BAG v. 14. Oktober 1980 – 1 AZR 1274/79, BAGE 34, 195 = AP Nr. 7 zu Art. 140 GG (Schlaich) = NJW 1981, 1228 = EzA § 1 KSchG Tendenzbetrieb Nr. 10, (Herschel) = AR-Blattei Kirchenbedienstete Entscheidung 20 (Richardi)

1. Soweit ihre Glaubwürdigkeit es erfordert, kann die Kirche ihren Arbeitnehmern die Beachtung der wesentlichen Grundsätze ihrer Glaubens- und Sittenlehre zur Pflicht machen.

2. Nicht jede Tätigkeit in einem Arbeitsverhältnis zur Kirche hat eine solche Nähe zu spezifisch kirchlichen Aufgaben, daß der sie ausübende Arbeitnehmer mit der Kirche identifiziert und deshalb die Glaubwürdigkeit der Kirche berührt wird, wenn er sich in seiner privaten Lebensführung nicht an die tragenden Grundsätze der kirchlichen Glaubens- und Sittenlehre hält.

3. Die ordentliche Kündigung einer katholischen Arbeitnehmerin, die in einer Caritas-Geschäftsstelle zu einem nicht unerheblichen Teil ihrer vertraglichen Tätigkeit unmittelbar karitative Aufgaben wahrnimmt, kann sozial gerechtfertigt sein, wenn diese Arbeitnehmerin nach der Scheidung von ihrem ersten Ehemann zu dessen Lebzeiten standesamtlich eine neue Ehe eingeht.

13. BAG v. 21. Oktober 1982 – 2 AZR 591/80, AP Nr. 14 zu Art. 140 GG (Stein) = NJW 1984, 826 = EzA § 1 KSchG Tendenzbetrieb Nr. 12 (Rüthers) = AR-Blattei Kirchenbedienstete Entscheidung 23, (Mayer-Maly)
Nicht jede Tätigkeit in einem Arbeitsverhältnis zur Kirche hat eine solche Nähe zu spezifisch kirchlichen Aufgaben, daß der sie ausübende Arbeitnehmer sich voll mit den Lehren der Kirche identifizieren muß und deshalb die Glaubwürdigkeit der Kirche berührt wird, wenn er sich in seiner privaten Lebensführung nicht an die tragenden Grundsätze der kirchlichen Glaubens- und Sittenlehre hält (Bestätigung von BAG Urteil v. 14. 10. 1980 – 1 AZR 1274/79 = BAGE 34, 195 = AP Nr. 7 zu Art. 140 GG). 2. Ein in einem katholischen Krankenhaus beschäftigter Arzt ist verpflichtet, sich öffentlicher Stellungnahmen für den legalen Schwangerschaftsabbruch zu enthalten. 3. Durch diese ihm auferlegte Loyalitätspflicht wird der Arzt in seinem Grundrecht auf Freiheit der Meinungsäußerung aus Art. 5 Abs. 1 GG nicht verletzt. 4. Ein Verstoß gegen diese Loyalitätspflicht kann einen Grund zur sozialen Rechtfertigung einer ordentlichen Kündigung abgeben. Ob diese Pflichtverletzung auch gewichtig genug ist, im konkreten Fall die Kündigung sozial zu rechtfertigen, ist im Rahmen der nach § 1 Abs. 2 KSchG gebotenen Interessenabwägung zu prüfen. Diese Prüfungskompetenz der staatlichen Gerichte ist durch das Selbstbestimmungsrecht der Kirchen nicht ausgeschlossen.
Anmerkung: Die Entscheidung des BAG wurde vom BVerfG durch Beschluß v. 4. Juni 1985 – 2 BvR 1718/83 wegen Verletzung von Art. 140 GG in Verbindung mit Art. 137 Abs. 3 WRV aufgehoben und zurückverwiesen.

14. BAG v. 30. Juni 1983 – 2 AZR 524/81, AP Nr. 15 zu Art. 140 GG (Richardi) = NJW 1984, 1917 = EzA § 1 KSchG Tendenzbetrieb Nr. 14
Auch die im außerdienstlichen Bereich ausgeübte homosexuelle Praxis eines im Dienst des Diakonischen Werks einer evangelischen Landeskirche stehenden, im Bereich der Konfliktsberatung eingesetzten Arbeitnehmers stellt eine Vertragspflichtverletzung dar, die jedenfalls dann geeignet ist einen Kündigungsgrund abzugeben, wenn der Arbeitnehmer vorher erfolglos abgemahnt worden ist.

15. BAG v. 23. März 1984 – 7 AZR 249/81, BAGE 45, 250 = AP Nr. 16 zu Art. 140 GG (Mayer-Maly) = NJW 1984, 2596 = EzA § 1 KSchG Tendenzbetrieb Nr. 15, (Herschel)
1. Der Kirchenaustritt eines bei einer kirchlichen Einrichtung beschäftigten Arbeitnehmers (hier: Buchhalter in einem katholischen Jugendheim) ist jedenfalls dann nicht geeignet, eine ordentliche Kündigung aus verhaltens- oder personenbedingten Gründen sozial zu rechtfertigen, wenn die im Einzelfall gebotene Interessenabwägung ergibt, daß die ordentliche Kündigung bei verständiger Würdigung in Abwägung der Interessen der Vertragsparteien nicht als billigenswert und angemessen angesehen werden kann.
2. Es bleibt unentschieden, ob der Kirchenaustritt eines bei einer kirchlichen Einrichtung beschäftigten Arbeitnehmers auch dann eine kündigungsrechtlich relevante Verletzung der Loyalitätspflicht darstellt, wenn der Arbeitnehmer Tätigkeiten wahrzunehmen hat, die keine Nähe zu spezifisch kirchlichen Aufgaben aufweisen.
3. Entscheidung wurde wegen Verletzung von Art. 140 GG in Verbindung mit Art. 137 Abs. 3 WRV durch Beschluß des BVerfG v. 4. Juni 1985 – 2 BvR 856/84 aufgehoben und an das BAG zurückverwiesen.

16. BAG v. 31. Oktober 1984 – 7 AZR 232/83, BAGE 47, 144 = AP Nr. 20 zu Art. 140 GG (Dütz) = NJW 1985, 1855 = AR-Blattei Kirchenbedienstete Entscheidung 30 (Richardi)

1. Einer bei einem katholischen Missionsgymnasium beschäftigten katholischen Lehrerin kann aus personenbedingten Gründen im Sinne des § 1 Abs. 2 KSchG ordentlich gekündigt werden, wenn sie einen geschiedenen Mann heiratet.

2. Zur Beurteilung der sozialen Rechtfertigung einer derartigen ordentlichen Kündigung bedarf es allerdings einer an den Besonderheiten des Einzelfalles orientierten umfassenden Interessenabwägung, in deren Rahmen das verfassungsrechtlich verbürgte Selbstordnungs- und Selbstverwaltungsrecht der Kirche (Art. 140 GG in Verbindung mit Art. 137 Abs. 3 WRV) gegenüber den Grundrechten des Arbeitnehmers (z.B. Art. 6 Abs. 1 GG) abzuwägen ist.

17. BAG v. 12. Dezember 1984 – 7 AZR 418/83, BAGE 47, 292 = AP Nr. 21 zu Art. 140 GG (Dütz) = NJW 1985, 2781

Der Austritt aus der katholischen Kirche kann bei einem in einem katholischen Krankenhaus beschäftigten Assistenzarzt einen personenbedingten Grund im Sinne des § 1 Abs. 2 KSchG für eine ordentliche Kündigung darstellen.

18. BAG v. 18. November 1986 – 7 AZR 274/85, AP Nr. 35 zu Art. 140 GG = EzA § 611 BGB Kirchliche Arbeitnehmer Nr. 26 (Dütz)

Aus den Gründen: (…) Das LAG ist zu Recht davon ausgegangen, die Kl. habe sich eines schwerwiegenden Verstoßes gegen kirchliche Glaubenssätze und damit auch gegen ihre arbeitsvertraglichen Pflichten schuldig gemacht. (…) Der Arbeitnehmer, der durch seine vertragliche Arbeitsleistung Funktionen der Kirche wahrnimmt und an der Erfüllung ihres Auftrags mitwirkt, macht sich für die Wahrnehmung der von ihm arbeitsvertraglich übernommenen Aufgaben ungeeignet, wenn er seine Lebensführung nicht so einrichtet, daß sie den grundlegenden Gesetzen der Kirche entspricht. Der Senat hat bereits mit seinem Urteil v. 31. Oktober 1984 – 7 AZR 232/83, BAGE 47, 144 = AP Nr. 20 zu Art. 140 GG) ausführlich begründet, daß die standesamtliche Ehe einer Lehrerin mit einem geschiedenen katholischen Manne einen schwerwiegenden und fortdauernden Verstoß gegen den Grundsatz der Unauflöslichkeit der Ehe darstelle, der eine Kündigung rechtfertigen könne. Das LAG ist ausdrücklich in seinem Urteil dieser Entscheidung gefolgt. Zwar hatte der Senat in jener Entscheidung über eine ordentliche Kündigung zu entscheiden, die mit einer Kündigungsfrist von etwa zweieinhalb Monaten ausgesprochen worden war. Die grundsätzlichen Ausführungen in dieser Entscheidung, die sich mit der Frage einer schwerwiegenden Vertragsverfehlung infolge der Eheschließung mit einem geschiedenen Manne befassen, sind jedoch ohne Einschränkung zu übertragen auf den vorliegenden Streitfall; denn es geht zunächst lediglich um die Frage, ob ein schwerwiegender Verstoß gegen Vertrags- und Loyalitätsobliegenheit der Kl. vorliegt. Auf die Ausführungen in diesem Urteil wird verwiesen. (…)

19. BAG v. 25. Mai 1988 – 7 AZR 506/87, AP Nr. 36 zu Art. 140 GG = EzA § 611 BGB Kirchliche Arbeitnehmer Nr. 27 (Dütz) = KirchE 26, 142

Aus den Gründen: Der erkennende Senat hat bereits mit seinem Urteil v. 31. Oktober 1984 (BAGE 47, 144 (154) = AP Nr. 20 zu Art. 140 GG [zu III 4a der Gründe]) ausführlich begründet, daß die standesamtliche Ehe einer im katholisch-kirchlichen Dienst stehenden Lehrerin mit einem geschiedenen katholischen Mann einen schwerwiegenden und fortdauernden Verstoß gegen den Grundsatz der Unauflöslichkeit der Ehe darstellt, der geeignet ist, eine ordentliche Kündigung sozial zu rechtfertigen. Denn die Lehrkräfte wirken unmittelbar an der Verwirklichung des Erziehungsziels der Kirche mit und nehmen im Rahmen ihres erzieherischen Auftrags eine wichtige Leitbildfunktion bei der Vermittlung von Verhaltensmaximen innerhalb der Bereiche Familie, Staat, Gesellschaft und Kirche ein. Um die von der Kirche verfolgten Erziehungs- und Bildungsvorstellungen glaubwürdig vermitteln zu können, ist es erforderlich, daß die Lehrkraft nicht nur in Wort und Schrift versucht, den Schülern bestimmte Glaubens- oder Wertvorstellungen nahe zu bringen. Der Erfolg der Erziehungsarbeit hängt maßgeblich davon ab, daß sich die Lehrkraft in ihren Verhaltensweisen selbst an den zu vermittelnden grundlegenden Glaubens- und Wertvorstellungen orientiert. Der Grundsatz der Unauflöslichkeit der Ehe gehört nach wie vor zu den wesentlichen Grundsätzen der katholischen Glaubens- und Sittenlehre (vgl. Codex juris Canonici von 1983, can. 1055, 1056, 1134, 1141). Bei der standesamtlichen Eheschließung mit einem geschiedenen kath. Mann und dem anschließenden Zusammenleben handelt es sich nicht um einen einmaligen Verstoß gegen kirchenrechtlich manifestierte Glaubensgrundsätze, sondern um einen Dauertatbestand, der zum Fortfall der persönlichen Eignung einer kath. Lehrkraft führt. Zur glaubwürdigen Vermittlung des Grundsatzes der Unauflöslichkeit der Ehe gehört, daß die unterrichtende katholische Lehrkraft diesen Grundsatz selbst nicht verletzt. (…)

20. BAG v. 4. Juli 1991 – 2 AZR 16/91, KirchE 29, 214

Aus den Gründen: (…) Die Kündigung ist nicht deshalb unwirksam, weil die Beklagte etwa ihre Mitarbeitervertretung nicht ordnungsgemäß beteiligt hätte. Die Beklagte hat vielmehr das mitbestimmungsrechtliche Verfahren der für das Arbeitsverhältnis des Klägers allein maßgeblichen MAVO eingehalten. (…) Die Parteien haben in § 2 Abs. 3 des Arbeitsvertrages nicht die Geltung des staatlichen Mitbestimmungsrechts vereinbart, wobei es dahingestellt bleiben kann, inwieweit einer solchen Vereinbarung die Wirksamkeit zuzuerkennen wäre (vgl. für das BetrVG nur LAG Hamm v. 27. Oktober 1975 – 5 Sa 755/75, ARSt 1978, 127; KR-Etzel, 3. Aufl., § 102 BetrVG Rz 243 a). (…) Aus § 2 des Arbeitsvertrages ergibt sich, daß dem Kläger nur die individualrechtliche Gleichstellung mit an staatlichen Schulen beschäftigten Lehrern zugesichert wird. Die Vorschrift befaßt sich nicht mit kollektivrechtlichen Tatbeständen. (…) Es bestehen auch nach dem Sinn des Vertrages schon keine Anhaltspunkte dafür, daß durch diesen Passus das gesamte staatliche kollektive Mitbestimmungsrecht vereinbart worden wäre und die Beklagte einzelvertraglich ihr gesamtes Mitarbeitervertretungsrecht abbedungen hätte. (…)

21. BAG v. 10. Dezember 1992 – 2 AZR 271/92, AP Nr. 41 zu Art. 140 GG = NZA 1993, 593 = KirchE 30, 412 = AR-Blattei ES 960 Nr. 48 (Richardi)

1. Das Mitarbeitervertretungsrecht der katholischen Kirche (MAVO) gilt aufgrund des Selbstbestimmungsrechts der Kirchen nach Art. 140 GG, Art. 137 Abs. 3 WRV nicht nur in den Einrichtungen der verfaßten Kirche (§ 1 Abs. 1 Ziffer 2 MAVO), sondern auch in privatrechtlichen Einrichtungen sonstiger kirchlicher Rechtsträger (§ 1 Abs. 1 Ziffer 4 MAVO).

2. Ausnahmeregelungen können auch in kirchlichen Ausführungsbestimmungen dann

auf vergleichbare Fälle analog angewendet werden, wenn diesen Ausnahmeregelungen erkennbar ein bestimmtes System zugrunde liegt, die vergleichbaren Fälle jedoch formal entgegen diesem System und der „ratio legis" nicht ausdrücklich in die Regelung mit einbezogen worden sind (im Anschluß an BAG Urteil v. 11. 7. 1968 – 5 AZR 395/67 = BAGE 21, 106 = AP Nr. 1 zu § 5 RechtsstellungsG).

22. BAG v. 7. Oktober 1993 – 2 AZR 226/93, BAGE 74, 325 = AP Nr. 114 zu § 626 BGB = NJW 1994, 3032

1. Es kann einen wichtigen Grund zur fristlosen Kündigung eines Chefarztes in einem katholischen Krankenhaus darstellen, wenn dieser mit seinen Behandlungsmethoden (homologe Insemination) gegen tragende Grundsätze des geltenden Kirchenrechts verstößt.

2. Bestehen zwischen dem kirchlichen Krankenhausträger und dem Chefarzt Meinungsverschiedenheiten darüber, welche konkreten Behandlungsmethoden nach den Äußerungen des Lehramts der Kirche zulässig sind und hat der Krankenhausträger dem Chefarzt angekündigt, er werde die umstrittene Frage durch Rücksprache mit den kirchenamtlich zuständigen Stellen klären, so kann auch unter Berücksichtigung des Selbstbestimmungsrechts der Kirche im Einzelfall vor Ausspruch einer Kündigung dann eine Abmahnung erforderlich sein, wenn der Chefarzt eine bestimmte Behandlungsmethode bereits vor der endgültigen Klärung ihrer kirchenrechtlichen Zulässigkeit anwendet.

23. BAG v. 26. Juli 1995 – 2 AZR 578/94, AP Nr. 20 zu § 611 BGB Kirchendienst = AP Nr. 46 zu Art. 140 GG = NZA 1995, 1197 = NJW 1996, 2446 = KirchE 33, 275

Die Wirksamkeit der Exemtion eines Mitarbeiters in leitender Stellung aus dem Geltungsbereich der Ordnung für Mitarbeitervertretungen im Bistum Trier hängt weder von der vorherigen Beteiligung der Mitarbeitervertretung noch von der Bekanntgabe der Herausnahmeentscheidung an den betroffenen Mitarbeiter ab.

24. BAG v. 24. April 1997 – 2 AZR 268/96, AP Nr. 27 zu § 611 BGB Kirchendienst (Thüsing) = AP Nr. 140 zu § 626 BGB = AP Nr. 48 zu Art. 140 GG = NZA 1998, 145

Ehebruch als außerordentlicher Kündigungsgrund nach kirchlichem Selbstverständnis (Art. 140 GG, 137 Abs. 5 WRV).

25. BAG v. 12. November 1998 – 2 AZR 459/97, AP Nr. 20 zu § 23 KSchG 1969 (Gragert); AP Nr. 11 zu § 242 BGB Kündigung = AP Nr. 50 zu Art. 140 GG = AP Nr. 30 zu § 611 BGB Kirchendienst = AP Nr. 267 zu Art. 3 GG = AP Nr. 110 zu Art. 12 GG = NZA 1999, 590

1. Für die Feststellung der für die Anwendbarkeit des ersten Abschnitts des Kündigungsschutzgesetzes notwendigen Arbeitnehmerzahl sind von anderen Arbeitgebern (Unternehmen) beschäftigte Arbeitnehmer grundsätzlich nicht zu berücksichtigen; es ist verfassungsrechtlich unbedenklich, daß eine darüber hinausgreifende Berechnung der Arbeitnehmerzahl – abgesehen von Mißbrauchsfällen – nur dann in Betracht kommt, wenn aufgrund einer Führungsvereinbarung der beteiligten Arbeitgeber (Unternehmen) eine einheitliche institutionelle Leitung hinsichtlich des Kerns der Arbeitgeberfunktionen im sozialen und personellen Bereich besteht.

2. Nach diesen Grundsätzen genießen die Arbeitnehmer einer Kirchengemeinde der evangelischen Kirche im Rheinland in der Regel keinen Kündigungsschutz nach dem ers-

ten Abschnitt des Kündigungsschutzgesetzes, wenn die Kirchengemeinde nicht eine größere als die in § 23 Abs. 1 S. 2 KSchG genannte Zahl von Arbeitnehmern beschäftigt.

26. BAG v. 27. Oktober 1998 – 1 AZR 766/97, BAGE 90, 65 = AP Nr. 65 zu § 118 BetrVG 1972 = NZA 1999, 328 = BB 1989, 688 (Kukat)
1. In Tendenzbetrieben kommt ein Nachteilsausgleich nach § 113 Abs. 3 BetrVG dann in Betracht, wenn der Arbeitgeber eine Betriebsänderung durchführt, ohne den Betriebsrat rechtzeitig unterrichtet und Verhandlungen über einen Sozialplan ermöglicht zu haben.
2. Es bleibt unentschieden, ob § 113 Abs. 1 und 2 BetrVG auch im Tendenzbetrieb anwendbar ist, so daß ein Anspruch auf Nachteilsausgleich besteht, wenn der Arbeitgeber ohne zwingenden Grund von einem Interessenausgleich abweicht.

27. BAG v. 18. November 1999 – 2 AZR 903/98, AP Nr. 5 zu § 14 KSchG 1969 = AP Nr. 31 zu § 611 BGB Kirchendienst = AP Nr. 64 zu § 5 BetrVG 1972 = AP Nr. 52 zu Art. 140 GG = AP Nr. 34 zu § 9 KSchG 1969 = NJW 2001, 915
Von einer selbständigen Einstellungsbefugnis des „ähnlichen leitenden Angestellten" im Sinne des § 14 Abs. 2 S. 1 KSchG kann nicht die Rede sein, wenn diese dem Angestellten – hier einem Chefarzt – nur intern, nicht aber auch im Außenverhältnis zusteht (im Anschluß an BAG 28. September 1961 – 2 AZR 428/60 - AP KSchG § 1 Personenbedingte Kündigung Nr. 1 = BAG, NJW 1962, 73).

28. BAG v. 16. September 1999 – 2 AZR 712/98, AP Nr. 1 zu Art. 4 GrO katholischen Kirche (Thüsing) = AP Nr. 5 zu § 448 ZPO = AP Nr. 51 zu Art. 140 GG = AP Nr. 20 zu § 1 KSchG 1969 Personenbedigte Kündigung = AP Nr. 31 zu § 286 ZPO = NJW 2000, 1286 = EzA § 611 BGB Kirchliche Arbeitnehmer Nr. 45 (Dütz)
1. Hat sich ein Arbeitgeber selbst gebunden, bei bestimmten Verhaltensverstößen vor Ausspruch einer Kündigung zunächst mit dem Arbeitnehmer ein klärendes Gespräch zu führen, so verstößt eine Kündigung, die der Arbeitgeber ausspricht, ohne ein solches Gespräch zu führen, regelmäßig gegen den Verhältnismäßigkeitsgrundsatz und ist deshalb sozialwidrig (vgl. Senatsurteil v. 25. April 1996 – 2 AZR 74/95 - AP Nr. 18 zu § 1 KSchG Personenbedingte Kündigung).
2. Art. 5 Abs. 1 der Grundordnung der Katholischen Kirche für den kirchlichen Dienst im Rahmen kirchlicher Arbeitsverhältnisse vom 22. September 1993, wonach bei Verstößen gegen Loyalitätsobliegenheiten vor Ausspruch einer Kündigung mit der kirchlichen Mitarbeiterin bzw. mit dem kirchlichen Mitarbeiter ein Beratungsgespräch bzw. ein „klärendes Gespräch" zu führen ist, enthält eine solche bindende Verfahrensnorm.
3. Zu den Voraussetzungen einer Parteivernehmung von Amts wegen (§ 448 ZPO).

29. BAG v. 21. Februar 2001 – 2 AZR 139/00 , AP Nr. 29 zu § 611 BGB Kirchendienst = AP Nr. 176 zu § 626 BGB = AP Nr. 8 zu 54 BAT = NZA 2001, 1136 = EzA § 611 BGB Kirchliche Arbeitnehmer Nr. 47
Eine Arbeitnehmerin in einem evangelischen Kindergarten, die in der Öffentlichkeit werbend für eine andere Glaubensgemeinschaft auftritt und deren von den Glaubenssätzen der evangelischen Kirche erheblich abweichende Lehre verbreitet, bietet regelmäßig keine hinreichende Gewähr mehr dafür, daß sie der arbeitsvertraglich übernommenen Ver-

pflichtung zur Loyalität gegenüber der evangelischen Kirche nachkommt. Ein solches Verhalten kann eine außerordentliche Kündigung rechtfertigen.

30. BAG v. 21. Februar 2001 – 2 AZR 579/99, BAGE 97, 141 = AP Nr. 26 zu § 611 BGB Abmahnung = AP Nr. 32 zu § 611 BGB Kirchendienst = NZA 2001, 951
Die Wirksamkeit einer Kündigung aus Gründen in dem Verhalten des Arbeitnehmers setzt außerhalb des Anwendungsbereichs des Kündigungsschutzgesetzes in der Regel nicht voraus, daß dem Arbeitnehmer zuvor eine vergebliche Abmahnung erteilt wurde.

31. BAG v. 25. Oktober 2001 – 2 AZR 216/00, NZA 2002, 1000
Aus den Gründen: (...) Die Änderungskündigung der Beklagten ist nach § 55 Abs. 2 UAbs. 1 S. 1 BAT in Verbindung mit § 134 BGB rechtsunwirksam. (...)

Aus § 55 Abs. 2 UAbs. 1 S. 1 BAT ergibt sich ein grundsätzliches Verbot der fristlosen Kündigung aus einem betriebsbedingten wichtigen Grund (Senat 17. Mai 1984 – 2 AZR 161/83, AP Nr. 30 zu BAT § 55; Bredemeier/Neffke, BAT/BAT-O § 55 Rn. 7; Ramdohr/Crisolli, Das Tarifrecht der Angestellten im öffentlichen Dienst, Stand: September 2001, § 55 BAT Rn. 12; PK-BAT/Schmalz, 2. Aufl. § 55 Rn. 3). Vielmehr soll der Bestand des Arbeitsverhältnisses eines tarifvertraglich unkündbaren Angestellten bei Wegfall seines Arbeitsplatzes umfassend geschützt werden (Clemens/ Scheuring/ Steingen/ Wiese, BAT, Stand: September 2001, § 55 Rn. 5). (...)

Demnach konnte eine Änderung der Arbeitsbedingungen des Klägers durch eine Änderungskündigung nach § 55 Abs. 2 UAbs. 2 S. 1 BAT nicht wirksam erfolgen. (...)

Das Festhalten des Klägers an den vertraglichen Vereinbarungen stellt auch keinen in seiner Person oder in seinem Verhalten liegenden wichtigen Grund im Sinne des § 55 Abs. 1 BAT dar. (...)

Soweit das LAG im Zusammenhang mit der Prüfung eines wichtigen, betriebsbedingten Kündigungsgrundes auf die kirchliche Dienstgemeinschaft und die für die kirchlichen Mitarbeiter bestehenden Loyalitätsobliegenheiten hinweist und man in der Verletzung von Loyalitätspflichten durch den Arbeitnehmer einen verhaltensbedingten Kündigungsgrund erkennen wollte, so kommt diesem Aspekt vorliegend schon deshalb keine entscheidende Bedeutung zu, weil aus dem Leitbild der christlichen Dienstgemeinschaft sich lediglich solche besonderen Loyalitätsobliegenheiten entwickeln lassen, die die Kirche oder ihre Einrichtungen um ihrer Glaubwürdigkeit willen, wie beispielsweise die Beachtung der tragenden Grundsätze der kirchlichen Glaubens- und Sittenlehre, von ihren Mitarbeitern verlangen kann (BVerfG 4. Juni 1985 – 2 BvR 1703, 1718/83 und 2 BvR 856/84, BVerfGE 70, 138, [166]). Eine vertragliche Verpflichtung des kirchlichen Arbeitnehmers, Vertragsänderungen der hier streitigen Art zu akzeptieren, läßt sich hieraus jedoch nicht ableiten. Die Ablehnung führt daher auch nicht zu einer Vertragsverletzung, die eine verhaltensbedingte Kündigung rechtfertigen könnte. (...)

32. BAG vom 18 Mai 2004 – 9 AZR 319/03, BAGE 110, 356 = AP Nr. 3 zu AVR Caritasverband Anlage 5 = RdA 2005, 311–314 *(Heyn)*
Aus den Gründen: »Dringende dienstliche und betriebliche Belange im Sinne von § 1a der Anlage 5 zur AVR Caritas liegen vor, wenn sie der Verkürzung der Arbeitszeit als »zwingende Hindernisse« entgegenstehen. Insoweit gilt nichts anderes als für die wortgleiche Vorschrift des § 15b BAT. Auch dem kirchlichen Arbeitgeber ist bei der Entscheidung über

die Verringerung der Arbeitszeit kein Ermessen eingeräumt. Seine Interessen an der Beibehaltung der bisherigen Arbeitszeit und die Interessen des Arbeitnehmers an deren Veränderung sind nicht abzuwägen. Das wirkt sich andererseits auf die Rechtsstellung des Arbeitnehmers aus. Gibt es entgegenstehende Gründe, kann er keine vertragliche Verringerung seiner Arbeitszeit beanspruchen, so nachvollziehbar und wichtig seine Interessen an einer besseren Vereinbarkeit von Familie und Beruf sein mögen. Dieses »Alles- oder Nichtsprinzip« bedingt zugleich, dass nur wirklich objektiv gewichtige Gründe des kirchlichen Arbeitgebers geeignet sind, die Ablehnung des Antrags zu rechtfertigen (Senat 18. März 2003 – 9 AZR 126/02 – AP TzBfG § 8 Nr. 3 = EzA TzBfG § 4 Nr. 4, auch zur Veröffentlichung in der Amtlichen Sammlung vorgesehen).

33. BAG v. 16 September 2004 – 2 AZR 447/03, AP Nr. 44 zu § 611 BGB
Kirchlicher Dienst

Die fristgemäße Kündigung gegenüber einem Arbeitnehmer in den ersten sechs Monaten seiner Beschäftigung kann nach § 242 BGB unwirksam sein, wenn sie gegen Treu und Glauben verstößt. In diesen Fällen hat der Arbeitnehmer die Tatsachen darzulegen und ggf. zu beweisen, aus denen sich eine Rechtsverletzung ergibt.

Das Bundesarbeitsgericht hat einen Verstoß gegen Treu und Glauben – wie schon die Vorinstanzen – verneint, wenn eine katholische Kirchengemeinde das Arbeitsverhältnis eines noch keine sechs Monate beschäftigten Kirchenmusikers mit der Begründung kündigt, seine ihr jetzt bekannt gewordene Wiederverheiratung widerspreche den Grundsätzen der katholischen Sittenlehre. Ein kirchlicher Arbeitgeber hat – anders als ein säkularer Arbeitgeber – das Recht, von Funktionsträgern die Einhaltung dieser Grundsätze zu verlangen. Eine Treuwidrigkeit folgt auch noch nicht ohne weiteres daraus, dass der – zuvor bei einer Kirchengemeinde in einem anderen Bistum beschäftigte – Arbeitnehmer bei seiner Einstellung nicht nach entsprechenden Beschäftigungshindernissen befragt wurde.

Der Kläger, dessen erste Ehe geschieden worden war und der im Jahre 1997 nach russisch-orthodoxem Ritus erneut geheiratet hatte, war seit dem 1. August 2001 als Kirchenmusiker bei den beklagten katholischen Kirchengemeinden tätig. Mit Schreiben vom 26. Januar 2002 kündigten die Gemeinden das Arbeitsverhältnis des Klägers fristgemäß. Hiergegen hat sich der Kläger mit der Begründung gewandt, die Kündigung sei treuwidrig, weil sie nur wegen seiner Wiederverheiratung erfolgt sei.

34. LAG Rheinland-Pfalz v. 28. März 1980 – 5 (6) Sa 653/79, NJW 1980, 2213 = EzA § 1 KSchG Tendenzbetrieb Nr. 7

1. Die ordentliche Kündigung eines im kirchlichen Dienst stehenden Arbeitnehmers, der deshalb entlassen wurde, weil er geschieden ist und in eheähnlicher Gemeinschaft lebt, ist dann nicht gemäß KSchG § 1 sozial gerechtfertigt, wenn der Arbeitnehmer nicht in der kirchlichen Verkündigung steht (Erweiterung der Rechtsprechung des BAG, Urteil v. 25. April 1978 – 1 AZR 70/76 - AP Nr. 2 zu Art. 140 GG = NJW 1978, 2116).

2. Wird im Kündigungsschutzverfahren festgestellt, daß die Kündigung unwirksam ist, so kann der Arbeitnehmer gleichzeitig den allgemeinen Beschäftigungsanspruch gerichtlich durchsetzen. Dies gilt bereits dann, wenn ein Instanzgericht dem Kündigungsfeststellungsantrag stattgibt und dagegen noch ein Rechtsmittel zulässig ist (entgegen BAG, Urteil v. 26. Mai 1977 – 2 AZR 632/76 - AP Nr. 5 zu § 611 BGB Beschäftigungspflicht = NJW 1978, 239).

35. LAG Hamm v. 3. April 1984 – 7 Sa 1711/83, KirchE 22, 66
Selbst wenn ein kirchlicher Arbeitnehmer mangels Nähe zu spezifisch kirchlichen Aufgaben keinen besonderen Dienstpflichten unterliegt, kann eine auf ehewidrige Beziehungen gestützte Kündigung des Dienstverhältnisses jedenfalls dann nicht als sozialwidrig angesehen werden, wenn das Verhalten des Arbeitnehmers zu einer erheblichen Störung des Arbeitsablaufes geführt hat. Eine solche Störung kann auch durch die Unvereinbarkeit des Verhaltens mit den kirchlichen Rechts- und Sozialanschauungen verursacht sein.

36. LAG Düsseldorf v. 22. März 1984 – 14 Sa 1905/83, DB 1985, 391 = KirchE 22, 43
Kündigt ein Arbeitgeber einem Arbeitnehmer auf dessen Ankündigung hin, er wolle als Mitglied der Bhagwan-Bewegung in Zukunft bei der Arbeit rote Kleidung und die Mala tragen, so kann eine solche Kündigung nach § 134 BGB i.V.m. Art. 4 und Art. 3 Abs. 2 GG nichtig sein.

37. LAG Köln v. 25. Januar 1984 – 2/10 Sa 1276/83, KirchE 22, 1
Nach dem Dienstrecht der evangelischen Kirche im Rheinland ist die Wirksamkeit der Kündigung nicht von der Zustimmung der Mitarbeitervertretung abhängig.

Dem kirchlichen Arbeitnehmer dürfen nur solche besonderen Pflichten hinsichtlich seiner privaten Lebensführung auferlegt werden, die nach der Art der von ihm vertraglich zu leistenden Dienste sachlich geboten sind.

Es stellt einen verhaltensbedingten Kündigungsgrund dar, wenn eine an einem evangelischen Kindergarten tätige Kindergärtnerin ein ehebrecherisches Verhältnis mit einem verheirateten Mann unterhält.

38. LAG Berlin v. 19. Juli 1985 – Sa 12/85, KirchE 24, 141
Ein kirchlicher Arbeitnehmer, der aus der Kirche ausgetreten ist, kann hinsichtlich der sozialen Gründe, die für seine Weiterbeschäftigung sprechen, keine Erleichterung seiner Darlegungs- und Beweislast beanspruchen.

39. LAG Hamm v. 26. November 1985 – 7 Sa 1571/85, NJW 1987, 973 = KirchE 23, 265
Aus den Gründen: (…) Soweit es ihre Glaubwürdigkeit erfordert, können die Kirchen auch Richtlinien über die Unvereinbarkeit einer Mitgliedschaft oder aktiven Tätigkeit in einer kommunistisch/marxistisch/leninistischen Partei mit der Stellung als Mitarbeiter im Dienst der Kirche erlassen. Beschließt eine Kirche, daß zum Beispiel das von der DKP vertretene Gedankengut im unüberbrückbaren Gegensatz zur christlichen Glaubenslehre steht und ihre Mitarbeiter die Glaubwürdigkeit der Kirchen nicht dadurch gefährden dürfen, daß sie gleichzeitig Mitglied der DKP und Arbeitnehmer der Kirche sind, so ist ein solcher Beschluß Ausfluß des Selbstbestimmungsrechts der Kirche; dieser Beschluß betrifft unmittelbar die Verkündung von Glaubensinhalten. (…) Begründet ein Arbeitnehmer in Kenntnis dieses Beschlusses unter arglistigem Verschweigen seiner Parteimitgliedschaft ein Arbeitsverhältnis mit einer Kirchengemeinde und setzt er sich auch während dieses Arbeitsverhältnisses aktiv für seine Partei ein, so kann er sich gegenüber dem Selbstbestimmungsrecht der Kirchen nicht auf seine Grundrechte aus Art. 12 Abs. 1 S. 1, Art. 4 Abs. 1 GG und auch nicht darauf berufen, daß eine Entscheidung des BVerfG über die Verfassungswidrigkeit der MLPD gemäß Art. 21 II GG nicht vorliegt. (…)

40. LAG Niedersachsen v. 9. März 1989 – 14 Sa 1608/89, NJW 1990, 534 = EzA § 611 BGB Kirchliche Arbeitnehmer Nr. 34 = KirchE 27, 56
Zur sozialen Rechtfertigung der Kündigung des Arbeitsverhältnisses einer der Katholischen Kirche angehörenden Angestellten einer katholischen Kirchengemeinde wegen erneuter standesamtlicher Eheschließung zu Lebzeiten des früheren Ehegatten.

41. LAG Düsseldorf v. 15. Januar 1991 – 16 Sa 1416/90, NZA 1991, 600 = EzA § 611 BGB Kirchliche Arbeitnehmer Nr. 35
1. In einem Kündigungsrechtsstreit zwischen Arbeitnehmer und kirchlichem Arbeitgeber sind die (staatlichen) Gerichte für Arbeitssachen befugt, die Einhaltung innerkirchlichen Rechts, (hier: ordnungsgemäße Beteiligung der Mitarbeitervertretung nach § 31 MAVO), zu überprüfen.
2. Eine ohne ordnungsgemäße Beteiligung der Mitarbeitervertretung ausgesprochene fristlose Kündigung – § 31 MAVO – ist ebenso wie im Geltungsbereich des BetrVG unheilbar nichtig.

42. LAG Rheinland-Pfalz v. 12. September 1991 – 4 Sa 72/91, NZA 1992, 648 = KirchE 29, 308 = EzA § 611 BGB Kirchliche Arbeitnehmer Nr. 29, PersV 1993, 167 (Britz)
1. Auch bei einem Verstoß gegen die katholische Glaubens- und Sittenlehre ist die Wirksamkeit einer ordentlichen personenbedingten Kündigung einer im Arbeitsverhältnis mit der Deutschen Caritas stehenden Altenpflegerin von einer umfassenden Interessenabwägung abhängig.
2. Im Einzelfall kann der grundgesetzliche Schutz von Ehe und Familie gegenüber dem kirchlichen Selbstbestimmungsrecht im Rahmen der Interessenabwägung Vorrang haben.

43. LAG Hamm von 15. Oktober 1991 – 7 Sa 1052/91, EzA § 611 BGB Kirchliche Arbeitnehmer Nr. 5 = KirchE 29, 339
1. Das staatliche Arbeitsgericht hat den Hinweis des kirchlichen Arbeitnehmers zu überprüfen, die vom kirchlichen Arbeitgeber ausgesprochene Kündigung sei unwirksam, weil dieser vor Ausspruch der Kündigung die kirchliche MAV nicht ordnungsgemäß beteiligt habe (BAG, Urteil v. 4. 7. 1991 – 2 AZR 16/91 -; Urteil v. 19. 1. 1983 – 7 AZR 60/81).
2. Diese Überprüfung erstreckt sich nach entsprechenden Hinweisen des kirchlichen Arbeitnehmers auch auf mögliche gravierende Verstöße des Schlichtungsausschusses gegen zwingende Bestimmungen der Schlichtungsausschußordnung, sobald diese Verstöße die Nichtigkeit des Schiedsspruchs zur Folge haben.
3. Dem kirchlichen Arbeitgeber ist es verwehrt, auf die Rechtmäßigkeit des kirchengerichtlich nicht anfechtbaren Schiedsspruchs zu vertrauen, sofern diesem vor Verkündung des Schiedsspruchs bekannt ist, daß dieser unter Verstoß gegen zwingende Verfahrensbestimmungen ergangen und deshalb nichtig ist.

44. LAG Köln v. 28. Oktober 1992 – 7 Sa 692/92, LAGE § 611 Kirchliche Arbeitnehmer Nr. 7 = KirchE 30, 384
1. Der Vorschrift des § 30 Abs. 1 MAVO ist nicht genügt, wenn dem Anhörungsschreiben ein Schreiben des Arbeitnehmers, dessen Inhalt auch Kündigungsgrund sein soll, schlicht beigefügt worden ist, ohne daß im Anhörungsschreiben zum Ausdruck gebracht worden ist, daß das Schreiben des Arbeitnehmers ebenfalls Kündigungsgrund sein soll.

2. Die Nichteinhaltung der Formvorschrift des § 30 Abs. 1 MAVO hinsichtlich eines von mehreren Kündigungsgründen hat aufgrund von § 30 Abs. 5 MAVO rechtlich jedenfalls zur Folge, daß sich der Arbeitgeber auf diesen Kündigungsgrund zur Rechtfertigung seiner Kündigung nicht berufen kann.

45. LAG Köln v. 18. Januar 1995 – 8 Sa 1167/94, AP Nr. 1 zu § 42 d MitarbeitervertretungsG-EK Rheinland = AP Nr. 75 zu § 102 BetrVG 1972 = NZA 1995, 1200 = KirchE 33, 8
Für die Beantwortung der Frage, ob die Mitarbeitervertretung vor Ausspruch einer ordentlichen Kündigung ordnungsgemäß nach dem Kirchengesetz über die Bildung von Mitarbeitervertretungen in kirchlichen Dienststellen in der Evangelischen Kirche im Rheinland vom 12.01. 1994 beteiligt worden ist, gelten dieselben Grundsätze, die das BAG für das Anhörungsverfahren nach § 102 BetrVG entwickelt hat. Das ergibt sich aus dem Sinn und Zweck des Mitwirkungsverfahrens.

46. LAG Köln v. 28. August 1996 – 11 Sa 64/96, KirchE 34, 417
1. Das vom Preußischen Landtag als staatliches Recht verabschiedete „Gesetz über die Verwaltung des katholischen Kirchenvermögens" vom 24.07. 1924 (GS PR 1924, 585) – KiVermVwG RP – gilt in Nordrhein-Westfalen als staatliches Landesrecht weiter.
    2. Gemäß § 14 S. 2 KiVermVwG RP verpflichten Willenserklärungen des Kirchenvorstandes die katholische Kirchengemeinde nur dann, wenn sie der Vorsitzende oder sein Stellvertreter und zwei Mitglieder schriftlich unter Beidrückung des Amtssiegels abgeben. Diese Formerfordernisse wiederholt das katholische Kirchenrecht für alle Willenserklärung des Kirchenvorstandes (z.B. Art. 9 S. 1 der „Geschäftsanweisung für die Verwaltung des Vermögens in den Kirchengemeinden und Gemeindeverbänden der Erzdiözese Köln"), was möglicherweise Einfluß auf die Wirksamkeit von Kündigungen haben kann.
    3. Liegen die Formalien des § 14 S. 2 KiVermVwG RP vor, wird nach S. 3 a.a.O. „nach außen die Ordnungsgemäßheit der Beschlußfassung festgestellt." Letzteres ist dahin auszulegen, daß der Rechtsverkehr darauf vertrauen darf, daß der in dieser Form abgegebenen Willenserklärung ein eventuell erforderlicher Beschluß des Kirchenvorstandes zugrunde liegt und daß dieser ordnungsgemäß zustande gekommen ist. Ein Mangel in diesem Bereich kann deshalb auf die Wirksamkeit einer Kündigung bei Vorliegen der übrigen Formalien keinen Einfluß haben.
    4. Der im Kündigungsschutzprozeß vom Arbeitnehmer gegen seinen kirchlichen Arbeitgeber durch positive Behauptung ohne Antritt des Wahrheitsbeweises erhobene Vorwurf des Prozeßbetrugs und der Falschbeurkundung im Amt kann Grund für einen erfolgreichen Auflösungsantrag des Arbeitgebers sein, wenn das schlichte Bestreiten mit Nichtwissen der Wahrung berechtigter Interessen vollauf genügt hätte.

47. LAG Rheinland-Pfalz v. 9. Januar 1997 – 11 Sa 428/96, LAGE § 611 BGB Kirchliche Arbeitnehmer Nr. 8 = LAGE § 626 BGB Nr. 109 = NZA 1998, 149 = KirchE 35, 5
1. Eine im Bereich der Evangelischen Kirche beschäftigte Sozialpädagogin in einer Beratungsstelle für Erziehungs-, Ehe- und Lebensfragen wirkt unmittelbar an der Verwirklichung der caritativen Aufgaben dieser von der Kirche getragenen Einrichtung mit.
    2. Da sie daher unmittelbar in den Verkündungsauftrag der Kirche einbezogen ist, ver-

stößt sie durch ihren Kirchenaustritt in so schwerwiegender Weise gegen ihre Loyalitätsobliegenheit, daß ein wichtiger Grund im Sinne von § 626 Abs. 1 BGB vorliegt.
3. Da ein Kirchenaustritt nicht nur den Leistungs-, sondern auch den Vertrauensbereich berührt, bedurfte es vor Ausspruch der Kündigung keiner Abmahnung.

48. LAG Berlin v. 11. Juni 1997 – 13 Sa 19/97, NZA-RR 1997, 422
Aus den Gründen: Die Klägerin hat durch ihr gesamtes Verhalten schwerwiegend gegen die obliegenden dienstvertraglichen Pflichten verstoßen. Dabei kann unentschieden bleiben, ob bereits die Mitgliedschaft in der Scientology-Organisation allein ausreicht, um eine außerordentliche Kündigung zu begründen. Hierbei ist nämlich schon die ausgeübte Tätigkeit der Klägerin und ihr Aufgabenbereich besonders zu berücksichtigen, der vorrangig in der psychologischen Betreuungs- und Beratungsarbeit in russischer Sprache, der individuellen psychologischen Beratung, Betreuung von Familien, Alleinstehenden, Kindern und Jugendlichen in akuten Krisensituationen bestand. Sie hatte mit abhängigen Personen zu tun, die ihr anvertraut waren. Daß diese in einem besonderen Abhängigkeitsverhältnis zu ihr standen und leicht zu beeinflussen waren, liegt auf der Hand. Daher kann schon die Gefahr der einseitigen Beeinflussung mit den Ideen der „Scientology" einen wichtigen Grund darstellen, um ein derartiges Dienstverhältnis zu beenden. Denn eine Institution, wie der von Drittmitteln abhängige Beklagte, muß genauestens darauf bedacht sein, daß die von ihm betreuten ausländischen Personen objektiv wertneutral ohne jede einseitige Beeinflussung im Sinne der Aufgabenstellung betreut werden. Dazu muß der Beklagte. seinen Mitarbeiterinnen und Mitarbeitern ein besonderes Vertrauen entgegenbringen können, daß seine Angestellten im Rahmen ihrer Aufgabenstellung nicht dagegen verstoßen. Ein derartiges Vertrauen konnte der Beklagte der Klägerin schon wegen ihrer Zugehörigkeit zu der Scientology-Bewegung nicht haben. Zielsetzung und Methoden dieser Organisation werden in der breiten Öffentlichkeit der Bundesrepublik Deutschland als menschenverachtend und kriminell angesehen. Sie steht in dem Verdacht, nicht nur „harten Zugriff" auf den Geist ihrer Anhänger, sondern auch auf Staat und Gesellschaft zu versuchen, und zwar durch Einflußnahme in allen gesellschaftlichen und wirtschaftlichen Bereichen. Daher kann schon die Zugehörigkeit zu einer derartigen Organisation für den Bekl. mit seiner Zielsetzung der Ausländerbetreuung als ein wichtiger Grund zur sofortigen Vertragsbeendigung angesehen werden. Vorliegend kommt jedoch erschwerend hinzu, daß die Kl. nicht nur Anhängerin der Scientology-Bewegung war. Sie ist auch aktiv für diese Organisation tätig geworden, und zwar auch unter Ausnutzung ihrer Tätigkeit bei dem Beklagten. (…)

49. LAG Düsseldorf v. 13. August 1998 – 7 Sa 425/98, LAGE § 611 BGB Kirchliche Arbeitnehmer Nr. 9 (Thüsing) = LAGE § 1 KSchG Tendenzbetrieb Nr. 5 = ZMV 1998, 304
1. Ein (Dekanats-)Kantor gehört als Mitarbeiter des liturgischen Dienstes nicht zu dem Personenkreis, für den gem. Art. 5 Abs. 2 der Grundordnung des kirchlichen Dienstes im Rahmen kirchlicher Arbeitsverhältnisse vom 22. 09. 1993 gesteigerte Loyalitätsanforderungen gelten.
2. Erweist sich der für eine – nach § 19 Abs. 1 S. 2 MAVO für ein Mitglied der Mitarbeitervertretung zugelassene – fristgerechte Kündigung aus kirchenspezifischen Gründen vorgebrachte Sachverhalt als nicht ausreichend, so kann allein auf diesen Sachverhalt ein Auflösungsantrag des kirchlichen Arbeitgebers nicht gestützt werden.

50. LAG Köln v. 13. November 1998 – 11 Sa 25/98, LAGE § 105 BGB Nr. 1 = LAGE § 611 BGB Kirchliche Arbeitnehmer Nr. 10 = NZA-RR 1999, 232
1. Der kirchliche Arbeitgeber (hier evangelischer Kirchenkreis) darf eine fristlose Kündigung in Erwägung ziehen, wenn ein von ihm in der Erziehungs- und Eheberatung beschäftigter Diplom-Psychologe sich auf sexuelle Beziehungen mit einer verheirateten Patientin einläßt, die seine Beratung wegen ihrer Eheprobleme vor dem Hintergrund traumatischer Kindheitserlebnisse aufgesucht hat – und zwar auch dann, wenn die Initiative allein bei der Patientin lag und er zunächst nachhaltigen Widerstand geleistet hat; in diesem Fall ist ein mit der Drohung fristloser Entlassung herbeigeführter Aufhebungsvertrag nicht wegen widerrechtlicher Drohung anfechtbar.
2. Geschäftsunfähigkeit im Sinne von § 105 Abs. 2 BGB setzt eine Störung der Geistestätigkeit voraus, aufgrund derer der Betroffene nicht mehr in der Lage ist, seine Entscheidungen von vernünftigen Erwägungen abhängig zu machen; starker Stress in Verbindung mit einem hohen Motivationsdruck reicht jedenfalls dann nicht aus, wenn die auf ihm beruhende Entscheidung auch im nachhinein weder krankhaft noch persönlichkeitsfremd, sondern nachvollziehbar und verständlich erscheint.

51. LAG Baden-Württemberg v. 19. Juni 2000 – 9 Sa 3/00, ZMV 2000, 292 (Thiel)
1. Hat die katholische Sozialstation die Rechte und Pflichten ihrer Arbeitnehmer einzelvertraglich, tarifvertraglich oder aufgrund Art. 140 GG in Verbindung mit Art. 137 Abs. 3 Weimarer Reichsverfassung erlassenen Ordnungen geregelt, so sind diese Regelungen für die Prüfung der Sozialwidrigkeit der Kündigung gemäß § 1 Abs. 2 KSchG maßgebend.
2. Ist in diesen Bestimmungen der Wechsel der Glaubensgemeinschaft durch einen Arbeitnehmer nicht geregelt, so ist die ausgesprochene soziale Kündigung ungerechtfertigt. Auf einen Verstoß gegen allgemeine Glaubenssätze der katholischen Kirche kann sich der Arbeitgeber jedenfalls bei einem nichtkatholischen Arbeitnehmer nicht berufen, wenn er gegen die Religionsgemeinschaft, welcher die Arbeitnehmerin beigetreten ist, keine Bedenken hinsichtlich deren christlichen Glaubensgrundlagen erhoben hat.

52. LAG Düsseldorf v. 30. November 2000 – 11 Sa 1180/00, ZMV 2001, 201
1. Werden einem mit der Geschäftsführung beauftragten Arbeitnehmer, der gemäß § 4 Abs. 2 S. 1 MVG-EKD auch zur Dienststellenleitung gehört (§ 4 Abs. 1 MVG-EKD) und bei dessen außerordentlicher Kündigung deshalb die Mitarbeitervertretung nach § 44 S. 1 MVG-EKD nicht gemäß §§ 45 Abs. 1, 46 lit. b MVG-EKD zu beteiligen ist, die für den Ausschluß dieses Beteiligungsrechts maßgeblichen Aufgaben (Einstellung und Entlassung von Mitarbeitern) entzogen, entfällt der Grund für diesen Ausschluß.
2. Eine nach Entzug dieser Aufgaben gegenüber einem ehemals mit der Geschäftsführung beauftragten Arbeitnehmer ausgesprochene außerordentliche Kündigung, an der die Mitarbeitervertretung entgegen §§ 45 Abs. 1, 46 lit. b MVG-EKD nicht beteiligt worden ist, ist gemäß § 45 Abs. 2 S. 1 MVG-EKD unwirksam.

53. LAG Köln v. 2. Februar 2001 – 11 Sa 1292/00, ZTR 2001, 375 = ArbuR 2001, 279
1. Die Kündigung durch einen der MAVO unterfallenden Arbeitgeber, die noch während des Laufs der in § 31 Abs. 2 MAVO vorgesehenen Frist ausgesprochen wird, ist unwirksam, es sei denn die Mitarbeitervertretung hatte bereits ihre abschließende Stellungnahme

abgegeben. Die Erklärung „Die Mitarbeitervertretung nimmt die Maßnahme zur Kenntnis" ist grundsätzlich nicht als eine solche abschließende Stellungnahme zu werten.

2. Verkürzt der Arbeitgeber die der Mitarbeitervertretung in § 31 Abs. 2 MAVO eingeräumte Frist zur Stellungnahme über das zulässige Maß hinaus, ist bereits die Einleitung des Anhörungsverfahrens mangelhaft. Der Mangel wird nicht dadurch geheilt, daß die Mitarbeitervertretung noch innerhalb der zu kurzen Frist eine abschließende Stellungnahme abgibt, die nicht in einer ausdrücklichen Zustimmung besteht.

54. LAG Hamm v. 26. Februar 2002 – 5 Sa 1582/01, AP Nr. 3 zu § 611 BGB Gewissensfreiheit = AP Nr. 4 zu Art 4 GG Gewissensfreiheit = AP Nr. 104 zu § 616 BGB = NZA 2002, 1090

Der gläubige Arbeitnehmer ist unter Berücksichtigung der betrieblichen Belange wegen seiner Grundrechte aus Art. 4 Abs. 1 und 2 GG grundsätzlich berechtigt, seinen Arbeitsplatz zur Abhaltung kurzzeitiger Gebete zu verlassen. Insoweit kann ein Leistungshindernis nach § 616 BGB bestehen.

Wegen der aus Art. 2 Abs. 1, 12 Abs. 1 und 14 Abs. 1 GG grundrechtlich geschützten Belange des Arbeitgebers darf der Arbeitnehmer seinen Arbeitsplatz nicht ohne Rücksprache mit seinem Vorgesetzten verlassen. Die Pflichtgebete des Islam sind nur innerhalb eines Zeitrahmens je nach Sonnenstand abzuhalten. Der Arbeitnehmer ist nicht berechtigt, den genauen Zeitpunkt seiner Arbeitsunterbrechung innerhalb des Zeitrahmens ohne Rücksprache mit seinem Vorgesetzten selbst zu bestimmen.

55. LAG Sachsen v. 9. März 2005 – 5 (10) Sa 147/03, juris

Beschließt die Kreissynode aufgrund einer rückläufigen Gemeindemitgliederzahl die Angliederung eines Kirchenkreises und die Reduzierung von Pfarrstellen (hier anstatt 1,25 nur 1 Stelle), bestehen gegen die Wirksamkeit dieser unternehmerischen Entscheidung keine Bedenken.

Bei der Möglichkeit der Weiterbeschäftigung sind nur Stellen des Kirchenkreises in Betracht zu ziehen. Auf Planstellen der Kirchengemeinde als eigenständige Gebietskörperschaft hat der Kirchenkreis keine Entscheidungsbefugnis.

56. LAG Frankfurt vom 26. Oktober 2004 – 1 Sa 868/04, ZMV 2005, 104

Die staatlichen Gerichte sind zur Entscheidung über den Anspruch eines Mitarbeiters des Bistums Fulda im Arbeitsverhältnis auf Entfernung einer Abmahnung, die zum Teil eine unrichtige rechtliche Würdigung darstellt und zum Teil unverhältnismäßig ist, aus der Personalakte berufen.

Bedienen sich die Kirchen wie jedermann der Privatautonomie zur Begründung von Arbeitsverhältnissen, so findet auf diese das staatliche Arbeitsrecht Anwendung.

57. LAG Köln vom 22. März 2005 – 9 Sa 1296/04, ArbuR 2005, 424

1. Für die ordnungsgemäße Beteiligung der Mitarbeitervertretung vor der Kündigung gelten grundsätzlich dieselben Maßstäbe, die das Bundesarbeitsgericht für das Anhörungsverfahren nach § 102 BetrVG entwickelt hat.

2. Danach ist nach »Rücknahme« einer Kündigung die Mitarbeitervertretung vor Ausspruch einer weiteren Kündigung erneut zu beteiligen. Dies gilt jedenfalls dann, wenn das vorherige Beteiligungsverfahren fehlerhaft war oder wenn sich neue Gründe ergeben ha-

ben, die den nach § 41 Abs 2 MVG (Juris : EvKiMAVertrG) zulässigen Zustimmungsverweigerungsgründen zuzuordnen sind.

58. LAG München vom 25. Januar 2005 – 6 Sa 489/03
Es sind Fälle denkbar, in denen auch einem nach § 55 BAT unkündbaren Angestellten des kirchlichen Dienstes nach § 626 BGB unter Gewährung einer notwendigen Auslauffrist außerordentlich betriebsbedingt gekündigt werden kann.
Der Verband der Diözesen Deutschlands ist eine Körperschaft des Öffentlichen Rechts und kein Dachverband katholischer Arbeitgeber in der Bundesrepublik Deutschland.

59. ArbG Essen v. 22. August 1985 – 3 Ca 2138/85, KirchE 24, 171
Die kirchlich ungültige Eheschließung einer langjährigen Mitarbeiterin, die nur entfernt am Verkündigungsdienst der Kirche teilnimmt, rechtfertigt nur eine ordentliche, nicht eine außerordentliche Kündigung.

60. ArbG Siegburg v. 16. Oktober 1985 – 2 Ca 1063/85, KirchE 24, 221
Eine schriftliche Willenserklärung einer Kirchengemeinde im Erzbistum Köln ist unwirksam, wenn ihr das Siegel der Kirchengemeinde fehlt. Unter Umständen kann die Berufung auf den Formmangel gegen Treu und Glauben verstoßen,

61. ArbG Regensburg v. 18. Juli 1986 – 5 Ca 968/86; KirchE 24, 185
1. Nach der Rechtsprechung des BVerfG (Beschluß v. 4. 6. 1985 – 2 BvR 1703/83 - AP Nr. 24 zu Art. 140 GG) bleibt die Verfassungsgarantie des kirchlichen Selbstbestimmungsrechtes auch für die Gestaltung privater Arbeitsverhältnisse mit kirchlichen Trägern wesentlich; das staatliche Arbeitsgericht ist grundsätzlich an die Vorgaben der verfaßten Kirche hinsichtlich der Beachtung besonderer Obliegenheiten einer kirchlichen Lebensführung durch den Arbeitnehmer auch im außerdienstlichen Bereich, der verbindlichen Bestimmung wesentlicher Grundsätze der Glaubens- und Sittenlehre und der Erfordernisse hinsichtlich ihrer Glaubwürdigkeit und Verkündigung und der Frage einer Abstufung der Loyalitätspflichten gebunden, – es sei denn, das staatliche Arbeitsgericht begäbe sich durch diese Bindung an die kirchlichen Vorgaben in Widerspruch zu Grundprinzipien der Rechtsordnung (allgemeines Willkürverbot – Art. 3 Abs. 1 GG –, Begriff der guten Sitten – § 138 Abs. 1 BGB – und ordre public – Art. 30 EGBGB -), oder die kirchlichen Einrichtungen stellten im Einzelfall unannehmbare Anforderung an die Loyalität ihrer Arbeitnehmer, möglicherweise entgegen ihren eigenen Grundsätzen und der daraus folgenden besonderen Fürsorgepflicht. Bei der hiernach nur sehr eingeschränkten Befugnis des staatlichen Gerichts zur inhaltlichen Prüfung der vorgeworfenen Loyalitätspflichtverletzung hinsichtlich eines Widerspruchs zu Grundprinzipien der Rechtsordnung ist auch die Stellung des Arbeitnehmers innerhalb der kirchlichen Hierarchie, eine vertrags- und stellungsangemessene Differenzierung zwischen Funktionsträgern und weniger kirchenspezifisch tätigen Mitarbeitern zu berücksichtigen (im Anschluß an Rüthers, NJW 1986, 356f/ 359); ein Verstoß gegen das Willkürverbot kann hierbei vom staatlichen Arbeitsgericht in Erwägung gezogen werden, wenn der kirchliche Arbeitgeber ohne sachlichen Differenzierungsgrund einen Arbeitnehmer, der zivilrechtlich eine bereits in früherer Ehe kirchlich getraute Frau heiratet, kündigt, andere sogar selbst zivilrechtlich geschiedene und wiederverheiratete Arbeitnehmer dagegen weiterbeschäftigt.

2. Ob der vom kirchlichen Arbeitgeber dem staatlichen Arbeitsgericht weitestgehend vorgegebene Kündigungsgrund dagegen unter Abwägung der beiderseitigen Interessen eine Kündigung im Sinne des § 1 Abs. 2 S 1 KSchG (bzw. § 626 Abs. 1 BGB) rechtfertigt, unterliegt umfassender arbeitsgerichtlicher Anwendungskompetenz. Bei der Abwägung der beiderseitigen Interessen ist einerseits – abgestuft nach der konkret übertragenen Aufgabe hinsichtlich der Nähe zum kirchlichen Auftrag (so auch Dütz in Anmerkung zu BAG, AP Nr. 20 zu Art. 140 GG, in Anmerkung zu BAG, EzA Nr. 4 zu § 1 KSchG Tendenzbetrieb, in ArbuR 1979, S. 8) – der Glaubwürdigkeit der Kirche und den Grundsätzen der Glaubens- und Sittenlehre besonderes Gewicht beizumessen; andererseits ist beim vorwiegend personenbedingten – nach der Rechtsprechung deshalb besonders strengen Interessenabwägungsmaßstäben unterliegenden – Kündigungsgrund einer (zwangsläufig nur) zivilen Eheschließung eines bei einem kirchlichen Träger beschäftigten Arbeitnehmers mit einer in früherer Ehe bereits kirchlich getrauten Partnerin zu dessen Gunsten zu beachten, daß das „Leistungshindernis" (kirchenrechtlicher Fortbestand der früheren Ehe) vom Partner herrührt und vor allem dieser Arbeitnehmer nicht nur einen freien Willensentschluß (wie z.B. beim Kirchenaustritt) umsetzt, sondern sich in einer Art faktischen Zwangssituation befindet, bei der alle denkbaren Handlungsalternativen (Fortbestand einer außerehelichen Beziehung, gegebenenfalls in Form unverheirateten Zusammenlebens – Trennung vom Partner, gegebenenfalls trotz Kindes – Ehe, die zwangsläufig nur zivilrechtlich geschlossen werden kann) gegen wesentliche Sittengrundsätze der Kirche auf der moraltheologischen oder formell kirchenEbene verstoßen und deshalb tendenziell kündigungsrelevant sind.

62. ArbG Passau v. 16. Oktober 1986 – 4 (1) Ca 1576/85, KirchE 23, 254
Auch wenn ein kirchlicher Arbeitnehmer durch seine Aufgabe keine spezifisch kirchliche Tätigkeit verrichtet oder dies jedenfalls nicht der Schwerpunkt seiner Tätigkeit ist, kann eine Kündigung gerechtfertigt sein, wenn sie erfolgt, um die Glaubwürdigkeit der kirchlichen Einrichtung allgemein oder gegenüber denen zu sichern, die sie in Anspruch nehmen.

63. ArbG Hamm v. 18. August 1987 – 2 Ca 183/87, KirchE 25, 296
Es rechtfertigt die fristlose Kündigung des Dienstverhältnisses, wenn eine an einer Schule in kirchlicher Trägerschaft tätige Lehrerin katholischer Konfession nach Trennung von ihrem Ehemann eine Lebensgemeinschaft mit einem anderen Partner aufnimmt.

64. ArbG Celle v. 12. Januar 1988 – 2 Ca 341/86, KirchE 26, 9
Bei Kündigung wegen Kirchenaustritts eines kirchlichen Dienstnehmers rechtfertigt der Loyalitätsverstoß als solcher nicht ohne weiteres eine fristlose Auflösung des Dienstverhältnisses.

65. ArbG Bremen v. 13. Januar 1993 – 5 Ca 5394/92, KirchE 31, 16
Eine ordentliche Kündigung in der Probezeit eines kirchlichen Mitarbeiters ist jedenfalls dann gem. § 37 Abs. 4 S. 4 MVO unwirksam, wenn sie vor Ablauf der 3-Tage-Frist zu § 37 Abs. 5 S.2 MVO ausgesprochen wird.

66. ArbG Oberhausen v. 24. Mai 1994 – 3 Ca 356/94, KirchE 32, 169
1. Bei einem Mitarbeiter des kirchlichen Dienstes kann der Ausspruch einer fristlosen Kündigung gerechtfertigt sein, wenn es um schwerwiegende Verstöße gegen die Grundsät-

ze der katholischen Glaubens- und Sittenlehre und einschlägige kirchliche Bestimmungen geht.
2. Ein schwerwiegender Loyalitätsverstoß liegt nicht nur dann vor, wenn ein pastoral tätiger Mitarbeiter eine nach dem Glaubensverständnis und der Rechtsordnung der katholischen Kirche ungültige Ehe eingeht, sondern kann auch dann gegeben sein, wenn er ohne neuerliche Eheschließung mit einem geschiedenen Partner in Lebensgemeinschaft zusammenlebt.

67. ArbG Oberhausen v. 24. Mai 1994 – 3 Ca 356/94, KirchE 32, 169
1. Bei einem Mitarbeiter des kirchlichen Dienstes kann der Ausspruch einer fristlosen Kündigung gerechtfertigt sein, wenn es um schwerwiegende Verstöße gegen die Grundsätze der katholischen Glaubens- und Sittenlehre und einschlägige kirchliche Bestimmungen geht.
2. Ein schwerwiegender Loyalitätsverstoß liegt nicht nur dann vor, wenn ein pastoral tätiger Mitarbeiter eine nach dem Glaubensverständnis und der Rechtsordnung der katholischen Kirche ungültige Ehe eingeht, sondern kann auch dann gegeben sein, wenn er ohne neuerliche Eheschließung mit einem geschiedenen Partner in Lebensgemeinschaft zusammenlebt.

68. ArbG Berlin v. 7. Juli 1999 – 36 Ca 30545/98, NZA-RR 2000, 244 = LAGE § 611 BGB Kirchliche Arbeitnehmer Nr. 11
1. Es gibt keinen Erfahrungssatz, daß ein Arbeitnehmer, der Sexualpraktiken zugeneigt bzw. solche privat praktiziert, die von der gesellschaftlichen Mehrheit abgelehnt werden, Distanzverletzungen bei der Erfüllung seiner arbeitsvertraglichen Pflichten befürchten läßt.
2. Bekennt sich ein Arbeitnehmer, der als Krankenpfleger auf einer geschlossenen psychiatrischen Station arbeitet, in einer Fernsehtalkshow zu sadomasochistischen Sexualpraktiken, rechtfertigt dies allein eine personenbedingte Kündigung wegen mangelnder Eignung nicht.
3. Ein dem Diakonischen Werk der evangelischen Kirche angehörender Arbeitgeber kann sich auf eine Unvereinbarkeit eines Verhaltens des Arbeitnehmers mit dem diakonischen Auftrag jedenfalls dann nicht berufen, wenn er im Vorfeld der Kündigung ernsthaft erwogen hat, den Arbeitnehmer auf einer anderen Station als Krankenpfleger weiterzubeschäftigen.

69. OLG Düsseldorf v. 17. Oktober 1991 – 18 U 78/91, DB 1992, 1193 = KirchE 29, 354 = EzA § 18 BErzGG Nr. 1 = BB 1992, 776 (Rust) = EWiR 1992, 125 (Linke)
Ein besonderer Fall im Sinne von § 18 BErzGG ist in der Regel nicht gegeben, wenn eine katholische Kirchengemeinde einer Kindergärtnerin deswegen kündigt, weil sie einen geschiedenen Mann geheiratet hat. Dies gilt insbesondere dann, wenn die Kirchengemeinde die Kindergärtnerin zunächst in Kenntnis der Heirat weiter eingesetzt hat.

70. Hessischer VGH v. 6. November 2002 – 10 UZ 2439/00, NVwZ 2003, 1002
1. Der Senat folgt der gefestigten verwaltungsgerichtlichen Rechtsprechung, wonach staatliche Gerichte auch im Rahmen von Statusfolgeverfahren nicht zur Überprüfung kirchlicher Maßnahmen (hier: Entfernung eines Kirchenbeamten aus dem Dienst) befugt sind.

2. Über Fragen des kirchlichen Amtsrechts dürfen staatliche Gerichte nach Maßgabe der allgemeinen Gesetze und in Erfüllung des Justizgewährungsanspruchs jedenfalls nicht vor Erschöpfung des insoweit gegebenen kirchlichen Rechtswegs entscheiden (vgl. BVerfG, Beschluss v. 18. September 1998 – 2 BvR 1476/94 – NJW 1999, 349).

B) Rechtsprechung zum kirchlichen Arbeitsrechtsregelungsverfahren

71. BVerfG, Beschluß v. 7. Februar 1990 – 1 BvR 26/84, BGBl I 1990, 575 = BVerfGE 81, 242 = AP Nr. 65 zu Art. 12 GG = NJW 1990, 1469 = JZ 1990, 695 (Wiedemann) = = AcP 192, 35 (Medicus) = EzA § 611 BGB Kirchliche Arbeitnehmer Nr. 25 (Richardi)
1. Art. 12 Abs. 1 GG kann gebieten, daß der Gesetzgeber im Zivilrecht Vorkehrungen zum Schutz der Berufsfreiheit gegen vertragliche Beschränkungen schafft, namentlich wenn es an einem annähernden Kräftegleichgewicht der Beteiligten fehlt.
2. Der generelle Ausschluß einer Karenzentschädigung bei Wettbewerbsverboten für Handelsvertreter in den Fällen des § 90a Abs. 2 S. 2 HGB war jedenfalls bis zur Novellierung des Handelsvertreterrechts durch Gesetz vom 23. Oktober 1989 mit Art. 12 Abs. 1 GG unvereinbar.

72. BAG v. 21. Oktober 1970 – 4 AZR 20/70, BAGE 23, 1 = AP Nr. 1 zu § 611 BGB Kirchendienst (Granzow) = AR-Blattei Kirchenbedienstete Entscheidung 5 (Richardi) = DB 1971, 247
1. Die evangelische Kirche in Berlin-Brandenburg im Bereich der Regional-Synode West ist aufgrund der ihr zukommenden verfassungsrechtlich garantierten Autonomie berechtigt, die Dienstverhältnisse ihrer Geistlichen und sonstigen Amtsträger durch eigene Gesetze selbständig und in eigener Verantwortung zu regeln.
2. Die Zahlung des vollen Kinderzuschlags an eine Angestellte im Dienst der vorgenannten Kirche kommt grundsätzlich nur in Betracht, soweit ein solcher Kinderzuschlag nicht bereits von anderer Seite für dasselbe Kind gezahlt wird, wobei es ohne rechtliche Bedeutung ist, ob der Zweitberechtigte im Dienste der Kirche oder im allgemeinen öffentlichen Dienst steht.
3. Jedoch steht der Angestellten im Kirchendienst für ihr Kind ein Kinderzuschlag in halber Höhe zu, wenn daneben noch ein Zweitberechtigter aus dem Bereich des sonstigen öffentlichen Dienstes
4. Dabei ist es unerheblich, wenn der sich im öffentlichen Dienst befindliche Zweitberechtigte einen vollen Kinderzuschlag deswegen erhält, weil der Kirchendienst nicht als öffentlicher Dienst angesehen wird und daher eine Berücksichtigung des von der Kirche an ihre Angestellte zu zahlenden hälftigen Kinderzuschlags nicht vorgesehen ist.
5. Haben beide Parteien gegen das Berufungsurteil Revision eingelegt, und werden beide Revisionen zurückgewiesen, dann tragen beide Parteien die Kosten des Revisionsverfahrens gemäß dem Prinzip der Einheitlichkeit der Kostenentscheidung bei gleicher Beschwer nach § 92 ZPO grundsätzlich je zur Hälfte.

73. BAG v. 24. September 1980 – 4 AZN 289/80, BAGE 34, 182 – 187 = AP Nr. 9 zu § 72a ArbGG 1979 Grundsatz (Grunsky) = KirchE 18, 277
1. Die „Richtlinien für Arbeitsverträge in den Einrichtungen des Deutschen Caritasverbandes" (AVR) sind kein Tarifvertrag im Sinne von ArbGG § 72a Abs. 1 Nr. 2. Auf ihre fehlerhafte Auslegung kann eine Nichtzulassungsbeschwerde nicht gestützt werden.
2. ArbGG § 72a Abs. 1 Nr. 2 verletzt nicht die verfassungsrechtlich geschützte Regelungsautonomie der Kirchen (Art. 137 Abs. 3 WRV).
3. die Vorschrift verstößt auch nicht gegen den Gleichheitssatz des Art. 3 GG. Diese Verfassungsnorm gewährt kein allgemeines Recht auf Zugang zur Revisionsinstanz.

74. BAG v. 25. März 1987 – 5 AZR 414/84, BAGE 54, 308 = AP Nr. 1 zu § 20a AVR Diakonisches Werk = NZA 1988, 880 = KirchE 25, 73
1. Die Höhe der Vergütung eines Angestellten im Krankheitsfall (§ 616 Abs. 1 S. 1 BGB) kann auch durch Tarifvertrag nicht beschränkt werden.
2. § 24 Abs. 3 in Verbindung mit § 28 Abs. 10 der Arbeitsvertragsrichtlinien des Diakonischen Werkes der Evangelischen Kirche in Deutschland ist nichtig, soweit er den nach § 20a Abs. 1 S. 2 Buchstabe e) AVR zu gewährenden Zeitzuschlag für Nachtarbeit bei der Berechnung der Krankheitsvergütung unberücksichtigt läßt.

75. BAG v. 28. Oktober 1987 – 5 AZR 518/85, AP Nr. 1 zu § 7 AVR Caritasverband (Mayer-Maly) = NZA 1988, 425 = EzA § 125 BGB Nr. 10 (Dütz)
Die Formvorschrift des § 7 Abs. 2 der Richtlinien für Arbeitsverträge in den Einrichtungen des Deutschen Caritasverbandes (AVR) ist keine Rechtsnorm im Sinne des Art. 2 EGBGB und hat daher nicht die gleiche Rechtswirkung wie eine durch Tarifvertrag bestimmte Formvorschrift.

76. BAG v. 7. September 1988 – 4 AZN 436/88, AP Nr. 36 zu § 72a ArbGG 1979 Grundsatz = NJW 1989, 549 = KirchE 26, 237
Kirchliche Vergütungsregelungen auf Grund von Kirchengesetzen (hier: BAT-Kirchliche Fassung) sind keine Tarifverträge. Auf ihre Auslegung kann eine Nichtzulassungsbeschwerde nach § 72a Abs. 1 Nr. 2 ArbGG nicht gestützt werden.

77. BAG v. 12. Januar 1989 – 8 AZR 404/87, BAGE 61, 1 = AP Nr. 13 zu § 47 BAT = NZA 1989, 758 = SAE 1990, 265 (Natzel)
Werden einem Arbeitnehmer neben der Vergütung Zeitzuschläge für Nachtarbeit gezahlt, müssen sie in das Urlaubsentgelt, das für den gesetzlichen Urlaub zu zahlen ist, einberechnet werden (Aufgabe von BAG Urteil v. 8. Oktober 1981, 6 AZR 296/79 = AP Nr. 3 zu § 47 BAT).

78. BAG, Urteil v. 7. Februar 1990 – 5 AZR 84/89, BAGE 64, 131 = AP Nr. 37 zu Art. 140 GG (Stein) = NJW 1990, 2082 = AR-Blattei Kirchenbedienstete Entscheidung 38 = ZevKR 37, 66
Für Vergütungsansprüche eines exklaustrierten (jedoch nicht säkularisierten) Ordenspriesters aus der Übertragung priesterlicher Aufgaben ist der Rechtsweg zu den staatlichen Gerichten dann nicht eröffnet, wenn die Aufgabenübertragung aufgrund innerkirchlicher Maßnahmen erfolgte.

79. BAG v. 6. Dezember 1990 – 6 AZR 159/89, BAGE 66, 314 = AP Nr. 12 zu § 2 BeschFG 1985 = NJW 1991, 1974 = EzA § 2 BeschFG 1985 Nr. 7 (Oetker)

1. Das unterschiedliche Arbeitspensum eines teilzeitbeschäftigten und eines vollzeitbeschäftigten Rettungssanitäters stellt keinen sachlichen Grund im Sinne des Art. 1 § 2 Abs. 1 BeschFG 1985 dar.

2. Die Übernahme besonderer Pflichten durch Vollzeitbeschäftigte rechtfertigt nicht den Ausschluß des Teilzeitbeschäftigten vom Bezug des Weihnachtsgeldes, das sowohl als Vergütung für geleistete Dienste als auch als Zuwendung für erwiesene und zu erwartende Betriebstreue gewährt wird.

3. Wird die Gruppe der vorübergehend beschäftigten Arbeitnehmer vom Bezug des Weihnachtsgeldes ausgenommen, findet die Regelung auf Teilzeitbeschäftigte keine Anwendung. Die Gruppe der vorübergehend Beschäftigten ist mit der Gruppe der Teilzeitbeschäftigten nicht identisch.

4. Nebenberufliche Tätigkeit des Teilzeitbeschäftigten ist allein kein sachlicher Grund.

5. Kirchen und öffentlich-rechtliche Religionsgesellschaften können in ihrer Regelungen, wie z.B. in den Arbeitsvertragsrichtlinien des Deutschen Caritasverbandes, nur in dem selben Rahmen zuungunsten der Arbeitnehmer von den Bestimmungen des zweiten Abschnitts des Art. 1 BeschFG 1985 abweichen wie Tarifvertragsparteien in Tarifverträgen nach Art. 1 § 6 Abs. 1 BeschFG 1985.

6. Die Bestimmung des § 3 Buchst d AVR Caritasverband ist keine abweichende Regelung im Sinne des Art. 1 § 6 Abs. 3 BeschFG 1985 (im Anschluß an die Urteile des Fünften Senats v. 25. Januar 1989 – 5 AZR 161/88 - AP Nr. 2 zu § 2 BeschFG 1985 und des Achten Senats v. 24. Oktober 1989 – 8 AZR 5/89 - NZA 1990, 486).

80. BAG v. 5. August 1992 – 10 AZR 248/90, AP Nr. 4 zu §§ 22, 23 BAT Zuwendungs-TV = NZA 1993, 471

Der BAT und diesen ergänzende Tarifverträge werden auch dann von einem Arbeitgeber des öffentlichen Dienstes im Sinne von § 1 Abs. 4 des Tarifvertrages über eine Zuwendung für Angestellte angewendet, wenn arbeitsvertraglich die „Beschlüsse" einer bestimmten Stelle vereinbart sind, diese Beschlüsse die Anwendung des BAT und der diesen ergänzenden Tarifverträge vorschreiben.

81. BAG v. 17. Februar 1993 – 4 AZR 52/92, AP Nr. 14 zu § 196 BGB (Lappe) = NZA 1993, 986 = KirchE 31, 80 = EzA § 196 BGB Nr. 6

1. Wird in Arbeitsvertragsrichtlinien der Kirchen auf das Beihilferecht des Landes Nordrhein-Westfalen Bezug genommen, so gelten für die Verjährung des Beihilfeanspruches die für Beamte geltenden Regelungen.

2. Beihilfeansprüche verjähren nicht innerhalb der kurzen Verjährungsfrist des § 196 Abs. 1 Nr. 8 BGB.

82. BAG v. 26. Mai 1993 – 4 AZR 130/93, BAGE 73, 191 = AP Nr. 3 zu § 12 AVR Diakonisches Werk = NZA 1994, 88

1. Ein Mitarbeiter im Sozial- und Erziehungsdienst, der im teilstationären Bereich eines Erziehungsheimes nur vorübergehend am Tage anwesende Kinder betreut, hat keinen Anspruch auf eine Heimzulage. Diese soll bei den Bediensteten die besonderen Erschwernisse ganztägiger Heimunterbringung abgelten.

2. Ein Anspruch auf Heimzulage kann aufgrund betrieblicher Übung erwachsen, wenn der Arbeitgeber trotz fehlender Voraussetzungen über einen längeren Zeitraum die Zahlungen erbringt, obwohl er den Arbeitnehmer versetzt hat, Vertragsgestaltung und Vertragshandhabung keine strenge Bindung an die Arbeitsvertragsrichtlinien erwarten lassen und die Zahlungen bei notwendigen Gehaltsanpassungen bestätigt werden.

3. Bei Arbeitnehmern des Diakonischen Werkes ist nicht ohne weiteres davon auszugehen, daß sie nur auf eine Behandlung nach den Arbeitsvertragsrichtlinien vertrauen können.

83. BAG v. 16. Juni 1993 – 4 AZR 446/92, BAGE 73, 256 = AP Nr. 1 zu § 1 TVG Tarifverträge Kirchen = NZA 1994, 37 = KirchE 31, 205
Nach § 35 Abs. 2 UAbs. 3 Kirchlicher Angestelltentarifvertrag für die Nordelbische Kirche vom 15. 1. 1982 besteht Anspruch auf Zeitzuschlag für Feiertagsarbeit anläßlich von Gottesdiensten, kirchlichen Feiern und Amtshandlungen nur, soweit es sich um Überstunden handelt.

84. BAG v. 23. Februar 1994 – 4 AZR 224/93, AP Nr. 2 zu § 1 TVG Tarifverträge Kirchen = DB 1994, 2402
1. Die Erziehung in Außenwohngruppen ist nach dem Kirchlichen Angestelltentarifvertrag für die Nordelbische Evangelisch-Lutherische Kirche der Heimerziehung gleichgestellt.

2. Der Leiter einer Außenwohngruppe ist daher wie ein Gruppenleiter zu vergüten.

3. Von dem Beklagten behauptete übereinstimmende subjektive Vorstellungen der Tarifvertragsparteien können nur dann bei der Tarifvertragsauslegung berücksichtigt werden, wenn sich für sie Anhaltspunkte im Tarifwortlaut oder Tarifzusammenhang ergeben. Eine Verfahrensrüge wegen Nichteinholung einer Auskunft der Tarifvertragsparteien ist regelmäßig unbegründet.

85. BAG v. 29. Februar 1996 – 6 AZR 424/95, AP Nr. 7 zu § 1 TVG Tarifverträge Kirchen = AP Nr. 25 zu § 611 BGB Kirchendienst = KirchE 34, 63 = RdA 1997, 56
Die Bestimmung des § 2 des Tarifvertrags betreffend die Zusatzvereinbarung zum KMT vom 27. April 1993 verstößt gegen den Gleichheitssatz (Art. 3 Abs. 1 GG), soweit sie einem Mitarbeiter der Evangelischen Landeskirche Berlin-Brandenburg aus der früheren Region Ost, dem auf Dauer ein Arbeitsplatz in einem anderen Dienstgebäude seiner Dienststelle zugewiesen wird, das im Gebiet der früheren Region West liegt, nur Anspruch auf eine Zulage zugesteht, durch die die Differenz zwischen der Ostvergütung und der höheren Westvergütung nicht ausgeglichen wird. Die verfassungskonforme Auslegung der Tarifnorm führt dazu, daß dieser Mitarbeiter Anspruch auf die Vergütung hat, die für entsprechende Mitarbeiter der früheren Region West tarifvertraglich vereinbart ist.

86. BAG v. 17. April 1996 – 10 AZR 558/95, AP Nr. 24 zu § 611 BGB Kirchendienst (Thüsing) = AP Nr. 196 zu § 611 BGB Gratifikation = AP Nr. 18 zu §§ 22, 23 BAT Zuwendungs-TV = NZA 1997, 55 = EzA § 611 BGB Kirchliche Arbeitnehmer Nr. 44 (Dütz)
Die Änderung der Kirchlichen Anstellungsordnung für die privatrechtlich angestellten Mitarbeiter im kirchlichen Dienst im Bereich der Evangelischen Landeskirche in Würt-

temberg vom 27. April 1988 durch die Paritätische Kommission nach dem Kirchengesetz über das Verfahren zur Regelung der Arbeitsverhältnisse der privatrechtlich angestellten Mitarbeiter im kirchlichen Dienst (Arbeitsrechtsregelungsgesetz – ARRG) für die Evangelische Landeskirche in Württemberg vom 27. Juni 1880 unterliegt einer gerichtlichen Billigkeitskontrolle nach § 317 BGB. Die Zuwendung nach dem Tarifvertrag über eine Zuwendung für Angestellte vom 12. Oktober 1973 wird nicht „pro rata temporis" verdient. Ihre Anspruchsgrundlagen können noch kurz vor dem Fälligkeitstag mit Wirkung für den gesamten Bezugszeitraum geändert werden.

87. BAG v. 6. November 1996 – 5 AZR 334/95, BAGE 84, 282 = AP Nr. 1 zu § 10a AVR Caritasverband = AP Nr. 27 zu § 611 BGB Ausbildungsbeihilfe = NZA 1997, 778 = EzA § 611 BGB Ausbildungsbeihilfe Nr. 16 (Thüsing) = EzA § 611 BGB Kirchliche Arbeitnehmer Nr. 44 (Dütz)
1. Für die Inhaltskontrolle kirchlicher Arbeitsvertragsrichtlinien sind die für Tarifverträge geltenden Maßstäbe heranzuziehen, soweit Tarifvertragsregelungen ganz oder mit im wesentlichen gleichen Inhalten übernommen werden (Abgrenzung zu BAG Urteil v. 17. April 1996 – 10 AZR 558/95 - AP Nr. 24 zu § 611 BGB Kirchendienst).
   2. Die Regelung über die Rückzahlung der Kosten der Weiterbildung zum Fachkrankenpfleger in § 10a AVR-Caritas ist wirksam (Ergänzung zu BAG Urteil v. 6. September 1995 – 5 AZR 174/94 - AP Nr. 22 zu § 611 BGB Ausbildungsbeihilfe).

88. BAG v. 6. November 1996 – 10 AZR 287/96, AP Nr. 17 zu §§ 22, 23 BAT Zuwendungs-TV = AP Nr. 200 zu § 611 BGB Gratifikation = AP Nr. 28 zu § 611 BGB Kirchendienst = NZA 1997, 659
Der BAT-KF (kirchlicher Fassung) ist kein Tarifvertrag im Sinne der Protokollnotiz Nr. 2 Buchstabe b zu § 1 des Tarifvertrages über eine Zuwendung für Angestellte vom 12. 10. 1973.
   Der Angestellte, der vor dem 31. März des Folgejahres auf eigenen Wunsch aus dem Arbeitsverhältnis ausscheidet, muß daher die ihm auf Grund des Zuwendungs-TV gewährte Zuwendung zurückzahlen, wenn er zu einem Arbeitgeber wechselt, der den BAT-KF anwendet.

89. BAG v. 24. September 1997 – 4 AZR 452/96, AP Nr. 10 zu § 12 Caritasverband = NZA-RR 1998, 429
1. Die Leitung eines Altenzentrums ist als ein großer Arbeitsvorgang anzusehen.
   2. Eine Einrichtung der stationären Altenhilfe im Sinne der AVR Caritasverband ist dann gegeben, wenn alte Menschen aufgenommen und eingegliedert werden und erforderlichenfalls rund um die Uhr versorgt werden, also ihnen Unterkunft und, Verpflegung gewährt wird, Pflege in gesunden und kranken Tagen erbracht wird und sie umfassend betreut werden. Hierzu gehören Altenwohnungen nicht, auch wenn sie für den Notfall mit der Einrichtung verbunden sind.

90. BAG v. 6. August 1997 – 4 AZR 195/96, NZA 1997, 263
1. Ein Arbeitgeber, der einem Arbeitnehmer unter dem Vorbehalt der Refinanzierbarkeit bei staatlichen Stellen Vergütung aus einer höheren Vergütungsgruppe zusagt, kann sich von dieser Zusage lösen, wenn der Drittmittelgeber die Finanzierung verweigert. Dies gilt auch dann, wenn sich die Verhandlungen über einen längeren Zeitraum hinziehen.

2. Der Widerruf des einzelvertraglichen von den Arbeitsvertragsrichtlinien des Diakonischen Werkes unabhängigen Anspruchs kann ohne Änderungskündigung erfolgen.
3. Ein Sozialarbeiter mit staatlicher Anerkennung im Bereich der ambulanten Nichtseßhaftenhilfe erfüllt im allgemeinen nicht die Voraussetzungen einer Vergütung nach der Vergütungsgruppe IVa.
4. Es bleibt unentschieden, ob der Senat an die Auslegung der Mitarbeitervertretungsordnung durch die Schiedsstellen gebunden ist.
5. Hat die Schiedsstelle eine Verletzung der Mitwirkungsrechte bejaht, so hat dies keine Auswirkungen auf den Bestand des materiell-rechtlichen Anspruchs. Die Mitarbeitervertretung hat nur ein Mitbeurteilungsrecht, vermag aber keine bestehenden Ansprüche zu begründen (Bestätigung der bisherigen Rechtsprechung des Senats zum BPersVG, BAGE 65, 163 = NZA 1990, 899 = AP Nr. 31 zu § 75 BPersVG; BAGE 71, 139 = NZA 1993, 469 = AP Nr. 37 zu § 75 BPersVG).

91. BAG v. 28. Januar 1998 – AZR 491/96, AP Nr. 11 zu § 12 AVR Caritasverband = AP Nr. 248 zu §§ 22, 23 BAT 1975 = NZA-RR 1998, 424 = EzA § 611 BGB Kirchliche Arbeitnehmer Nr. 44 (Dütz) = ZevKR 44, 99 (Thüsing)
1. Für die Inhaltskontrolle der Kirchlichen Arbeits- und Vergütungsordnung (KAVO) für die (Erz-) Bistümer Aachen, Essen, Köln, Münster (rheinisch-westfälischer Teil) und Paderborn sind die für Tarifverträge geltenden Maßstäbe heranzuziehen, soweit in die KAVO die entsprechenden Tarifvertragsregelungen des öffentlichen Dienstes für gleichliegende Sachbereiche ganz oder mit im wesentlichen gleichen Inhalten übernommen werden (im Anschluß an BAG Urteil v. 6. November 1996 – 5 AZR 334/95, AP Nr. 1 zu § 10a AVR bsverband, auch zur Veröffentlichung in der Amtlichen Sammlung vorgesehen).
2. Die Regelung der Eingruppierung von Kindertagesstättenleiterinnen in der Anlage 1 zur KAVO ist wirksam.

92. BAG v. 18. Mai 1999 – 9 AZR 682/98, AP Nr. 1 zu § 4 ArbGG 1979 = NZA 1999, 350
Mit der in einem Arbeitsvertrag mit einem kirchlichen Arbeitgeber vereinbarten Verpflichtung, bei Meinungsverschiedenheiten aus dem Vertrag zunächst eine kirchliche Schlichtungsstelle anzurufen, wird keine prozessual beachtliche Einwendung begründet, mit der die staatliche Gerichtsbarkeit ausgeschlossen ist (Anschluß an BAG Urteile v. 26.05. 1993 – 4 AZR 130/93 – BAGE 73, 191 = AP Nr. 3 zu § 12 Diakonisches Werk; v. 07.02. 1996 – 10 AZR 225/95 – ZTR 1996, 319).

93. BAG v. 4. April 2001 – 4 AZR 232/00, BAGE 97, 251 = AP Nr. 2 zu § 12 DienstVO ev. Kirche = AP Nr. 33 zu § 611 BGB Kirchendienst = AP Nr. 6 zu §§ 22, 23 BAT Pflegedienst = AP Nr. 285 zu §§ 22, 23 BAT 1975 = NZA-RR 2002, 331
1. Die Eingruppierung der Leiter/Leiterinnen integrativer Kindergärten richtet sich nach den Tätigkeitsmerkmalen für Angestellte als Leiter/Leiterinnen von Kindertagesstätten der Vergütungsgruppen für Angestellte im Sozial- und Erziehungsdienst der Anlage 1 a zum BAT. Dies gilt auch dann, wenn ein Beschäftigungsverhältnis mit der Evangelisch-lutherischen Landeskirche in Hannover vorliegt und im Arbeitsvertrag die Dienstvertragsordnung der Konföderation evangelischer Kirchen in Niedersachsen vereinbart ist.
2. Es verstößt nicht gegen Art. 3 Abs. 1 GG, daß spezielle Tätigkeitsmerkmale für Leiter/

Leiterinnen in integrativen Kindergärten in den Tarifregelungen nicht geschaffen worden sind.

94. BAG v. 26. Juli 2001 – 6 AZR 350/00, n.v.
1. Die Grundordnung des kirchlichen Dienstes im Rahmen kirchlicher Arbeitsverhältnisse (GrO) vom 22. September 1993 gilt für Einrichtungen außerhalb der verfaßten Kirche nur, wenn diese Einrichtung gemäß Art. 2 GrO die Übernahme erklärt hat.
2. Einer der Kirche zuzuordnende Einrichtung liegt vor, wenn die Einrichtung ihrem Zweck nach auf die Verwirklichung eines kirchlichen Auftrages gerichtet und ein Mindestmaß an Einflußmöglichkeiten der Amtskirche gegeben ist.
3. Zur Reichweite der verfassungsrechtlich garantierten Selbstverwaltungs und Regelungsbefugnis der Kirchen.
4. Übernimmt ein unter Art. 2 Abs. 2 GrO fallender Rechtsträger die GrO nicht, so kann er für seine arbeitsrechtlichen Beziehungen nicht mehr die Zuordnung zur katholischen Kirche in Anspruch nehmen.
5. Übernimmt ein sonstiger kirchlicher Rechtsträger die GrO nicht, wird dadurch keine Pflicht aus dem zwischen den Parteien bestehenden Arbeitsverhältnis verletzt.

95. BAG v. 15. November 2001 – 6 AZR 88/01, NZA 2002, 1055
Aus den Gründen: (…) Als kirchliche Arbeitsvertragsregelung stellen die AVR keinen Tarifvertrag im Sinne des § 1 TVG dar. (…) Sie beruhen auf kirchenrechtlichen Bestimmungen und innerkirchlichen Vereinbarungen, die ohne Verhandlungen mit einer Gewerkschaft oder einem Zusammenschluß von Gewerkschaften als „Tarifvertragspartei" im Sinne von § 2 TVG zustande gekommen sind. Deshalb sind die AVR der Kirchen keine Tarifverträge und können ein Arbeitsverhältnis nicht wie ein Tarifvertrag unmittelbar und zwingend (vgl. § 4 Abs. 1 TVG) gestalten. Es bedarf vielmehr stets der Übernahme durch Einzelvertrag, Gesamtzusage oder Einheitsregelung, wenn die in AVR enthaltenen Arbeitsvertragsregelungen in einem Arbeitsverhältnis gelten sollen. (…)

Die Veränderung der Ordnung der AK DW EKD durch Einführung des Verbandsprinzips stellte keine Umgestaltung dar, die zur Folge hatte, daß die von der nach neuem Recht besetzten Kommission gefaßten Beschlüsse nicht mehr von der arbeitsvertraglichen Bezugnahme gedeckt waren. Da sich an der paritätischen Besetzung der Arbeitsrechtlichen Kommission und deren Unabhängigkeit nichts geändert hatte, sind die Bestimmungen der neu gebildeten Arbeitsrechtlichen Kommission für das Arbeitsverhältnis der Klägerin maßgebend. (…)

Mangels irgendwelcher Anhaltspunkte für eine anderweitige Vereinbarung der Parteien ist nach § 317 Abs. 1 BGB davon auszugehen, daß die Arbeitsrechtliche Kommission ihre Leistungsbestimmung, d.h. die jeweiligen Änderungen der AVR, nach billigem Ermessen zu treffen hat. Die nach billigem Ermessen zu treffenden Entscheidungen der Arbeitsrechtlichen Kommission sind den Parteien gegenüber aber nur dann nicht verbindlich, wenn sie offenbar unbillig sind (§ 319 Abs. 1 Satz 1 BGB). (…)

Zu Recht hat das LAG festgestellt, daß vor dem Hintergrund der allgemeinen wirtschaftlichen Situation und der besonderen Haushaltslage der Diakonischen Einrichtungen es weder unbillig noch gar grob treuwidrig war, den sog. „Abschreibeweg" für eine Beschäftigungsgruppe zu verlassen, deren Tätigkeiten auf Grund ihrer bloßen Hilfsfunktionen in besonderem Maße dem Risiko einer Auslagerung ausgesetzt sind. (…) Unterwirft man die Regelung der Inhaltskontrolle nach den für Tarifverträge geltenden Maßstäben, ist das Ergebnis kein anderes. (...) Es ist auch kein Verstoß gegen den arbeitsrechtlichen Gleichbehandlungsgrundsatz erkennbar. (...)

96. BAG v. 20. März 2002 – 4 AZR 101/01, NJW 2003, 989 = AP Nr. 53 zu Art 140 GG = AP Nr. 34 zu § 611 BGB Kirchendienst = AP Nr. 75 zu § 256 ZPO 1977 = AP Nr. 238 zu § 613a BGB = EzA § 611 BGB Kirchliche Arbeitnehmer Nr. 51
1. Art. 140 GG in Verbindung mit Art. 137 Abs. 3 WRV begründet ohne entsprechende kirchengesetzliche Regelung keine unmittelbare und zwingende (normative) Geltung einer kirchlichen Arbeitsrechtsregelung des Dritten Weges für Arbeitsverhältnisse mit kirchlichen Arbeitgebern.
2. Ohne eine einschlägige kirchengesetzliche Regelung bestand kein Anlaß darüber zu entscheiden, ob und inwieweit eine solche normative Geltung durch Kirchengesetz herbeigeführt werden kann.

97. BAG v. 13. November 2002 – 4 AZR 73/01, AP Nr. 31 zu § 1 TVG Bezugnahme auf Tarifvertrag (Leitsatz 1) = AP Nr. 2 zu § 1 AVR Caritasverband = EzA § 613a BGB 2002 Nr. 4 = ArbuR 2003, 195
Es bedarf eines (auch) säkular wirkenden Rechtsaktes, wenn anstelle der im Arbeitsvertrag mit einem katholischen Bistum in Bezug genommenen benannten KODA-Regelungen die Regelungen einer anderen KODA anwendbar sein sollen.

98. BAG v. 19. Februar 2003 – 4 AZR 11/02, BB 2003, 2408
1. Eine Bezugnahme im Arbeitsvertrag auf Arbeitsrechtsregelungen für die Angestellten im Bereich der Evangelischen Kirche im Rheinland in deren „jeweils geltenden Fassung" enthält zwingend die Verweisung auf das Kirchengesetz über das Verfahren zur Regelung der Arbeitsverhältnisse der Mitarbeiter im kirchlichen Dienst (Arbeitsrechtsregelungsgesetz – ARRG).
2. Mit dieser Vereinbarung ist auch eine vom Normgeber der Arbeitsrechtsregelung nach Maßgabe des ARRG beschlossene detaillierte einrichtungsspezifische Regelung in Bezug genommen, deren Wirksamkeit nach dem Willen des Normgebers ihre Übernahme durch eine für die Einrichtung abzuschließende Dienstvereinbarung voraussetzt.

99. BAG v. 16. März 2004 – 9 AZR 93/03, AP Nr. 2 zu § 2 ArbZG = ZMV 2004, 254–255 (Thiel) = PflR 2004, 398–399 (Roßbruch)
1. Bereitschaftsdienst ist seit dem 1. Januar 2004 Arbeitszeit i.S.v. § 2 ArbZG.
2. § 7 IV ArbZG ermächtigt die Kirchen und öffentlich-rechtlichen Religionsgemeinschaften, in ihren Regelungen abweichend von der gesetzlichen Höchstarbeitszeit in § 3 ArbZG die Arbeitszeit über zehn Stunden werktäglich zu verlängern, wenn in die Arbeitszeit regelmäßig und in erheblichem Umfang Bereitschaftsdienst fällt.
3. Schließt das Kuratorium einer Katholischen Krankenhausstiftung mit der Mitarbeitervertretung einen „Hausvertrag", ist das jedenfalls dann keine Regelung i.S.v. § 7 IV ArbZG, wenn die kirchenrechtliche Mitarbeitervertretungsordnung keine Delegation der Regelungsbefugnis für Abweichungen i.S.v. § 7 IV ArbZG enthält.
Aus den Gründen: „(...) Mit der Eröffnung von Abweichungen durch die in § 7 Abs. 4 ArbZG genannten Regelungen der Kirchen wollte der historische Gesetzgeber dem Recht

der Religionsgesellschaften, ihre Angelegenheiten selbständig innerhalb der Schranken des für alle geltenden Gesetzes zu verwalten (Art. 140 GG iVm. Art. 137 Abs. 3 der Weimarer Reichsverfassung) Rechnung tragen. Nach der Rechtsprechung des Bundesverfassungsgerichts steht dieses Recht nicht nur der verfassten Kirche, sondern allen der Kirche in bestimmter Weise zugeordneten Einrichtungen ohne Rücksicht auf ihre Rechtsform zu. Voraussetzung ist, dass sie nach ihrem Selbstverständnis, ihrem Zweck und ihrer Aufgabe dazu berufen sind, ein Stück Auftrag der Kirche in der Welt wahrzunehmen und zu erfüllen (BVerfG 11. Oktober 1977 – 2 BvR 209/76 – BVerfGE 46, 73). Im Hinblick darauf sollte nach dem Willen des historischen Gesetzgebers die Regelung in § 7 Abs. 4 ArbZG auch die karitativen und erzieherischen Einrichtungen der Kirche erfassen (zur Gesetzgebungsgeschichte: BT-Drucks. 12/5888, S. 28). Voraussetzung dafür, dass eine kirchliche Regelung vorliegt, ist jedoch ein kirchenrechtlich legitimiertes Arbeitsrechtsregelungsverfahren. Die Ausnahmebestimmungen kommen nicht schon deshalb zur Anwendung, weil irgendeine Regelung im kirchlichen Bereich getroffen wurde (ähnlich Zmarzlik/Anzinger ArbZG § 7 Rn. 87). (...). Ob die von der Beklagten angewandten Regelungen den Vorgaben der EG-Arbeitszeitrichtlinie entsprächen, ist unerheblich. Die Richtlinie gewährt sowohl in ihrer geltenden (Art. 15) als auch in ihrer künftigen anzuwendenden Fassung (Art. 23) lediglich einen Mindestschutz, wie sich aus ihren eindeutigen Formulierungen ergibt. Für den Arbeitnehmer günstigere gesetzliche Regelungen sind also möglich. Eventuelle weitergehende, aus dem Europarecht folgende Ansprüche der Klägerin wären nicht Gegenstand des Klageantrages (§ 308 ZPO). Es bedarf deshalb keiner Entscheidung, ob es mit dem Gemeinschaftsrecht vereinbar ist, wenn ein Mitgliedstaat es zulässt, durch kirchliche Regelungen von der Höchstarbeitszeit abzuweichen, die in der Arbeitszeitrichtlinie geregelt ist."

100. BAG v. 14. Januar 2004 – 10 AZR 188/03, AP Nr. 35 zu § 611 BGB Kirchendienst = AP Nr. 70 zu § 118 BetrVG 1972 = NZA 2002, 1409

Aus den Gründen: (...)Zwar können die Arbeitsvertragsrichtlinien nach der ständigen Rechtsprechung des BAG keine normative Wirkung entfalten, sondern nur kraft einzelvertraglicher Bezugnahme, die hier vorliegt, auf ein Arbeitsverhältnis Anwendung finden (24. September 1997 – 4 AZR 452/96 – AP AVR Caritasverband § 12 Nr. 10 = EzBAT BAT §§ 22, 23 B 1 VergGr. Ib Nr. 2). Die Auslegung der AVR erfolgt aber nach den gleichen Grundsätzen, die für die Tarifauslegung gelten (BAG 18. Mai 2000 – 6 AZR 53/99 – ZTR 2001, 172; 19. Oktober 2000 – 6 AZR 425/99 – EzBAT §§ 22,23 F 2 Heimzulage Nr. 5). Danach ist vom Wortlaut der AVR auszugehen und dabei der maßgebliche Sinn der Erklärung zu erforschen, ohne am Wortlaut zu haften. Der wirkliche Wille der Richtliniengeber und damit der von ihnen beabsichtigte Sinn und Zweck der Bestimmungen ist mit zu berücksichtigen, soweit sie in den Vorschriften der AVR ihren Niederschlag gefunden haben. Auch auf den systematischen Zusammenhang der AVR ist abzustellen. Verbleiben noch Zweifel, können weitere Kriterien wie praktische Anwendung der AVR und deren Entstehungsgeschichte ohne Bindung an eine bestimmte Reihenfolge berücksichtigt werden. Im Zweifel ist die Auslegung zu wählen, die zu einer vernünftigen, sachgerechten, zweckorientierten und praktisch brauchbaren Lösung führt (BAG 31. Juli 2002 – 10 AZR 578/01 – AP TVG § 1 Tarifverträge: Wohnungswirtschaft Nr. 3 = EzA BGB § 611 Gratifikation, Prämie Nr. 167 m.w.N.). (...)

101. BAG 23. September 2004 – 6 AZR 430/03, AP Nr. 1 zu § 1a AVR Caritasverband
Aus den Gründen: „Bei den Richtlinien zu Arbeitsverträgen (AVR) und der hierzu erlassenen SicherungsO handelt es sich um Kollektivvereinbarungen besonderer Art, in denen allgemeine Bedingungen für die Vertragsverhältnisse der bei den Kirchen beschäftigten Arbeitnehmer durch paritätisch zusammengesetzte Arbeitsrechtliche Kommissionen festgelegt werden (BAG 17. Juni 2003 – 3 AZR 310/02 – AP AVR Diakonisches Werk § 1a Nr. 1 = EzA BGB 2002 § 611 Kirchliche Arbeitnehmer Nr. 2, auch zur Veröffentlichung in der Amtlichen Sammlung vorgesehen). Diesen Regelungen kommt allerdings keine normative Wirkung zu. Sie finden auf das Arbeitsverhältnis nur kraft einzelvertraglicher Bezugnahme Anwendung. Gleichwohl erfolgt die Auslegung der AVR nach der ständigen Rechtsprechung des Bundesarbeitsgerichts nach den gleichen Grundsätzen, wie sie für die Tarifauslegung maßgeblich sind (14. Januar 2004 – 10 AZR 188/03 – AP AVR Caritasverband Anlage 1 Nr. 3, zu II 2 a der Gründe mwN). Danach ist vom Wortlaut der AVR auszugehen und anhand dessen der Sinn der Erklärung zu erforschen, ohne am Wortlaut zu haften. Der wirkliche Wille der Richtliniengeber und damit der von ihnen beabsichtigte Sinn und Zweck der Bestimmungen ist mit zu berücksichtigen, soweit sie in den Vorschriften der AVR ihren Niederschlag gefunden haben. Abzustellen ist auch auf den systematischen Zusammenhang. Verbleibende Zweifel können durch die Heranziehung weiterer Auslegungskriterien, wie der Entstehungsgeschichte der AVR oder einer praktischen Handhabbarkeit geklärt werden (14. Januar 2004 – 10 AZR 188/03 – aaO)."

102. BAG v. 26. Januar 2005 – 4 AZR 171/03, AP Nr. 1 zu AVR Diakonisches Werk Anlage 18
Bei unterstellt gleichwertiger Arbeit – derselbe Arbeitswert bei auszuübenden Tätigkeiten als Pförtner und bei auszuübenden einfachen sowie angelernten Tätigkeiten in den Wirtschaftsbereichen (Reinigung, Küchen- und Wäschedienste) – werden durch die Einführung der Berufsgruppeneinteilung W durch die Anlagen 18 und 1d zu den Arbeitsvertragsrichtlinien des Diakonischen Werkes der Evangelischen Kirche in Deutschland (AVR DW) die betreffenden Mitarbeiterinnen nicht mittelbar diskriminiert.
Aus den Gründen: „... Dabei kann offen bleiben, ob die AVR DW seit dem 1. Januar 2003 (vgl. Art. 229 § 5 Satz 2 EGBGB) an den §§ 305 ff. BGB zu überprüfen sind. Teilweise wird vertreten, dass die kirchlichen Arbeitsvertragsrichtlinien im Hinblick auf die auch ihnen innewohnende Angemessenheitsvermutung ebenso wie Tarifverträge, Betriebs- und Dienstvereinbarungen nach § 310 Abs. 4 Satz 1 BGB nicht den §§ 305 ff. BGB unterfallen (*Thüsing Anm. zu EzA BGB § 611 Kirchliche Arbeitnehmer Nr. 48 mwN*). Hiergegen spricht allerdings neben dem Wortlaut des § 310 Abs. 4 Satz 1 BGB auch die Gesetzesbegründung. In dieser heißt es, dass das kirchliche Arbeitsrecht ein Fall der arbeitsrechtlichen Besonderheiten ist, die gemäß § 310 Abs. 4 Satz 2 BGB bei der Anwendung der §§ 305 ff. BGB zu berücksichtigen sind (*BT-Drucks. 14/7052 S. 189*). Der Anwendungsbereich des § 310 Abs. 4 Satz 2 BGB ist aber erst eröffnet, wenn eine Regelung nicht bereits nach § 310 Abs. 4 Satz 1 BGB einer Überprüfung nach §§ 305 ff. BGB entzogen ist, so dass auch nach der Gesetzesbegründung kirchliche Arbeitsvertragsrichtlinien nicht § 310 Abs. 4 Satz 1 BGB unterfallen können ..."

103. BAG vom 8. Juni 2005 – 4 AZR 412/04, noch n.v.
Aus den Gründen: »... Der Senat hat bislang offengelassen, ob das kirchliche Recht eine normative Wirkung von kirchlichen Arbeitsrechtsregelungen für alle mit einem kirchlichen Arbeitgeber abgeschlossenen Arbeitsverhältnisse anordnen kann *(Senat 20. März 2002 – 4 AZR 101/01 – BAGE 101, 9, zu III 2 b bb der Gründe)*. Die Frage ist zu verneinen ... Hieraus ergibt sich, dass die Kirchen dann, wenn sie eine privatrechtliche Ausgestaltung ihrer Rechtsverhältnisse wählen, auch nur die Möglichkeiten des Privatrechts haben, um die ihnen weitgehend in der Ausgestaltung freigestellten kirchenarbeitsrechtlichen Bestimmungen im einzelnen Arbeitsverhältnis zur Geltung zu bringen. Die Anordnung einer normativen Geltung kirchlicher Arbeitsrechtsregelungen gegenüber Arbeitnehmern, die nur auf Grund eines privatrechtlichen Vertrags mit der Kirche oder einer ihrer Einrichtungen verbunden sind, ist auch mittels Kirchenrechts nicht möglich *(Dütz FS Schaub, S. 157, 170; Annuß Anm. zu BAG 20. März 2002 – 4 AZR 101/01 – AR-Blattei ES 960 Kirchenbedienstete Nr. 67; Hammer ZTR 2003, 281, 284; Pirson RdA 1979, 65, 68)*. Soweit die Kirchen von ihrer Befugnis, ein eigenständiges Dienstrecht auf öffentlich-rechtlicher Grundlage zu schaffen, nicht Gebrauch machen, gilt für die auf Vertragsebene begründeten Dienstverhältnisse das allgemeine Arbeitsrecht *(Richardi Arbeitsrecht in der Kirche 4. Aufl. § 2 Rn. 24 ...*«

104. LAG Berlin v. 3. Mai 1984 – 7 Sa 8/84, AP Nr. 19 zu Art. 140 GG (Pahlke), Kirche 22, 84
1. Art. 140 GG in Verbindung mit Art. 137 Abs. 3 WRV gebietet es, die AVR des Tarifverträgen im Hinblick auf Tarifdispositivität gleichzustellen.
2. Die AVR können im gleichen Umfang wie ein Tarifvertrag von § 11 BUrlG abweichen und den Nachtzuschlag (§ 20a Abs. 1 lit. e AVR) bei der Bemessung der Urlaubsvergütung (§ 28 Abs. 10 AVR) unberücksichtigt lassen.
3. Die AVR können ebenfalls wie ein Tarifvertrag von § 616 Abs. 2 BGB abweichen und den Nachtzuschlag (§ 20a Abs. 1 lit. e AVR) bei der Bemessung der Krankenvergütung (§ 24 Abs. 7 in Verbindung mit § 28 Abs. 10 AVR) unberücksichtigt lassen.

105. LAG Düsseldorf v. 24. Januar 1989 – 16 Sa 1323/88, NZA 1989, 758 = EzA § 611 BGB Kirchliche Arbeitnehmer Nr. 33 = KirchE 27, 28
1. Ansprüche kirchlicher Mitarbeiter auf Weitergewährung von Fahrtkostenzuschüssen für Fahrten zwischen Wohnung und Arbeitsstätte können auch durch betriebliche Übung entstehen.
2. Die durch kirchliches Arbeitsrechtsregelungsverfahren im Wege des sogenannten „Dritten Weges" übernommene Formvorschrift für Nebenabreden – hier § 4 Abs. 2 BAT-KF – hat keine Auswirkungen jedenfalls auf die Nebenabreden, die bereits vorher (formfrei) durch betriebliche Übung zum Vertragsinhalt geworden sind.

106. LAG Hamm v. 12. Februar 1993 – 10 Sa 1337/92, KirchE 31, 53
Der Ausschluß von teilzeitbeschäftigten Arbeitnehmern von der Zusatzversorgung nach einer Versorgungsordnung stellt, wenn keine sachlich billigenswerten Gründe vorliegen, auch im kirchlichen Bereich einen Verstoß gegen den Gleichbehandlungsgrundsatz bzw. das Verbot der unterschiedlichen Behandlung nach § 2 Abs. 1 BeschFG dar (im Anschluß an BAG, Urteil v. 28. 7. 1992 – 3 AZR 173/92 = NZA 1993, 215).

107. LAG Berlin v. 17. Mai 1999 – 9 Sa 209/99, AR-Blattei ES 350 Nr. 163 = ZTR 1999, 525
1. Zur Bindung an die Ausübung des Wahlrechts nach § 249 S. 1 und 2 BGB.
2. Ausschlußfristen können rechtswirksam in einer kirchlichen Arbeitsvertragsordnung festgelegt und deren Anwendung einzelvertraglich vereinbart werden.
3. Zur treuwidrigen Berufung auf eine Ausschlußfrist.

108. LAG Sachsen-Anhalt v. 18. Januar 2000 – 11 (10a) Sa 100/99, ZMV 2000, 140 (Thiel)
1. Eine katholische Kirchengemeinde im Bistum Magdeburg ist bei Abschluß eines Arbeitsvertrages nur dann ordnungsgemäß vertreten, wenn der Arbeitsvertrag durch den Vorsitzenden oder seinen Vertreter sowie zwei weitere Mitglieder des Kirchenvorstandes unterzeichnet worden und das Amtssiegel beigedrückt worden ist – § 14 Ordnung der kirchlichen Vermögensverwaltung. Eine Genehmigung durch den Vertretenen bedarf ebenfalls dieser Form. Diese Bestimmung stellt eine auch im staatlichen Rechtskreis geltende Beschränkung der Vertretungsmacht der Kirchengemeinde dar. Es gelten insoweit die von der Rechtsprechung entwickelten Grundsätze für die Vertretung von politischen Gemeinden entsprechend: BGH 13.10.1983, NJW 1984, 606 und BAG 26.03.1986, NJW 1987, 1038.
2. Arbeitsverträge mit katholischen Kirchengemeinden im Bistum Magdeburg bedürfen zu ihrer Wirksamkeit darüber hinaus der Genehmigung des Bischöflichen Amtes – § 15 Ziffer 7 Ordnung der kirchlichen Vermögensverwaltung. Ohne Einwilligung abgeschlossene Verträge sind schwebend unwirksam. Wird die Genehmigung endgültig verweigert, ist der geschlossene Vertrag endgültig rechtsunwirksam.
3. Die Berufung auf den Verstoß gegen die Vertretungs- bzw. Genehmigungsregelungen stellt nur ausnahmsweise eine unzulässige Rechtsausübung (§ 242 BGB) dar. Nur wenn die Nichtigkeitsfolgen für den Arbeitnehmer zu schlechthin unerträglichen Ergebnissen führen würden und ein Ausgleich mit anderen rechtlichen Mitteln nicht möglich ist, ist dem Arbeitgeber die Berufung auf die seinem Schutz dienenden Vorschriften zu versagen. In der Regel kann jedoch über die Rechtsfigur des faktischen Arbeitsverhältnisses sowie über das Rechtsinstitut der culpa in contrahendo ein angemessener Ausgleich herbeigeführt werden.

109. LAG Baden-Württemberg v. 19. Juni 2000 – 9 Sa 3/00, ZMV 2000, 292 (Thiel)
1. Hat die katholische Sozialstation die Rechte und Pflichten ihrer Arbeitnehmer einzelvertraglich, tarifvertraglich oder aufgrund Art. 140 GG in Verbindung mit Art. 137 Abs. 3 WRV erlassenen Ordnungen geregelt, so sind diese Regelungen für die Prüfung der Sozialwidrigkeit der Kündigung gemäß § 1 Abs. 2 KSchG maßgebend.
2. Ist in diesen Bestimmungen der Wechsel der Glaubensgemeinschaft durch einen Arbeitnehmer nicht geregelt, so ist die ausgesprochene soziale Kündigung ungerechtfertigt. Auf einen Verstoß gegen allgemeine Glaubenssätze der katholischen Kirche kann sich der Arbeitgeber jedenfalls bei einem nichtkatholischen Arbeitnehmer nicht berufen, wenn er gegen die Religionsgemeinschaft, welcher die Arbeitnehmerin beigetreten ist, keine Bedenken hinsichtlich deren christlichen Glaubensgrundlagen erhoben hat.

110. LAG Hamm v. 17. Oktober 2000 – 7 Sa 1122/00, LAGE § 611 BGB Kirchliche Arbeitnehmer Nr. 12 = LAGE § 613a BGB Nr. 80
Die kirchlichen Arbeitsvertragsrichtlinien haben nicht die Rechtsstellung eines Kollektivvertrages im Sinne des Art. 3 Abs. 2 der Richtlinie 77/187/EWG vom 14. Februar 1977. Sie stehen nicht Tarifverträgen und Betriebsvereinbarungen gleich und gestalten die Arbeitsverträge nach Teil- / Betriebsübergang nicht automatisch unter dem Schutz des § 613a Abs. 1 S. 3 BGB.

111. LAG Niedersachsen v. 15. November 2002 – 10 Sa 2077/99 E, ZTR 2003, 300
1. Der Geltungsbereich der AVR der Konföderation (AVR-K) wird abschließend durch § 1a Abs. 1 UAbs. 1 AVR-K bestimmt. Daher gelten die AVR-K nur für die Dienstverhältnisse der bei diakonischen Rechtsträgern, die dem Arbeitsrechtsregelungsgesetz Diakonie ARRGD vom 11. Oktober 1997 beigetreten sind, Beschäftigten.
2. Die Abschaffung der Berufsgruppeneinteilung H für die Mitarbeiter/Innen ohne abgeschlossene Ausbildung in einem anerkannten Ausbildungsberuf, die in den Wirtschaftsbereichen der Diakonie tätig sind, verletzt nicht das Gebot gleichen Entgelts für Männer und Frauen (Art. 141 GG). Diese Maßnahme ist durch objektive Faktoren gerechtfertigt, die nichts mit der Diskriminierung aufgrund des Geschlechts zu tun haben.

112. LAG Berlin v. 25. Juli 2002 – 16 Sa 823/02, ZTR 2003, 41
Die Mitteilung der Bevollmächtigung zu einer Kündigung iS des § 174 S 2 BGB kann schon im (Formular-)Arbeitsvertrag enthalten sein. Dies gilt selbst dann, wenn der Arbeitsvertrag nicht vom Arbeitgeber selbst, sondern für diesen von dem Bevollmächtigten unterzeichnet worden ist.

113. LAG Düsseldorf v. 27. November 2002 – 12 Sa 1071/02, NZA-RR 2003, 334
Die von der Rechtsprechung zur betrieblichen Übung im öffentlichen Dienst entwickelten Rechtsgrundsätze sind auf Arbeitsverhältnisse in Einrichtungen, die der evangelischen oder katholischen Kirche verbunden sind, übertragbar, wenn dort die jeweilige Arbeitsvertragsrichtlinien umfassend und einschränkungslos zur Anwendung gebracht werden (Abgrenzung zu BAG, Urteil v. 26. 5. 1993, 4 AZR 130/93 = AP Nr. 3 zu § 12 AVR Diakonisches Werk).

114. LAG Rheinland-Pfalz v. 11. November 2004 – 6 Sa 260/04, juris, n.rskr.
Die AVR-Caritas sind keine Regelungen iSd § 310 Abs 4 S 1 BGB und werden nur durch Parteivereinbarung Vertragsinhalt. Bei der Frage der Wirksamkeit von Rückzahlungsvereinbarungen kann eine geltungserhaltende Reduktion stattfinden, § 310 Abs 4 S 2 BGB.

115. LAG Düsseldorf vom 15. April 2005 – 9 Sa 1843/04, juris
1. Der arbeitsrechtliche Gleichbehandlungsgrundsatz findet Anwendung, wenn der kirchliche Arbeitgeber mit seinem »Stammpersonal« die Geltung des BAT-KF für deren Arbeitsverhältnisse vereinbart.
2. Ein sachlicher Grund, den von einem Träger der Sozialhilfe zugewiesenen Arbeitnehmer von Vereinbarungen über die Geltung des BAT-KF auszunehmen, liegt vor, wenn dieser gemeinnützige und zusätzliche Arbeit im Sinne von § 19 Abs 2 Satz 1 BSHG geleistet hat (BAG, Urteil vom 09. 05. 1995 – 9 AZR 269/94). Hat der zugewiesene Arbeitnehmer

Aufgaben in der Personalverwaltung des vom kirchlichen Arbeitgeber geförderten Personenkreises erledigt, handelt es sich nicht um zusätzliche Arbeit im Sinne von § 19 Abs 2 Satz 1 BSHG, wenn die Aufgaben andernfalls vom »Stammpersonal« hätten erledigt werden müssen.

3. Soweit § 3d (aa) BAT-KF in Übereinstimmung mit § 3d (aa) BAT bestimmt, dass dieser Tarifvertrag nicht für Angestellte gilt, die Arbeiten nach § 260 SGB III oder nach §§ 19 und 20 BSHG verrichten, ist eine Inhaltskontrolle nach den für Tarifverträge geltenden Maßstäben vorzunehmen. Weder die Übernahme von Kosten durch den Träger der Sozialhilfe oder sonstige Stellen noch der Umstand, dass der Arbeitnehmer arbeitslos war und für ihn eine Arbeitsgelegenheit nach § 19 Abs 1 BSHG geschaffen wurde, stellen – für sich genommen – sachgerechte Gründe dar, einen Arbeitnehmer von allgemeinen arbeitsvertraglichen Regelungen auszuschließen.

4. Für den Fall, dass die Anordnung der normativen Wirkung kirchlicher Arbeitsrechtsregelungen in § 3 Abs 1 Arbeitsrechtsregelungsgesetz (Kirchengesetz) trotz Fehlens einer staatlichen Ermächtigung wirksam ist, ist der Ausschluss solcher Arbeitnehmer vom persönlichen Geltungsbereich des BAT-KF mit Art 3 Abs 1 GG unvereinbar.

116. LAG Berlin vom 17. März 2005 – 14 Sa 2643/04, juris

Aus den Gründen: »… Die Bezugnahme im Arbeitsvertrag der Klägerin auf die Regelungen des BAT-Bund/Länder hinsichtlich der Vergütung und per Auslegung auch der Arbeitszeit sind dahin zu verstehen, dass auf die im Land Berlin geltenden Bestimmungen verwiesen worden sind, wobei die Parteien übereinstimmend von einer dynamischen Bezugnahme im Arbeitsvertrag ausgehen, da bei der Bezugnahme nicht auf eine zeitlich bestimmte Fassung des BAT abgestellt wurde. Die von der Beklagten verwandte Vertragsklausel ist eine typische Arbeitsvertragsvereinbarung, die ähnlich auch für Angestellte des öffentlichen Dienstes gilt und mit der erreicht werden soll, dass tarifgebundene und nicht tarifgebundene Angestellte im Hinblick auf den BAT und die diesen ergänzenden und ändernden Tarifverträge gleichbehandelt werden sollen (BAG vom 26. 9. 2001 – 4 AZR 544/00 – m.w.N.). Mangels Tarifgebundenheit der Beklagten handelt es sich zwar nicht um eine Gleichstellungsabrede im technischen Sinne (vgl. BAG vom 1. 12. 2004 – 4 AZR 50/04 –). Aus der Umsetzung der Vertragsklausel in der Vergangenheit ergibt sich jedoch, dass die Beklagte den BAT mit den jeweiligen Änderungen auf das Arbeitsverhältnis der Klägerin übertragen wollte. Konkret bezieht sich die Gleichstellung auf die Beschäftigten des öffentlichen Dienstes im Lande Berlin, für die bis zum Inkrafttreten des Anwendungs-TV der im Bereich des Bundes und der übrigen Bundesländer der BAT galt. Die Klägerin konnte im Rahmen dieser Vertragsklausel davon ausgehen, dass die Beklagte sie an der Tarifentwicklung ohne Rücksicht auf ihre fehlende Tarifgebundenheit teilhaben lassen wollte (BAG vom 19. 3. 2003–4 AZR 331/02 –). Vorliegend berechnet die Klägerin auch die Vergütungsdifferenz nach der »aktuellen« BAT-Vergütung. Unstreitig sind ihr in der Vergangenheit die Vergütungserhöhungen im Bereich des öffentlichen Dienstes für das Land Berlin gezahlt worden und auch Sonderbedingungen, wie die Sonderzahlungen bis 1995 gewährt worden. Die Klägerin konnte daher stets darauf vertrauen, dass sie entsprechend einer Angestellten im öffentlichen Dienst des Landes Berlin behandelt werden würde.«

117. ArbG Solingen v. 18. Januar 1989 – 3 Ca 1699/88, KirchE 27, 13

1. Wird eine ordinierte Gemeindemissionarin, die als Theologin und Religionspädagogin im landeskirchlichen Dienst steht, aufgrund eines Gestellungsvertrags hauptamtlich für einen gemeinnützigen, auf dem Gebiet der Drogenberatung wirkenden Verein und nach dessen Weisung tätig, dann liegt Arbeitnehmerüberlassung im Sinne von Art. 1 § 1 Abs. 1 AÜG vor.

2. Zur Führung der Dienstbezeichnung „Pastorin iR".

118. ArbG Bochum v. 13. Mai 1993 – 3 Ca 2629/92, NZA 1993, 1134 = NJW-RR 1993, 1143 = KirchE 31, 159

Aus den Gründen: (…) Davon abgesehen steht das Erfordernis der kirchenaufsichtlichen Genehmigung der Anwendung des § 625 BGB auch für den Fall, daß die Tätigkeit der Kl. unverändert geblieben wäre, entgegen. (…) Die duldende Entgegennahme der Arbeitsleistung eines Arbeitnehmers durch den Dienstgeber, die nach § 625 BGB den Abschluß eines unbefristeten und damit länger als einem Jahr währenden Arbeitsverhältnisses bewirkt, kann damit für sich genommen nicht zum Abschluß eines unbefristeten Arbeitsverhältnisses führen, weil es als ausdrücklich vereinbartes der kirchenaufsichtlichen Genehmigung bedürfte. (…) Dieser Vertrag enthielt ausdrücklich einen Hinweis auf die kirchenaufsichtliche Genehmigungsbedürftigkeit. Er ist vor kirchenaufsichtlicher Genehmigung schwebend unwirksam gewesen. (…) Es ist der Bekl. auch nicht nach Treu und Glauben, § 242 BGB, verwehrt, sich auf die kirchenaufsichtlichen Genehmigungserfordernisse gegenüber der Kl. im Hinblick auf den zweiten Arbeitsvertrag und bezüglich § 625 BGB zu berufen. Die Berufung auf einen Formmangel ist jedenfalls dann nicht treuwidrig, wenn die Gegenpartei das Formerfordernis kennt. So liegt es jedoch hier. Hinsichtlich des zweiten Arbeitsvertrages ergibt sich die Kenntnis der Kl. von dem Formerfordernis bereits daraus, daß die Genehmigungsbedürftigkeit durch die Kirchenaufsicht ausdrücklich eingangs des Arbeitsvertrages genannt ist. (…)

119. ArbG Oldenburg v. 5. Mai 1994 – 5 Ca 824/93, KirchE 32, 155

Ein Mitglied der Mitarbeitervertretung, das von seiner dienstlichen Tätigkeit freigestellt ist, hat Anspruch auf vollen Nachteilsausgleich nach Maßgabe seiner arbeitsvertraglichen Leistungspflichten unter Einschluß von Zuschlägen für Nacht- und Wochenenddienst.

120. OVG Berlin v. 31. Oktober 1989 – 4 B 39/88 und, 4 L 12/88, NJW 1990, 2269 = NVwZ 1990, 1099 = KirchE 27, 309

Aus den Gründen: An kirchlichen Feiertagen ihres Bekenntnisses ist den in einem Ausbildungs- oder Beschäftigungsverhältnis stehenden Angehörigen einer Religionsgemeinschaft nach § 2 Abs. 2 des Gesetzes über Sonn- und Feiertage Gelegenheit zum Besuch der kirchlichen Veranstaltungen zu geben-, soweit nicht unabweisbare betriebliche Notwendigkeiten entgegenstehen. (…) Ein darüber hinausgehender Anspruch auf Gewährung voller Dienstbefreiung am 31. Oktober 1986 bestand für den Kl. nicht.

In der an den Kl. gerichteten Stellungnahme des Konsistoriums der Evangelischen Kirche in Berlin-Brandenburg vom 23. September 1986 ist ausdrücklich ausgeführt, im Grundsatz seien kirchliche Feiertage für Protestanten nur solche, an denen der Taten Gottes, nicht aber der Menschen gedacht werde. Inhalt von kirchlichen Feiertagen seien danach Grundereignisse der Heiligen Schrift, nicht aber solche der kirchlichen Tradition.

(…) Danach erscheint kaum vorstellbar, daß Luther selbst dem Anliegen des Kl. das Wort geredet hätte. (…) Für den Kl. folgt daraus kein Anspruch auf volle Dienstbefreiung am 31. Oktober.

Ohne Erfolg beruft der Kl. sich schließlich auf den allgemeinen Gleichheitssatz. Wenn der Beklagte Christen römisch-katholischer Konfession zu Fronleichnam und Allerheiligen auf Antrag volle Dienstbefreiung gewährt, so werden damit gerade nicht gleiche Sachverhalte ungleich behandelt. (…) Zu Recht hat der Beklagte damit im Widerspruchsbescheid ausgeführt, Fronleichnam und Allerheiligen seien für die katholische Kirche höhere Feiertage als der 31. Oktober für evangelische Christen. Dies trifft zu und rechtfertigt für sich allein als ein fraglos sachlicher Grund die vom Kläger gerügte Ungleichbehandlung. (…) Soweit das Land Berlin seinen jüdischen Bediensteten an einer Reihe jüdischer Festtage auf Antrag volle Dienstbefreiung gewährt, bedarf es keiner Prüfung der theologischen Bedeutung dieser Tage im jüdischen Glauben. Der Verwaltungsübung liegen vielmehr – wie auch der Kläger. in seinem Schriftsatz vom 26. Juni 1986 zu Recht vermutet hat – ersichtlich besondere Erwägungen zugrunde, die im Gedanken der Wiedergutmachung des den Juden von Deutschen zugefügten Leids ihren Ursprung haben. Für den Rechtsstandpunkt des Klägers ist daraus nichts herzuleiten.

121. BGH v. 26. Oktober 1994 – IV ZR 310/93, NJW-RR 1995, 290 = KirchE 32, 415 = ZevKR 40, 243
Die in § 77 der Satzung der Kirchlichen Zusatzversorgungskasse enthaltene Regelung, über Rechte und Pflichten aus dem Beteiligungsverhältnis entscheide der Vorstand, bewirkt ein pactum de non petendo, das die Klagbarkeit zeitweilig ausschließt.

C) Rechtsprechung zum Mitarbeitervertretungsrecht

122. BVerfG v. 11. Oktober 1977 – 2 BvR 209/76, BVerfGE 46, 73 = AP Nr. 1 zu Art. 140 GG = NJW 1978, 581 = = EzA § 118 BetrVG 1972 Nr. 15 (Rüthers) = ZevKR 23, 367 (Richardi)
1. Nach Art. 140 GG in Verbindung mit Art. 137 Abs. 3 WRV sind nicht nur die organisierte Kirche und die rechtlich selbständigen Teile dieser Organisation, sondern alle der Kirche in bestimmter Weise zugeordneten Einrichtungen ohne Rücksicht auf ihre Rechtsform Objekte, bei deren Ordnung und Verwaltung die Kirche grundsätzlich frei ist, wenn sie nach kirchlichem Selbstverständnis ihrem Zweck oder ihrer Aufgabe entsprechend berufen sind, ein Stück Auftrag der Kirche in dieser Welt wahrzunehmen und zu erfüllen.

2. Das Betriebsverfassungsgesetz selbst erweist sich, indem es zugunsten der Religionsgemeinschaften und ihrer karitativen und erzieherischen Einrichtungen unbeschadet deren Rechtsform in § 118 Abs. 2 einen ausdrücklichen Vorbehalt macht, nicht als ein für alle geltendes Gesetz. Es nimmt vielmehr mit diesem Vorbehalt auf das verfassungsrechtlich Gebotene Rücksicht.

123. BVerfG v. 17. Februar 1981 – 2 BvR 384/78, BVerfGE 57, 220 = AP Nr. 9 zu Art. 140 GG = NJW 1981, 1829 = AR-Blattei Kirchenbedienstete Entscheidung 22 (Richardi) = EzA Art. 9 GG Nr. 32 (Otto) und Nr. 34, (Dütz)

In einer kirchlichen Anstalt haben anstaltsfremde Gewerkschaftsbeauftragte dann kein koalitionsrechtliches Zugangsrecht, wenn die Gewerkschaft die werbende und informierende Tätigkeit durch anstaltsangehörige Gewerkschaftsmitglieder durchführen kann. Die von einer gegenteiligen Annahme ausgehende Entscheidung des Bundesarbeitsgerichts v. 14. Februar 1978 – 1 AZR 280/77, AP Nr. 26 zu Art. 9 GG – verstößt gegen Art. 140 GG in Verbindung mit Art. 137 Abs. 3 WRV.

124. BVerfG v. 26. Juni 1991 – 1 BvR 779/85, BVerfGE 84, 212 = AP Nr. 117 zu Art. 9 GG Arbeitskampf = NJW 1991, 2549 = JZ 1992, 27 (Richardi) = ArbuR 1992, 1 (Däubler)

1. Die Koalitionsfreiheit (Art. 9 Abs. 3 GG) gilt für Arbeitnehmer und Arbeitgeber. Sie schützt auch die Koalitionen in ihrem Bestand und ihrer Betätigung zur Wahrung und Förderung der Arbeits- und Wirtschaftsbedingungen. Soweit die Verfolgung des Koalitionszwecks von dem Einsatz bestimmter Mittel abhängt, werden auch diese vom Schutz des Grundrechts umfaßt.

2. Zu den durch Art. 9 Abs. 3 GG geschützten Mitteln zählen auch Arbeitskampfmaßnahmen, die auf den Abschluß von Tarifverträgen gerichtet sind. Sie werden insoweit von der Koalitionsfreiheit erfaßt, als sie allgemein erforderlich sind, um eine funktionierende Tarifautonomie sicherzustellen. Der Schutz umfaßt unter den gegebenen Verhältnissen jedenfalls Aussperrungen mit suspendierender Wirkung, die in Abwehr von Teil- oder Schwerpunktstreiks der Herstellung der Verhandlungsparität dienen.

3. Die Koalitionsfreiheit kann zum Schutz von Grundrechten Dritter und anderer mit Verfassungsrang ausgestatteter Rechte eingeschränkt werden. Darüber hinaus bedarf sie der Ausgestaltung durch die Rechtsordnung, soweit das Verhältnis der Tarifvertragsparteien zueinander berührt wird.

4. Eine Beschränkung von Arbeitskampfmaßnahmen, die das Ziel der Herstellung eines Verhandlungsgleichgewichts bei Tarifauseinandersetzungen (Verhandlungsparität) verfolgt, ist mit Art. 9 Abs. 3 GG vereinbar. Aussperrungen zur Abwehr von begrenzten Teil- oder Schwerpunktstreiks können daher nach Gesichtspunkten der Verhältnismäßigkeit beschränkt werden.

5. Das BAG hat nicht dadurch gegen die Verfassung (Art. 9 Abs. 3, Art. 20 Abs. 3 GG) verstoßen, daß es die maßgeblichen Grundsätze des Arbeitskampfrechts entwickelt hat, ohne sich auf ein gesetzliches Regelungssystem stützen zu können.

125. BVerfG v. 14. November 1995 – 1 BvR 601/92, BVerfGE 93, 352 = AP Nr. 80 zu Art. 9 GG = NJW 1996, 1201 = EzA Art. 9 GG Nr. 60 (Thüsing) = ZIP 1996, 447 (Hanau)

Der Schutz des Art. 9 Abs. 3 GG beschränkt sich nicht auf diejenigen Tätigkeiten, die für die Erhaltung und die Sicherung des Bestandes der Koalition unerläßlich sind; er umfaßt alle koalitionsspezifischen Verhaltensweisen. Dazu gehört die Mitgliederwerbung durch die Koalition und ihre Mitglieder.

126. BAG v. 19. Dezember 1969 – 1 ABR 10/69, AP Nr. 12 zu § 81 BetrVG (Mayer-Maly) = DB 1970, 594 = RdA 1970, 124 = EzA § 81 BetrVG Nr. 4 = SAE 1970, 260 (Richardi)
1. Unter den Begriff „Religionsgemeinschaften" im Sinne des § 81 Abs. 2 BetrVG 1952 fallen nicht nur die eigentlichen Religionsgesellschaften, sondern auch deren ausgegliederte selbständige Teile wie die religiösen Orden und selbst die sogenannten Säkularinstitute der katholischen Kirche.
2. Ein Krankenhaus, das nicht zum Zwecke der Gewinnerzielung betrieben wird, ist eine karitative Einrichtung.
3. Für die betriebsverfassungsrechtliche Beurteilung ist es ohne Belang, ob der Arbeitgeber Eigentümer oder Pächter des betreffenden Betriebes ist.

127. BAG v. 21. November 1975 – 1 ABR 12/75, AP Nr. 6 zu § 118 BetrVG 1972 (Küchenhoff und Richardi) = NJW 1976, 1165 = EzA § 118 BetrVG 1972 Nr. 11 (Rüthers) = BB 1977, 249 (Mayer-Maly)
1. Der Marburger Bund ist eine im Sinne von § 17 Abs. 3 BetrVG antragsberechtigte Gewerkschaft, wenn sie im Betrieb vertreten ist.
2. Die Antragsberechtigung ist eine Verfahrensvoraussetzung des Beschlußverfahrens.
3. Eine Stiftung des privaten Rechts ist nur dann eine karitative Einrichtung einer Religionsgemeinschaft im Sinne von § 118 Abs. 2 BetrVG, wenn die Religionsgemeinschaft einen entscheidenden Einfluß auf die Verwaltung der Stiftung hat.
4. Gehören von insgesamt sieben Mitgliedern des Stiftungskuratoriums nur zwei der Amtskirche an, so hat die Religionsgemeinschaft noch keinen entscheidenden Einfluß auf die Verwaltung der Stiftung.
Anmerkung: Die Entscheidung wurde vom BVerfG durch Beschluß v. 11. Oktober 1977 – 2 BvR 209/76, BVerfGE 46, 73 = AP Nr. 1 zu Art. 140 GG aufgehoben.

128. BAG v. 6. Dezember 1977 – 1 ABR 28/77, BAGE 29, 405 = AP Nr. 10 zu § 118 BetrVG 1972 = EzA § 118 BetrVG 1972 Nr. 16 = EzA Art. 9 GG Nr. 25 (Rüthers) = AR-Blattei Kirchenbedienstete Entscheidung 14 (Richardi)
1. Eine Stiftung des privaten Rechts ist eine karitative Einrichtung einer Religionsgemeinschaft im Sinne von § 118 Abs. 2 BetrVG, wenn die von ihr wahrzunehmenden Aufgaben sich als Wesens- und Lebensäußerung der Kirche darstellen. Anstalten der Inneren Mission, die auf allen Gebieten der geschlossenen, halboffenen und offenen Fürsorge tätig sind, sind Einrichtungen der evangelischen Kirche und unterfallen damit dem § 118 Abs. 2 BetrVG.
2. § 118 Abs. 2 BetrVG widerspricht nicht dem Grundsatz der Sozialstaatlichkeit.
3. In einem Beschlußverfahren mit dem Ziel der Bestellung eines Wahlvorstandes durch das ArbG sind die als Mitglieder des Wahlvorstandes vorgeschlagenen Personen nicht Beteiligte des Beschlußverfahrens.
4. Zur Beteiligten- und Antragsbefugnis der Kreisverwaltung einer Gewerkschaft im Beschlußverfahren.

129. BAG v. 14. Februar 1978 – 1 AZR 280/77, BAGE 30, 122 = AP Nr. 26 zu Art. 9 GG (Frank) = NJW 1979, 1844 = EzA Art. 9 GG Nr. 25 (Rüthers/Klosterkemper) = AR-Blattei Kirchenbedienstete, Entscheidung 15 (Richardi)

1. Der Betriebsinhaber/Unternehmer muß das Anbringen von Schriftgut zur Selbstdarstellung der Gewerkschaft, zur Information über ihre Leistungen und über arbeits- und tarifrechtliche Frage sowie zur Aufforderung zum Erwerb der Mitgliedschaft bei der Gewerkschaft durch betriebs-/unternehmensfremde Beauftragte der Gewerkschaft auf Bekanntmachungstafeln des Betriebes dulden. Ebenso muß er die Verteilung derartigen Materials und die allgemeine arbeits- und tarifrechtliche Betreuung von Mitgliedern der Gewerkschaft und die Werbung neuer Mitglieder durch betriebs-/unternehmensfremde Gewerkschaftsbeauftragte in den Betriebs- und Unternehmensräumen außerhalb der Arbeitszeit dann erlauben. Dies gilt jedenfalls dann, wenn in dem Betrieb schon Mitglieder der Gewerkschaft tätig sind. Das Hausrecht und ein Recht am eingerichteten und ausgeübten Gewerbebetrieb stehen den fraglichen Betätigungen der Gewerkschaft nicht entgegen.

2. Das eben Gesagte gilt auch für den Betrieb karitativer Einrichtungen der Kirche im Sinne des § 118 Abs. 2 BetrVG. Die Kirchenautonomie steht dem nicht entgegen. Die Gewerkschaft darf bei der hier in Rede stehenden Tätigkeit die Kirchenautonomie nicht beeinträchtigen und nicht in Abrede stellen.

3. Über die Grenzen der gewerkschaftlichen Information, Werbung und Betreuung im Betrieb/Unternehmen durch betriebs-/unternehmensfremde Gewerkschaftsbeauftragte (siehe auch BAG 14. Februar 1967 1 AZR 494/65 = BAGE 19, 217).

4. Zur Entscheidung der Frage, ob eine Gewerkschaft sich in bestimmter von ihr in Anspruch genommener Weise mit dem Ziel der Mitgliederwerbung, der gewerkschaftlichen Information und der gewerkschaftlichen Betreuung betätigen darf, sind die Gerichte für Arbeitssachen zuständig (siehe auch BAG 29. Juni 1965 – 1 AZR 420/64 = BAGE 17, 218). *Orientierungssatz:* Diese Entscheidung wurde vom BVerfG durch Beschluß v. 17. Februar 1981 – 2 BvR 384/78, BVerfGE 57, 220 = AP Nr. 9 zu Art. 140 GG aufgehoben und an das BAG zurückverwiesen. 2. Nach der Zurückverweisung entschied das BAG erneut durch Urteil v. 19. Januar 1982 – 1 – AZR 279/81, AP Nr. 10 zu Art. 140 GG.

130. BAG v. 24. November 1981 – 1 ABN 12/81, AP Nr. 10 zu § 72a ArbGG 1979 Divergenz = EzA § 72a ArbGG 1979 Nr. 37 = BB 1982, 1363

Entscheidungen der Landesarbeitsgerichte zum Begriff der „karitativen Bestimmung" im Sinne von BetrVG § 118 Abs. 1 Nr. 1 und zum Begriff der „karitativen Einrichtung einer Kirche" im Sinne von BetrVG § 118 Abs. 2 betreffen nicht die gleiche Rechtsfrage. Weichen sie voneinander ab, so kann darauf eine Nichtzulassungsbeschwerde nicht gestützt werden.

131. BAG v. 19. Januar 1982 – 1 AZR 279/81, BAGE 37, 331 = AP Nr. 10 zu Art. 140 GG = NJW 1982, 2279 = EzA Art. 9 GG Nr. 34 (Dütz)

Die Gewerkschaften haben jedenfalls dann keinen unmittelbar aus Art. 9 Abs. 3 GG ableitbaren Anspruch auf Duldung gewerkschaftlicher Werbe-, Informations- und Betreuungstätigkeit durch betriebsfremde Gewerkschaftsbeauftragte in kirchlichen Einrichtungen, wenn sie in diesen Einrichtungen bereits durch betriebsangehörige Mitglieder vertreten sind; ob ihre betriebsangehörigen Mitglieder zu einer solchen gewerkschaftlichen Betätigung auch bereit sind, ist unerheblich (im Anschluß an den Beschluß des BVerfG v. 17.

Februar 1981 2 BvR 384/78, BVerfGE 57, 220 = AP Nr. 9 zu Art. 140 GG).

Ein Zutrittsrecht für betriebsfremde Gewerkschaftsbeauftragte ergibt sich auch nicht aus dem Übereinkommen Nr. 135 der Internationalen Arbeitsorganisation vom 23. Juni 1971.

Orientierungssatz: Das in dieser Sache früher ergangene Urteil des BAG v. 14. Februar 1978 – 1 AZR 280/77, BAGE 30, 122 = AP Nr. 26 zu Art. 9 GG wurde aufgrund Verfassungsbeschwerde vom BVerfG durch Beschluß v. 17. Februar 1981 – 2 BvR 384/78, BVerfGE 57, 220 aufgehoben und an das BAG zurückverwiesen.

132. BAG v. 9. Februar 1982 – 1 ABR 36/80, BAGE 41, 5 = AP Nr. 24 zu § 118 BetrVG 1972 = NJW 1982, 1894 = DB 1982, 1414
1. Übernimmt ein kirchlicher Träger durch Rechtsgeschäft ein bisher von einem nichtkirchlichen Träger betriebenes Krankenhaus, um dort in Gestalt der Krankenpflege tätige Nächstenliebe zu üben und damit ein Stück Auftrag der Kirche in der Welt wahrzunehmen, so wird das Krankenhaus allein durch den Trägerwechsel zu einer karitativen Einrichtung der Kirche im Sinne von BetrVG § 118 Abs. 2, auf die das Betriebsverfassungsgesetz keine Anwendung findet. Ob die Mehrzahl der dort tätigen Arbeitnehmer sich bereits arbeitsvertraglich zu den besonderen Zielen der Arbeit eines kirchlichen Krankenhauses bekannt hat, ist unerheblich.
2. Eine Betriebsratswahl ist nichtig, wenn der Betrieb nicht dem Betriebsverfassungsgesetz unterliegt.
3. In einem arbeitsgerichtlichen Beschlußverfahren über die Nichtigkeit einer Betriebsratswahl sind die im Betrieb vertretenen Gewerkschaften beteiligungsbefugt, gleichgültig, auf welcher Seite sie sich an dem Verfahren beteiligen.

133. BAG v. 30. Juli 1987 – 6 ABR 78/85, BAGE 56, 1 = AP Nr. 3 zu § 130 BetrVG 1972 = NJW 1988, 933
1. Wenn Ordensgemeinschaften der katholischen Kirche den Status einer Körperschaft des öffentlichen Rechts verliehen bekommen und behalten haben, so findet für ihre nicht verselbständigten Einrichtungen auch wirtschaftlicher Art das Betriebsverfassungsgesetz gemäß § 130 BetrVG keine Anwendung.
2. § 130 BetrVG dient dazu, den Geltungsbereich des Betriebsverfassungsgesetzes gegenüber dem der Personalvertretungsgesetze des Bundes und der Länder abzugrenzen (Anschluß an das Urteil des BAG v. 7. November 1975 – 1 AZR 74/74 = BAGE 27, 316 = AP Nr. 1 zu § 130 BetrVG). § 118 Abs. 2 BetrVG betrifft nicht die öffentlich-rechtlich organisierte Kirche, sondern die Religionsgemeinschaften und karitativen und erzieherischen Einrichtungen, die privatrechtlich organisiert sind.
3. Das Betriebsverfassungsgesetz hat keinen Auffangcharakter, wonach es stets zur Anwendung kommt, wenn kirchliche Körperschaften des öffentlichen Rechts nicht unter den Geltungsbereich eines Landespersonalvertretungsgesetzes fallen sollten.

134. BAG v. 14. April 1988 – 6 ABR 36/86, BAGE 58, 92 = AP Nr. 36 zu § 118 BetrVG 1972 (Dütz) = NJW 1988, 3283 = KirchE 26, 55
1. Ein Berufsbildungswerk, in dem lernbehinderte Jungen und Männer zwischen 16 und 20 Jahren schulisch weitergebildet und beruflich ausgebildet werden, ist eine erzieherische Einrichtung im Sinne des § 118 Abs. 2 BetrVG.

2. Diese erzieherische Einrichtung gehört dann zu einer Religionsgemeinschaft, wenn Kirche und Einrichtung die Erziehung nach Inhalt und Ziel identisch vornehmen und sichergestellt ist, daß die Kirche ihre Vorstellungen zur Gestaltung der Erziehung in der Einrichtung durchsetzen kann. Die Durchsetzungsmöglichkeiten müssen nicht statutenmäßig abgesichert sein. Im Einzelfall können personelle Verflechtungen zwischen den Führungsgremien der Einrichtung und Amtsinhabern der Kirche genügen.

3. Die Rechtsform der Einrichtung ist ohne Bedeutung.

135. BAG v. 12. Januar 1989 – 8 AZR 404/87, BAGE 61, 1 = AP Nr. 13 zu § 47 BAT = NZA 1989, 758 = KirchE 27, 8

Werden einem Arbeitnehmer neben der Vergütung Zeitzuschläge für Nachtarbeit gezahlt, müssen sie in das Urlaubsentgelt, das für den gesetzlichen Urlaub zu zahlen ist, einberechnet werden (Aufgabe von BAG Urteil v. 8. Oktober 1981 – 6 AZR 296/79 = AP Nr. 3 zu § 47 BAT).

136. BAG v. 25. April 1989 – 1 ABR 88/87, BAGE 00, 61, 376 = AP Nr. 34 zu Art. 140 GG (Stein) = NJW 1989, 2284 = KirchE 27, 123

Für Streitigkeiten zwischen einer Mitarbeitervertretung nach dem kirchlichen Mitarbeitervertretungsrecht und dem Arbeitgeber über das Bestehen von Mitbestimmungsrechten ist die Gerichtsbarkeit der staatlichen Gerichte zumindest dann nicht gegeben, wenn über solche Streitigkeiten eine Schlichtungsstelle entscheidet, die den Mindestanforderungen an ein Gericht entspricht.

137. BAG v. 24. Juli 1991 – 7 ABR 34/90, BAGE 68, 170 = AP Nr. 48 zu § 118 BetrVG 1972 = NZA 1991, 977 = AR-Blattei ES 1570 Nr. 47 (Mayer-Maly) = KirchE 29, 255

1. Der Begriff der Religionsgemeinschaft in § 118 Abs. 2 BetrVG ist ebenso zu verstehen wie der Begriff der Religionsgesellschaft im Sinne des Art. 137 Abs. 3 WRV.

2. Nach dem Selbstverständnis der evangelischen Kirche umfaßt die Religionsausübung nicht nur die Bereiche des Glaubens und des Gottesdienstes, sondern auch die Freiheit zur Entfaltung und zur Wirksamkeit in der Welt, wie es ihrer religiösen Aufgabe entspricht. Hierzu zählt auch die Öffentlichkeitsarbeit mit publizistischen Mitteln als Teil kirchlicher Mission.

3. Auf einen rechtlich selbständigen evangelischen Presseverband als Teil der evangelischen Kirche findet das Betriebsverfassungsgesetz keine Anwendung.

138. BAG v. 9. September 1992 – 5 AZR 456/91, BAGE 71, 157 = AP Nr. 40 zu Art. 140 GG = NZA 1993, 597 = AR-Blattei Kirchenbedienste Entscheidung Nr. 47 (Richardi)

Für Streitigkeiten zwischen dem Mitglied einer Mitarbeitervertretung nach kirchlichem/diakonischem Mitarbeitervertretungsrecht und dem Dienstgeber über die Erstattung von Kosten, die dem Mitglied beim Handeln für die Mitarbeitervertretung entstanden sind, sind nicht die Gerichte für Arbeitssachen zuständig, sondern die kirchlichen/diakonischen Schiedsstellen (Schlichtungsstellen), wenn diese den rechtsstaatlichen Mindestanforderungen an ein Gericht genügen (Bestätigung von BAG Beschluß v. 25. April 1989 – 1 ABR 88/87 - BAGE 61, 376).

139. BAG v. 25. März 2004 – 2 AZR 380/03, NZA 2004, 1407
Ordentliche verhaltensbedingte Kündigung wegen der Verletzung der Dokumentationspflicht über erbrachte Arbeitsleistungen; Beteiligung der Mitarbeitervertretung und ordnungsgemäße Durchführung des Verständigungsverfahrens nach § 30 MAVO

Aus den Gründen: (...) Ob der Beklagte überhaupt das Mitberatungsverfahren nach § 30 II 3 und 4 MAVO durchführen und die Mitarbeitervertretung zu einer gemeinsamen Sitzung einladen musste oder hiervon hätte absehen können, weil die schriftlichen Einwendungen der Mitarbeitervertretung keine hinreichenden auf den konkreten Einzelfall bezogenen Gründe (§ 30 III 2 MAVO) enthielten, kann im Ergebnis dahingestellt bleiben. Das Mitberatungsverfahren (Verständigungsverfahren) ist jedenfalls fehlerfrei durchgeführt worden. (...)

140. BAG v. 30. April 1997 – 7 ABR 60/95, AP Nr. 60 zu § 118 BetrVG 1972 = AP Nr. 49 zu Art. 140 GG = NZA 1997, 1240
Ein von einem rechtlich selbständigen Mitglied des Diakonischen Werks der Evangelischen Kirche von Westfalen geführtes Jugenddorf ist aufgrund der Mitgliedschaft des Trägervereins im Diakonischen Werk eine Einrichtung der Evangelischen Kirche, in der das Betriebsverfassungsgesetz keine Anwendung findet.

141. BAG v. 23. Oktober 2002 – 7 ABR 59/01, AP Nr. 72 zu § 118 BetrVG 1972
Eine in der Rechtsform einer GmbH betriebene Einrichtung der katholischen Kirche ist nach § 118 Abs. 2 BetrVG vom Geltungsbereich des Betriebsverfassungsgesetzes ausgenommen, wenn sie karitative oder erzieherische Zwecke verfolgt. Ob dies der Fall ist, bestimmt sich nach dem Selbstverständnis der Kirche.

142. BAG v. 31. Juli 2002 – 7 ABR 12/01, AP Nr. 70 zu § 118 BetrVG 1972 =NZA 2002, 1409
Ein auf die Verwirklichung des christlichen Auftrags gerichtetes, von einem Mitglied des Diakonischen Werkes betriebenes Krankenhaus ist eine karitative Einrichtung einer Religionsgemeinschaft i.S.v. § 118 Abs. 2 BetrVG, auf die das Betriebsverfassungsgesetz keine Anwendung findet.

143. LAG Düsseldorf v. 28. November 1980 – 8 Sa 203/80, EzA Art. 9 GG Nr. 31 (Dütz)
1. Das Grundrecht der Koalitionsfreiheit schützt auch die Koalitionen selbst in ihrer Existenz und Funktionsfähigkeit. Dazu gehört das Recht, in den Betrieben neue Mitglieder zu werben, Informationsgespräche zu führen und Werbematerial zu verteilen.

2. Die Gewerkschaften können diese Rechte in den Betrieben auch durch betriebsfremde Beauftragte wahrnehmen.

3. Die Gerichte sind, solange der Gesetzgeber untätig ist, befugt, den Gewerkschaften in grundrechtskonkretisierender Rechtsfortbildung das Zugangsrecht zu den Betrieben zu gewähren.

4. Das Zugangsrecht der Gewerkschaft zum Zwecke der Werbe- und Informationstätigkeit besteht prinzipiell auch gegenüber kirchlichen Einrichtungen im Sinne des § 118 Abs. 2 BetrVG. Die Gewerkschaft darf bei ihrer Tätigkeit in der kirchlichen Einrichtung ganz allgemein die Kirchenautonomie und die sich hieraus ergebenden Folgerungen nicht beeinträchtigen. Dazu gehören auch die kraft dieser Autonomie im Bereich der Kirche und ihrer Einrichtungen geschaffenen Ordnungen.

5. Zu den Grenzen des Zugangsrechts der Gewerkschaft zu den kirchlichen Einrichtungen zum Zwecke der Werbung und Information durch betriebsfremde Gewerkschaftsbeauftragte.

6. Es ist geboten, Vorkehrung dafür zu treffen, daß Grundrechtsverletzungen durch Zwangsvollstreckungsmaßnahmen aus vorläufig vollstreckbaren Urteilen tunlichst vermieden werden.

144. LAG Berlin v. 3. Mai 1984 – 7 Sa 8/84, AP Nr. 19 zu Art. 140 GG (Pahlke) = KirchE 22, 84–88

1. Art. 140 GG in Verbindung mit Art. 137 Abs. 3 WRV gebietet es, die AVR des Tarifverträgen im Hinblick auf Tarifdispositivität gleichzustellen.

2. Die AVR können im gleichen Umfang wie ein Tarifvertrag von § 11 BUrlG abweichen und den Nachtzuschlag (§ 20a Abs. 1 lit. e AVR) bei der Bemessung der Urlaubsvergütung (§ 28 Abs. 10 AVR) unberücksichtigt lassen.

3. Die AVR können ebenfalls wie ein Tarifvertrag von § 616 Abs. 2 BGB abweichen und den Nachtzuschlag (§ 20a Abs. 1 lit. e AVR) bei der Bemessung der Krankenvergütung (§ 24 Abs. 7 in Verbindung mit § 28 Abs. 10 AVR) unberücksichtigt lassen.

145. LAG Berlin v. 9. April 1985 – 9 Sa 4/85, NZA 1986, 540 = KirchE 23, 60–64

Findet im Geltungsbereich der „Ordnung für die Mitarbeitervertretungen in (evangelischen) diakonischen Einrichtungen vom. 24. September 1973 in der Fassung vom 8. Oktober 1982" eine Mitarbeiterversammlung außerhalb der Arbeitszeit des teilnehmenden Arbeitnehmers statt, so steht ihm ein (zusätzlicher) Entgeltanspruch nicht zu.

146. LAG München v. 9. Oktober 1985 – 8 TaBV 23/85, NZA 1986, 540–540

Betreibt ein katholischer Orden, dem die Rechtsform einer Körperschaft des öffentlichen Rechts verliehen ist, als Eigenbetrieb eine Brauerei, ist auf diese gemäß § 130 BetrVG das Betriebsverfassungsgesetz nicht anwendbar.

147. LAG München v. 30. Oktober 1985 – 8 TaBV 23/84, KirchE 23, 231–233

Das Betriebsverfassungsgesetz findet gemäß § 130 BetrVG auch auf den Eigenbetrieb (Brauerei) einer Benediktinerabtei (Körperschaft des öffentlichen Rechtes) keine Anwendung.

148. LAG Baden-Württemberg v. 18. Januar 1989 – 2 Sa 98/88, EzA § 611 BGB Kirchliche Arbeitnehmer Nr. 32

Anhörung der Mitarbeitervertretung im Sinne von § 45 Abs. 5 des Kirchlichen Gesetzes zur Ordnung der Mitarbeitervertretung in der Evangelischen Landeskirche in Württemberg bedeutet, daß der Mitarbeitervertretung die Möglichkeit zur Stellungnahme eingeräumt wird; Anhörung in diesem Sinne verlangt nicht, daß die Mitarbeitervertretung eine Stellungnahme abgibt.

149. LAG Düsseldorf v. 15. Januar 1991 – 16 Sa 1416/90, NZA 1991, 600 = EzA § 611 BGB Kirchliche Arbeitnehmer Nr. 35

1. In einem Kündigungsrechtsstreit zwischen Arbeitnehmer und kirchlichem Arbeitgeber sind die (staatlichen) Gerichte für Arbeitssachen befugt, die Einhaltung innerkirchlichen

Rechts, (hier: ordnungsgemäße Beteiligung der Mitarbeitervertretung nach § 31 MAVO), zu überprüfen.
2. Eine ohne ordnungsgemäße Beteiligung der Mitarbeitervertretung ausgesprochene fristlose Kündigung – § 31 MAVO – ist ebenso wie im Geltungsbereich des BetrVG unheilbar nichtig.

150. LAG Köln v. 28. Oktober 1992 – 7 Sa 692/92, KirchE 30, 384
1. Der Vorschrift des § 30 Abs. 1 MAVO ist nicht genügt, wenn dem Anhörungsschreiben ein Schreiben des Arbeitnehmers, dessen Inhalt auch Kündigungsgrund sein soll, schlicht beigefügt worden ist, ohne daß im Anhörungsschreiben zum Ausdruck gebracht worden ist, daß das Schreiben des Arbeitnehmers ebenfalls Kündigungsgrund sein soll.
2. Die Nichteinhaltung der Formvorschrift des § 30 Abs. 1 MAVO hinsichtlich eines von mehreren Kündigungsgründen hat aufgrund von § 30 Abs. 5 MAVO rechtlich jedenfalls zur Folge, daß sich der Arbeitgeber auf diesen Kündigungsgrund zur Rechtfertigung seiner Kündigung nicht berufen kann.

151. LAG Köln v. 18. Januar 1995 – 8 Sa 1167/94, AP Nr. 75 zu § 102 BetrVG 1972 = NZA 1995, 1200
Für die Beantwortung der Frage, ob die Mitarbeitervertretung vor Ausspruch einer ordentlichen Kündigung ordnungsgemäß nach dem Kirchengesetz über die Bildung von Mitarbeitervertretungen in kirchlichen Dienststellen in der Evangelischen Kirche im Rheinland vom 12.01.1994 beteiligt worden ist, gelten dieselben Grundsätze, die das BAG für das Anhörungsverfahren nach § 102 BetrVG entwickelt hat. Das ergibt sich aus dem Sinn und Zweck des Mitwirkungsverfahrens.

152. LAG Köln v. 19. Februar 1999 – 11 Sa 962/98, NZA-RR 1999, 655
1. Eine Gewerkschaft handelt im Rahmen ihrer koalitionsrechtlichen Betätigungsfreiheit, wenn sie in Betrieben, in denen sie vertreten ist, schriftliches Informationsmaterial durch Betriebsangehörige verteilen läßt. Zu diesem „Informationsmaterial" gehört auch eine Betriebszeitung, für die gewerkschaftlich organisierte Betriebsangehörige die redaktionelle Verantwortung tragen, die aber presserechtlich unter der Herausgeberschaft der Gewerkschaft steht.
2. Diese Grundsätze gelten auch in einem Betrieb, der verfassungsrechtlich dem kirchlichen Bereich zuzuzählen ist; das kirchliche Selbstverwaltungsrecht steht dem nicht entgegen. Die Einschränkungen, die das BVerfG am gewerkschaftlichen Zugangsrecht zugunsten kirchlicher Betriebe vorgenommen hat, beziehen sich auf die körperliche Präsenz von Gewerkschaftsangehörigen im Betrieb und nicht auf ein „ideelles Eindringen" mit Hilfe von Druckerzeugnissen.

153. LAG Düsseldorf v. 30. November 2000 – 11 Sa 1180/00, ZMV 2001, 201
1. Werden einem mit der Geschäftsführung beauftragten Arbeitnehmer, der gemäß § 4 Abs. 2 S. 1 MVG-EKD auch zur Dienststellenleitung gehört (§ 4 Abs. 1 MVG-EKD) und bei dessen außerordentlicher Kündigung deshalb die Mitarbeitervertretung nach § 44 S. 1 MVG-EKD nicht gemäß §§ 45 Abs. 1, 46 lit. b MVG-EKD zu beteiligen ist, die für den Ausschluß dieses Beteiligungsrechts maßgeblichen Aufgaben (Einstellung und Entlassung von Mitarbeitern) entzogen, entfällt der Grund für diesen Ausschluß.

2. Eine nach Entzug dieser Aufgaben gegenüber einem ehemals mit der Geschäftsführung beauftragten Arbeitnehmer ausgesprochene außerordentliche Kündigung, an der die Mitarbeitervertretung entgegen §§ 45 Abs. 1, 46 lit. b MVG-EKD nicht beteiligt worden ist, ist gemäß § 45 Abs. 2 S. 1 MVG-EKD unwirksam.

154. LAG Rheinland-Pfalz v. 6. Dezember 2001 – 4 Sa 1070/01, NZA-RR 2002, 383 = ZTR 2002, 243

Hat ein Arbeitnehmer Auslagen in seiner Eigenschaft als Mitglied einer Mitarbeitervertretung gehabt, findet der Erstattungsanspruch seine Rechtsgrundlage ausschließlich im Mitarbeitervertretungsrecht.

Der Rechtsweg zu den Arbeitsgerichten ist nicht eröffnet, wenn für die Entscheidung über den Kostenerstattungsanspruch eines Mitglieds einer Mitarbeitervertretung eine im Rahmen des Selbstordnungs- und Selbstverwaltungsrechts der Religionsgesellschaften eingerichtete Schiedsstelle zuständig ist.

155. BVerwG v. 3. September 1990 – 6 P 20/88, AP Nr. 2 zu § 4 BPersVG = KirchE 28, 222 = NVwZ 1991, 172

1. Ein evangelischer Pfarrer, der aufgrund eines Gestellungsvertrages von seiner Landeskirche für eine Tätigkeit als Religionslehrer an einem staatlichen Gymnasium „bereitgestellt" wird, ist kein für die dortigen Personalratswahlen wahlberechtigter Mitarbeiter.

2. Er steht weder in unmittelbaren noch in mittelbaren dienstrechtlichen Beziehungen zum Land und ist auch faktisch nicht in das Gymnasium eingegliedert, weil die entscheidenden dienstrechtlichen Befugnisse bei der Landeskirche verbleiben, die alleiniger Vertragspartner des Landes aufgrund des Gestellungsvertrages ist.

156. Bischöfliche Schlichtungsstelle Münster v. 25. März 1991, AP Nr. 38 zu Art. 140 GG, NZA 1991, 652

Begründet die Mitarbeitervertretung die Zustimmungsverweigerung zur Einstellung eines Bewerbers damit, der Dienstgeber (hier die Bistumsverwaltung) habe entsprechend seiner Übung, bei gleicher Qualifikation der Bewerber den hausinternen Bewerber zu bevorzugen, so ist dies kein Ablehnungsgrund nach § 34 Abs. 2 MAVO. Die Zustimmung gilt insoweit als erteilt. Der Dienstgeber ist deshalb nicht gehalten, das Einigungsverfahren durchzuführen oder die Schlichtungsstelle anzurufen.

157. BVerwG v. 23. August 1993 – 6 P 14/92, AP Nr. 553 zu § 5 BetrVG 1972 = AP Nr. 2 zu § 99 BetrVG 1972 Einstellung = AP Nr. 19 zu § 5 ArbGG 1979 = AP Nr. 44 zu Art. 140 GG

Die Beschäftigung einer kirchlichen Dienstkraft aufgrund eines Gestellungsvertrages zwischen dem Land Hessen und einer Diözese zur Erteilung von katholischem Religionsunterricht an einer staatlichen Schule geschieht nicht aufgrund einer Einstellung, die der Mitbestimmung des Personalrats dieser Schule unterliegt.

158. OVG Schleswig-Holstein v. 2. Dezember 1994 – 11 L 10/93, PersV 1997, 405

Bei Streitigkeiten, bei denen es ausschließlich um die Anwendung kirchlicher Mitarbeitervertretungsrechte geht, ist die Zuständigkeit staatlicher Gerichte generell ausgeschlossen. In diesem Bereich ist allein die Kirche zur Rechtsetzung und zur Kontrolle des von ihr gesetzten Rechtes befugt.

Bei Streitigkeiten aus der Anwendung von kirchlichem Mitarbeitervertretungsrecht handelt es sich um personalvertretungsrechtliche Streitigkeiten im Bereich der Kirche, für die staatliche Gerichte nicht zuständig sind.

Ebensowenig wie der Staat befugt ist, in innerkirchliche Angelegenheiten einzugreifen, können die Kirchen ohne Ermächtigung seitens des Staates die Zuständigkeit staatlicher Gerichte begründen.

Eine Verweisung an Kirchengerichte nach den §§ 17ff. GVG ist generell ausgeschlossen.

159. VGH München v. 17. Juni 1997 – 7 NE 97.1696, KirchE 35, 219
Die im Rahmen des verfassungsrechtlich verbürgten Selbstbestimmungsrechts gemäß Art. 140 GG in Verbindung mit Art. 137 Abs. 3 WRV erlassenen Mitarbeitervertretungsordnungen für die Erzdiözese München und Freising sind keine im Sinne von § 47 VwGO überprüfbare Rechtsnormen; vielmehr handelt es sich um reines Kirchenrecht. Bei Streitigkeiten hierüber sind daher die staatlichen Gerichte nicht zuständig.

160. BGH v. 28. März 2003 – V ZR 261/02, NJW 2003, 2097 = ZevKR 48, 301 (Kästner); Weber, ZevKR 49, 385–404 (2004); Droege, ZevKR 49, 763–771 (2004)
1. Für die Gehaltsklage aus dem Dienstverhältnis eines Geistlichen der Heilsarmee ist der Rechtsweg zu den staatlichen Gerichten auch dann gegeben, wenn die Begründetheit des Anspruchs davon abhängt, ob der Geistliche wirksam aus dem Dienst entlassen worden ist.
2. Für den Justizgewährungsanspruch gegenüber einer Kirche oder Glaubensgemeinschaft ist bei einer innerkirchlichen Streitigkeit weder die Unterscheidung von Amts- und Dienstverhältnis noch die zwischen kirchlichem Amtsrecht und vermögensrechtlicher Folge von Bedeutung.
3. Das kirchliche Selbstbestimmungsrecht schränkt nicht die Justizgewährungspflicht ein, wohl aber das Maß der Justiziabilität der angegriffenen Entscheidung.
4. Besteht die Möglichkeit, innerkirchliche Streitigkeiten durch die Anrufung kircheneigener Gerichte oder Schlichtungsgremien beizulegen, besteht für die Anrufung staatlicher Gerichte vor Erschöpfung des kirchlichen Rechtswegs kein Rechtsschutzbedürfnis.
5. Eine von der geistlichen Grundordnung und von dem Selbstverständnis der Kirche oder Glaubensgemeinschaft getragene Maßnahme nach autonomen Kirchen- oder Gemeinschaftsrecht kann durch staatliche Gerichte nicht auf ihre Rechtmäßigkeit, sondern nur auf ihre Wirksamkeit überprüft werden.
6. Die Wirksamkeitskontrolle ist darauf beschränkt, ob die Maßnahme gegen Grundprinzipien der Rechtsordnung verstößt, wie sie in dem allgemeinen Willkürverbot (Art. 3 Abs. 1 GG) sowie in dem Begriff der guten Sitten (§ 138 BGB) und in dem des ordre public (Art. 6 EGBGB) ihren Niederschlag gefunden haben.
7. Auch bestandskräftig gewordene Entscheidungen eines kirchlichen Gerichts unterliegen nur der Wirksamkeitskontrolle.
8. Die Frage, ob ein Geistlicher aus dem Dienst wirksam entlassen ist, unterfällt der autonomen Entscheidung der Kirche oder Glaubensgemeinschaft.

§ 7 Anhang: Gesetzestexte

A) Grundordnung für den kirchlichen Dienst im Rahmen kirchlicher Arbeitsverhältnisse

Vorwort

Zehn Jahre nach der „Erklärung der deutschen Bischöfe zum kirchlichen Dienst" vom 27.6.1983 (vgl. Die deutschen Bischöfe, Nr. 35) hat die Vollversammlung der Deutschen Bischofskonferenz am 22. September 1993 die Erklärung neugefaßt und eine „Grundordnung des kirchlichen Dienstes im Rahmen kirchlicher Arbeitsverhältnisse" verabschiedet.

Ausgehend vom Leitbild der kirchlichen Dienstgemeinschaft finden sich in der Erklärung grundlegende Aussagen zu Eigenart des kirchlichen Dienstes, Anforderungen an Träger und Leitung kirchlicher Einrichtungen und an die Mitarbeiterinnen und Mitarbeiter, zu Loyalitätsobliegenheiten, Folgen von Verstößen gegen Loyalitätsobliegenheiten, zur Koalitionsfreiheit und zum „Dritten Weg" nach KODA- und MAVO-Recht sowie zum gerichtlichen Rechtsschutz.

Die „Grundordnung des kirchlichen Dienstes im Rahmen kirchlicher Arbeitsverhältnisse" stellt eine kirchenrechtliche Verlautbarung der Bischöfe dar, die die „Erklärung der deutschen Bischöfe zum kirchlichen Dienst" normativ umsetzt und sich vorrangig an die kirchlichen Einrichtungen und ihre Leitungen, aber auch an die Mitarbeiterinnen und Mitarbeiter richtet. Die Grundordnung ist von den Diözesanbischöfen für ihren Bereich als kirchliches Gesetz zum 1. Januar 1994 in Kraft gesetzt worden.

Im Unterschied zur Erklärung aus dem Jahr 1983, die die Kirchlichkeit einer katholischen Einrichtung mehr an der Loyalität der einzelnen Mitarbeiterinnen und Mitarbeiter maß, nimmt die neue Erklärung schon im Ansatz Träger und Leitung der Einrichtungen stärker in die Pflicht, indem ihnen die Verantwortung für den katholischen Charakter der Einrichtung auferlegt wird. Im Sinne einer Art „Unternehmensphilosophie" ist der katholische Charakter der verschiedenen kirchlichen Einrichtungen festzulegen. Bei der Einstellung haben Träger und Leitung dafür Sorge zu tragen, daß die Mitarbeiterinnen und Mitarbeiter die Eigenart des kirchlichen Dienstes kennen und bejahen. Sie dürfen die Glaubwürdigkeit der Kirche und der Einrichtung, in der sie tätig sind, nicht gefährden. Neben dieser fundamentalen Loyalität regelt die Grundordnung darüber hinausgehende einzelne Loyalitätsverpflichtungen, die unterschiedliches Ausmaß haben, je nachdem ob es sich um katholische, nichtkatholische christliche oder nichtchristliche Mitarbeiterinnen und Mitarbeiter handelt. Bei katholischen Mitarbeiterinnen und Mitarbeitern im pastoralen, katechetischen und erzieherischen Dienst und bei Tätigkeit aufgrund einer „Missio canonica" ist das persönliche Lebenszeugnis im Sinne der Grundsätze der katholischen Glaubens- und Sittenlehre erforderlich.

Bei Verstößen gegen Loyalitätsobliegenheiten von Mitarbeiterinnen und Mitarbeitern sieht die Grundordnung eine differenzierte Reaktion des Dienstgebers vor. Eine Kündigung kommt als letzte Maßnahme in Betracht, wenn ein klärendes Gespräch, eine Abmahnung, ein formeller Verweis oder eine andere Maßnahme (z.B. Versetzung, Änderungskündigung) nicht geeignet sind, dem Obliegenheitsverstoß zu begegnen. Die Kündigung muß freilich arbeitsrechtlich und im Lichte der religiösen Dimension gerechtfertigt sein. Die Möglichkeit einer Weiterbeschäftigung hängt von den Einzelfallumständen und der Stellung der Mitarbeiterin und des Mitarbeiters in der kirchlichen Einrichtung ab. Die Grundordnung führt beispielhaft auf, welche Loyalitätsverstöße die Kirche als so schwerwiegend ansieht, daß sie die Weiterbeschäftigung praktisch ausschließen.

Die Bischöfe sind sich darüber im klaren, daß der Abschied von einer bisher im wesentlichen schematischen Kündigungspraxis und die Berücksichtigung der Einzelfallumstände für die Einrichtungen und Personalverwaltungen einen intensiven Einsatz und ein sensibles Urteilsvermögen im Interesse der Glaubwürdigkeit der Kirche fordert. Die bisherigen diözesanen Regelungen werden nunmehr von den Diözesanbischöfen an die von der Deutschen Bischofskonferenz beschlossene „Grundordnung des kirchlichen Dienstes im Rahmen kirchlicher Arbeitsverhältnisse" angepaßt. Der Geltungsbereich ergibt sich aus Artikel 2 der Grundordnung. Die dort in Abs. 2 genannten sonstigen kirchlichen Rechtsträger sind gehalten, die Grundordnung für ihren Bereich rechtsverbindlich zu übernehmen.

Die Deutsche Bischofskonferenz hat in einer vielseitig besetzten Arbeitsgruppe und – zusammen mit den Herren Generalvikaren – auf zwei Studientagen im Frühjahr 1992 und im Herbst 1993 versucht, unter Wahrung der tragenden Grundsätze in verantwortlicher Weise den beschriebenen Weg einzuschlagen. Im Namen der Bischöfe danke ich allen für die außerordentliche Mitarbeit an dem hier nun vorgelegten Arbeitsrecht.

Mit der vorliegenden Veröffentlichung soll den Verantwortlichen der Träger kirchlicher Einrichtungen, den Dienstgebern, Mitarbeiterinnen und Mitarbeitern sowie allen Interessierten die Möglichkeit gegeben werden, sich über das kirchliche Arbeitsrecht zu informieren, damit die Umsetzung in den verschiedenen kirchlichen Einrichtungen gelingen kann.

Bonn, den 9. Dezember 1993
Bischof Karl Lehmann, Vorsitzender der Deutschen Bischofskonferenz

Erklärung der deutschen Bischöfe zum kirchlichen Dienst

0. Präambel

1. Der Berufung aller Menschen zur Gemeinschaft mit Gott und untereinander zu dienen, ist der Auftrag der Kirche.[1] In lebendigen Gemeinden und Gemeinschaften bemüht sie sich, weltweit diesem Auftrag durch die Verkündigung des Evangeliums, die Feier der Eucharistie und der anderen Sakramente sowie durch den Dienst am Mitmenschen gerecht zu werden.[2]

Diese Sendung verbindet alle Glieder im Volk Gottes; sie bemühen sich, ihr je an ihrem Ort und je nach ihrer Begabung zu entsprechen.[3] Diesem Ziel dienen auch die Einrichtungen, die die Kirche unterhält und anerkennt, um ihren Auftrag in der Gesellschaft wirksam wahrnehmen zu können. Wer in ihnen tätig ist, wirkt an der Erfüllung dieses Auftrages mit. Alle, die in den Einrichtungen mitarbeiten, bilden – unbeschadet der Verschiedenheit der Dienste und ihrer rechtlichen Organisation – eine Dienstgemeinschaft.

2. In der Bundesrepublik Deutschland ist der Kirche durch das Grundgesetz die Freiheit garantiert, ihre Angelegenheiten selbständig innerhalb der Schranken des für alle gelten-

den Gesetzes zu ordnen und zu verwalten.[4] Die Kirche kann ihre Sendung und ihren Dienst in vielfältigen Formen verwirklichen. Sie ist nicht darauf beschränkt, dafür besondere kircheneigene Gestaltungsformen zu entwickeln, sondern kann sich auch der jedermann offenstehenden Privatautonomie bedienen, um ein Dienstverhältnis zu begründen und zu regeln.[5] Deshalb ist es ihr möglich, neben den ehrenamtlichen auch hauptamtliche Mitarbeiterinnen und Mitarbeiter zu gewinnen.

3. Für alle, die im kirchlichen Dienst stehen, trägt die Kirche eine besondere Verantwortung. Aufgrund ihrer Sendung ist die Kirche verpflichtet, die Persönlichkeit und Würde der einzelnen Mitarbeiterin und des einzelnen Mitarbeiters zu achten und zu schützen und das Gebot der Lohngerechtigkeit zu verwirklichen.[6] Das kirchliche Arbeitsrecht muß daher außer den Erfordernissen, die durch die kirchlichen Aufgaben und Ziele gegeben sind, auch den Grundnormen gerecht werden, wie sie die katholische Soziallehre für die Arbeits- und Lohnverhältnisse herausgearbeitet hat.[7]

Für kirchliche Dienstverhältnisse ergeben sich daraus folgende Grundsätze:

I. Eigenart des kirchlichen Dienstes

Kirchliche Einrichtungen dienen dem Sendungsauftrag der Kirche. Daraus ergibt sich, daß alle Gestaltungsformen des kirchlichen Dienstes, auch die arbeitsrechtlichen Beziehungen zwischen den kirchlichen Anstellungsträgern und ihren Beschäftigten, dem religiösen Charakter des kirchlichen Auftrags entsprechen müssen. In der Einrichtung selbst muß sichtbar und erfahrbar werden, daß sie sich dem Auftrag Christi verpflichtet und der Gemeinschaft der Kirche verbunden weiß. Alle Beteiligten, Dienstgeber sowie leitende und ausführende Mitarbeiterinnen und Mitarbeiter, müssen bereit sein, „an der Verwirklichung eines Stückes Auftrag der Kirche im Geist katholischer Religiosität, im Einklang mit dem Bekenntnis der katholischen Kirche und in Verbindung mit den Amtsträgern der katholischen Kirche"[8] mitzuwirken.

II. Anforderungen an Träger und Leitung kirchlicher Einrichtungen

1. Zielsetzung und Tätigkeit, Organisationsstruktur und Leitung kirchlicher Einrichtungen haben sich an der Glaubens- und Sittenlehre und an der Rechtsordnung der Kirche auszurichten.[9] Jede dieser Einrichtungen muß sich als Teil der Kirche begreifen. Keine Einrichtung darf sich ohne Zustimmung der zuständigen kirchlichen Autorität „katholisch" nennen.[10]

2. Träger und Leitung tragen die Verantwortung für den kirchlichen Charakter der Einrichtung. Sie haben auch dafür zu sorgen, daß in der Einrichtung geeignete Personen tätig sind, die bereit und in der Lage sind, den kirchlichen Charakter der Einrichtung zu pflegen und zu fördern.[11] Nur wenn die religiöse Dimension des kirchlichen Dienstes beachtet und der kirchliche Charakter der Einrichtung durch alle Mitarbeiterinnen und Mitarbeiter bejaht werden, kann die Kirche ihren Dienst an dem Menschen glaubwürdig erfüllen.

III. Anforderungen der Kirche an die Mitarbeiterinnen und Mitarbeiter

1. Die Gestaltung des kirchlichen Arbeitsverhältnisses geht von der Dienstgemeinschaft aller aus, in der jede Mitarbeiterin und jeder Mitarbeiter das kirchliche Selbstverständnis der Einrichtung anerkennt und dem dienstlichen Handeln zugrunde legt. Das verpflichtet jede Mitarbeiterin und jeden Mitarbeiter zu einer Leistung und Loyalität, die der Stellung

der Einrichtung in der Kirche und der übertragenen Aufgabe gerecht werden. Die Kirche muß deshalb an ihre Mitarbeiterinnen und Mitarbeiter Anforderungen stellen, die gewährleisten, daß sie ihren besonderen Auftrag glaubwürdig erfüllen können. Dazu gehören fachliche Tüchtigkeit, gewissenhafte Erfüllung der übertragenen Aufgaben[12] und eine Zustimmung zu den Zielen der Einrichtung.

2. Damit die Einrichtung ihre kirchliche Sendung erfüllen kann, muß der kirchliche Dienstgeber bei der Einstellung darauf achten, daß eine Mitarbeiterin und ein Mitarbeiter die Eigenart des kirchlichen Dienstes bejaht. Er kann pastorale, katechetische und in der Regel erzieherische Aufgaben nur einer Person übertragen, die der katholischen Kirche angehört.

3. (1) Von den katholischen Mitarbeiterinnen und Mitarbeitern wird erwartet, daß sie die Grundsätze der katholischen Glaubens- und Sittenlehre anerkennen und beachten. Insbesondere im pastoralen, katechetischen und erzieherischen Dienst sowie bei Mitarbeiterinnen und Mitarbeitern, die aufgrund einer Missio canonica tätig sind, ist das persönliche Lebenszeugnis im Sinne der Grundsätze der katholischen Glaubens- und Sittenlehre erforderlich. Dies gilt auch für leitende Mitarbeiterinnen und Mitarbeiter.

(2) Von nichtkatholischen christlichen Mitarbeiterinnen und Mitarbeitern wird erwartet, daß sie die Wahrheiten und Werte des Evangeliums achten und dazu beitragen, sie in der Einrichtung zur Geltung zu bringen.

Nichtchristliche Mitarbeiterinnen und Mitarbeiter müssen bereit sein, die ihnen in einer kirchlichen Einrichtung zu übertragenden Aufgaben im Sinne der Kirche zu erfüllen.

(3) Alle Mitarbeiterinnen und Mitarbeiter haben kirchenfeindliches Verhalten zu unterlassen. Sie dürfen in ihrer persönlichen Lebensführung und in ihrem dienstlichen Verhalten die Glaubwürdigkeit der Kirche und der Einrichtung, in der sie beschäftigt sind, nicht gefährden.

4. Erfüllt eine Mitarbeiterin oder ein Mitarbeiter die Beschäftigungsanforderungen nicht mehr, so muß der Dienstgeber durch Beratung versuchen, daß die Mitarbeiterin oder der Mitarbeiter diesen Mangel auf Dauer beseitigt. Im konkreten Fall ist zu prüfen, ob schon ein solches klärendes Gespräch oder eine Abmahnung, ein formeller Verweis oder eine andere Maßnahme (z.B. Versetzung, Änderungskündigung) geeignet sind, dem Obliegenheitsverstoß zu begegnen. Eine Kündigung muß als letzte Maßnahme nicht nur arbeitsrechtlich, sondern auch im Licht der religiösen Dimension der kirchlichen Dienstgemeinschaft gerechtfertigt sein. Die Möglichkeit einer Weiterbeschäftigung hängt von den Einzelfallumständen ab, insbesondere vom Ausmaß einer Gefährdung der Glaubwürdigkeit von Kirche und kirchlicher Einrichtung, von der Belastung der kirchlichen Dienstgemeinschaft, der Art der Einrichtung, dem Charakter der übertragenen Aufgabe, deren Nähe zum kirchlichen Verkündigungsauftrag, von der Stellung der Mitarbeiterin oder des Mitarbeiters in der Einrichtung sowie von der Art und dem Gewicht der Obliegenheitsverletzung. Vor allem ist zu unterscheiden, ob eine Mitarbeiterin oder ein Mitarbeiter die Lehre der Kirche bekämpft oder sie anerkennt, aber im konkreten Fall versagt.

IV. Beteiligung der Mitarbeiterinnen und Mitarbeiter an der Gestaltung ihrer Arbeitsbedingungen

1. In der Bundesrepublik Deutschland hat die Kirche das verfassungsmäßig gewährleistete Recht, ein eigenes Regelungsverfahren zu schaffen, um ihre Mitarbeiterinnen und Mitar-

beiter an der Gestaltung ihrer Arbeitsverhältnisse zu beteiligen. Das Tarifvertragssystem mit dem zu seinen Funktionsvoraussetzungen gehörenden Arbeitskampf sichert nicht die Eigenart des kirchlichen Dienstes. Tarifverträge kirchlicher Einrichtungen mit verschiedenen Gewerkschaften sind mit der Einheit des kirchlichen Dienstes unvereinbar. Streik und Aussperrung widersprechen den Grunderfordernissen des kirchlichen Dienstes. Für die Einrichtungen der Glaubensverkündigung und die Werke der Nächstenliebe gäbe daher die Kirche ihren Sendungsauftrag preis, wenn sie ihren Dienst den Funktionsvoraussetzungen des Tarifvertragssystems unterordnen würde.

2. Die Dienstgemeinschaft als das maßgebende Strukturelement des kirchlichen Dienstes gebietet es, daß unterschiedliche Interessen bei Dienstgebern und Mitarbeiterinnen und Mitarbeitern unter Beachtung des Grundkonsenses aller über den kirchlichen Auftrag ausgeglichen werden. Diesem Zweck dient es, daß die Kirche mit paritätisch besetzten Kommissionen zur Ordnung des Arbeitsvertragsrechtes (KODA) einen eigenen Weg zur Regelung der Vergütung und anderen Arbeitsbedingungen geht. Die Kompetenz der arbeitsrechtlichen Kommission eröffnet die Möglichkeit, daß jeder Interessenkonflikt Gegenstand einer Schlichtung sein kann. Dabei bleibt die Hirtenaufgabe des Bischofs unberührt, die umfassende Verantwortung für alle ihm anvertrauten Gläubigen wahrzunehmen. Das durch die Kirche geschaffene Arbeitsrechts-Regelungsrecht (KODA-Ordnungen) sichert und fördert die Beteiligung der Mitarbeiterinnen und Mitarbeiter an der Gestaltung ihrer Arbeitsbedingungen. Es leistet damit zugleich einen Beitrag für die vom Kirchen-Verständnis getragene Dienstgemeinschaft.

V. Mitarbeitervertretungsrecht als kirchliche Betriebsverfassung
Nach dem Grundgesetz bestimmt die Kirche für den ihr zugeordneten Bereich, „ob und in welcher Weise die Arbeitnehmer und ihre Vertretungsorgane in Angelegenheiten des Betriebs, die ihre Interessen berühren, mitwirken und mitbestimmen".[13] Die Mitbestimmung der Mitarbeiterinnen und Mitarbeiter ist geboten, weil sie den Dienst der Kirche verantwortlich mitgestalten. Die Verwirklichung der Mitbestimmung kann nicht von der Verfaßtheit der Kirche, ihrem Auftrag und der kirchlichen Dienstverfassung getrennt werden. Hierzu wurde auf Grund des kirchlichen Selbstbestimmungsrechts die Ordnung für Mitarbeitervertretungen erlassen. Damit füllen die Kirchen den vom Staat zu selbstbestimmter Gestaltung anerkannten Regelungsraum auch zur Wahrung einer Konkordanz mit der staatlichen Arbeitsrechtsordnung aus.

Zwar entscheiden die Mitarbeiterinnen und Mitarbeiter selbst darüber, ob eine Mitarbeitervertretung gebildet wird; der Dienstgeber hat aber im Rahmen der geltenden Regelung daran mitzuwirken und etwaige Hindernisse zu beseitigen. Er soll denjenigen, die ein Amt in der Mitarbeitervertretung übernehmen, erforderliche Hilfen zur Wahrnehmung ihrer Aufgaben anbieten. Die Mitarbeiterinnen und Mitarbeiter sollen die Möglichkeit des Mitarbeitervertretungsrechts nutzen, ihre Rechte und Interessen, ihre Anliegen und Sorgen in der vorgesehenen Weise zur Geltung zu bringen. Der Dienstgeber darf sie hieran nicht hindern.

Der kircheneigene Weg im Mitarbeitervertretungsrecht schließt schon im Hinblick auf die kirchliche Soziallehre eine gleichwertige soziale Verantwortung ein. Gleichwohl erfordert dieser Weg Unterschiede zum weltlichen Betriebsverfassungs- und Personalvertretungsrecht. Sie haben ihren Grund in der Sendung der Kirche.

VI. Koalitionsfreiheit kirchlicher Mitarbeiterinnen und Mitarbeiter
Die Mitarbeiterinnen und Mitarbeiter des kirchlichen Dienstes können sich in Ausübung der Koalitionsfreiheit als kirchliche Arbeitnehmer zur Beeinflussung der Gestaltung der Arbeits- und Wirtschaftsbedingungen in Vereinigungen (Koalitionen) zusammenschließen, diesen beitreten und sich in ihnen betätigen. Die Mitarbeiterinnen und Mitarbeiter sind berechtigt, innerhalb ihrer Einrichtung für den Beitritt zu diesen Koalitionen zu werben, über deren Aufgaben und Tätigkeit zu informieren sowie Koalitionsmitglieder zu betreuen. Die Koalitionsfreiheit entbindet sie aber nicht von der Pflicht, ihre Arbeit als Beitrag zum Auftrag der Kirche zu leisten.

Wegen der Zielsetzung des kirchlichen Dienstes muß eine Vereinigung dessen Eigenart und die sich daraus für die Mitarbeiterinnen und Mitarbeiter ergebenden Loyalitätsobliegenheiten anerkennen. Vereinigungen, die diesen Anforderungen gerecht werden, können die ihnen angehörenden Mitarbeiterinnen und Mitarbeiter bei der zulässigen Koalitionsbetätigung in der Einrichtung unterstützen. Dabei haben sie und die ihnen angehörenden Mitarbeiterinnen und Mitarbeiter darauf zu achten, daß die Arbeit einer kirchlichen Einrichtung unter einem geistlich-religiösen Auftrag steht. Sie müssen das verfassungsmäßige Selbstbestimmungsrecht der Kirche zur Gestaltung der sozialen Ordnung ihres Dienstes respektieren.

VII. Gerichtlicher Rechtsschutz
Soweit die Arbeitsverhältnisse kirchlicher Mitarbeiterinnen und Mitarbeiter dem staatlichen Arbeitsrecht unterliegen, sind die staatlichen Arbeitsgerichte für den gerichtlichen Rechtsschutz zuständig. Für Rechtsstreitigkeiten auf den Gebieten der kirchlichen Ordnungen für ein Arbeitsvertrags- und des Mitarbeitervertretungsrechts werden für den gerichtlichen Rechtsschutz unabhängige kirchliche Gerichte gebildet.

VIII. Gemeinsame Verantwortung
1. Bei ihrer Entscheidung für ein kircheneigenes Dienst- und Arbeitsrecht hat sich die Kirche davon leiten lassen, „daß das Grundgesetz der menschlichen Vervollkommnung und deshalb auch der Umwandlung der Welt, das neue Gebot der Liebe ist, ...daß allen Menschen der Weg der Liebe offensteht und der Versuch, eine umfassende Brüderlichkeit herzustellen, nicht vergeblich ist".[14] Wenn die erzieherischen, caritativen, missionarischen und sozialen Einrichtungen von diesem Glauben durchdrungen sind, bringen sie den Auftrag der Kirche in der Welt von heute für alle Menschen verständlich zum Ausdruck.[15]

2. Damit die Mitarbeiterinnen und Mitarbeiter Sinn, Ziel und Struktur des kirchlichen Dienstes und ihre eigene Aufgabe darin besser erkennen können, kommt ihrer Aus- und Fortbildung große Bedeutung zu. Sie müssen bereits in der Ausbildungsphase mit den funktionalen Erfordernissen, aber genauso mit den ethischen und religiösen Aspekten ihres Dienstes vertraut gemacht werden.

Im Rahmen der fachlichen und beruflichen Weiterbildung muß auch für Fragen des Glaubens und der Wertorientierung sowie für die Bewältigung der spezifischen Belastungen der einzelnen Dienste in angemessener Weise Raum geschaffen werden. Nur in einem Klima wechselseitigen Respekts und Vertrauens kann sich eine Spiritualität entwickeln, die die Mitarbeiterinnen und Mitarbeiter in ihrem Einsatz trägt, den Menschen dient und die Kirche als ganze bereichert.[16]

3. Zum kirchlichen Dienst gehören auch solche Gläubige, die auf Dauer oder auf Zeit ehrenamtlich ohne Entgelt besondere Aufgaben in der Kirche erfüllen, um durch dieses Apostolat mitzuhelfen, daß die Kirche ihre Aufgaben erfüllen kann. Sie geben mit ihrem Einsatz eine Ermutigung, sie stützen und bestärken die anderen Mitarbeiterinnen und Mitarbeiter. Sie tragen dazu bei, daß im Alltag der kirchlichen Dienste die missionarische Kraft nicht erlahmt. Daher werden auch sie in die Weiterbildung über Fragen ihres Dienstes und des Glaubens sowie bei Hilfen der Lebensführung einbezogen. Die hauptberuflich Tätigen sollen dafür gewonnen werden, über ihren beruflichen Dienst hinaus bei der Verwirklichung der Aufgaben der Kirche aus freien Stücken mitzuarbeiten.

Fulda, den 22. September 1993

Grundordnung des kirchlichen Dienstes im Rahmen kirchlicher Arbeitsverhältnisse

Die katholischen (Erz-)Bischöfe in der Bundesrepublik Deutschland erlassen, jeweils für ihren Bereich,
- in Verantwortung für den Auftrag der Kirche, der Berufung aller Menschen zur Gemeinschaft mit Gott und untereinander zu dienen,
- in Wahrnehmung der der Kirche durch das Grundgesetz garantierten Freiheit, ihre Angelegenheiten selbständig innerhalb der Schranken des für alle geltenden Gesetzes zu ordnen,
- zur Sicherung der Glaubwürdigkeit der Einrichtungen, die die Kirche unterhält und anerkennt, um ihren Auftrag in der Gesellschaft wirksam wahrnehmen zu können,
- in Erfüllung ihrer Pflicht, daß das kirchliche Arbeitsrecht außer den Erfordernissen, die durch die kirchlichen Aufgaben und Ziele gegeben sind, auch den Grundnormen gerecht werden muß, wie sie die katholische Soziallehre für die Arbeits- und Lohnverhältnisse herausgearbeitet hat,

die folgende Grundordnung des kirchlichen Dienstes im Rahmen kirchlicher Arbeitsverhältnisse

Artikel 1 Grundprinzipien des kirchlichen Dienstes

Alle in einer Einrichtung der katholischen Kirche Tätigen tragen durch ihre Arbeit ohne Rücksicht auf die arbeitsrechtliche Stellung gemeinsam dazu bei, daß die Einrichtung ihren Teil am Sendungsauftrag der Kirche erfüllen kann (Dienstgemeinschaft). Alle Beteiligten, Dienstgeber sowie leitende und ausführende Mitarbeiterinnen und Mitarbeiter, müssen anerkennen und ihrem Handeln zugrunde legen, daß Zielsetzung und Tätigkeit, Organisationsstruktur und Leitung der Einrichtung, für die sie tätig sind, sich an der Glaubens- und Sittenlehre und an der Rechtsordnung der katholischen Kirche auszurichten haben.

Artikel 2 Geltungsbereich

(1) Diese Grundordnung gilt für Arbeitsverhältnisse von Mitarbeiterinnen und Mitarbeitern bei den Dienststellen, Einrichtungen und sonstigen selbständig geführten Stellen – nachfolgend als Einrichtung(en) bezeichnet -
  a) der Diözesen,
  b) der Kirchengemeinden und Kirchenstiftungen,
  c) der Verbände von Kirchengemeinden,

d) der Diözesancaritasverbände und deren Gliederungen, soweit sie öffentliche juristische Personen des kanonischen Rechts sind,
e) der sonstigen öffentlichen juristischen Personen des kanonischen Rechts.

(2) Diese Grundordnung ist auch anzuwenden im Bereich der sonstigen kirchlichen Rechtsträger und ihrer Einrichtungen, unbeschadet ihrer Rechtsform sowie des Verbandes der Diözesen Deutschlands und des Deutschen Caritasverbandes. Die vorgenannten Rechtsträger sind gehalten, die Grundordnung für ihren Bereich rechtsverbindlich zu übernehmen.

(3) Unter diese Ordnung fallen nicht Mitarbeiter, die auf Grund eines Klerikerdienstverhältnisses oder ihrer Ordenszugehörigkeit tätig sind.

Artikel 3 Begründung des Arbeitsverhältnisses

(1) Der kirchliche Dienstgeber muß bei der Einstellung darauf achten, daß eine Mitarbeiterin und ein Mitarbeiter die Eigenart des kirchlichen Dienstes bejahen. Er muß auch prüfen, ob die Bewerberin und der Bewerber geeignet und befähigt sind, die vorgesehene Aufgabe so zu erfüllen, daß sie der Stellung der Einrichtung in der Kirche und der über- tragenen Funktion gerecht werden.

(2) Der kirchliche Dienstgeber kann pastorale, katechetische sowie in der Regel erzieherische und leitende Aufgaben nur einer Person übertragen, die der katholischen Kirche angehört.

(3) Der kirchliche Dienstgeber muß bei allen Mitarbeiterinnen und Mitarbeitern durch Festlegung der entsprechenden Anforderungen sicherstellen, daß sie ihren besonderen Auftrag glaubwürdig erfüllen können. Dazu gehören fachliche Tüchtigkeit, gewissenhafte Erfüllung der übertragenen Aufgaben und eine Zustimmung zu den Zielen der Einrichtung.

(4) Für keinen Dienst in der Kirche geeignet ist, wer sich kirchenfeindlich betätigt oder aus der katholischen Kirche ausgetreten ist.

(5) Der kirchliche Dienstgeber hat vor Abschluß des Arbeitsvertrages durch Befragung und Aufklärung der Bewerberinnen und Bewerber sicherzustellen, daß sie die für sie nach dem Arbeitsvertrag geltenden Loyalitätsobliegenheiten (Art. 4) erfüllen.

Artikel 4 Loyalitätsobliegenheiten

(1) Von den katholischen Mitarbeiterinnen und Mitarbeitern wird erwartet, daß sie die Grundsätze der katholischen Glaubens- und Sittenlehre anerkennen und beachten. Insbesondere im pastoralen, katechetischen und erzieherischen Dienst sowie bei Mitarbeiterinnen und Mitarbeitern, die aufgrund einer Missio canonica tätig sind, ist das persönliche Lebenszeugnis im Sinne der Grundsätze der katholischen Glaubens- und Sittenlehre erforderlich. Dies gilt auch für leitende Mitarbeiterinnen und Mitarbeiter.

(2) Von nichtkatholischen christlichen Mitarbeiterinnen und Mitarbeitern wird erwartet, daß sie die Wahrheiten und Werte des Evangeliums achten und dazu beitragen, sie in der Einrichtung zur Geltung zu bringen.

(3) Nichtchristliche Mitarbeiterinnen und Mitarbeiter müssen bereit sein, die ihnen in einer kirchlichen Einrichtung zu übertragenden Aufgaben im Sinne der Kirche zu erfüllen.

(4) Alle Mitarbeiterinnen und Mitarbeiter haben kirchenfeindliches Verhalten zu unterlassen. Sie dürfen in ihrer persönlichen Lebensführung und in ihrem dienstlichen Verhalten die Glaubwürdigkeit der Kirche und der Einrichtung, in der sie beschäftigt sind, nicht gefährden.

Artikel 5 Verstöße gegen Loyalitätsobliegenheiten
(1) Erfüllt eine Mitarbeiterin oder ein Mitarbeiter die Beschäftigungsanforderungen nicht mehr, so muß der Dienstgeber durch Beratung versuchen, daß die Mitarbeiterin oder der Mitarbeiter diesen Mangel auf Dauer beseitigt. Im konkreten Fall ist zu prüfen, ob schon ein solches klärendes Gespräch oder eine Abmahnung, ein formeller Verweis oder eine andere Maßnahme (z.B. Versetzung, Änderungskündigung) geeignet sind, dem Obliegenheitsverstoß zu begegnen. Als letzte Maßnahme kommt eine Kündigung in Betracht.
(2) Für eine Kündigung aus kirchenspezifischen Gründen sieht die Kirche insbesondere folgende Loyalitätsverstöße als schwerwiegend an:
▶ Verletzungen der gemäß Art. 3 und 4 von einer Mitarbeiterin oder einem Mitarbeiter zu erfüllenden Obliegenheiten, insbesondere Kirchenaustritt, öffentliches Eintreten gegen tragende Grundsätze der katholischen Kirche (z.B. hinsichtlich der Abtreibung) und schwerwiegende persönliche sittliche Verfehlungen,
▶ Abschluß einer nach dem Glaubensverständnis und der Rechtsordnung der Kirche ungültigen Ehe,
▶ Handlungen, die kirchenrechtlich als eindeutige Distanzierung von der katholischen Kirche anzusehen sind, vor allem Abfall vom Glauben (Apostasie oder Häresie gemäß c. 1364 ß 1 i.V. mit c. 751 CIC), Verunehrung der heiligen Eucharistie (c. 1367 CIC), öffentliche Gotteslästerung und Hervorrufen von Haß und Verachtung gegen Religion und Kirche (c. 1369 CIC), Straftaten gegen die kirchlichen Autoritäten und die Freiheit der Kirche (insbesondere gemäß den cc. 1373, 1374 CIC).
(3) Ein nach Abs. 2 generell als Kündigungsgrund in Betracht kommendes Verhalten schließt die Möglichkeit einer Weiterbeschäftigung aus, wenn es begangen wird von pastoral, katechetisch oder leitend tätigen Mitarbeiterinnen und Mitarbeitern oder Mitarbeiterinnen und Mitarbeitern, die aufgrund einer Missio canonica tätig sind. Von einer Kündigung kann ausnahmsweise abgesehen werden, wenn schwerwiegende Gründe des Einzelfalles diese als unangemessen erscheinen lassen.
(4) Wird eine Weiterbeschäftigung nicht bereits nach Abs. 3 ausgeschlossen, so hängt im übrigen die Möglichkeit einer Weiterbeschäftigung von den Einzelfallumständen ab, insbesondere vom Ausmaß einer Gefährdung der Glaubwürdigkeit von Kirche und kirchlicher Einrichtung, von der Belastung der kirchlichen Dienstgemeinschaft, der Art der Einrichtung, dem Charakter der übertragenen Aufgabe, deren Nähe zum kirchlichen Verkündigungsauftrag, von der Stellung der Mitarbeiterin oder des Mitarbeiters in der Einrichtung sowie von der Art und dem Gewicht der Obliegenheitsverletzung. Dabei ist auch zu berücksichtigen, ob eine Mitarbeiterin oder ein Mitarbeiter die Lehre der Kirche bekämpft oder sie anerkennt, aber im konkreten Fall versagt.
(5) Mitarbeiterinnen oder Mitarbeiter, die aus der katholischen Kirche austreten, können nicht weiterbeschäftigt werden.
Im Fall des Abschlusses einer nach dem Glaubensverständnis und der Rechtsordnung der Kirche ungültigen Ehe scheidet eine Weiterbeschäftigung jedenfalls dann aus, wenn sie unter öffentliches Ärgernis erregenden oder die Glaubwürdigkeit der Kirche beeinträchtigenden Umständen geschlossen wird (z.B. nach böswilligem Verlassen von Ehepartner und Kindern).

Artikel 6 Koalitionsfreiheit

(1) Die Mitarbeiterinnen und Mitarbeiter des kirchlichen Dienstes können sich in Ausübung ihrer Koalitionsfreiheit als kirchliche Arbeitnehmer zur Beeinflussung der Gestaltung ihrer Arbeits- und Wirtschaftsbedingungen in Vereinigungen (Koalitionen) zusammenschließen, diesen beitreten und sich in ihnen betätigen. Die Mitarbeiterinnen und Mitarbeiter sind berechtigt, innerhalb ihrer Einrichtung für den Beitritt zu diesen Koalitionen zu werben, über deren Aufgaben und Tätigkeit zu informieren sowie Koalitionsmitglieder zu betreuen. Die Koalitionsfreiheit entbindet sie aber nicht von der Pflicht, ihre Arbeit als Beitrag zum Auftrag der Kirche zu leisten.

(2) Wegen der Zielsetzung des kirchlichen Dienstes muß eine Vereinigung dessen Eigenart und die sich daraus für die Mitarbeiterinnen und Mitarbeiter ergebenden Loyalitätsobliegenheiten anerkennen. Vereinigungen, die diesen Anforderungen gerecht werden, können die ihnen angehörenden Mitarbeiterinnen und Mitarbeiter bei der zulässigen Koalitionsbetätigung in der Einrichtung unterstützen. Dabei haben sie und die ihnen angehörenden Mitarbeiterinnen und Mitarbeiter darauf zu achten, daß die Arbeit einer kirchlichen Einrichtung unter einem geistig-religiösen Auftrag steht. Sie müssen das verfassungsmäßige Selbstbestimmungsrecht der Kirche zur Gestaltung der sozialen Ordnung ihres Dienstes respektieren.

Artikel 7 Beteiligung der Mitarbeiterinnen und Mitarbeiter an der Gestaltung ihrer Arbeitsbedingungen

(1) Das Verhandlungsgleichgewicht ihrer abhängig beschäftigten Mitarbeiterinnen und Mitarbeiter bei Abschluß und Gestaltung der Arbeitsverträge sichert die katholische Kirche durch das ihr verfassungsmäßig gewährleistete Recht, ein eigenes Arbeitsrechts-Regelungsverfahren zu schaffen. Rechtsnormen für den Inhalt der Arbeitsverhältnisse kommen zustande durch Beschlüsse von Kommissionen, die mit Vertretern der Dienstgeber und Vertretern der Mitarbeiter paritätisch besetzt sind. Die Beschlüsse dieser Kommissionen bedürfen der bischöflichen Inkraftsetzung für das jeweilige Bistum. Das Nähere, insbesondere die jeweiligen Zuständigkeiten, regeln die KODA-Ordnungen. Die Kommissionen sind an diese Grundordnung gebunden.

(2) Wegen der Einheit des kirchlichen Dienstes und der Dienstgemeinschaft als Strukturprinzip des kirchlichen Arbeitsrechts schließen kirchliche Dienstgeber keine Tarifverträge mit Gewerkschaften ab. Streik und Aussperrung scheiden ebenfalls aus.

Artikel 8 Mitarbeitervertretungsrecht als kirchliche Betriebsverfassung

Zur Sicherung ihrer Selbstbestimmung in der Arbeitsorganisation kirchlicher Einrichtungen wählen die Mitarbeiterinnen und Mitarbeiter nach Maßgabe kirchengesetzlicher Regelung Mitarbeitervertretungen, die an Entscheidungen des Dienstgebers beteiligt werden. Das Nähere regelt die jeweils geltende Mitarbeitervertretungsordnung (MAVO). Die Gremien der Mitarbeitervertretungsordnung sind an diese Grundordnung gebunden.

Artikel 9 Fort- und Weiterbildung

Die Mitarbeiterinnen und Mitarbeiter haben Anspruch auf berufliche Fort- und Weiterbildung. Diese umfassen die fachlichen Erfordernisse, aber genauso die ethischen und religiösen Aspekte des Dienstes. Hierbei müssen auch Fragen des Glaubens und der Wertorientierung sowie die Bewältigung der spezifischen Belastungen der einzelnen Dienste angemessen berücksichtigt werden.

Artikel 10 Gerichtlicher Rechtsschutz
(1) Soweit die Arbeitsverhältnisse kirchlicher Mitarbeiterinnen und Mitarbeiter dem staatlichen Arbeitsrecht unterliegen, sind die staatlichen Arbeitsgerichte für den gerichtlichen Rechtsschutz zuständig.
(2) Für Rechtsstreitigkeiten auf den Gebieten der kirchlichen Ordnungen für ein Arbeitsvertrags- und des Mitarbeitervertretungsrechts werden für den gerichtlichen Rechtsschutz unabhängige kirchliche Gerichte gebildet.
(3) Die Richter sind von Weisungen unabhängig und nur an das kirchliche und staatliche Gesetz und Recht gebunden. Zum Richter kann berufen werden, wer katholisch ist und nicht durch kirchenbehördliche Entscheidung in der Ausübung der allen Kirchenmitgliedern zustehenden Rechte behindert ist sowie die Gewähr dafür besitzt, daß er jederzeit für das kirchliche Gemeinwohl eintritt. Ferner muß er die zur Rechtsprechung erforderliche Qualifikation haben.
Fulda, den 22. September 1993

Anmerkungen
[1] Vgl. Vaticanum II, LG 1, 5; GS 3, 19, 40, 45.
[2] Vgl. Vaticanum II, LG 8, 9, 26; GS 24, 27, 41, 42, 88.
[3] CIC cann. 208, 211, 215, 216.
[4] Art. 140 GG i.V.m. Art. 137 Abs. 3 WRV.
[5] Beschluß des BVerfG vom 4.6. 1985, E 70, 138.
[6] Vgl. CIC can. 747 ß 2 sowie cann. 231 ß 2, 1286.
[7] Vgl. Vaticanum II, GS 67.
[8] Beschluß des BVerfG vom 11.10. 1977, E 46, 73, 87.
[9] Vgl. Johannes Paul II., Apost. Konst. „Ex corde Ecclesiae", Normae generales Art. 2.
[10] CIC cann. 216, 300, 803 ß 3, 808.
[11] Vgl. Johannes Paul II., Apost. Konst. „Ex corde Ecclesiae", Normae generales Art. 4.
[12] Vgl. CIC can. 231 ß 1.
[13] Beschluß des BVerfG vom 11.10. 1977, E 46, 73, 94.
[14] Vgl. Vaticanum II, GS 38.
[15] Vgl. 2 Kor 3,2.
[16] Vgl. 1 Kor 12,14–21.

B) Richtlinie des Rates der Evangelischen Kirche in Deutschland nach Art. 9 Buchst. b Grundordnung über die Anforderungen der privatrechtlichen beruflichen Mitarbeit in der Evangelischen Kirche in Deutschland und des Diakonischen Werkes der EKD

§ 1 Geltungsbereich
(1) Diese Richtlinie regelt die Anforderungen an die in privatrechtlichen Dienst- und Arbeitsverhältnissen beschäftigten Mitarbeiterinnen und Mitarbeiter der Dienststellen und Einrichtungen der Evangelischen Kirche in Deutschland und ihres Diakonischen Werkes. Den Gliedkirchen und ihren Diakonischen Werken wird empfohlen, ihre entsprechenden Regelungen auf der Grundlage dieser Richtlinie zu treffen.

(2) Andere kirchliche und diakonische Einrichtungen, Werke und Dienste im Bereich der evangelischen Kirche können diese Richtlinie aufgrund von Beschlüssen ihrer zuständigen Gremien anwenden. Für eine kirchliche oder diakonische Einrichtung einer Freikirche, die Mitglied im Diakonischen Werk der Evangelischen Kirche in Deutschland ist, tritt anstelle der Gliedkirche der Evangelischen Kirche in Deutschland in § 3 Absatz 1 die Freikirche.

(3) Diese Richtlinie gilt nicht für Mitarbeiterinnen und Mitarbeiter in öffentlich-rechtlichen Dienstverhältnissen.

§ 2 Grundlagen des kirchlichen Dienstes
(1) Der Dienst der Kirche ist durch den Auftrag bestimmt, das Evangelium in Wort und Tat zu bezeugen. Alle Frauen und Männer, die in Anstellungsverhältnissen in Kirche und Diakonie tätig sind, tragen in unterschiedlicher Weise dazu bei, dass dieser Auftrag erfüllt werden kann. Dieser Auftrag ist die Grundlage der Rechte und Pflichten von Anstellungsträgern sowie Mitarbeiterinnen und Mitarbeitern.

(2) Es ist Aufgabe der kirchlichen und diakonischen Anstellungsträger, ihre Mitarbeiterinnen und Mitarbeiter mit den christlichen Grundsätzen ihrer Arbeit vertraut zu machen. Sie fördern die Fort- und Weiterbildung zu Themen des Glaubens und des christlichen Menschenbildes.

§ 3 Berufliche Anforderung bei der Begründung des Arbeitsverhältnisses
(1) Die berufliche Mitarbeit in der evangelischen Kirche und ihrer Diakonie setzt grundsätzlich die Zugehörigkeit zu einer Gliedkirche der Evangelischen Kirche in Deutschland oder einer Kirche voraus, mit der die Evangelische Kirche in Deutschland in Kirchengemeinschaft verbunden ist.

(2) Für Aufgaben, die nicht der Verkündigung, Seelsorge, Unterweisung oder Leitung zuzuordnen sind, kann von Absatz 1 abgewichen werden, wenn andere geeignete Mitarbeiterinnen und Mitarbeiter nicht zu gewinnen sind. In diesem Fall können auch Personen eingestellt werden, die einer anderen Mitgliedskirche der Arbeitsgemeinschaft christlicher Kirchen in Deutschland oder der Vereinigung Evangelischer Freikirchen angehören sollen. Die Einstellung von Personen, die die Voraussetzungen des Absatzes 1 nicht erfüllen, muss im Einzelfall unter Beachtung der Größe der Dienststelle oder Einrichtung und ihrer sons-

tigen Mitarbeiterschaft sowie der wahrzunehmenden Aufgaben und des jeweiligen Umfeldes geprüft werden. § 2 Absatz 1 Satz 2 bleibt unberührt.

(3) Für den Dienst in der evangelischen Kirche und ihrer Diakonie ist ungeeignet, wer aus der evangelischen Kirche ausgetreten ist, ohne in eine andere Mitgliedskirche der Arbeitsgemeinschaft Christlicher Kirchen oder der Vereinigung Evangelischer Freikirchen übergetreten zu sein. Ungeeignet kann auch sein, wer aus einer anderen Mitgliedskirche der Arbeitsgemeinschaft christlicher Kirchen in Deutschland oder der Vereinigung Evangelischer Freikirchen ausgetreten ist.

§ 4 Berufliche Anforderung während des Arbeitsverhältnisses
(1) Je nach Aufgabenbereich übernehmen Mitarbeiterinnen und Mitarbeiter Verantwortung für die glaubwürdige Erfüllung kirchlicher und diakonischer Aufgaben. Sie haben sich daher loyal gegenüber der evangelischen Kirche zu verhalten.

(2) Von evangelischen Mitarbeiterinnen und Mitarbeitern wird erwartet, dass sie Schrift und Bekenntnis anerkennen. Sofern sie in der Verkündigung, Seelsorge, Unterweisung oder Leitung tätig sind, wird eine inner- und außerdienstliche Lebensführung erwartet, die der übernommenen Verantwortung entspricht.

(3) Von christlichen Mitarbeiterinnen und Mitarbeitern wird erwartet, dass sie Schrift und Bekenntnis achten und für die christliche Prägung ihrer Einrichtung eintreten.

(4) Nichtchristliche Mitarbeiterinnen und Mitarbeiter haben den kirchlichen Auftrag zu beachten und die ihnen übertragenen Aufgaben im Sinne der Kirche zu erfüllen.

§ 5 Verstöße gegen berufliche Anforderungen an Mitarbeiterinnen und Mitarbeiter
(1) Erfüllt eine Mitarbeiterin oder ein Mitarbeiter eine in dieser Richtlinie genannte berufliche Anforderung an die Mitarbeit im kirchlichen oder diakonischen Dienst nicht mehr, soll der Anstellungsträger durch Beratung und Gespräch auf die Beseitigung des Mangels hinwirken. Als letzte Maßnahme ist nach Abwägung der Umstände des Einzelfalles eine außerordentliche Kündigung aus wichtigem Grund möglich, wenn der Mangel nicht auf andere Weise (z.B. Versetzung, Abmahnung, ordentliche Kündigung) behoben werden kann.

(2) Ein Grund für eine außerordentliche Kündigung ist insbesondere der Austritt aus der evangelischen Kirche oder ein Verhalten, das eine grobe Missachtung der evangelischen Kirche und ihrer Ordnungen und somit eine Beeinträchtigung der Glaubwürdigkeit des kirchlichen Dienstes darstellt.

(3) Ein Kündigungsgrund kann auch gegeben sein, wenn eine Mitarbeiterin oder ein Mitarbeiter aus einer anderen als der evangelischen Kirche austritt.

§ 6 Gliedkirchliche Bestimmungen
Soweit Anforderungen in gliedkirchlichen Regelungen für besondere Berufsgruppen über die Anforderungen dieser Richtlinie hinausgehen, bleiben sie unberührt.

C) Rahmenordnung für eine Mitarbeitervertretungsordnung
in der Fassung vom 23. Juni 2003

In Deutschland gibt es 27 Diözesen und in allen Diözesen gilt das kirchliche Mitbestimmungsrecht, die MAVO. Fast jede Diözese hat jedoch ihre speziellen Abweichungen von der überdiözesan verabschiedeten Rahmenordnung für eine Mitarbeitervertretungsordnung. Diese sind bei einzelnen Bestimmungen ausdrücklich durch die Rahmen-MAVO zugelassen. Diese Stellen, die nur unverbindliches Muster für eine diözesane Fassung sind, sind im Folgenden mit einem Asteriskos gekennzeichnet (*). Die einzelnen Bistümer haben ihre MAVO im jeweiligen Amtsblatt promulgiert:

(Erz-)Bistum	Amtsblatt	Inkrafttreten
Aachen	2004, S. 115	01.06.2004
	2004, S. 165 (Ergänzung)	04.06.2004
Augsburg	2004, S. 274	01.07.2004
Bamberg	2004, S. 225	01.07.2004
Berlin	2004, S. 83	01.08.2004
Dresden-Meißen	2004, S. 162	01.01.2004
Eichstätt	2004, S. 133	01.07.2004
Erfurt	2004, S. 8	01.01.2004
Essen	2004, S. 96	01.06.2004
Freiburg	2005, S. 95	01.07.2005
Fulda	2005, Nr. 94	01.07.2005
Görlitz	2005, Nr. 8	01.07.2005
Hamburg	2004, S. 20	01.01.2004
Hildesheim	2004, S. 74	01.03.2004
Köln	2004, S. 155	01.12.2004
	2004, S. 160 (Neubekanntmachung)	01.07.2005
	2005, S. 37 (Änderung)	
	2005, S. 237 (§ 40 Abs. 8 a)	
Limburg	2004, S. 315	01.01.2005
	2004, S. 344 (Korrekturen)	
Magdeburg	2003, Nr. 187	01.01.2004
Mainz	2004, S. 163	01.08.2004
München	2004, S. 230	01.07.2004
Münster	2004, S. 131	01.06.2004
Osnabrück	2003, S. 329	01.01.2004
Paderborn	2004, S. 58	01.06.2004
Passau	2004, S. 51	01.07.2004
Regensburg	2004, S. 79	01.10.2004
Rottenburg-Stuttgart	2005, Nr. 10 Bd. 49	30.06.2005
Speyer	2004, S. 266	01.01.2005

Trier	2005, S. 11	01.01.2005
Würzburg	2005, S. 35	01.01.2005

(Erz-)Bistum	Ergänzende Regelungen	Amtsblatt
Aachen	Ordnung gemäß § 25 Abs. 1 MAVO DiAG	2004, S. 188
	Schlichtungsverfahrensordnung (Änderung)	2004, S. 188
Augsburg	Sonderbestimmungen zu §§ 8, 23, 25 und 47 (DiAG, Lehrer, Pfarrsekretärinnen)	2005, S. 30
Berlin	Sonderbestimmungen zu § 23 MAVO	2004, S. 100
	Ausführungsbestimmungen (für Schulen)	2004, S. 101
Dresden-Meißen	Änderung der Schlichtungsverfahrensordnung	2004, S. 201
	Änderung der Ordnung für die DiAG	
Eichstätt	Ausführungsbestimmungen zu § 47 Abs. 5 Sprecher der staatlichen Lehrkräfte	2005, S. 32
Görlitz	Ausführungsbestimmungen gem. § 1 Abs. 2 S. 1 MAVO	2005, Nr. 21
Köln	Ausführungsbestimmungen (Festlegung von Einrichtungen i.S. v. § 1 Abs. 1 Nr. 1 MAVO)	2004, S. 178
		2004, S. 180
	Wahlordnung	2004, S. 180
	Sonderbestimmungen gem. § 23 Abs. 3	2004, S. 181
	(Sonder-MAV Gemeinde-Pastoralreferenten)	2004, S. 183
	Sonderbestimmungen gem. § 25 Abs. 1 (DiAG)	
	Schlichtungsverfahrensordnung	
Limburg	Ausführungsbestimmungen für katholische Schulen	2004, S. 336
	Ausführungsbestimmungen für pastorale Mitarbeiter (Briefwahl, DG i.S: des § 2 Abs. 1 MAVO	2004, S. 336
München	Änderung der Wahlordnung zur Wahl der MAV EBO München von 02.03.2001	2005, S. 132
Münster	Sonderbestimmung zu § 25 MAVO + Ausführungsbestimmungen	2004, S. 309, 311
Passau	Ausführungsbestimmungen zu § 47 Abs. 5 S. 3 MAVO (Sprecher der staatlichen Lehrkräfte	2005, S. 35
Regensburg	Sonderbestimmungen DiAG	2004, S. 102

Präambel

Grundlage und Ausgangspunkt für den kirchlichen Dienst ist die Sendung der Kirche. Diese Sendung umfaßt die Verkündigung des Evangeliums, den Gottesdienst und die sakramentale Verbindung der Menschen mit Jesus Christus sowie den aus dem Glauben erwachsenden Dienst am Nächsten. Daraus ergibt sich als Eigenart des kirchlichen Dienstes seine religiöse Dimension.

Als Maßstab für ihre Tätigkeit ist sie Dienstgebern und Mitarbeiterinnen und Mitarbeitern vorgegeben, die als Dienstgemeinschaft den Auftrag der Einrichtung erfüllen und so an der Sendung der Kirche mitwirken.

Weil die Mitarbeiterinnnen und Mitarbeiter den Dienst in der Kirche mitgestalten und mitverantworten und an seiner religiösen Grundlage und Zielsetzung teilhaben, sollen sie auch aktiv an der Gestaltung und Entscheidung über die sie betreffenden Angelegenheiten mitwirken unter Beachtung der Verfaßtheit der Kirche, ihres Auftrages und der kirchlichen Dienstverfassung. Dies erfordert von Dienstgebern und Mitarbeiterinnen und Mitarbeitern die Bereitschaft zu gemeinsam getragener Verantwortung und vertrauensvoller Zusammenarbeit.

Deshalb wird aufgrund des Rechtes der katholischen Kirche, ihre Angelegenheiten selbst zu regeln, unter Bezugnahme auf die Grundordnung des kirchlichen Dienstes im Rahmen kirchlicher Arbeitsverhältnisse vom 22. September 1993 die folgende Ordnung für Mitarbeitervertretungen erlassen.

I. Allgemeine Vorschriften

§ 1 Geltungsbereich

(1) Diese Mitarbeitervertretungsordnung gilt für die Dienststellen, Einrichtungen und sonstigen selbständig geführten Stellen – nachfolgend als Einrichtung(en) bezeichnet -
1. der Diözese,
2. der Kirchengemeinden und Kirchenstiftungen,
3. der Verbände der Kirchengemeinden,
4. der Diözesancaritasverbände und deren Gliederungen, soweit sie öffentliche juristische Personen des kanonischen Rechts sind,
5. der sonstigen öffentlichen juristischen Personen des kanonischen Rechts.

(2) Diese Mitarbeitervertretungsordnung ist auch anzuwenden im Bereich der sonstigen kirchlichen Rechtsträger und ihrer Einrichtungen sowie des Verbandes der Diözesen Deutschlands, des Deutschen Caritasverbandes und der anderen mehrdiözesanen[1] und überdiözesanen[2] Rechtsträger, unbeschadet ihrer Rechtsform. Die vorgenannten Rechtsträger und ihre Einrichtungen sind gehalten, die Mitarbeitervertretungsordnung für ihren Bereich rechtsverbindlich zu übernehmen.

(3) In den Fällen des Abs. 2 ist in allen Einrichtungen eines mehrdiözesanen oder überdiözesanen Rechtsträgers die Mitarbeitervertretungsordnung der Diözese anzuwenden, in der sich der Sitz der Hauptniederlassung (Hauptsitz) befindet. Abweichend von Satz 1 kann auf Antrag eines mehrdiözesan oder überdiözesan tätigen Rechtsträgers der Diözesanbischof des Hauptsitzes im Einvernehmen mit den anderen Diözesanbischöfen, in de-

---

1 Das sind solche, die in mehreren, nicht jedoch in allen Diözesen im Gebiet der Deutschen Bischofskonferenz Einrichtungen unterhalten.
2 Das sind solche, die im gesamten Konferenzgebiet Einrichtungen unterhalten.

ren Diözese der Rechtsträger tätig ist, bestimmen, dass in den Einrichtungen des Rechtsträgers die Mitarbeitervertretungsordnung der Diözese angewandt wird, in der die jeweilige Einrichtung ihren Sitz hat, oder eine Mitarbeitervertretungsordnung eigens für den Rechtsträger erlassen.

§ 1 a Bildung von Mitarbeitervertretungen
(1) In den Einrichtungen der in § 1 genannten kirchlichen Rechtsträger sind Mitarbeitervertretungen nach Maßgabe der folgenden Vorschriften zu bilden.
    (2) Unbeschadet des Abs. 1 kann der Rechtsträger nach Anhörung betroffener Mitarbeitervertretungen regeln, was als Einrichtung gilt. Die Regelung bedarf der Genehmigung durch den Ordinarius.

§ 1 b Gemeinsame Mitarbeitervertretung[*]
(1) Die Mitarbeitervertretungen und Dienstgeber mehrerer Einrichtungen verschiedener Rechtsträger können durch eine gemeinsame Dienstvereinbarung die Bildung einer gemeinsamen Mitarbeitervertretung vereinbaren, soweit dies der wirksamen und zweckmäßigen Interessenvertretung der Mitarbeiterinnen und Mitarbeiter dient. Dienstgeber und Mitarbeitervertretungen können nach vorheriger Stellungnahme der betroffenen Mitarbeiterinnen und Mitarbeiter Einrichtungen einbeziehen, in denen Mitarbeitervertretungen nicht gebildet sind. Die auf Grundlage dieser Dienstvereinbarung gewählte Mitarbeitervertretung tritt an die Stelle der bisher bestehenden Mitarbeitervertretungen. Sind in keiner der Einrichtungen Mitarbeitervertretungen gebildet, so können die Rechtsträger nach vorheriger Stellungnahme der betroffenen Mitarbeiterinnen und Mitarbeiter die Bildung einer gemeinsamen Mitarbeitervertretung vereinbaren, soweit die Gesamtheit der Einrichtungen die Voraussetzungen des § 6 Abs. 1 erfüllt.
    (2) Die Dienstvereinbarung nach Abs. 1 Satz 1 und die Regelung nach Abs. 1 Satz 4 bedürfen der Genehmigung durch den Ordinarius. Sie sind, soweit sie keine andere Regelung treffen, für die folgende Wahl und die Amtszeit der aus ihr hervorgehenden Mitarbeitervertretung wirksam. Für die gemeinsamen Mitarbeitervertretungen gelten die Vorschriften dieser Ordnung nach Maßgabe des § 22a.

§ 2 Dienstgeber
(1) Dienstgeber im Sinne dieser Ordnung ist der Rechtsträger der Einrichtung.
    (2) Für den Dienstgeber handelt dessen vertretungsberechtigtes Organ oder die von ihm bestellte Leitung. Der Dienstgeber kann eine Mitarbeiterin oder einen Mitarbeiter in leitender Stellung schriftlich beauftragten, ihn zu vertreten.

§ 3 Mitarbeiterinnen und Mitarbeiter
(1) Mitarbeiterinnen und Mitarbeiter im Sinne dieser Ordnung sind alle Personen, die bei einem Dienstgeber (§ 2) aufgrund eines Beschäftigungsverhältnisses, aufgrund ihrer Ordenszugehörigkeit, aufgrund eines Gestellungsvertrages oder zu ihrer Ausbildung tätig sind. Mitarbeiterinnen oder Mitarbeiter, die dem Dienstgeber zur Arbeitsleistung überlassen werden im Sinne des Arbeitnehmerüberlassungsgesetzes, sind keine Mitarbeiterinnen und Mitarbeiter im Sinne dieser Ordnung.

---

[*] Muster für eine diözesane Fassung.

(2) Als Mitarbeiterinnen und Mitarbeiter gelten nicht:
1. die Mitglieder eines Organs, das zur gesetzlichen Vertretung berufen ist,
2. Leiterinnen und Leiter von Einrichtungen im Sinne des § 1,
3. Mitarbeiterinnen und Mitarbeiter, die zur selbständigen Entscheidung über Einstellungen, Anstellungen oder Kündigungen befugt sind,
4. sonstige Mitarbeiterinnen und Mitarbeiter in leitender Stellung,
5. Geistliche einschließlich Ordensgeistliche im Bereich des § 1 Abs. 1 Nrn. 2 und 3,
6. Personen, deren Beschäftigung oder Ausbildung überwiegend ihrer Heilung, Wiedereingewöhnung, beruflichen und sozialen Rehabilitation oder Erziehung dient.

Die Entscheidung des Dienstgebers zu den Nrn. 3 und 4 bedarf der Beteiligung der Mitarbeitervertretung gem. § 29 Abs. 1 Nr. 18. Die Entscheidung bedarf bei den in § 1 Abs. 1 genannten Rechtsträgern der Genehmigung des Ordinarius. Die Entscheidung ist der Mitarbeitervertretung schriftlich mitzuteilen.

(3) Die besondere Stellung der Geistlichen gegenüber dem Diözesanbischof und die der Ordensleute gegenüber den Ordensoberen werden durch diese Ordnung nicht berührt. Eine Mitwirkung in den persönlichen Angelegenheiten findet nicht statt.

§ 4 Mitarbeiterversammlung
Die Mitarbeiterversammlung ist die Versammlung aller Mitarbeiterinnen und Mitarbeiter. Kann nach den dienstlichen Verhältnissen eine gemeinsame Versammlung aller Mitarbeiterinnen und Mitarbeiter nicht stattfinden, so sind Teilversammlungen zulässig.

§ 5 Mitarbeitervertretung
Die Mitarbeitervertretung ist das von den wahlberechtigten Mitarbeiterinnen und Mitarbeitern gewählte Organ, das die ihm nach dieser Ordnung zustehenden Aufgaben und Verantwortungen wahrnimmt.

II. Die Mitarbeitervertretung

§ 6 Voraussetzung für die Bildung der Mitarbeitervertretung – Zusammensetzung der Mitarbeitervertretung
(1) Die Bildung einer Mitarbeitervertretung setzt voraus, dass in der Einrichtung in der Regel mindestens fünf wahlberechtigte Mitarbeiterinnen und Mitarbeiter (§ 7) beschäftigt werden, von denen mindestens drei wählbar sind (§ 8).

(2) Die Mitarbeitervertretung besteht aus
1 Mitglied bei 5–15 wahlberechtigten Mitarbeiterinnen und Mitarbeitern
3 Mitgliedern bei 16–50 wahlberechtigten Mitarbeiterinnen und Mitarbeitern
5 Mitgliedern bei 51–100 wahlberechtigten Mitarbeiterinnen und Mitarbeitern
7 Mitgliedern bei 101–200 wahlberechtigten Mitarbeiterinnen und Mitarbeitern
9 Mitgliedern bei 201–300 wahlberechtigten Mitarbeiterinnen und Mitarbeitern
11 Mitgliedern bei 301–600 wahlberechtigten Mitarbeiterinnen und Mitarbeitern
13 Mitgliedern bei 601–1000 wahlberechtigten Mitarbeiterinnen und Mitarbeitern
15 Mitgliedern bei 1000 und mehr wahlberechtigten Mitarbeiterinnen und Mitarbeitern

(3) Für die Wahl einer Mitarbeitervertretung in einer Einrichtung mit einer oder mehreren nicht selbständig geführten Stellen kann der Dienstgeber eine Regelung treffen, die eine Vertretung auch der Mitarbeiterinnen und Mitarbeiter der nicht selbständig geführten

Stellen in Abweichung von § 11 Abs. 6 durch einen Vertreter gewährleistet, und zwar nach der Maßgabe der jeweiligen Zahl der wahlberechtigten Mitarbeiterinnen und Mitarbeiter in den Einrichtungen. Eine solche Regelung bedarf der Zustimmung der Mitarbeitervertretung.

(4) Der Mitarbeitervertretung sollen jeweils Vertreter der Dienstbereiche und Gruppen angehören. Die Geschlechter sollen in der Mitarbeitervertretung entsprechend ihrem zahlenmäßigen Verhältnis in der Einrichtung vertreten sein.

(5) Maßgebend für die Zahl der Mitglieder ist der Tag, bis zu dem Wahlvorschläge eingereicht werden können (§ 9 Abs. 5 Satz 1).

§ 7 Aktives Wahlrecht

(1) Wahlberechtigt sind alle Mitarbeiterinnen und Mitarbeiter, die am Wahltag das 18. Lebensjahr vollendet haben und seit mindestens sechs Monaten ohne Unterbrechung in einer Einrichtung desselben Dienstgebers tätig sind.

(2) Wer zu einer Einrichtung abgeordnet ist, wird nach Ablauf von drei Monaten in ihr wahlberechtigt; im gleichen Zeitpunkt erlischt das Wahlrecht bei der früheren Einrichtung. Satz 1 gilt nicht, wenn feststeht, dass die Mitarbeiterin oder der Mitarbeiter binnen weiterer sechs Monate in die frühere Einrichtung zurückkehren wird.

(3) Mitarbeiterinnen und Mitarbeiter in einem Ausbildungsverhältnis sind nur bei der Einrichtung wahlberechtigt, von der sie eingestellt sind.

(4) Nicht wahlberechtigt sind Mitarbeiterinnen und Mitarbeiter,
1. für die zur Besorgung aller ihrer Angelegenheiten ein Betreuer nicht nur vorübergehend bestellt ist,
2. die am Wahltage für mindestens noch sechs Monate unter Wegfall der Bezüge beurlaubt sind,
3. die sich am Wahltag in der Freistellungsphase eines nach dem Blockmodell vereinbarten Altersteilzeitarbeitsverhältnisses befinden.

§ 8 Passives Wahlrecht

(1) Wählbar sind die wahlberechtigten Mitarbeiterinnen und Mitarbeiter, die am Wahltag seit mindestens einem Jahr ohne Unterbrechung im kirchlichen Dienst stehen, davon mindestens seit sechs Monaten in einer Einrichtung desselben Dienstgebers tätig sind.

(2) Nicht wählbar sind Mitarbeiterinnen und Mitarbeiter, die zur selbstständigen Entscheidung in anderen als den in § 3 Abs. 2 Nr. 3 genannten Personalangelegenheiten befugt sind.

§ 9 Vorbereitung der Wahl

(1) Spätestens acht Wochen vor Ablauf der Amtszeit der Mitarbeitervertretung bestimmt die Mitarbeitervertretung den Wahltag. Er soll spätestens zwei Wochen vor Ablauf der Amtszeit der Mitarbeitervertretung liegen.

(2) Die Mitarbeitervertretung bestellt spätestens acht Wochen vor Ablauf ihrer Amtszeit die Mitglieder des Wahlausschusses. Er besteht aus drei oder fünf Mitgliedern, die, wenn sie Mitarbeiterinnen oder Mitarbeiter sind, wahlberechtigt sein müssen. Der Wahlausschuss wählt seine Vorsitzende oder seinen Vorsitzenden.

(3) Scheidet ein Mitglied des Wahlausschusses aus, so hat die Mitarbeitervertretung unverzüglich ein neues Mitglied zu bestellen. Kandidiert ein Mitglied des Wahlausschusses für die Mitarbeitervertretung, so scheidet es aus dem Wahlausschuss aus.

(4) Der Dienstgeber stellt dem Wahlausschuss zur Aufstellung des Wählerverzeichnisses spätestens sieben Wochen vor Ablauf der Amtszeit eine Liste aller Mitarbeiterinnen und Mitarbeiter mit den erforderlichen Angaben zur Verfügung. Der Wahlausschuss stellt die Liste der wahlberechtigten Mitarbeiterinnen und Mitarbeiter auf und legt sie mindestens vier Wochen vor der Wahl für die Dauer von einer Woche zur Einsicht aus. Die oder der Vorsitzende des Wahlausschusses gibt bekannt, an welchem Ort, für welche Dauer und von welchem Tage an die Listen zur Einsicht ausliegen. Jede Mitarbeiterin und jeder Mitarbeiter kann während der Auslegungsfrist gegen die Eintragung oder Nichteintragung einer Mitarbeiterin oder eines Mitarbeiters Einspruch einlegen. Der Wahlausschuss entscheidet über den Einspruch.

(5) Der Wahlausschuss hat sodann die wahlberechtigten Mitarbeiterinnen und Mitarbeiter aufzufordern, schriftliche Wahlvorschläge, die jeweils von mindestens drei wahlberechtigten Mitarbeiterinnen und Mitarbeitern unterzeichnet sein müssen, bis zu einem von ihm festzusetzenden Termin einzureichen. Der Wahlvorschlag muss die Erklärung der Kandidatin oder des Kandidaten enthalten, dass sie oder er der Benennung zustimmt. Der Wahlausschuss hat in ausreichender Zahl Formulare für Wahlvorschläge auszulegen.

(6) Die Kandidatenliste soll mindestens doppelt soviel Wahlbewerberinnen und Wahlbewerber enthalten wie Mitglieder nach § 6 Abs. 2 zu wählen sind.

(7) Der Wahlausschuss prüft die Wählbarkeit und läßt sich von der Wahlbewerberin oder dem Wahlbewerber bestätigen, dass kein Ausschlußgrund im Sinne des § 8 vorliegt.

(8) Spätestens eine Woche vor der Wahl sind die Namen der zur Wahl vorgeschlagenen und vom Wahlausschuss für wählbar erklärten Mitarbeiterinnen und Mitarbeiter in alphabetischer Reihenfolge durch Aushang bekanntzugeben. Danach ist die Kandidatur unwiderruflich.

§ 10 Dienstgeber – Vorbereitungen zur Bildung einer Mitarbeitervertretung

(1) Wenn in einer Einrichtung die Voraussetzungen für die Bildung einer Mitarbeitervertretung vorliegen, hat der Dienstgeber spätestens nach drei Monaten zu einer Mitarbeiterversammlung einzuladen. Er leitet sie und kann sich hierbei vertreten lassen. Die Mitarbeiterversammlung wählt den Wahlausschuss, der auch den Wahltag bestimmt. Im Falle des Ausscheidens eines Mitglieds bestellt der Wahlausschuss unverzüglich ein neues Mitglied.

(1a) Absatz 1 gilt auch,
1. wenn die Mitarbeitervertretung ihrer Verpflichtung gem. § 9 Abs. 1 und 2 nicht nachkommt,
2. im Falle des § 12 Abs. 5 Satz 2,
3. im Falle des § 13 Abs. 2 Satz 3,
4. in den Fällen des § 13a nach Ablauf des Zeitraumes, in dem die Mitarbeitervertretung die Geschäfte fortgeführt hat,
5. nach Feststellung der Nichtigkeit der Wahl der Mitarbeitervertretung durch die Schlichtungsstelle in anderen als den in § 12 genannten Fällen, wenn ein ordnungsgemäßer Wahlausschuss nicht mehr besteht.

(2) Kommt die Bildung eines Wahlausschusses nicht zustande, so hat auf Antrag mindestens eines Zehntels der wahlberechtigten Mitarbeiterinnen und Mitarbeiter und nach Ablauf eines Jahres der Dienstgeber erneut eine Mitarbeiterversammlung zur Bildung eines Wahlausschusses einzuberufen.

(3) In neuen Einrichtungen entfallen für die erste Wahl die in den §§ 7 Abs. 1 und 8 Abs. 1 festgelegten Zeiten.

§ 11 Durchführung der Wahl

(1) Die Wahl der Mitarbeitervertretung erfolgt unmittelbar und geheim. Für die Durchführung der Wahl ist der Wahlausschuss verantwortlich.

(2) Die Wahl erfolgt durch Abgabe eines Stimmzettels. Der Stimmzettel enthält in alphabetischer Reihenfolge die Namen aller zur Wahl stehenden Mitarbeiterinnen und Mitarbeiter (§ 9 Abs. 8 Satz 1). Die Abgabe der Stimme erfolgt durch Ankreuzen eines oder mehrerer Namen. Es können so viele Namen angekreuzt werden, wie Mitglieder zu wählen sind. Der Wahlzettel ist in Anwesenheit von mindestens zwei Mitgliedern des Wahlausschusses in die bereitgestellte Urne zu werfen. Die Stimmabgabe ist in der Liste der wahlberechtigten Mitarbeiterinnen und Mitarbeiter zu vermerken.

(3) Bemerkungen auf dem Wahlzettel und das Ankreuzen von Namen von mehr Personen, als zu wählen sind, machen den Stimmzettel ungültig.

(4) Im Falle der Verhinderung ist eine vorzeitige Stimmabgabe durch Briefwahl möglich. Der Stimmzettel ist in dem für die Wahl vorgesehenen Umschlag und zusammen mit dem persönlich unterzeichneten Wahlschein in einem weiteren verschlossenen Umschlag mit der Aufschrift „Briefwahl" und der Angabe des Absenders dem Wahlausschuss zuzuleiten. Diesen Umschlag hat der Wahlausschuss bis zum Wahltag aufzubewahren und am Wahltag die Stimmabgabe in der Liste der wahlberechtigten Mitarbeiterinnen und Mitarbeiter zu vermerken, den Umschlag zu öffnen und den für die Wahl bestimmten Umschlag in die Urne zu werfen. Die Briefwahl ist nur bis zum Abschluß der Wahl am Wahltag möglich.

(5) Nach Ablauf der festgesetzten Wahlzeit stellt der Wahlausschuss öffentlich fest, wieviel Stimmen auf die einzelnen Gewählten entfallen sind und ermittelt ihre Reihenfolge nach der Stimmenzahl. Das Ergebnis ist in einem Protokoll festzuhalten, das vom Wahlausschuss zu unterzeichnen ist.

(6) Als Mitglieder der Mitarbeitervertretung sind diejenigen gewählt, die die meisten Stimmen erhalten haben. Alle in der nach der Stimmenzahl entsprechenden Reihenfolge den gewählten Mitgliedern folgenden Mitarbeiterinnen und Mitarbeitern sind Ersatzmitglieder. Bei gleicher Stimmenzahl entscheidet das Los.

(7) Das Ergebnis der Wahl wird vom Wahlausschuss am Ende der Wahlhandlung bekanntgegeben. Der Wahlausschuss stellt fest, ob jede oder jeder Gewählte die Wahl annimmt. Bei Nichtannahme gilt an ihrer oder seiner Stelle die Mitarbeiterin oder der Mitarbeiter mit der nächstfolgenden Stimmenzahl als gewählt. Mitglieder und Ersatzmitglieder der Mitarbeitervertretung werden durch Aushang bekanntgegeben.

(8) Die gesamten Wahlunterlagen sind für die Dauer der Amtszeit der gewählten Mitarbeitervertretung aufzubewahren. Die Kosten der Wahl trägt der Dienstgeber.

§§ 11 a bis c Vereinfachtes Wahlverfahren[*]
§ 11 a Voraussetzungen

(1) In Einrichtungen mit bis zu 20 wahlberechtigten Mitarbeiterinnen und Mitarbeitern ist die Mitarbeitervertretung anstelle des Verfahrens nach den §§ 9 bis 11 im vereinfachten Wahlverfahren zu wählen.[**]

---

[*] Muster für eine diözesane Fassung.
[**] Die Zahl der wahlberechtigten Mitarbeiterinnen und Mitarbeiter kann abweichend hiervon durch diözesane Regelung festgelegt werden.

(2) Absatz 1 findet keine Anwendung, wenn die Mitarbeiterversammlung mit der Mehrheit der Anwesenden, mindestens jedoch einem Drittel der wahlberechtigten Mitarbeiterinnen und Mitarbeiter spätestens acht Wochen vor Beginn des einheitlichen Wahlzeitraums die Durchführung der Wahl nach den §§ 9 bis 11 beschließt.

§ 11 b Vorbereitung der Wahl
(1) Spätestens drei Wochen vor Ablauf ihrer Amtszeit lädt die Mitarbeitervertretung die Wahlberechtigten durch Aushang oder in sonst geeigneter Weise, die den wahlberechtigten Mitarbeiterinnen und Mitarbeitern die Möglichkeit der Kenntnisnahme gibt, zur Wahlversammlung ein und legt gleichzeitig die Liste der wahlberechtigten Mitarbeiterinnen und Mitarbeiter aus.
(2) Ist in einer Einrichtung eine Mitarbeitervertretung nicht vorhanden, so handelt der Dienstgeber gemäß Abs. 1.

§ 11 c Durchführung der Wahl
(1) Die Wahlversammlung wird von einer Wahlleiterin oder einem Wahlleiter geleitet, die oder der mit einfacher Stimmenmehrheit gewählt wird. Im Bedarfsfall kann die Wahlversammlung zur Unterstützung der Wahlleiterin oder des Wahlleiters Wahlhelfer bestimmen.
(2) Mitarbeitervertreterinnen und Mitarbeitervertreter und Ersatzmitglieder werden in einem gemeinsamen Wahlgang gewählt. Jede wahlberechtigte Mitarbeiterin und jeder wahlberechtigte Mitarbeiter kann Kandidatinnen und Kandidaten zur Wahl vorschlagen.
(3) Die Wahl erfolgt durch Abgabe des Stimmzettels. Auf dem Stimmzettel sind von der Wahlleiterin oder dem Wahlleiter die Kandidatinnen und Kandidaten in alphabetischer Reihenfolge unter Angabe von Name und Vorname aufzuführen. Die Wahlleiterin oder der Wahlleiter trifft Vorkehrungen, dass die Wählerinnen und Wähler ihre Stimme geheim abgeben können. Unverzüglich nach Beendigung der Wahlhandlung zählt sie oder er öffentlich die Stimmen aus und gibt das Ergebnis bekannt.
(4) § 9 Abs. 7, § 11 Abs. 2 Sätze 3, 4 und 6, § 11 Abs. 6 bis 8 und § 12 gelten entsprechend; an die Stelle des Wahlausschusses tritt die Wahlleiterin oder der Wahlleiter.

§ 12 Anfechtung der Wahl
(1) Jede wahlberechtigte Mitarbeiterin und jeder wahlberechtigte Mitarbeiter oder der Dienstgeber hat das Recht, die Wahl wegen eines Verstoßes gegen die §§ 6 bis 11 c innerhalb einer Frist von einer Woche nach Bekanntgabe des Wahlergebnisses schriftlich anzufechten. Die Anfechtungserklärung ist dem Wahlausschuss zuzuleiten.
(2) Unzulässige oder unbegründete Anfechtungen weist der Wahlausschuss zurück. Stellt er fest, dass die Anfechtung begründet ist und dadurch das Wahlergebnis beeinflußt sein kann, so erklärt er die Wahl für ungültig; in diesem Falle ist die Wahl unverzüglich zu wiederholen. Im Falle einer sonstigen begründeten Wahlanfechtung berichtigt er den durch den Verstoß verursachten Fehler .
(3) Gegen die Entscheidung des Wahlausschusses ist die Anrufung der Schlichtungsstelle innerhalb von zwei Wochen nach Zugang der Entscheidung zulässig.
(4) Eine für ungültig erklärte Wahl läßt die Wirksamkeit der zwischenzeitlich durch die Mitarbeitervertretung getroffenen Entscheidungen unberührt.
(5) Die Wiederholung einer erfolgreich angefochtenen Wahl obliegt dem Wahlaus-

schuss. Besteht kein ordnungsgemäß besetzter Wahlausschuss (§ 9 Abs. 2 Satz 2) mehr, so findet § 10 Anwendung.

§ 13 Amtszeit der Mitarbeitervertretung
(1) Die regelmäßigen Wahlen zur Mitarbeitervertretung finden alle vier Jahre in der Zeit vom 1. März bis 30. Juni (einheitlicher Wahlzeitraum) statt.[3]
(2) Die Amtszeit beginnt mit dem Tag der Wahl oder, wenn zu diesem Zeitpunkt noch eine Mitarbeitervertretung besteht, mit Ablauf der Amtszeit dieser Mitarbeitervertretung. Sie beträgt vier Jahre. Sie endet jedoch vorbehaltlich der Regelung in Abs. 5 spätestens am 30. Juni des Jahres, in dem nach Abs. 1 die regelmäßigen Mitarbeitervertretungswahlen stattfinden.[3]
(3) Außerhalb des einheitlichen Wahlzeitraumes findet eine Neuwahl statt, wenn
1. an dem Tage, an dem die Hälfte der Amtszeit seit Amtsbeginn abgelaufen ist, die Zahl der wahlberechtigten Mitarbeiterinnen und Mitarbeiter um die Hälfte, mindestens aber um 50, gestiegen oder gesunken ist,
2. die Gesamtzahl der Mitglieder der Mitarbeitervertretung auch nach Eintreten sämtlicher Ersatzmitglieder um mehr als die Hälfte der ursprünglich vorhandenen Mitgliederzahl gesunken ist,
3. die Mitarbeitervertretung mit der Mehrheit ihrer Mitglieder ihren Rücktritt beschlossen hat,
4. die Wahl der Mitarbeitervertretung mit Erfolg angefochten worden ist,
5. die Mitarbeiterversammlung der Mitarbeitervertretung gemäß § 22 Abs. 2 das Mißtrauen ausgesprochen hat,
6. die Mitarbeitervertretung im Falle grober Vernachlässigung oder Verletzung der Befugnisse und Verpflichtungen als Mitarbeitervertretung durch Beschluss der Schlichtungsstelle aufgelöst ist.

(4) Außerhalb des einheitlichen Wahlzeitraumes ist die Mitarbeitervertretung zu wählen, wenn in einer Einrichtung keine Mitarbeitervertretung besteht und die Voraussetzungen für die Bildung der Mitarbeitervertretung (§ 10) vorliegen.
(5) Hat außerhalb des einheitlichen Wahlzeitraumes eine Wahl stattgefunden, so ist die Mitarbeitervertretung in dem auf die Wahl folgenden nächsten einheitlichen Wahlzeitraum neu zu wählen. Hat die Amtszeit der Mitarbeitervertretung zu Beginn des nächsten einheitlichen Wahlzeitraumes noch nicht ein Jahr betragen, so ist die Mitarbeitervertretung in dem übernächsten einheitlichen Wahlzeitraum neu zu wählen.

§ 13 a Weiterführung der Geschäfte
Ist bei Ablauf der Amtszeit (§ 13 Abs. 2) noch keine neue Mitarbeitervertretung gewählt, führt die Mitarbeitervertretung die Geschäfte bis zur Übernahme durch die neugewählte Mitarbeitervertretung fort, längstens für die Dauer von sechs Monaten vom Tag der Beendigung der Amtszeit an gerechnet. Dies gilt auch in den Fällen des § 13 Abs. 3 Nrn. 1 bis 3.

---

[3] Beginn und Ende des einheitlichen Wahlzeitraumes können abweichend durch diözesane Regelung festgelegt werden.

§ 13 b Ersatzmitglied, Verhinderung des ordentlichen Mitglieds und ruhende Mitgliedschaft

(1) Scheidet ein Mitglied der Mitarbeitervertretung während der Amtszeit vorzeitig aus, so tritt an seine Stelle das nächstberechtigte Ersatzmitglied (§ 11 Abs. 6 Satz 2).

(2) Im Falle einer zeitweiligen Verhinderung eines Mitglieds tritt für die Dauer der Verhinderung das nächstberechtigte Ersatzmitglied ein. Die Mitarbeitervertretung entscheidet darüber, ob eine zeitweilige Verhinderung vorliegt.

(3) Die Mitgliedschaft in der Mitarbeitervertretung ruht, solange dem Mitglied die Ausübung seines Dienstes untersagt ist. Für die Dauer des Ruhens tritt das nächstberechtigte Ersatzmitglied ein.

§ 13 c Erlöschen der Mitgliedschaft
Die Mitgliedschaft in der Mitarbeitervertretung erlischt durch
1. Ablauf der Amtszeit der Mitarbeitervertretung,
2. Beschluss der Schlichtungsstelle bei Verlust der Wählbarkeit,
3. Niederlegung des Amtes,
4. Ausscheiden aus der Einrichtung oder Eintritt in die Freistellungsphase eines nach dem Blockmodell vereinbarten Altersteilzeitarbeitsverhältnisses,
5. Beschluss der Schlichtungsstelle im Falle grober Vernachlässigung oder Verletzung der Befugnisse und Pflichten als Mitarbeitervertreterin oder Mitarbeitervertreter.

§ 13 d Übergangsmandat

(1) Wird eine Einrichtung gespalten, so bleibt deren Mitarbeitervertretung im Amt und führt die Geschäfte für die ihr bislang zugeordneten Teile einer Einrichtung weiter, soweit sie die Voraussetzungen des § 6 Abs. 1 erfüllen und nicht in eine Einrichtung eingegliedert werden, in der eine Mitarbeitervertretung besteht (Übergangsmandat). Die Mitarbeitervertretung hat insbesondere unverzüglich Wahlausschüsse zu bestellen. Das Übergangsmandat endet, sobald in den Teilen einer Einrichtung eine neue Mitarbeitervertretung gewählt und das Wahlergebnis bekannt gegeben ist, spätestens jedoch sechs Monate nach Wirksamwerden der Spaltung. Durch Dienstvereinbarung kann das Übergangsmandat um bis zu weitere sechs Monate verlängert werden.

(2) Werden Einrichtungen oder Teile von Einrichtungen zu einer Einrichtung zusammengelegt, so nimmt die Mitarbeitervertretung der nach der Zahl der wahlberechtigten Mitarbeiterinnen und Mitarbeiter größten Einrichtung oder des größten Teils einer Einrichtung das Übergangsmandat wahr. Absatz 1 gilt entsprechend.

(3) Die Absätze 1 und 2 gelten auch, wenn die Spaltung oder Zusammenlegung von Einrichtungen und Teilen von Einrichtungen im Zusammenhang mit einer Betriebsveräußerung oder einer Umwandlung nach dem Umwandlungsgesetz erfolgt.

(4) Führt eine Spaltung, die Zusammenlegung oder Übertragung dazu, dass eine ehemals nicht in den Geltungsbereich nach § 1 fallende Einrichtung oder ein Teil einer Einrichtung nunmehr in den Geltungsbereich dieser Ordnung fällt, so gelten Abs. 1 und 2 entsprechend. Die nicht nach dieser Ordnung gebildete Arbeitnehmervertretung handelt dann als Mitarbeitervertretung. Bestehende Vereinbarungen zwischen dem Dienstgeber und der nicht nach dieser Ordnung gebildeten Arbeitnehmervertretung erlöschen und zuvor eingeleitete Beteiligungsverfahren enden.

§ 13 e Restmandat
Geht eine Einrichtung durch Stilllegung, Spaltung oder Zusammenlegung unter, so bleibt deren Mitarbeitervertretung so lange im Amt, wie dies zur Wahrnehmung der damit im Zusammenhang stehenden Beteiligungsrechte erforderlich ist.

§ 14 Tätigkeit der Mitarbeitervertretung
(1) Die Mitarbeitervertretung wählt bei ihrem ersten Zusammentreten, das innerhalb einer Woche nach der Wahl stattfinden soll und von der oder dem Vorsitzenden des Wahlausschusses einzuberufen ist, mit einfacher Mehrheit aus den Mitgliedern ihre Vorsitzende oder ihren Vorsitzenden. Die oder der Vorsitzende soll katholisch sein. Außerdem sollen eine stellvertretende Vorsitzende oder ein stellvertretender Vorsitzender und eine Schriftführerin oder ein Schriftführer gewählt werden. Die oder der Vorsitzende der Mitarbeitervertretung oder im Falle ihrer oder seiner Verhinderung deren Stellvertreterin oder Stellvertreter vertritt die Mitarbeitervertretung im Rahmen der von ihr gefaßten Beschlüsse. Zur Entgegennahme von Erklärungen sind die oder der Vorsitzende, deren Stellvertreterin oder Stellvertreter oder ein von der Mitarbeitervertretung zu benennendes Mitglied berechtigt.

(2) Die Mitarbeitervertretung kann ihrer oder ihrem Vorsitzenden mit Zweidrittelmehrheit der Mitglieder das Vertrauen entziehen. In diesem Fall hat eine Neuwahl der oder des Vorsitzenden stattzufinden.

(3) Die oder der Vorsitzende oder bei Verhinderung deren Stellvertreterin oder Stellvertreter beruft die Mitarbeitervertretung unter Angabe der Tagesordnung zu den Sitzungen ein und leitet sie. Sie oder er hat die Mitarbeitervertretung einzuberufen, wenn die Mehrheit der Mitglieder es verlangt.

(4) Die Sitzungen der Mitarbeitervertretung sind nicht öffentlich. Sie finden in der Regel während der Arbeitszeit in der Einrichtung statt. Bei Anberaumung und Dauer der Sitzung ist auf die dienstlichen Erfordernisse Rücksicht zu nehmen.

(5) Die Mitarbeitervertretung ist beschlußfähig, wenn mehr als die Hälfte ihrer Mitglieder anwesend ist. Die Mitarbeitervertretung beschließt mit Stimmenmehrheit der anwesenden Mitglieder. Bei Stimmengleichheit gilt ein Antrag als abgelehnt.

(6) Über die Sitzung der Mitarbeitervertretung ist eine Niederschrift zu fertigen, die die Namen der An- und Abwesenden, die Tagesordnung, den Wortlaut der Beschlüsse und das jeweilige Stimmenverhältnis enthalten muss. Die Niederschrift ist von der oder dem Vorsitzenden zu unterzeichnen. Soweit die Leiterin oder der Leiter der Dienststelle oder deren Beauftragte oder Beauftragter an der Sitzung teilgenommen haben, ist ihnen der entsprechende Teil der Niederschrift abschriftlich zuzuleiten.

(7) Der Dienstgeber hat dafür Sorge zu tragen, dass die Unterlagen der Mitarbeitervertretung in der Einrichtung verwahrt werden können.

(8) Die Mitarbeitervertretung kann sich eine Geschäftsordnung geben.

(9) Die Mitarbeitervertretung kann in ihrer Geschäftsordnung bestimmen, dass Beschlüsse im Umlaufverfahren gefaßt werden können, sofern dabei Einstimmigkeit erzielt wird. Beschlüsse nach Satz 1 sind spätestens in der Niederschrift der nächsten Sitzung im Wortlaut festzuhalten.

(10) Die Mitarbeitervertretung kann aus ihrer Mitte Ausschüsse bilden, denen mindestens drei Mitglieder der Mitarbeitervertretung angehören müssen. Den Ausschüssen können Aufgaben zur selbständigen Erledigung übertragen werden; dies gilt nicht für die Be-

teiligung bei Kündigungen sowie für den Abschluß und die Kündigung von Dienstvereinbarungen. Die Übertragung von Aufgaben zur selbständigen Erledigung erfordert eine Dreiviertelmehrheit der Mitglieder. Die Mitarbeitervertretung kann die Übertragung von Aufgaben zur selbständigen Erledigung durch Beschluss mit Stimmenmehrheit ihrer Mitglieder widerrufen. Die Übertragung und der Widerrufsind dem Dienstgeber schriftlich anzuzeigen.

§ 15 Rechtsstellung der Mitarbeitervertretung
(1) Die Mitglieder der Mitarbeitervertretung führen ihr Amt unentgeltlich als Ehrenamt.

(2) Die Mitglieder der Mitarbeitervertretung sind zur ordnungsgemäßen Durchführung ihrer Aufgaben im notwendigen Umfang von der dienstlichen Tätigkeit freizustellen. Die Freistellung beinhaltet den Anspruch auf Reduzierung der übertragenen Aufgaben.

(3)[*] Auf Antrag der Mitarbeitervertretung sind von ihrer dienstlichen Tätigkeit jeweils für die Hälfte der durchschnittlichen regelmäßigen Arbeitszeit einer oder eines Vollbeschäftigten freizustellen in Einrichtungen mit – im Zeitpunkt der Wahl –mehr als
- 300 wahlberechtigten Mitarbeiterinnen und Mitarbeitern zwei Mitarbeitervertreterinnen oder Mitarbeitervertreter,
- 600 wahlberechtigten Mitarbeiterinnen und Mitarbeitern drei Mitarbeitervertreterinnen oder Mitarbeitervertreter,
- 1000 wahlberechtigten Mitarbeiterinnen und Mitarbeitern vier Mitarbeitervertreterinnen oder Mitarbeitervertreter.

Dienstgeber und Mitarbeitervertretung können sich für die Dauer der Amtszeit dahingehend einigen, dass das Freistellungskontingent auf mehr oder weniger Mitarbeitervertreterinnen oder Mitarbeitervertreter verteilt werden kann.

(4) Zum Ausgleich für die Tätigkeit als Mitglied der Mitarbeitervertretung, die aus einrichtungsbedingten Gründen außerhalb der Arbeitszeit durchzuführen ist, hat das Mitglied der Mitarbeitervertretung Anspruch auf entsprechende Arbeitsbefreiung unter Fortzahlung des Arbeitsentgelts. Kann ein Mitglied der Mitarbeitervertretung die Lage seiner Arbeitszeit ganz oder teilweise selbst bestimmen, hat es die Tätigkeit als Mitglied der Mitarbeitervertretung außerhalb seiner Arbeitszeit dem Dienstgeber zuvor mitzuteilen. Gibt dieser nach Mitteilung keine Möglichkeit zur Tätigkeit innerhalb der Arbeitszeit, liegt ein einrichtungsbedingter Grund vor. Einrichtungsbedingte Gründe liegen auch vor, wenn die Tätigkeit als Mitglied der Mitarbeitervertretung wegen der unterschiedlichen Arbeitszeiten der Mitglieder der Mitarbeitervertretung nicht innerhalb der persönlichen Arbeitszeit erfolgen kann. Die Arbeitsbefreiung soll vor Ablauf der nächsten sechs Kalendermonate gewährt werden. Ist dies aus einrichtungsbedingten Gründen nicht möglich, kann der Dienstgeber die aufgewendete Zeit wie Mehrarbeit vergüten.

(5) Kommt es in den Fällen nach den Absätzen 2 und 4 nicht zu einer Einigung, entscheidet auf Antrag der Mitarbeitervertretung die Schlichtungsstelle.

§ 16 Schulung der Mitarbeitervertretung und des Wahlausschusses
(1) Den Mitgliedern der Mitarbeitervertretung ist auf Antrag der Mitarbeitervertretung während ihrer Amtszeit bis zu insgesamt drei Wochen Arbeitsbefreiung unter Fortzahlung der Bezüge für die Teilnahme an Schulungsveranstaltungen zu gewähren, wenn diese die

---
[*] Muster für eine diözesane Fassung.

für die Arbeit in der Mitarbeitervertretung erforderlichen Kenntnisse vermitteln, von der (Erz-)Diözese oder dem Diözesan-Caritasverband als geeignet anerkannt sind und dringende dienstliche oder betriebliche Erfordernisse einer Teilnahme nicht entgegenstehen. Bei Mitgliedschaft in mehreren Mitarbeitervertretungen kann der Anspruch nur einmal geltend gemacht werden.

(2) Die Mitglieder des Wahlausschusses erhalten für ihre Tätigkeit und für Schulungsmaßnahmen, die Kenntnisse für diese Tätigkeit vermitteln, Arbeitsbefreiung, soweit dies zur ordnungsgemäßen Durchführung der Aufgaben erforderlich ist. Abs. 1 Satz 2 gilt entsprechend.

§ 17 Kosten der Mitarbeitervertretung*

(1) Der Dienstgeber trägt die für die Wahrnehmung der Aufgaben der Mitarbeitervertretung notwendigen Kosten einschließlich der Reisekosten im Rahmen der für den Dienstgeber geltenden Reisekostenregelung. Zu den notwendigen Kosten gehören auch
▸ die Kosten für die Teilnahme an Schulungsveranstaltungen im Sinne des § 16;
▸ die Kosten, die durch die Beiziehung sachkundiger Personen entstehen, soweit diese zur ordnungsgemäßen Erfüllung der Aufgaben erforderlich ist und der Dienstgeber der Kostenübernahme vorher zugestimmt hat;
▸ die Kosten der Beauftragung eines Bevollmächtigten in Verfahren vor der Schlichtungsstelle, soweit der Vorsitzende der Schlichtungsstelle feststellt, dass die Bevollmächtigung zur Wahrung der Rechte des Bevollmächtigenden notwendig oder zweckmäßig erscheint.

(2) Der Dienstgeber stellt unter Berücksichtigung der bei ihm vorhandenen Gegebenheiten die sachlichen und personellen Hilfen zur Verfügung.

(3) Abs. 1 und 2 gelten entsprechend für gemeinsame Mitarbeitervertretungen (§ 1 b) und erweiterte Gesamtmitarbeitervertretungen (§ 24 Abs. 2), mit der Maßgabe, dass die Kosten von den beteiligten Dienstgebern entsprechend dem Verhältnis der Zahl der Mitarbeiterinnen und Mitarbeiter im Zeitpunkt der Bildung getragen werden. Die beteiligten Dienstgeber haften als Gesamtschuldner.

§ 18 Schutz der Mitglieder der Mitarbeitervertretung

(1) Die Mitglieder der Mitarbeitervertretung dürfen in der Ausübung ihres Amtes nicht behindert und aufgrund ihrer Tätigkeit weder benachteiligt noch begünstigt werden.

(1a) Das Arbeitsentgelt von Mitgliedern der Mitarbeitervertretung darf einschließlich eines Zeitraums von einem Jahr nach Beendigung der Mitgliedschaft nicht geringer bemessen werden als das Arbeitsentgelt vergleichbarer Mitarbeiterinnen und Mitarbeiter mit einrichtungsüblicher Entwicklung.

(2) Mitglieder der Mitarbeitervertretung können gegen ihren Willen in eine andere Einrichtung nur versetzt oder abgeordnet werden, wenn dies auch unter Berücksichtigung dieser Mitgliedschaft aus wichtigen dienstlichen Gründen unvermeidbar ist und die Mitarbeitervertretung gemäß § 33 zugestimmt hat.

(3) Erleidet eine Mitarbeiterin oder ein Mitarbeiter, die oder der Anspruch auf Unfallfürsorge nach beamtenrechtlichen Grundsätzen hat, anläßlich der Wahrnehmung von Rechten oder in Erfüllung von Pflichten nach dieser Ordnung einen Unfall, der im Sinne

---

* Abs. 3 ist Muster für eine diözesane Fassung.

der beamtenrechtlichen Unfallfürsorgevorschriften ein Dienstunfall wäre, so sind diese Vorschriften entsprechend anzuwenden.

(4) Beantragt eine in einem Berufsausbildungsverhältnis stehende Mitarbeiterin oder ein in einem Berufsausbildungsverhältnis stehender Mitarbeiter, die oder der Mitglied der Mitarbeitervertretung oder Sprecherin oder Sprecher der Jugendlichen und der Auszubildenden ist, spätestens einen Monat vor Beendigung des Ausbildungsverhältnisses für den Fall des erfolgreichen Abschlusses ihrer oder seiner Ausbildung schriftlich die Weiterbeschäftigung, so bedarf die Ablehnung des Antrages durch den Dienstgeber der Zustimmung der Mitarbeitervertretung gemäß § 33, wenn der Dienstgeber gleichzeitig andere Auszubildende weiterbeschäftigt. Die Zustimmung kann nur verweigert werden, wenn der durch Tatsachen begründete Verdacht besteht, dass die Ablehnung der Weiterbeschäftigung wegen der Tätigkeit als Mitarbeitervertreterin oder Mitarbeitervertreter erfolgt. Verweigert die Mitarbeitervertretung die vom Dienstgeber beantragte Zustimmung, so kann dieser gemäß § 33 Abs. 4 die Schlichtungsstelle anrufen. In diesem Schlichtungsverfahren ist das Mitglied Beteiligter.

§ 19 Kündigungsschutz
(1) Einem Mitglied der Mitarbeitervertretung kann nur gekündigt werden, wenn ein Grund für eine außerordentliche Kündigung vorliegt. Abweichend von Satz 1 kann in den Fällen des Artikels 5 Abs. 3 bis 5 der Grundordnung des kirchlichen Dienstes im Rahmen kirchlicher Arbeitsverhältnisse auch eine ordentliche Kündigung ausgesprochen werden. Die Sätze 1 und 2 gelten ebenfalls innerhalb eines Jahres nach Beendigung der Amtszeit, es sei denn, die Mitgliedschaft ist nach § 13 c Nrn. 2, 3 oder 5 erloschen.

(2) Nach Ablauf der Probezeit darf einem Mitglied des Wahlausschusses vom Zeitpunkt seiner Bestellung an, einer Wahlbewerberin oder einem Wahlbewerber vom Zeitpunkt der Aufstellung des Wahlvorschlages an, jeweils bis sechs Monate nach Bekanntgabe des Wahlergebnisses nur gekündigt werden, wenn ein Grund für eine außerordentliche Kündigung vorliegt. Für die ordentliche Kündigung gilt Abs. 1 Satz 2 entsprechend.

(3) Die ordentliche Kündigung eines Mitglieds der Mitarbeitervertretung, eines Mitglieds des Wahlausschusses oder einer Wahlbewerberin oder eines Wahlbewerbers ist auch zulässig, wenn eine Einrichtung geschlossen wird, frühestens jedoch zum Zeitpunkt der Schließung der Einrichtung, es sei denn, dass die Kündigung zu einem früheren Zeitpunkt durch zwingende betriebliche Erfordernisse bedingt ist. Wird nur ein Teil der Einrichtung geschlossen, so sind die in Satz 1 genannten Mitarbeiterinnen und Mitarbeiter in einen anderen Teil der Einrichtung zu übernehmen. Ist dies aus betrieblichen Gründen nicht möglich, gilt Satz 1.

§ 20 Schweigepflicht
Die Mitglieder der Mitarbeitervertretung haben über dienstliche Angelegenheiten oder Tatsachen, die ihnen aufgrund ihrer Zugehörigkeit zur Mitarbeitervertretung bekannt geworden sind und Verschwiegenheit erfordern, Stillschweigen zu bewahren. Das gilt auch für die Zeit nach Ausscheiden aus der Mitarbeitervertretung. Eine Verletzung der Schweigepflicht stellt in der Regel eine grobe Pflichtverletzung im Sinne des § 13 c Nr. 5 dar.

III. Mitarbeiterversammlung

§ 21 Einberufung der Mitarbeiterversammlung

(1) Die Mitarbeiterversammlung (§ 4) ist nicht öffentlich. Sie wird von der oder dem Vorsitzenden der Mitarbeitervertretung einberufen und geleitet. Die Einladung hat unter Angabe der Tagesordnung mindestens eine Woche vor dem Termin durch Aushang oder in sonst geeigneter Weise, die den Mitarbeiterinnen und Mitarbeitern die Möglichkeit der Kenntnisnahme gibt, zu erfolgen.

(2) Die Mitarbeiterversammlung hat mindestens einmal im Jahr stattzufinden. Auf ihr hat die oder der Vorsitzende der Mitarbeitervertretung einen Tätigkeitsbericht zu erstatten.

(3) Auf Verlangen von einem Drittel der wahlberechtigten Mitarbeiterinnen und Mitarbeiter hat die oder der Vorsitzende der Mitarbeitervertretung die Mitarbeiterversammlung unter Angabe der Tagesordnung innerhalb von zwei Wochen einzuberufen. Das gleiche gilt, wenn der Dienstgeber aus besondrem Grunde die Einberufung verlangt. In diesem Fall ist in der Tagesordnung der Grund anzugeben. An dieser Versammlung nimmt der Dienstgeber teil.

(4) Notwendige Fahrtkosten für jährlich höchstens zwei Mitarbeiterversammlungen sowie für die auf Verlangen des Dienstgebers einberufene Mitarbeiterversammlung (Abs. 3) werden von dem Dienstgeber nach den bei ihm geltenden Regelungen erstattet.

§ 22 Aufgaben und Verfahren der Mitarbeiterversammlung

(1) Die Mitarbeiterversammlung befaßt sich mit allen Angelegenheiten, die zur Zuständigkeit der Mitarbeitervertretung gehören. In diesem Rahmen ist die Mitarbeitervertretung der Mitarbeiterversammlung berichtspflichtig. Sie kann der Mitarbeitervertretung Anträge unterbreiten und zu den Beschlüssen der Mitarbeitervertretung Stellung nehmen.

(2) Spricht mindestens die Hälfte der wahlberechtigten Mitarbeiterinnen und Mitarbeiter in einer Mitarbeiterversammlung der Mitarbeitervertretung das Mißtrauen aus, so findet eine Neuwahl statt (ß 13 Abs. 3 Nr. 5).

(3) Jede ordnungsgemäß einberufene Mitarbeiterversammlung ist ohne Rücksicht auf die Zahl der erschienenen Mitglieder beschlußfähig. Die Beschlüsse bedürfen der einfachen Mehrheit aller anwesenden Mitarbeiterinnen und Mitarbeiter. Anträge der Mitarbeiterversammlung gelten bei Stimmengleichheit als abgelehnt.

(4) Anträge und Beschlüsse sind in einer Niederschrift festzuhalten und von der oder dem Vorsitzenden und der Schriftführerin oder dem Schriftführer der Mitarbeitervertretung zu unterzeichnen. Der Niederschrift soll eine Anwesenheitsliste beigefügt werden. Bei Teilversammlungen (§ 4 Satz 2) und im Falle des Abs. 2 ist eine Anwesenheitsliste beizufügen.

IIIa. Sonderregelungen für gemeinsame Mitarbeitervertretungen[*]

§ 22 a Sonderregelungen für gemeinsame Mitarbeitervertretungen nach § 1 b

(1) Die dem Dienstgeber gegenüber der Mitarbeitervertretung nach dieser Ordnung obliegenden Pflichten obliegen bei der gemeinsamen Mitarbeitervertretung den betroffenen Dienstgebern gemeinschaftlich. Dies gilt auch für die Einberufung der Mitarbeiterver-

---

[*] Muster für eine diözesane Fassung.

sammlung zur Vorbereitung der Wahl einer gemeinsamen Mitarbeitervertretung (§ 10) sowie die Führung des gemeinsamen Gesprächs nach § 39 Absatz 1 Satz 1. Die Informationspflicht des Dienstgebers nach § 27 Abs. 1, § 27 a und die Verpflichtungen aus den Beteiligungsrechten nach §§ 29 bis 37 sind auf die jeweils eigenen Mitarbeiterinnen und Mitarbeiter beschränkt. Die betroffen Dienstgeber können sich gegenseitig ermächtigen, die Aufgaben füreinander wahrzunehmen.

(2) Die §§ 7 Absätze 1 und 2, 8 Absatz 1 und 13 c Ziffer 4 finden mit der Maßgabe Anwendung, dass der Wechsel einer Mitarbeiterin oder eines Mitarbeiters zu einem kirchlichen Dienstgeber innerhalb des Zuständigkeitsbereichs der Mitarbeitervertretung nicht den Verlust des Wahlrechts, der Wählbarkeit oder der Mitgliedschaft in der Mitarbeitervertretung zur Folge hat.

(3) Für die Wahl der gemeinsamen Mitarbeitervertretung gelten die §§ 9 bis 11 c, soweit das Wahlverfahren nicht durch besondere diözesane Verordnung geregelt wird.

(4) Die Mitarbeiterversammlung ist die Versammlung aller Mitarbeiterinnen und Mitarbeiter der Einrichtungen, für die eine gemeinsame Mitarbeitervertretung gemäß § 1 b gebildet ist.

IV. Besondere Formen der Vertretung von Mitarbeiterinnen und Mitarbeitern

§ 23 Sondervertretung[*]

(1) Mitarbeiterinnen und Mitarbeiter, die von ihrem Dienstgeber einer Einrichtung eines anderen kirchlichen oder nichtkirchlichen Rechtsträgers zugeordnet worden sind, bilden eine Sondervertretung.

(2) Die Sondervertretung wirkt mit bei Maßnahmen, die vom Dienstgeber getroffen werden. Bei Zuordnung zu einem kirchlichen Rechtsträger ist im übrigen die Mitarbeitervertretung der Einrichtung zuständig.

(3) Das Nähere, einschließlich der Einzelheiten des Wahlverfahrens, wird in Sonderbestimmungen geregelt.

§ 24 Gesamtmitarbeitervertretung und erweiterte Gesamtmitarbeitervertretung[*]

(1) Bestehen bei einem Dienstgeber (§ 2) mehrere Mitarbeitervertretungen, so kann im Einvernehmen zwischen Dienstgeber und allen Mitarbeitervertretungen eine Gesamtmitarbeitervertretung gebildet werden.

(2) Die Mitarbeitervertretungen oder, soweit vorhanden, die Gesamtmitarbeitervertretungen mehrerer Einrichtungen mehrerer Rechtsträger können durch eine gemeinsame Dienstvereinbarung mit allen betroffenen Dienstgebern die Bildung einer erweiterten Gesamtmitarbeitervertretung vereinbaren, soweit dies der wirksamen und zweckmäßigen Interessenvertretung der Mitarbeiterinnen und Mitarbeiter dient. Diese tritt an die Stelle bestehender Gesamtmitarbeitervertretungen.

(3) Jede Mitarbeitervertretung entsendet in die Gesamtmitarbeitervertretung oder erweiterte Gesamtmitarbeitervertretung ein Mitglied. Außerdem wählen die Sprecherinnen oder Sprecher der Jugendlichen und Auszubildenden und die Vertrauensperson der schwerbehinderten Menschen der beteiligten Mitarbeitervertretungen aus ihrer Mitte je

---

[*] Muster für eine diözesane Fassung.

eine Vertreterin oder einen Vertreter und je eine Ersatzvertreterin oder einen Ersatzvertreter in die Gesamtmitarbeitervertretung oder erweiterte Gesamtmitarbeitervertretung. Durch Dienstvereinbarung kann die Mitgliederzahl und Zusammensetzung abweichend geregelt werden.

(4) Die Gesamtmitarbeitervertretung oder erweiterte Gesamtmitarbeitervertretung wirkt bei den Angelegenheiten im Sinne der §§ 26 bis 38 mit, die Mitarbeiterinnen und Mitarbeiter aus dem Zuständigkeitsbereich mehrerer Mitarbeitervertretungen betreffen. In allen übrigen Angelegenheiten wirkt die Mitarbeitervertretung der Einrichtung mit, unabhängig davon, wer für den Dienstgeber handelt.

(5) Soll eine einmal eingerichtete Gesamtmitarbeitervertretung oder erweiterte Gesamtmitarbeitervertretung aufgelöst werden, so bedarf es dafür der Zustimmung aller betroffenen Mitarbeitervertretungen und Dienstgeber. Für die Gesamtmitarbeitervertretung kann anlässlich des Einvernehmens nach Abs. 1 und für die erweiterte Gesamtmitarbeitervertretung kann durch die zugrundeliegende Dienstvereinbarung eine abweichende Regelung getroffen werden.

(6) Für die Gesamtmitarbeitervertretung und erweiterte Gesamtmitarbeitervertretung gelten im Übrigen die Bestimmungen dieser Ordnung sinngemäß mit Ausnahme des § 15 Abs. 3.

§ 25 Arbeitsgemeinschaften der Mitarbeitervertretungen[*]

(1) Die Mitarbeitervertretungen im Anwendungsbereich dieser Ordnung bilden die „Diözesane Arbeitsgemeinschaft der Mitarbeitervertretungen im (Erz-)Bistum".

(2) Zweck der Arbeitsgemeinschaft ist
1. gegenseitige Information und Erfahrungsaustausch mit den vertretenen Mitarbeitervertretungen,
2. Beratung der Mitarbeitervertretungen in Angelegenheiten des Mitarbeitervertretungsrechtes,
3. Förderung der Anwendung der Mitarbeitervertretungsordnung,
4. Sorge um die Schulung der Mitarbeitervertreterinnen und Mitarbeitervertreter,
5. Erarbeitung von Vorschlägen zur Fortentwicklung der Mitarbeitervertretungsordnung,

(3) Organe der Arbeitsgemeinschaft sind
▶ die Mitgliederversammlung
▶ der Vorstand.

Zusammensetzung der Mitgliederversammlung und Wahl des Vorstandes werden in Sonderbestimmungen geregelt.

(4) Das (Erz-)Bistum trägt im Rahmen der der Arbeitsgemeinschaft im (Erz-)Bistumshaushalt zur Wahrnehmung der Aufgaben zur Verfügung gestellten Mittel die notwendigen Kosten einschließlich der Reisekosten entsprechend der für das (Erz-)Bistum geltenden Reisekostenregelung. Für die Teilnahme an der Mitgliederversammlung und für die Tätigkeit des Vorstandes besteht Anspruch auf Arbeitsbefreiung, soweit dies zur ordnungsgemäßen Durchführung der Aufgaben der Arbeitsgemeinschaft erforderlich ist und kein unabwendbares dienstliches oder betriebliches Interesse entgegensteht. § 15 Abs. 4

---

[*] Absätze 1 bis 4 sind Muster für eine diözesane Fassung.

gilt entsprechend. Regelungen zur Erstattung der Kosten der Freistellung werden durch Sonderbestimmungen geregelt.

(5) Die Arbeitsgemeinschaft kann sich mit Arbeitsgemeinschaften anderer (Erz-)Diözesen zu einer Bundesarbeitsgemeinschaft der Mitarbeitervertretungen zur Wahrung folgender Aufgaben zusammenschließen:
1. Förderung des Informations- und Erfahrungsaustausches unter ihren Mitgliedern,
2. Erarbeitung von Vorschlägen zur Anwendung des Mitarbeitervertretungsrechts,
3. Erarbeitung von Vorschlägen zur Entwicklung der Rahmenordnung für eine Mitarbeitervertretungsordnung,
4. Kontaktpflege mit der Kommission für Personalwesen des Verbandes der Diözesen Deutschlands.

Das Nähere bestimmt die Vollversammlung des Verbandes der Diözesen Deutschlands.

V. Zusammenarbeit zwischen Dienstgeber und Mitarbeitervertretung

§ 26 Allgemeine Aufgaben der Mitarbeitervertretung

(1) Der Dienst in der Kirche verpflichtet Dienstgeber und Mitarbeitervertretung in besonderer Weise, vertrauensvoll zusammenzuarbeiten und sich bei der Erfüllung der Aufgaben gegenseitig zu unterstützen. Dienstgeber und Mitarbeitervertretung haben darauf zu achten, dass alle Mitarbeiterinnen und Mitarbeiter nach Recht und Billigkeit behandelt werden. In ihrer Mitverantwortung für die Aufgabe der Einrichtung soll auch die Mitarbeitervertretung bei den Mitarbeiterinnen und Mitarbeitern das Verständnis für den Auftrag der Kirche stärken und für eine gute Zusammenarbeit innerhalb der Dienstgemeinschaft eintreten.

(2) Der Mitarbeitervertretung sind auf Verlangen die zur Durchführung ihrer Aufgaben erforderlichen Unterlagen vorzulegen. Personalakten dürfen nur mit schriftlicher Zustimmung der Mitarbeiterin oder des Mitarbeiters eingesehen werden.

(3) Die Mitarbeitervertretung hat folgende allgemeine Aufgaben:
1. Maßnahmen, die der Einrichtung und den Mitarbeiterinnen und Mitarbeitern dienen, anzuregen,
2. Anregungen und Beschwerden von Mitarbeiterinnen und Mitarbeitern entgegenzunehmen und, falls sie berechtigt erscheinen, vorzutragen und auf ihre Erledigung hinzuwirken,
3. die Eingliederung und berufliche Entwicklung schwerbehinderter und anderer schutzbedürftiger, insbesondere älterer Mitarbeiterinnen und Mitarbeiter zu fördern,
4. die Eingliederung ausländischer Mitarbeiterinnen und Mitarbeiter in die Einrichtung und das Verständnis zwischen ihnen und den anderen Mitarbeiterinnen und Mitarbeitern zu fördern,
5. Maßnahmen zur beruflichen Förderung schwerbehinderter Mitarbeiterinnen und Mitarbeiter anzuregen,
6. mit den Sprecherinnen oder Sprechern der Jugendlichen und der Auszubildenden zur Förderung der Belange der jugendlichen Mitarbeiterinnen und Mitarbeiter und der Auszubildenden zusammenzuarbeiten,
7. sich für die Durchführung der Vorschriften über den Arbeitsschutz, die Unfallverhütung und die Gesundheitsförderung in der Einrichtung einzusetzen,
8. auf frauen- und familienfreundliche Arbeitsbedingungen hinzuwirken.

§ 27 Information
(1) Dienstgeber und Mitarbeitervertretung informieren sich gegenseitig über die Angelegenheiten, welche die Dienstgemeinschaft betreffen. Auf Wunsch findet eine Aussprache statt.
(2) Der Dienstgeber informiert die Mitarbeitervertretung insbesondere über
- Stellenausschreibungen,
- Änderungen und Ergänzungen des Stellenplanes,
- Behandlung der von der Mitarbeitervertretung vorgetragenen Anregungen und Beschwerden,
- Bewerbungen von schwerbehinderten Menschen und Vermittlungsvorschläge nach § 81 Abs. 1 Satz 4 SGB IX.

§ 27 a Information in wirtschaftlichen Angelegenheiten
(1) Der Dienstgeber einer Einrichtung, in der in der Regel mehr als 50 Mitarbeiterinnen und Mitarbeiter ständig beschäftigt sind und deren Betrieb überwiegend durch Zuwendungen der öffentlichen Hand, aus Leistungs- und Vergütungsvereinbarungen mit Kostenträgern oder Zahlungen sonstiger nicht-kirchlicher Dritter finanziert wird, hat die Mitarbeitervertretung über die wirtschaftlichen Angelegenheiten der Einrichtung rechtzeitig, mindestens aber einmal im Kalenderjahr unter Vorlage der erforderlichen Unterlagen schriftlich zu unterrichten, sowie die sich daraus ergebenden Auswirkungen auf die Personalplanung darzustellen. Die Mitarbeitervertretung kann Anregungen geben. Besteht eine Gesamtmitarbeitervertretung oder erweiterte Gesamtmitarbeitervertretung, so ist diese anstelle der Mitarbeitervertretung zu informieren.
(2) Zu den wirtschaftlichen Angelegenheiten im Sinne dieser Vorschrift gehören insbesondere
1. der allgemeine Rahmen der wirtschaftlichen und finanziellen Lage der Einrichtung;
2. Rationalisierungsvorhaben;
3. die Änderung der Organisation oder des Zwecks einer Einrichtung sowie
4. sonstige Veränderungen und Vorhaben, welche die Interessen der Mitarbeiterinnen und Mitarbeiter der Einrichtung wesentlich berühren können.
(3) Als erforderliche Unterlagen im Sinne des Abs. 1 sind diejenigen Unterlagen vorzulegen, die ein den tatsächlichen Verhältnissen entsprechendes Bild der Einrichtung vermitteln. Sofern für die Einrichtung nach den Vorschriften des Handels- oder Steuerrechts Rechnungs-, Buchführungs- und Aufzeichnungspflichten bestehen, sind dies der Jahresabschluss nach den jeweils maßgeblichen Gliederungsvorschriften sowie der Anhang und, sofern zu erstellen, der Lagebericht; für Einrichtungen einer Körperschaft des öffentlichen Rechts sind dies der auf die Einrichtung bezogene Teil des Verwaltungshaushalts und der Jahresrechnung.
(4) Die Mitarbeitervertretung oder an ihrer Stelle die Gesamtmitarbeitervertretung oder erweiterte Gesamtmitarbeitervertretung können die Bildung eines Ausschusses zur Wahrnehmung der Informationsrechte nach Abs. 1 beschließen. Soweit es zur ordnungsgemäßen Erfüllung der Aufgaben der Mitarbeitervertretung oder des Ausschusses erforderlich ist, hat der Dienstgeber sachkundige Mitarbeiterinnen und Mitarbeiter zur Verfügung zu stellen; er hat hierbei die Vorschläge des Ausschusses oder der Mitarbeitervertretung zu berücksichtigen, soweit einrichtungsbedingte Notwendigkeiten nicht entgegenstehen. Für diese Mitarbeiterinnen und Mitarbeiter gilt § 20 entsprechend.

(5) In Einrichtungen i. S. des Abs. 1 mit in der Regel nicht mehr als 50 ständig beschäftigten Mitarbeiterinnen und Mitarbeitern hat der Dienstgeber mindestens einmal in jedem Kalenderjahr in einer Mitarbeiterversammlung über das Personal- und Sozialwesen der Einrichtung und über die wirtschaftliche Lage und Entwicklung der Einrichtung zu berichten.
(6) Die Informationspflicht besteht nicht, soweit dadurch Betriebs- oder Geschäftsgeheimnisse gefährdet werden.

§ 28 Formen der Beteiligung, Dienstvereinbarung
(1) Die Beteiligung der Mitarbeitervertretung an Entscheidungen des Dienstgebers vollzieht sich im Rahmen der Zuständigkeit der Einrichtung nach den §§ 29 bis 37. Formen der Beteiligung sind:
- Anhörung und Mitberatung,
- Vorschlagsrecht,
- Zustimmung,
- Antragsrecht.

(2) Dienstvereinbarungen sind im Rahmen des § 38 zulässig.

§ 28 a Aufgaben und Beteiligung der Mitarbeitervertretung zum Schutz schwerbehinderter Menschen
(1) Die Mitarbeitervertretung fördert die Eingliederung schwerbehinderter Menschen. Sie achtet darauf, dass die dem Dienstgeber nach § 71, 72, 81, 83 und 84 SGB IX obliegenden Verpflichtungen erfüllt werden und wirkt auf die Wahl einer Vertrauensperson der schwerbehinderten Mitarbeiterinnen und Mitarbeiter hin.
(2) Der Dienstgeber trifft mit der Vertrauensperson der schwerbehinderten Mitarbeiterinnen und Mitarbeiter und der Mitarbeitervertretung in Zusammenarbeit mit dem Beauftragten des Dienstgebers gemäß § 98 SGB IX eine verbindliche Integrationsvereinbarung. Auf Verlangen der Vertrauensperson der schwerbehinderten Mitarbeiterinnen und Mitarbeiter wird unter Beteiligung der Mitarbeitervertretung hierüber verhandelt. Ist eine Vertrauensperson der schwerbehinderten Mitarbeiterinnen und Mitarbeiter nicht vorhanden, so steht das Recht, die Aufnahme von Verhandlungen zu verlangen, der Mitarbeitervertretung zu. Der Dienstgeber oder die Vertrauensperson der schwerbehinderten Mitarbeiterinnen und Mitarbeiter können das Integrationsamt einladen, sich an den Verhandlungen über die Integrationsvereinbarung zu beteiligen. Dem Arbeitsamt und dem Integrationsamt, die für den Sitz des Dienstgebers zuständig sind, wird die Vereinbarung übermittelt. Der Inhalt der Integrationsvereinbarung richtet sich nach § 83 Abs. 2 SGB IX.
(3) Treten ernsthafte Schwierigkeiten in einem Beschäftigungsverhältnis einer schwerbehinderten Mitarbeiterin oder eines schwerbehinderten Mitarbeiters auf, die dieses Beschäftigungsverhältnis gefährden können, sind zunächst unter möglichst frühzeitiger Einschaltung des Beauftragten des Dienstgebers nach § 98 SGB IX, der Vertrauensperson der schwerbehinderten Mitarbeiterinnen und Mitarbeiter und der Mitarbeitervertretung sowie des Integrationsamtes alle Möglichkeiten und alle zur Verfügung stehenden Hilfen zu erörtern, mit denen die Schwierigkeiten beseitigt werden können und das Beschäftigungsverhältnis möglichst dauerhaft fortgesetzt werden kann.

§ 29 Anhörung und Mitberatung

(1) Das Recht der Anhörung und der Mitberatung ist bei folgenden Angelegenheiten gegeben:
1. Maßnahmen innerbetrieblicher Information und Zusammenarbeit,
2. Änderung von Beginn und Ende der täglichen Arbeitszeit einschließlich der Pausen sowie der Verteilung der Arbeitszeit auf die einzelnen Wochentage für Mitarbeiterinnen und Mitarbeiter für pastorale Dienste oder religiöse Unterweisung, die zu ihrer Tätigkeit der ausdrücklichen bischöflichen Sendung oder Beauftragung bedürfen, sowie für Mitarbeiterinnen und Mitarbeiter im liturgischen Dienst,
3. Regelung der Ordnung in der Einrichtung (Haus- und Heimordnungen),
4. Festlegung von Richtlinien zur Durchführung des Stellenplans,
5. Verpflichtung zur Teilnahme oder Auswahl der Teilnehmerinnen oder Teilnehmer an beruflichen Fort- und Weiterbildungsmaßnahmen,
6. Durchführung beruflicher Fort- und Weiterbildungsmaßnahmen, die die Einrichtung für ihre Mitarbeiterinnen und Mitarbeiter anbietet,
7. Einführung von Unterstützungen, Vorschüssen, Darlehen und entsprechenden sozialen Zuwendungen sowie deren Einstellung,
8. Fassung von Musterdienst- und Musterarbeitsverträgen,
9. Regelung zur Erstattung dienstlicher Auslagen,
10. Abordnung von mehr als drei Monaten oder Versetzung an eine andere Einrichtung von Mitarbeiterinnen oder Mitarbeitern für pastorale Dienste oder religiöse Unterweisung, die zu ihrer Tätigkeit der ausdrücklichen bischöflichen Sendung oder Beauftragung bedürfen,
11. vorzeitige Versetzung in den Ruhestand, wenn die Mitarbeiterin oder der Mitarbeiter die Mitwirkung beantragt,
12. Entlassung aus einem Probe- oder Widerrufsverhältnis in Anwendung beamtenrechtlicher Bestimmungen, wenn die Mitarbeiterin oder der Mitarbeiter die Mitwirkung beantragt,
13. Überlassung von Wohnungen, die für Mitarbeiterinnen oder Mitarbeiter vorgesehen sind,
14. grundlegende Änderungen von Arbeitsmethoden,
15. Maßnahmen zur Hebung der Arbeitsleistung und zur Erleichterung des Arbeitsablaufes,
16. Festlegung von Grundsätzen für die Gestaltung von Arbeitsplätzen,
17. Schließung, Einschränkung, Verlegung oder Zusammenlegung von Einrichtungen oder wesentlichen Teilen von ihnen,
18. Bestellung zur Mitarbeiterin oder zum Mitarbeiter in leitender Stellung gemäß § 3 Abs. 2 Nrn. 3 und 4,
19. Zurückweisung von Bewerbungen schwerbehinderter Menschen um einen freien Arbeitsplatz, soweit die Beschäftigungspflicht des § 71 Abs. 1 SGB IX noch nicht erfüllt ist,
20. Regelung einer Einrichtung nach § 1a Abs. 7.

(2) In den in Abs. 1 genannten Fällen wird die Mitarbeitervertretung zu der vom Dienstgeber beabsichtigten Maßnahme oder Entscheidung angehört. Diese ist der Mitarbeitervertretung rechtzeitig mitzuteilen.

(3) Erhebt die Mitarbeitervertretung binnen einer Frist von einer Woche keine Einwen-

dungen, so gilt die vorbereitete Maßnahme oder Entscheidung als nicht beanstandet. Auf Antrag der Mitarbeitervertretung kann der Dienstgeber eine Fristverlängerung um eine weitere Woche bewilligen. Erhebt die Mitarbeitervertretung Einwendungen, so werden die Einwendungen in einer gemeinsamen Sitzung von Dienstgeber und Mitarbeitervertretung mit dem Ziel der Verständigung beraten.

(4) Hält die Mitarbeitervertretung auch danach ihre Einwendungen aufrecht und will der Dienstgeber den Einwendungen nicht Rechnung tragen, so teilt er dies der Mitarbeitervertretung schriftlich mit.

(5) Der Dienstgeber kann bei Maßnahmen oder Entscheidungen, die der Anhörung und Mitberatung der Mitarbeitervertretung bedürfen und der Natur der Sache nach keinen Aufschub dulden, bis zur endgültigen Entscheidung vorläufige Regelungen treffen. Die Mitarbeitervertretung ist über die getroffene Regelung unverzüglich zu verständigen.

§ 30 Anhörung und Mitberatung bei ordentlicher Kündigung

(1) Der Mitarbeitervertretung ist vor jeder ordentlichen Kündigung durch den Dienstgeber schriftlich die Absicht der Kündigung mitzuteilen. Bestand das Arbeitsverhältnis im Zeitpunkt der beabsichtigten Kündigung bereits mindestens sechs Monate, so hat er auch die Gründe der Kündigung darzulegen.

(2) Will die Mitarbeitervertretung gegen die Kündigung Einwendungen geltend machen, so hat sie diese unter Angabe der Gründe dem Dienstgeber spätestens innerhalb einer Woche schriftlich mitzuteilen. Erhebt die Mitarbeitervertretung innerhalb der Frist keine Einwendungen, so gilt die beabsichtigte Kündigung als nicht beanstandet. Erhebt die Mitarbeitervertretung Einwendungen und hält der Dienstgeber an der Kündigungsabsicht fest, so werden die Einwendungen in einer gemeinsamen Sitzung von Dienstgeber und Mitarbeitervertretung mit dem Ziel einer Verständigung beraten. Der Dienstgeber setzt den Termin der gemeinsamen Sitzung fest und lädt hierzu ein.

(3) Als Einwendung kann insbesondere geltend gemacht werden, dass nach Ansicht der Mitarbeitervertretung
1. die Kündigung gegen ein Gesetz, eine Rechtsverordnung, kircheneigene Ordnung oder sonstiges geltendes Recht verstößt,
2. der Dienstgeber bei der Auswahl der zu kündigenden Mitarbeiterin oder des zu kündigenden Mitarbeiters soziale Gesichtspunkte nicht oder nicht ausreichend berücksichtigt hat,
3. die zu kündigende Mitarbeiterin oder der zu kündigende Mitarbeiter an einem anderen Arbeitsplatz in einer Einrichtung desselben Dienstgebers weiter beschäftigt werden kann,
4. die Weiterbeschäftigung der Mitarbeiterin oder des Mitarbeiters nach zumutbaren Umschulungs- oder Fortbildungsmaßnahmen möglich ist oder
5. eine Weiterbeschäftigung der Mitarbeiterin oder des Mitarbeiters unter geänderten Vertragsbedingungen möglich ist und die Mitarbeiterin oder der Mitarbeiter sein Einverständnis hiermit erklärt hat.

Diese Einwendungen bedürfen der Schriftform und der Angabe der konkreten, auf den Einzelfall bezogenen Gründe.

(4) Kündigt der Dienstgeber, obwohl die Mitarbeitervertretung Einwendungen gemäß Abs. 3 Nrn. 1 bis 5 erhoben hat, so hat er der Mitarbeiterin oder dem Mitarbeiter mit der Kündigung eine Abschrift der Einwendungen der Mitarbeitervertretung zuzuleiten.

(5) Eine ohne Einhaltung des Verfahrens nach den Absätzen 1 und 2 ausgesprochene Kündigung ist unwirksam.

§ 30 a Anhörung und Mitberatung bei Massenentlassungen
(1) Beabsichtigt der Dienstgeber, nach § 17 Abs. 1 des Kündigungsschutzgesetzes anzeigepflichtige Entlassungen vorzunehmen, hat er der Mitarbeitervertretung rechtzeitig die zweckdienlichen Auskünfte zu erteilen und sie schriftlich insbesondere zu unterrichten über
1. die Gründe für die geplanten Entlassungen,
2. die Zahl und die Berufsgruppen der zu entlassenden Mitarbeiterinnen und Mitarbeiter,
3. die Zahl und die Berufsgruppen der in der Regel beschäftigten Mitarbeiterinnen un- Mitarbeiter,
4. den Zeitraum, in dem die Entlassungen vorgenommen werden sollen,
5. die vorgesehenen Kriterien für die Auswahl der zu entlassenden Mitarbeiterinnen und Mitarbeiter,
6. die für die Berechnung etwaiger Abfindungen vorgesehenen Kriterien.

Dienstgeber und Mitarbeitervertretung haben insbesondere die Möglichkeiten zu beraten, Entlassungen zu vermeiden oder einzuschränken und ihre Folgen zu mildern.

§ 31 Anhörung und Mitberatung bei außerordentlicher Kündigung
(1) Der Mitarbeitervertretung sind vor einer außerordentlichen Kündigung durch den Dienstgeber schriftlich die Absicht der Kündigung und die Gründe hierfür mitzuteilen.

(2) Will die Mitarbeitervertretung gegen die Kündigung Einwendungen geltend machen, so hat sie diese unter Angabe der Gründe dem Dienstgeber spätestens innerhalb von drei Tagen schriftlich mitzuteilen. Diese Frist kann vom Dienstgeber auf 48 Stunden verkürzt werden. Erhebt die Mitarbeitervertretung innerhalb der Frist keine Einwendungen, so gilt die beabsichtigte Kündigung als nicht beanstandet. Erhebt die Mitarbeitervertretung Einwendungen, so entscheidet der Dienstgeber über den Ausspruch der außerordentlichen Kündigung.

(3) Eine ohne Einhaltung des Verfahrens nach den Absätzen 1 und 2 ausgesprochene Kündigung ist unwirksam.

§ 32 Vorschlagsrecht
(1) Die Mitarbeitervertretung hat in folgenden Angelegenheiten ein Vorschlagsrecht: Maßnahmen innerbetrieblicher Information und Zusammenarbeit,
1. Maßnahmen innerbetrieblicher Information und Zusammenarbeit,
2. Änderungen von Beginn und Ende der täglichen Arbeitszeit einschließlich der Pausen sowie der Verteilung der Arbeitszeit auf die einzelnen Wochentage für Mitarbeiterinnen und Mitarbeiter für pastorale Dienste oder religiöse Unterweisung, die zu ihrer Tätigkeit der ausdrücklichen bischöflichen Sendung oder Beauftragung bedürfen, sowie für Mitarbeiterinnen und Mitarbeiter im liturgischen Dienst,
3. Regelung der Ordnung in der Einrichtung (Haus- und Heimordnung),
4. Durchführung beruflicher Fort- und Weiterbildungsmaßnahmen, die die Einrichtung für ihre Mitarbeiterinnen und Mitarbeiter anbietet,
5. Regelung zur Erstattung dienstlicher Auslagen,

6. Einführung von Unterstützungen, Vorschüssen, Darlehen und entsprechenden sozialen Zuwendungen und deren Einstellung,
7. Überlassung von Wohnungen, die für Mitarbeiterinnen und Mitarbeiter vorgesehen sind,
8. grundlegende Änderungen von Arbeitsmethoden,
9. Maßnahmen zur Hebung der Arbeitsleistung und zur Erleichterung des Arbeitsablaufes,
10. Festlegung von Grundsätzen für die Gestaltung von Arbeitsplätzen,
11. Regelungen gemäß § 6 Abs. 3,
12. Sicherung der Beschäftigung, insbesondere eine flexible Gestaltung der Arbeitszeit, die Förderung von Teilzeitarbeit und Altersteilzeit, neue Formen der Arbeitsorganisation, Änderungen der Arbeitsverfahren und Arbeitsabläufe, die Qualifizierung der Mitarbeiterinnen und Mitarbeiter, Alternativen zur Ausgliederung von Arbeit oder ihrer Vergabe an andere Unternehmen.

(2) Will der Dienstgeber einem Vorschlag der Mitarbeitervertretung im Sinne des Abs. 1 nicht entsprechen, so ist die Angelegenheit in einer gemeinsamen Sitzung von Dienstgeber und Mitarbeitervertretung mit dem Ziel der Einigung zu beraten. Kommt es nicht zu einer Einigung, so teilt der Dienstgeber die Ablehnung des Vorschlages der Mitarbeitervertretung schriftlich mit.

§ 33 Zustimmung
(1) In den Angelegenheiten der §§ 34 bis 36 sowie des § 18 Absätze 2 und 4 kann der Dienstgeber die von ihm beabsichtigte Maßnahme oder Entscheidung nur mit Zustimmung der Mitarbeitervertretung treffen.

(2) Der Dienstgeber unterrichtet die Mitarbeitervertretung von der beabsichtigten Maßnahme oder Entscheidung und beantragt ihre Zustimmung. Die Zustimmung gilt als erteilt, wenn die Mitarbeitervertretung nicht binnen einer Woche nach Eingang des Antrages bei ihr Einwendungen erhebt. Auf Antrag der Mitarbeitervertretung kann der Dienstgeber die Frist um eine weitere Woche verlängern. Wenn Entscheidungen nach Ansicht des Dienstgebers eilbedürftig sind, so kann er die Frist auf drei Tage, bei Anstellungen und Einstellungen auch bis zu 24 Stunden unter Angabe der Gründe verkürzen.

(3) Erhebt die Mitarbeitervertretung Einwendungen, so haben Dienstgeber und Mitarbeitervertretung mit dem Ziel der Einigung zu verhandeln, falls nicht der Dienstgeber von der beabsichtigten Maßnahme oder Entscheidung Abstand nimmt. Der Dienstgeber setzt den Termin für die Verhandlung fest und lädt dazu ein. Die Mitarbeitervertretung erklärt innerhalb von drei Tagen nach Abschluß der Verhandlung, ob sie die Zustimmung erteilt oder verweigert. Äußert sie sich innerhalb dieser Frist nicht, gilt die Zustimmung als erteilt.

(4) Hat die Mitarbeitervertretung die Zustimmung verweigert, so kann der Dienstgeber gemäß § 41 Abs. 1 Nr. 6 die Schlichtungsstelle anrufen.

(5) Der Dienstgeber kann in Angelegenheiten der §§ 34 bis 36, die der Natur der Sache nach keinen Aufschub dulden, bis zur endgültigen Entscheidung vorläufige Regelungen treffen. Er hat unverzüglich der Mitarbeitervertretung die vorläufige Regelung mitzuteilen und zu begründen und das Verfahren nach den Absätzen 2 bis 4 einzuleiten oder fortzusetzen.

§ 34 Zustimmung bei Einstellung und Anstellung
(1) Die Einstellung und Anstellung von Mitarbeiterinnen und Mitarbeitern bedarf der Zustimmung der Mitarbeitervertretung, es sei denn, dass die Tätigkeit geringfügig im Sinne von § 8 Abs. 1 Nr. 2 SGB IV ist oder es sich um Mitarbeiterinnen und Mitarbeiter für pastorale Dienste oder religiöse Unterweisung handelt, die zur ihrer Tätigkeit der ausdrücklichen bischöflichen Sendung oder Beauftragung bedürfen.
(2) Die Mitarbeitervertretung kann die Zustimmung nur verweigern, wenn
1. die Maßnahme gegen ein Gesetz, eine Rechtsverordnung, kircheneigene Ordnungen oder sonstiges geltendes Recht verstößt oder
2. durch bestimmte Tatsachen der Verdacht begründet wird, dass die Bewerberin oder der Bewerber durch ihr oder sein Verhalten den Arbeitsfrieden in der Einrichtung in einer Weise stören wird, die insgesamt für die Einrichtung unzuträglich ist.

(3) Bei Einstellungs- oder Anstellungsverfahren ist die Mitarbeitervertretung für ihre Mitwirkung über die Person der oder des Einzustellenden zu unterrichten. Der Mitarbeitervertretung ist auf Verlangen im Einzelfall Einsicht in die Bewerbungsunterlagen der oder des Einzustellenden zu gewähren.

§ 35 Zustimmung bei sonstigen persönlichen Angelegenheiten
(1) Die Entscheidung des Dienstgebers bedarf in folgenden persönlichen Angelegenheiten von Mitarbeiterinnen und Mitarbeitern der Zustimmung der Mitarbeitervertretung:
1. Eingruppierung von Mitarbeiterinnen und Mitarbeitern,
2. Höhergruppierung oder Beförderung von Mitarbeiterinnen und Mitarbeitern,
3. Rückgruppierung von Mitarbeiterinnen und Mitarbeitern,
4. nicht nur vorübergehende Übertragung einer höher oder niedriger zu bewertenden Tätigkeit,
5. Abordnung von mehr als drei Monaten oder Versetzung an eine andere Einrichtung, es sei denn, dass es sich um Mitarbeiterinnen oder Mitarbeiter für pastorale Dienste oder religiöse Unterweisung handelt, die zu ihrer Tätigkeit der ausdrücklichen bischöflichen Sendung oder Beauftragung bedürfen,
6. Versagen und Widerruf der Genehmigung einer Nebentätigkeit,
7. Weiterbeschäftigung über die Altersgrenze hinaus,
8. Hinausschiebung des Eintritts in den Ruhestand wegen Erreichens der Altersgrenze,
9. Anordnungen, welche die Freiheit in der Wahl der Wohnung beschränken mit Ausnahme der Dienstwohnung, die die Mitarbeiterin oder der Mitarbeiter kraft Amtes beziehen muss.

(2) Die Mitarbeitervertretung kann die Zustimmung nur verweigern, wenn
1. die Maßnahme gegen ein Gesetz, eine Rechtsverordnung, kircheneigene Ordnungen, eine Dienstvereinbarung oder sonstiges geltendes Recht verstößt,
2. der durch bestimmte Tatsachen begründete Verdacht besteht, dass durch die Maßnahme die Mitarbeiterin oder der Mitarbeiter ohne sachliche Gründe bevorzugt oder benachteiligt werden soll.

§ 36 Zustimmung bei Angelegenheiten der Dienststelle
(1) Die Entscheidung bei folgenden Angelegenheiten der Dienststelle bedarf der Zustimmung der Mitarbeitervertretung, soweit nicht eine kirchliche Arbeitsvertragsordnung oder sonstige Rechtsnorm Anwendung findet:

1. Änderung von Beginn und Ende der täglichen Arbeitszeit einschließlich der Pausen sowie der Verteilung der Arbeitszeit auf die einzelnen Wochentage,
2. Festlegung der Richtlinien zum Urlaubsplan und zur Urlaubsregelung,
3. Planung und Durchführung von Veranstaltungen für die Mitarbeiterinnen und Mitarbeiter,
4. Errichtung, Verwaltung und Auflösung sozialer Einrichtungen,
5. Inhalt von Personalfragebogen für Mitarbeiterinnen und Mitarbeiter,
6. Beurteilungsrichtlinien für Mitarbeiterinnen und Mitarbeiter,
7. Richtlinien für die Gewährung von Unterstützungen, Vorschüssen, Darlehen und entsprechenden sozialen Zuwendungen,
8. Durchführung der Ausbildung, soweit nicht durch Rechtsnormen oder durch Ausbildungsvertrag geregelt,
9. Einführung und Anwendung technischer Einrichtungen, die dazu bestimmt sind, das Verhalten oder die Leistung der Mitarbeiterinnen und Mitarbeiter zu überwachen,
10. Maßnahmen zur Verhütung von Dienst- und Arbeitsunfällen und sonstigen Gesundheitsschädigungen,
11. Maßnahmen zum Ausgleich und zur Milderung von wesentlichen wirtschaftlichen Nachteilen für die Mitarbeiterinnen und Mitarbeiter wegen Schließung, Einschränkung, Verlegung oder Zusammenlegung von Einrichtungen oder wesentlichen Teilen von ihnen.

(2) Abs. 1 Nr. 1 findet keine Anwendung auf Mitarbeiterinnen und Mitarbeiter für pastorale Dienste oder religiöse Unterweisung, die zu ihrer Tätigkeit der ausdrücklichen bischöflichen Sendung oder Beauftragung bedürfen, sowie auf Mitarbeiterinnen und Mitarbeiter im liturgischen Dienst.

(3) Muß für eine Einrichtung oder für einen Teil der Einrichtung die tägliche Arbeitszeit gemäß Abs. 1 Nr. 1 nach Erfordernissen, die die Einrichtung nicht voraussehen kann, unregelmäßig oder kurzfristig festgesetzt werden, ist die Beteiligung der Mitarbeitervertretung auf die Grundsätze für die Aufstellung der Dienstpläne, insbesondere für die Anordnung von Arbeitsbereitschaft, Mehrarbeit und Überstunden beschränkt.

§ 37 Antragsrecht
(1) Die Mitarbeitervertretung hat in folgenden Angelegenheiten ein Antragsrecht, soweit nicht eine kirchliche Arbeitsvertragsordnung oder sonstige rechtsnorm Anwendung findet:
1. Änderung von Beginn und Ende der täglichen Arbeitszeit einschließlich der Pausen sowie der Verteilung der Arbeitszeit auf die einzelnen Wochentage,
2. Festlegung der Richtlinien zum Urlaubsplan und zur Urlaubsregelung,
3. Planung und Durchführung von Veranstaltungen für die Mitarbeiterinnen und Mitarbeiter,
4. Errichtung, Verwaltung und Auflösung sozialer Einrichtungen,
5. Inhalt von Personalfragebogen für Mitarbeiterinnen und Mitarbeiter,
6. Beurteilungsrichtlinien für Mitarbeiterinnen und Mitarbeiter,
7. Richtlinien für die Gewährung von Unterstützungen, Vorschüssen, Darlehen und entsprechenden sozialen Zuwendungen,
8. Durchführung der Ausbildung, soweit nicht durch Rechtsnormen oder durch Ausbildungsvertrag geregelt,

9. Einführung und Anwendung technischer Einrichtungen, die dazu bestimmt sind, das Verhalten oder die Leistung der Mitarbeiterinnen und Mitarbeiter zu überwachen,
10. Maßnahmen zur Verhütung von Dienst- und Arbeitsunfällen und sonstigen Gesundheitsschädigungen,
11. Maßnahmen zum Ausgleich und zur Milderung von wesentlichen wirtschaftlichen Nachteilen für die Mitarbeiterinnen und Mitarbeiter wegen Schließung, Einschränkung, Verlegung oder Zusammenlegung von Einrichtungen oder wesentlichen Teilen von ihnen.

(2) § 36 Absätze 2 und 3 gelten entsprechend.

(3) Will der Dienstgeber einem Antrag der Mitarbeitervertretung im Sinne des Abs. 1 nicht entsprechen, so teilt er ihr dies schriftlich mit. Die Angelegenheit ist danach in einer gemeinsamen Sitzung von Dienstgeber und Mitarbeitervertretung zu beraten. Kommt es nicht zu einer Einigung, so kann die Mitarbeitervertretung die Schlichtungsstelle anrufen.

§ 38 Dienstvereinbarungen

(1) Dienstvereinbarungen sind in folgenden Angelegenheiten zulässig:
1. Änderung von Beginn und Ende der täglichen Arbeitszeit einschließlich der Pausen sowie der Verteilung der Arbeitszeit auf die einzelnen Wochentage; § 36 Abs. 2 gilt entsprechend,
2. Festlegung der Richtlinien zum Urlaubsplan und zur Urlaubsregelung,
3. Planung und Durchführung von Veranstaltungen für die Mitarbeiterinnen und Mitarbeiter,
4. Errichtung, Verwaltung und Auflösung sozialer Einrichtungen,
5. Inhalt von Personalfragebogen für Mitarbeiterinnen und Mitarbeiter,
6. Beurteilungsrichtlinien für Mitarbeiterinnen und Mitarbeiter,
7. Richtlinien für die Gewährung von Unterstützungen, Vorschüssen, Darlehen und entsprechenden sozialen Zuwendungen,
8. Durchführung der Ausbildung, soweit nicht durch Rechtsvnormen oder durch Ausbildungsvertrag geregelt,
9. Enführung und Anwendung technischer Einrichtungen, die dazu bestimmt sind, das Verhalten oder die Leistung der Mitarbeiterinnen und Mitarbeiter zu überwachen,
10. Maßnahmen zur Verhütung von Dienst- und Arbeitsunfällen und sonstigen Gesundheitsschädigungen,
11. Maßnahmen zum Ausgleich und zur Milderung von wesentlichen wirtschaftlichen Nachteilen für die Mitarbeiterinnen und Mitarbeiter wegen Schließung, Einschränkung, Verlegung oder Zusammenlegung von Einrichtungen oder wesentlichen Teilen von ihnen,
12. Festsetzungen nach § 1 b und § 24 Abs. 2 und 3;
13. Verlängerungen des Übergangsmandats nach § 13 d Abs. 1 Satz 4.

(2) Dienstvereinbarungen können Arbeitsentgelte und sonstige Arbeitsbedingungen, die in Rechtsnormen, insbesondere in kirchlichen Arbeitsvertragsordnungen, geregelt sind oder üblicherweise geregelt werden, zum Gegenstand haben, wenn eine Rechtsnorm den Abschluß ergänzender Dienstvereinbarungen ausdrücklich zuläßt. Zum Abschluss und zur Verhandlung solcher Dienstvereinbarungen kann die Mitarbeitervertretung Ver-

treter der Diözesanen Arbeitsgemeinschaft der Mitarbeitervertretungen oder Vertreter einer in der Einrichtung vertretenen Koalition im Sinne des Art. 6 GrO beratend hinzuziehen. Die Aufnahme von Verhandlungen ist der Diözesanen Arbeitsgemeinschaft oder einer in der in der Einrichtung vertretenen Koalition durch die Mitarbeitervertretung anzuzeigen.

(3) Dienstvereinbarungen dürfen Rechtsnormen, insbesondere kirchlichen Arbeitsvertragsordnungen nicht widersprechen. Bestehende Dienstvereinbarungen werden mit dem Inkrafttreten einer Rechtsnorm gemäß Satz 1 unwirksam.

(3a) Dienstvereinbarungen gelten unmittelbar und zwingend. Werden Mitarbeiterinnen oder Mitarbeitern durch die Dienstvereinbarung Rechte eingeräumt, so ist ein Verzicht auf sie nur mit Zustimmung der Mitarbeitervertretung zulässig.

(4) Dienstvereinbarungen werden durch Dienstgeber und Mitarbeitervertretung gemeinsam beschlossen, sind schriftlich niederzulegen, von beiden Seiten zu unterzeichnen und in geeigneter Weise bekanntzumachen. Dienstvereinbarungen können von beiden Seiten mit einer Frist von drei Monaten zum Monatsende schriftlich gekündigt werden.

(5) Im Falle der Kündigung wirkt die Dienstvereinbarung in den Angelegenheiten des Abs. 1 nach. In Dienstvereinbarungen nach Absatz 2 kann festgelegt werden, ob und in welchem Umfang darin begründete Rechte der Mitarbeiterinnen und Mitarbeiter bei Außerkrafttreten der Dienstvereinbarung fortgelten sollen. Eine darüber hinausgehende Nachwirkung ist ausgeschlossen.

§ 39 Gemeinsame Sitzungen und Gespräche

(1) Dienstgeber und Mitarbeitervertretung kommen mindestens einmal jährlich zu einer gemeinsamen Sitzung zusammen. Eine gemeinsame Sitzung findet ferner dann statt, wenn Dienstgeber oder Mitarbeitervertretung dies aus besonderem Grund wünschen. Zur gemeinsamen Sitzung lädt der Dienstgeber unter Angabe des Grundes und nach vorheriger einvernehmlicher Terminabstimmung mit der Mitarbeitervertretung ein. Die Tagesordnung und das Besprechungsergebnis sind in einer Niederschrift festzuhalten, die vom Dienstgeber und von der oder dem Vorsitzenden der Mitarbeitervertretung zu unterzeichnen ist. Dienstgeber und Mitarbeitervertretung erhalten eine Ausfertigung der Niederschrift.

(2) Außer zu den gemeinsamen Sitzungen sollen Dienstgeber und Mitarbeitervertretung regelmäßig zu Gesprächen über allgemeine Fragen des Dienstbetriebes und der Dienstgemeinschaft sowie zum Austausch von Anregungen und Erfahrungen zusammentreffen.

VI. Schlichtungsverfahren

§ 40 Schlichtungsstelle

(1) Für den Bereich der (Erz-)Diözese besteht eine Schlichtungsstelle.

(2) Die Schlichtungsstelle besteht aus der oder dem Vorsitzenden und der oder dem stellvertretenden Vorsitzenden sowie vier Beisitzerinnen oder Beisitzern und vier stellvertretenden Beisitzerinnen oder Beisitzern.

(3) Die oder der Vorsitzende und die oder der stellvertretende Vorsitzende
  1. müssen die Befähigung zum Richteramt haben,
  2. dürfen nicht im kirchlichen Dienst stehen,

3. müssen der katholischen Kirche angehören und
4. dürfen in der Ausübung ihrer allgemeinen Gliedschaftsrechte nicht gehindert sein.

(4) Die Beisitzerinnen oder Beisitzer und die stellvertretenden Beisitzerinnen oder Beisitzer
1. müssen im kirchlichen Dienst in der (Erz-)Diözese stehen,
2. müssen der katholischen Kirche angehören,
3. dürfen in der Ausübung ihrer allgemeinen Gliedschaftsrechte nicht gehindert sein.

(5) Die Schlichtungsstelle tritt zusammen und entscheidet in der Besetzung mit der oder dem Vorsitzenden und den vier Beisitzerinnen oder Beisitzern. Im Falle der Verhinderung treten an ihre Stelle die Stellvertreterinnen oder Stellvertreter.

(6) Die oder der Vorsitzende und die oder der stellvertretende Vorsitzende werden aufgrund eines gemeinsamen Vorschlags der Beisitzerinnen und Beisitzer vom Diözesanbischof ernannt. Kommt ein gemeinsamer Vorschlag innerhalb einer vom Diözesanbischof gesetzten Frist nicht zustande, ernennt der Diözesanbischof die Vorsitzende oder den Vorsitzenden und die stellvertretende Vorsitzende oder den stellvertretenden Vorsitzenden nach vorheriger Anhörung des Vorstandes der diözesanen Arbeitsgemeinschaft der Mitarbeitervertretungen.

(7) Zwei Beisitzerinnen oder Beisitzer und deren Stellvertreterinnen oder Stellvertreter werden vom Generalvikar bestellt. Die weiteren Beisitzerinnen oder Beisitzer und deren Stellvertreterinnen oder Stellvertreter bestellt der Vorstand der diözesanen Arbeitsgemeinschaft der Mitarbeitervertretungen. Besteht keine diözesane Arbeitsgemeinschaft, so wählt die beim Generalvikariat/Ordinariat bestehende Mitarbeitervertretung und die beim Diözesancaritasverband bestehende Mitarbeitervertretung je eine Beisitzerin oder einen Beisitzer.

(8) Die Amtszeit der Mitglieder der Schlichtungsstelle beträgt vier Jahre. Sie beginnt, wenn die Beisitzerinnen oder Beisitzer bestellt und die oder der Vorsitzende und deren Stellvertreterin oder Stellvertreter vom Diözesanbischof ernannt worden sind. Bei vorzeitigem Ausscheiden eines Mitglieds findet für die restliche Dauer der Amtszeit eine Nachernennung bzw. Nachbestellung statt. Die Mitglieder der Schlichtungsstelle bleiben nach Ablauf der Amtszeit bis zur Ernennung bzw. Bestellung der Nachfolgerinnen oder Nachfolger im Amt.

§ 41 Schlichtungsverfahren[4]

(1) Das Schlichtungsverfahren findet statt:
1. bei einem Verstoß des Dienstgebers gegen § 10 Abs. 1, 1a und 2 auf Antrag mindestens eines Zehntels der wahlberechtigten Mitarbeiterinnen und Mitarbeiter,
2. im Falle des § 12 Abs. 3 bei Anrufung durch eine wahlberechtigte Mitarbeiterin oder einen wahlberechtigten Mitarbeiter oder den Dienstgeber gegen Entscheidungen des Wahlausschusses oder der Wahlleiterin oder des Wahlleiters (§ 11c Abs. 4),
3. im Falle des § 13 Abs. 3 Nr. 6 auf Antrag des Dienstgebers oder eines Viertels der wahlberechtigten Mitarbeiterinnen und Mitarbeiter, in den Fällen des § 13 c Nrn. 2 und 5 auf Antrag des Dienstgebers, der Mitarbeitervertretung oder eines Viertels der wahlberechtigten Mitarbeiterinnen und Mitarbeiter,

---

[4] Diese Regelung ist vorläufig und gilt bis zum Inkrafttreten der Regelungen über eine umfassende kirchliche Gerichtsbarkeit nach Artikel 10 Abs. 2 Grundordnung.

4. gemäß § 15 Abs. 5 und im Falle des § 16 auf Antrag der Mitarbeitervertretung bei ablehnender Entscheidung des Dienstgebers über die Teilnahme,
5. auf Antrag der Mitarbeitervertretung bei einem Verstoß des Dienstgebers gegen die §§ 3 Abs. 2 Satz 2, 11 Abs. 8 Satz 2, 17, 18 Abs. 1, 26 Abs. 2, 27 Abs. 2, 27 a, 29 bis 32, 33 Abs. 1, 2 oder 3, 34 Abs. 1 oder 3, 35 Abs. 1, 36 oder 37 Abs. 3 Satz 1 und 2 und 39 Abs. 1,
6. gemäß § 33 Abs. 4 und § 37 Abs. 3 Satz 3,
7. auf Antrag der Mitarbeitervertretung über die Zulässigkeit einer vorläufigen Regelung gemäß § 33 Abs. 5,
8. auf Antrag des Dienstgebers oder der Mitarbeitervertretung bei wiederholten Verstößen gegen Inhalte einer Dienstvereinbarung gemäß § 38,
9. auf Antrag der Mitarbeitervertretung bei fehlerhafter Anhörung oder missbräuchlicher Festlegung der Einrichtung durch den Rechtsträger nach § 1a Abs. 2,
10. auf Antrag der Mitarbeitervertretung bei missbräuchlicher Verweigerung der Zustimmung nach § 17 Abs. 1 Satz 2. –

Die Schlichtungsstelle entscheidet ferner über Anträge auf Feststellung der Nichtigkeit einer Wahl der Mitarbeitervertretung.

(2) Darüber hinaus kann die Schlichtungsstelle in allen sonstigen Rechtsstreitigkeiten mitarbeitervertretungsrechtlicher Art einschließlich solcher des Wahl- und Schlichtungsverfahrensrechts angerufen werden.

Antragsberechtigt sind
1. in Angelegenheiten der Mitarbeitervertretungsordnung einschließlich des Schlichtungsverfahrensrechts die Mitarbeitervertretung und der Dienstgeber, sowie das einzelne Mitglied der Mitarbeitervertretung, die einzelne Mitarbeiterin und der einzelne Mitarbeiter, die Sprecherin oder der Sprecher der Jugendlichen und Auszubildenden, die Vertrauensperson der schwerbehinderten Mitarbeiterinnen und Mitarbeiter, der Vertrauensmann der Zivildienstleistenden und die Mitglieder des Wahlausschusses,
2. in Angelegenheiten des Wahlverfahrensrechts die Mitarbeitervertretung, der Dienstgeber und jede Mitarbeiterin oder jeder Mitarbeiter,
3. in Angelegenheiten des § 25 die Organe der Arbeitsgemeinschaften, jeder Dienstgeber und das (Erz-)Bischöfliche Ordinariat.

Der Antrag ist nur zulässig, wenn die Antragstellerin oder der Antragsteller geltend macht, durch eine Handlung oder Unterlassung in ihren oder seinen Rechten verletzt zu sein.

(2a) Die oder der Vorsitzende der Schlichtungsstelle entscheidet allein über die Notwendigkeit oder Zweckmäßigkeit einer Bevollmächtigung nach § 17 Abs. 1 Satz 2. –

(3) Die Schlichtungsstelle verhandelt nicht öffentlich. Dem Dienstgeber und der zuständigen Mitarbeitervertretung ist Gelegenheit zur Stellungnahme zu geben. Auf Antrag eines Beteiligten soll eine mündliche Verhandlung stattfinden. Es können Zeugen und sachkundige Dritte herangezogen werden.

(4) Die Schlichtungsstelle hat in jedem Fall eine Einigung anzustreben und soll deshalb den Parteien einen Einigungsvorschlag unterbreiten. Kommt eine Einigung nicht zustande, so entscheidet die Schlichtungsstelle. Sie gibt dem Antrag statt oder lehnt ihn ab. In den Fällen der §§ 34 Abs. 2 und 35 Abs. 2 stellt sie fest, ob ein Grund zur Verweigerung der Zustimmung vorliegt.

§ 42 Entscheidung der Schlichtungsstelle

(1) Die Schlichtungsstelle entscheidet durch Beschluss. Der Beschluss wird mit Stimmenmehrheit gefaßt. Er ist den Beteiligten zuzustellen und hat den zugrundeliegenden Sachverhalt und die Begründung zu enthalten. Im übrigen wird das Verfahren in einer besonderen vom Bischof zu erlassenden Verfahrensordnung geregelt.

(2) Der Beschluss bindet die Beteiligten. Der Dienstgeber kann durch den Beschluss nur insoweit gebunden werden, als für die Maßnahmen finanzielle Deckung in seinen Haushalts-, Wirtschafts- und Finanzierungsplänen ausgewiesen ist.

(3) Die für die Durchführung des Schlichtungsverfahrens entstehenden notwendigen Kosten trägt der Dienstgeber nach Maßgabe der Verfahrensordnung.

VII. Sprecherinnen und Sprecher der Jugendlichen und der Auszubildenden, Vertrauensperson der schwerbehinderten Mitarbeiterinnen und Mitarbeiter, Vertrauensmann der Zivildienstleistenden

§ 43 Wahl und Anzahl der Sprecherinnen und Sprecher der Jugendlichen und der Auszubildenden

In Einrichtungen, bei denen Mitarbeitervertretungen gebildet sind und denen in der Regel mindestens fünf Mitarbeiterinnen oder Mitarbeiter

- unter 18 Jahren (Jugendliche) oder
- zu ihrer Berufsausbildung Beschäftigte und die das 25. Lebensjahr noch nicht vollendet haben (Auszubildende),

angehören, werden von diesen Sprecherinnen und Sprecher der Jugendlichen und der Auszubildenden gewählt. Als Sprecherinnen und Sprecher können Mitarbeiterinnen und Mitarbeiter vom vollendeten 16. Lebensjahr bis zum vollendeten 26. Lebensjahr gewählt werden.

Es werden gewählt

- eine Sprecherin oder ein Sprecher bei 5 bis 10 Jugendlichen und Auszubildenden sowie
- drei Sprecherinnen oder Sprecher bei mehr als 10 Jugendlichen und Auszubildenden.

§ 43 a Versammlung der Jugendlichen und Auszubildenden

(1) Die Sprecherinnen und Sprecher der Jugendlichen und Auszubildenden können vor oder nach einer Mitarbeiterversammlung im Einvernehmen mit der Mitarbeitervertretung eine Versammlung der Jugendlichen und Auszubildenden einberufen. Im Einvernehmen mit der Mitarbeitervertretung und dem Dienstgeber kann die Versammlung der Jugendlichen und Auszubildenden auch zu einem anderen Zeitpunkt einberufen werden. Der Dienstgeber ist zu diesen Versammlungen unter Mitteilung der Tagesordnung einzuladen. Er ist berechtigt, in der Versammlung zu sprechen. § 2 Abs. 2 Satz 2 findet Anwendung. An den Versammlungen kann die oder der Vorsitzende der Mitarbeitervertretung oder ein beauftragtes Mitglied der Mitarbeitervertretung teilnehmen. Die Versammlung der Jugendlichen und Auszubildenden befaßt sich mit Angelegenheiten, die zur Zuständigkeit der Mitarbeitervertretung gehören, soweit sie Jugendliche und Auszubildende betreffen.

(2) § 21 Abs. 4 gilt entsprechend.

§ 44 Amtszeit der Sprecherinnen und Sprecher der Jugendlichen und Auszubildenden
Die Amtszeit der Sprecherinnen und Sprecher der Jugendlichen und der Auszubildenden beträgt zwei Jahre. Die Sprecherinnen und Sprecher der Jugendlichen und der Auszubildenden bleiben im Amt, auch wenn sie während der Amtszeit das 26. Lebensjahr vollendet haben.

§ 45 Mitwirkung der Sprecherinnen und Sprecher der Jugendlichen und Auszubildenden
(1) Die Sprecherinnen und Sprecher der Jugendlichen und der Auszubildenden nehmen an den Sitzungen der Mitarbeitervertretung teil. Sie haben, soweit Angelegenheiten der Jugendlichen und Auszubildenden beraten werden,
1. das Recht, vor und während der Sitzungen der Mitarbeitervertretung Anträge zu stellen. Auf ihren Antrag hat die oder der Vorsitzende der Mitarbeitervertretung eine Sitzung in angemessener Frist einzuberufen und den Gegenstand, dessen Beratung beantragt wird, auf die Tagesordnung zu setzen,
2. Stimmrecht,
3. das Recht, zu Besprechungen mit dem Dienstgeber eine Sprecherin oder einen Sprecher der Jugendlichen und Auszubildenden zu entsenden.

(2) Für eine Sprecherin oder einen Sprecher der Jugendlichen und der Auszubildenden gelten im übrigen die anwendbaren Bestimmungen der §§ 7 bis 20 sinngemäß. Die gleichzeitige Kandidatur für das Amt einer Sprecherin oder eines Sprechers der Jugendlichen und Auszubildenden und das Amt der Mitarbeitervertreterin oder des Mitarbeitervertreters ist ausgeschlossen.

§ 46 Mitwirkung der Vertrauensperson der schwerbehinderten Mitarbeiterinnen und Mitarbeiter
(1) Die entsprechend den Vorschriften des Sozialgesetzbuches IX gewählte Vertrauensperson der schwerbehinderten Mitarbeiterinnen und Mitarbeiter nimmt an den Sitzungen der Mitarbeitervertretung teil. Die Vertrauensperson hat, soweit Angelegenheiten der schwerbehinderten Menschen beraten werden,
1. das Recht, vor und während der Sitzungen der Mitarbeitervertretung Anträge zu stellen. Auf ihren Antrag hat die oder der Vorsitzende der Mitarbeitervertretung eine Sitzung in angemessener Frist einzuberufen und den Gegenstand, dessen Beratung beantragt wird, auf die Tagesordnung zu setzen,
2. Stimmrecht,
3. das Recht, an Besprechungen bei dem Dienstgeber teilzunehmen.

(2) Der Dienstgeber hat die Vertrauensperson der schwerbehinderten Mitarbeiterinnen und Mitarbeiter in allen Angelegenheiten, die einen einzelnen oder die schwerbehinderten Menschen als Gruppe berühren, unverzüglich und umfassend zu unterrichten und vor einer Entscheidung anzuhören; er hat ihr die getroffene Entscheidung unverzüglich mitzuteilen. Ist dies bei einem Beschluss der Mitarbeitervertretung nicht geschehen oder erachtet die Vertrauensperson der schwerbehinderten Mitarbeiterinnen und Mitarbeiter einen Beschluss der Mitarbeitervertretung als eine erhebliche Beeinträchtigung wichtiger Interessen schwerbehinderter Menschen, wird auf ihren Antrag der Beschluss für die Dauer von einer Woche vom Zeitpunkt der Beschlussfassung ausgesetzt. Durch die Aussetzung wird eine Frist nicht verlängert.

(3) Die Vertrauensperson der schwerbehinderten Mitarbeiterinnen und Mitarbeiter hat das Recht, mindestens einmal im Jahr eine Versammlung der schwerbehinderten Mitarbeiterinnen und Mitarbeiter in der Dienststelle durchzuführen. Die für die Mitarbeiterversammlung geltenden Vorschriften der §§ 21, 22 gelten entsprechend.

(4) Die Räume und der Geschäftsbedarf, die der Dienstgeber der Mitarbeitervertretung für deren Sitzungen, Sprechstunden und laufenden Geschäftsbedarf zur Verfügung stellt, stehen für die gleichen Zwecke auch der Vertrauensperson der schwerbehinderten Mitarbeiterinnen und Mitarbeiter zur Verfügung, soweit hierfür nicht eigene Räume und sachliche Mittel zur Verfügung gestellt werden.

(5) Für die Vertrauensperson der schwerbehinderten Mitarbeiterinnen und Mitarbeiter gelten die §§ 15 bis 20 entsprechend.

§ 46a Rechte des Vertrauensmannes der Zivildienstleistenden
(1) Der Vertrauensmann der Zivildienstleistenden kann an den Sitzungen der Mitarbeitervertretung beratend teilnehmen, wenn Angelegenheiten behandelt werden, die auch die Zivildienstleistenden betreffen.

(2) Ist ein Vertrauensmann nicht gewählt, so können sich die Zivildienstleistenden an die Mitarbeitervertretung wenden. Sie hat auf die Berücksichtigung der Anliegen, falls sie berechtigt erscheinen, beim Dienstgeber hinzuwirken.

VIII. Schulen, Hochschulen

§ 47
(1) Die Ordnung gilt auch für die Schulen und Hochschulen im Anwendungsbereich des § 1.*

(2) Bei Hochschulen finden die für die Einstellung und Anstellung sowie die Eingruppierung geltenden Vorschriften keine Anwendung, soweit es sich um hauptberuflich Lehrende handelt, die in einem förmlichen Berufungsverfahren berufen werden.

(3) Lehrbeauftragte an Hochschulen sind keine Mitarbeiterinnen oder Mitarbeiter im Sinne dieser Ordnung.

IX. Schlussbestimmungen

§ 48
Durch anderweitige Regelungen oder Vereinbarung kann das Mitarbeitervertretungsrecht nicht abweichend von dieser Ordnung geregelt werden.

§ 49
(1) Vorstehende Ordnung gilt ab ....

(2) Beim Inkrafttreten bestehende Mitarbeitervertretungen bleiben für die Dauer ihrer Amtszeit bestehen. Sie führen ihre Tätigkeit weiter nach Maßgabe der Bestimmungen in den Abschnitten III, IV, V und VI.

---

* Für Mitarbeiterinnen und Mitarbeiter an Schulen, die im Dienste eines Bundeslandes stehen, können Sonderregelungen getroffen werden.

D) Mitarbeitervertretungsgesetz EKD

Kirchengesetz über Mitarbeitervertretungen in der Evangelischen Kirche in Deutschland (Mitarbeitervertretungsgesetz – MVG) vom 6. November 1992 (Abl. EKD 1992, S. 445), i.d.F. der Neubekanntmachung vom 1.1. 2004 (Abl. EKD 2004, S. 7)

Auf der Grundlage des von der Verfassung garantierten Selbstbestimmungsrechtes haben die evangelischen Kirchen ein eigenes Mitarbeitervertretungsrecht geschaffen, das von der Synode der Evangelischen Kirche in Deutschland 1992 verabschiedete Kirchengesetz über Mitarbeitervertretungen in der Evangelischen Kirche in Deutschland, kurz **MVG.EKD**. Dieses Gesetz haben bereits 16 der evangelischen Gliedkirchen übernommen. Die Bremische Evangelische Kirche, die Konföderation evangelischer Kirchen in Niedersachsen (bis auf die Evangelisch-reformierte Kirche), die Evangelische Kirche von Kurhessen-Waldeck und die Evangelische Landeskirche in Württemberg haben eigene Regelungen in Anlehnung an das MVG.EKD geschaffen; in der Evangelischen Kirche in Hessen und Nassau gilt ein Mitarbeitervertretungsrecht aus dem Jahre 1988. In modifizierter Form wird das MVG.EKD auch von der Selbständigen Evangelisch-Lutherischen Kirche und der Heilsarmee in Deutschland angewendet.

Teil des MVG.EKD sind Regelungen über den kirchlichen Rechtsschutz. Da das Mitarbeitervertretungsrecht als Regelung einer eigenen Angelegenheit Kirchenrecht darstellt, unterliegen Streitigkeiten aus diesem Recht auch nicht der Zuständigkeit staatlicher Gerichte und die Kirchen können den Rechtsschutz in diesem Bereich selbst regeln. Bis zum 31.12. 2003 waren zu gerichtlichen Entscheidungen nach dem MVG.EKD die Schlichtungsstellen in erster Instanz und in zweiter Instanz das Verwaltungsgericht für mitarbeitervertretungsrechtliche Streitigkeiten der Evangelischen Kirche in Deutschland, kurz VerwG.EKD, berufen. Mit dem von der Synode der Evangelischen Kirche in Deutschland am 6. November 2003 verabschiedeten Kirchengesetz über die Errichtung, die Organisation und das Verfahren der Kirchengerichte der Evangelischen Kirche in Deutschland wurde im MVG.EKD eine Änderung der Bezeichnung der Schlichtungsstellen in „Kirchengerichte" vorgenommen, die die Qualität und Verortung als kirchliche Rechtsprechungsorgane deutlich macht. Die Kirchengerichte erster Instanz entscheiden nach § 60 MVG.EKD über alle Streitigkeiten, die sich aus der Anwendung des MVG.EKD zwischen den Beteiligten ergeben. Ihre Zuständigkeit ist unterschiedlich geregelt, teilweise sind sie nur für Streitigkeiten aus dem Bereich einer Gliedkirche oder ihres gliedkirchlichen Diakonischen Werkes zuständig, teilweise aber auch für diese gemeinsam oder für mehrere Gliedkirchen oder gliedkirchliche Diakonische Werke. Gegen die Beschlüsse der Kirchengerichte erster Instanz findet gemäß § 63 MVG.EKD nun die Beschwerde an den Kirchengerichtshof der Evangelischen Kirche in Deutschland, statt. Die Beschwerde bedarf der Annahme. Näheres über seine Errichtung und Organisation findet sich im Kirchengerichtsgesetz der Evangelischen Kirche in Deutschland (KiGG.EKD), das Teil des verabschiedeten Kirchengesetzes über die Errichtung, die Organisation und das Verfahren der Kirchengerichte der Evangelischen Kirche in Deutschland ist.

Präambel

Kirchlicher Dienst ist durch den Auftrag bestimmt, das Evangelium in Wort und Tat zu verkündigen. Alle Frauen und Männer, die beruflich in Kirche und Diakonie tätig sind, wirken als Mitarbeiterinnen und Mitarbeiter an der Erfüllung dieses Auftrages mit. Die gemeinsame Verantwortung für den Dienst der Kirche und ihrer Diakonie verbindet Dienststellenleitungen und Mitarbeiter wie Mitarbeiterinnen zu einer Dienstgemeinschaft und verpflichtet sie zu vertrauensvoller Zusammenarbeit.

I. Abschnitt: Allgemeine Bestimmungen

§ 1 Grundsatz

(1) Für die Mitarbeiter und Mitarbeiterinnen der Dienststellen kirchlicher Körperschaften, Anstalten und Stiftungen der Evangelischen Kirche in Deutschland, der Gliedkirchen sowie ihrer Zusammenschlüsse und der Einrichtungen der Diakonie sind nach Maßgabe dieses Kirchengesetzes Mitarbeitervertretungen zu bilden.

(2) Einrichtungen der Diakonie nach Absatz 1 sind das Diakonische Werk der Evangelischen Kirche in Deutschland sowie die gliedkirchlichen Diakonischen Werke und die ihnen angeschlossenen selbständigen Werke, Einrichtungen und Geschäftsstellen.

§ 2 Mitarbeiter und Mitarbeiterinnen

(1) Mitarbeiter und Mitarbeiterinnen im Sinne dieses Kirchengesetzes sind alle in öffentlich-rechtlichen Dienst- oder privatrechtlichen Dienst- und Arbeitsverhältnissen oder zu ihrer Ausbildung Beschäftigten einer Dienststelle, soweit die Beschäftigung oder Ausbildung nicht überwiegend ihrer Heilung, Wiedereingewöhnung, beruflichen oder sozialen Rehabilitation oder ihrer Erziehung dient.

(2) Das gliedkirchliche Recht kann für Personen, die im pfarramtlichen Dienst, in der Ausbildung oder Vorbereitung dazu stehen, andere Regelungen vorsehen; gleiches gilt für die Lehrenden an kirchlichen Hochschulen und Fachhochschulen.

(3) Personen, die aufgrund von Gestellungsverträgen beschäftigt sind, gelten als Mitarbeiter und Mitarbeiterinnen im Sinne dieses Kirchengesetzes; ihre rechtlichen Beziehungen zu der entsendenden Stelle bleiben unberührt. Angehörige von kirchlichen oder diakonischen Dienst- und Lebensgemeinschaften, die aufgrund von Gestellungsverträgen in Dienststellen (§ 3) arbeiten, sind Mitarbeiter oder Mitarbeiterinnen dieser Dienststellen, soweit sich aus den Ordnungen der Dienst- und Lebensgemeinschaften nichts anderes ergibt.

§ 3 Dienststellen

(1) Dienststellen im Sinne dieses Kirchengesetzes sind die rechtlich selbständigen Körperschaften, Anstalten, Stiftungen und Werke sowie die rechtlich selbstständigen Einrichtungen der Diakonie innerhalb der Evangelischen Kirche in Deutschland.

(2) Als Dienststellen im Sinne von Absatz 1 gelten Dienststellenteile, die durch Aufgabenbereich und Organisation eigenständig oder räumlich weit entfernt vom Sitz des Rechtsträgers sind und bei denen die Voraussetzungen des § 5 Absatz 1 vorliegen, wenn die Mehrheit ihrer wahlberechtigten Mitarbeiter und Mitarbeiterinnen dies in geheimer Abstimmung beschließt und darüber Einvernehmen mit der Dienststellenleitung herbeige-

führt wird. Ist die Eigenständigkeit solcher Dienststellenteile dahingehend eingeschränkt, dass bestimmte Entscheidungen, die nach diesem Kirchengesetz der Mitberatung oder Mitbestimmung unterliegen, bei einem anderen Dienststellenteil verbleiben, ist in diesen Fällen dessen Dienststellenleitung Partner der Mitarbeitervertretung. In rechtlich selbstständigen Einrichtungen der Diakonie mit mehr als 2.000 Mitarbeitern und Mitarbeiterinnen können Teildienststellen abweichend vom Verfahren nach Satz 1 durch Dienstvereinbarung gebildet werden. Besteht eine Gesamtmitarbeitervertretung, ist diese Dienstvereinbarungspartnerin der Dienststellenleitung.

(3) Entscheidungen nach Absatz 2 über die Geltung von Dienststellenteilen sowie Einrichtungen der Diakonie als Dienststellen können für die Zukunft mit Beginn der nächsten Amtszeit der Mitarbeitervertretung widerrufen werden. Für das Verfahren gilt Absatz 2 entsprechend.

(4) (aufgehoben)

§ 4 Dienststellenleitungen
(1) Dienststellenleitungen sind die nach Verfassung, Gesetz oder Satzung leitenden Organe oder Personen der Dienststellen.

(2) Zur Dienststellenleitung gehören auch die mit der Geschäftsführung beauftragten Personen und ihre ständigen Vertreter oder Vertreterinnen. Daneben gehören die Personen zur Dienststellenleitung, die allein oder gemeinsam mit anderen Personen ständig und nicht nur in Einzelfällen zu Entscheidungen in Angelegenheiten befugt sind, die nach diesem Kirchengesetz der Mitberatung oder Mitbestimmung unterliegen. Die Personen, die zur Dienststellenleitung gehören, sind der Mitarbeitervertretung zu benennen.

(3) (aufgehoben)

II. Abschnitt: Bildung und Zusammensetzung der Mitarbeitervertretung
§ 5 Mitarbeitervertretungen
(1) In Dienststellen, in denen die Zahl der wahlberechtigten Mitarbeiter und Mitarbeiterinnen in der Regel mindestens fünf beträgt, von denen mindestens drei wählbar sind, sind Mitarbeitervertretungen zu bilden. Das gliedkirchliche Recht kann bestimmen, dass für einzelne Gruppen von Mitarbeitern und Mitarbeiterinnen gesonderte Mitarbeitervertretungen zu bilden sind.

(2) Unabhängig von den Voraussetzungen des Absatzes 1 kann im Rahmen einer Wahlgemeinschaft eine Gemeinsame Mitarbeitervertretung für mehrere benachbarte Dienststellen gebildet werden, wenn im Einvernehmen zwischen allen beteiligten Dienststellenleitungen und den jeweiligen Mehrheiten der Mitarbeiter und Mitarbeiterinnen dies auf Antrag eines der Beteiligten schriftlich festgelegt worden ist.

(3) Die Gliedkirchen können bestimmen, dass für Dienststellen von Kirchenkreisen, Dekanaten, Dekanatsbezirken, Kirchenbezirken oder in anderen Bedarfsfällen Gemeinsame Mitarbeitervertretungen gebildet werden; hierbei kann von den Voraussetzungen des Absatzes 1 Satz 1 abgewichen werden.

(4) Liegen bei einer dieser Dienststellen die Voraussetzungen des Absatzes 1 nicht vor, so soll die Dienststellenleitung rechtzeitig vor Beginn des Wahlverfahrens bei einer der benachbarten Dienststellen den Antrag nach Absatz 2 stellen.

(5) Die Gemeinsame Mitarbeitervertretung ist zuständig für alle von der Festlegung be-

troffenen Dienststellen. Partner der Gemeinsamen Mitarbeitervertretung sind die beteiligten Dienststellenleitungen.

(6) (aufgehoben)

§ 6 Gesamtmitarbeitervertretungen

(1) Bestehen bei einer kirchlichen Körperschaft, Anstalt, Stiftung oder einem Werk oder bei einer Einrichtung der Diakonie mehrere Mitarbeitervertretungen, ist auf Antrag der Mehrheit dieser Mitarbeitervertretungen eine Gesamtmitarbeitervertretung zu bilden; bei zwei Mitarbeitervertretungen genügt der Antrag einer Mitarbeitervertretung.

(2) Die Gesamtmitarbeitervertretung ist zuständig für die Aufgaben der Mitarbeitervertretung, soweit sie Mitarbeiter und Mitarbeiterinnen aus mehreren oder allen Dienststellen nach Absatz 1 betreffen. Darüber hinaus übernimmt die Gesamtmitarbeitervertretung die Aufgaben der Mitarbeitervertretung, wenn vorübergehend in einer Dienststelle im Sinne des § 3 Absatz 2 eine Mitarbeitervertretung oder ein Wahlvorstand nicht vorhanden ist.

(3) Die Gesamtmitarbeitervertretung wird aus den Mitarbeitervertretungen nach Absatz 1 gebildet, die je ein Mitglied in die Gesamtmitarbeitervertretung entsenden. Die Zahl der Mitglieder der Gesamtmitarbeitervertretung kann abweichend von Satz 1 durch Dienstvereinbarung geregelt werden. In der Dienststellenvereinbarung können auch Regelungen über die Zusammensetzung und Arbeitsweise der Gesamtmitarbeitervertretung getroffen werden.

(4) Zur ersten Sitzung der Gesamtmitarbeitervertretung lädt die Mitarbeitervertretung der Dienststelle mit der größten Zahl der wahlberechtigten Mitarbeiter und Mitarbeiterinnen ein. Der Vorsitzende oder die Vorsitzende dieser Mitarbeitervertretung leitet die Sitzung, bis die Gesamtmitarbeitervertretung über den Vorsitz entschieden hat.

(5) Die nach den §§ 49–53 Gewählten haben das Recht, an den Sitzungen der Gesamtmitarbeitervertretung teilzunehmen wie an den Sitzungen der Mitarbeitervertretung. Bestehen mehrere Interessenvertretungen gleicher Mitarbeitergruppen, wählen sie aus ihrer Mitte eine Person für die Teilnahme und regeln die Vertretung.

(6) Für die Gesamtmitarbeitervertretung gelten im übrigen die Bestimmungen für die Mitarbeitervertretung mit Ausnahme des § 20 Absätze 2 bis 4 sinngemäß.

§ 6a Gesamtmitarbeitervertretung im Dienststellenverbund

(1) Ein Dienststellenverbund liegt vor, wenn die einheitliche und beherrschende Leitung einer Mehrzahl rechtlich selbstständiger diakonischer Einrichtungen bei einer dieser Einrichtungen liegt. Eine einheitliche und beherrschende Leitung ist insbesondere dann gegeben, wenn Mitarbeiter und Mitarbeiterinnen für Funktionen nach § 4 für mehrere Einrichtungen des Dienststellenverbundes bestimmt und Entscheidungen über die Rahmenbedingungen der Geschäftspolitik und der Finanzausstattung für den Dienststellenverbund getroffen werden.

(2) Auf Antrag der Mehrheit der Mitarbeitervertretungen eines Dienststellenverbundes ist eine Gesamtmitarbeitervertretung zu bilden; bei zwei Mitarbeitervertretungen genügt der Antrag einer Mitarbeitervertretung.

(3) Die Gesamtmitarbeitervertretung des Dienststellenverbundes ist zuständig für die Aufgaben der Mitarbeitervertretung, soweit sie Mitarbeiter und Mitarbeiterinnen aus mehreren oder allen Dienststellen des Dienststellenverbundes betreffen.

(4) Für die Gesamtmitarbeitervertretung des Dienststellenverbundes gelten im Übrigen die Vorschriften des § 6 Absätze 3 bis 6 sinngemäß.

§ 7 Neubildung von Mitarbeitervertretungen
(1) Sofern keine Mitarbeitervertretung besteht, hat die Dienststellenleitung, im Falle des § 6 die Gesamtmitarbeitervertretung, unverzüglich eine Mitarbeiterversammlung zur Bildung eines Wahlvorstandes einzuberufen. Kommt die Bildung einer Mitarbeitervertretung nicht zustande, so ist auf Antrag von mindestens drei Wahlberechtigten und spätestens nach Ablauf einer Frist von jeweils längstens einem Jahr erneut eine Mitarbeiterversammlung einzuberufen, um einen Wahlvorstand zu bilden.

(2) Wird die Neubildung einer Mitarbeitervertretung dadurch erforderlich, dass Dienststellen gespalten oder zusammengelegt worden sind, so bleiben bestehende Mitarbeitervertretungen für die jeweiligen Mitarbeiter und Mitarbeiterinnen zuständig, bis die neue Mitarbeitervertretung gebildet worden ist, längstens jedoch bis zum Ablauf von sechs Monaten nach Wirksamwerden der Umbildung.

(3) Geht eine Dienststelle durch Stilllegung, Spaltung oder Zusammenlegung unter, so bleibt die Mitarbeitervertretung so lange im Amt, wie dies zur Wahrnehmung der mit der Organisationsänderung im Zusammenhang stehenden Mitwirkungs- und Mitbestimmungsrechte erforderlich ist.

§ 8 Zusammensetzung
(1) Die Mitarbeitervertretung besteht bei Dienststellen mit in der Regel
- 5– 15 Wahlberechtigten aus einer Person,
- 16– 50 Wahlberechtigten aus drei Mitgliedern,
- 51– 150 Wahlberechtigten aus fünf Mitgliedern,
- 151– 300 Wahlberechtigten aus sieben Mitgliedern,
- 301– 600 Wahlberechtigten aus neun Mitgliedern,
- 601–1000 Wahlberechtigten aus elf Mitgliedern,
- 1001–1500 Wahlberechtigten aus dreizehn Mitgliedern,
- 1501–2000 Wahlberechtigten aus fünfzehn Mitgliedern.

Bei Dienststellen mit mehr als 2000 Wahlberechtigten erhöht sich die Zahl der Mitglieder für je angefangene 1000 Wahlberechtigte um zwei weitere Mitglieder.

(2) Veränderungen in der Zahl der Wahlberechtigten während der Amtszeit haben keinen Einfluss auf die Zahl der Mitglieder der Mitarbeitervertretung.

(3) Bei der Bildung von Gemeinsamen Mitarbeitervertretungen (§ 5 Absatz 2) ist die Gesamtzahl der Wahlberechtigten dieser Dienststellen maßgebend.

III. Abschnitt: Wahl der Mitarbeitervertretung
§ 9 Wahlberechtigung
(1) Wahlberechtigt sind alle Mitarbeiter und Mitarbeiterinnen, die am Wahltag das 18. Lebensjahr vollendet haben und seit mindestens drei Monaten der Dienststelle angehören. Besteht die Dienststelle bei Erlass des Wahlausschreibens noch nicht länger als drei Monate, so sind auch diejenigen wahlberechtigt, die zu diesem Zeitpunkt Mitarbeiter und Mitarbeiterinnen der Dienststelle sind.

(2) Wer zu einer anderen Dienststelle abgeordnet ist, wird dort nach Ablauf von drei

Monaten wahlberechtigt; zum gleichen Zeitpunkt erlischt das Wahlrecht in der bisherigen Dienststelle für die Dauer der Abordnung.

(3) Nicht wahlberechtigt sind Mitarbeiter und Mitarbeiterinnen, die am Wahltag seit mehr als drei Monaten beurlaubt sind. Nicht wahlberechtigt sind daneben Mitglieder der Dienststellenleitung und die Personen nach § 4 Absatz 2, es sei denn, dass sie nach Gesetz oder Satzung als Mitarbeiter oder Mitarbeiterin in die leitenden Organe gewählt oder entsandt worden sind.

§ 10 Wählbarkeit

(1) Wählbar sind alle Wahlberechtigten (§ 9), die am Wahltag
    a) der Dienststelle seit mindestens sechs Monaten angehören
    und
    b) Glieder einer christlichen Kirche oder Gemeinschaft sind, die der Arbeitsgemeinschaft Christlicher Kirchen in Deutschland angeschlossen ist; eine anderweitige Regelung bleibt den Gliedkirchen unter Berücksichtigung ihrer Besonderheiten vorbehalten.

Besteht die Dienststelle bei Erlass des Wahlausschreibens noch nicht länger als drei Monate, so sind auch diejenigen wählbar, die zu diesem Zeitpunkt Mitarbeiter und Mitarbeiterinnen der Dienststelle sind.

(2) Nicht wählbar sind Wahlberechtigte, die
    a) infolge Richterspruchs die Fähigkeit, Rechte aus öffentlichen Wahlen zu erlangen, nicht besitzen,
    b) am Wahltag noch für einen Zeitraum von mehr als sechs Monaten beurlaubt sind,
    c) zu ihrer Berufsausbildung beschäftigt werden,
    d) als Vertretung der Mitarbeiter und Mitarbeiterinnen in das kirchengemeindliche Leitungsorgan gewählt worden sind.

§ 11 Wahlverfahren

(1) Die Mitglieder der Mitarbeitervertretung werden in gleicher, freier, geheimer und unmittelbarer Wahl gemeinsam und nach den Grundsätzen der Mehrheitswahl (Persönlichkeitswahl) gewählt. Die Wahlberechtigten haben das Recht, Wahlvorschläge zu machen. Für Dienststellen mit in der Regel nicht mehr als 100 Wahlberechtigten soll ein vereinfachtes Wahlverfahren (Wahl in der Versammlung der wahlberechtigten Mitarbeiter und Mitarbeiterinnen) vorgesehen werden.

(2) Weitere Einzelheiten sind in Wahlordnungen zu regeln. Zuständig hierfür ist der Rat der Evangelischen Kirche in Deutschland, soweit die Gliedkirchen für ihren Bereich nichts anderes bestimmen.

§ 12 Vertretung der Berufsgruppen und Arbeitsbereiche

Der Mitarbeitervertretung sollen Mitarbeiter und Mitarbeiterinnen der verschiedenen in der Dienststelle vertretenen Berufsgruppen und Arbeitsbereiche angehören. Bei den Wahlvorschlägen soll angestrebt werden, Frauen und Männer entsprechend ihren Anteilen in der Dienststelle zu berücksichtigen.

§ 13 Wahlschutz, Wahlkosten

(1) Niemand darf die Wahl der Mitarbeitervertretung behindern oder in unlauterer Weise beeinflussen. Insbesondere dürfen Wahlberechtigte in der Ausübung des aktiven oder des passiven Wahlrechts nicht beschränkt werden.

(2) Die Versetzung oder Abordnung eines Mitgliedes des Wahlvorstandes oder eines Wahlbewerbers oder einer Wahlbewerberin, ist ohne seine Zustimmung bis zur Dauer von sechs Monaten nach Bekanntgabe des Wahlergebnisses unzulässig.

(3) Die Kündigung eines Mitgliedes des Wahlvorstandes ist vom Zeitpunkt seiner Bestellung an, die Kündigung eines Wahlbewerbers oder einer Wahlbewerberin, vom Zeitpunkt der Aufstellung des Wahlvorschlages an nur zulässig, wenn Tatsachen vorliegen, die den Dienstgeber zur außerordentlichen Kündigung berechtigen. Satz 1 gilt für eine Dauer von sechs Monaten nach Bekanntgabe des Wahlergebnisses entsprechend. Die außerordentliche Kündigung bedarf der Zustimmung der Mitarbeitervertretung. § 38 Absätze 3 bis 5 gelten mit der Maßgabe entsprechend, daß die Dienststellenleitung die Frist bis auf drei Arbeitstage verkürzen kann. Der besondere Kündigungsschutz nach Satz 1 gilt nicht für Mitglieder eines Wahlvorstandes, die durch kirchengerichtlichen Beschluss abberufen worden sind.

(4) Die Dienststelle trägt die Kosten der Wahl; bei der Wahl einer Gemeinsamen Mitarbeitervertretung werden die Kosten der Wahl auf die einzelnen Dienststellen im Verhältnis der Zahlen ihrer Mitarbeiter und Mitarbeiterinnen umgelegt, sofern keine andere Verteilung der Kosten vorgesehen wird.

§ 14 Anfechtung der Wahl

(1) Die Wahl kann innerhalb von zwei Wochen, vom Tag der Bekanntgabe des Wahlergebnisses an gerechnet, von mindestens drei Wahlberechtigten oder der Dienststellenleitung bei dem Kirchengericht schriftlich angefochten werden, wenn geltend gemacht wird, dass gegen wesentliche Bestimmungen über die Wahlberechtigung, die Wählbarkeit oder das Wahlverfahren verstoßen und der Verstoß nicht behoben worden ist. (S. 2 aufgehoben)

(2) Wird kirchengerichtlich festgestellt, dass durch den Verstoß das Wahlergebnis beeinflusst oder geändert werden konnte, ist das Wahlergebnis für ungültig zu erklären und die Wiederholung der Wahl anzuordnen.

IV. Abschnitt: Amtszeit

§ 15 Amtszeit

(1) Die Amtszeit der Mitarbeitervertretung **beträgt vier Jahre.**

(2) Die regelmäßigen Mitarbeitervertretungswahlen im Geltungsbereich dieses Kirchengesetzes finden alle vier Jahre in der Zeit vom 1. Januar bis 30. April statt; die Amtszeit der bisherigen Mitarbeitervertretung endet am 30. April.

(3) Findet außerhalb der allgemeinen Wahlzeit eine Mitarbeitervertretungswahl statt, so ist unabhängig von der Amtszeit der Mitarbeitervertretung in der nächsten allgemeinen Wahlzeit erneut zu wählen. Ist eine Mitarbeitervertretung am 30. April des Jahres der regelmäßigen Mitarbeitervertretungswahl noch nicht ein Jahr im Amt, so ist nicht neu zu wählen; die Amtszeit verlängert sich um die nächste regelmäßige Amtszeit.

(4) Die bisherige Mitarbeitervertretung führt die Geschäfte bis zu deren Übernahme durch die neugewählte Mitarbeitervertretung weiter, längstens jedoch sechs Monate über den Ablauf ihrer Amtszeit hinaus. Alsdann ist nach § 7 zu verfahren.

§ 16 Neuwahl der Mitarbeitervertretung vor Ablauf der Amtszeit

(1) Die Mitarbeitervertretung ist vor Ablauf ihrer Amtszeit unverzüglich neu zu wählen, wenn

a) die Zahl ihrer Mitglieder nach Eintreten sämtlicher Ersatzmitglieder um mehr als ein Viertel der in § 8 Absatz 1 vorgeschriebenen Zahl gesunken ist,

b) die Mitarbeitervertretung mit den Stimmen der Mehrheit der Mitglieder ihren Rücktritt beschlossen hat,

c) die Mitarbeitervertretung nach § 17 aufgelöst worden ist.

Die Gliedkirchen können bestimmen, dass im Falle des Buchstaben a anstelle einer Neuwahl die Mitarbeitervertretung unverzüglich durch Nachwahl zu ergänzen ist.

(2) In den Fällen des Absatzes 1 ist unverzüglich das Verfahren für die Neu- oder Nachwahl einzuleiten. Bis zum Abschluss der Neuwahl nehmen im Falle des Absatzes 1 Buchstabe a die verbliebenen Mitglieder der Mitarbeitervertretung deren Aufgaben wahr, soweit ihre Zahl mindestens drei Mitglieder umfasst; in den übrigen Fällen nimmt der Wahlvorstand die Aufgaben der Mitarbeitervertretung bis zum Abschluss der Neuwahl, längstens aber für einen Zeitraum von sechs Monaten wahr, soweit nicht die Wahl im vereinfachten Verfahren durchgeführt wird.

§ 17 Ausschluss eines Mitgliedes oder Auflösung der Mitarbeitervertretung

Auf schriftlichen Antrag eines Viertels der Wahlberechtigten, der Mitarbeitervertretung oder der Dienststellenleitung kann kirchengerichtlich der Ausschluss eines Mitgliedes der Mitarbeitervertretung oder die Auflösung der Mitarbeitervertretung wegen groben Missbrauchs von Befugnissen oder wegen grober Verletzung von Pflichten, die sich aus diesem Kirchengesetz ergeben, beschlossen werden.

§ 18 Erlöschen und Ruhen der Mitgliedschaft, Ersatzmitgliedschaft

(1) Die Mitgliedschaft in der Mitarbeitervertretung erlischt durch

a) Ablauf der Amtszeit,
b) Niederlegung des Amtes,
c) Beendigung des Dienst- oder Arbeitsverhältnisses,
d) Ausscheiden aus der Dienststelle,
e) Verlust der Wählbarkeit,
f) Beschluss nach § 17.

(2) Die Mitgliedschaft in der Mitarbeitervertretung ruht,

a) solange einem Mitglied die Führung der Dienstgeschäfte untersagt ist,

b) wenn ein Mitglied voraussichtlich länger als drei Monate an der Wahrnehmung seiner Dienstgeschäfte oder seines Amtes als Mitglied der Mitarbeitervertretung gehindert ist,

c) wenn ein Mitglied für länger als drei Monate beurlaubt wird.

(3) In den Fällen des Absatzes 1 und für die Dauer des Ruhens der Mitgliedschaft nach Absatz 2 rückt die Person als Ersatzmitglied in die Mitarbeitervertretung nach, die bei der vorhergehenden Wahl die nächstniedrige Stimmenzahl erreicht hat.

(4) Das Ersatzmitglied nach Absatz 3 tritt auch dann in die Mitarbeitervertretung ein, wenn ein Mitglied verhindert ist, an einer Sitzung teilzunehmen, sofern es zur Sicherstellung der Beschlussfähigkeit der Mitarbeitervertretung erforderlich ist.

(5) Bei Beendigung der Mitgliedschaft in der Mitarbeitervertretung haben die Mitar-

beiter und Mitarbeiterinnen alle in ihrem Besitz befindlichen Unterlagen, die sie in ihrer Eigenschaft als Mitglied der Mitarbeitervertretung erhalten haben, der Mitarbeitervertretung auszuhändigen. Besteht die Mitarbeitervertretung nach § 8 Absatz 1 aus einer Person, sind die Unterlagen der neuen Mitarbeitervertretung auszuhändigen.

V. Abschnitt: Rechtsstellung der Mitglieder der Mitarbeitervertretung

§ 19 Ehrenamt, Behinderungs- und Begünstigungsverbot, Arbeitsbefreiung

(1) Die Mitglieder der Mitarbeitervertretung üben ihr Amt unentgeltlich als Ehrenamt aus. Sie dürfen weder in der Ausübung ihrer Aufgaben oder Befugnisse behindert noch wegen ihrer Tätigkeit benachteiligt oder begünstigt werden.

(2) Die für die Tätigkeit notwendige Zeit ist den Mitgliedern der Mitarbeitervertretung ohne Minderung ihrer Bezüge innerhalb der allgemeinen Arbeitszeit zu gewähren, soweit die Aufgaben nicht in der Zeit der Freistellung nach § 20 erledigt werden können. Ist einem Mitglied der Mitarbeitervertretung die volle Ausübung seines Amtes in der Regel innerhalb seiner Arbeitszeit nicht möglich, so ist es auf Antrag von den ihm obliegenden Aufgaben in angemessenem Umfang zu entlasten. Dabei sind die besonderen Gegebenheiten des Dienstes und der Dienststelle zu berücksichtigen. Soweit erforderlich soll die Dienststellenleitung für eine Ersatzkraft sorgen. Können die Aufgaben der Mitarbeitervertretung aus dienstlichen Gründen nicht innerhalb der Arbeitszeit wahrgenommen werden, so ist hierfür auf Antrag Freizeitausgleich zu gewähren.

(3) Den Mitgliedern der Mitarbeitervertretung ist für die Teilnahme an Tagungen und Lehrgängen, die ihnen für die Tätigkeit in der Mitarbeitervertretung erforderliche Kenntnisse vermitteln, die dafür notwendige Arbeitsbefreiung ohne Minderung der Bezüge oder des Erholungsurlaubs bis zur Dauer von insgesamt vier Wochen während einer Amtszeit zu gewähren. Über die Aufteilung des Anspruchs auf Arbeitsbefreiung zur Teilnahme an Tagungen und Lehrgängen auf die einzelnen Mitglieder kann eine Dienstvereinbarung abgeschlossen werden. Die Dienststellenleitung kann die Arbeitsbefreiung versagen, wenn dienstliche Notwendigkeiten nicht ausreichend berücksichtigt worden sind.

(4) (aufgehoben)

§ 20 Freistellung von der Arbeit

(1) Über die Freistellung von Mitgliedern der Mitarbeitervertretung von der Arbeit soll eine Vereinbarung zwischen der Mitarbeitervertretung und der Dienststellenleitung für die Dauer der Amtszeit der Mitarbeitervertretung getroffen werden.

(2) Kommt eine Vereinbarung nach Absatz 1 nicht zustande, sind zur Wahrnehmung der Aufgaben der Mitarbeitervertretung auf deren Antrag von ihrer übrigen dienstlichen Tätigkeit in Dienststellen mit in der Regel
  151-300 Mitarbeitern und Mitarbeiterinnen 1 Mitglied der Mitarbeitervertretung,
  301-600 Mitarbeitern und Mitarbeiterinnen 2 Mitglieder der Mitarbeitervertretung,
  601-1000 Mitarbeitern und Mitarbeiterinnen 4 Mitglieder der Mitarbeitervertretung,
  mehr als insgesamt 1000 Mitarbeitern und Mitarbeiterinnen je angefangene 500 ein weiteres Mitglied der Mitarbeitervertretung,
  jeweils mit der Hälfte der regelmäßigen wöchentlichen Arbeitszeit Vollbeschäftigter freizustellen. Teilzeitbeschäftige Mitarbeiter und Mitarbeiterinnen mit einer regelmäßigen wöchentlichen Arbeitszeit von nicht mehr als 10 Stunden werden bei der Ermittlung der

Zahlenwerte nach Satz 1 nur mit ihrem Anteil an der regelmäßigen wöchentlichen Arbeitszeit berücksichtigt. Satz 1 gilt nicht für die Wahrnehmung von Aufgaben als Mitglied der Gesamtmitarbeitervertretung (§ 6) sowie des Gesamtausschusses (§ 54).

(3) Anstelle von je zwei nach Absatz 2 Freizustellenden ist auf Antrag der Mitarbeitervertretung ein Mitglied ganz freizustellen.

(4) Die freizustellenden Mitglieder werden nach Erörterung mit der Dienststellenleitung unter Berücksichtigung der dienstlichen Notwendigkeit von der Mitarbeitervertretung bestimmt. Die Aufgaben der Mitarbeitervertretung sind vorrangig in der Zeit der Freistellung zu erledigen.

(5) (aufgehoben)

§ 21 Abordnungs- und Versetzungsverbot, Kündigungsschutz

(1) Die Mitglieder der Mitarbeitervertretung dürfen ohne ihre Zustimmung nur abgeordnet oder versetzt werden, wenn dies aus wichtigen dienstlichen Gründen unvermeidbar ist und die Mitarbeitervertretung zustimmt. Besteht die Mitarbeitervertretung nach § 8 Absatz 1 aus einer Person, hat die Dienststellenleitung die Zustimmung des Ersatzmitgliedes nach § 18 Absatz 3 einzuholen. (S. 3 aufgehoben)

(2) Einem Mitglied der Mitarbeitervertretung darf nur gekündigt werden, wenn Tatsachen vorliegen, die den Dienstgeber zur außerordentlichen Kündigung berechtigen. Die außerordentliche Kündigung bedarf der Zustimmung der Mitarbeitervertretung oder der Zustimmung des Ersatzmitgliedes, falls die Mitarbeitervertretung nur aus einer Person besteht. Die Sätze 1 und 2 gelten für einen Zeitraum von einem Jahr nach Beendigung der Amtszeit entsprechend, es sei denn, dass die Amtszeit durch Beschluss nach § 17 beendet wurde. § 38 Absätze 3 und 4 gelten mit der Maßgabe entsprechend, dass die Dienststellenleitung die Frist bis auf drei Arbeitstage verkürzen kann.

(3) Wird die Dienststelle ganz oder zu einem wesentlichen Teil aufgelöst, ist eine Kündigung frühestens zum Zeitpunkt der Auflösung zulässig, es sei denn, dass wegen zwingender betrieblicher Gründe zu einem früheren Zeitpunkt gekündigt werden muss. Die Kündigung bedarf der Zustimmung der Mitarbeitervertretung oder, falls die Mitarbeitervertretung nur aus einer Person besteht, der Zustimmung des Ersatzmitgliedes; Absatz 2 gilt entsprechend.

(4) Für das Verfahren gilt § 38 entsprechend.

§ 22 Schweigepflicht

(1) Personen, die Aufgaben oder Befugnisse nach diesem Kirchengesetz wahrnehmen oder wahrgenommen haben, sind verpflichtet, über die ihnen dabei bekanntgewordenen Angelegenheiten und Tatsachen Stillschweigen zu bewahren. Diese Schweigepflicht besteht nicht für Angelegenheiten oder Tatsachen, die offenkundig sind oder ihrer Bedeutung nach keiner Geheimhaltung bedürfen. Die Schweigepflicht besteht auch nach dem Ausscheiden aus der Mitarbeitervertretung oder aus dem Dienst- oder Arbeitsverhältnis. In Personalangelegenheiten gilt dies gegenüber den Betroffenen, bis das formale Beteiligungsverfahren in den Fällen der Mitberatung oder Mitbestimmung begonnen hat, insbesondere bis der Mitarbeitervertretung ein Antrag auf Zustimmung zu einer Maßnahme vorliegt. Die Schweigepflicht erstreckt sich auch auf die Verhandlungsführung und das Verhalten der an der Sitzung Teilnehmenden.

(2) Die Schweigepflicht besteht nicht gegenüber den anderen Mitgliedern der Mitarbei-

tervertretung. Sie entfällt auf Beschluss der Mitarbeitervertretung auch gegenüber der Dienststellenleitung und gegenüber der Stelle, die die Aufsicht über die Dienststelle führt.

(3) (aufgehoben)

VI. Abschnitt: Geschäftsführung

§ 23 Vorsitz

(1) Die Mitarbeitervertretung entscheidet in geheimer Wahl über den Vorsitz. Der oder die Vorsitzende führt die laufenden Geschäfte und vertritt die Mitarbeitervertretung im Rahmen der von ihr gefassten Beschlüsse. Zu Beginn der Amtszeit legt die Mitarbeitervertretung die Reihenfolge der Vertretung im Vorsitz fest. Die Reihenfolge ist der Dienststellenleitung schriftlich mitzuteilen.

(2) Soweit die Mitarbeitervertretung nur aus einer Person besteht, übernimmt die Stellvertretung der Wahlbewerber oder die Wahlbewerberin mit der nächstniedrigen Stimmenzahl, mit der alle Angelegenheiten der Mitarbeitervertretung beraten werden können.

§ 23a Ausschüsse

(1) Die Mitarbeitervertretung kann die Bildung von Ausschüssen beschließen, denen jeweils mindestens drei Mitglieder der Mitarbeitervertretung angehören müssen, und den Ausschüssen Aufgaben zur selbständigen Erledigung übertragen; dies gilt nicht für den Abschluss und die Kündigung von Dienstvereinbarungen. Die Übertragung und der Widerruf der Übertragung von Aufgaben zur selbständigen Erledigung erfordert eine Dreiviertelmehrheit der Mitglieder der Mitarbeitervertretung. Die Übertragung und der Widerruf sind der Dienststellenleitung schriftlich anzuzeigen.

(2) In rechtlich selbstständigen Einrichtungen der Diakonie mit je mehr als 150 Mitarbeitern und Mitarbeiterinnen kann die Mitarbeitervertretung die Bildung eines Ausschusses für Wirtschaftsfragen beschließen. Der Ausschuss für Wirtschaftsfragen hat die Aufgabe, die Mitarbeitervertretung über wirtschaftliche Angelegenheiten zu unterrichten. Die Dienststellenleitung ist verpflichtet, auf der Grundlage der Informationen nach § 34 Absatz 2 mindestens einmal im Jahr mit dem Ausschuss die wirtschaftliche Lage der Dienststelle zu beraten; sie kann eine Person nach § 4 Absatz 2 mit der Wahrnehmung dieser Aufgabe beauftragen. Der Ausschuss für Wirtschaftsfragen kann im erforderlichen Umfang Sachverständige aus der Dienststelle hinzuziehen. Für die am Ausschuss für Wirtschaftsfragen beteiligten Personen gilt § 22 entsprechend.

§ 24 Sitzungen

(1) Nach Bestandskraft der Wahl hat der Wahlvorstand, im Fall der vereinfachten Wahl die Versammlungsleitung, innerhalb einer Woche die Mitglieder der Mitarbeitervertretung zur Vornahme der nach § 23 vorgesehenen Wahlen einzuberufen und die Sitzung zu leiten, bis die Mitarbeitervertretung über ihren Vorsitz entschieden hat.

(2) Der oder die Vorsitzende beraumt die weiteren Sitzungen der Mitarbeitervertretung an, setzt die Tagesordnung fest und leitet die Verhandlungen. Die Mitglieder der Mitarbeitervertretung sind rechtzeitig unter Mitteilung der Tagesordnung zu laden. Dies gilt auch für die Interessenvertretungen besonderer Mitarbeitergruppen (§§ 49 bis 53), soweit sie ein Recht auf Teilnahme an der Sitzung haben. Kann ein Mitglied der Mitarbeitervertretung an der Sitzung nicht teilnehmen, so hat es dies unter Angabe der Gründe unverzüglich mitzuteilen.

(3) Der oder die Vorsitzende hat eine Sitzung einzuberufen und einen Gegenstand auf die Tagesordnung zu setzen, wenn dies ein Viertel der Mitglieder der Mitarbeitervertretung oder die Dienststellenleitung beantragt. Dies gilt auch bei Angelegenheiten, die Schwerbehinderte oder jugendliche Beschäftigte betreffen, wenn die Vertrauensperson der Schwerbehinderten oder die Vertretung der Jugendlichen und Auszubildenden dies beantragen und die Behandlung des Gegenstandes keinen Aufschub duldet. Daneben ist eine Sitzung nach Satz 2 auf Antrag des Vertrauensmannes der Zivildienstleistenden einzuberufen.

(4) Die Sitzungen der Mitarbeitervertretung finden in der Regel während der Arbeitszeit statt. Die Mitarbeitervertretung hat bei der Einberufung von Sitzungen die dienstlichen Notwendigkeiten zu berücksichtigen. Die Dienststellenleitung soll von Zeitpunkt und Ort der Sitzungen vorher verständigt werden. Die Sitzungen sind nicht öffentlich.

§ 25 Teilnahme an der Sitzung der Mitarbeitervertretung

(1) Mitglieder der Dienststellenleitung sind berechtigt, an den Sitzungen teilzunehmen, die auf ihr Verlangen anberaumt sind. Die Dienststellenleitung ist berechtigt, zu diesen Sitzungen Sachkundige hinzuzuziehen. Die Dienststellenleitung ist verpflichtet, auf Verlangen der Mitarbeitervertretung an Sitzungen teilzunehmen oder sich vertreten zulassen.

(2) Die Mitarbeitervertretung kann zu einzelnen Punkten der Tagesordnung sachkundige Personen einladen.

(3) Für Personen, die nach den Absätzen 1 und 2 an einer Sitzung der Mitarbeitervertretung teilnehmen, gilt die Schweigepflicht nach § 22. Sie sind ausdrücklich darauf hinzuweisen.

§ 26 Beschlussfassung

(1) Die Mitarbeitervertretung ist beschlussfähig, wenn die Mehrheit der Mitglieder anwesend ist.

(2) Die Mitarbeitervertretung fasst ihre Beschlüsse mit der Mehrheit der bei der Abstimmung anwesenden Mitglieder. Die Mitarbeitervertretung kann in ihrer Geschäftsordnung bestimmen, dass Beschlüsse im Umlaufverfahren oder durch fernmündliche Absprachen gefasst werden können, sofern dabei Einstimmigkeit erzielt wird. Beschlüsse nach Satz 2 sind spätestens in der Niederschrift der nächsten Sitzung im Wortlaut festzuhalten.

(3) An der Beratung und Beschlussfassung dürfen Mitglieder der Mitarbeitervertretung nicht teilnehmen, wenn der Beschluss
  a) ihnen selbst oder ihren nächsten Angehörigen (Eltern, Ehegatten, Kindern und Geschwistern),
  b) einer von ihnen kraft Gesetzes oder Vollmacht vertretenen natürlichen oder juristischen Person einen Vor- oder Nachteil bringen kann.

(4) Die Mitarbeitervertretung beschließt in Abwesenheit der Personen, die nach § 25 Absätze 1 und 2 an der Sitzung teilgenommen haben.

§ 27 Sitzungsniederschrift

(1) Über jede Sitzung der Mitarbeitervertretung ist eine Niederschrift anzufertigen, die mindestens die Namen der An- oder Abwesenden, die Tagesordnung, die gefassten Beschlüsse, die Wahlergebnisse und die jeweiligen Stimmenverhältnisse enthalten muss. Die Niederschrift ist von dem oder der Vorsitzenden der Mitarbeitervertretung und einem weiteren Mitglied der Mitarbeitervertretung zu unterzeichnen.

(2) Hat die Dienststellenleitung an einer Sitzung der Mitarbeitervertretung teilgenommen, so ist ihr ein Auszug aus der Niederschrift über die Verhandlungspunkte zuzuleiten, die im Beisein der Dienststellenleitung verhandelt worden sind.

§ 28 Sprechstunden, Aufsuchen am Arbeitsplatz
(1) Die Mitarbeitervertretung kann Sprechstunden während der Arbeitszeit einrichten. Ort und Zeit bestimmt sie im Einvernehmen mit der Dienststellenleitung.

(2) Die Mitglieder der Mitarbeitervertretung haben das Recht, Mitarbeiter und Mitarbeiterinnen der Dienststelle an den Arbeitsplätzen aufzusuchen, sofern dies zur Erfüllung ihrer Aufgaben erforderlich ist.

(3) Versäumnis von Arbeitszeit, die für den Besuch von Sprechstunden oder durch sonstige Inanspruchnahme der Mitarbeitervertretung erforderlich ist, hat keine Minderung der Bezüge zur Folge.

(4) (aufgehoben)

§ 29 Geschäftsordnung
Einzelheiten der Geschäftsführung kann die Mitarbeitervertretung in einer Geschäftsordnung regeln.

§ 30 Sachbedarf, Kosten der Geschäftsführung
(1) Für die Sitzungen, die Sprechstunden und die laufende Geschäftsführung der Mitarbeitervertretung hat die Dienststelle im erforderlichen Umfang Räume, sachliche Mittel, dienststellenübliche technische Ausstattung und Büropersonal zur Verfügung zu stellen.

(2) Die durch die Tätigkeit der Mitarbeitervertretung entstehenden erforderlichen Kosten trägt die Dienststelle, bei der die Mitarbeitervertretung gebildet ist. Kosten, die durch die Beiziehung sachkundiger Personen nach § 25 Absatz 2 und § 31 Absatz 3 entstehen, werden von der Dienststelle übernommen, wenn die Dienststellenleitung der Kostenübernahme vorher zugestimmt hat.

(3) Bei Gemeinsamen Mitarbeitervertretungen werden die Kosten von den beteiligten Dienststellen entsprechend dem Verhältnis der Zahl ihrer Mitarbeiter und Mitarbeiterinnen getragen. Die Gliedkirchen können andere Regelungen vorsehen.

(4) Reisen der Mitglieder der Mitarbeitervertretung, die für ihre Tätigkeit notwendig sind, gelten als Dienstreisen. Die Genehmigung dieser Reisen und die Erstattung der Reisekosten erfolgen nach den für die Dienststelle geltenden Bestimmungen. Erstattet werden die Reisekosten, die Mitarbeitern und Mitarbeiterinnen nach Vergütungsgruppe IVb zustehen.

(5) Die Mitarbeitervertretung darf für ihre Zwecke keine Beiträge erheben oder Zuwendungen annehmen.

(6) (aufgehoben)

VII. Abschnitt: Mitarbeiterversammlung

§ 31 Mitarbeiterversammlung
(1) Die Mitarbeiterversammlung besteht aus allen Mitarbeitern und Mitarbeiterinnen der Dienststelle, soweit sie nicht zur Dienststellenleitung gehören. Sie wird von dem oder der Vorsitzenden der Mitarbeitervertretung einberufen und geleitet; sie ist nicht öffentlich.

Die Einladung hat unter Angabe der Tagesordnung mindestens eine Woche vor dem Termin zu erfolgen. Zeit und Ort der Mitarbeiterversammlung sind mit der Dienststellenleitung abzusprechen.

(2) Die Mitarbeitervertretung hat mindestens einmal in jedem Jahr ihrer Amtszeit eine ordentliche Mitarbeiterversammlung einzuberufen und in ihr einen Tätigkeitsbericht zu erstatten. Die Mitarbeitervertretung kann bis zu zwei weitere ordentliche Mitarbeiterversammlungen in dem jeweiligen Jahr der Amtszeit einberufen. Weiterhin ist der oder die Vorsitzende der Mitarbeitervertretung berechtigt und auf Antrag eines Viertels der Wahlberechtigten oder der Dienststellenleitung verpflichtet, eine außerordentliche Mitarbeiterversammlung einzuberufen und den Gegenstand, dessen Beratung beantragt ist, auf die Tagesordnung zu setzen.

(3) Die Mitarbeitervertretung kann zu einzelnen Tagesordnungspunkten sachkundige Personen zur Beratung hinzuziehen.

(4) Die ordentliche Mitarbeiterversammlung finden in der Arbeitszeit statt, sofern nicht dienstliche Gründe eine andere Regelung erfordern. Die Zeit der Teilnahme an den ordentlichen Mitarbeiterversammlungen und die zusätzlichen Wegezeiten gelten als Arbeitszeit, auch wenn die jeweilige Mitarbeiterversammlung außerhalb der Arbeitszeit stattfindet. Die Sätze 1 und 2 gelten für außerordentliche Mitarbeiterversammlungen entsprechend, wenn dies im Einvernehmen zwischen Mitarbeitervertretung und Dienststellenleitung beschlossen worden ist.

(5) Die Dienststellenleitung soll zu der jeweiligen Mitarbeiterversammlung unter Mitteilung der Tagesordnung eingeladen werden. Sie soll mindestens einmal im Jahr in einer Mitarbeiterversammlung über die Entwicklung der Dienststelle informieren. Die Dienststellenleitung ist einzuladen, soweit die Versammlung auf ihren Antrag stattfindet. Sie erhält auf Antrag das Wort.

(6) Kann nach den dienstlichen Verhältnissen eine gemeinsame Versammlung aller Mitarbeiter und Mitarbeiterinnen nicht stattfinden, so sind Teilversammlungen abzuhalten. Für Teilversammlungen gelten die Absätze 1 bis 5 entsprechend. Die Mitarbeitervertretung kann darüber hinaus Teilversammlungen durchführen, wenn dies zur Erörterung der besonderen Belange der Mitarbeiter und Mitarbeiterinnen eines Arbeitsbereichs oder bestimmter Personengruppen erforderlich ist.

(7) Für die Übernahme der Kosten, die durch die jeweilige Mitarbeiterversammlung entstehen, gilt § 30 entsprechend.

§ 32 Aufgaben
(1) Die Mitarbeiterversammlung nimmt den Tätigkeitsbericht der Mitarbeitervertretung entgegen und erörtert Angelegenheiten, die zum Aufgabenbereich der Mitarbeitervertretung gehören. Sie kann Anträge an die Mitarbeitervertretung stellen und zu Beschlüssen der Mitarbeitervertretung Stellung nehmen. Die Mitarbeitervertretung ist an die Stellungnahme der Mitarbeiterversammlung nicht gebunden.

(2) Die Mitarbeiterversammlung wählt den Wahlvorstand.

VIII. Abschnitt: Aufgaben und Befugnisse der Mitarbeitervertretung

§ 33 Grundsätze für die Zusammenarbeit
(1) Mitarbeitervertretung und Dienststellenleitung sind verpflichtet, sich gegenseitig bei der Erfüllung ihrer Aufgaben zu unterstützen, und arbeiten vertrauensvoll und partner-

schaftlich zusammen. Sie informieren sich gegenseitig über Angelegenheiten, die die Dienstgemeinschaft betreffen. Sie achten darauf, daß alle Mitarbeiter und Mitarbeiterinnen nach Recht und Billigkeit behandelt werden, die Vereinigungsfreiheit nicht beeinträchtigt wird und jede Betätigung in der Dienststelle unterbleibt, die der Aufgabe der Dienststelle, der Dienstgemeinschaft oder dem Arbeitsfrieden abträglich ist.

(2) Mitarbeitervertretung und Dienststellenleitung sollen in regelmäßigen Zeitabständen, mindestens aber einmal im Jahr, zur Besprechung allgemeiner Fragen des Dienstbetriebes und der Dienstgemeinschaft und zum Austausch von Vorschlägen und Anregungen zusammenkommen. In der Besprechung sollen auch Fragen der Gleichstellung und der Gemeinschaft von Frauen und Männern in der Dienststelle erörtert werden. Sofern eine Gemeinsame Mitarbeitervertretung nach § 5 Absatz 2 besteht, findet einmal im Jahr eine Besprechung im Sinne des Satzes 1 mit allen beteiligten Dienststellenleitungen statt.

(3) In strittigen Fragen ist eine Einigung durch Aussprache anzustreben. Erst wenn die Bemühungen um eine Einigung in der Dienststelle gescheitert sind, dürfen andere Stellen im Rahmen der dafür geltenden Bestimmungen angerufen werden. Das Scheitern der Einigung muss von der Mitarbeitervertretung oder der Dienststellenleitung schriftlich erklärt werden. Die Vorschriften über das Verfahren bei der Mitberatung und der Mitbestimmung bleiben unberührt.

§ 34 Informationsrechte der Mitarbeitervertretung

(1) Die Mitarbeitervertretung ist zur Durchführung ihrer Aufgaben rechtzeitig und umfassend zu unterrichten. Die Dienststellenleitung soll die Mitarbeitervertretung bereits während der Vorbereitung von Entscheidungen informieren und die Mitarbeitervertretung, insbesondere bei organisatorischen oder sozialen Maßnahmen, frühzeitig an den Planungen beteiligen. In diesem Rahmen kann die Mitarbeitervertretung insbesondere an den Beratungen von Ausschüssen und Kommissionen beteiligt werden.

(2) Die Dienststellenleitung hat die Mitarbeitervertretung einmal im Jahr über die Personalplanung, insbesondere über den gegenwärtigen und zukünftigen Personalbedarf zu unterrichten. In rechtlich selbstständigen Einrichtungen der Diakonie mit mehr als 150 Mitarbeitern und Mitarbeiterinnen besteht darüber hinaus einmal im Jahr eine Informationspflicht über

a) die wirtschaftliche Lage der Dienststelle,
b) geplante Investitionen,
c) Rationalisierungsvorhaben,
d) die Einschränkung oder Stilllegung von wesentlichen Teilen der Dienststelle,
e) wesentliche Änderungen der Organisation oder des Zwecks der Dienststelle.

Besteht eine Gesamtmitarbeitervertretung, ist diese zu informieren.

(3) Der Mitarbeitervertretung sind die zur Durchführung ihrer Aufgaben erforderlichen Unterlagen rechtzeitig zur Verfügung zu stellen. Bei Einstellungen werden der Mitarbeitervertretung auf Verlangen sämtliche Bewerbungen vorgelegt; Mitarbeitervertretung und Dienststellenleitung können hierüber eine Dienstvereinbarung abschließen. Die Dienststellenleitung ist verpflichtet, die Mitarbeitervertretung auch über die Beschäftigung der Personen in der Dienststelle zu informieren, die nicht in einem Arbeitsverhältnis zur Dienststelle stehen.

(4) Personalakten dürfen nur nach schriftlicher Zustimmung der betroffenen Person und nur durch ein von ihr zu bestimmendes Mitglied der Mitarbeitervertretung eingese-

hen werden. Dienstliche Beurteilungen sind auf Verlangen der Beurteilten vor der Aufnahme in die Personalakte der Mitarbeitervertretung zur Kenntnis zu bringen.

(5) (aufgehoben)

§ 35 Allgemeine Aufgaben der Mitarbeitervertretung

(1) Die Mitarbeitervertretung hat die beruflichen, wirtschaftlichen und sozialen Belange der Mitarbeiter und Mitarbeiterinnen zu fördern. Sie hat in ihrer Mitverantwortung für die Aufgaben der Dienststelle das Verständnis für den Auftrag der Kirche zu stärken und für eine gute Zusammenarbeit einzutreten.

(2) Unbeschadet des Rechts des Mitarbeiters oder der Mitarbeiterin, persönliche Anliegen der Dienststellenleitung selbst vorzutragen, soll sich die Mitarbeitervertretung der Probleme annehmen und die Interessen auf Veranlassung des Mitarbeiters oder der Mitarbeiterin, sofern sie diese für berechtigt hält, bei der Dienststellenleitung vertreten.

(3) Die Mitarbeitervertretung soll insbesondere

a) Maßnahmen anregen, die der Arbeit in der Dienststelle und ihren Mitarbeitern und Mitarbeiterinnen dienen,

b) dafür eintreten, dass die arbeits-, sozial- und dienstrechtlichen Bestimmungen, Vereinbarungen und Anordnungen eingehalten werden,

c) Beschwerden, Anfragen und Anregungen von Mitarbeitern und Mitarbeiterinnen entgegennehmen und, soweit diese berechtigt erscheinen, durch Verhandlungen mit der Dienststellenleitung auf deren Erledigung hinwirken,

d) die Eingliederung und berufliche Entwicklung hilfs- und schutzbedürftiger, insbesondere behinderter oder älterer Personen in die Dienststelle fördern und für eine ihren Kenntnissen und Fähigkeiten entsprechende Beschäftigung eintreten,

e) für die Gleichstellung und die Gemeinschaft von Frauen und Männern in der Dienststelle eintreten und Maßnahmen zur Erreichung dieser Ziele anregen sowie an ihrer Umsetzung mitwirken,

f) die Integration ausländischer Mitarbeiter und Mitarbeiterinnen fördern,

g) Maßnahmen des Arbeits- und Gesundheitsschutzes und des betrieblichen Umweltschutzes fördern.

(4) Werden Beschwerden nach Absatz 3 Buchstabe c in einer Sitzung der Mitarbeitervertretung erörtert, hat der Beschwerdeführer oder die Beschwerdeführerin das Recht, vor einer Entscheidung von der Mitarbeitervertretung gehört zu werden.

§ 36 Dienstvereinbarungen

(1) Mitarbeitervertretung und Dienststellenleitung können Dienstvereinbarungen abschließen. Dienstvereinbarungen dürfen Regelungen weder erweitern, einschränken noch ausschließen, die auf Rechtsvorschriften, insbesondere Beschlüssen der Arbeitsrechtlichen Kommission, Tarifverträgen und Entscheidungen des Schlichtungsausschusses nach dem Arbeitsrechtsregelungsgesetz oder allgemeinverbindlichen Richtlinien der Kirche beruhen. Arbeitsentgelte und sonstige Arbeitsbedingungen, die durch die in Satz 2 genannten Regelungen vereinbart worden sind oder üblicherweise vereinbart werden, können nicht Gegenstand einer Dienstvereinbarung sein, es sei denn, die Regelung nach Satz 2 lässt eine Dienstvereinbarung ausdrücklich zu.

(2) Dienstvereinbarungen sind schriftlich niederzulegen, von beiden Partnern zu unterzeichnen und in geeigneter Weise bekannt zu geben.

(3) Dienstvereinbarungen gelten unmittelbar und können im Einzelfall nicht abbedungen werden.

(4) Wenn in der Dienstvereinbarung Rechte für die Mitarbeiter und Mitarbeiterinnen begründet werden, ist darin in der Regel festzulegen, inwieweit diese Rechte bei Außerkrafttreten der Dienstvereinbarung fortgelten sollen. Eine darüber hinausgehende Nachwirkung ist ausgeschlossen.

(5) Dienstvereinbarungen können, soweit nichts anderes vereinbart ist, mit einer Frist von drei Monaten zum Ende eines Monats gekündigt werden.

(6) (aufgehoben)

§ 37 Verfahren der Beteiligung der Mitarbeitervertretung

(1) Die Mitarbeitervertretung wird insbesondere in den Verfahren der Mitbestimmung (§ 38), der eingeschränkten Mitbestimmung (§ 41) und der Mitberatung (§ 45) beteiligt.

(2) Die Mitarbeitervertretung hat ihre Beteiligungsrechte im Rahmen der Zuständigkeit der Dienststelle und der geltenden Bestimmungen wahrzunehmen.

§ 38 Mitbestimmung

(1) Soweit eine Maßnahme der Mitbestimmung der Mitarbeitervertretung unterliegt, darf sie erst vollzogen werden, wenn die Zustimmung der Mitarbeitervertretung vorliegt oder kirchengerichtlich ersetzt worden ist. Eine der Mitbestimmung unterliegende Maßnahme ist unwirksam, wenn die Mitarbeitervertretung nicht beteiligt worden ist. Abweichend von Satz 2 ist ein Arbeitsvertrag wirksam; die Mitarbeitervertretung kann jedoch verlangen, dass der Mitarbeiter oder die Mitarbeiterin solange nicht beschäftigt wird, bis eine Einigung zwischen Mitarbeitervertretung und Dienststellenleitung erzielt ist oder die fehlende Einigung kirchengerichtlich ersetzt wurde.

(2) Die Dienststellenleitung unterrichtet die Mitarbeitervertretung von der beabsichtigten Maßnahme und beantragt deren Zustimmung. Auf Verlangen der Mitarbeitervertretung ist die beabsichtigte Maßnahme mit ihr zu erörtern.

(3) Die Maßnahme gilt als gebilligt, wenn die Mitarbeitervertretung nicht innerhalb von zwei Wochen die Zustimmung schriftlich verweigert oder eine mündliche Erörterung beantragt. Die Dienststellenleitung kann die Frist in dringenden Fällen abkürzen. Die Frist beginnt mit dem Zugang der Mitteilung an den Vorsitzenden oder die Vorsitzende der Mitarbeitervertretung. Die Dienststellenleitung kann im Einzelfall die Frist auf Antrag der Mitarbeitervertretung verlängern. Die Mitarbeitervertretung hat eine Verweigerung der Zustimmung gegenüber der Dienststellenleitung schriftlich zu begründen.

(4) Kommt in den Fällen der Mitbestimmung keine Einigung zustande, kann die Dienststellenleitung innerhalb von zwei Wochen nach Abschluss der Erörterung oder nach Eingang der schriftlichen Weigerung das Kirchengericht anrufen.

(5) Die Dienststellenleitung kann bei Maßnahmen, die keinen Aufschub dulden, bis zur endgültigen Entscheidung vorläufige Regelungen treffen. Vorläufige Regelungen dürfen die Durchführung einer anderen endgültigen Entscheidung nicht hindern. Die Dienststellenleitung hat der Mitarbeitervertretung eine beabsichtigte vorläufige Maßnahme mitzuteilen, zu begründen und unverzüglich das Verfahren der Absätze 1 und 2 einzuleiten oder fortzusetzen.

§ 39 Fälle der Mitbestimmung bei allgemeinen personellen Angelegenheiten
Die Mitarbeitervertretung hat in den folgenden Fällen ein Mitbestimmungsrecht
   a) Inhalt und Verwendung von Personalfragebogen und sonstigen Fragebogen zur Erhebung personenbezogener Daten, soweit nicht eine gesetzliche Regelung besteht,
   b) Aufstellung von Beurteilungsgrundsätzen für die Dienststelle,
   c) Aufstellung von Grundsätzen für die Aus-, Fort- und Weiterbildung sowie die Teilnehmerauswahl,
   d) Auswahl der Teilnehmer und Teilnehmerinnen an Fort- und Weiterbildungsveranstaltungen.

§ 40 Fälle der Mitbestimmung in organisatorischen und sozialen Angelegenheiten
Die Mitarbeitervertretung hat in folgenden Fällen ein Mitbestimmungsrecht
   a) Bestellung und Abberufung von Vertrauens- und Betriebsärzten und -ärztinnen sowie Fachkräften für Arbeitssicherheit,
   b) Maßnahmen zur Verhütung von Unfällen und gesundheitlichen Gefahren,
   c) Errichtung, Verwaltung und Auflösung von Sozialeinrichtungen ohne Rücksicht auf ihre Rechtsform,
   d) Beginn und Ende der täglichen Arbeitszeit und der Pausen sowie Verteilung der Arbeitszeit auf die einzelnen Wochentage,
   e) Aufstellung von Grundsätzen für den Urlaubsplan,
   f) Aufstellung von Sozialplänen (insbesondere bei Auflösung, Einschränkung, Verlegung und Zusammenlegung von Dienststellen oder erheblichen Teilen von ihnen) einschließlich Plänen für Umschulung zum Ausgleich oder zur Milderung von wirtschaftlichen Nachteilen und für die Folgen von Rationalisierungsmaßnahmen, wobei Sozialpläne Regelungen weder einschränken noch ausschließen dürfen, die auf Rechtsvorschriften oder allgemein verbindlichen Richtlinien beruhen,
   g) Grundsätze der Arbeitsplatzgestaltung,
   h) Einführung grundlegend neuer Arbeitsmethoden,
   i) Maßnahmen zur Hebung der Arbeitsleistung und zur Erleichterung des Arbeitsablaufs,
   j) Einführung und Anwendung von Maßnahmen oder technischen Einrichtungen, die dazu geeignet sind, das Verhalten oder die Leistung der Mitarbeiter und Mitarbeiterinnen zu überwachen,
   k) Regelung der Ordnung in der Dienststelle (Haus- und Betriebsordnungen) und des Verhaltens der Mitarbeiter und Mitarbeiterinnen im Dienst,
   l) Planung und Durchführung von Veranstaltungen für die Mitarbeiterschaft.
   m) Grundsätze für die Gewährung von Unterstützungen oder sonstigen Zuwendungen, auf die kein Rechtsanspruch besteht,
   n) Zuweisung von Mietwohnungen oder Pachtland an Mitarbeiter und Mitarbeiterinnen, wenn die Dienststelle darüber verfügt, sowie allgemeine Festsetzung der Nutzungsbedingungen und die Kündigung des Nutzungsverhältnisses.

§ 41 Eingeschränkte Mitbestimmung
(1) Die Mitarbeitervertretung darf in den Fällen der eingeschränkten Mitbestimmung (§§ 42 und 43) mit Ausnahme des Falles gemäß § 42 Buchstabe b (ordentliche Kündigung nach Ablauf der Probezeit) ihre Zustimmung nur verweigern, wenn

a) die Maßnahme gegen eine Rechtsvorschrift, eine Vertragsbestimmung, eine Dienstvereinbarung, eine Verwaltungsanordnung, eine andere bindende Bestimmung oder eine rechtskräftige gerichtliche Entscheidung verstößt,

b) die durch Tatsachen begründete Besorgnis besteht, dass der oder die durch die Maßnahme betroffene oder andere Mitarbeiter und Mitarbeiterinnen benachteiligt werden, ohne dass dies aus dienstlichen oder persönlichen Gründen gerechtfertigt ist,

c) die durch Tatsachen begründete Besorgnis besteht, daß eine Einstellung zur Störung des Friedens in der Dienststelle führt.

(2) Im Falle des § 42 Buchstabe b (ordentliche Kündigung nach Ablauf der Probezeit) darf die Mitarbeitervertretung ihre Zustimmung nur verweigern, wenn die Kündigung gegen eine Rechtsvorschrift, eine arbeitsrechtliche Regelung, eine andere bindende Bestimmung oder gegen eine rechtskräftige gerichtliche Entscheidung verstößt.

(3) Für das Verfahren bei der eingeschränkten Mitbestimmung gilt § 38 entsprechend.

§ 42 Fälle der eingeschränkten Mitbestimmung in Personalangelegenheiten der privatrechtlich angestellten Mitarbeiter und Mitarbeiterinnen

Die Mitarbeitervertretung hat in den folgenden Personalangelegenheiten der privatrechtlich angestellten Mitarbeiter und Mitarbeiterinnen ein eingeschränktes Mitbestimmungsrecht

a) Einstellung,

b) ordentliche Kündigung nach Ablauf der Probezeit,

c) Eingruppierung einschließlich Festlegung der Fallgruppe, Wechsel der Fallgruppe, Umgruppierung,

d) Übertragung einer höher oder niedriger bewerteten Tätigkeit von mehr als drei Monaten Dauer,

e) dauernde Übertragung einer Tätigkeit, die einen Anspruch auf Zahlung einer Zulage auslöst, sowie Widerruf einer solchen Übertragung,

f) Umsetzung innerhalb einer Dienststelle unter gleichzeitigem Ortswechsel,

g) Versetzung oder Abordnung zu einer anderen Dienststelle von mehr als drei Monaten Dauer, wobei in diesen Fällen die Mitarbeitervertretung der aufnehmenden Dienststelle unbeschadet des Mitberatungsrechts nach § 46 Buchstabe d mitbestimmt,

h) Weiterbeschäftigung über die Altersgrenze hinaus,

i) Anordnungen, welche die Freiheit in der Wahl der Wohnung beschränken,

j) Versagung und Widerruf der Genehmigung einer Nebentätigkeit,

k) Ablehnung eines Antrages auf Ermäßigung der Arbeitszeit oder Beurlaubung.

§ 43 Fälle der eingeschränkten Mitbestimmung in Personalangelegenheiten der Mitarbeiter und Mitarbeiterinnen in öffentlich-rechtlichen Dienstverhältnissen

Die Mitarbeitervertretung hat in den folgenden Personalangelegenheiten der Mitarbeiter und Mitarbeiterinnen in öffentlich-rechtlichen Dienstverhältnissen ein eingeschränktes Mitbestimmungsrecht

a) Einstellung,

b) Anstellung,

c) Umwandlung des Kirchenbeamtenverhältnisses in ein solches anderer Art,

d) Ablehnung eines Antrages auf Ermäßigung der Arbeitszeit oder Beurlaubung in besonderen Fällen (aus familien- oder arbeitsmarktpolitischen Gründen),

e) Verlängerung der Probezeit,
f) Beförderung,
g) Übertragung eines anderen Amtes, das mit einer Zulage ausgestattet ist,
h) Übertragung eines anderen Amtes mit höherem Endgrundgehalt ohne Änderung der Amtsbezeichnung oder Übertragung eines anderen Amtes mit gleichem Endgrundgehalt mit Änderung der Amtsbezeichnung,
i) Zulassung zum Aufstiegsverfahren, Verleihung eines anderen Amtes mit anderer Amtsbezeichnung beim Wechsel der Laufbahngruppe,
j) dauernde Übertragung eines höher oder niedriger bewerteten Dienstpostens,
k) Umsetzung innerhalb der Dienststelle bei gleichzeitigem Ortswechsel,
l) Versetzung oder Abordnung von mehr als drei Monaten Dauer zu einer anderen Dienststelle oder einem anderen Dienstherrn im Geltungsbereich dieses Gesetzes, wobei in diesen Fällen die Mitarbeitervertretung der aufnehmenden Dienststelle unbeschadet des Mitberatungsrechts nach § 46 Buchstabe d mitbestimmt,
m) Hinausschieben des Eintritts in den Ruhestand wegen Erreichens der Altersgrenze,
n) Anordnungen, welche die Freiheit in der Wahl der Wohnung beschränken,
o) Versagung sowie Widerruf der Genehmigung einer Nebentätigkeit,
p) Entlassung aus dem Kirchenbeamtenverhältnis auf Probe oder auf Widerruf, wenn die Entlassung nicht beantragt worden ist,
q) vorzeitige Versetzung in den Ruhestand gegen den Willen des Kirchenbeamten oder der Kirchenbeamtin,
r) Versetzung in den Wartestand oder einstweiligen Ruhestand, sofern der Kirchenbeamte oder die Kirchenbeamtin die Beteiligung der Mitarbeitervertretung beantragt.

§ 44 Ausnahmen von der Beteiligung in Personalangelegenheiten
Eine Beteiligung in Personalangelegenheiten der Personen nach § 4 findet nicht statt, mit Ausnahme der von der Mitarbeitervertretung nach Gesetz oder Satzung in leitende Organe entsandten Mitglieder. Daneben findet keine Beteiligung in den Personalangelegenheiten der Personen statt, die im pfarramtlichen Dienst und in der Ausbildung oder Vorbereitung dazu stehen; gleiches gilt für die Personalangelegenheiten der Lehrenden an kirchlichen Hochschulen oder Fachhochschulen. Die Gliedkirchen können Näheres bestimmen.

§ 45 Mitberatung
(1) In den Fällen der Mitberatung ist der Mitarbeitervertretung eine beabsichtigte Maßnahme rechtzeitig vor der Durchführung bekanntzugeben und auf Verlangen mit ihr zu erörtern. Die Mitarbeitervertretung kann die Erörterung nur innerhalb von zwei Wochen nach Bekanntgabe der beabsichtigten Maßnahme verlangen. In den Fällen des § 46 Buchstabe b kann die Dienststellenleitung die Frist bis auf drei Arbeitstage verkürzen. Äußert sich die Mitarbeitervertretung nicht innerhalb von zwei Wochen oder innerhalb der verkürzten Frist nach Satz 3 oder hält sie bei der Erörterung ihre Einwendungen oder Vorschläge nicht aufrecht, so gilt die Maßnahme als gebilligt. Die Fristen beginnen mit Zugang der Mitteilung an den Vorsitzenden oder die Vorsitzende der Mitarbeitervertretung. Im Einzelfall können die Fristen auf Antrag der Mitarbeitervertretung von der Dienststellenleitung verlängert werden. Im Falle einer Nichteinigung hat die Dienststellenleitung oder die Mitarbeitervertretung die Erörterung für beendet zu erklären. Die Dienststellen-

leitung hat eine abweichende Entscheidung gegenüber der Mitarbeitervertretung schriftlich zu begründen.

(2) Eine der Mitberatung unterliegende Maßnahme ist unwirksam, wenn die Mitarbeitervertretung nicht nach Absatz 1 beteiligt worden ist. Die Mitarbeitervertretung kann innerhalb von zwei Wochen nach Kenntnis, spätestens sechs Monate nach Durchführung der Maßnahme das Kirchengericht anrufen, wenn sie nicht nach Absatz 1 beteiligt worden ist.

§ 46 Fälle der Mitberatung

Die Mitarbeitervertretung hat in den folgenden Fällen ein Mitberatungsrecht
 a) Auflösung, Einschränkung, Verlegung und Zusammenlegung von Dienststellen oder erheblichen Teilen von ihnen,
 b) außerordentliche Kündigung,
 c) ordentliche Kündigung innerhalb der Probezeit,
 d) Versetzung und Abordnung von mehr als drei Monaten Dauer, wobei das Mitberatungsrecht hier für die Mitarbeitervertretung der abgebenden Dienststelle besteht,
 e) Aufstellung von Grundsätzen für die Bemessung des Personalbedarfs,
 f) Aufstellung und Änderung des Stellenplanentwurfs,
 g) Geltendmachung von Schadenersatzansprüchen auf Verlangen der in Anspruch genommenen Mitarbeiter und Mitarbeiterinnen
 h) dauerhafte Vergabe von Arbeitsbereichen an Dritte, die bisher von Mitarbeitern und Mitarbeiterinnen der Dienststelle wahrgenommen werden.

§ 47 Initiativrecht der Mitarbeitervertretung

(1) Die Mitarbeitervertretung kann der Dienststellenleitung in den Fällen der §§ 39, 40, 42, 43 und 46 Maßnahmen schriftlich vorschlagen. Die Dienststellenleitung hat innerhalb eines Monats Stellung zu nehmen. Eine Ablehnung ist schriftlich zu begründen.

(2) Kommt in den Fällen des Absatzes 1, in denen die Mitarbeitervertretung ein Mitbestimmungsrecht oder ein eingeschränktes Mitbestimmungsrecht hat, auch nach Erörterung eine Einigung nicht zustande, so kann die Mitarbeitervertretung innerhalb von zwei Wochen nach Abschluss der Erörterung oder nach der Ablehnung das Kirchengericht anrufen. Die Mitarbeitervertretung kann das Kirchengericht ferner innerhalb von zwei Wochen anrufen, wenn die Dienststellenleitung nicht innerhalb der Monatsfrist des Absatzes 1 schriftlich Stellung genommen hat.

§ 48 Beschwerderecht der Mitarbeitervertretung

(1) Verstößt die Dienststellenleitung gegen sich aus diesem Kirchengesetz ergebende oder sonstige gegenüber den Mitarbeitern und Mitarbeiterinnen bestehende Pflichten, hat die Mitarbeitervertretung das Recht, bei den zuständigen Leitungs- und Aufsichtsorganen Beschwerde einzulegen.

(2) Bei berechtigten Beschwerden hat das Leitungs- oder Aufsichtsorgan im Rahmen seiner Möglichkeiten Abhilfe zu schaffen oder auf Abhilfe hinzuwirken.

IX. Abschnitt: Interessenvertretung besonderer Mitarbeitergruppen

§ 49 Vertretung der Jugendlichen und der Auszubildenden

(1) Die Mitarbeiter und Mitarbeiterinnen unter 18 Jahren, die Auszubildenden sowie die weiteren zu ihrer Berufsausbildung Beschäftigten wählen ihre Vertretung, die von der Mit-

arbeitervertretung in Angelegenheiten der Jugendlichen und Auszubildenden zur Beratung hinzuzuziehen ist. Wählbar sind alle Wahlberechtigte nach Satz 1, die am Wahltag
  a) das 16. Lebensjahr vollendet haben,
  b) der Dienststelle seit mindestens drei Monaten angehören und
  c) Glieder einer christlichen Kirche oder Gemeinschaft sind, die der Arbeitsgemeinschaft Christlicher Kirchen in Deutschland angeschlossen ist; eine anderweitige Regelung bleibt den Gliedkirchen unter Berücksichtigung ihrer Besonderheiten vorbehalten.
  Gewählt werden
  eine Person bei Dienststellen mit in der Regel 5–15 Wahlberechtigten;
  drei Personen bei Dienststellen mit in der Regel mehr als insgesamt 15 Wahlberechtigten.
  (2) Die Amtszeit beträgt zwei Jahre.
  (3) Beantragt ein Mitglied der Vertretung spätestens einen Monat vor Beendigung seines Ausbildungsverhältnisses für den Fall des erfolgreichen Abschlusses seiner Ausbildung schriftlich die Weiterbeschäftigung, so bedarf die Ablehnung des Antrages durch die Dienststellenleitung der Zustimmung der Mitarbeitervertretung, wenn die Dienststelle gleichzeitig weitere Auszubildende weiterbeschäftigt. Die Zustimmung kann nur verweigert werden, wenn der durch Tatsachen begründete Verdacht besteht, dass die Ablehnung der Weiterbeschäftigung wegen der Tätigkeit als Mitglied der Vertretung erfolgt. Verweigert die Mitarbeitervertretung die Zustimmung, so kann die Dienststellenleitung innerhalb von zwei Wochen das Kirchengericht anrufen.
  (4) Für Mitglieder der Vertretung nach Absatz 1 gelten, soweit in den Absätzen 1 bis 3 nichts anderes bestimmt ist, die §§ 11, 13, 14, 15 Absätze 2 bis 4 und §§ 16 bis 22 entsprechend.

§ 50 Vertrauensperson der schwerbehinderten Mitarbeiter und Mitarbeiterinnen
(1) In Dienststellen, in denen mindestens fünf schwerbehinderte Mitarbeiter und Mitarbeiterinnen nicht nur vorübergehend beschäftigt sind, werden in einer Versammlung der schwerbehinderten Mitarbeiter und Mitarbeiterinnen eine Vertrauensperson und mindestens ein Stellvertreter oder mindestens eine Stellvertreterin gewählt. Für das Wahlverfahren finden die §§ 11, 13 und 14 entsprechende Anwendung.
  (2) Für die Amtszeit der Vertrauensperson und der sie stellvertretenden Personen gelten die §§ 15 bis 18 entsprechend.
  (3) Wahlberechtigt sind alle in der Dienststelle beschäftigten Schwerbehinderten.
  (4) Für die Wählbarkeit gilt § 10 entsprechend.

§ 51 Aufgaben der Vertrauensperson der schwerbehinderten Mitarbeiter und Mitarbeiterinnen
(1) Die Vertrauensperson der schwerbehinderten Mitarbeiter und Mitarbeiterinnen nimmt die Aufgaben der Schwerbehindertenvertretung nach staatlichem Recht wahr.
  (2) In Dienststellen mit in der Regel mindestens 200 schwerbehinderten Mitarbeitern und Mitarbeiterinnen kann die Vertrauensperson nach Unterrichtung der Dienststellenleitung die mit der höchsten Stimmenzahl gewählte stellvertretende Person zu bestimmten Aufgaben heranziehen.
  (3) Die Vertrauensperson ist von der Dienststellenleitung in allen Angelegenheiten, die einzelne Schwerbehinderte oder die Schwerbehinderten als Gruppe berühren, rechtzeitig

und umfassend zu unterrichten und vor einer Entscheidung zu hören; die getroffene Entscheidung ist der Vertrauensperson unverzüglich mitzuteilen.

(4) Schwerbehinderte Mitarbeiter und Mitarbeiterinnen haben das Recht, bei Einsicht in die über sie geführten Personalakten die Vertrauensperson hinzuzuziehen.

(5) Die Vertrauensperson hat das Recht, an allen Sitzungen der Mitarbeitervertretung beratend teilzunehmen. Erachtet sie einen Beschluss der Mitarbeitervertretung als erhebliche Beeinträchtigung wichtiger Interessen der schwerbehinderten Mitarbeiter und Mitarbeiterinnen, so ist auf ihren Antrag der Beschluss auf die Dauer von einer Woche vom Zeitpunkt der Beschlussfassung an auszusetzen. Die Aussetzung hat keine Verlängerung einer Frist zur Folge.

(6) Die Vertrauensperson hat das Recht, mindestens einmal im Jahr eine Versammlung der schwerbehinderten Mitarbeiter und Mitarbeiterinnen in der Dienststelle durchzuführen. Die für die Mitarbeiterversammlung geltenden Vorschriften der §§ 31 und 32 gelten dabei entsprechend.

§ 52 Persönliche Rechte und Pflichten der Vertrauensperson der schwerbehinderten Mitarbeiter und Mitarbeiterinnen

(1) Für die Rechtsstellung der Vertrauensperson der schwerbehinderten Mitarbeiter und Mitarbeiterinnen gelten die §§ 19 bis 22 entsprechend.

(2) Die Räume und der Geschäftsbedarf, die der Mitarbeitervertretung für deren Sitzungen, Sprechstunden und laufende Geschäftsführung zur Verfügung gestellt werden, stehen für die gleichen Zwecke auch der Vertrauensperson offen, soweit ihr hierfür nicht eigene Räume und Geschäftsbedarf zur Verfügung gestellt werden.

§ 52a Mitwirkung in Werkstätten für behinderte Menschen und in Angelegenheiten weiterer Personengruppen

Die Mitwirkungsrechte behinderter Menschen in Werkstätten regelt der Rat der Evangelischen Kirche in Deutschland durch Rechtsverordnung. Er kann auch für weitere Gruppen von Beschäftigten, die nicht Mitarbeiter oder Mitarbeiterinnen nach § 2 sind, Mitwirkungsrechte durch Rechtsverordnung regeln.

§ 53 Vertrauensmann der Zivildienstleistenden

In Dienststellen, in denen nach § 37 des Zivildienstgesetzes in Verbindung mit § 2 Absatz 1 des Zivildienstvertrauensmannsgesetzes ein Vertrauensmann der Zivildienstleistenden zu wählen ist, hat dieser das Recht, an den Sitzungen der Mitarbeitervertretung beratend teilzunehmen, soweit sie Angelegenheiten der Zivildienstleistenden betreffen.

X. Abschnitt: Gesamtausschuss der Mitarbeitervertretungen

§ 54 Bildung des Gesamtausschusses

(1) Die Gliedkirchen können in ihren Regelungen vorsehen, dass für den Bereich einer Gliedkirche, des jeweiligen Diakonischen Werks oder für beide Bereiche gemeinsam ein Gesamtausschuss der Mitarbeitervertretungen im kirchlichen und diakonischen Bereich gebildet wird. Einzelheiten über Aufgaben, Bildung und Zusammensetzung des Gesamtausschusses regeln die Gliedkirchen.

(2) Für die Gesamtausschüsse gelten im übrigen die Bestimmungen dieses Kirchengesetzes mit Ausnahme des § 20 sinngemäß.

§ 55 Aufgaben des Gesamtausschusses
(1) Dem Gesamtausschuss sollen insbesondere folgende Aufgaben zugewiesen werden:
  a) Beratung, Unterstützung und Information der Mitarbeitervertretungen bei der Wahrnehmung ihrer Aufgaben, Rechte und Pflichten,
  b) Förderung des Informations- und Erfahrungsaustauschs zwischen den Mitarbeitervertretungen sowie Förderung der Fortbildung von Mitgliedern der Mitarbeitervertretungen,
  c) Erörterung arbeits-, dienst- und mitarbeitervertretungsrechtlicher Fragen von grundsätzlicher Bedeutung, sofern hierfür nicht andere Stellen zuständig sind.
(2) Sofern der Gesamtausschuss an der Bildung der Arbeitsrechtlichen Kommission beteiligt ist, kann er Stellungnahmen zu beabsichtigten Neuregelungen des kirchlichen Arbeitsrechts abgeben.

XI. Abschnitt: Kirchgerichtlicher Rechtsschutz

§ 56 Kirchengerichtlicher Rechtsschutz
Zu kirchengerichtlichen Entscheidungen sind die Kirchengerichte in erster Instanz und in zweiter Instanz der Kirchengerichtshof der Evangelischen Kirche in Deutschland berufen. Die Bezeichnung der Kirchengerichte erster Instanz können die Gliedkirchen abweichend regeln.

§ 57 Bildung von Kirchengerichten
(1) Für den Bereich der Evangelischen Landeskirche Kirche in Deutschland und ihres Diakonischen Werks, einer Gliedkirche und des gliedkirchlichen Diakonischen Werks oder von mehreren Gliedkirchen und deren Diakonischen Werken gemeinsam sind Kirchengerichte zu bilden, die aus einer oder mehreren Kammern bestehen.
(2) Durch Vereinbarungen mit Institutionen außerhalb des Geltungsbereichs dieses Kirchengesetzes kann bestimmt werden, dass ein Kirchengericht für diese Institutionen zuständig ist, sofern die Institutionen die Bestimmungen dieses Kirchengesetzes oder Bestimmungen wesentlich gleichen Inhalts für ihren Bereich anwenden.

§ 57a Zuständigkeitsbereich des Kirchengerichts der Evangelischen Kirche in Deutschland
(1) Das Kirchengericht der Evangelischen Kirche in Deutschland nimmt die Aufgaben nach § 57 wahr.
(2) Das Kirchengericht der Evangelischen Kirche in Deutschland ist zuständig für
1. für den Bereich der Evangelischen Kirche in Deutschland und ihrer Amts- und Dienststellen und Einrichtungen;
2. für das Diakonische Werk der Evangelischen Kirche in Deutschland und seine Dienststellen und die ihm unmittelbar angeschlossenen rechtlich selbständigen Einrichtungen. Dies gilt auch für rechtlich selbstständige Einrichtungen, die dem Diakonischen Werk der Evangelischen Kirche in Deutschland mittelbar angeschlossen sind, wenn sie das Mitarbeitervertretungsgesetz anwenden und eine Zuständigkeit eines anderen Kirchengerichts nach § 57 Absatz 1 nicht besteht;
3. für die Gliedkirchen der Evangelischen Kirche in Deutschland und ihre gliedkirchlichen Zusammenschlüsse, die gemäss § 6 Absatz 1 des Kirchengerichtsgesetzes eine Zuständigkeit begründen und

4. ür die kirchlichen und freikirchlichen Einrichtungen, Werke und Dienste im Bereich der evangelischen Kirchen, für die gemäss § 6 Absatz 2 des Kirchengerichtsgesetzes die Zuständigkeit begründet wird.

§ 58 Bildung und Zusammensetzung der Kammern
(1) Eine Kammer besteht aus drei Mitgliedern. Die Gliedkirchen können andere Besetzungen vorsehen. Vorsitzende und beisitzende Mitglieder müssen zu kirchlichen Ämtern in einer Gliedkirche der Evangelischen Kirche Deutschland wählbar sein. Sofern das Kirchengericht auch für Freikirchen zuständig ist, können auch deren Mitglieder berufen werden. Für jedes Mitglied wird mindestens ein stellvertretendes Mitglied berufen.
(2) Vorsitzende bzw. Stellvertreter und Stellvertreterinnen müssen die Befähigung zum Richteramt oder zum höheren Verwaltungsdienst haben. Sie dürfen nicht in öffentlich-rechtlichem Dienst- oder privatrechtlichen Dienst- und Arbeitsverhältnissen zu einer kirchlichen Körperschaft oder einer Einrichtung der Diakonie innerhalb der Evangelischen Landeskirche in Deutschland stehen.
(3) Für die Berufung von Vorsitzenden und deren Stellvertretern oder Stellvertreterinnen soll ein einvernehmliche Vorschlag der Dienstgeber- und Dienstnehmerseite vorgelegt werden.
(4) Für jede Kammer werden als beisitzende Mitglieder je ein Vertreter oder eine Vertreterin der Mitarbeiter und Mitarbeiterinnen und ein Vertreter oder eine Vertreterin der Dienstgeber berufen; das gleiche gilt für die stellvertretenden Mitglieder.
(5) Das Nähere regeln
1. der Rat der Evangelischen Kirche in Deutschland durch Verordnung
2. die Gliedkirchen für ihren Bereich.

§ 59 Rechtsstellung der Mitglieder des Kirchengerichts
(1) Die Mitglieder der Schlichtungsstelle sind unabhängig und nur an das Gesetz und ihr Gewissen gebunden. Sie haben das Verständnis für den Auftrag der Kirche zu stärken und auf eine gute Zusammenarbeit hinzuwirken. Sie unterliegen der richterlichen Schweigepflicht.
(2) Die Amtszeit der Mitglieder der Schlichtungsstelle beträgt fünf Jahre. Solange eine neue Besetzung nicht erfolgt ist, bleiben die bisherigen Mitglieder im Amt.
(3) § 19 Absatz 1 bis 3, § 21 und § 22 Absatz 1 Satz 1 bis 3 und 5 sowie Absatz 2 gelten entsprechend.

§ 59a Besondere Vorschriften über die Berufung der Richter und Richterinnen des Kirchengerichtshofes der Evangelischen Kirche in Deutschland
(1) Für die Berufung der Vorsitzenden Richter und Vorsitzenden Richterinnen soll ein einvernehmlicher Vorschlag der Dienstgeber- und Dienstnehmerseite vorgelegt werden. Kommt ein einvernehmlicher Vorschlag nicht spätestens binnen einer Frist von sechs Monaten nach dem Ablauf der regelmäßigen Amtszeit zustande, kann eine Berufung auch ohne Vorliegen eines solchen Vorschlags erfolgen.
(2) Die übrigen Richter und Richterinnen werden je als Vertreter oder Vertreterin der Mitarbeiter und Mitarbeiterinnen und der Dienstgeber vom Kirchenamt der Evangelischen Kirche in Deutschland und der Gesamtmitarbeitervertretung der Amts-, Dienststellen und Einrichtungen der Evangelischen Kirche in Deutschland benannt.

(3) Mitglied des Kirchengerichtshofes der Evangelischen Kirche in Deutschland kann nicht sein, wer einem kirchenleitenden Organ gliedkirchlicher Zusammenschlüsse oder einem leitenden Organ des Diakonischen Werks angehört.

(4) Das Nähere regelt der Rat der Evangelischen Kirche in Deutschland durch Verordnung.

§ 60 Zuständigkeit der Kirchengerichte

(1) Die Kirchengerichte entscheiden auf Antrag unbeschadet der Rechte des Mitarbeiters oder der Mitarbeiterin über alle Streitigkeiten, die sich aus der Anwendung dieses Kirchengesetzes zwischen den jeweils Beteiligten ergeben.

(2) In den Fällen, in denen die Kirchengerichte wegen des Frage der Geltung von Dienststellenteilen und Einrichtungen der Diakonie angerufen wird (§ 3), entscheiden sie über die Ersetzung des Einvernehmens.

(3) In den Fällen, in denen die Kirchengerichte wegen des Abschlusses von Dienstvereinbarungen angerufen wird (§ 36), wird von ihnen nur einen Vermittlungsvorschlag unterbreitet.

(4) In den Fällen der Mitberatung (§ 46) stellen die Kirchengerichte nur fest, ob die Beteiligung der Mitarbeitervertretung erfolgt ist. Ist die Beteiligung unterblieben, hat dies die Unwirksamkeit der Maßnahme zur Folge.

(5) In den Fällen, die einem eingeschränkten Mitbestimmungsrecht unterliegen (§§ 42 und 43), haben die Kirchengerichte lediglich zu prüfen und festzustellen, ob für die Mitarbeitervertretung ein Grund zur Verweigerung der Zustimmung nach § 41 vorliegt. Wird festgestellt, dass für die Mitarbeitervertretung kein Grund zur Verweigerung der Zustimmung nach § 41 vorliegt, gilt die Zustimmung der Mitarbeitervertretung als ersetzt.

(6) In den Fällen der Mitbestimmung entscheiden die Kirchengerichte über die Ersetzung der Zustimmung der Mitarbeitervertretung. Die Entscheidung muss sich im Rahmen der geltenden Rechtsvorschriften sowie im Rahmen der Anträge von Mitarbeitervertretung und Dienststellenleitung halten.

(6) In den Fällen der Nichteinigung über Initiativen der Mitarbeitervertretung (§ 47 Absatz 2) stellen die Kirchengerichte fest, ob die Weigerung der Dienststellenleitung, die von der Mitarbeitervertretung beantragte Maßnahme zu vollziehen, rechtswidrig ist. Die Dienststellenleitung hat erneut unter Berücksichtigung des Beschlusses über den Antrag der Mitarbeitervertretung zu entscheiden.

(7) Der kirchengerichtliche Beschluss ist verbindlich. Die Gliedkirchen können bestimmen, dass ein Aufsichtsorgan einen rechtskräftigen Beschluss auch durch Ersatzvornahme durchsetzen kann, sofern die Dienststellenleitung die Umsetzung der Entscheidung verweigert.

§ 61 Durchführung des kirchengerichtlichen Verfahrens erster Instanz

(1) Sofern keine besondere Frist für die Anrufung des Kirchengerichte festgelegt ist, beträgt die Frist zwei Monate nach Kenntnis einer Maßnahme oder eines Rechtsverstoßes im Sinne von § 60 Absatz 1.

(2) Der oder die Vorsitzende der Kammer hat zunächst durch Verhandlungen mit den Beteiligten auf eine gütliche Einigung hinzuwirken (Einigungsgespräch). Gelingt diese nicht, so ist die Kammer einzuberufen. Im Einvernehmen der Beteiligten kann der oder die Vorsitzende der Kammer allein entscheiden.

(3) Das Einigungsgespräch findet unter Ausschluss der Öffentlichkeit statt.

(4) Die Beteiligten können zu ihrem Beistand jeweils eine Person hinzuziehen, die Mitglied einer Kirche sein muss, die der Arbeitsgemeinschaft christlicher Kirchen angehört. Die Übernahme der hierdurch entstehenden Kosten ist zuvor bei der Dienststellenleitung zu beantragen. Im Streitfall entscheidet der oder die Vorsitzende der Kammer.

(5) Der oder die Vorsitzende der Kammer kann den Beteiligten aufgeben, ihr Vorbringen schriftlich vorzubereiten und Beweise anzutreten. Die Kammer entscheidet aufgrund einer von dem oder der Vorsitzenden anberaumten, mündlichen Verhandlung, bei der alle Mitglieder der Kammer anwesend sein müssen. Die Kammer tagt öffentlich, sofern nicht nach Feststellung durch die Kammer besondere Gründe den Ausschluss der Öffentlichkeit erfordern. Der Mitarbeitervertretung und der Dienststellenleitung ist in der Verhandlung Gelegenheit zur Äußerung zu geben. Die Kammer soll in jeder Lage des Verfahrens auf ein gütliche Einigung hinwirken. Im Einvernehmen mit den Beteiligten kann von einer mündlichen Verhandlung abgesehen und ein Beschluss im schriftlichen Verfahren gefasst werden.

(6) Die Kammer entscheidet durch Beschluss, der mit Stimmenmehrheit gefasst wird. Stimmenthaltung ist unzulässig. Den Anträgen der Beteiligten kann auch teilweise entsprochen werden.

(7) Der Beschluss ist zu begründen und den Beteiligten zuzustellen. Er wird mit seiner Zustellung wirksam.

(8) Der oder die Vorsitzende der Kammer kann einen offensichtlich unbegründeten Antrag ohne mündliche Verhandlung zurückweisen. Gleiches gilt, wenn die Schlichtungsstelle für die Entscheidung über einen Antrag offenbar unzuständig ist oder eine Antragsfrist versäumt ist. Die Zurückweisung ist in einem Bescheid zu begründen. Der Bescheid ist zuzustellen. Der Antragsteller oder die Antragstellerin kann innerhalb von zwei Wochen nach Zustellung des Bescheides mündliche Verhandlung beantragen.

(9) Für das Verfahren werden Gerichtskosten nicht erhoben. Die außergerichtlichen Kosten, die zur Rechtsverfolgung und Rechtsverteidigung notwendig waren, trägt die Dienststellenleitung. Über die Notwendigkeit entscheidet im Zweifelsfall der oder die Vorsitzende der Kammer abschließend.

(10) Kann in Eilfällen die Kammer nicht rechtzeitig zusammentreten, trifft der oder die Vorsitzende auf Antrag einstweilige Anordnungen.

§ 62 Verfahrensordnung

Im übrigen finden, soweit kirchengesetzlich nicht etwas anderes bestimmt ist, die Vorschriften des Arbeitsgerichtsgesetzes über das Beschlussverfahren in der jeweils geltenden Fassung entsprechende Anwendung. Die Vorschriften über Zwangsmaßnahmen sind nicht anwendbar.

§ 63 Rechtsmittel

(1) Gegen die Beschlüsse der Kirchengerichte findet die Beschwerde an den Kirchengerichtshof der Evangelischen Kirche in Deutschland statt.

(2) Die Beschwerde bedarf der Annahme durch den Kirchengerichtshof der Evangelischen Kirche in Deutschland. Sie ist anzunehmen, wenn
1. ernstliche Zweifel an der Richtigkeit des Beschlusses bestehen,
2. die Rechtsfrage grundsätzliche Bedeutung hat,
3. der Beschluss von einer Entscheidung des Kirchengerichtshofes der Evangelischen

Kirche in Deutschland, einer Entscheidung eines obersten Landesgerichtes oder eines Bundesgerichtes abweicht und auf dieser Abweichung beruht oder

4. ein Verfahrensmangel geltend gemacht wird und vorliegt, auf dem der Beschluss beruht.

(3) Die Entscheidung nach Absatz 2 trifft der Kirchengerichtshof der Evangelischen Kirche in Deutschland ohne mündliche Verhandlung. Die Ablehnung der Annahme ist zu begründen.

(4) Die Kirchengerichte erster Instanz legen dem Kirchengerichtshof der Evangelischen Kirche in Deutschland die vollständigen Verfahrensakten vor.

(5) Einstweilige Verfügungen kann der Vorsitzende Richter oder die Vorsitzende Richterin in dringenden Fällen allein treffen.

(6) Die Entscheidungen des Kirchengerichtshofes der Evangelischen Kirche in Deutschland sind endgültig.

(7) Im übrigen finden, soweit kirchengesetzlich nicht etwas anderes bestimmt ist, die Vorschriften des Arbeitsgerichtsgesetzes über die Beschwerde im Beschlussverfahren in der jeweils geltenden Fassung entsprechende Anwendung.

XII. Abschnitt: Inkrafttreten, Schlussbestimmungen

§ 64 Inkrafttreten

(1) Dieses Kirchengesetz tritt mit Wirkung für die Evangelische Kirche in Deutschland am 1. Januar 1993 in Kraft.

(2) Gleichzeitig tritt das Kirchengesetz über Mitarbeitervertretungen bei den Dienststellen der Evangelischen Kirche in Deutschland vom 5. Oktober 1972 (Abl.EKD S. 670) in der Fassung des Änderungsgesetzes vom 8. November 1985 (Abl.EKD S. 426) außer Kraft. Soweit in weitergeltenden Bestimmungen auf nach Satz 1 aufgehobene Bestimmungen verwiesen ist, treten die Vorschriften dieses Kirchengesetzes an deren Stelle.

(3) Dieses Kirchengesetz tritt mit Wirkung für die Gliedkirchen in Kraft, wenn alle Gliedkirchen ihr Einverständnis erklärt haben. Jede Gliedkirche kann es für ihren Bereich zu einem früheren Zeitpunkt in Geltung setzen.

§ 65 Übernahmebestimmungen

(1) Die Gliedkirchen können in den Übernahmebestimmungen regeln, dass Maßnahmen abweichend von diesem Kirchengesetz weiterhin der Mitbestimmung unterliegen, soweit Regelungen der Gliedkirchen dies bisher vorsehen.

(2) Darüber hinaus kann bestimmt werden, dass Maßnahmen, die bisher einem Beteiligungsrecht unterlagen, das in seiner Wirkung nicht über die eingeschränkte Mitbestimmung hinausgeht, der eingeschränkten Mitbestimmung unterworfen werden.

§ 66 Übergangsbestimmungen

(1) Die ersten allgemeinen Mitarbeitervertretungswahlen im Geltungsbereich dieses Kirchengesetzes nach § 15 finden im Zeitraum vom 1. Januar bis 30. April 1994 statt.

(2) Bestehende Mitarbeitervertretungen bleiben bis zum Abschluss ihrer Wahlperiode im Amt, soweit sie bei Inkrafttreten dieses Kirchengesetzes noch nicht länger als ein Jahr im Amt sind. In allen anderen Dienststellen sind in der ersten allgemeinen Wahlzeit Mitarbeitervertretungen zu wählen. Die Arbeitsgemeinschaften, Gesamtmitarbeitervertretun-

gen und Schlichtungsstellen arbeiten auf den bisherigen Rechtsgrundlagen weiter, bis die erforderlichen gliedkirchlichen Regelungen getroffen worden sind.

§ 67
gestrichen
   Trier, den 6. November 2003

Sachregister

Änderungskündigung 173, 174
Angemessenheitskontrolle s. Inhaltskontrolle
– Verhandlungsparität 133
Arbeitnehmerfreizügigkeit 229
Arbeitskampf 98, 128, 152

Betriebliche Mitbestimmung 60
Betriebsübergang 53
Bezugnahmeklausel 54, 57, 170

Dienstgemeinschaft 94, 38, 42, 43, 99, 115
– Gleichbehandlung 99
Dienstvereinbarung 53, 70, 202
Diskriminierung 228, 236f.
– Tendenzklausel 238, 251
Dritter Weg 7, 51, 56, 83, 114ff., 117, 142, 150
– Mitarbeitervereinigungen 117
– Richtigkeitsgewähr 125ff.
– Zwangsschlichtung 150

Eingetragene Lebenspartnerschaft 23
Einrichtungen 206
Einrichtungsübergreifende Mitarbeitervertretung 185
Europarecht 215ff.

Gemeinsamer Betrieb 90
Gesamtmitarbeitervertretung 187, 207
Gleichstellungsklause 53, 158
Grundordnung 100, 101, 105, 107
Grundrechte des Arbeitnehmers 10, 12
Grundrechtsbindung 169

Homosexualität 24, 248

Inhaltskontrolle 132ff., 170

Jedermann-Formel 2

Kirchenaustritt 104, 110, 111, 112
Kirchenklausel 6
Kirchliche Arbeitsvertragsordnungen 119, 131
– Rechtsnormqualität 119
– Inhaltskontrolle 131ff.
– Vertragsparität 132f.
Kirchlicher Sendungsauftrag 28
Konzern, kirchlicher 60, 62, 68, 71, 73
– Tendenzkonzern 71f.
Konzernbetriebsrat 65, 67, 69
Kündigung 48, 102, 110
Kündigungsschutz 23

Lebensäußerung der Kirche 31
Letztentscheidungsrecht 129, 130
Lohngerechtigkeit 140
Loyalitätsobliegenheiten 15, 23, 45, 47, 49, 53, 82, 93ff., 98, 100, 105, 109, 227

Missio canonica 108
Mitarbeitervertretung 186
Mitarbeitervertretungsgesetz der Evangelischen Kirche Deutschlands 181, 204, 253
Mitarbeitervertretungsordnung 181, 182

Offenbarungspflicht 101, 102
Ökumene 77, 78
Ordre Public 19, 21, 24, 146
Outsourcing 26, 45, 158

Restmandat 188, 193, 208
Richtlinie 226, 233, 234, 235, 245
– unmittelbare Wirkung 235
– Umsetzung 245ff.

Selbstbestimmungsrecht der Religionsgesellschaften 2, 8, 13, 35, 146
Selbstverwaltungsrecht 50
Streik 98
Streikrecht 5, 21, 22, 138, 143, 149

Tarifvertrag des öffentlichen Dienstes 163, 164, 166
Tarifvertrag 51, 56, 75, 150, 154, 156
– Zwangsschlichtung 150f.
– Bezugnahme 156ff.
Teilkonzern 76

Teilzeitbeschäftigte 194
Tendenzbetrieb 72, 199
Tendenzschutz 247
Tendenzunternehmen 61, 74

Übergangsmandat 188, 193, 208
Unternehmensmitbestimmung 71

Versöhnungsprinzip 141

Wirtschaftsbetriebe der Kirche 33, 36, 37

Lehrbücher zum Öffentlichen Recht

Peter Badura • **Wirtschaftsverfassung und Wirtschaftsverwaltung**
Ein exemplarischer Leitfaden
2., völlig neubearbeitete Auflage 2005. XII, 265 Seiten. ISBN 3-16-148708-7 Broschur

Ekkehart Stein / Götz Frank
Staatsrecht
19., neubearbeitete Auflage 2004. XV, 502 Seiten. ISBN 3-16-148392-8 Broschur

Verfassungsrechtsprechung
Hundert Entscheidungen des Bundesverfassungsgerichts in Retrospektive.
Herausgegeben von Jörg Menzel
2000. XVI, 692 Seiten. ISBN 3-16-147315-9 Broschur

Theodor Schilling
Internationaler Menschenrechtsschutz
Universelles und europäisches Recht
2003. XV, 302 Seiten. ISBN 3-16-148212-3 Broschur

Gerhard Werle • **Völkerstrafrecht**
Unter Mitarbeit von Florian Jeßberger, Wulf Burchards, Barbara Lüders, Stephan Meseke und Volker Ner
2003. XXXI, 553 Seiten. ISBN 3-16-148087-2 Leinen

Oliver Dörr • **Kompendium völkerrechtlicher Rechtsprechung**
Eine Auswahl für Studium und Praxis
2004. XIII, 806 Seiten. ISBN 3-16-148311-1 Broschur

Andreas von Arnauld • **Völkerrecht**
Klausurfälle und Lösungen
2005. XII, 182 Seiten. ISBN 3-16-148578-5 Broschur

Andreas Haratsch / Christian Koenig / Matthias Pechstein • **Europarecht**
Unter Mitarbeit von Matthias Köngeter und Philipp Kubicki
5., völlig neu bearbeitete Auflage 2006. XXXV, 563 Seiten. ISBN 3-16-148922-5 Broschur

Matthias Pechstein / Christian Koenig
Die Europäische Union
3., neubearbeitete Auflage 2000. XVII, 340 Seiten. ISBN 3-16-147359-0 Broschur

Christian Koenig / Matthias Pechstein / Claude Sander • **EU-/EG-Prozessrecht**
Mit Aufbaumustern und Prüfungsübersichten. Unter Mitarbeit von Christiane Busch und Philipp Kubicke
2., erweiterte Auflage 2002. XXII, 557 Seiten. ISBN 3-16-147884-3 Broschur

Frank Fechner • **Medienrecht**
Lehrbuch des gesamten Medienrechts unter besonderer Berücksichtigung von Presse, Rundfunk und Multimedia
7., überarbeitete und ergänzte Auflage 2006. XXX, 437 Seiten (UTB 2154 M).
ISBN 3-8252-2154-7 Broschur

Christoph Gusy • **Polizeirecht**
5., neubearbeitete Auflage 2003. XVII, 329 Seiten. ISBN 3-16-148010-4 Broschur

Franz J. Peine • **Öffentliches Baurecht**
Grundzüge des Bauplanungs- und Bauordnungsrechts unter Berücksichtigung des Raumordnungs- und Fachplanungsrechts
4., vollständig neubearbeitete Auflage 2003. XXIII, 418 Seiten. ISBN 3-16-148021-X Broschur

Völkerrechtsprechung
Ausgewählte Entscheidungen zum Völkerrecht in Retrospektive
Herausgegeben von Jörg Menzel, Tobias Pierlings und Jeannine Hoffmann
2005. XXV, 900 Seiten. ISBN 3-16-148515-7 Broschur

Mohr Siebeck
Postfach 2040
D-72010 Tübingen
Fax 07071 / 51104
e-mail: info@mohr.de
www.mohr.de

Lehrbücher zum Privatrecht

Reinhard Bork • **Allgemeiner Teil des Bürgerlichen Gesetzbuches**
2001. XXXIII, 724 Seiten. ISBN 3-16-147570-4 Leinen

Dieter Leipold • **BGB I – Einführung und Allgemeiner Teil**
Ein Lehrbuch mit Fällen und Kontrollfragen
3., neubearbeitete Auflage 2004. XVIII, 430 Seiten. ISBN 3-16-148433-9 Broschur

Peter Schlechtriem / Martin Schmidt-Kessel
Schuldrecht
Allgemeiner Teil
6., neubearbeitete Auflage 2005. XXXIII, 431 Seiten. ISBN 3-16-148781-8 Broschur

Peter Schlechtriem • **Schuldrecht**
Besonderer Teil
6., neubearbeitete Auflage 2003. XXXIII, 461 Seiten. ISBN 3-16-147686-7 Broschur

Peter Schlechtriem
Internationales UN-Kaufrecht
Ein Studien- und Erläuterungsbuch zum Übereinkommen der Vereinten Nationen über Verträge über den internationen Warenkauf (CISG)
3., neubearbeitete Auflage 2005. XXI, 283 Seiten. ISBN 3-16-148646-3 Broschur

Wolfgang Brehm / Christian Berger
Sachenrecht
2., überarbeitete Auflage 2006. XXXV, 561 Seiten. ISBN 3-16-148915-2 Broschur

Dieter Leipold • **Erbrecht**
Grundlagen mit Fällen und Kontrollfragen
16., neubearbeitete Auflage 2006. X, 360 Seiten. ISBN 3-16-148936-5 Broschur

Barbara Grunewald • **Gesellschaftsrecht**
6., vollständig überarbeitete Auflage 2005. XXI, 436 Seiten. ISBN 3-16-148594-7 Broschur

Haimo Schack
Urheber- und Urhebervertragsrecht
3., neubearbeitete Auflage 2005. XXIV, 577 Seiten. ISBN 3-16-148595-5 Broschur

Walter Zeiss / Klaus Schreiber
Zivilprozessrecht
10., neubearbeitete Auflage 2003. XI, 411 Seiten. ISBN 3-16-147787-1 Broschur

Reinhard Bork
Einführung in das Insolvenzrecht
4., neubearbeitete Auflage 2005.
XX, 245 Seiten (JZ-Schriftenreihe 5).
ISBN 3-16-148650-1 fadengeheftete Broschur

Jan Kropholler
Internationales Privatrecht
einschließlich der Grundbegriffe des Internationalen Zivilverfahrensrechts
5., neubearbeitete Auflage 2004. XXXIX, 719 Seiten. ISBN 3-16-148316-2 Broschur

Konrad Zweigert / Hein Kötz
Einführung in die Rechtsvergleichung
Auf dem Gebiete des Privatrechts
3., neubearbeitete Auflage 1996. XVII, 729 Seiten. ISBN 3-16-146548-2 Broschur

Thomas Kadner Graziano • **Europäisches Internationales Deliktsrecht**
Ein Lehr- und Studienbuch
2003. XVIII, 184 Seiten. ISBN 3-16-148023-6 Broschur

Gregor Thüsing
Kirchliches Arbeitsrecht
Rechtsprechung und Diskussionsstand im Schnittpunkt von staatlichem Arbeitsrecht und kirchlichem Dienstrecht
2006. XVI, 378 Seiten. ISBN 3-16-148609-9 Broschur

Eichenhofer • **Sozialrecht**
5., bearbeitete Auflage 2004. XX, 326 Seiten. ISBN 3-16-148501-7 Broschur

Mohr Siebeck
Postfach 2040
D-72010 Tübingen
Fax 07071 / 51104
e-mail: info@mohr.de
www.mohr.de